U0934606

教育部人文社科基地重大项目（编号：17JJD820018）

合规与刑法

全球视野的考察

李本灿 等◎编译

中国政法大学出版社

2018・北京

图书在版编目（CIP）数据

合规与刑法：全球视野的考察/李本灿等编译. —北京：中国政法大学出版社，2018.9（2021.1重印）
ISBN 978-7-5620-8484-6

Ⅰ.①合… Ⅱ.①李… Ⅲ.①经济犯罪—刑法—研究 Ⅳ.①D914.04

中国版本图书馆CIP数据核字(2018)第213929号

出 版 者　中国政法大学出版社
地　　址　北京市海淀区西土城路 25 号
邮寄地址　北京 100088 信箱 8034 分箱　邮编 100088
网　　址　http://www.cuplpress.com (网络实名：中国政法大学出版社)
电　　话　010-58908524(编辑部) 58908334(邮购部)
承　　印　北京九州迅驰传媒文化有限公司
开　　本　720mm×960mm　1/16
印　　张　27
字　　数　470 千字
版　　次　2018 年 9 月第 1 版
印　　次　2021 年 1 月第 2 次印刷
定　　价　79.00 元

前言

作为比较法研究对象的刑事合规

丹尼斯·伯克（Dennis Bock）*

李本灿** 译

德国刑法典中并不存在刑事合规这一概念。然而，这的确是一个具有前瞻性的领域，其前景无论是在法律咨询实务，还是在法学研究中都是空前的。在不到十年的时间里，德语文献已经难以计数（更不用说国际范围内的其他文献）。一方面，这些文献涉及与企业相关联的业务指导（甚至涉及详尽的企业内部工作流程安排方面的企业经济组织性建议）；另一方面，这些文献从结构性的基础研究的意义上说，也涉及大学学术研究。当然，合规是一个崭新的、非法定的概念，因此，在定义以及如何适用传统法教义学理论方面产生了困难。为了赋予合规这个范围广泛而又模糊的概念以具体的内涵，学界做了很多尝试。这些尝试既不是陈词滥调（例如，对于法律的顺从），也不是“新瓶装老酒”（例如，将合规作为刑法总论或者分论中传统上属于经济刑法或者企业刑法中的问题的集合概念）。从事公司合规研究的人的立场不同，他们在理论方案上就会有各种不同的观念与特定关切；但如果人们能考虑到具体的法律条件——应被分析的犯罪构成要件，那么这些观念和关切的差异就可以在很大程度上得到克服。就这点来说，无论解释者是否归属于刑事追诉机构、审判机构、学术界或者法律咨询机构，将原本属于规范解释的任务归属于合规，都会鲜有成效。然而，作为一门关注远景、执行和组织的科学，刑事合规在预防与诉讼上都是不可或缺的。当然，每个法律渊源对于合规努力的目标方向都具有决定性的影响，尤其是在系统化的组织内，特别是经济性企业。这些企业受制于各种形式的规则，包括以刑罚保障的规则。如果

---

* 德国基尔大学法学院教席教授，主要从事德国/国际刑法、刑事诉讼法、经济刑法的研究工作。

** 山东大学法学院讲师，法学博士，博士后流动站研究人员。

2012年版，第5页)。

本文集在拓宽我们视野的同时，更重要的意义在于对我国单位犯罪的理论与实践有所启迪。在我国单位犯罪的立法和司法中，能否借鉴域外成功的经验，将合规计划移植过来？能否将合规计划作为企业负责人在刑法上的注意义务的内容，在缺乏合规计划的情况下直接追究企业和相关负责人的过失责任？合规本来是企业内部管理的一部分，将其上升为刑事义务，刑法是否过度地介入了企业的内部管理活动？在满足了合规要求后，能否阻却单位和相关负责人的刑事责任？合规如何进入到犯罪论体系中，在犯罪论体系中如何进行妥当的安排，等等。诸多的疑问，本书并不会给我们提供一个完整的解决方案，但这也说明合规计划将是刑法学研究的一个富矿，一个新的增长点。需要注意的是，我国刑法中关于单位犯罪的立法有自己的特点，我们也无需完全照搬国外的合规制度，如何建立具有自己特色的合规制度，应该是今后我国合规计划研究的着力点。

我不懂德文、日文，对英文资料也只是看个大概，无法直接判断翻译稿是否精当、严谨，也无法考证翻译是否领悟了作者的精髓，但本文集的译稿语言平实，读来流畅，反映了年轻学者良好的外文水平和法学功底。尤其是在今天的学术评价机制中，翻译这一既费时又费力的工作常常得不到应有的回报，在这个背景下，译者不计名利，翻译出版本文集，实在是难能可贵。相信本文集的出版，对于学界更多的人关注合规计划并予以深入研究，定会起到一定的推动作用。作为一个先睹为快的读者，在读后受益良多的同时，借此对本文集的所有译者表示衷心的感谢！

是为序。

2018年5月29日

疑具有重要意义。

合规计划的研究之所以成为刑法研究的重要议题，与现代社会企业犯罪呈现严重化趋势有着直接的关联。由于企业活动的封闭性、灵活性，与千方百计绕过监管而获利的企业活动相比，法律对企业活动的监管始终表现出力不从心的一面。起源于美国的合规制度，起始只是简单地遵守规范之意，试图通过激励性的合规计划（内部监督）来弥补外力监督的不足。然而发展到今天，合规已经不是简单的规范忠诚，还包括犯罪预防的激励措施、犯罪的应对方法与报告程序等，内容已经走向体系化。在理论界，合规计划的研究也早已不是简单的介绍，而是为合规计划寻找理论根据，并且努力将合规计划融入到犯罪论乃至整个刑法体系中。例如，德国刑法学者认为，合规负责人阻止企业雇员犯罪的义务是建立在管理层转托的监督者保证人义务基础上的，从保证人义务的角度推导出刑事责任，进而分析相关人员有无履行这一义务，从而决定相关人员的刑事责任。而在美国，合规计划之所以能够成为阻却犯罪的事由，原因在于，企业如果有有效的合规计划，则反映了其对自身活动已经有了“相当的注意”。虽然用语不同，但内涵不乏相同之处。

不过，学界对合规计划并非一边倒地推崇，一些学者对其功能心存疑虑，认为有效合规系统的表面特征很容易被模仿，内部合规结构并不能阻止企业内的犯罪行为，合规计划在很大程度上是表象化地为企业提供了市场合法性和减少法律责任的通道，从而可能削弱法律规范性的目的。还有学者否定合规负责人的刑事保证人义务。这些不同的观点，在本书中也有所反映，对于深入研究合规计划无疑具有警示意义。

在我看来，合规计划是一种预防性的思维，这在当代社会是非常重要的。尽管法律是一种底线，触碰底线会产生法律上的后果，我国刑法也规定了单位犯罪及相应的刑罚后果。然而，一旦单位犯罪成立，法律后果产生，对企业而言，常常是灾难性的，因为企业不仅仅需要承担直接的刑罚后果，更由于刑罚带来的负面的附随效果常常导致企业从此一蹶不振。对国家和社会而言，企业被执行刑罚，同样带来了诸多社会问题（企业倒闭、税源流失、职工失业），实际上是一种双输的结果。合规计划的提倡，促使人们不去触碰这个底线，遵循基本的、公认的行为规范，这种被齐白教授称之为惩治经济犯罪的刑法替代模式，在他看来，“巧妙地使用这些替代模式，其效果往往好于单纯地使用刑法，而且与纯粹的严厉刑法相比，对公民自由权利的侵犯也轻微许多”（《全球风险社会与信息社会中的刑法：二十一世纪刑法模式的转换》，周遵友等译，中国法制出版社

序　言

孙国祥*

本灿博士来函，邀我为他领衔翻译的“合规计划”一书作序，我本有些犹豫，但想到平时对本灿的合规计划研究也有关注和讨论，也就欣然领受了这一任务。

在中国刑法学界，相信不少人对“合规计划”多少存有一些陌生感。晚近以来，中国刑法学界专注于教义学的建构，对“合规计划”这一外来语的基本含义以及与刑法的关联性了解不多，更遑论做深入的研究。2012年夏天，我应邀在德国弗莱堡的马普外国刑法与国际刑法研究所（以下简称“马普刑法所”）做访问学者时，马普刑法所所长齐白（Sieber）教授的《打击经济犯罪的刑法及其替代模式》一文（该文收录于《全球风险社会与信息社会中的刑法：二十一世纪刑法模式的转换》，周遵友等译，中国法制出版社2012年版）引起了我的兴趣，拜读后就若干疑问通过马普刑法所的中国项目主管周遵友博士请教了齐白教授，遵友博士还介绍了马普刑法所专门研究合规计划的博士与我相识，自此对合规计划有了初步的感性认识。回国后，我将这一学术信息向正在读博的本灿介绍，他具有很强学术敏感性，很快便搜集了相关的资料，并提出了要将此论题作为博士论文的选题。在国内，合规计划的研究具有前沿和创新意义，但考虑到国内资料的匮乏，我帮助联系了马普刑法所，将本灿推荐到该所作为联合培养的博士生学习一年。一年时间虽然不长，但本灿收获颇丰，不但高质量地完成了博士论文（该论文被评为南京大学和江苏省的优秀博士论文），而且在这前后，也有数篇阶段性成果在《中国法学》《法学评论》《政治与法律》等法律类的核心期刊上发表。可喜的是，如期获得博士学位后，本灿仍继续对合规计划课题深耕细作，不时有佳作问世，成为国内本领域的代表性学者之一。此次其领衔组织团队翻译，对理论与实务界视野的拓宽，以及关注和推动合规计划的研究与实践，无

* 南京大学法学院教授，博士生导师，江苏省刑法学会会长。

要保证企业的持续性，则必须要让企业员工对此遵守并加以关注。

在此点上就涉及两个问题的答案，即为什么刑事合规注定会在国际层面和比较法层面被研究探讨。

首先，大量的企业，不论是德国的企业还是中国的企业，都以开展广泛的、在世界范围内运行的海外业务而著称，因而，在海外进行的产品制造与销售不仅仅要考虑企业所在地的法律框架，还要考虑业务运营所在国家的法律框架。巨大的商业机遇也面临着较高的管理风险。此外，鉴于业务运营中可能涉及员工的选任和培训、出口、环境、税收法律以及腐败问题，所以企业必须通过谨慎精细的合规措施对这些问题作出回应。

其次，合规的法律诱因——法律，尤其是刑事法律——是民族国家性的，以至于虽然合规是当代英语概念，但是问题设定却常常仅是纯粹国内法上的（即使德国法受到了欧洲与国际法的显著影响）。当然，尽可能全面地去遵守有效的法律却不仅是一个跨法律的问题，而且是一个跨制度的问题，对此必须要克服语言和法律文化上的障碍。基于许多国家国际化的努力，它们不仅仅法律基础是相似的，而且还获得了该领域内有意义的认知。同样，也应当在这里强调的是，企业内法规忠诚的机制也是高度抽象于法规范的具体内容本身的。例如，如果是关于腐败犯罪预防的问题，那么，不言而喻，非常重要的是，确定可罚性的准确边界，并且使得组织内部的相关职位了解这些信息。然而，如果我们对此进行总结，那么就会出现从具体规范中抽离出该问题，即成功的员工结构应当具有哪些特征的问题。也就是说，谁在何时通过何种法律问题去进行员工教育、课程应当持续多久、频率应当怎么把握、学习效果控制是否应当进行、如何确定难度，等等。类似的工具性问题还有诸如风险管理的制定等。

因此，比较法与国际性的研究在刑事合规领域即使在洲际也具有特别广阔的前景，并有望取得受学术和商业双重关注的成果，哪怕是在变幻莫测的法律情形之中。因此，尤其值得感谢这本书的编译者，他通过翻译从不同国家及语言中精选出的文章的方式促进了国际比较法的对话，并扩展、联结了刑事合规研究。

2017 年 10 月于基尔

目 录

合规的基础理论

合规管理制度的产生与发展*

川崎友巳**

李世阳***　译

一、企业系统的过失责任问题

如前文所述，要正确追究企业的刑事责任，不仅必须消除执法者使用追究个人犯罪刑事责任方法的潜意识，而且有必要开辟对企业系统本身的不完善以及企业组织结构的缺陷进行法律惩罚的新道路。在这种问题意识的前提下，承认企业主体依法经营是一种法律性义务。企业主体履行义务时，把企业采用的制度化对策有无与实际效能作为判定企业集团过失责任的出发点与落脚点的方法将会有各种不同的解释结果；并且，以此种方法追究企业自身过错的成功率无法保证。其成功率与一个要点息息相关，即是否在去除内部行政管理人员与普通职员影响的基础上，对企业管理系统的注意义务进行具体揭示。

所以，我们应重视企业合规管理制度。前文所谓“合规管理制度”意为

---

* 原文见川崎友巳『企業の刑事責任』(成文堂、2004) 第2部「企業の注意義務とコンプライアンス・プログラム」第7章。

** 日本同志社大学法学部、法学研究科教授，日本刑法学会理事，日本被害者学会理事。

*** 浙江大学法学院讲师，北京大学法学院与日本早稻田大学法学院双博士。

“每个企业自发遵守法令的系统性行为”。[1] 在美国，随着企业丑闻与犯罪的增加，“合规管理制度”获得了长足发展，被誉为是在犯罪预防中既有效又切实可行的对策，至少在形式上与针对“企业过失”的注意义务有很大关联性。而实质上是否有用的问题仍值得探讨。一般情况下，在合规管理制度的实施过程中，如果其阻止企业人员作出违法行为的效果没有得到确认，这种制度就不宜被认定为属于注意义务的内容之一。

关于这个问题在后面还会有详细说明。最初的合规管理制度理论，即使在美国也只是在寥寥数个法学领域中发展，对其效果的评价也参差不齐。但是，近年来其理论来源得到扩展，人们对合规管理制度的有效性寄予了很大期望。尤其是在企业丑闻与犯罪不断增加、经济体制不断强化大背景下的日本，该制度越来越受到重视。

那么，合规管理制度是在怎样一个环境下产生并得到发展，其内涵有何特征，将来又有怎样的发展前景呢？它与企业过失责任的注意义务又有怎样的联系？上述问题的探讨对企业惩办理论有很大益处。所以在本章，我们将回顾合规

---

〔1〕 关于美国的合规管理制度的定义：①“企业自身关于企业犯罪预防与发现的系统性对策”[Richaro S. Gruner, Corporate Crime and Sentencing 817（1994）]，②“以总括的预防企业犯罪与发现犯罪为目的的企业组织系统”[Michael Goldsmith & Charl W. King, “Policing Corporate Crime: The Dilemma of Internal Compliance Programs”, 50 *Vand. L. Rev.* 1, 9（1997）]，③“为防止公司相关从业者施行内幕交易类犯罪的特别政策”[Kevin B. Huff, The Role of Corporate Compliance Programs in Determining Corporate Criminal Liability: A Suggested Approach, 96 *Col. L. Rev.* 1252, 1252（1996）]。

对于日本的合规管理制度的定义：①法令“关于遵守的内部规定”（齐藤丰治「東芝機械ココマ違反事件と行為法改正」犯罪と刑罰6号〔1989〕37頁），②“以遵守法律、规章、行动规范为目的的程序与系统”（田中宏司①「コンプライアンス・プログラム入門①：経営者にとっての企業倫理のエッセンス」取締役の法務50号〔1988〕11頁。③在通过企业伦理、法令等规范职员活动的同时，防止不正当、违法行为出现的各种制度（田中宏司②「米国の企業倫理. コンプライアンスの動向」JICPAジャーナル8巻5号〔1996〕21頁以下）。

此外，并非全部的企业合规管理制度，而是仅对于遵守反垄断法管理的定义：①“反垄断法合规计划”（松下満雄「『独占禁止法コンプライアンス・プログラムの手引作成』に携わって（学者の立場から）」公正取引493号〔1981〕10頁），②“企业经营方针中遵守反垄断法的全部方法”（全国銀行連合協会「銀行の公正取引に関する手引」金融法事情1325号（〔1992〕33頁以下参照），③“企业为使公司职员与相关从业者遵守反垄断法的规定而实施的计划”（川越憲治「企業法務における独占禁止法——コンプライアンス・プログラムについて——」自由と正義45巻4号〔1994〕36頁）。

对于其他方面，④“根据企业从事产业的特点与企业地位（例如市场分额的大小与竞争者数量）的不同，在《禁止事项集》一样的小册子中关于遵守反垄断法必须注意事项的指南”（石田英遠『独禁法政策強化の波を乗り切る』〔中央経済社，1994〕232頁），⑤作为“为使法律得到遵守的程序”（田中弘司①·前揭注（1）論文11頁），也有观点认为与企业合规管理指南的意义类似（还可参照 長谷川俊明『独占禁止法と規制緩和』〈東京布井出版，1995〉217頁）。

管理制度在美国的产生与发展，对其发展历程产生一个宏观印象。

二、美国合规管理制度的形成与发展

1. 合规管理制度的诞生

现代企业制度的诞生源于企业对法律法规的自觉遵守。例如，欧洲中世纪时期，行会制度就通过控制市场交易与社会福利的形式规范了经济活动参加者的行为。[2]

在近代美国，1929年开始的大萧条中颁布的《国家工业复兴法》（National Industrial Recovery Act of 1933）促进了企业间的公平竞争，部分企业自发出现规则意识，遵守法律法规越来越成为企业经营的普遍风气。[3] 尤其是在证券投资领域，1938年《马罗尼法案》修改了《1934年证券交易法》第15条第A项的内容，规定由经纪人与证券业从业者构成的非公有制组织"美国证券交易商协会"拥有自主制定规范单个从业者行为的法规的权力等。[4] 但是总而言之，对这些政策持怀疑态度的人很多，其存在的意义也未得到广泛认同。

2. 1960年代的发展

（1）重型电气设备公司违反《反托拉斯法》事件。我们今天所谓的"合规管理制度"的含义，来自于美国于20世纪60年代早期的探索。[5] 20世纪50年代末60年代初，约三十家重型电气设备公司之间进行了价格协商与市场范围分割。之后在1961年，29家企业以及包含各公司董事会成员在内的44人遭到反垄断起诉。

通用电气公司（GE）作为被起诉的企业之一，从1946年开始就实施了关于《反托拉斯法》的合规管理制度。例如，该公司要求所有公司职员都必须在遵守

---

〔2〕 Groskaufmanis, supra note 2, § 5.01. Harvey L. Pitt & Karl A. Groskaufmanis, "Minimizing Corporate Civil and Criminal Liability: A Second Look at Corporate Codes of Conduct", 78 *Geo. L. J.* 1559, 1571 (1990). 除此以外, Mark B. Baker, "Private Codes of Corporate Conduct: Should the Fox Guard the Henhouse?", 24 *U. Miami Inter - AM. L. Rev.* 399, 401 (1993); Charles J. Walsh & Alissa Pyrich, "Corporate Compliance Programs as a Defense to Criminal Liability: Can a Corporation Save Its Soul?", 47 *Rutgers L. Rev.* 605, 649 (1995); Karl A. Groskaufmanis, "Corporate Compliance Programs as a Mitigating Factor", in *Corporate Sentencing Guidelines: Compliance and Mitigation* § 5.021 (Jed S. Rakoff et al. eds., 1997) 参照。

〔3〕 Groskaufmanis, supra note 2, § 5.01.

〔4〕 Pitt&Groskaufmanis, supra note 2, at 1577-78.

〔5〕 Id, at 1578-82; Walsh&Pyrich, supra note 2, at 650-51. 除此以外，日文文献有：川濱昇「独禁法遵守プログラムの法的位置づけ」『商法・経済法の諸問題—川又良先生還暦記念』（商法法務研究会，1997）546 頁以下。

《反托拉斯法》的宣言书上签字，将其作为企业成员的义务。该公司还将活动制度与方式书面化，逐渐为其他从业者所知。[6] 通用电气以已经进行了必要且适当的合规管理为由进行无罪辩护，尽管这种理由在今天看来严重缺乏说服力。宾夕法尼亚东部联邦地方法院未采纳其辩护意见，认定通用电气公司有罪，处以437 500美元罚金。[7] 其他被告企业有的接受有罪判决，或进行有罪辩护。各公司高层管理人员中有7人被判处有期徒刑，24人被判处有期徒刑缓刑。对被告企业法人和自然人所处罚金共计约两百万美元。以此事件为契机，企业从业者从预防违反《反托拉斯法》的过程中意识到，要想增强企业的核心竞争力，引入合规管理制度是必经之路。[8]

（2）20世纪60年代的合规管理制度。这个时期，合规管理随着防止违反《反托拉斯法》的政策实施进程而得到了普及。前述电气设备公司垄断案中，合规管理制度的法律意义未得到确认，未能在有关企业法人的刑事责任认定中对企业起到积极作用。但是，在20世纪60年代的企业环境下，相当严厉的判决客观上也创造了推广企业合规管理制度的机会。

不仅如此，除了企业以《反托拉斯法》为契机导入合规管理并加以推广外，行政管理机构也肯定了这种措施的有效性，并在事实上使得合规管理的推广加快。[9] 例如，1966年，联邦贸易委员会（Federal Trade Commission）委员长保罗·兰德·狄克森为支持合规管理制度在企业中的推广，发表了以下言论："我认为，合规管理制度的精髓在于，使法令的遵守不再依靠严格监视和个人自觉性与诚实性，而是用合理的事前计算规划来避免违法行为的发生。即使偶然发生了违法行为，这种规划机制也有能力尽早将违法行为扼杀在摇篮中。如果能建立这

---

〔6〕 Pitt & Groskaufmanis, supra note 2, at 1580; Walsh & Pyrich, supra note 2, at 651. 此外，川濱昇·前揭注（5）論文546頁以下参照。

〔7〕 Richard Austin Smith, "The Incredible Electrical Conspiracy" （part Ⅰ）, 63 *Fortune*, 132, 134 (1961); Myron W. Watkins, "Electrical Equipment Antitrust Case-Their Implications for Government and for Business", 29 *U. Chi. L. Rev.* 97, 97-110（1961）. 此外，以重型电气公司对反托拉斯法的违反为素材，探讨刑事法在经济活动领域的规制机能的文献有：田中利幸「法人犯罪と両罰規定」中山研一ほか編『現代刑法講座第1券·刑法の基礎理論』（成文堂，1977）281頁以下，芝原邦爾『刑法の社会的機能』（有斐閣，1973）60頁以下。

〔8〕 Pitt&Groskaufmanis, supra note 2, at 1580; Walsh & Pyrich, supra note 2, at 651. 此外，川濱昇·前揭注（5）論文546頁以下参照。

〔9〕 Richard A. Whiting, "Antitrust and the Corporate Excutive Ⅱ", 48 *Va. L. Rev.* 1, 3 (1962); Pitt & Groskaufmanis , supra note 2, at 1581; Groskaufmanis, supra note 2, § 5.02 1 a; Walsh&Pyrich, supra note 2, at 650.

种合规管理制度，我们的说服力将会变得更大。套用古代法谚就是‘言行即承诺’”。[10]另外从《反托拉斯法》中引入的合规管理制度的推广过程中，由于研究的需要，对相关专业知识的需求快速增加，客观上也提高了反垄断法专业律师的业务能力。[11]

3. 1970 年代的发展

(1) 水门事件与企业捐款丑闻。进入 20 世纪 70 年代后，企业中的合规管理制度推广面临前所未有的新局面，即扩展到了《反托拉斯法》以外的领域。此次变革的导火线是由水门事件引出的企业捐款丑闻。[12]

1972 年 6 月 17 日，5 个不明身份者闯入华盛顿特区民主党全国总部所在地水门大厦，在试图设置窃听器时被发现并被逮捕，其中一人为总统尼克松的竞选连任委员会成员。之后，该事件持续发酵，在调查闯入事件以及在对此事件的掩盖过程中，越来越多的疑点被发现，并指向白宫与尼克松总统本人。为搜查的需要，L. 乔沃斯基被任命为特别检察官。[13] 其搜查并不限于与水门事件有直接关联的范围，还包括尼克松在总统选举中的各种不正当行为。1973 年，在前一年的总统选举中进行了违法捐款的数个企业与其董事会成员遭到起诉。

(2) 美国证券交易委员会的公示政策。政治丑闻发生以后，美国证券交易委员会（Securities and Exchange Commission ：SEC）针对企业的违法捐助行为，以《1933 年证券法》和《1934 年证券交易所法》为依据，要求企业必须以委任说明书或年度报告的形式对自己的资金去向进行公示，并对企业是否遵守了法规展开调查。这造成大量企业掩饰自己的财务报表，或制造虚假的支出项目以掩盖用于违法政治捐款与行贿的资金。这种行为在一段时间内蔚然成风，而且违法政

---

〔10〕 Richard J. MacLaury, “Compliance Programs under the Robinson - Patman Act and Other Antitrust Laws -The Practical Effect of Such Programs or the Absence Thereof”, 37 *Antitrust L. J.* 96, 103 (1968).

〔11〕 Richard A. Whiting, “Antitrust and the Corporate Excutive”, 47 *Va. L. Rev.* 929, 929n. 2 (1961).

〔12〕 Kathleen F. Brickey, *Corporate Criminal Liability* § 1: 01 (2d ed. 1991); John C. Coffee, Jr. , “Beyond the Shut-Eyed Sentry: Toward a Theoretical View of Corporate misconduct and an Effective Legal Response”, 63 *Va. L. Rev.* 1099, 1115-16 (1977) ; Groskaufmanis, supra note 2, § 5. 02 [1] [b] .

〔13〕 Marshall B. Clinard& Peter C. Yeager, *Corporate Crime*, 155-62 (1980); Joy Hakim, *A History of Us - all the People* 171-76 (1995). 此外关于水门事件，参照大森実『ウォーターゲート一事件』（潮出版社，1973），山田進一『ホワイトハウス』（岩波書店，1975）155 頁以下，ワシントン・ポスト編，（斎田一路訳『ウォーターゲートーの遺産——政治的人間ニクソンの誕生と死』（みすず書房，1975），ウィリアム・マンチェスター（铃木主税訳）『栄光と死・アメリカ現代史 5 1969-1972』（草思社，1978）169 頁以下，メアリー・ベス・ナートン等著（上杉忍ほか訳）『アメリカの歴史⑥冷戦体制から21 世紀へ』（三省堂，1996）158 頁以下。

治捐助与行贿的对象不限于国内，还波及国外的政治家与政治团体，因此受到国际上的广泛关注。[14]

受此种调查结果影响，证券交易委员会明确表示，“企业董事会与职员因不正当支出而受到有罪判决，是对国民特别是股东必须公示的重大事实（material fact）”。[15] 这份声明进一步完善了有关企业的可疑支出义务公示的政策。具体来说，一旦企业的违法政治捐款行为得到确认，则会强制对企业提起诉讼。这一方面可以使得有关不正当支出的信息得到公开[16]，另一方面也可使企业提出具有自主性的公示程序。[17] 对于前者，通过诉讼的强制执行，能促使企业为达成合意判决而变更企业经营手续、设置监事会等，最终实现公示。对于后者，则暗示企业按以下几个要点自行进行公示，可以减小被强制提起诉讼的可能性，以促使企业主动进行公示。这几个要点是：

第一，声明停止本企业在国内外进行的可疑活动。

第二，进行彻底的内部调查。

第三，以恰当的方式公示调查结果。[18]

在证券交易委员会此种政策的影响下，大量企业自行进行了公示。随后发现有涉及300家企业以上、约3亿美元的违法支出。[19] 存在不当支出的企业中有很多家是国际上作为美国代表的大型企业，社会舆论对此类企业的指责快速增加。因此，这些企业开始亡羊补牢，制定防止资产不正当支出的内部控制机制。

（3）1977年《反海外腐败法》。20世纪70年代后期的美国更进一步，将防

---

〔14〕 Coffee, supra note 12, at 1115-25. 此外，对企业捐助丑闻及之后证券交易委员会的应对进行介绍的日文文献有：森田章『現代企業の社会的責任』（商事法務研究会，1978）299頁以下，同「コーポレート・ガバナンスとディスクロージャー」森本滋ほか編『企業健全性確保と取締役の責任』（有斐閣，1997）111頁以下。

〔15〕 Pitt&Groskaufmanis, supra note 2, at 1582.

〔16〕 Coffee, supra note 12, at 1248-49, 1253.

〔17〕 Coffee, supra note 12, at 1117; Groskaufmanis, supra note 2, §5.02 1 b. 此外，在证券交易委员会的推动下，纽约证券交易委员会将设置由外部董事组成的监察委员会（audit cocommittee）作为股票上市的要件，以此来促进企业对外部的公示［神崎克郎「米国の社外取締役の法的責任」商事法務816号（1978）416頁以下］。

〔18〕 Coffee, supra note 12, at 1253. 对于由证券交易委员会提出的自主性公示程序的指导准则，参照森本章·前揭注（14）書313頁以下。

〔19〕 Groskaufmanis, supra note 2, §5.02［1］［b］. 此种一系列违法企业捐款与贿赂事件的公开，也使得美国以外的其他各国的政治腐败随之被发现。日本的“洛克希德公司事件”就为其中的代表。此外，包括哥伦比亚的勒内·巴里恩托斯将军临时政权收受联合布拉恩兹公司贿赂事件、哥伦比亚的阿雷利亚诺总统政权倒台等在内，美国的企业捐款丑闻对国际社会也造成了极大的影响（Coffee, supra note 12, at 1103n. 7）。

止企业不正当支出的手段以成文法的形式展现，并更加明确了企业的权利与义务。美国国会在1977年因社会对企业捐款丑闻的批判而制定了《反海外腐败法》(The Foreign Corrupt Practices Act of 1977)，开始在新领域里限制企业资产的不当支出。[20] 本法为防止不当支出，修正了《1934年证券交易所法》的两个要点。第一个要点是《反海外腐败法》第3条重新解释了《证券交易所法》的第30A条，新的条文为：原则上禁止美国的上市公司对外国公务员、政党、政治家进行政治捐助与行贿。[21] 第二个要点是《反海外腐败法》第102条，对《证券交易所法》第13条b款增加了第2项和第3项描述，在确认企业有制定本企业资产的详细清单并予以妥善保存的义务的同时，规定企业履行此义务时必须在内部设置会计控制机制。[22]

(4) 1970年代的合规管理制度。20世纪70年代的合规管理制度已经不是单纯的犯罪预防措施，已经逐渐被当成一项法律性义务。因水门事件而曝光的企业捐款丑闻，只是到1970年代为止企业经营管理中的本质问题的集中展现。即体现为三点：

第一，在企业内部普遍不以上述违法行为为耻。[23]

第二，缺乏明确的保障董事会与职工行为妥当性与合法性的指导原则。[24]

第三，企业内部信息通达度不足。[25]

为改善这些不足，证监会与《反海外腐败法》制订了企业自主纠偏的行动原则，使企业能自行防止违法的企业活动出现，并在实践中不断完善此理论。这些措施不仅解决了迫在眉睫的部分问题，还引发了企业经营方式的变革，推动了合规管理制度在财会事务领域的进一步发展。[26] 然而，此时的合规管理制度作

---

〔20〕 Lynne Baum, Foreign Corrupt Practices Act, 35 *Am. Crim. L. Rev.* 823, 823-840 (1998); Brickey, supra note 12, § § 9.02-9.27; Donald R. Curver, *Complying with the Foreign Corrupt Practices Act* (1994); Don Zarin, *Doing Business Under the Foreign Corrupt Practices Act* (1995). 此外，1997年反海外腐败法相关的日语文献有：森田章·前揭注 (14) 書338頁以下，中原俊明「米企業の海外不正支出をめぐる法規制——その模索と展開の軌跡を追う——(一)—(三)」民商法雑誌79卷2号 (1978) 163頁以下，79卷3号 (1978) 360頁以下，79卷4号 (1978) 522頁以下，同「アメリカの外国腐敗行為防止法の検証——1988年までの展開」琉球法学48号 (1992) 293頁以下，同「会社の政治活動の限界——米国の政治献金規制を中心に」ジュリスト1050号 (1994) 121頁以下参照。

〔21〕 15 U.S.C. § § 78dd-1(a)(1)-(3)(2003).

〔22〕 Id. § 78m(b)(2)(A)-(B); Baum, supra note 20, at 837-38.

〔23〕 Coffee, supra note 12, at 1102-03.

〔24〕 Id. at 1130.

〔25〕 Id. at 1146-47.

〔26〕 Id. at 1121-22; Pitt&Groskaufmanis, supra note 2, at 1585; Walsh & Pyrich, supra notez, at 654.

为一种被企业普遍接受的严格行为规范，由于不属于成文条例，部分舆论对其实际效力持怀疑态度。[27]

4. 1980年代的发展

（1）1988年《内幕交易与证券欺诈取缔法》。20世纪80年代，美国的合规管理制度无论在质还是量上都已经更上一层楼。究其原因，其中之一即在1988年制订的《内幕交易与证券欺诈取缔法》（Insider Trading and Securities Fraud Enforcement Act）中，内幕交易行为受到了限制。[28] 在此之前，为了防止证券业中出现内幕交易行为，证监会采用了严密监视证券业从业者的行政监督体制。[29] 然而，20世纪80年代大规模内部交易事件席卷华尔街，尤其以艾凡·博斯基案、迈克尔·密尔肯案、丹尼斯·莱温案以及西格尔案为代表。从中我们可以看出，企业对于建立行政监督体制的积极性普遍不足。[30]

20世纪80年代的内幕交易方法以艾凡·博斯基的“套利投资者”方式为代表。他和投行兼并的拍板人西格尔、丹尼斯·莱温，以及证券公司垃圾债券处理部门的迈克尔·密尔肯合作，获取密尔肯在筹措企业兼并所需资金的过程中透露出的未公开信息，在恰当的时机通过买卖并购企业的股票牟利。在此事件中，除上述4名被告人以外，密尔肯、莱温、西格尔供职的德崇证券（Drexel Burnham

---

〔27〕 Coffee, supra note 12, at 1121-22.

〔28〕 1988年内幕交易与证券欺诈取缔法相关的文献参照：岸田雅雄「米国の内部者取引および証券詐欺規制法」商事法務1170号（1989）23頁以下，堀口勝「内部者取引および証券詐欺規制法」日本大学大学院法学年報21号（1991）317頁以下。

〔29〕 对于证券交易委员会所采取的对内幕交易的行政监督的概要，过去的介绍文献有：神崎克郎「会社機密関与者の証券取引の規制」『証券取引規制の研究』（有斐閣，1968）91頁以下、同「米国の内部者取引規制の最近の発展」商事法務640号（1973）20頁以下，同「米国における内部者取引規制の展開」民商法雑誌74巻5号（1976）759頁以下，鈴木薫「アメリカにおける内部者取引の規制」海外事情18巻2号（1970）55頁以下，龍田節「内部者取引」ルイ・ロス/矢澤惇監修『アメリカと日本の証券取引法（下巻）』（商事法務研究会，1975）560頁以下，石角完爾「米国の内部者取引規制の批判的検討——証券取引法一十六条（b）項の問題点——」商事法務848号（1979）11頁，松井一郎「アメリカ証券取引法一十六条（b）項の立法の沿革と訴訟手続等について」日本法学46巻2号（1981）161頁以下，瀬谷ゆり子「米国における1984年内部者取引制裁法」国際商事法務14巻1号（1986）11頁以下，加藤信「米国の内部者取引制裁法」証券研究80号（1988）123頁以下。並木俊守『日米インサイダー取引法と企業買収法』（中央経済社，1989）62頁以下，渡辺征二郎『インサイダー取引』（中央経済社，1989），森田章『インサイダー取引——証券市場と日本人——』（講談社，1990）116頁以下，島袋鉄男『インサイダー取引規制——アメリカにおける法理の発展——』（法律文化社，1994），並木和夫『内部者取引の研究』（慶應義塾大学出版会，1996），栗山修『証券取引規制の研究』（成文堂，1998）155頁以下等参照。

〔30〕 Groskaufmanis, supra note 2, §5.02 [1][c]; Pitt&Groskaufmanis, supra note 2, at 1587-89; Walsh & Pyrich, supra note 2, at 654.

Lambert）与基德·皮博迪证券公司（Kidder，Peabody）也遭到起诉。几名被告通过认罪辩诉协议进行有罪辩护。达成合意判决后法庭仅对起诉书中的部分事实处以大额罚金。[31] 作为有史以来最大的内幕交易案件，这一事件惊动了全社会，也成为了建立更加严密的内幕交易限制机制的导火线。

所以，美国国会在 1988 年制订了《内幕交易与证券欺诈取缔法》，主动建立限制内幕交易的机制。该法的规定错综复杂，但其中不乏有利于建立合规管理制度的规定。例如，该法第 3 条对《1934 年证券交易所法》第 15 条 f 款、《1940 年投资顾问法案》第 204A 条作出补充解释，在考虑公司自身性质的同时，新增了公司的义务，即将本公司采取的指导思想、执行手续成文化，并确保能长期执行。[32] 这些方法的目的在于预防证券公司违反《证券交易所法》、《投资顾问法案》，以及其他有关规定、行业规范等。

有一项被称为“Chinese wall”的政策是在防止内幕交易行为的领域内经常运用的合规管理政策。[33] “Chinese wall”本意为中国长城，这里指企业内部防止未公开信息遭到泄露、扩散的措施。具体包含以下几个要点：

第一，存在信息传播的限制措施。

第二，建立规范职员行为的规章与指南。

第三，将保存重要信息的部门与其他部门物理隔离。

从此前的大规模内幕交易行为中我们可以看出，在类似企业兼并的市场交易行为发生时，大量未公开信息的出现促使证券公司或投资银行的融资部门通过经纪人、自主运作或委托运作的方式依赖未公开信息获得利润。在这些有能力得知内部消息的企业中极易出现内幕交易现象。所以，“Chinese wall”即在这种情况下限制内幕交易的措施。

以防止内幕交易行为出现为目的的合规管理制度始于 20 世纪 60 年代后期，在大规模内幕交易行为中被起诉的德崇证券、基德·皮博迪证券等公司在合意判

---

〔31〕 关于艾凡·博斯基案等内幕交易事件的概要：森田章『投資者保護の法理』（日本評論社，1990）222 頁以下较详细，除此之外：ジェームズ·ステュアート（小木曽昭元訳）『ウォール街·悪の巣窟』（ダイヤモンド社，1992）1 頁以下，『〈海外事情〉M·ミルケン事件案の始末』商事法務 1218 号（1990）40 頁以下，ニューズウィーク日本版 1 巻 7 号〔1986〕29 頁以下，1 巻 18 号〔1986〕32 頁以下，1 巻 20 号〔1986〕22 頁以下，1 巻 21 号〔1986〕30 頁，1 巻 45 号〔1986〕29 頁以下，2 巻 9 号〔1987〕32 頁以下。

〔32〕 15 U. S. C. 78o（f）（2002）.

〔33〕 Pitt&Groskaufmanis, supra note 2, at 1617-30. 此外，中村宗男「商業銀行の信託部門とチャイニーズ·ウォール」商事法務 1184 号（1989）37 頁以下，同「証券業者の利益相反問題」商事法務 1184 号（1989）39 頁以下参照。

决中确认需要在公司内部建立“Chinese wall”并评估其效用，这种措施的重要性也逐渐为大众所知。[34]

（2）五角大楼舞弊案与帕卡德委员会报告书。20 世纪 80 年代末期五角大楼舞弊案东窗事发后，接受美国国防部订货的各公司自行进行的改革措施客观上推动了这一时期合规管理制度的发展。20 世纪 80 年代中期，美国国防部（五角大楼）出现了极其严重的舞弊事件，浪费国防军费与军事订货中的弄虚作假行为被联邦调查局和海军调查局发现。[35] 具体包括五角大楼内部用品采购弄虚作假、缺乏计划性的新型武器装备研发导致资金浪费等。当时媒体与大众对这一事件的关注与日俱增，对五角大楼和军火企业的指责不断增加。罗纳德·里根总统为了不影响自己的公众形象，指示成立国防行政特别委员会（帕卡德委员会），以商讨对策。[36]

帕卡德委员会所整理的报告书中对接受订货的军火商提出了两点要求，以限制不正当行为。

第一，建立覆盖整个军火业界的行业规范与行动纲领。

第二，在发现不正当行为时须自行向国防部解释说明。[37]

根据此要求，1986 年 18 家接受五角大楼订货的军火企业联合起草了名为《国防工业的商业伦理与企业活动精神》的纲领，包含 6 项基本原则。[38] ①供应商必须以成文化的商业伦理作为行动指南。②行动指南中的各项目要求的应是企业或从业者能达到的较高道德水平。③供应商必须为公司成员举报不正当行为提供自由开放的环境。④供应商必须遵守与筹款相关的联邦法律，并负有自觉进行公示的义务、发生违法行为时进行损害赔偿的义务。⑤为保持国防工业界的廉洁性，供应商有遵守商业伦理的团体责任。⑥供应商承担遵守以上原则的公共责任。

以这些原则为基础，供应商逐渐引入了有关筹款的联邦法律的合规管理机制。到 20 世纪 80 年代末，五角大楼军火招标的应标企业中已经有半数以上企业

---

〔34〕 Elizabeth Szockyj, *The Law and Insider Trading: In Search of a Level Playing Field* 119 (1993).

〔35〕 例如，*N. Y. Times*, Feb 18, 1986, at B8; *Newsweek*, March 10, 1986, at 22-23（ニューズウィーク日本版 1 卷 7 号〔1986〕29 頁以下参照）。该版《纽约时报》中报道了五角大楼以 600 美元采购马桶座、以 7600 美元采购咖啡壶的事实。

〔36〕 Benjamin B. Klubes, “The Department of Defense Voluntary Disclosure Program”, 19 *Pub. Cont. L. J.* 504, 506-08 (1990).

〔37〕 Groskaufmanis, supra note 2, § 5.02 [1] [b]; Walsh&Pyrich, supra note 2, at 656.

〔38〕 Klubes, supra note 36, at 508.

实行了合规管理制度，并在《国防工业的商业伦理与企业活动精神》上签字。[39]

（3）环境保护相关法律。虽然从20世纪70年代开始，在美国国内州际层次上已经有包含处罚条例的环保相关法律，但环保的重要性在20世纪80年代才得到重视。美国环保署（Environmental Protection Agency：EPA）为了让公众更好地遵守一系列环保法案，在1986年发布了《环境审计政策声明》（Environmental audit policy statement）。此文件旨在对企业定期进行“多层次、宽领域、点面结合的客观监督”[40]，使得企业将环保作为工作的要点之一。[41] 环保署采用的环境监察程序共有7个要点[42]：①经营者支持环保署的监督，遵守法令。②维持监督程序相对于其他机构的独立性。③监察部门中，优秀的执行人员、较高的研究水平与适当的预算水平齐备。④监察程序中应具有清晰的目的、范围、手段、频率。⑤监察程序中为达到目的，必须具有情报收集、解析、整理的手段。⑥能够公正、明确地按程序作出报告书，此报告书依赖的监察结果包含公力救济实施提案。⑦有保障监察不遗漏、不出错的纠偏机制。

在环境法学领域中经常出现的“环境监察”一词并不是如一般人想象的那样只是为了防止违法行为出现而采取的监视企业的措施，而是作为合规管理制度的一种，包括事前预防，更包括事后预防。虽然实行环境监察从法律方针上来讲是依靠企业的自主性，但环保署仍然半强制地推行了环境监察的实施。所以，20

---

〔39〕 Id. at 508-09：Pitt&Groskaufmanis, supra note 2, at 1595. 在国防工业界采取自主措施的同时，国防部一方也开始要求企业引入自主实施公示政策，以推动对企业的内部调查以及对违法行为的早期预防。现在，国防部的行政规范中，劝告所有应标企业应实施合规管理制度，以及制订了《应标企业危险指数评价程序指导》，公布了“有效的合规管理制度”的客观评价标准（Walsh & Pyrich, supra note 2, at 658-59）。

〔40〕 Environmental Auditing Policy Statement, 51 Fed. Reg. 25, 004, 25, 006（1986）.

〔41〕 在美国，自然环境保护与生产安全卫生环境保护均涵摄在环境保护这一概念之下。因此一般来说，与环境保护有关法律的合规管理制度涵盖生产安全卫生保护。这与国际标准化组织（International Organization for Standards：ISO）仅以保护自然环境为目的制定环境监察基准ISO14000标准的应对方法不同。但值得注意的是，ISO14000标准仍对美国环保法案产生了很大影响。（Lynn E. Pollan, Corporate Compliance in Environmental Matters：Outline for Discussion , in Corporate Compliance After Care mark 511, 516（Carole L. Basri et al. co-chaired 1997），除此以外，クリストファー·L·ペル「環境管理システムを利用し米国環境法違反を防ぐための体制作りの具体的方途を考える」月刊国際法務戦略3巻5号〔1994〕16頁参照）。

〔42〕 Environmental Auditing Policy Statement, supra note 40, at 25, 009.

世纪 80 年代后期美国的很多企业都建立起了环境监察机制。[43]

（4）20 世纪 80 年代的合规管理机制。80 年代在各种不同的法学领域里都出现了合规管理制度的影子。一方面，合规管理影响范围的扩展常常是以企业丑闻爆发为契机。换言之，在企业丑闻被发现时，法律执行机关试图运用合规管理制度对将来可能再次发生的违法行为做出事前预防；另一方面，企业积极导入合规管理机制，以净化自身。在双方的努力下，合规管理制度已适用到了广泛的法学与法律领域中。

除了前述两点以外，在 20 世纪 80 年代后期的美国，储蓄贷款协会（S&L）不正当经营与金融机构欺诈案[44]、国际商业信贷银行（BCCI）巨额洗钱案[45]等案件次第出现，大型企业丑闻受到社会广泛且严厉的谴责。[46] 在此状况下，

---

〔43〕此外，美国司法部在 1991 年 7 月 1 日颁布了《涉及重要的自发合规管理行为或公示行为的违反环境法现象的起诉考量要素》的声明（详见本书第 9 章）。美国量刑委员会在 1994 年制作了针对环境犯罪方面的企业组织量刑指南。该指南中认为，若企业实施了有效的防止违反环境法的合规管理行为，则可能减轻须承担的罚金数额，并将合规管理制度作为考验期须遵守的事项之一。这一草案虽然由于各种原因未能送交国会审阅，但受到广泛关注，推动了企业实施合规管理制度的进程［Paul E. Fiorelli & Cynthia Rooney, "The Environmental Sentencing Guidelines for Business Organizations: Are There Murky Waters in Their Future?", 22 *B. C. Envtl. Aff. L. Rev*, 481－502（1995）; Patrick J. Devine, "The Draft Organization Sentencing Guidelines for Environmental Crimes", 20 *Colum. J. Envtl. L.* 249, 249－299（1995）］。在 1995 年，美国环保部确认，在对违反环境法行为的起诉考量中，实施合规管理政策是对法人有利的项目［U. S. Environmental Protection Agency, "Final Policy Statement, Incentives for Self－policing: Discovery, Disclosure, Correction and Prevention of Violations", 60 *Fed. Reg.* 66, 706（1995）］。

〔44〕关于储蓄贷款协会（S&L）不正当经营与金融欺诈事件：Henry N. Pontell&Kitty Calavita, "While Collar Crime in the Saving and Loan Scandal", 525 *Annals. Aapss* 31, 31－45（1993）; Paul Zane Pilzer With Robert Deitz, *Other People's Money : The Inside Story of the S&L Mess*（1989）（本書の邦訳として，P・Z・ピルツァー〔阿部四郎訳〕『S&Lの崩壊』〔家の光協会，1996〕）; NED EICHLER, The Thrift Debacle（1989）（本書の邦訳とし，ネド・アイヒラー〔柿崎映次、呉天降訳〕『アメリカの貯金貸付組合 S&L——その発展と崩壊』〔あ茶の水書房，1994〕）; Kitty Calavita, Henry N. Pontell&Robert H. Tillman, Big Money Crime Fraud And Politics in the Savings and Loan Crisis（1997）; 此外，藤田弘「アメリカにおけるS&L関係犯罪の大量摘発と日本の住専問題」国際商事法務 25 巻 4 号（1997）339 頁以下参照。

〔45〕关于国际商业信贷银行（BCCI）巨额洗钱案：Nick Kochan&Bob Whittington, Bankrupt: The BCCI Fraud（1991）（本書の邦訳として，ニック・ゴーチャン/ボブ・ウィンテック〔石山鈴子訳〕『犯罪銀行 BCCIの興亡』〔徳間書店，1992〕）; Robert E. Powis, The Money Launderers: Lessons from the Drug Wars－How Billions of Illegal Dollars are Washed Through Bank & Businesses（1992）（本書の邦訳として，ロバート・E・ポウィス（正慶孝監訳）『不正資金洗浄（上）・（下）』（西村書店，1993），Jonathan Beaty&S. C. Gwynne, The Outlaw Bank: A Wild Ride into the Secret Heart of BCCI（1993）（本書の邦訳として，J・ビーティー/S・C・グウィン〔沢田博・橋本恵訳〕『犯罪銀行 BCCI』〔ジャパン‘タイムズ，1994〕），ジェフリー・ロビンソン（平野和子訳）『マネー・ロンダリング』（三田出版会，1996）395 頁以下参照。

〔46〕关于防止洗钱的合规管理制度ロバート・E・ポウィス（正慶孝監訳）・前掲注（45）書 289 頁以下。

金融机构也开始引入合规管理制度，以遏制企业犯罪不断出现的势头。

在20世纪80年代企业丑闻“出现—谴责—处罚—变革”的大背景下，企业经营的理想状态逐渐改变，遵守商业伦理越来越成为从业者的共识。也正因为如此，20世纪80年代被称为“伦理时代”〔47〕，80年代末甚至出现“不重视商业伦理的企业为非主流企业”〔48〕 的论述。〔49〕

对商业伦理重视程度提高的影响还波及其他方面。例如，企业经营管理顾问机关存在的合理性即受到冲击，需要适合商业伦理的理由使机构继续存在；〔50〕美国大学的商学院中，设置商业伦理有关课程的学院快速增加。〔51〕 合规管理制度作为商业伦理的实现方式之一，被越来越多的人所理解。所以在20世纪80年代，合规管理制度在商业活动的重要性被提升至一个相当高的高度，受到广泛的认同并被付诸实践。

三、20世纪90年代美国合规管理制度的发展

1. 1991年《联邦量刑指南》对企业组织的规定

（1）罚金刑减轻事由。20世纪90年代美国刑法和刑事诉讼法界出现了有利于促进合规管理制度实施的重要诱因。1991年国会司法部下辖独立委员会之一的美国量刑委员会（U. S. Sentencing Committee）将《联邦量刑指南》中对组织的规定（Federal Sentencing Guidelines for Organizations）〔52〕 法制化。新法案中明确规定，高额罚金数量较过去大幅度减少；并且在组织正确实施了合规管理制度

---

〔47〕 Pitt & Groskaufmanis, supra note 2, at 1598.

〔48〕 Id. at 1599.

〔49〕 W. Michael Hoffman & Jennifer Mills Moores, *Business Ethics Readings and Cases in Corporate Morality* (1984); S. Scott Massin, “Books Review: Business Ethics Readings and Cases in Corporation Morality” (1984) by W. Michael Hoffman & Jennifer Mills Moore, 25 *AM. Bus. L. J.* 348, 348-358 (1987); Thomas W. Duneff, “The Case for Professional Norms of Business Ethics”, 25 *AM. Bus. L. J.* 385, 385-406 (1987).

〔50〕 Pitt & Groskaufmanis, supra note 2, at 1599.

〔51〕 Edward J. Conry & Donald R. Nelson, “Business Law and Moral Growth”, 27 *AM. Crim. L. J.* 1, 1-39 (1989). 根据美国的调查，在1973到1980年之间，设置商业伦理课程的大学数量增加了5倍［Center for Business Ethics, “Are Corporations Institutionalizing Ethics?”, 5 *J. Bus. Ethics* 85, 85 (1986)］。哈佛大学商学院中，商业伦理课程近乎成为修读MBA的必修课程（Pitt&Groskaufmanis, supra note 2, at 1599）。关于商业伦理的详细内容：T・R・パイパー/M・C・ジャンタイル/S・D・パークス（小林俊治・山口善昭訳）『ハーバードで教える企業倫理』（生産性出版，1995），R・F・ブルナーほか（島口充輝・吉川明希訳）『MBA講座・経営』（日本経済新聞社，1998）56頁以下。

〔52〕 United States Sentencing Commission, U. S. Sentencing Guidelines Manual (hereinafter U. S. S. G.) ch. 8 (2003).

的情况下，可对罚金数量进行必要的减免。[53] 在《联邦量刑指南》的规定下，若其他条件相同，则实施了合规管理的企业较未实施的企业须缴纳的罚金额可能降低30%至83%。[54]

《联邦量刑指南》在计算罚金额时导入合规管理机制的目的在于，"通过给予企业奖励的方式，在企业内部创造并维持预防犯罪、发现犯罪、报告犯罪的良好机制[55]"。[56] 而且，合规管理制度的引入被认为创造了名为"良好企业公民"（good corporate citizen）的新社会群体形态。[57]

（2）《联邦量刑指南》所追求的合规管理制度。该文件中认定可减轻罚金数额的合规管理行为的意义为"能合理进行规划、实施并执行完成，并对一般犯罪行为能起到预防与发现作用的机制"。[58] 此外还规定"不能以未能成功发现或阻止犯罪作为实际采用的机制无效的判定依据"。[59]《联邦量刑指南》认定合规管理制度是否得到正确应用，有循序渐进的以下7个标准[60]：①制定了能降低犯罪率的工作规范与操作程序。②上级组织成员中有一特定成员监督工作规范与操作程序的执行，并对全体组织成员负责。③随时注意不将实质上的裁量权赋予被认为存在违法活动倾向的管理者。④将工作规范与操作程序用适当的手段有效地传达给受雇佣者或代理人（例如，召开说明会、发布解释说明册）。⑤建立健全保障工作规范与操作程序实施效果的机制（例如，使用监督机制、设立举报制度）。⑥始终如一地执行包括惩戒制度在内的工作规范与操作程序。⑦发现犯罪行为时对工作规范与操作程序进行必要的修正，以预防未来的犯罪。

---

[53] 有关罚金额计算方式与合规管理制度的关系的详述，请参照本书第16章Ⅲ，以及作者论文「企業犯罪論の現状と展望（二·完）」同志社法学47卷5号（1996）311頁以下参照。

[54] U. S. S. G., supra note 52, ch. 8 intro. comment.

[55] Id. § 8 C2. 5 (f).

[56] Molly E. Joseph, "Organizational Sentencing", 35 *Am. Crim. L. Rev.* 1017, 1034 (1998).

[57] Wayne A. Budd, "How the Organizational Guidelines Work: An Overview, Presentation before the United States Sentencing Commission Symposium" (Sept. 7, 1995), in *Corporate Crime in America: Strengthening the "Good Citizen" Corporation* 14, 14 (1995).

[58] U. S. S. G., supra note 52, § 8A1. 2 comment. 3 (k).

[59] Id.

[60] Id. § 8A1. 2 comment. 3 (k) (1)-(7).《联邦量刑指南》认定合规管理制度是否得到正确应用的7个标准的详细资料：Groskaufmanis, supra note 2, § 5. 04A; Greory J. Wallance, "Corporate Compliance Programs under the Organizational Sentencing Guidelines", in *Corporate Compliance After Caremark* 171, 177-191 (Carole L. Basri et al. co-chaired 1997); Venrice R. Palmer, "Initiating A Corporate Compliance Program", in *Corporate Compliance: Caremark and the Globalization of Good Corporate Conduct* 225, 227-234 (Carole L. Basri et al. co-chaired 1998).

更进一步，《联邦量刑指南》在决定合规管理制度的具体内容时，特别重视以下 3 个要点：[61]

第一点与企业组织规模有关，违规违法行为的预防、检测机制根据企业组织规模不同有很大差异。规模越大，机制就越趋于形式化。大规模企业组织中，一般需要明文规定从业者或代理人须遵守的工作规范与操作程序，使规则有章可循。

第二点是经营性质。从企业经营性质来看，当在一种性质下发生一定类型的犯罪概率较高时，有必要为防止、检测该项犯罪创设单独的、合适的对策。例如，生产、加工有毒物质的企业中，必须设立取用该种有毒物质的身份验证和严格的取用程序，以保证有毒物质被用于合法用途。商业环境下企业在选拔具有商品价格决定权的员工时，必须设立防止、检测员工与其他有关主体达成价格协议、价格垄断的限制机制。

第三点为犯罪前科。企业在过去存在犯罪经历的事实，实际上是在引导企业自身对此种犯罪类型加以防范。如果某一企业再犯与此前相同或相似的罪行，则有理由怀疑该企业是否采用了有效、合理的措施来防止该项犯罪行为的出现。

（3）保护观察时期企业需遵守的事项。保护观察作为《联邦量刑指南》中对企业的固有刑事处罚手段，被引入了合规管理制度中须遵守的内容。法院认为有必要防止再犯、累犯的情况出现时，可以用考察官或第三人专家所作出的判决前评估为基础，要求企业定期作出关于合规管理制度的实施过程和结果的报告书。[62]

《联邦量刑指南》中将对企业是否适用保护观察制度的问题描述为"法无禁止即可为，未限制适用范围则可对全国范围内所有犯罪行为适用"。[63] 特别是拥有雇工 50 人以上的企业，在量刑时间点时未执行合规管理制度的，[64] 有必要实行保护观察制度。[65]

企业在保护观察时期有部分必须遵守的事项。[66] 法院一般以第三人专家对

---

〔61〕 U. S. S. G. , supra note 52, § 8A1. 2 [comment. 3 (k) (ⅰ)-(ⅲ)].

〔62〕 关于考验期内须遵守的合规管理项目的详述，请参考本书第 18 章Ⅲ3。

〔63〕 18 U. S. C. § 3561 (a) (2003).

〔64〕 U. S. S. G. , supra note 52 § 8D1. 1 (a) (3) .

〔65〕 Id. § 8D1. 1 (a) (4).

〔66〕 Id. § 8D1. 4. See also William S. Lofquist, "Legislating Organization Probation: State Capacity Business Power, and Corporate Crime Control", 27 *Law & Soc'Y Rev.* 741, 743 (1993).

企业犯罪环境调查的结果为依据，制定事项。[67] 实务中存在以下项目：①必须实施由被告企业或法院制定的合规管理制度。[68] ②向股东、从业者说明犯罪事实与合规管理制度的实施情况。[69] ③发生犯罪的情况，或关于被告企业的调查情况须定期向考察机构或法院报告。[70] ④法院有权通过调查监视设备、查阅记录，或询问职员的方法来确保合规管理制度得到切实执行。[71] 在保护观察中体现的合规管理制度的具体内容与在减少罚金刑中考虑的内容基本一致。[72]

（4）《联邦量刑指南》评价。从上面的例子中可以看出，《联邦量刑指南》中关于组织的规定，在促进合规管理制度实施的过程中重点相当明确。为了促进合规管理制度的实施，《联邦量刑指南》采用了主动介入企业活动和管理系统的指导原则。与过去的规定相比，一方面，法院的权限得到扩展，实施效果确实值得期待。但另一方面，也受到了相当多的指责：①司法过度介入经济活动。②该方案有效性仍未得到确认。③合规管理制度与量刑程度之间的联系不明确，且减轻罚金刑的事项与保护观察时期须遵守的事项所要求的合规管理程序不明确。④仍不确定该方法与促进企业实施合规管理制度的诱因是否有直接联系。[73]

2. 《企业管治的原理》

（1）《企业管治的原理》成书背景。随着企业规模越来越大，企业经营手段也趋于动态变化，难以捉摸。在这种情况下，保持稳定健全的企业经营模式是相当困难的。所以在大型企业云集的美国，为了“保障企业的稳定经营”，长久以来解决方式的寻找一直是业界的重要课题。因此，美国法律协会从维持企业稳定经营的主体、方法、程序等方面，在法律框架内经过 17 年研究，最终在 1992 年通过《企业管治的原理》[74] 一书公开了自己的研究结果。书中认为，企业法人

---

〔67〕 18 U. S. C. § 3552 (b) (2003). 判决前调查中须根据①企业犯罪性质与②考验期内的状况来决定适用法定刑的种类。该调查结果必须向被告人公开，并可被控辩双方提出异议。

〔68〕 U. S. S. G., supra note 52, § 8D1. 4 (c) (1).

〔69〕 Id. § 8D1. 4 (c) (2).

〔70〕 Id. § 8D1. 4 (c) (3).

〔71〕 Id. § 8D1. 4 (c) (4).

〔72〕 Id. § 8A1. 2{comment. [n. 3(k)]}.

〔73〕 Richard S. Gruner, "Towards an Organizational Jurisprudence: Transforming Corporate Criminal Law through Federal Sentencing Reform", 36 *Ariz. L. Rev.* 407, 458 (1994); Jennifer Arlen, "The Potentially Perverse Effects of Corporate Criminal Liability", 23 *J. Legal. Stud.* 833, 836-37 (1994); Huff, supra note 1, at 1269.

〔74〕 The American Law Institute, *Principles of Corporate Governance: Analysis and Recommendations* (1994).

需要提升地位，在与自然人相同的法律规定范围内活动〔75〕；并且为了保持企业经营的稳定性，需要授予董事会监督职能，以维持公司行为、业务的合法性。〔76〕

（2）《企业管治的原理》的概要框架与意义。过去，美国公司法的重要前提是董事会为执行机构。但在现代大规模企业不断增加的背景下，董事会无法顾及大量且各不相同的执行工作，事实上是通过董事会选举出的“执行董事”来进行实际操作。在《企业管治的原理》一书中，其以现实为基础对如今的董事会制度提出了新的解读，将实际业务执行权完全授予执行董事，董事会主要担任监督职责。〔77〕这样的分工可以使董事会的作用完全实现，并推动合规管理制度的引入与完善，且在企业管理中可以发挥重要作用。〔78〕

美国法律协会在美国法律界拥有相当大的影响力。可以预见到，如今出版的《企业管治的原理》一书中体现的思想，将在今后公司法相关立法、法院裁判以及企业行为乃至企业顾问律师行业得到各种各样的反映。〔79〕所以《企业管治的原理》顺应了时代要求，在全社会摸索企业经营模式变革之路的背景下确认了遵守法令的重要性，开创了在董事会中实施合规管理制度的新模式，具有重要且深远的意义。〔80〕

3. 20 世纪 90 年代以来的合规管理制度

20 世纪 90 年代以来，合规管理制度在企业家们的努力倡导与扩展下，不断

---

〔75〕 Id. commentc to § 2.01（b）（1）.

〔76〕 Richard S. Gruner, “Director and Officer Liability for Defective Compliance Systems: Caremark and Beyond”, in *Corporate Compliance After Caremark* 57, 59–60（Carole L. Basri et al. co-chaired 1997）.

〔77〕 森本滋「コープレインガバナンスと商法改正」龍田節ほか編『商法・経済法の諸問題』（商事法務研究会，1994）120 頁。川濱昇「企業の健全性と監督機能」（有斐閣，1997）10 頁以下，証券取引研究会国際部訳編『コーポレート・ガバナンス——アメリカ法律協会「コーポレート・ガバナンスの原理：分析と勧告」の研究——』（日本証券経済研究所，1994）。

〔78〕 The American Law Institute, supra note 74, comment c to § 4.01（a）（1）–（a）（2）. 以及，川濱昇・前掲注（5）論文 562 頁以下，同・前掲注（77）論文 32 頁以下および48 頁以下，山田純子「取締役の監視義務——アメリカ法を参考にして」森本滋ほか編『企業の健全性確保と取締役の責任』（有斐閣，1997）228 頁以下参照。此外，在 1994 年，美国法律家协会的公司、银行与商法部门出版的新版《公司董事指导》与《企业管治的原理》看法类似，强调监视公司是否遵守法律属于董事会的职责。[American Bar Association, Section of Corporation, Banking and Business Law, Corporate Director's Guidebook, 49 *Bus. Law* 1243, 1267（rev. ed. 1994）]。

〔79〕 龍田節［はしがき］証券取引研究会国際部訳編・前掲注（77）書 1 頁。

〔80〕 Gruner, supra note 76, at 60.

提高自身质量。[81] 其中最大的原因即 1991 年《联邦量刑指南》针对组织的部分对合规管理制度进行了确认。《联邦量刑指南》最初采用提高罚金的措施，取得了一定效果。但截至 20 世纪 80 年代末，逐渐进入各法学领域的合规管理制度使一定程度上减少罚金额的措施也能起到好的效果。所谓"胡萝卜加大棒"的量刑方式更加凸显合规管理制度的重要性，也创造了企业引入合规管理制度的契机。[82]

《联邦量刑指南》制订时，所要求的合规管理程度以制订之前的企业为基准。即使美国企业也很少能够达到要求，因此受到一定程度的非难。[83] 其实施以后，从 1993 年 10 月 1 日至 2001 年 9 月 30 日，在符合《联邦量刑指南》第 8 章规定，有实施合规管理的情节，属于可能降低罚金数额并由量刑委员会查询了详细资料的 687 个案例中，仅 2 例获通过。这一现象成为合规管理程序标准过高的证据之一，但客观来看，从 20 世纪 80 年代开始得到强调的"企业的社会责任"以及"商业伦理"逐渐在各个企业中深入人心，今天的美国企业实施合规管理的水平已达到了一个很高的层次。[84]

---

〔81〕 关于各法领域内部合规管理制度的实施状况的资料：「〈特集〉分野別にみた在米日本企業幹部が訴訟リスクから身を守るために」国際法務戦略 5 巻 11 号（1994）3 頁以下，「〈特集〉分野別にみたコンプライアンス・プログラムの見直し」国際法務戦略 7 巻 11 号（1998）4 頁以下などを参照。

〔82〕 Win Swenson, The Organizational Guidelines' "Carrot and Stick" Philosophy, and Their Focus on "Effective" Compliance, in *Corporate Crime in America: Strengthening the "Good Citizen" Corporation* 22, 24-32 (1995).

〔83〕 Dan K. Webb, Steven F. Molo & James F. Hurst, "Understanding and Avoiding Corporate and Executive Criminal Liability", 49 *Bus. Law* 617, 663 (1994); Notes, "Growing the Carrot: Encouraging Effective Corporate Compliance", 109 *Harv. L. R.* 1783, 1786 (1996).

〔84〕 John Scalia, Jr., "Cases Sentenced under the Guidelines, Presentation before the United States Sentencing Commission Symposium" (Sept. 8, 1995), in *Corporate Crime in America: Strengthening the "Good Citizen" Corporation* 248, 248-250 (1995).

合规计划的现状*

川崎友巳**
曾文科*** 译

一、合规计划的现今水平

如前一章所考察的那样，在美国，合规计划（Compliance Program）在过去四十年间取得了急速发展。作为预防犯罪的自主性对策，合规计划兼具质（内容的充实）与量（适用范围的扩大）两方面，达到了可期待其充分发挥效果的水平。特别是1991年针对组织体的《联邦量刑指南》成为了强有力的刺激，许多企业都逐渐推进高质量合规计划的引入。〔1〕为使合规计划被评价为合乎要求，企业该准备到何种地步呢？对于这样的疑问，针对组织体的《联邦量刑

---

* 原文见川崎友巳『企業の刑事責任』（成文堂、2004）第2部「企業の注意義務とコンプライアンス・プログラム」第8章。

** 日本同志社大学法学部、法学研究科教授，日本刑法学会理事，日本被害者学会理事。

*** 中国政法大学讲师，日本早稻田大学法学博士。

〔1〕介绍美国合规计划的日语文献参见山村繁次编「米国における輸出管理とコンプライアンス・プログラム（1）-（4）」商事法務1124号（1987）31頁以下、1125号（1987）32頁以下、1127号（1987）26頁以下、1128号（1987）20頁以下、米正剛/D・ロビンズ「インサイダー取引防止に関するコンプライアンス・プログラム」商事法務1133号（1988）79頁以下、松下勝男「米国企業の独禁法遵守プログラム」NBL472号（1991）10頁以下、石田英遠「米国における独占禁止法コンプライアンス・プログラム」公正取引（1991）493頁、ジェフリー・M・カプラン（リチャード・ホロディック/野々山由美監訳）「刑事事件—収賄事件で13人が起訴されたホンダ事件から何を学ぶべきか」国際法務戦略3巻5号（1994）4頁以下、H・ベネット・アーンバーガー/ジェームス・H・シュー「知的財産法—熾烈な技術競争社会において他社との競争に合法的に勝利するために」国際法務戦略3巻5号（1994）8頁以下、クリストファー・L・ベル「環境管理システムを利用して米国環境法の遵守を容易にし、訴訟リスクを減少する方法—刑事罰をともなう環境法違反を防ぐための体制作りの具体的方法を考える」国際法務戦略3巻5号（1994）13頁以下、ジョン・E・ダニエル「不正競争防止法—会社の経営上不正活動

指南》作出了明确指示。但是实际上，《联邦量刑指南》中所展示的合规计划的内容，既不是作为逻辑上的必然结论而被推导出来的，也没有在实证上得到印证，其只不过是立足于以往的讨论与实践得出的“最大公约数”罢了。可是，合规计划被赋予了减轻罚金数额的法律效果，对于合规计划的好评远远超出了预期，这种评价作为企业试图引入合规计划时的标准，被广泛地普及开来。

在下一章将详细阐述，除了减轻罚金刑外，合规计划还具有其他重要的法律效果，另外，合规计划也被定位为测量企业健全性或坚实性的资料。合适地运用合规计划，会带来提高企业形象、提高企业的投资适合度等意想不到的效果。因此，在20世纪90年代中期之后的美国，完成了《联邦量刑指南》所规定的合规

の発生しやすい分野を特定しプログラムの実施を」国際法務戦略3巻5号（1994）22頁以下、デイン・河野（浜辺陽一郎訳）「連邦公正労働基準法—労働賃金と就業時間に関する従業員の分類・適用を誤らないために」国際法務戦略3巻5号（1994）30頁以下、デビッド・P・フーリハン/クリストファー・F・コア「反ダンピング法—国際競争力に多大な影響力を与えるダンピング事件への関与をどう防ぐ…」国際法務戦略3巻5号（1994）36頁以下、ドナルド・R・ハリス/ケネス・A・ウィッテンバーグ「独禁法—強化される米国独禁法施行：特に注意を要する企業の国際的活動」国際法務戦略3巻5号（1994）42頁以下、ディーン・M・カトウ「環境犯罪における会社役員の責任問題—どうしたら役員の量刑を軽減できるのか」国際法務戦略5巻1号（1996）45頁以下、田中宏司「米国の企業倫理・コンプライアンスの動向」JICPAジャーナル8巻5号（1996）21頁以下、グレッグ・ロジャース「〈雇用法〉徹底的に見直すべき雇用方針と遵法プログラム–適切な雇用慣行の確立こそが企業の利益に直接」国際法務戦略7巻2号（1998）4頁以下、キャサリーン・M・ゲイバー・ブライアン・Y・舟井・エルドン・H・角田「〈移民法〉非移民外国人を雇用する雇用主が遵守すべき移民法の要件—雇用記録の不備によって1，000ドルの罰金が科されることも」国際法務戦略7巻2号（1998）12頁以下、「〈社内犯罪〉米国量刑ガイドラインに基づいた遵守プログラムの設定・実施—従業員の不法行為による刑事責任から企業を守るために」国際法務戦略7巻2号（1998）20頁以下、レイモンド・T・リオット・土屋智弘「〈環境法〉環境法遵守プログラムに必要不可欠な要素とは何か—定期的なプログラムの監査により訴訟リスクを回避」国際法務戦略7巻2号（1998）28頁以下、ジョアン・S・レッドマン・エレン・S・キム・ウェイニン・ヤン「〈知的財産権法〉共同発明者の適格要件と技術移転契約に関する考慮事項—共同研究の結果起こりうる特許侵害訴訟を回避するために」国際法務戦略7巻2号（1998）34頁以下、レイモンド・A・ジェイコブセン・ジュニア「〈独禁法〉独禁法違反回避のために遵守すべき法的要件—シャーマン法、クレイトン法などの適用範囲に留意すべし」国際法務戦略7巻2号（1998）42頁以下、伊藤嘉秀・ロジャー・L・セルフ・村瀬悟「〈アンチ・ダンピング法〉アンチ・ダンピング関税調査に対するために遵守すべき事柄—適切な価格設定と取引の記録保持がキーポイント」国際法務戦略7巻2号（1998）51頁以下、ジェレミー・A・ギブソン「急がれる企業の環境・衛生・安全に関するプログラムの作成—プログラム策定の際に検討すべき18項目」国際法務戦略8巻4号（1999）36頁以下、中村裕昭「銀行の海外支店におけるコンプライアンス—アメリカ方式を中心に」金融法務事情47巻12号（1999）25頁以下、リチャード・S・タフェット・高橋宏和「米国の訴訟戦略におけるコンプライアンス・プログラムの重要性」国際法務戦略8巻8号（1999）31頁以下、C・D・レイクⅡ「米国のコーポレイト・コンプライアンスの教訓（上）・（下）」金融財政事情51巻1号（2000）46頁以下、51巻2号（2000）44頁以下、スティーブン・M・ハズペス・マイケル・J・バイヤーズ「内部監査と調査の進め方」国際法務戦略10巻3号（2001）4頁以下、ロバート・R・ストーファー・トーマス・P・モンロー「アメリカで訴訟を避けるために効果的な法人遵守プログラムを持つことの重要性—問われる法人内部の犯罪防止策」国際法務戦略11巻6号（2002）4頁以下、ケネス・J・ローズ「セクシャル・ハラスメントによる訴訟防止のために経営者がなすべきこと」国際法務戦略11巻6号（2002）21頁以下、ポール・サルバトーレ・キャサリン・H・パーカー「セクハラ等差別訴訟防止のためのオンライン・トレーニングの実際」国際法務戦略11巻6号（2002）35頁以下、浅井茂利「アメリカにおけるコンプライアンス経営、企業倫理の動向」IM-FJC271号（2003）52頁以下、畑中鐵丸『アメリカ式戦略的コンプライアンス経営—企業を襲う法的リスクの予防と危機管理』（弘文堂、2001）等。

计划七步骤的企业，为了进一步提升企业形象或提升自己的等级，便致力于引入更高水准的合规计划。所以，通过企业的积极努力，创造出了合规计划当今的最优化。

美国量刑委员会于2002年设置了特别咨询小组（Ad Hoc Advisory Group），促进对已经施行了十年的针对组织体的《联邦量刑指南》的检验工作。立足于企业一方所做出的努力，该小组在其最终的报告书中提出，有必要将《联邦量刑指南》所要求的合规计划的内容修改为或补强至比当下更高的水准。[2]

那么，就当下而言，企业需要做到何种地步才能被评价为有效地运用着合规计划呢？如果不弄明白这一点，则没办法对合规计划能否成为企业系统的过失责任中注意义务的内容这一问题展开评价。因此，下文试图以体系化、精密化的美国合规计划为核心，概观其内容，并探讨其是否适合作为企业系统的注意义务内容。

二、合规计划的意义与目的

1. 合规计划的意义

在美国，实施合规计划的意义被理解为证明了企业在自身活动之中表现了相当的注意。[3] 此外，最近也在强调酝酿促进参与法令遵守的组织体文化（Organizational Culture）这一点。[4] 即如前所述，20世纪90年代中期以后，许多美国企业开始以实践更高水准的合规计划为目标，在进行合规计划的制度设计时，不仅重视单纯的法令遵守，还重视对伦理性价值判断的影响。[5]

在近来的立法中，也可以看到这样的倾向。例如，以安然公司案件、世通公司案件为背景制定的《2002年上市公司会计改革与投资者保护法》，推荐企业适用“伦理准则”（Code of Ethics），其中包含着“这样一种标准，即合理地存在着促进公正且具有伦理性的行动的必要”[6]。此外，2003年实行的证券交易委

---

〔2〕 The ad Hoc Adcisory Group on the Organizational Sentncing Guidelines [hereinafter A. H. A. G.], Report of the ad Hoc Advisory Group on the Organizational Sentncing Guidelines 51-92 (2003).

〔3〕 United States Sentencing Commission, U. S. Sentencing Guidelines Manual [hereinafter U. S. S. G.], § 8A1. 2 comment. 3 (k) (2003).

〔4〕 Lynn Sharp Paine, “Managing for Organizational Integrity”, *Harv. Bus. Rev.*, March-April 1994, at 106, 111-17.

〔5〕 在美国，曾对伦理官员协会的2000名成员进行了问卷调查，在该调查中回答说制作了同时考虑法令遵守与伦理两方面的合规计划的达到了86%，回答说只制作了限定于法令遵守的合规计划的仅占6% (See http: www. eoa. org/EOA_ Resorces/Reports/MS2000_ (Public Version) . pdf)。

〔6〕 *Pub. L.* No. 107-204, 116 Stat. 789, § 406.

员会规则中明确规定，应该合理地设计伦理基准以抑止不正行为，应该包含明文的标准来促进公正且具有伦理性的行为。[7] 再者，在同样的脉络中，作为改善法令遵守体制的手段，组约证券交易所也强调对伦理、文化的参与。[8] 因此，美国量刑委员会中有关针对组织体的《联邦量刑指南》的特别咨询小组提议，指南中也需对增进组织体文化做出明确要求，以促进遵守法令。[9] 但是另一方面，特别咨询小组也强调，这样的提议并不强制企业采取超出法令要求的应对措施。[10]

2. 合规计划的目的

合规计划的目的在于，主要通过以下两点来守护企业、从业人员以及一般市民的安全与利益[11]：①预防企业内的违法行为。②明示发生违法行为时的应对方法与报告程序。此外，为了达成上述目的，将合规计划的意义仅限定于犯罪的预防，并不妥当。在美国，一直以来都在推进与性骚扰、产品责任等相关联的合规计划的整备工作。所以，特别咨询小组的最终报告书中指出，《联邦量刑指南》所要求的"有效的合规计划"也应该以防止所有的违反法令行为为目的。[12]

为了达成这样的目的，要求企业实施的合规计划的具体内容会随着行业、规模、组织构造等而各不相同，并不是确定不变的。[13] 但大体上可以分为以下3个部分进行理解：①制作及运用明文的指南手册。②设置实施合规计划的责任人与责任部门。③整备发现违法行为时的处理程序。

---

〔7〕 68 Fed. Reg. 5110, 5118 (January 31, 2003).

〔8〕 See http://www.nyse.com/pdfs/corp_ pro_ b.pdf.

〔9〕 A. H. A. G., supra note 2, at 52–54.

〔10〕 Id. at 54.

〔11〕 Kenneth K. Marshall, R. Malcolm Schwartz & Brian J. Kinman, "Auditing and Monitoring Systems", in *Compliance Programs and the Corporate Sentencing Guidenlines: Preventing Criminal and Civil Liability* § 11: 45 (Jeffrey M. Kaplan et al eds., 1993–95); Richard S. Gruner, *Corporate Crime and Sentencing* 818–20 (1994); Harvey L. Pitt & Karl A. Groskaufmanis, "Minimizing Corporate Civil and Criminal Liability: A Second Look at Corporate Codes of Conduct", 78 *Geo. L. J.* 1559, 1561–62 (1990); Charles J. Walsh & Alissa Pyrich, "Corporate Compliance Programs as a Defense to Criminal Liability: Can a Corporation Save Its Soul?", 47 *Rutgers L. Rev.* 605, 645–46 (1995); Karl A. Groskaufmanis, "Corporate compliance Programs as a Mitigating Factor", in *Corporate Sentencing Guidelines: Compliance and Mitigation* § 5.02 [1] (Jed S. Rakoff et al. eds., 1997).

〔12〕 A. H. A. G., supra note 2, at 55.

〔13〕 Walsh & Pyrich, supra note 11, at 646.

三、合规计划的概要

1. 合规指南手册

(1) 指南手册的制作。为了实施有效的合规计划，必须先将具体的行动规范制作成指南手册提供给从业人员。[14] 当然，指南手册必须采用书面形式。且要求在指南手册里把焦点放在企业活动领域中潜在的最为重要的法律（违法可能性最高的法律）上。[15]

例如，在美国，食品制造商、药品制造商必须优先整备针对有关食品与药品的法律的合规计划，银行必须优先整备针对与洗钱相关的法令的合规计划，证券公司必须优先整备有关《证券交易法》、《证券交易所法》的合规计划。与此相对，不论哪个行业，几乎所有的企业都有必要制作有关劳动安全卫生法、反托拉斯法、外国不正惯行防止法等的合规计划。[16] 从而，根据制作合规计划的企业所属的行业来划分，行动规范有可能是相似的。[17] 但是，其不仅要求指南手册作为各行业的行动规范是妥当的[18]，还要求考虑到公司的风气、组织的构造等各个企业的文化、特性。[19]

此外，在美国，为了制作有效的指南手册，对于联邦法、州法自不待言，还

---

〔14〕 Richard A. Whiting, "Antitrust and the Corporate Executive Ⅱ", 48 *Va. L. Rev.* 1, 4-103 (1962); Dan K. Webb & Steven F. Molo, "Some Practical Considerations in Developing Effective Compliance Programs: A Framework for Meeting the Requirements of the Sentencing Guidelines", 71 *Wash. U. L. Q.* 375, 390-91 (1993); Walsh & Pyrich, supra note 11, at 646. 针对组织体的联邦量刑指南中也提出，作为合规计划的内容，"要设置一定的基准与程序，使得从业人员及部门能够遵守，并能够合理地减少犯罪发生的可能性" {U. S. S. G., supra note 3, at §8A1.2 [comment. (n. 3 (k))]}。另外，川越憲治「企業法務における独占禁止法—コンプライアンス・プログラムについて—」自由と正義45巻4号〔1994〕7頁以下、田中宏司「コンプライアンス・プログラム入門②」取締役の法務51号（1998）89頁。

〔15〕 Walker B. Comegys, Antitrust Compliance Manual 388-40 (2d ed. 1992); Kirk S. Jordan, "Designing and Implementing a Corporate Code of Conduct in the Context of an 'effective' Compliance program", *Preventive L. Rep.*, Winter 1993, at 3, 5; Webb & Molo, supra note 14, at 380-81, 392.

〔16〕 川合弘造/フレデリック・W・ガイニー「米国企業におけるコンプライアンス・オフィサー」商事法務1272号（1992）35頁。

〔17〕 在美国，美国法律家协会的反托拉斯法部门制作、公布了各种各样的针对不同行业的指南手册入门资料 [American Bar Asociation, Compliance Manuals for the New Antitrust Era (1990)]。

〔18〕 Webb & Molo, supra note 14, at 381. 另外，U. S. S. G. supra note 3, at §8A1.2 {comment. [n. 3 (k)(7)]}.

〔19〕 Comegys, supra note 15, at 146; Richard J. MacLaury, "Compliance Programs under the Robinson-Patman Act and Other Antitrust Laws—The Practical Effect of Such Programs or the Absence Thereof", 37 *Antitrust L. J.* 96, 99 (1968); Charles E. Harris, Structuring a Workable Business Code of Ethics, 30 *U. Fla. L. Rev.* 310, 355 (1978); Jordan, supra note 15, at 4-5; Webb & Molo, supra note 14, at 387-91.

要求对监督机关等做出的指南、判例进行详细的研究。[20] 再者，还必须立足于立法、判例的新动向，时时更新指南手册。在此基础上，必须以指南手册的读者，即从业人员易于理解的方式，用平易的表述明确且具体地记载怎样的行为是被禁止的、怎样的行为是被认可的。[21][22]

（2）指南手册的运用。当然，只是单纯地把指南手册制作出来是不够的，还必须在日常的企业活动中将指南手册的内容彻底地广而告之于从业人员。[23] 为此，必须将指南手册以书面的形式发放给从业人员，以可以时常确认的形式供其阅览。另外，最为理想的是定期地举办研讨会、讲习会等，以此教育从业人员指南手册的具体内容。[24] 此外，实际上在美国实施的合规计划中，有的为确认从业人员对指南手册的理解程度而实施了测试，有的还要求从业人员在证明书上签名，以证明其理解了指南手册的内容。[25]

2. 与合规计划相关的人和组织

（1）经营者的参与。在实施合规计划时，经营者的积极支持与配合是不可或缺的。[26] 对经营者而言，为了自己能够遵守法令，要求其率先地理解合规计划，然后努力将相关信息传达给从业人员，并组织从业人员研修，对其进行监督等。[27] 为了确保合规计划的有效性，企业中作出最终意思决定的机关必须参与到合规计划的制作、承认、实行等整个阶段。在 2003 年公布的美国量刑委员会针对组织体的《联邦量刑指南》特别咨询小组报告书中也强调，由企业高层形

---

〔20〕 川合弘造/フレデリック・W・ガイニー・前掲注（16）論文 40 頁。

〔21〕 MacLaury, supra note 19, at 99–100; Harris, supra note 19, at 314–21.

〔22〕 MacLaury, supra note 19, at 99; Jordan, supra note 15, at 5; Jeffrey M. Kaplan, "Step One: Establish Compliance 'Standards and Procedures' ", in *Corporate Compliance After Caremark* 283, 285–98 (Carole L. Basri et al. co-chaired 1997).

〔23〕 Comegys, supra note 15, at 336; Pitt & Groskaufmanis, supra note 11, at 1649–50; David O. Stewart, "Basics of Criminal Liability for Corporations and Their Officials, and Use of Compliance Programs and Internal Investigations", 22 *Pub. Cont. L. J.* 81, 91 (1992); Webb & Molo, supra note 14, at 382, 391.

〔24〕 Gruner, supra note 11, at 848. 在美国也有企业制作了用以教育从业人员的录像。关于具体的研修方法，Joseph E. Murphy, Training "in a Practical Manner" in *Compliance After Caremark* 453, 455–78 (Carole L. Basri et al. co-chaired 1997). 田中宏司「米国の企業倫理・コンプライアンス動向」JICPAジャーナル8 巻 5 号（1996）25 頁、川越憲治「金融機関における独占禁止法コンプライアンス・プログラム作成への一指針」金融法務事情 1327 号（1998）21 頁。

〔25〕 COMEGYS, supra note 15, at 150; Jordan, supra note 15, at 6; Stewart, supra note 23, at 92. 具体的例子，参见「ボーデン社の反トラスト法遵守マニュアル」国際商事法務 19 巻 8 号（1991）960 頁。

〔26〕 Gruner, supra note 11, at 819; Webb & Molo, supra note 14, at 383–85.

〔27〕 Gruner, supra note 11, at 819–20. 另外，田中宏司・前掲注（14）論文 89 頁。

成的规范及信赖要能够酝酿出组织文化，以提高合规计划的有效性，并促进企业组织参与到合规计划中去。〔28〕

（2）合规专员。也有许多企业在内部设置了有别于经营者的专门责任人或部门来统括合规计划相关事务。〔29〕像这样的责任人被称作合规专员。根据企业的种类、规模，合规专员的作用也各不相同，但大体上可以归纳为以下五点。〔30〕

第一，制作及修改合规指南手册。〔31〕一般而言，制作、修改派发给从业人员的合规指南手册，这多被认为是合规专员的职责。所以，合规专员必须不断地对成为指南手册对象的法律、判例加以注意；当法律和判例有修改或变更时，必须及时地修订指南手册。〔32〕如果合规专员不具备有关某法令的充分知识，那么在制作指南手册时，当然有必要接受企业外部法律顾问等的建议。〔33〕

第二，为了预防违法行为而监督从业人员的行动。〔34〕为了有效地运用合规计划，监督活动是最为重要的一项工作。〔35〕在美国，这样的监督被称为合规监察（Compliance Audit），许多案例中是由受企业委托的独立监察人〔36〕或监察委

---

〔28〕 A. H. A. G., supra note 2, at 52.

〔29〕 川合弘造/フレデリック・W・ガイニー・前掲注（16）論文39頁以下、田中宏司・前掲注（14）論文89頁。

〔30〕 Jordan, supra note 15, at 4–5; Webb & Molo, supra note 14, at 382, 384–85. 但是，针对组织体的联邦量刑指南中只是规定，“组织体的上层成员中特定的某人必须承担监督遵守该基准及其程序的全体性责任”{U. S. S. G., supra note 2, at §8A1.2 [comment. 3 (k)(2)]}，并没有明确规定合规专员的具体作用。

〔31〕 Jordan, supra note 15, at 4–5; Webb & Molo, supra note 14, at 382, 384–85; Walsh & Pyrich, supra note 11, at 647.

〔32〕 Webb & Molo, supra note 14, at 395–96.

〔33〕 川合弘造/フレデリック・W・ガイニー・前掲注（16）論文39頁。

〔34〕 Jordan, supra note 15, at 4–5; Webb & Molo, supra note 14, at 382, 384–85; Walsh & Pyrich, supra note 11, at 647.

〔35〕 Webb & Molo, supra note 14, at 385.

〔36〕 与会计监察相关，讨论独立监察人在监察法令遵守方面的作用的，参见V・M・オリリーほか（中央監査法人訳）『モンドごメリーの監査論』（中央経済社、第2版、1998）37頁以下、及1075頁以下。

员会（audit committee）来实施。[37] 监督的方法不仅包括直接检查从业人员的具体业务，还包括间接的方法，如为了确认从业人员是否遵守了法令，令其定期地提交报告书，再对该报告书进行检查。[38]

第三，已经实施了违法行为时，按照预先规定的程序对从业人员执行惩戒处分。惩戒处分必须按照明文规定严格执行。[39] 关于惩戒，《联邦量刑指南》规定，“包含针对就未能发现犯罪这一点的个人责任而规定的惩戒在内，必须依照适当的惩戒机制，一以贯之地执行惩戒。对有关犯罪的个人责任进行适当的惩戒，这是实施合规计划的必要条件。但是，什么样的惩戒形态是合适的，根据各事例的情况来决定”。[40]

第四，发现违法行为时，将该事实报告给法律执行机关，在侦查、调查时努力使企业采取合适的应对措施。[41] 在发现违法行为的情形中，在法律执行机关知晓该事实之前，不允许在企业内部进行处理。必须向法律执行机关进行报告。当然，法律执行机关开始侦查、调查后，也不允许实施妨碍侦查、调查的行为或者隐匿违法行为相关证据的行为。一旦实施了这些行为，则被理解为这意味着合规计划没有发挥作用。[42]

第五，从实施合规计划的观点出发，在决定经营方针、进行各个交易的时候，给出法律上的建议等。[43] 这不仅仅要求合规专员定期地向经营者、董事会等报告合规计划的实施状况，根据情形，还要求其在决定经营方针的过程中，从

---

〔37〕 Webb & Molo, supra note 14, at 384. 关于美国的监察委员会的作用，参见土橋正「アメリカにおける監査委員会制度の展開—勧告から立法化へ」監査 139 号（1980）15 頁以下、同「米国法律協会（ALI）の会社の管理プロジェクト—分析および勧告（3）·（4）」国際商事法務18 巻9 号（1990）990 頁以下、18 巻 10 号（1990）1122 頁以下、前田重行「会社の構造」証券取引法研究会国際部会訳編『コーポレート・ガバナンス—アメリカ法律協会「コーポレート・ガバナンスの原理：分析と勧告」の研究』（日本証券経済研究所、1994）138 頁以下、畠田公明「アメリカの監査制度」森淳二朗ほか編『企業監査とリスク管理の法構造—蓮井良憲先生・今井宏先生古稀記念』（法律文化社、1994）312 頁以下。但是也有学者指出，由于违法行为也可能发生在监督部门，所以比起委任监察人员，由合规专员来实施能够更加维持监督的客观性、确保其效果（Webb & Molo, supra note 14, at 384）。

〔38〕 Webb & Molo, supra note 14, at 395.

〔39〕 Id. at 395.

〔40〕 U. S. S. G. , supra note 3, at § 8A1. 2 {comment. [n. 3 (k) (6)]}.

〔41〕 Jordan, supra note 15, at 4–5; Webb & Molo, supra note 14, at 382, 384–85; Walsh & Pyrich, supra note 11, at 647.

〔42〕 联邦量刑指南规定，在计算罚金刑时，发现犯罪、自发地向法律执行机关通报犯罪、协助侦查犯罪、超出单纯有罪答辩的程度而表明对犯罪的责任予以积极地承认，将作为从轻减轻事由予以考虑（U. S. S. G. , supra note 3, at § 8A1. 2 {comment. [n. 3 (k) (6)]}.

〔43〕 Comegys, supra note 15, at 339–40; MacLaury, supra note 19, at 98–99.

法律的视角出发给出必要的建议。此外，针对各个合同、交易，也期待合规专员能同样地给出法律上的建议。

3. 整备发现违反法令行为后的应对措施

（1）伦理热线。在美国的合规计划中，不仅规定了预防违法行为的必要措施，还规定了违法行为发生后的应对程序。必须整备从业人员注意到违法企业活动的存在或其可能性时予以报告的制度或程序。“伦理热线”（ethics hotline）就是这种程序的一个例子。〔44〕伦理热线是指用以收集违法行为相关信息的专用电话或电子邮件等。在运用伦理热线时，通过保守通报人的身份秘密或者保证不对通报人造成不利影响，来促进通报人积极地提供信息。对于被通报的信息，要讨论进行追踪调查的必要性，当认为有必要时，将采取应对措施。这种有关必要性的讨论及应对措施要报告给通报人。此外，被通报的信息会被记录、保存下来。

（2）通报法律执行机关与协助侦查。在合规计划中必须包含发觉可疑活动时报告法律执行机关的程序。换言之，禁止内部进行处理或实施包庇行为。此外，必须规定法律执行机关针对违法行为已经开始侦查时予以协助侦查的程序，同时，还要规定自主的内部调查程序。〔45〕此外，还要求对监察结果、调查报告书进行再验证。〔46〕

（3）对违法行为人的惩戒。要求基于适正的程序对违法行为人实施惩戒处分。〔47〕惩戒处分的目的在于，抑止从业人员的违法行为与确保合规计划的实效性。〔48〕所以，与行动规范一样，惩戒处分的内容对从业人员来说也必须是明确的。〔49〕此外，作为合规计划的一环，必须规定一旦确认存在违法行为，应采取何种措施来救济由违法行为产生的损害。〔50〕

---

〔44〕 Webb & Molo, supra note 14, at 392–93. 田中宏司・前揭注（24）論文 24 頁。

〔45〕 Linda Richenderfer & Neil R. Bigioni, “Going Naked unto the Thorns: Consequences of Conducting an Enviromental Audit Program”, 3 *Vili. Envtl. L. J.* 71, 78–79 (1992); Webb & Molo, supra note 14, at 393; Walsh & Pyrich, supra note 11, at 648. See also, U. S. S. G., supra note 3, at § 8A1. 2 {comment. [n. 3 (k)]}.

〔46〕 Richenderfer & Bigioni, supra note 45, at 78–79; Walsh & Pyrich, supra note 11, at 648.

〔47〕 Webb & Molo, supra note 14, at 390–91; Walsh & Pyrich, supra note 11, at 648.

〔48〕 Webb & Molo, supra note 14, at 395.

〔49〕 Comegys, supra note 15, at 148–49, 336–37; Webb & Molo, supra note 14, at 382–83, 393.

〔50〕 Richenderfer & Bigioni, supra note 46, at 79–80.

四、合规计划的地位

1. 企业伦理与合规计划

到目前为止可以看到，合规计划在过去的四十年左右的时间里着实取得了发展。特别是20世纪90年代之后，其发展在质与量两方面都很引人注目。对此可以评价说，给予合规计划与法人的刑事责任、量刑相关联的激励，这一点具有很大的影响。此外，针对组织体的《联邦量刑指南》明示了整备合规计划时最低限度的必要内容，这一点的影响也很大。明确地规定如何操作会有怎样的好处，这对普及合规计划产生了重要影响。

与此相关，应当注意的是由联邦量刑指南给予激励的合规计划与企业伦理之间的关系。至今为止，受企业丑闻的影响，发生过几次高调宣扬企业伦理宪章等的情况。但是，此后仍陆续不断的企业犯罪证明，这样的宣扬在结果上并没有发挥很大的效果。对于以追求营利为目的的企业而言，宣扬未必与利益挂钩的至善行动是不现实的，最终不过是“徒有其名”，这或许也是理所当然的。因此，在美国，并不要求企业采取伦理上最为理想的行动，而是设定将不染指违法行为这一最低限度的行动设定为基准，要求企业采取必要的具体措施来满足这项基准。这是联邦量刑指南给予激励的合规计划极为重要的特征之一。〔51〕

倘若为了防止企业犯罪而要求企业采取的具体对策以伦理上至善的行为为基准，那么对企业来说负担过重，能否积极地推进企业引入合规计划，不无疑问。在此意义上，《联邦量刑指南》给予激励的合规计划立足于现实主义，以要求企业最低限度的内容为基准。当然，也有见解要求合规计划的程度达到更高的水准。如前所述，在如今的美国，以引入比《联邦量刑指南》所要求的内容更高水准的合规计划为目标的企业正在增加，这些企业追求的是立足于企业伦理的合规计划的最优化。此外，这样高水准的合规计划受到了进一步的激励，如提高对企业的信赖感、获得适宜投资的评价等。但是，应该在整备好了最低限度的内容后，再来讨论这种高水准的合规计划。关于这一点，日本存在的问题是，未必针对相关问题进行了妥善整理就已经展开讨论。〔52〕 对此必须充分留意，不要让这

---

〔51〕 提出同样看法的有畑中鐵丸「転換期を迎えた日本型コンプライアンス経営」金融法務事情1676号（2003）1頁。

〔52〕 例如，联系着企业伦理来讨论合规计划的有，柏木昇「日本企業の不祥事」NBL763号（2003）14頁以下、大杉憲一「企業倫理」NBL763号（2003）20頁以下等。但是，这些文献中都将“不染指违法行为”评价为是伦理性的这一点作为前提。

样的事实对本国合规计划的普及产生负面影响。

2. 合规计划的性质

如此一来，将《联邦量刑指南》具体化之后的合规计划的内容只是达到了企业遵守法令展开活动时所要求的最低限度的水准。尽管如此，从预防犯罪的视角来看，这样的合规计划仍然受到了相当高的评价。因此，最近不仅是美国，日本也逐渐认识到企业经营时实施这种合规计划的重要性。

那么更进一步，能否将合规计划作为企业等法人在刑法上的注意义务的内容，当怠于采取系统性的对策来保障遵守法令时追究法人本身的过失责任呢？倘若不以法人代表的过失责任为前提这一路径是可行的，那么根据企业法人的性质——在本质上有别于自然人的“系统”或“组织构造”——来课以刑事责任是可能的。此外，也会形成对企业给予实施合规计划较强的激励。在美国，一直以来正是从这样的观点出发讨论合规计划的意义的，自 1991 年引入针对组织体的《联邦量刑指南》后，相关讨论就更加活跃了。

因此，在下一章中将要考察，在美国这一合规计划发达国家讨论是否存在法人的刑事责任时，是如何考虑合规计划的。

合规管理制度的法律意义*

川崎友巳**

李世阳*** 译

一、讨论合规管理制度法律意义的可能性

在前面的章节中我们认识到，合规管理制度自20世纪90年代以来获得快速发展，甚至成为犯罪预防的措施之一，作为形式与实质兼备的有效手段，有很好的发展前景。引起这种变革最根本的原因是1991年《联邦量刑指南》中关于组织的条例。在该条例中详细列举了正确实行合规管理制度的必要条件，并根据违法企业实施合规管理的不同程度处以不同的罚金刑，通过“胡萝卜加大棒”的政策促使企业导入合规管理体制。换言之，人们从罚金激励体制中看到的合规管理制度的美好前景，最终来源于刑事司法领域。在合规管理制度取得良好评价的背景下，美国法学界试图在研究中更上一层楼，寻找合规管理体制存在的法律意义。

那么，美国的研究者眼中的合规管理制度，有怎样的法律性意义呢？本章将探讨合规管理制度与企业过失责任下的注意义务之间的关系，将其作为了解法律性意义的一个引子。

具体来讲，美国作为合规管理制度最先进的国家，在制度与法人刑事责任的关联性研究方面取得了很多成果。概括而言有以下四个要点：

---

* 原文见川崎友巳『企業の刑事責任』（成文堂、2004）第2部「企業の注意義務とコンプライアンス・プログラム」第9章。

** 日本同志社大学法学部、法学研究科教授，日本刑法学会理事，日本被害者学会理事。

*** 浙江大学法学院讲师，北京大学法学院与日本早稻田大学法学院双博士。

第一，应对“合理注意义务”抗辩时应考虑的项目（“合理注意义务”抗辩与合规管理制度的关系）。

第二，判断法人的违法行为是属于“职权范围内”这一替代责任的判定要件，还是属于“法人谋利”的行为（替代责任的成立要件与合规管理制度的联系）。

第三，判断是否起诉与量刑轻重时应考虑的项目（起诉、量刑与合规管理制度的联系）。

第四，判定民事责任比例时应考虑的项目（民事责任与合规管理制度的联系）。

通过这些研究，我们在讨论美国法人刑事责任的同时，可以明确将合规管理制度运用在以合理注意义务为基础的抗辩中时，怎样才能创造出有效率的法人定责模式（合规管理模式），并了解模式实行的依据。同时，我们也将着眼于企业过失责任问题，对企业注意义务进行合规管理范式的研究，并研究注意义务与合规管理之间的关系。

二、“合理注意义务”抗辩与合规管理制度

1. 未采纳“合理注意义务”抗辩的判例

（1）希尔顿酒店案。实务中未采纳以合规管理制度作为抗辩理由的案例较多，具有代表性的即1972年希尔顿酒店诉讼案。[1] 本案中，位于俄勒冈州波特兰市的酒店、餐馆与其供应商准备为召开代表大会而成立组织。酒店一方因此向供应商要求资金支持，并根据供应商是否愿意支持以及支持力度的大小在此后的经营活动中差别对待，构成联合抵制与垄断行为。该行为违反了《谢尔曼反托拉斯法》，参加此次决议的希尔顿酒店集团因此受到反垄断指控。

希尔顿集团主要提出两点理由，试图让采购经理参加垄断协议决议的行为被认定为属职权范围以外，认为不存在替代责任问题。这两点是：其一，希尔顿酒店参加垄断协议决议是为了选择适合的供应商，仅考虑供应商的价格、产品质量以及服务水平。其二，总经理已经禁止采购经理参加排除竞争的会议，而采购经理无视了此命令。关于此问题，美国第九联邦巡回区上诉法院认为，“一般地，在违反企业法人的指导原则或明确规定的情况下，根据《谢尔曼反托拉斯法》，

---

〔1〕 United States v. Hilton Hotels Crop., 467 F. 2d 1000 (9th Cir. 1972), cert. denied, 409 U. S. 1125 (1973).

职权范围内的代理人的违法行为属企业法人承担责任的情形”。[2]该意见确认了替代责任在法律实务中的应用标准，推定被告希尔顿酒店有罪。

（2）安曼公司案。在希尔顿酒店案发生以前，已经出现过类似案例且判决几乎相同，即 1948 年安曼公司案。[3] 本案中，安曼公司作为保健品的制造、销售企业，其费城分店与诺里斯敦分店的营业员涉嫌捆绑销售，违反了 1942 年《战时物价控制法案》（Emergency Price Control Act）。安曼公司遭到起诉，宾夕法尼亚东部联邦地方法院判决其有罪。

安曼公司以上层管理人员并未违反联邦法令，而且要求分店管理员与营业员不可进行捆绑销售为由进行无罪辩护，认为自身不负刑事责任。第三联邦巡回区上诉法院认为，“虽然安曼公司确实发出了禁止捆绑销售的警告声明，但该公司作为保健品界影响力较大的大型企业，不能仅因向支店传达了消息、召开过会议，就免去公司责任”[4]，法院支持原审判决，驳回上诉请求。

（3）20 世纪福克斯案。联邦法院对此类案件的态度从原则上来说，直到今日也未有太大变化。例如 1989 年发生的 20 世纪福克斯案[5]，其判例也遵循以往的原则。本案中，20 世纪福克斯的分公司经理与放映商达成放映协议，将本公司的影片打包出售（block booking），即让放映商购买一段时间内电影公司出品的全部电影。1948 年，20 世纪福克斯与其他达成了打包出售协定的 7 家电影公司受到反垄断指控，并在 1951 年达成“不再进行打包出售”的协议。后来，20 世纪福克斯公司与分公司经理又因违反协议事项，收到藐视法庭罪的起诉，被纽约州南部联邦地方法院判处有罪。[6]

20 世纪福克斯公司以本公司为遵守《反托拉斯法》，进行了有效的合规管理，并尽到了“合理的注意义务”（reasonable diligence）为由提出上诉。第二联邦巡回区上诉法院认为，“虽然 20 世纪福克斯公司实行了合规管理制度，但无论其是否有效，企业法人也应承担职员在职权范围内实施违法行为的责任”[7]，因此法院根据陪审团的证据驳回了上诉请求，维持原判。

---

〔2〕 Id. at 1007.

〔3〕 United States v. Armour&Co. , 168 F. 2d 342 (3d Cir. 1948).

〔4〕 Id. at 343.

〔5〕 United States v. Twentieth Century Fox Film Corp. , 882 F. 2d 656 (2d Cir. 1989), cert, denied, 493 U. S. 1021 (1990).

〔6〕 Id. at 658-59.

〔7〕 Id. at 660.

2. 采纳“合理注意义务”抗辩的判例

（1）荷兰·弗尼斯公司案。此前我们整理出的案例中，法院几乎都未采纳将合规管理制度作为合理注意的抗辩理由，都未减轻企业法人的刑事责任。但联邦法院的判决中也存在认定“合理注意”发挥了应当发挥的作用，免除被告刑事责任的案例。具体例子即1946年荷兰·弗尼斯案。[8] 本案中，荷兰·弗尼斯公司俄亥俄州哥伦布市支店中的销售员在明知购买取暖器的人员进行虚假申报，违反了战时生产委员会（War Production Board）的规定，仍然进行了取暖器的销售。荷兰·弗尼斯公司因俄亥俄州哥伦布市支店取暖器购买者、销售员以及支店负责人涉嫌违反规定而受到起诉。

俄亥俄州联邦地方法院一审判决荷兰·弗尼斯公司有罪。公司随即以高层管理人员对交易事实不知情，以及公司平时发布的文件与告示都已体现对战时生产委员会规定的遵守，并对职员起到了必要的教育义务为由提出上诉，认为公司无责任。第六联邦巡回区上诉法院作出改判，认为通过大量文件可以看出，该公司始终规定公司成员必须按照战时生产委员会的要求规则开展经营，“在本案范围内，讨论被告应承担刑事责任时，我们将开创一个先例，破除司法界对法人必承担刑事责任的固有看法”。[9]

在本案中，与纽约太平洋与哈得孙河铁路公司案不同的是，本案尽管也是在确定采用替代责任后作出的判决，也在判定法人是否应当承担刑事责任的同时，考虑了企业法人在实施旨在使职员遵守法令的政策中起到的教育现象。因此，本案被认为是合理注意义务体现在抗辩中的作用，推动了企业法人守法、用法的进程。

（2）希尔顿酒店案。前文关于希尔顿酒店案的表述中已经说明，一方面，法院不能通过考量合规管理制度的实施状况，在尽到了应当尽到的合理注意义务时免去法人应承担的刑事责任。但另一方面，“不通过积极的手段来使危险行为得到阻止，不履行消除危险的义务，仅如本案一样只发出普通的指示行为”[10]，不能作为减轻甚至免除刑事责任的判定依据。所以，此种“反对解释”仍留有余地，即在实施了具有强制力的解决手段并且进行了具体问题具体分析的情况下，“合理的注意义务”仍有可能获得法庭承认。[11]

---

[8] Holland Furnace Co. v. United States, 158 F. 2d (6th Cir. 1946).

[9] Id. at 8.

[10] 467 F. 2d 1000 (9th Cir. 1972).

[11] Richard S. Gruner, Corporate Crime and Sentencing § 3. 3. 6 (1994).

3. 判例以外的发展方向

（1）法律执行机关的立场。联邦法院在企业法人实施了合规管理制度的情况下，原则上不认定其属于尽到了合理注意义务的情形，一般不适用减轻或免除刑事责任的规定。[12] 该立场延续下来的原因是联邦法院判例中，关于法人刑事责任的描述中普遍采用确认从业者与代表无过失责任转移的“替代责任”有效的法理。

这种判决立场普遍得到法律执行机关的积极支持。例如，1988 年美国司法部反垄断局局长布洛克认为，“在有关《反托拉斯法》的案件中，任何试图在判定犯罪主观方面的一般原则与有关实行合规管理制度的法人替代责任法理中设立例外情形的行为，不仅使上述两种行为混杂在一起无法区分，更动摇了整个法律体系的根基”[13]，“有必要的话可以看看合规管理制度在决定法人刑事责任问题上能不能体现作用，我认为没有作用”[14]。上述言论均属于不认同以“合理注意义务”为由改变刑事责任程度的理论。[15]

（2）学说的发展方向。我们从本书第五章中可以看出，近年来，在判断法人刑事责任时，认同将合规管理制度作为“合理注意”抗辩理由的模式（合规管理模式）的理由越来越充分。例如，1962 年美国法律协会倡导设立模范刑法典，将犯罪主观方面作为重要要件的行政犯与法人刑事责任的关系进行广泛研究。在这种情况下，关于法人刑事责任是否存在的问题，在适用替代责任的同时，也为使用“合理注意义务”进行抗辩留下了余地。很多学者倾向于将“合

---

〔12〕 Deveropment in the Law-Corporate Crime, “Regulating Corporate Behavior through Criminal Sanctions” [hereinafter Deveropment in the law], 92 *Harv. L. Rev.* 1227, 1229 (1979); Samuel R. Miller, “Corporate Criminal Liability: A Principle Extended to Its Limits”, 38 *Fed. B. J.* 49, 61-62 (1979); Samuel R. Miller & Lawrence C. Levine, “Recent Deveropments in Corporate Criminal Liability”, 24 *Santa Clara L. Rev.* 41, 43 (1984); Michael E. Tigar, “It Does the Crime But Not the Time; Corporate Criminal Liability in Federal Law”, 17 *Am. J. Crim. Law* 211, 231-232 (1990); Harvey L. Pitt & Karl A. Groskaufmanis, “Mischief Afoot: The Need for Incentives to Control Corporate Criminal Conduct”, 71 *B. U. L. Rev.* 447, 450-451 (1991); Dann K. Webb, Steven F. Molo&James F. Hurst, “Understanding and Avoiding Corporate and Excutive Criminal Liability”, 49 *Bus. Law* 617, 625 (1994); Charles J. Walsh & Alissa Pyrich, “Corporate Compliance Programs as a Defense to Criminal Liability: Can a Corporate Save Its Soul?”, 47 *Rutgers L. Rev.* 605, 662-663 (1995); Kevin B. Huff, “The Role of Corporate Compliance Programs in Determining Corporate Criminal Liability: A Suggested Approach”, 96 *Colum. L. Rev.* 1252, 1259 (1996).

〔13〕 Robert E. Block, “Compliance Programs and Criminal Antitrust Litigation: A Prosecuter's Perspective”, 57 *Antitrust L. J.* 223, 226 (1988).

〔14〕 Id.

〔15〕 See Also John H. Shenefield & Richard J. Favretto, “Compliance Programs as Viewed from the Antitrust Division”, 48 *Antitrust L. J.* 73, 79 (1979).

理注意义务”的抗辩内容解释为合规管理制度的内容。[16] 与之相比，关于现行的在国家层次上的替代责任法理的问题，也有人认为应引入实质上是合规管理制度的“合理注意义务”抗辩内容。[17]

这些见解不仅为合规管理制度影响力的扩展提供了契机，而且在一定程度上限定了对法人处罚的范围，被认为是调整与“责任主义”关系的有效尝试。在这一时期，美国替代责任法理的应用门槛较低，已数次有学者提出应限制其适用范围。但是在国家层次的判例中，这种尝试并未奏效，替代责任的适用门槛仍不断降低。所以，将合规管理制度与“合理注意义务”抗辩结合的见解，作为以企业法人的“构成系统”与“组织结构”性质为基础的提案，在理论上越来越受到重视。[18]

三、替代责任的成立要件与合规管理制度

1. 未采纳替代责任成立要件的判例

（1）科勒公司案。美国的一般判例原则上不采纳将合规管理制度运用到“合理注意义务”的抗辩理由之中。在这种情况下，判断替代责任成立要件属于“职权范围内”还是“为法人谋利”时，可考虑合规管理制度。换言之，即使法人主体实施了有效的合规管理，在职员或代理人实施违法行为时，该行为不能被认定为属职权范围内，或者不被认为属于“为法人谋求利益”的行为，即不满足替代责任的成立要件，自然无法继续追究法人主体的刑事责任。

尽管联邦判例对此问题没有体现出一个明确的态度，但实务中有不少判决未采纳以合规管理制度来判断替代责任是否成立的理由。一个具体例子即 20 世纪 70 年代的科勒公司案。[19] 科勒公司主要从事管道制造与销售业务，其销售部门一负责人为董事会成员，与行业内部 7 家其他公司负责人订立有关瓷制水管与涂

---

〔16〕 Harvey L. Pitt & Karl A. Groskaufmanis, “Minimizing Corporation Civil and Criminal Liability: A Second Look at Corporate Codes of Conduct”, 78 *Geo. L. J.* 1559, 1647-52; Pitt & Groskaufmanis, supra note 12, at 450-51.

〔17〕 Gerhard O. W. Mueller, “Mens Rea and the Corporation: A Study of the Model Penal Code Position on Corporate Criminal Liability”, 19 *U. Pitt. L. Rev* 21, 38-41 (1957); James R. Elkins, “Corporations and Criminal Law: An Uneasy Alliance”, 65 *KY. L. J.* 73, 119 (1976); Miller, supra note 12, at 66-67; Gruner, supra note 11, at § 6.7; Walsh & Pyrich, supra note 12, at 676-90; William S. Laufer, “Integrity, Diligence, and the Limits of Good Corporate Citizenship”, 34 *Am. Bus. L. J.* 157, 161-81 (1996).

〔18〕 美国联邦层次的判例中关于扩大法人处罚范围的规定，请参照本书第 5 章 II。

〔19〕 United States v. American Radiator & Standard Sanitary Corporation et al., 433 F. 2d 174 (3d Cir. 1970), cert. denied, 401 U. S. 948 (1971).

釉铁制水管的价格协定。参加订立协议的公司法人与自然人均因涉嫌违反《谢尔曼反托拉斯法》第 1 条而遭到起诉。宾夕法尼亚州西部联邦地方法院裁定科勒公司法人与涉事董事有罪。在陪审团阐述中有以下描述：“属职务范围内或经授权的代理人违反法律法规及公司相关规定的，公司法人应当得知其负法律责任”，[20]“被告法人的代理人若存在以为法人谋利为目的，在职权范围内或在经授权的范围内谋求价格协定的行为，则法人不能将自己已对职员进行了口头或书面方式的反垄断法守法教育，或者已通过口头或书面方式指示职员不回应其他公司制定价格协议为由进行抗辩”。[21]科勒公司不服，向第三联邦巡回区上诉法院提出上诉，最终法院认定维持原判，驳回诉讼请求。[22]

（2）哈尼公司案。本案涉及替代责任要件与合规管理制度之间的具体关系。1972 年哈尼公司案[23]的主要情况如下：哈尼公司为州际通商委员会授权的拥有跨州运输危险品资质的企业。该公司重型拖车在一次爆炸物运输过程中发生故障。在维修人员到达前，押车人员未尽到对车载爆炸物的监视职责。因此，哈尼公司因违反州际通商委员会关于爆炸物运输的规定而被起诉。犹他州联邦地方法院认为，该公司应承担职员违规操作的替代责任，因此判决法人主体有罪。哈尼公司则认为，该公司运管负责人在修理人员未到达时，已经指示不能放松监视，并且这种不能放松监视的要求符合公司章程，在运输车队出发时均已详细说明。因此公司认为押运者的违规行为不属于“为法人谋利”的行为，认为公司法人不应负刑事责任，向第十联邦巡回区上诉法院提出上诉。[24] 上诉法院认为，押运者在了解押运规定的情况下未按规定作业的行为，“可能存在减轻法人需承担的刑事责任程度的情节”。[25]但是，“情节轻微”[26]，驳回了哈尼公司的上诉请求。

（3）凯迪拉克纺织品公司案。哈尼公司案的焦点在于合规管理制度与职员行为“为法人谋利“要件的关系。与此相对，“职权范围内”要件同样涉及部分

[20] Id. at 205.

[21] Id.

[22] Id.

[23] United States v. Harry L. Young & Sons, 464 F. 2d 1295 (10th Cir. 1972).

[24] Id. at 1296.

[25] Id. at 1297.

[26] Id.

案例，例如，1978 年凯迪拉克纺织品公司案。[27] 本案的基本事实如下：凯迪拉克纺织品公司主要从事工作服的制作与销售，该公司所属佛罗里达州分公司总经理与州内另两家同类企业达成排除竞争协议，签署了划分客户范围的协定等。分公司总经理与该公司均因违反《谢尔曼反托拉斯法》第 1 条而遭到起诉。佛罗里达州南部联邦地方法院一审判定公司法人有罪。该公司认为，公司总部明确规定必须保持自由竞争环境，不能与其它同类企业达成排除竞争协定，而分公司经理严重违反此规定的行为超越了职权范围，因此认为公司法人不应负刑事责任并提起上诉。第五联邦巡回区上诉法院经审理后认为，参照希尔顿酒店案判例中因遵守《反托拉斯法》的规定而违反公司自身规定的行为也被认为是职权范围内的判断，本案中分公司经理违反总部要求的行为仍应判定为属职权范围内。因此，判令凯迪拉克纺织品公司必须承担违反《谢尔曼反托拉斯法》第 1 条所应承担的刑事责任。[28]

（4）自动化医疗研究所案。1985 年发生的自动化医疗研究所案[29]中，合规管理制度与“职权范围内”要件的关联性也遭到否定。本案事实如下：自动化医疗研究所属于制药公司。该公司所属子公司在与业内其他公司达成协议的情况下，在制造血浆的过程中所抽取献血者血量大于联邦食品药品监督管理局的的规定；对血浆制造设备未进行质量检测；以及未能及时销毁带有血液传播式病毒的不合格血浆。这些违法行为虽得到了该公司合规管理实施小组的确认，但合规管理实施小组的负责人不仅不做出整改，反而指示下属涂改向联邦食品药品监督管理局提交的工作日志与交易记录。因此，除自动化医疗研究所外，包括其所属子公司负责人与合规管理实施小组负责人在内的 3 人被起诉。

弗吉尼亚州东部联邦地方法院一审认为全部自然人被告与法人被告有罪。自动化医疗研究所认为法人不应负刑事责任的上诉状中包含以下要点：公司在事发前已经设立了合规管理机制以确保公司行为符合法律法规，所以违反法律法规的单个职员的行为属于职权范围外的行为，合规管理实施小组的违法行为动机也不是为公司法人谋利。第四联邦巡回区上诉法院驳回上诉的理由为“即使职员违反了公司法人的规定，法人也必须承担责任”。[30]

---

〔27〕 United States v. Cadillac Overall Supply Co., 568 F. 2d 1078 (5th Cir.) cert. denied, 437 U. S. 903 (1978).

〔28〕 Id. at 1090.

〔29〕 United States v. Automated Medical Laboratories, Inc., 770 F. 2d 399 (4th Cir. 1985).

〔30〕 Id. at 407.

2. 采纳替代责任成立要件的判例

（1）博伊斯案。从其他方面来讲，美国联邦法院的判例中，在替代责任的问题上普遍不考虑法人自身过失的影响。在调和替代责任问题中存在的各种法律关系的同时，也逐渐在法人刑事责任判定中引入合规管理制度。这种思想在1979年博伊斯案中体现得淋漓尽致。本案中，主要从事外汇交易的加利福尼亚迪克联合公司与其副总经理违规收受超过5000美元外汇并未向财务管理机构如实申报〔31〕，未履行《银行安全法》（Bank Secrecy Act）第377条规定的申报义务，涉嫌轻罪并被起诉。

加利福尼亚州东部联邦地方法院一审认定公司与其副总经理有罪，陪审团在裁定中指出，在判断替代责任要件属于“为法人谋利”或“职权范围内”的问题上，需注意的是，企业法人是否考虑到其应当考虑的所实施合规管理制度与对职员的指示的合理性。〔32〕加利福尼亚迪克联合公司则认为此解释未能将本公司实施的合规管理制度归因于本公司法人的规划而提出上诉。

第四联邦巡回区上诉法院以下列理由支持原审判决：“法人应承担职员违反明文规定的指示与指导方针的责任。但可将这种指示与指导方针视为仅在判断职员是否为法人谋利时才考虑的要项。如果指示与指导方针仅仅公示过或出版过，而没有形成普遍的行动规范，则将职员行为草率判定为不属于职权范围内是不合适的。前述的指示与指导方针作为实现法人目标的一种手段，仅关系到企业法人的行为与职员的自然人行为之间是否存在直接联系，不能以此为由否定陪审团裁定。”〔33〕

（2）基建公司案。在1983年发生的基建公司案（Basic Construction Co.）〔34〕中，在判断职员行为是否属“为法人谋利”的行为时，考虑了合规管理制度的因素。本案事实如下：基建公司承建弗吉尼亚州高速公路路面铺装时，与其他企业达成划分市场范围的协定。该公司与主要负责人被指控违反《谢尔曼反托拉斯法》第1条。基建公司在辩护意见中指出，联邦法院判例将犯罪主观方面属故意还是过失作为违反《反托拉斯法》的构成要件的重要组成部分。若认定本公司有罪，则公司法人必须存在犯罪故意。但在此事件中，公司实施了合规管理制

〔31〕 United States v. Willi Beusch and Deak& Company of California, Inc., 596 F. 2d 871 (9th Cir. 1979).

〔32〕 Id. at 878.

〔33〕 Id. at 878.

〔34〕 United States v. Basic Construction Co. 711 F. 2d 570 (4th Cir.) cert. denied, 464 U. S. 956 (1983).

度，故无犯罪故意，从犯罪主观方面的判定要素出发，加上合规管理制度的推断，认为公司法人无罪。

弗吉尼亚州东部联邦地方法院一审认为，合规管理制度并不涉及法人犯罪主观方面的内容，并对陪审团做出如下说明："法人须承担代理人在业务范围内作出的行为所产生的责任。即在代理人违背实际法人指示，或违背法人明确公示出的指导方针的情况下，法人也应承担责任。但是，如果能在一定程度上证明指示与指导方针的存在，你们可在判断代理人是否属于为法人谋利而作出行为时，根据实际情况加以适当考虑。"〔35〕由此，第四联邦巡回区上诉法院认为，"一审判决中陪审团在研究职员行为是否属'为法人谋利'时，已经适当考虑了被告公司法人所提出的有关《反托拉斯法》的合规管理条文造成的影响"〔36〕，并支持一审判决中陪审团的说明。

3. 学说的发展动向

我们从加利福尼亚迪克联合公司案与基建公司案中可以看出，这些判例在研究替代责任的成立要件时，普遍会对合规管理制度加以考量。但自基建公司案以后，这种判决未能沿袭下来，联邦判例在此之后也没有明确给予支持。〔37〕而且，这种考量方式在实务中所能产生的效果亟待观察。

即使如此，在学说上，支持在考虑替代责任要件时考虑合规管理制度的呼声不断高涨。〔38〕如前文所述，联邦判例原则上不将合规管理制度作为"合理注意义务"抗辩的有效理由。但从本质上来说，联邦判例所否定的并不是以合规管理制度为理由的"合理注意义务"抗辩，而否定的是法人通过"合理注意义务"进行抗辩的方式。在这种判刑立场下，从19世纪中叶开始，刑事司法界普遍确立了主动追究法人刑事责任的政策〔39〕，这种政策在一个半世纪中得到了较快发展。由于此传统影响因素的存在，在今后一段时间内通过"合理注意义务"的抗辩发展，以引起判罚立场产生根本性改变的可能性较低。〔40〕所以，为了更好地创造促进企业引入合规管理制度的契机，有必要寻找"合理注意义务"抗辩

〔35〕 Id.

〔36〕 Id. at 573.

〔37〕 Walsh&Pyrich, supra note 12, at 605, 665-66.

〔38〕 Id. at 1287-98.

〔39〕 L. H. Leigh, "The Criminal Liability of Corporations and Other Groups: A Comparative View", 80 *Mich. L. Rev.* 1508, 1518 (1982); John C. Coffee, Jr., "Corporate Criminal Responsibility", in *Encyclopedia of Crime and Justice* 253, 255 (Sanford H. Kadish ed. 1983)，此外，请参照本书第5章II。

〔40〕 Huff, supra note 12, at 1275-79.

以外的方法，使合规管理制度成为法人主体能运用的一项重要武器。在这种情况下，受到广泛关注与期待的方法即在判断替代责任成立要件时附带考虑合规管理制度。

这种考虑合规管理制度的方法，正因为其能在保持替代责任的法理框架不变的情况下，有得到实施的可能性，所以相对“合理注意义务”抗辩所受到的阻力小得多。但这里所讲的“合规管理制度”仅作为一项判断替代责任的资料。不能仅因这项判断条件发挥了作用，就认为必然可以免除企业法人的刑事责任。所以这一替代责任的判定方法对企业引入合规管理机制的刺激性较弱。并且，部分评论认为不能指望依靠这种方法能限制对法人主体的刑事处罚范围。

四、起诉考量 · 量刑裁量与合规管理制度的联系

1. 起诉阶段的考量

企业中的职员在职务范围内的违法行为若是以为法人谋取利益为目的，则原则上适用对法人追究刑事责任。但即使是在两要件兼备的情况下，大多数时候关于是否执行起诉的问题仍然取决于法律执行机关的裁量。[41] 通常，即使在明确的法律依据还不存在的情况下，法律执行机关就会在决定是否起诉时考虑该企业法人所实施的合规管理制度因素。[42] 具体数字上，在 1989 年一年里，在 73 家企业中有 164 起企业法人较法律执行机关先发现职员违法行为，并对违法行为加以公示的案件。造成这种现象的原因即实施了有效的合规管理制度。在这 164 个案件中，有 155 项未被起诉。[43]

近年来，美国司法部在起诉裁量中考虑合规管理制度的现象越来越明显。例如，五角大楼舞弊案发生后，自 1986 年起，对采购应标的企业被要求必须实施合规管理制度，为实现不法行为的自行公示打下良好基础。美国司法部在

---

〔41〕 Dan K. Webb & Steven F. Molo, “Some Practical Considerations in Deveroping Effective Compliance Programs: A Framework for Meeting the Requirements of the Sentencing Guidelines”, 71 *Wash. L. Q.* 375, 377 (1993); Walsh & Pyrich, supra note 12, at 666.

〔42〕 Tigar, supra note 12, at 232; GRUNER, supra note 11. § 14. 1. 5; Walsh & Pyrich, supra note 12, at 666; Laufer, supra note 17, 163-68; Michael Goldsmith & Chad W. King, “Policing Corporate Crime: The Dilemma of Internal Compliance Programs”, 50 *Vand. L. Rev.* 1, 13 (1997).

〔43〕 Daniel B. Moskowitz, “Compliance Programs Could Help Companies Avoid Criminal Prosecution”, *Wash. Post.*, Apr. 23, 1990, at F13.

1987年8月发表了题为《关于国防部采购企业自愿公示程序的指导意见》[44]，将企业是否在违法行为发生前实施了公示等一系列程序作为裁定违法事件发生时，是否对其起诉的重要标准之一。[45] 实务中所采取的具体程序如下：当关于国防部采购协议中发生弄虚作假之类的违法行为时，决定是否起诉应标企业法人的标准为：

第一，自行公示制度是否具有普遍适用性、适时性，以及制度的详略程度。

第二，是否存在旨在防止违法行为发生的合规管理制度，以及它的适用范围。

第三，违法行为本身的具体内容。

第四，实施违法行为，或被认为实施违法行为的职员地位高低。

第五，企业法人自身的监督机构对事后盘查的配合程度。[46]

不仅如此，美国司法部还在1991年7月发布了题为《涉及重要的自发合规管理行为或公示行为的违反环境法现象的起诉考量要素》[47] 的声明。该声明列举了在企业违反环境法的起诉考量中，有利于企业的数个关于有效合规管理制度的实施情形[48]：

第一，自行公示。

第二，协助调查。

第三，建立犯罪预防制度。

第四，是否存在其他违法情形。

---

〔44〕 "Department of Justice Guidelines for Defense Department's Voluntary Disclosure Program", 48 *Fed. Controls.* (*BNK*) 220 (Aug. 17, 1987). See Paul B. Galvani & George M. Coburn, "Government Contract Fraud: Detecting It and Controlling the Damage", in *White Collar Crime: Business and Regurstory Offenses* § 7.04 [2] (Otto G. Obermaier & Robert G. Morvillo eds. 1994).

〔45〕 William K. Perry & Linda S. Dankin, "Compliance Programs and Criminal Law", in *Compliance Programs and the Corporate Sentencing Guidelines: Preventing Criminal and Civil Liability* § 18: 03, at 18-6 (Jeffrey M. Kaplan et al. eds., 1995); Huff, supra note 13, at 1269-70.

〔46〕 根据司法部指导文件，国防部应标企业即使是在决定采用何种行政处罚方式时采取自行公示，该公示行为也被认为是重要要素（Galvani & Coburn, supra note 44, at § 7.03 [4] [b]; Walsh&Pyrich, supra note 12, at 666）。

〔47〕 U.S. Dep' T of Justice, Factors in Decisions on Criminal Prosecutions for Environmental Violations in the Context of Significant Voluntary Compliance or Disclosure Efforts by the Violator, Reprinted in 21 *Envtl. L. Rep.* (*ENVTL. L. INST.*) 35, 399 (July 1, 1991) and *Corporate Compliance After Caremark* 879, 879-895 (Carole L. Basri et al. co-chaired 1997).

〔48〕 Steven M. Morgan & Allison K. Obermann, "Perils of the Profession: Responsible Corporate Officer Doctrine May Facilitate a Dramatic Increase in Criminal Prosecutions of Environmental Offenders", 45 *SW. L. J.* 1199, 1215 (1991).

第五，是否对违法行为进行了内部处罚。

第六，发现违法行为后，法人主体是否加强内部守法、遵法活动。

上述几点可以用于判定企业法人是否进行了有效的合规管理。

在此以后，美国司法部反垄断局[49]与美国环保署[50]分别在1993年和1995年在针对违反《反托拉斯法》与环保法令的起诉考量中明确将合规管理制度作为考量中对企业的有利情节之一。2003年，通过美国司法部部长拉里·汤姆森备忘录[51]的形式，在企业法人起诉制度的基本方针总结中，穿插了关于确认对实施有效合规管理的企业法人与作为自然人的职员可适用宽松的起诉条件的政策。[52] 这一系列行动逐渐将“在起诉考量阶段考虑合规管理制度”作为法律执行机关的基本方略。

所以，我们可以预见到，今后法律执行机关将会把这一基本方略执行下去。但是，鉴于这一基本方略并无明确的法律依据，实务中考虑合规管理制度的行为依赖法律执行机关的自由裁量权。所以有的评论认为其并不能真正保障法人权利。

2. 量刑阶段的考量

（1）《联邦量刑指南》削减罚金数量。1991年关于企业组织的《联邦量刑指南》规定中指出，合规管理制度可作为罚金数额判定中的减轻情节。[53] 前文中已经提到，这种制度的目的在于，“推动企业建立防止犯罪、发现犯罪与报告犯罪的有效内部机制”。[54]

《联邦量刑指南》中规定的计算罚金数额程序如下：

第一，根据犯罪严重程度，决定“基本罚金”（based-fine）。

第二，以“罪过评分基准”（the form of a culpability score）为依据判定法人

---

〔49〕 Antitrust Division, U. S. Dep't of Justice, Corporate Leniency Policy（Aug. 10, 1993）, 328 *Trade Reg.* 20, 649 - 21, at ¶ 13, 113（1994）.

〔50〕 U. S. Environmental Protection Agency, Final Policy Statement, “Incentives for Self-Policing: Discovery, Disclosure, Correction and Prevention of Violations”, 60 *Fed. Reg.* 66, 706（1995）, Reprinted in *Corporate Compliance after Caremark* 879, 879-895（Carole L. Basri et al. co-chaired 1997）.

〔51〕 Larry D. Thompson, “Deputy Attoney General, Principles of Federal Prosecution of Business, Organizations”（http://www.usdoj.gov/dag/cftf/corporate_ guidelines.htm）.

〔52〕 Perry & Dankin, supra note 45, § 18：03. 反垄断局检察官R. 布洛克认为，在起诉考量阶段，在考虑合规管理制度的同时，“以意外事件或不可抗力为由逃避起诉，显然不具有充分理由”，认为其法律效果不一定好（Bloch, supra note 13, at 225）。

〔53〕 此外，1991年对企业组织量刑的《联邦量刑指南》实施以前，支持在量刑阶段考虑合规管理制度因素的有：Coffee, Jr., “‘No Soul To Damn No Body to Kick’: Unscandalized Inquiry into the Problem of Corporate Punishment”, 79 *Mich. L. Rev* 386, 445-446（1981）.

〔54〕 Untied States Sentencing Commission, U. S. Sentencing Guidelines Manual § 8C2. 5（f）（2003）.

罪行严重程度。

第三，根据实际得分情况，决定基本罚金的上下限，并计算适用的罚金数额范围。

第四，在适用范围内决定具体罚金数额。[55]

在其中，合规管理制度主要在第二阶段决定法人罪过程度时发挥作用。实务中，若其他条件相同，则实施了合规管理制度的企业可能较未实施的企业少缴纳30%至83%的罚金。

五、合规管理制度的私法意义

1. 企业雇主责任与合规管理制度

（1）伯林顿工业公司案。合规管理制度的法律意义不只体现于刑法与刑事诉讼法范围内，在民事责任认定中也发挥着自身价值。合规管理项目首先可作为民事诉讼被告的抗辩要点之一，同时还有限制原告的诉求、在一定程度上否定原告诉求的作用。[56]

我们可以从下列案例中理解合规管理制度在民事诉讼中的意义。1998年伯林顿工业诉讼案[57]中，伯林顿工业芝加哥分公司一女性业务员因拒绝与上司谈论露骨话题并阻止性骚扰行为而被上司警告，警告其不能升职。虽然事实上未发生阻止其升职的侵权行为，但原告仍因上司的性骚扰而辞职。受害女业务员援引1964年《民权法案》第7章规定，对曾为雇主的伯林顿工业提起民事诉讼。伊利诺伊州东部联邦地方法院认为，在承认雇主责任属过错责任的前提下，被告企业未得知且不应当得知性骚扰行为的存在，故不支持原告诉讼请求。而第七联邦巡回区上诉法院则认为，雇主责任属无过错责任，认定该公司应承担侵权责任。

---

〔55〕 Id. § 8C2.7.

〔56〕 Anton R. Valkas & Robert R. Stauffer, "Investigation and Disclosure of Violations", in *Compliance Programs and the Corporate Sentencing Guidelines* § 13.04 at 7 (Jeffrey M. Kaplan et al. eds. 1993); Goldsimth & King, supra note 42, at 14.

〔57〕 Burlington Industries, Inc. v. Ellerth, 524 U.S. 724 (1998). 关于本案的更多日文文献：中窪裕也「アメリカにおけるセクシャル・ハラスメント法理の新展開」ジュリスト1147号（1998）10頁以下，キャロライン・ウェルチ（木村仁訳）「アメリカにおけるセクシャル・ハラスメント」近畿大学法学47巻2号（1999）72頁以下，竹川雅治「アメリカにおけるセクシャル・ハラスメントに対する使用者責任の新しい動向」札幌法学10巻1・2号（1999）163頁以下。林弘子「アメリカにおけるセクシャル・ハラスメント法理の再検討——最近の連邦最高裁判決を中心に——」日本労働法学会誌94号（1999）37頁以下，山川龍一「Burlington Industries, Inc. v. Ellerth, _ U.S, _ , S. Ct. 2257 (1998). ——セクシャル・ハラスメントと使用者責任の判断基準」[2000] アメリカ法140頁以下。

伯林顿工业公司不服，再次提起上诉。

（2）美国最高法院的指导原则。最高法院认为，在将雇主责任作为替代责任看待时，若上司对下属作出解雇、制造升职障碍、进行不合理的工作调动等雇佣行为，则作为雇主的企业需承担性骚扰的侵权责任。但本案中的情形是，在上司可能作出解雇等行为而暂时未作出该行为时，企业实施了防止性骚扰再度发生的有效措施，可不承担侵权责任。换言之，在上司还未执行解雇、不合理调动工作等行为时，第一，企业采取了防止性骚扰再度发生，或在已经发生时及时纠正错误，履行了合理注意义务。第二，职员未能利用防止伤害行为发生的机制、纠正错误的机会或任何其它方式合理避开伤害行为。企业承担上述两点的举证责任。若举证属实，则企业的抗辩有效，可不负侵权责任。[58]

本判决的意义在于，促进了企业建立防止伤害行为发生的合理对策。[59] 该判决引导企业设立并明确自身关于防止性骚扰行为发生的合规管理机制，以及在该机制试点运行的过程中完善被害人可运用的申诉程序与对伤害行为有效的纠正措施。这一判决被认为很大程度上促进了合理注意义务的发展。[60]

2. 董事监督义务与合规管理机制

（1）阿里斯·查莫斯工业公司案。在美国各州层次上，我们应注意到关于董事会成员民事责任的判例越来越多。在特拉华州此前的判例中，普遍不认为董事会须履行构建公司内部协调机制的义务，而合规管理制度即属于协调机制中的一类。关于此种判决立场的典型案例主要有 1963 年的阿里斯·查莫斯工业公司案[61]。本案中，阿里斯·查莫斯公司与其员工在受到反垄断起诉时，以董事会未能建立内部监督体系、未履行注意义务为由，对董事会提出股东代表诉讼。特

---

〔58〕 524 U. S. at 762–65.

〔59〕 Id. See also, Richard S. Gruner, "Refining Complace Program Standards: New Compliance Targets and Methods", in *Advanced Corporate Compliance Workshop* 2003, at 163, 187 (co – chairs Carole L. Basri et al. 2003).

〔60〕 Mark R. Attwood, "Crossing the Line: When Co–Worker Romance Turns to Conflict", in *Advanced Corporate Compliance Workshop* 2003, at 1189, 1195 (co–chairs Carole L. Basri et al. 2003). 此外，クネス・J・ローズ《セクシャル・ハラスメントによる訴訟のために経営者がなすべきこと》国際法務戦略 11 巻 6 号（2002）25 頁以下。ポール・サルバトーレ・キャサリン・H・パーカー「セクハラ等差別訴訟防止のためのオンライン・トレーニング実際」国際法務戦略 11 巻 6 号（2002）35 頁以下も参照。

〔61〕 Graham v. Allis–Chalmers Manufacturing Co., 188 A. 2d 125 (Del. Sur. 1963). 介绍本案的更多日文资料：龍田節「会社役員の職務に関する責任」監査役 99 号（1977）3 頁以下，神崎克郎「会社の法令遵守と取締役の責任」法曹時報 34 巻 4 号（1982）3 頁以下。伊勢田道仁「会社の内部統制システマと取締役の監視義務」金沢法学 42 巻 1 号（1999）63 頁以下，釜田薫子『米国の株主代表訴訟と企業統治』（中央経済社，2001）187 頁以下参照。

拉华州最高法院认为，董事会可能得知或应当得知的不正当行为征候在本案中不明确，无法追究董事会责任，且不认为董事会须履行建立不正当行为监督体系的义务，故对原告诉讼请求不予支持。[62]

（2）凯马克国际公司派生诉讼案（In re Caremark International Inc. Derivative Litigation）案。阿里斯·查莫斯公司案判决后的很长一段时间里，美国法律界都不承认董事会须履行建立与合规管理制度类似的内部协调机制的义务。但1996年In re Caremark International Inc. Derivative Litigation案[63]中，特拉华州衡平法院明确指出，在判断公司违法行为中董事会应承担的民事责任时，应考虑合规管理制度是否存在与其适用的范围。在本案中，主要从事保健与护理业的凯马克国际公司职员为医生寻找符合最低医疗保障制度与高龄医疗保险制度的患者时，收取中介费与药品采购中的回扣，实施了违反联邦法律与特拉华州法律的行为。同时，董事会成员因未能履行以信任为基础的注意义务，被提起股东代表诉讼。特拉华州衡平法院在判决中支持了原告诉讼请求，认为该公司合规管理制度的实施程度不足以使该公司董事会免除责任，但确认了一般情况下合规管理制度的实施可能使董事会责任得到减免的可能性，因此受到广泛关注。[64]

此后，该案在上诉中达成和解。特拉华州最高法院承认此案达成和解，意味着以《联邦量刑指南》中关于企业组织的规定为依据，认为董事会须通过合规

---

〔62〕 171 A. 2d 381 (Del. Ch. 1961) at 132.

〔63〕 In re Caremark Int'l Inc. Deriv. Litig., 698 A2d. 959 (Del. Ch. 1996).

〔64〕 详细情况请参见 Paula J. Desio, "The Caremark Sage: The Making of a Compliance Milestone", in *Corporate Compliance after Caremark* 27, 29-37 (Carole L. Basri et al. co-chaired 1997); Charles Hansen, Gaglilardi and Caremark, "Two Important Delaware Decisions", in *Corporate Compliance after Caremark* 39, 41-48 (Carole L. Basri et al. co-chaired 1997); Domnic Bencivenga, "Words of Warning: Ruling Makes Directors Accountable for Compliance", in *Corporate Compliance after Caremark* 79, 81-84 (Carole L. Basri et al. co-chaired 1997); Herrie McAvoy & Carole L. Basri, "After Caremark: Personal Liability for Director's Failure to Important Corporate Compliance Programs and the Need for Self-Assessment", in *Corporate Compliance after Caremark* 87, 89-93 (Carole L. Basri et al. co-chaired 1997); Eric B. Rothenberg & Courtney A. Smith, "Caremark International, Inc.: Delaware Chancery Court Provides Guidance on Corporate Directors' Oblogations Regarding Compliance with Govermant Regulatrion", in *Corporate Compliance after Caremark* 29, 31-33 (Carole L. Basri et al. co-chaired 1997); Harvey L. Pitt, Karl A. Groskaufmanis&Vasiliki Tsaganos, "Walking the Walk and Talking the Talk: Responding to Management Misconduct After the Caremark Decision", in *Corporate Compliance after Caremark* 43, 45-51 (Carole L. Basri et al. co-chaired 1997).

管理制度履行监督义务，并对未完全履行义务所造成的企业损失负责。[65]

（3）凯马克国际公司派生诉讼案的后续发展及影响。在此后有关董事会监督义务的诉讼中，本案经常被引用，其判决意旨也被沿袭下来。例如，在2001年发生的德拉斯特公司案[66]中，关于董事会监督义务的陈述即沿用了凯马克国际公司派生诉讼案判例，确认了董事会责任范围。在本案中，涉嫌证券欺诈行为的两名董事被认为属于证券交易法所规定负有损害赔偿责任的“控制人”（control person），被提起股东代表诉讼，要求承担公司的损害赔偿。宾夕法尼亚州东部联邦地方法院一审认定董事不需承担损害赔偿责任。[67]之后的上诉中，第四联邦巡回区上诉法院援引证券交易法中“管理者若能证明证券欺诈行为属善意行为，则免除民事责任”的规定，认为董事关于其行为属善意行为的举证成立，驳回原告诉讼请求。并同时引用凯马克国际公司派生诉讼案判例，认为“在类似本案中股东认为董事会未尽监督义务的起诉中，若能证明董事确实在公司内部做出过建立信息收集报告机制的努力，则董事可不负民事责任”。[68]在此，董事会注意义务被定义为建立公司内部违法行为的有效监督、制止机制的义务。

六、美国合规管理制度法律意义的研究动向

1. 探求合规管理制度法律意义的各种努力

1991年实行的《联邦量刑指南》企业组织部分中规定，在计算罚金额时，应考虑该企业组织实施合规管理制度的程度，考量是否存在减轻处罚情节。即立法上明确了合规管理制度会对企业刑事处罚的轻重产生影响。

美国以《联邦量刑指南》企业组织部分实施为契机，对合规管理制度是否对量刑以外的刑法意义存在影响展开了广泛研究。这类观点开创了对过去有关判例进行重新研究、解释的新潮流。合规管理制度法律意义与民事责任认定的关系也开始得到确认。

现在，美国司法判决中普遍在起诉考量与量刑阶段考虑合规管理制度的影

---

〔65〕关于凯马克国际公司派生诉讼案更多日文资料：伊勢田道仁·前揭注（61）論文70頁以后，同「従業員の違法行為と取締役の監視義務」商事法務1526号（1999）44頁，武井一浩「米国型取締役会の実態と日本への導入上の問題」『執行役員性の実施事例·別冊商事法務214号』（商事法務研究会，1998）123頁以下，川口幸美「コンプライアンスの整備·運用と取締役の注意義務」経営と経済80巻4号（2001）21頁以下，釜田薫子·前揭注（61）書191頁以下参照。

〔66〕Dellastatious v. Williams，242 F. 3d 191，193（4th Cir. 2001）.

〔67〕Id. at 194［citing 15 U. S. C. § 78t（a）］.

〔68〕Id. at 196.

响。这种现象显然大大增加了企业引入合规管理制度的积极性。2003年1月提出的拉里·汤姆森备忘录也被认为是促进企业引入合规管理制度的重要规范性影响因素之一。

2. 规管理制度与法人刑事责任判定

联邦判例在法人刑事责任认定中考虑合规管理机制的态度非常消极，特别是迄今为止，合规管理制度都未能被认定为有关“合理注意义务”抗辩所能援引的有效部分。

不过，若我们分析联邦法院不将合规管理制度作为“合理注意义务”抗辩的有效部分的理由，则可以发现，联邦法院并不是认为合规管理制度不足以成为可使刑事责任免除的“合理注意义务”的一部分，而是考虑到一旦承认以“合理注意义务”为由的抗辩有效，则会与从前的判例中认为企业法人须对职员违法行为负无过错责任的一般看法相抵触，因此联邦法院作出上述决定。

从此前的分析中可以看出，现代合规管理制度可看作是保证“企业一旦实施，一般情况下不会发生违法行为”的犯罪事前预防措施（相反，不能以没有产生预防效果为由，判定合规管理制度没有正确实施）。

但是，近年来美国有关学说中，着眼于企业法人固有的性质，如“构成系统”与“组织结构”的定责模式又有出现的苗头。并且，与之相辅相成的是，支持合规管理制度成为判断刑事责任成立问题中需考虑的事项的呼声越来越高。根据最近学术界的情况，可能不久后美国将会出台文件，规范目前判例中替代责任法理无限制地被运用的现象。一旦出现这种现象，我们就有充分的理由在“合理注意义务”抗辩中考虑合规管理制度。

刑事合规的基本问题*

弗兰克·萨力格尔（Frank Saliger）**
马寅翔*** 译

一、刑事合规的范围

刑事合规指的是一种与实践密切相关并受到激烈争论的现象，在德国刑法中，这主要是2006年的西门子腐败事件被公之于众之后的事情。〔1〕作为通用的、跨学科的合规思想〔2〕在刑法上的表现形式，刑事合规也如同合规思想那样存在歧义。如果单纯地从对（不仅仅是法律的）规范的遵守（英文为“to comply with”）这一最为接近的层面来领会合规，〔3〕则刑事合规就会被理解成各种规则、程序与技术的总和，公司尤其会这么考虑，因为它希望通过刑事合规来确保员工遵守现行的刑法规范，并确保对相关刑事违规行为做出相应的解释与可能

---

* 原文见 Frank Saliger, Grundfragen von Criminal Compliance, in: RW 2013, S. 263.

** 德国汉堡法学院刑法、刑事诉讼法与法哲学教席教授。

*** 华东政法大学法律学院副教授，法学博士。

〔1〕关于西门子事件之于德国刑事合规的特殊意义，参见 D. Bock, Strafrechtliche Aspekte der Compliance-Diskussion, ZIS 2009, S. 68; L. Kuhlen, Grundfragen von Compliance und Strafrecht, in: ders. /Kudlich/Ortiz de Urbina (Hrsg.), Compliance und Strafrecht, 2013, S. 1 (2, 7 ff.)。

〔2〕仅参见 T. Rotsch, Compliance und Strafrecht-Konsequenzen einer Neuentdeckung, in: FS Samson, 2010, S. 141: 对于医学和生理学的意义。

〔3〕参见诸如 Ziff. 4. 1. 3. des Deutschen Corporate Governance Kodex i. d. F. v. 15. 5. 2012; S. Poppe, Begriffsbestimmung Compliance usw., in: Görling/Inderst/Bannenberg (Hrsg.), Compliance, 2010, 1. Kapitel Rn. 1 ff。

的惩罚。[4]

合规/刑事合规显然是如此地具有多面性，以至于在文献中可以找到各种分类：老生常谈、[5] 时髦话题、[6] 经济概念、[7] 法律概念、[8] 风险刑法的表现形式、[9] 刑法私权化[10]或自律化的表现形式、[11] 全球化的特殊形态、[12] 公司[13]或全球治理的工具、[14] 经济伦理学的基本问题等。[15] 鉴于合规具有如此宽泛的含义，因而不足为奇的是，它引发了各种几乎截然相反的观点。一种观点认为，合规是公司善治的一种强制程序，[16] 该程序已经使得德国的企业文化持续地向着更高层次的规范遵守改善，并还在进一步地改善着。[17] 此外，有观点将合规解释为组织系统的“总建筑”“首度系统化的方法”“企业的内部程序和规定如此设置，以使得对有效法律的遵守不再是出于偶然、个人的责任心或者个

---

〔4〕 参见 L. Kuhlen, Strafrechtliche Haftung von Führungskräften, in: Maschmann (Hrsg.), Corporate Compliance und Arbeitsrecht, 2009, S. 11 (12) und ders., Grundfragen (Fn. 1), S. 1; D. Bock, CriminalCompliance, 2011, S. 19 ff. (22); R. Michalke, Untreue-neue Vermögensbetreuungspflichten durch Compliance Regeln, StV 2011, S. 245; D. Krause, Was bewirkt Compliance?, StraFo 2011, S. 437 (438)。关于刑事合规所涉及的诸如公司合规、公司治理、商业伦理、公司责任、风险管理、行为规范、最佳实践等广泛的语义学领域，参见 L. Kuhlen, Haftung (Fn. 4), S. 11。

〔5〕 U. Schneider, Compliance als Aufgabe der Unternehmensleitung, ZIP 2003, S. 645 (646).

〔6〕 D. Bock, Criminal Compliance (Fn. 4), S. 22.

〔7〕 B. Fateh-Moghadam, Criminal Compliance ernst genommen-zur Garantenstellung des Compliance-Beauftragten usw., in: Steinberg/Valerius/Popp (Hrsg.), Das Wirtschaftsstrafrecht des StGB, 2011, S. 25 (26 ff.).

〔8〕 D. Bock, Criminal Compliance (Fn. 4), S. 20.

〔9〕 L. Kuhlen, Grundfragen (Fn. 1), S. 1 (14).

〔10〕 F. Saliger, Privatisierung im Strafrecht, in: Professoren der BLS (Hrsg.), Begegnungen im Recht, 2011, S. 215 (219 ff.): 关于犯罪预防和刑事追诉的私权化。

〔11〕 U. Sieber, Compliance-Programme im Unternehmensstrafrecht usw., in: FS Tiedemann, 2008, S. 461; L. Kuhlen, Strafrecht und freiwillige Selbstkontrolle der Wirtschaft usw., in: FS Hassemer, 2010, S. 875 und ders., Grundfragen (Fn. 1), S. 1 (17 ff.); T. Rönnau, Strafrecht und Selbstregulierung-Chance oder Risiko?, in: Professoren der BLS (Hrsg.), Begegnungen im Recht, 2011, S. 234 (241 ff.).

〔12〕 参见 L. Kuhlen, Grundfragen (Fn. 1), S. 1 (15)。

〔13〕 T. Rotsch, Compliance, in: Achenbach/Ransiek (Hrsg.), Handbuch Wirtschaftsstrafrecht, 3. Aufl. 2012, Rn. 3; auch U. Schneider, Compliance (Fn. 5), S. 645 (650).

〔14〕 A. Nieto Martín, Grundlegende Probleme von Compliance und Strafrech, in: Kuhlen u. a. (Hrsg.), Compliance und Strafrecht, 2013, S. 27 (29).

〔15〕 K. Moosmayer, Modethema oder Pflichtprogramm guter Unternehmensführung? -Zehn Thesen zu Compliance, NJW》2012, 3013.

〔16〕 K. Moosmayer, Modethema (Fn. 15), S. 3013; U. Schneider, Compliance (Fn. 5), S. 645 (650).

〔17〕 参见诸如 T. Rönnau, Selbstregulierung (Fn. 11), S. 234 (255)。

别部门的利益”。[18] 还有个别的观点进一步将合规设想为一种不可避免的法律分权现象，该现象将导致刑法范式的转变。[19]

另一些观点则对国家干涉权（Eingriffsrecht）的私权化、[20] 官僚主义的扩张、[21] 合规优先于法律、[22] 一种普遍的“道德上的恐怖”[23] 进行了批判。此外，也有观点将合规视为空洞无物的时髦现象而不屑一顾。[24] 法学理论中迥然有别的表态是为了接受合规而出现的学科内部之间的竞争。[25] 与此相适应，实践中出现了已然发展过度的合规咨询业，该行业主要由律师和会计师构成，他们提供的具有文学色彩的产品几乎不具备可检验性。[26]

围绕像合规这样的综合主题而产生的无处不在、错综复杂且饱含争议的情况，[27] 解释了为何从理论层面对该现象加以把握或体系化的研究会越来越多。罗什（Rotsch）就是这么做的，他在“刑事合规的具体问题”这一标题下，对学理上的基本问题与实践上的问题作了区分。[28] 伯克（Bock）在其与此相关的教授资格论文中，对“刑事合规的理论出发点”做了批判性的分析。他认为这些出发点是：（令人怀疑的）法律政策上的前提、根据刑法来决定公司监管这一做法的合法性、（同样值得怀疑的）控制理论方面的条件以及法律经济学上的诸多前提。[29] 法塔赫-穆加达姆（Fateh-Moghadam）在系统论上将刑事合规解释为“一种方式，经济系统通过它来观察刑法是如何来监管经济的”。[30] 库伦（Kuhlen）最终提出了合规理论的问题。在什么样的设想才是恰当的这一问题上，他

---

〔18〕 T. Klindt/C. Pelz/I. Theusinger, Compliance im Spiegel der Rechtsprechung, NJW 2010, S. 2385.

〔19〕 T. Rotsch, Konsequenzen (Fn. 2), S. 141 (143 ff.).

〔20〕 例如 U. Wastl, Privatisierung staatsanwaltlicher Ermittlungen, ZRP 2011, S. 57.

〔21〕 参见 L. Kuhlen, Grundfragen (Fn. 1), S. 1 (12).

〔22〕 R. Hamm, Compliance vor Recht?, NJW 2010, S. 1332.

〔23〕 Manager-Magazin, Ausgabe 6/2012, S. 50.

〔24〕 参见 T. Rotsch, Compliance (Fn. 13), Rn. 5. 其受到的批判是，Liese, BB-BeilageNr. 5 2008, S. 22：无谓的争执。

〔25〕 T. Rotsch, Konsequenzen (Fn. 2), S. 141.

〔26〕 例如参见 G. Wecker/H. van Laak (Hrsg.), Compliance in der Unternehmerpraxis, 2. Aufl. 2009; C. Hauschka (Hrsg.), Corporate Compliance, 2. Aufl. 2010; H. Görling/C. Inderst/B. Bannenberg (Hrsg.), Compliance, 2010; T. Knierim/M. Rübenstahl/M. Tsambikakis (Hrsg.), Internal Investigations, 2013。

〔27〕 R. Michalke, Untreue (Fn. 4), S. 245.

〔28〕 T. Rotsch, Criminal Compliance, ZIS 2010, S. 614 (615 ff).

〔29〕 D. Bock, Criminal Compliance (Fn. 4), S. 27-245.

〔30〕 B. Fateh-Moghadam, Criminal Compliance (Fn. 7), S. 25 (28, 41 ff.); H. Theile, Unternehmensrichtlinienusw., ZIS 2008, S. 406 (411 ff.)：关于公司的指导方针。

是通过合规的社会意义来理解的。其存在的范围在于“合规的构想在刑法上所展现出的重要性”有多大。[31]

受篇幅所限，本文的目的并不在于给出一种具有重要理论意义的终局解释，也不是为了提出一套关于合规/刑事合规的高要求的规范理论，而是致力于确定刑事合规的一些基本问题。这些基本问题涉及——并不要求一应俱全——刑事合规的功能及其概念（本文第二部分）、刑事合规背后的利益（本文第三部分）、刑事合规为何发迹的各种解释方法（本文第四部分）以及刑事合规与刑法之间的相互作用（本文第五部分）。

二、刑事合规的功能及其概念

在导论中提及的合规和刑事合规的概念显得如此简单明了，而关于刑事合规的其他概念性问题又是如此富有争议。为了获得可靠的方向，这里最好还是先重建一下刑事合规的（相对来说意见一致的）各种功能。

（一）刑事合规的功能

（应当）区分法律上的基本功能或主要功能与法律上的子功能、经济上的辅助功能。关于刑事合规的基本功能或主要功能，下述一致意见显然占据主导地位，即避免“刑事责任”。[32] 刑事合规的这一基本功能与在一开始对刑事合规所下定义的核心意义相吻合。在该问题上，关于刑事责任的讨论在刑法中不太常见。从起源上看，德国合规思想的出现来自于经济法，[33] 其具有避免任何法律责任风险的广泛功能；[34] 从体系上看，刑事合规扮演的是一般合规思想的子类这一角色。如果撇开“刑事责任”不谈，人们还可以将刑事合规的基本功能描

〔31〕 L. Kuhlen, Grundfragen (Fn. 1), S. 1 (13).

〔32〕 L. Kuhlen, Haftung (Fn. 4), S. 11 (12, 19) und ders., Grundfragen (Fn. 1), S. 1 (11); T. Rotsch, Konsequenzen (Fn. 2), S. 141 (142, 144) und ders., Criminal Compliance (Fn. 28), S. 614 (615); S. Poppe, Begriffsbestimmung (Fn. 3), Rn. 2; U. Strothmeyer, Compliance – Risikobegrenzung und Imagevorteil, 2010, S. 23 ff.; B. Fateh-Moghadam, Criminal Compliance (Fn. 7), S. 25 (27); T. Rönnau, Selbstregulierung (Fn. 11), S. 234 (242); D. Bock, Compliance und Aufsichtspflichten in Unternehmen, in: Kuhlen u. a. (Hrsg.), Compliance und Strafrecht, 2013, S. 57.

〔33〕 参见 T. Rotsch, Compliance (Fn. 13), Rn. 17 ff，附带正确地强调了证券法的意义；关于合规思想在美国的发展情况，同样参见该文，边码 10 以下；还可参见 D. Bock, Criminal Compliance (Fn. 4), S. 21。

〔34〕 T. Lösler, Das moderne Verständnis von Compliance im Finanzmarktrecht, NZG 2005, S. 104 对保护功能进行了概述。

述为避免违反受到刑罚防卫的规范。[35]

除了无可争议的基本功能外，刑事合规还具有其他一些子功能。绝大多数的意见、同时也是代表性的意见认为，刑事合规具体分为三个子功能：对关涉刑法的不当举止进行预防、调查与制裁。[36] 其中，预防功能是刑事合规最为主要的功能。这是因为，它正是通过设立那些具有刑法答责性预期的预防规则，来落实刑事合规的基本功能。[37] 因此，与刑法回顾性的处理方法不同的是，刑事合规的行事风格主要是前瞻性的。[38] 这种对未来的展望取决于刑事合规旨在确立一种安全港，位于其内的规范相对人可以确信不会受到刑罚处罚。只有当刑事合规的预防功能明确地先于刑法构成要件的贯彻而实施时，这才是可能的。在这方面，刑事合规本身无法承受的是，“使企业在刑法方面铤而走险成为可能”。[39] 事实上，刑事合规以并非没有问题的方式[40]指向了举止的禁止及其结构化，而这种举止早已被法定的刑罚构成要件所囊括。[41]

然而，当违反这些预防性的刑事合规规则既不会招致企业内部调查，也不会招致某种制裁时，在企业中制定和实施这些规则就无法产生什么有效的合规性。因此，需要在企业内部贯彻这些刑事合规规则。对涉及违反刑法规则的举止进行调查与制裁的功能，旨在避免一种单纯局限于预防的“顺境式合规”(Schönwetter-Compliance)。[42] 调查功能主要是凭借正式的刑事合规规则，以所

---

〔35〕 L. Kuhlen, Grundfragen (Fn. 1), S. 1；还可参见 D. Bock, Criminal Compliance (Fn. 4), S. 21。

〔36〕 参见脚注 4 的文献。此外参见 M. Rieder/S. Falge, Rechtliche und sonstige Grundlagen für Compliance usw., in：Göling/Inderst/Bannenberg (Hrsg.), Compliance, 2010, 2. Kapitel Rn. 57 ff.；K. Moosmayer, Modethema (Fn. 15), S. 3013 (3014)；还可参见 U. Schneider, Compliance (Fn. 5), S. 645 (649 f.)。

〔37〕 参见 T. Rotsch, Criminal Compliance (Fn. 28), S. 614 (615) und ders., Compliance (Fn. 13), Rn. 7.

〔38〕 参见 T. Rotsch, Compliance (Fn. 13), Rn. 7; E. Hilgendorf, 转引自 Timm, ZIS 2013, S. 249。

〔39〕 A. Nieto Martin, Probleme (Fn. 14), S. 27 (33)；D. Bock, Compliance-Diskussion (Fn. 1), S. 68 (73).

〔40〕 对此进一步的分析，参见本文第五（一）和五（四）部分。

〔41〕 参见 A. Nieto Martin, Probleme (Fn. 14), S. 27 (33)；L. Kuhlen, Haftung (Fn. 4), S. 11 (22)；D. Bock, Criminal Compliance (Fn. 4), S. 234 f。

〔42〕 K. Moosmayer, Modethema (Fn. 15), S. 3013 (3014)；J. Pablo Montiel, Unternehmerische "Selbstreinigung" usw., in：Kuhlen u. a. (Hrsg.), Compliance und Strafrecht, 2013, S. 185 (188 f.)；进一步参见 D. Krause, Compliance (Fn. 4), S. 437 (438)；U. Schneider, Compliance (Fn. 4), S. 645 (649 f.)。

谓的内部调查的形式来实现。[43] 企业内部的制裁功能则可以通过劳动法和纪律法的规则（例如，警告、调岗、解雇）来实现。[44] 尤其是刑事合规的调查功能已经被关于《违反秩序法》第130条的判例作为企业监督义务的具体化，在下述范围内加以承认：企业管理者有义务对证据确凿的不当举止一追到底。[45] 对一个有效的合规系统而言，这两种功能是不可或缺的。[46]

在合规/刑事合规的其他功能方面，一致性的意见也同样居于支配地位。人们一致认为，只有当企业的管理者也对雇员加以监督时，刑事合规的调查功能和制裁功能才能得到有效落实。[47] 刑事合规的监督功能[48]也间接产生于《违反秩序法》第130条第1款。[49] 因为《违反秩序法》第130条第1款第1项规定，对于公司、企业所有者违反监督义务的行为，可以进行罚款，而《违反秩序法》第130条第1款第2项还将监督者的任命、慎重选择与监督算作必要的监督措施。尽管《违反秩序法》第130条并没有进一步规定监督的具体方式和程度，因此存在着法律适用的不确定性,[50] 但人们还是将恰当的合规审计程序或举报制度（Whistleblowing-System）视为实现监督功能的权宜之计。[51]

除了这些毫无争议的功能以外，部分文献中还确定了合规/刑事合规的其他

---

[43] 对此参见诸如 H. Görling, Sachverhaltsaufklärung in Compliance-Fällen in: ders. /Inderst/Bannenberg (Hrsg.), Compliance, 2010, 6. Kapitel, Rn. 1 ff.; T. Rotsch, Compliance (Fn. 13), Rn. 48 ff.; O. Sahan, Unternehmensinterne Untersuchungen aus rechtsanwaltlicher Perspektive, in: Kuhlen u. a. (Hrsg.), Compliance und Strafrecht, 2013, S. 171 ff.; J. Pablo Montiel, Selbstreinigung (Fn. 42), S. 185 ff。

[44] 参见 U. Schneider, Compliance (Fn. 5), S. 645 (650); D. Bock, Compliance-Diskussion (Fn. 1), S. 68 (79); M. Rieder/S. Falge, Grundlagen (Fn. 36), Rn. 59; D. Krause, Compliance (Fn. 4), S. 437 (438)。

[45] 参见 BGH GmbHR 1985, S. 143; OLG Koblenz ZIP 1991, S. 870; OLG Köln wistra 1994, S. 315; K. Moosmayer, Modethema (Fn. 15), S. 3013 (3014); D. Krause, Compliance (Fn. 4), S. 437 (441); D. Bock, Compliance-Diskussion (Fn. 1), S. 68 (78 f.).

[46] D. Krause, Compliance (Fn. 4), S. 437 (438); K. Moosmayer, Modethema (Fn. 15), S. 3013 (3014).

[47] 参见 U. Schneider, Compliance (Fn. 5), S. 645 (649 f.); T. Lösler, Verständnis (Fn. 34), S. 104 (105); S. Poppe, Begriffsbestimmung (Fn. 3), Rn. 64; M. Rieder/S. Falge, Grundlagen (Fn. 36), Rn. 54 ff.; D. Krause, Compliance (Fn. 4), S. 437 (438)。

[48] 或者说是监控功能或控制功能。

[49] 对此参见 D. Bock, Compliance-Diskussion (Fn. 1), S. 68 (78 f.); A. Dierlamm, Strafbarkeit von Vorständen, Compliance Officern, Mitarbeitern, in: Görling/Inderst/Bannenberg (Hrsg.), Compliance, 2010, 6. Kapitel Rn. 115 ff.; K. Moosmayer, Modethema (Fn. 15), S. 3013 f。

[50] 参见 D. Bock, Compliance-Diskussion (Fn. 1), S. 68 (78 f.) u. ders., Aufsichtspflichten (Fn. 32), S. 57 (67 f., 69 f.); A. Dierlamm, Strafbarkeit (Fn. 49), Rn. 117。

[51] 参见 U. Schneider, Compliance (Fn. 5), S. 645 (649 f.); D. Bock, Compliance-Diskussion (Fn. 1), S. 68 (79); M. Rieder/S. Falge, Grundlagen (Fn. 36), Rn. 55。

一些功能。勒斯勒（Lösler）证实了合规还具有咨询与信息功能、质量保证与创新功能以及营销功能。[52] 刑事合规的咨询与信息功能涉及的是公司员工。一方面，它包括对员工遵守规则的培训，另一方面，它又为他们在违反规则时指明了可供躲避的场所和程序。而刑事合规的质量保证与创新功能促成的则是公司的利益。该功能的思想基础是，在与客户打交道时，公司对潜在风险知道的越多，就越能够制定与客户相协调且有效的产品供应方案。营销功能最终表达的同样是公司在刑事合规方面的利益。那些在与公众交往时能够高度守法的公司，会在客户、商业伙伴与监管机构中增加它们的声誉，并因此在与其市场竞争对手的竞争中获得优势。

刑事合规的这些功能，与刑事合规的基本功能或者说是主要功能表现不同。咨询与信息功能很容易被看出来是基本功能的进一步的子功能，因为它会尽可能使避免刑事责任这一根本目的得以实现。与此不同的是，对于基本功能的实现而言，质量保证与创新功能以及营销功能则显然不是必不可少的。[53] 相反，它们表明的是刑事合规的独立附属效果，因而可以被视为辅助功能。这种看法同样也适用于通过刑事合规实现的利润最大化功能或者避免损失功能。[54] 假若这些辅助功能能够在刑事合规方面为公司带来特定的经济利益，则由此产生的问题是，在合规或者说刑事合规的现象背后，存在着哪些利益？[55]

（二）刑事合规的概念

在确定刑事合规的各个功能时，需要对概念上的问题加以澄清。这是因为，虽然在刑事合规功能的确定方面，看起来取得了广泛的一致意见，但与此不同的是，在刑事合规的概念上，还存在着很多争议或者说是不明确的问题。

1. 经济概念和/或法律概念

既有的争论是，刑事合规是否像很多人所明确表示的或者含蓄假设的那

〔52〕 T. Lösler, Verständnis (Fn. 34), S. 104 ff. 其追随者有 C. Hauschka, Einführung, in: ders., Corporate Compliance (Fn. 26), § 1 Rn. 7; S. Poppe, Begriffsbestimmung (Fn. 3), Rn. 59 ff.; U. Strothmeyer, Compliance (Fn. 32), S. 25 ff.

〔53〕 同样持此观点的是 U. Strothmeyer, Compliance (Fn. 32), S. 26。

〔54〕 但纯粹从经济角度来观察，人们可以将其视为主要功能。进一步的分析，参见下文第二（二）1、三（一）部分。

〔55〕 见下文第三部分。

样，[56] 能被视为一个法律概念。法塔赫-穆加达姆以其关于刑事合规的系统论解释[57]为基础，提出了如下命题：刑事合规完全是一个经济概念。[58] 这是因为，如果刑事合规是从公司利益这一经济学的逻辑出发而重建的概念，则将遵守刑事规则作为它的目标就只能稳定地发挥这种作用。与此相适应，法塔赫-穆加达姆认为，刑事合规的核心功能主要并不在于预防经济犯罪，而在于降低公司在追求经济利益时的刑事责任风险。[59]

就将刑事合规作为纯粹的经济概念的主张而言，正确的是，借助合规/刑事合规，一些（经济方面的）目标或者功能得以被追求，正如我们已经看到的那样。因此，它不仅只是涉及（刑事）法律责任的避免，而且也广泛地涉及通过将风险降至最低而使公司的经济利润最大化、避免竞争劣势以及形象受损，或者正面地说是涉及诚信、竞争优势与形象的改善方面。[60] 这些多重的合规目标可以通过不同的方式加以系统化，并划分出层次。人们可以将目标分为主要目标（避免法律责任）和次要目标（公司的经济目标）[61] 或者将特定目标作为核心目标。[62] 人们也可以像大多数人所做的那样，放弃对目标加以系统化或者进行分层，将目标简单地加以罗列。[63] 本文讨论的是（刑事合规的）法律功能和经济功能，并将法律的主要功能与一些法律的子功能和经济的附属功能区分开来。[64]

然而，我认为在概念上不应容许的是，将合规的特定目标或者功能以下述方式区分出优先次序，即证明合规/刑事合规仅属于经济或者法律中的一种学科。法塔赫-穆加达姆恰好就是以有利于经济学科的方式来处理的。然而，这样一种排他性的分类缺乏科学上的必要性。并没有一种显著的理由可以用来说明，为何

---

[56] 明确这么主张的，例如 D. Bock, Criminal Compliance (Fn. 4), S. 20，附有进一步的参考文献。含蓄假设的，例如 T. Rotsch, Konsequenzen (Fn. 2), S. 141 (142 ff); ders, Criminal Compliance (Fn. 28), S. 614ff; Kuhlen, Grundfragen (Fn. 1), S. 1 ff。

[57] 对此参见上文第一部分及脚注 30，以及下文第五（四）部分。

[58] B. Fateh-Moghadam, Criminal Compliance (Fn. 7), S. 25 (26 ff.).

[59] B. Fateh-Moghadam, Criminal Compliance (Fn. 7), S. 25 (29).

[60] 进一步的分析，参见 U. Strothmeyer, Compliance (Fn. 32), S. 22ff., 35ff., 187ff.; S. Poppe, Begriffsbestimmung (Fn. 3), Rn. 59 ff.; L. Kuhlen, Grundfragen (Fn. 1), S. 1 (11)。

[61] T. Rotsch, Konsequenzen (Fn. 2), S. 141 (144).

[62] B. Fateh-Moghadam 即将经济功能作为核心目标。参见 B. Fateh-Moghadam, Criminal Compliance (Fn. 7), S. 25 (29)。

[63] 这么做的有 U. Strothmeyer, Compliance (Fn. 32), S. 22ff., 35ff., 187ff.; S. Poppe, Begriffsbestimmung (Fn. 3), Rn. 59 ff.; L. Kuhlen, Grundfragen (Fn. 1), S. 1 (11)。

[64] 上文第二（一）部分。

仅应将合规/刑事合规作为经济概论来讨论。与此相反，在科学研究中，数不清的下述现象俯拾皆是：它们不仅可以从某一科学领域的不同学科来观察（内部科学），同时也可以从不同科学领域来观察（交叉科学）。合规即属于这种比比皆是的现象。如果将刑事合规理解为纯粹的经济概念，就意味着科学视角的缩减。因此，正确的方式是，既将合规/刑事合规作为经济概念的主题，又将其作为法律概念的主题。〔65〕

2. 广义的刑事合规与狭义的刑事合规

另一个尚不明晰的问题是，刑事合规研究对象的范围究竟在何处？罗什（Rotsch）在文献中发现了一种倾向，即将合规/刑事合规与已知的经济刑法问题相提并论。他认为这种等而视之的做法是错误的，因为它未能凸显刑事合规的特殊性。因此，罗什建议将刑事合规作出广义与狭义的区分。广义的刑事合规将经济刑法作为指涉对象予以包括，狭义的刑事合规包含的则是源自避免刑事责任这一功能的特定问题。〔66〕 因此，刑事合规意味着“为了避免公司员工因其相关业务举止而进行刑事答责的一切必要且容许的措施”。〔67〕

罗什所描绘的趋势在事实上的确存在。伯克教授的资格论文即为示例。他以其他文献观点为基础，根据意图预防的员工罪行的种类，将刑事合规的对象划分为减轻公司负担的犯罪（Entlastungskriminalität）（为了公司的利益而针对公司以外的对象实施的罪行）和增加公司负担的犯罪（Belastungskriminalität）（针对自己公司实施的罪行）。〔68〕 但是，将刑事合规与经济刑法等而视之的做法并不具有什么说服力，因为这实际上会使刑事合规变得空洞无物。〔69〕 刑事合规的独立研究对象的正确范围在于，在最佳实践（best practice）意义上已经处于通过立法和解释所塑造的实体经济刑法前置领域的刑事合规，应当立意于排除刑事责任。〔70〕 在这方面，刑事合规不仅要能将《违反秩序法》第 130 条规定的涉及企业的组织义务和监督义务加以具体化，〔71〕 而且也要能将所有的经济刑法加以具

---

〔65〕 持该主张的还有 T. Rotsch, Konsequenzen (Fn. 2), S. 141 (144 ff.).

〔66〕 T. Rotsch, Compliance (Fn. 13), Rn. 5 f.; ders, Criminal Compliance (Fn. 28), S. 614 ff.

〔67〕 T. Rotsch, Compliance (Fn. 13), Rn. 6.

〔68〕 D. Bock, Criminal Compliance (Fn. 4), S. 23 ff. Bock 亦将减轻公司负担的犯罪当作狭义上的刑事合规的对象。T. Rotsch 对 Bock 的区分表示了反对，参见 T. Rotsch, Compliance (Fn. 13), Rn. 6。

〔69〕 正确的见解，参见 T. Rotsch, Compliance (Fn. 13), Rn. 4；ders, Criminal Compliance (Fn. 28), S. 614 (615)。

〔70〕 代表性的见解，参见 A. Nieto Martin, Probleme (Fn. 14), S. 27 (33)。

〔71〕 D. Krause, Compliance (Fn. 4), S. 437 (440 f. und 444 f.).

体化。[72]

然而，与罗什相反的是，刑事合规的这种独立性并不需要在词义上再作出广义与狭义之分。因此尚不清楚的是，为何（广义上的）刑事合规仅应当与经济刑法有关。尽管经济刑法目前是刑事合规的主要焦点，但刑事合规仍然可以被扩展至避免所有的刑事可罚性风险。[73] 在这方面，科研合规或者军事合规在预防性地避免科学研究或者军事上的不当举止上，可以说像预防性地避免经济犯罪一样有用。

而且至关重要的是，刑事合规的独立性并不是通过狭义与广义这对反义词来体现的。刑事合规的特质在于，它作为一层新的额外规则，位于法定刑事可罚性风险的前置领域，旨在避免刑事责任。如果这种说法是正确的，则两类（新的）规则类型的区分以及由此而来的实质的刑事合规与形式的刑事合规的区别，将获得进一步的意义。

3. 实质的刑事合规与形式的刑事合规

实质的刑事合规可以被理解为所有与刑法有关的实体规则之整体，其位于现行刑事实体法的前置领域，旨在确保法定的可罚性风险不会变成现实。实体规则指的是那些对某一行为加以禁止、命令或者允许的规则。是否属于实体规则，不仅要考虑法律规定，还要考虑道德原则。[74] 与此相对，形式的刑事合规包括的则是一切程序规则、职责规则及技术规则之整体，其作为预防性的措施，主要的贡献在于使公司遵守刑事实体法。[75] 例如，内部调查规则可以被视为程序规则，关于合规官的规则可以被视为职责规则，而诸如《劳动保护法》中的举报制度或者保护措施则可以被视为技术规则。

刑事合规的实质与形式之分在具体案件中所引发的问题，并不会使这一基本划分本身成为问题。将某一规则归入实质的刑事合规规则，还是归入形式的刑事合规规则，同样不取决于该规则是否不可或缺。[76] 这是因为，一方面，一项措施的重要性在事前通常是无法确定的；[77] 另一方面，一项规则是否会被列为刑事合规规则，原则上取决于意图实现刑事合规的那个人的内部视角。在这方面，

---

〔72〕 对此还可参见下文第五（一）部分。

〔73〕 E. Hilgendorf 的见解是正确的，转引自 Timm，ZIS 2013，S. 249。

〔74〕 S. Poppe，Begriffsbestimmung（Fn. 3），Rn. 3；T. Rotsch，Compliance（Fn. 13），Rn. 4.

〔75〕 相似见解，参见 B. Fateh-Moghadam，Criminal Compliance（Fn. 7），S. 25（27），并涉及 Caspar，FS Schmidt 2009，201。

〔76〕 其他观点，参见 T. Rotsch，Compliance（Fn. 13），Rn. 6。

〔77〕 E. Hilgendorf，转引自 Timm，ZIS 2013，S. 249。

从遵守规范的角度来看，那些旨在避免刑事可罚性风险的一切规则，原则上都足以成为刑事合规规则。[78]

此外的争论是，刑事合规规则在概念上是否以其许可性为先决条件。希尔根多夫主张应当将那些禁止性的措施也纳入合规概念之中，因为一项纯粹禁止性的措施并不意味着其不可能成为预防犯罪的手段。[79] 罗什则持另一种观点。[80] 从概念上讲，这个问题并不是预先决定好的，因此，一种既非允许又非禁止的中性的刑事合规概念是可能存在的。该问题看起来无疑是次要的，关键在于应当符合下述要求，即刑事合规规则必须在现行法律秩序的框架内运行。这尤其适用于保护公司员工免受其雇主对其实施的未经许可的调查。预防犯罪的崇高目标并不能使犯罪的实施得以正当化。

由此可以总结为如下（第一个）[81] 定义：刑事合规包括实质规则与形式规则之整体，通过这些规则，法人以及没有法人资格的公司希望确保其员工遵守现行的刑法规定，并希望确保与刑法有关的违规行为得以揭发，且在可能的情况下受到制裁。

4. 刑事合规与刑事实体法的界限

然而，这一根据目前文献所确定的定义仍然不够精确。因为其存在的问题是，刑事合规与刑事实体法的准确区分在哪里？迄今只能确定的是，一方面，刑事合规与刑事实体法相关联，因为其基本功能在于避免刑事责任；另一方面，它又与刑事实体法不同，因为它作为最佳实践，已然处于按照刑法构成要件而产生的可罚性的前置领域。[82] 与此相适应，有两个区分标准可供考虑：参照（刑事合规）与参照物（刑事实体法）的区分以及前置领域规则（刑事合规）与法定可罚性领域（刑事实体法）的区分。

就第一个区分而言，其区分能力显然取决于参照物的确定性，亦即取决于刑事实体法这一概念。刑事实体法由实体规则之整体所组成，这些实体规则根据各种条件以及惩罚的方式和幅度，确定了法定可罚性的范围。[83] 当人们进一步将刑事实体法限制为由立法者和刑事判决所确立的那些实体规则时，则此概念对刑

---

〔78〕 E. Hilgendorf 的见解是恰当的，转引自 Timm，ZIS 2013，S. 249。

〔79〕 E. Hilgendorf，转引自 Timm，ZIS 2013，S. 249。

〔80〕 T. Rotsch，Compliance（Fn. 13），Rn. 6.

〔81〕 下文第二（二）4 部分即将进一步在概念上作出详述。

〔82〕 参见上文第二（一）部分和第二（二）2、3 部分。

〔83〕 参见 C. Roxin，Strafrecht AT/1，4. Aufl.，2006，§1 Rn. 1；H.-H. Jescheck/T. Weigend，Strafrecht AT，5. Aufl.，1996，§ 3 II. 1；H. Welzel，Das deutsche Strafrecht，11. Aufl.，1969，§1 S. 1。

事合规具有高度的选择性。因为除了法定的刑事合规规则以外，大多数刑事合规规则并不是由国家、而是由企业及其法律顾问和其他顾问或机构所建立的。然而，当人们将教义刑法学的规则制定与规则的具体化也算作刑事实体法时——这极为普遍且往往自然而然地就发生了，刑事实体法概念对于刑事合规的区分能力就变得摇摆不定。[84] 也就是说，只要刑事合规规则是刑法学者或者刑辩律师为了公司的利益而参考刑事实体法构想出来的，那么成为问题的就是，为什么这些规则不应当属于刑事实体法？如此一来，刑事合规与刑事实体法的区分将是不可能的。因此，根据一个人所制定的各种规则来调整参照与参照物的区分，也并不能进一步起到什么作用。

然而，借助第二个区分，刑事实体法的概念可以获得更加精准的确定。如果人们将前置领域的规则（刑事合规）与法定的可罚性领域（刑事实体法）的区分作为出发点，则下述看法就是有道理的：在前置领域的规则这一概念之下，所有的规则都要这样来理解，即虽然它们需要参考刑事实体法来把握，但却未必服从于针对刑事实体法而制定的规则。本文所说的制定规则指的是那些保障自由的特定刑法规则，其涉及刑法中的法益保护、确定性、辅助性、片段性、规制的最后手段性以及合比例性原则。[85]

对刑事合规的前置领域规则概念的这种消极区分具有两个优点。一是刑事实体法规则的概念获得了足够的区分能力。二是得以解放出来的刑事合规前置领域规则的概念，具备了积极连接展望与回顾之区分的能力。这是因为，对于已然发生的不法行为所做的刑法上的回顾性审查，刑法中的特定制定规则能够确保其与法益有关且符合比例性，而在避免可罚性风险方面，刑事合规的前置领域规则则凸显了其面向未来的展望性视角。这种视角上的不同是最重要的，因为它使刑事合规前置领域的规则得以自由地制定。

在制定刑事合规规则时，不同法律领域之间的区别在下述范围内得以被抹平：在学科内部，除了刑法以外，许多其他法律学科也能够主张制定规则的能力。[86] 不仅如此，在制定规则时，上述学科以外的跨学科与非法律学科也显然

---

〔84〕 例如 H.-H. Jescheck/T. Weigend, Strafrecht (Fn. 83), § 6 I. 1; C. Roxin, Strafrecht (Fn. 83), § 7 Rn. 1; H. Welzel, Strafrecht (Fn. 83), § 3 S. 15。

〔85〕 进一步的分析，参见 NK-W. Hassemer/U. Neumann, StGB, 4. Aufl., 2013, Vor § 1 Rn. 69 ff., 108 ff., 149 ff.; F. Saliger, Was schützt der liberale Rechtsstaat?, in: Siep/Gutmann/Jakl/Städtler (Hrsg.), Von der religiösen zur säkularen Begründung staatlicher Normen, 2012, S. 183 (208 ff)。

〔86〕 参见上文第一部分和脚注 25，以及第三（三）部分；进一步的分析，参见 D. Bock, Criminal Compliance (Fn. 4), S. 245。

不能被排除在外。

从上述种种情况中，可以得出下述关于刑事合规的更为精确的概念：刑事合规包括实体规则与形式规则之整体，[87] 从法人及没有法人资格的公司的角度来看，其在法定可罚性领域（刑事实体法）的前置领域内，应前瞻性地避免刑事责任风险。

三、刑事合规中的利益趋同?

刑事合规之功能与概念的澄清，为查明合规/刑事合规背后的利益铺平了道路。在这里，建议从作为合规/刑事合规的主要接受对象的公司及其领导人的利益展开论述。

（一）公司及其领导人的利益

关于公司的利益，可以划分为法律利益与经济利益。即便就法律利益而言，也是多种多样的。它们从一般性的利益开始，即通过合规/刑事合规避免一切形式的不利于公司或其领导人的法律责任（损害赔偿、罚款、没收财产、针对个人的刑罚、监管处罚、从政府采购中除名等）。[88] 此外还有遵守某些规范所带来的利益，这些规范现在已经使特定公司及其领导人确定无疑地在原则上承担着采取合规措施的义务，例如《银行法》第 25a、25c 条之于信贷机构，[89] 《证券交易法》第 33 条之于证券服务公司，[90] 或者《保险监管法》第 64a 条之于保险公司。[91]

对于所有的公司及其所有人或者领导人而言，《违反秩序法》第 130 条与该法第 30 条一起，也同样毫无争议地在下述范围内为其规定了设立合规的（间接的、不完全的）义务，即如果对于员工的违法行为，公司所有人有承担刑罚或者罚款的义务，并且该违法行为能够通过适当的监督措施得以避免，或者变得难以实现，那么由于公司所有人或其代表疏于采取监督措施（《违反秩序法》第 9

---

〔87〕 对此参见上文第二（二）3 部分。

〔88〕 对此参见刑事合规的基本功能［上文第二（一）部分］。

〔89〕 对此参见 U. Schneider, ZIP 2003, S. 648; D. Weber-Rey, Compliance und Aufsichtsrech, in: Görling/Inderst/Bannenberg (Hrsg.), Compliance, 2010, 7. Kapitel Rn. 204 ff。

〔90〕 参见 U. Schneider, Compliance (Fn. 5), S. 645 (648); D. Weber-Rey, Compliance (Fn. 89), Rn. 217 ff。

〔91〕 对此参见 D. Weber-Rey, Compliance (Fn. 89), Rn. 212 ff。

条），该公司也可能被罚款（《违反秩序法》第30条）。〔92〕此外，众所周知的是，对于是否还存在着其他与合规有关的法定规范，如《股票公司法》第91条第2款，〔93〕甚或是否可以接受一种旨在引入合规制度的一般性法律义务，〔94〕仍存在着争论。但无论如何，公司及其领导人在任何情况下都会对法律方面感兴趣的是，即便是在已然公开的犯罪行为中，通过顾及合规制度的存在或者通过以内部调查形式开展的合作行为，针对该犯罪行为的制裁方式和程度也至少会受到积极影响。〔95〕

合规之于公司的经济利益，表现得比法律利益更为多样化。最明显的经济利益无疑是利润最大化，或者消极地表述为：避免因对不当举止的处理和施加的外部惩罚而遭受损失。在西门子案、德意志银行案或者曼公司案中，因缺乏合规措施而承担的高昂费用（西门子案约为22亿欧元、〔96〕德意志银行案为5.54亿美元、〔97〕曼公司案则超过2亿欧元〔98〕），令人印象深刻地证明了这一点。然而，只有在效益大于成本时，合规对于公司而言才具有经济利益。在这方面，为了贯彻和维持公司内部的合规制度而设立合规部门，配备合规专员，进行员工培训，设置监督体系或者开展内部调查等，这种同样显著的经济负担为合规过度划定了界限。

为了追求利润最大化，出现了已经被视为合规之附属功能的诸多公司利益：质量保证、产品创新以及旨在提高公司形象的营销。〔99〕人们也可以从以下情况中看到另一种利益，即有效的合规措施可以增强公司领导人对公司本身及其员工

〔92〕参见 D. Bock, Compliance-Diskussion (Fn. 1), S. 68 (70 ff.); ders, Criminal Compliance (Fn. 4), S. 454 ff.; L. Kuhlen, Haftung (Fn. 4), S. 11 (19 ff.); ders, Grundfragen (Fn. 1), S. 1 (6 f.); M. Rieder/S. Falge, Grundlagen (Fn. 36), Rn. 16 ff.; D. Krause, Compliance (Fn. 4), S. 437 (440 f.); B. Fateh-Moghadam, Criminal Compliance (Fn. 7), S. 25 (29); K. Moosmayer, Modethema (Fn. 15), S. 3013 (3014)。对此还可参见上文第二（一）部分。

〔93〕对此有争论。最普遍的看法持肯定态度，例如 S. Poppe, Begriffsbestimmung (Fn. 3), Rn. 40 ff.; D. Weber-Rey, Compliance (Fn. 89), Rn. 198; 原则上也同样持肯定态度的有 M. Rieder/S. Falge, Grundlagen (Fn. 36), Rn. 11 ff.; 持否定态度的，如 K. Moosmayer, Modethema (Fn. 15), S. 3013 f。

〔94〕对此有争论。例如以整体类比的方法加以赞成的，U. Schneider, Compliance (Fn. 5), S. 645 (649); J. Bürkle, Corporate Governance-Pflicht oder Kür für den Vorstand der AG?, BB 2005, S. 565 (567 f.). 持否定态度的，如 A. Dierlamm, Strafbarkeit (Fn. 49), Rn. 113 f.; T. Rotsch, Compliance (Fn. 13), Rn. 18。

〔95〕参见 T. Rotsch, Compliance (Fn. 13), Rn. 18; L. Kuhlen, Grundfragen (Fn. 1), S. 1 (8 f.)。

〔96〕参见 L. Kuhlen, Grundfragen (Fn. 1), S. 1 (8 f.)。

〔97〕FAZ v. 23. 12. 2010, S. 12.

〔98〕FAZ v. 28. 12. 2011, S. 19.

〔99〕参见上文第二（一）部分。

在劳动保护法和信息保护法〔100〕方面的认知，并因此也提高了公司管理层的权力和控制。〔101〕鉴于公司在合规方面享有如此宽泛的法律利益和经济利益，因而不足为奇的是，那些最近曾曝出丑闻的公司在 2012 年底创立了德国合规研究所。〔102〕

（二）国家利益

除了公司，国家及其刑事追诉机关在合规方面也享有丰厚的利益。国家对其规范，特别是由其通过立法确立的刑罚规范能够得到遵守，通常有着浓厚的兴趣。只要合规包含着以下期望，即增强规范相对人对于规范的遵守，则它作为管理工具同样也会登上国家的议事日程。然而应当注意的是，合规/刑事合规的实际控制效果并没有获得实证研究的确证，尽管对于有效性的证据迄今仍缺乏终局性的澄清。〔103〕

作为自治与刑事追诉私权化的手段，合规对于国家刑事追诉具有极为重要的意义。对于某些形式的犯罪，如发生在公司、企业和其他社会子系统内部的犯罪以及源于它们的犯罪，国家的刑事司法一直难以介入。目前，由于刑事司法在物力和人力上的匮乏，国家刑事追诉的这种结构性问题变得更为尖锐。传统的通过刑法以主权性的调查和制裁形式进行的外部控制受到质疑的程度，与通过企业内部的合规计划、内部调查以及纪律惩罚进行的犯罪预防的自我管理所赢得的日益增加的重要性程度相当。这就解释了特定领域法律规范的合规功能为何会大量涌现。〔104〕

对国家而言，提倡刑事追诉（部分）私权化会带来两大好处。一个好处是，通过诸如使公司以建立监督体系或开展内部调查的方式承担贯彻现行法律的义务，并因此将成本负担转嫁给公司，国家可以降低部分刑事追诉的开销。〔105〕另一个好处是，公司内部调查的（中间）结果经常可以使国家层面的刑事追诉成为可能，或者至少会明显对其发挥推动作用。

---

〔100〕 对此参见 F. Maschmann, Compliance und Mitarbeiterrechte, in: Kuhlen u. a. (Hrsg.), Compliance und Strafrecht, 2013, S. 85ff。

〔101〕 参见 A. Nieto Martin, Probleme (Fn. 14), S. 27 (28)。

〔102〕 参见 RP Online v. 27. 11. 2012。

〔103〕 D. Krause [D. Krause, Compliance (Fn. 4), S. 437 (439 ff.)] 运用大量的证据对的 D. Bock [D. Bock, Criminal Compliance (Fn. 4), S. 222ff.] 的合规控制理论的预设前提进行了批判。

〔104〕 对此参见上文第三（一）部分及脚注 89 以下。

〔105〕 参见 D. Bock, Criminal Compliance (Fn. 4), S. 235 ff。

（三）咨询机构的利益

在合规/刑事合规方面，全体的咨询机构无疑享有最大的经济利益。在新的法律业务领域，律师的法律咨询市场目前呈爆炸式增长的趋势。[106] 尽管这看起来可能是正常的，但在律师和会计师的咨询市场中，人们依然可以将合规视为也许是最伟大的创造就业机会的措施。目前，几乎没有哪一家大型的律师事务所不向大型公司以及中小型企业推广合规计划。[107] 通过强调诸如下述情况，即联邦最高法院第五刑事法庭在判决书的附带意见里，对咨询市场中合规官的保证人地位[108]予以过度认可，它们有时候会在推广过程中蓄意激起潜在合规客户对“要么遵守要么灭亡”（comply or die）这一箴言的恐惧。[109]

参与合规业务的除了刑辩律师以外，还包括《反垄断法》、《公司法》、《税法》、《劳动法》以及资本市场等领域的律师以及信息保护专家和会计师。尤其是就会计师而言，借助存有争议的德国会计师研究所发布的关于“合规管理系统的合规审计原则”（IDW PS 980），[110] 可以说在合规市场内，其已经成功地取得了支配性的地位。[111] 而公司的法律顾问也从合规现象中受益匪浅。[112]

---

〔106〕 K. Moosmayer, Modethema (Fn. 15), S. 3013 (3015).

〔107〕 参见 T. Rönnau, Selbstregulierung (Fn. 11), S. 234 (242); L. Kuhlen, Grundfragen (Fn. 1), S. 1 (12)。

〔108〕 BGHSt 54, 44 (49 f.). 对该判例的注释或者评论，参见 M. Rübenstahl, Zur „regelmäßigen“ Garantenstellung des Compliance Officers, NZG 2009, S. 1341; K. Stoffers, NJW 2009, S. 3173; D. Barton, Der Compliance-Officer im Minenfeld des Strafrechts usw., RDV 2010, S. 19; G. Dannecker/C. Dannecker, Die “Verteilung” der strafrechtlichen Geschäftsherrenhaftung im Unternehmen, JZ 2010, S. 981; J. Deutscher, Zur Strafbarkeit des Compliance Officer usw., WM 2010, S. 1387; T. Rönnau/F. Schneider, Der Compliance-Beauftragte als strafrechtlicher Garant usw., ZIP 2010, S. 53; J. Steinheimer, Strafbarkeitsrisiko im Bereich Compliance usw., AuA 2010, S. 24; N. Warneke, Die Garantenstellung von Compliance-Beauftragten, NStZ 2010, S. 312; G. Rößler, Ausdehnung von Garantenpflichten durch den BGH?, WM 2011, S. 918; G. Zimmermann, Die straf-und zivilrechtliche Verantwortlichkeit des Compliance Officers, BB 2011, S. 634; R. Raum, Strafrechtliche Pflichten von Compliance-Beauftragten, CCZ 2012, S. 197。

〔109〕 参见 K. Moosmayer, Modethema (Fn. 15), S. 3013 (3015); C. Prittwitz, Die Rechtstellung-insbesondere Garantenstellung-von Compliance-Beauftragten, in: Kuhlen u. a. (Hrsg.), Compliance und Strafrecht, 2013, S. 125 (131)。

〔110〕 IDW (Hrsg.), IDW Prüfungsstandard: Grundsätze ordnungsmäßiger Prüfung von Compliance Management Systemen (IDW PS 980), Stand: 11. 3. 2011.

〔111〕 参见 K. Moosmayer, Modethema (Fn. 15), S. 3013 (3016)。

〔112〕 参见 BRAK 关于公司中刑事法务的文献，BRAK-Stellungnahme-Nr. 35/2010 vom November 2010; 进一步的分析，参见 M. Jahn，转引自 Timm, ZIS 2013, S. 253 f.。

（四）公司员工的利益

如果人们对公司、国家及咨询机构在合规方面的利益进行总结，就会发现它们之间存在着明显的利益趋同，这一发现具有重要意义。因为它允许做出以下预测：合规/刑事合规绝非一种暂时的时髦现象，而是（刑事）法律体系的一种新型的反身式控制手段，预计其重要性将会增加。[113]

然而，公司员工是否也能对这种利益趋同表示赞同，仍值得怀疑。一方面，员工们肯定会对诸如通过合规培训以更好地避免刑事可罚性风险感兴趣。另一方面，在合规实践当中，对刑事合规的“错误理解”则可能会使员工面临严重危险的威胁。在过去，当公司将窃听员工们的私人谈话（德国电信公司，2006年）、使全体员工的账户数据与公司的财务数据相匹配（德意志铁路公司，2008年）或者偷拍员工并向“奸细”打听他们的私人生活（Lidl 超市，2009 年）解释为犯罪之后，通过在公司层面看来具有刑事可罚性或者违法性的刑事合规，这种针对员工个人权利及信息保护权的危险就极为明显了。[114]

针对员工权利的危险同样存在于举报制度中。[115] 那些根据上司的命令或者获得上司的首肯，为了公司利益而实施了相关犯罪行为，现在却要忍受公司内部调查（西门子案）的员工，最终可能会陷入劳动法上的信息披露义务与刑法上的免于自证其罪这一棘手的紧张冲突之中。[116] 鉴于这些危险以及矛盾心理，人们就不能说公司员工在刑事合规中也能完全获得好处。

四、解释刑事合规发迹的各种方法

基于上述对于各方利益的分析，可以提出的问题是，应当如何对合规/刑事合规的发迹做出解释。尽管上述现象的实际意义是一个需要澄清的问题，但相关的科学研究才刚刚起步。在出发点及解释范围方面，文献中有很多方法或多或少的存在着分歧。

---

〔113〕 参见 T. Rotsch, Criminal Compliance (Fn. 28), S. 614; B. Fateh-Moghadam, Criminal Compliance (Fn. 7), S. 25 (42)。

〔114〕 进一步的分析，参见 F. Maschmann, Compliance (Fn. 100), S. 85 ff。

〔115〕 参见 F. Maschmann, Compliance (Fn. 100), S. 85 (98 ff.); V. Gómez Martín, Compliance und Arbeitnehmerrechte, in: Kuhlen u. a. (Hrsg.), Compliance und Strafrecht, 2013, 105 (119 ff.)。

〔116〕 对此的代表性观点，参见 M. Jahn, Ermittlungen in Sachen Siemens/SEC usw., StV 2009, 41 ff.; T. Rotsch, Compliance (Fn. 13), Rn. 51 f.; I. Roxin, Probleme und Strategien der Compliance-Begleitung in Unternehmen, StV 2012, 116 (118 ff.)。各附有进一步的参考文献。

（一）刑事合规是刑法分部管理化的一种表现形式？

罗什将合规思想同他所主张的刑法的分部管理化这一命题联系起来。此后，现代刑法学就被分裂成几个不同的部分，以至于刑法教义学变得分散且日趋无力，这在通过刑法典的普通规定去解决经济刑法的问题方面，表现得尤为明显。[117] 合规与从经济学中移植的分部管理概念之间的关系是，在合规与刑法的交汇之处，出现了刑法的分部管理化，[118] 或者说是由于目前分部管理化的刑法具有规范上的不明确性，合规本身会变成一种“风险”。[119] 因此，罗什主张一种独立的经济刑法，其从以前的刑法教义学中解放出来，并会使特定的（经济）刑事责任的一般原则、尤其是构成要件以及经济刑法自身的程序法得以规范化。[120]

罗什的主张遭到了学界大多数人的拒绝或批判。[121] 应将对分部管理化的主张所作的一般性批判，与该主张对合规课题的解释潜力问题区分开来。受篇幅所限，对于分部管理化的主张是否适用于刑法的问题，无法加以详尽讨论。这里只作两点评价。为了证立其主张，罗什将判例在组织支配型的间接正犯方面的发展作为主要例子，最先对其做了阐述。[122] 这些例子也可以被作以下解读：围绕将组织支配型的间接正犯这一形象转接至经济企业而产生的争论，恰恰证明了刑法上正犯理论的统一性，而不是碎片化。[123] 此外，如果将分部管理的概念作为纯粹的规范主张来理解，其结果会是创设出一种“特别刑法”，这将会成为问题，因为基于各种事实问题的内部关系，统一且连贯地适用刑法原则是平等适用刑法的一个要求，并且是刑法的正当性之所在。[124]

不管怎样，罗什的方法之于合规的解释潜力受到了评价。库伦业已认为其优越性在于，分部管理的主张使人们睁眼看到，刑法教义学无法单独解决由合规所

---

〔117〕 T. Rotsch, Konsequenzen（Fn. 2）, S. 141（143, 147, 148 ff., 158 ff.; ders, Der ökonomische Täterbegriff usw., ZIS 2007, 260（265）.

〔118〕 T. Rotsch, Konsequenzen（Fn. 2）, S. 141（143）.

〔119〕 T. Rotsch, Konsequenzen（Fn. 2）, S. 141（160）.

〔120〕 T. Rotsch, Konsequenzen（Fn. 2）, S. 141（143, 147, 158 f.）.

〔121〕 反对性意见，例如 B. Fateh-Moghadam, Criminal Compliance（Fn. 7）, S. 25（30 ff.）；批判性意见，例如 L. Kuhlen, Grundfragen（Fn. 1）, S. 1（15）。

〔122〕 T. Rotsch, Täterbegriff（Fn. 117）, S. 260 ff.；进一步的分析，参见 T. Rotsch, Konsequenzen（Fn. 2）, S. 141（148ff., 151），然而，他列举了大量的其他“刑法部门”。

〔123〕 B. Fateh-Moghadam, Criminal Compliance（Fn. 7）, S. 25（32）.

〔124〕 参见 B. Fateh-Moghadam, Criminal Compliance（Fn. 7）, S. 25（30 ff.）。

提出的问题，而是需要其他内部学科以及跨学科的参与。[125] 尽管这是正确的，但其并不包含任何关于合规为何发迹的解释。根据库伦的补充说法，其所描述的优越性绝少涉及合规和刑法的具体对象，因此难以促进对合规为何发迹的理解。[126]

如果有什么是为罗奇所承认的，那就是分部管理的命题强调了刑事实体法教义学与刑事合规之间的密切关系。[127] 因为在刑事合规规则所处的法定刑事可罚性风险的前置领域这一范围内，刑法教义学的（或多或少是确定的）内容也会对刑事合规规则的内容产生影响。[128] 当然，对于刑事合规的"是否问题"，这种关系同样没有提供任何解释上的假说。

（二）刑事合规是价值与道德变迁的表现？

其他方法对于合规也同样欠缺特定的或者综合性的解释潜力。这首先适用于价值与道德变迁理论。在该理论看来，合规/刑事合规涉及的是对诸如"商业诚信"等新的价值与道德的强化（或者说是旧的价值与道德的复苏）。[129] 事实上，在关于合规的争论中，对伦理和道德所作的积极言论与消极言论旗鼓相当。积极的言论诸如，以行为准则或道德准则为内容的合规规则作为公司方针时也应当表达公司的道德原则。[130] 与此相适应，合规也被称之为商业道德的基本问题。[131] 相反的，合规讨论中的消极言论则有"合规卫道士（Compliance-Tugendwächtern）"[132] 甚或是"道德恐怖"等说辞。[133]

在伦理道德层面对公司自身设立的规则所作的讨论在概念上是否令人信服，可能尚未确定。[134] 在关于合规/刑事合规的辩论中，不同参与者在法律和经济方面拥有上文所说的确切利益，这会给将价值及道德变迁理论视为充分有效解释模

---

〔125〕 L. Kuhlen, Grundfragen（Fn. 1），S. 1（15）.

〔126〕 L. Kuhlen, Grundfragen（Fn. 1），S. 1（15）.

〔127〕 同样如此主张的是 L. Kuhlen, Grundfragen（Fn. 1），S. 1（15）。

〔128〕 参见上文第二（一）、二（二）4 部分，以及下文第五（一）部分。

〔129〕 参见 L. Kuhlen, Grundfragen（Fn. 1），S. 1（13）。

〔130〕 S. Poppe, Begriffsbestimmung（Fn. 3），Rn. 3；H. Theile, Unternehmensrichtlinien（Fn. 30），S. 406, 408.

〔131〕 上文第一部分及脚注 15。

〔132〕 例如 K. Moosmayer, Modethema（Fn. 15），S. 3013。

〔133〕 上文第一部分及脚注 23。

〔134〕 对此参见 H. Theile, Unternehmensrichtlinien（Fn. 30），S. 406（408）所附的参考文献。

型的主张造成障碍。[135] 就此而言，倒不如说伦理道德表现为附带或者伴随现象，而非发展的引擎。[136]

（三）刑事合规是由风险刑法和刑法帝国主义所塑造的？

库伦还将合规思想同风险刑法及法律的全球化或者说是刑法帝国主义联系起来。[137] 事实上，就刑事合规与风险刑法之间的内部联系这一视角而言，其对刑事实体法与刑事合规规则的关系的理解，要比分部管理的主张更为准确。原因在于，现代风险刑法日益变得宽泛且不确定，[138] 使得将尽量减少这种刑法风险作为刑事合规基本功能的需求得以增加，这从出发点来看是可以理解的。[139] 然而，风险刑法的理解也不够透彻，因为它无法解释刑事合规的关键部分，诸如刑事合规的焦点在于企业，[140] 或者是国家在刑事合规上的重大利益[141]。

将刑事合规解释为法律全球化或者刑法帝国主义的特殊形式，其意义也同样有限。这是千真万确的，因为正如西门子案等案件所表明的那样，外国（司法部、证券交易委员会）或者超国家机构（欧盟委员会、世界银行）的制裁可能性，极大地促进了刑事合规在德国的发展，[142] 并且发端于美国的反腐败刑法通过《德国反国际腐败法》得以扩张，这被视为刑法帝国主义的特殊形式而遭受批判。[143] 与此同时，针对刑事合规的全球化主张也仅能解释跨国经营公司所增加的责任风险这一面，而刑法帝国主义的主张则至少在体系上是无法令人信服的，因为《德国反国际腐败法》并非旨在对某些外国的完整性提供帝国主义式的保护，而是通常致力于保护国际竞争。[144]

（四）合规与系统论

迄今的尝试，即实现刑事合规的系统论，更多地具有描述性而非解释性。将

---

〔135〕 上文第三部分。

〔136〕 同样持批判性意见的是 L. Kuhlen, Grundfragen (Fn. 1), S. 1 (13)。

〔137〕 L. Kuhlen, Grundfragen (Fn. 1), S. 1 (14 ff.).

〔138〕 对此参见 C. Prittwitz, Strafrecht und Risiko usw., 1993, S. 236 ff., 261 ff., 364 ff。

〔139〕 参见上文第二（一）部分。

〔140〕 同样已经沿着这一方向的是 L. Kuhlen, Grundfragen (Fn. 1), S. 1 (14 f.)。

〔141〕 对此参见本文第三（二）部分。

〔142〕 关于西门子案，参见例如 P. Graeff/K. Schröder/S. Wolf (Hrsg.), Der Korruptionsfall Siemens usw., 2009。

〔143〕 例如 B. Schünemann, Das Strafrecht im Zeichen der Globalisierung, GA 2003, 299 (309)。

〔144〕 令人信服的分析，参见 L. Kuhlen, Grundfragen (Fn. 1), S. 1 (15 f.)。

刑事合规这一难题作为法律系统与经济系统的交叉区域加以定位（“刑事合规是经济系统观察刑法是如何监管经济的一种方式”），这在社会学上当然是令人信服的。[145] 因为合规/刑事合规位于（刑事）法律中的自治这一宏大问题范围之内，这已经是在概念和功能上设定好的。[146] 人们也可以将合规功能在系统论上理解为“法律系统和经济系统互相加剧刺激的表现”。[147]

但是，如果将法律与经济的各自系统逻辑作为这种刺激的理由，并在法定的合规方面将两个系统在结构上的结合作为出发点，[148] 则刑事合规在控制论上的难题就仅仅只是被做了抽象的描述。其既没有对刑事合规的发迹做出具体解释，也看不出对刑事合规中具体刑法问题的解决提供了解释框架，[149] 因此系统论的方法同样存在不足。

（五）刑事合规是犯罪预防自治化与私权化的表现形式？

看起来的目标导向是，鉴于刑事合规的功能及概念，将其解释为犯罪预防自治化与（部分）私权化的表现形式。[150] 但这并不是说，合规/刑事合规意味着国家会从打击犯罪中抽身而退。[151] 因为私权化概念的合理运用并不需要在私人或者国家之间做出非此即彼的僵化选择。[152] 因此本文才会毫不费力地强调国家对合规以及刑事合规与刑法之间的相互关系具有浓厚的兴趣。[153] 与此相适应，对于自治思想的解释也可以从两个维度展开，即对于自治化，不仅可以从公司的视角来考虑，也可以从国家的角度来观察，它们双方在合规方面均具有重要利益。[154] 以此为前提，对于合规的发迹可以得出以下体系性的假说：

现代国家已经以某种方式在一定程度上对刑事实体法作了扩张，但由于物力

---

[145] 上文第一部分以及脚注 30。

[146] 对此参见本文第一、二部分，尤其是第二（一）部分。

[147] B. Fateh-Moghadam, Criminal Compliance (Fn. 7), S. 25 (41).

[148] B. Fateh-Moghadam, Criminal Compliance (Fn. 7), S. 25 (41, 44)；关于公司方针，还可参见 H. Theile, Unternehmensrichtlinien (Fn. 30), S. 406 (411 ff.)。

[149] 认为就后者而言同样至关重要的是 L. Kuhlen, Grundfragen (Fn. 1), S. 1 (17)。

[150] 同样位于起点的是 L. Kuhlen, Grundfragen (Fn. 1), S. 1 (17 ff.), 附有进一步的参考文献；J. Pablo Montiel, Selbstreinigung (Fn. 42), S. 185 (188)；进一步参见 F. Saliger, Privatisierung (Fn. 10), S. 215 (219 ff.)；T. Rönnau, Selbstregulierung (Fn. 11), S. 234 (241 ff.)。

[151] 沿着这一方向但却持批判性意见的是 H. Theile, Strafbarkeitsrisiken der Unternehmensführung aufgrund rechtswidriger Mitarbeiterpraktiken, wistra 2010, 457。

[152] 参见 F. Saliger, Privatisierung (Fn. 10), S. 215 (218 ff., 224 f.)。

[153] 参见本文第三（二）部分，以及本文第二（二）2、4、五（一）、（三）部分。

[154] 对此参见上文第三（一）、（二）部分。

和人力的缺乏，在某些关键领域，它不能保证刑法能够在必要的范围内得以贯彻。经济刑法，尤其是公司刑法的绝大部分，都属于这些关键领域。为了提高扩张后的刑法在这些成为问题的领域中贯彻的可能性，国家越来越多地将宝押在了法定的或附随的自治化这一手段上。公司方面也积极地将自己置身于这一手段之下，以逃避扩张的刑法中难以估量的刑罚危险与部分大额的经济惩罚所带来的威胁。这主要以企业内部调查的形式来实现刑事追诉的（部分）私权化，即隶属于那些不仅有利于国家利益而且有利于公司利益的措施。

五、刑事合规与刑法之间的相互影响

上述分析可以清晰地表明，刑事合规与刑事实体法和刑事程序法之间相互影响。在最后一部分，应当基于批判的意图对刑事合规与刑法之间的相互影响展开系统的讨论，尽管这一讨论受篇幅所限而较为简略。

（一）刑事合规与刑事实体法

刑事合规与刑事实体法之间的关系尤其引人注目。由于刑事合规的基本功能难以实现且矛盾重重，在形式上存在着冲突性的相互影响，因而刑事合规与刑事实体法的关系可能是一个难题。

1. 刑事合规的基本功能具有构造上的难以实现性

从刑事合规的基本功能和概念可知，刑事合规在前置领域预先对刑事实体法的规定加以具体落实。[155] 其具体化的能力并不取决于刑法所建构的具体规则，而是依赖于最佳实践。[156] 从刑法的角度来看，这促成的规则是，那些在原则上对超越合义务的举止加以命令或禁止的规则。如同库伦所确切表达的那样，刑事合规涉及的是一种“为不确定领域提供的一定程度上的安全储备”。[157] 在这方面，“良好的合规”将会被持续用于塑造规则。

刑事合规的主要问题在于，从结构上看，它根本无法实现其预期的基本功能。该问题已经存在于其监管任务的范围之内。法定可罚性范围的前置领域在结

---

〔155〕 参见 D. Krause, Compliance (Fn. 4), S. 437 (440 f.); U. Schneider, Compliance (Fn. 5), S. 645 (646 ff.); H. Theile, Unternehmensrichtlinien (Fn. 30), S. 406 (413 ff.) 关于公司方针的论述；以及上文第二（二）2 部分。

〔156〕 上文第二（一）、（二）4 部分。

〔157〕 L. Kuhlen, Haftung (Fn. 4), S. 11 (24); T. Rotsch, Compliance (Fn. 13), Rn. 47; T. Rönnau, Selbstregulierung (Fn. 11), S. 234 (247, 249).

构上是开放的，其后果是，对于规则构建，刑事合规并不包含任何的内部界限。因此，前置领域要么会面临结构上的危机状态，要么就需要不断地被进一步地往前扩张，而这从自由的观点来看是很成问题的。这就会造成以下危险：由于刑事合规的规定过于前置、过于详细，其变得越来越难以实现。[158] 此外，由于就某些刑事合规问题而言，明确的最佳实践标准（依然）是不存在的，[159] 加之作为参考点的刑事实体法往往更加不确定，[160] 这也加剧了上述危险。至于刑事合规的外部界限，这里只强调公司实施刑事合规的成本，[161] 以及通过刑事合规而日益增长的官僚化，这导致公司的决策过程变得缓慢，并使负有责任的公司员工丧失决断力。[162]

刑事合规预期的基本功能还会因为其他理由而在结构上难以实现。只要刑法的法安定性需要通过刑法以外的规则来确立，则该任务就不可能完全实现。这是因为，这些规则并非由刑事立法者和刑事司法者所确立，对它们的遵守并不必然意味着，刑事司法者也会认同因遵守这些规则而产生的除罪化效果。在法定的合规领域，立法者和判例可以在很大程度上保证这种除罪化的效果。在非法定的刑事合规领域，如果根据《刑事诉讼法》第153、153a条的立法理由，无论如何也无法适用这些规定，或者无法根据《刑法》第46条的规定，考虑减轻刑罚，则对于刑事合规规则的遵守，也往往会成为欠缺义务违反性的证据，并因而属于不可罚的举止。[163] 尽管如此，不可罚性却并不是强制性的。例如，在招待他人时，即便遵守私人注册协会（S20）指导手册中的反腐败规定，也不能保证刑法在所有情况下都会免除已实施之招待行为的可罚性。指导手册明确指出了这一点。[164]

2. 免除责任与新犯罪化的矛盾性

刑事合规的基本功能具有结构上的不可实现性，该问题涉及刑事合规在刑事

---

〔158〕 参见 T. Rotsch, Criminal Compliance (Fn. 28), S. 614 (616)。

〔159〕 M. Rieder/S. Falge, Grundlagen (Fn. 36), Rn. 43；更为犀利的见解，参见 R. Michalke, Untreue (Fn. 4), S. 245，其指出，刑事合规不受规范性规定的约束。

〔160〕 参见 L. Kuhlen, Haftung (Fn. 4), S. 11 (25)；T. Rotsch, Compliance (Fn. 13), Rn. 47。

〔161〕 毫无疑义的是，合规是昂贵的，但不合规通常来说更昂贵［L. Kuhlen, Grundfragen (Fn. 1), S. 1 (14 mit Fn. 93)］，因为这里的内部成本界限并非“是否”设立合规，而是“如何”设立合规。

〔162〕 对此的分析，诸如 L. Kuhlen, Haftung (Fn. 4), S. 11 (27)；K. Moosmayer, Modethema (Fn. 15), S. 3013 (3015)。

〔163〕 参见 L. Kuhlen, Haftung (Fn. 4), S. 11 (24)；T. Rönnau, Selbstregulierung (Fn. 11), S. 234 (250 ff.)。

〔164〕 深入的研究，参见 F. Saliger, Hospitality und Korruption, in: FS Kühne, 2013, IV. 2（即将出版）。

实体法方面的矛盾性问题。尽管这是事实，即刑事合规并不制定新的刑法规则，[165] 但它却制定着与（刑事）法律相关的规则。这一法律相关性也包括以下事实：刑事合规规则同样也为刑事责任创设了新的连接点。

关于背信的判例已经表明了这一点。在西门子案中，根据《刑法》第266条第1款第2项对破坏信赖的背信行为所作的谴责，达姆施塔特地方法院已经从对合规规则的违反中推导出了义务违反性，这些合规规则禁止一切行贿行为。[166] 而联邦最高法院直到在排除构成要件的同意这一问题上，才考虑合规规则。当然，其结果是一样的。根据刑事合规，联邦最高法院否定了公司最高管理层的同意，并因而确认了义务违反性的存在。[167] 这种相关性可以得到验证。即便刑事合规规则本身并不会设立适用于背信的财产管理义务，[168] 并且以未采用或者未充分采用合规制度的方式来拒绝合规，由于缺乏具体的导致危害的财产危险，也往往不会造成一种刑法意义上的背信，[169] 只要刑事合规规则至少具有间接保护财产的性质，[170] 则借助背信构成要件的附属性，在基于其他理由而负有财产管理义务之人的场合中，它们就能够被显著用于解释义务违反这一要素。[171]

在其他犯罪领域，许多刑法规范和罚金规范的附属性也同样以与刑事合规规则具有相关性为前提。在下述情况中，其意义具有典型性，即在产品刑法和环境刑法中的过失犯罪中，或者是在《违反秩序法》第130条规定的过失违反监督义务中，注意的违反性被理解为在交往中忽视了必要的注意（参见《民法》第276条第2款），而通过刑事合规规则也可以建立交往规范。[172] 在反腐败刑法中，刑事合规规则也同样可以获得实践相关性。在确定《刑法》第331条第1款、第

---

[165] R. Michalke, Untreue (Fn. 4), S. 245.

[166] LG Darmstadt Beck RS 2007, 16611 Rn. 149, 附有注释。此外还有 F. Saliger/K. Gaede, HRRS 2008, S. 57。

[167] BGHSt 52, 323 (335). 关于该判例的重要意义，参见 L. Kuhlen, Haftung (Fn. 4), S. 11 (24 f.); T. Rotsch, Compliance (Fn. 13), Rn. 147; T. Rönnau, Selbstregulierung (Fn. 11), S. 234 (252)。

[168] R. Michalke, Untreue (Fn. 4), S. 245 (247 f.); D. Krause, Compliance (Fn. 4), S. 437 (443 f).

[169] H. Theile, Unternehmensführung (Fn. 151), S. 457 (462); D. Krause, Compliance (Fn. 4), S. 437 (443 f.); D. Bock, Criminal Compliance (Fn. 4), S. 351 f.

[170] BGH NJW 2011, 88 (91 f. Rn. 36); 对此参见 R. Michalke, Untreue (Fn. 4), S. 245 (250); F. Saliger, Auswirkungen des Untreue-Beschlusses des Bundesverfassungsgerichts vom 23. 5. 2010 auf die Schadensdogmatik, ZIS 2011, 902 (908 f.)。

[171] SSW/F. Saliger, StGB 2009, § 266 Rn. 31 f. (32); D. Bock, Criminal Compliance (Fn. 4), S. 349 ff.; D. Krause, Compliance (Fn. 4), S. 437 (444). 还可参见下文第五（三）部分。

[172] 参见 L. Kuhlen, Haftung (Fn. 4), S. 11 (25 f.); T. Rönnau, Selbstregulierung (Fn. 11), S. 234 (253 f.)。

333条第1款中的不法协议时，联邦最高法院第一刑事法庭依赖于具体案件中受到评价的所有证据的整体状况，其中也包括行贿者的行为方式（秘密的或者公开的）。[173] 当联邦最高法院第一刑事法庭这么做时，则违反涉及行为方式（如招待方式）的刑事合规规则就可能招致犯罪化的效果。[174]

这些不完整的少数例子已经能够证明，刑事合规对于刑事实体法的影响并不是明确的，而是模棱两可的。一方面，遵守刑事合规规则通常会——但并非在所有方面都必然会[175]——排除刑事可罚性的风险。另一方面，刑事合规规则创设了新的违反规则的领域，其本身又成了肯定刑罚构成要件的连接点。在免除责任和新犯罪化之间的这种矛盾，被指责是“企业家自律中的矛盾心理”[176] 或者是“自我确证的循环”[177]，并在一切合规努力中都注意对其进行限制。[178]

（二）刑事合规与法律的一致性

合规/刑事合规的另一个影响出现在法律的一致性领域。对于在不同法律体系中经营的跨国公司而言，存在的问题是，其刑事合规规则必须与不同国家的刑法规范相一致。对于下述情况，即A国没有或者仅是限制性地将V举止加以犯罪化，而B国则对V举止进行严密的刑罚防御，对于在这两个国家活动的公司U而言，至少要考虑两种策略：U要么使其活动避免涉及B国严格的刑法秩序，要么反过来，以B国限制性的刑法秩序作为其举止的基础。[179]

就后者而言，针对同一举止V，为每个国家都制定特定的刑事合规规则，对于U来说通常是很棘手的。[180] 此外，处于竞争之中的公司迫于竞争压力，为了避免声誉受损以及基于道德方面的考量，也会将刑事合规规则与B国限制性的刑法秩序保持一致。[181] 这两方面表明，在这种情况下，U有充分的理由“设定最

---

〔173〕 BGHSt 53, 6 (16 f.). 对此所作的进一步分析，参见F. Saliger, Hospitality (Fn. 164), II. 3。

〔174〕 T. Rönnau, Selbstregulierung (Fn. 11), S. 234 (252)；还可参见L. Kuhlen, Haftung (Fn. 4), S. 11 (26)。

〔175〕 上文第五（一）1最后部分。

〔176〕 T. Kreuder, Rechts-und Organisationsfragen zur Trade Compliance, CCZ 2008, S. 166 (169).

〔177〕 L. Kuhlen, Haftung (Fn. 4), S. 11 (26).

〔178〕 同样这么认为的是L. Kuhlen, Haftung (Fn. 4), S. 11 (26 f.)；倾向于肯定的是T. Rönnau, Selbstregulierung (Fn. 11), S. 234 (254 ff.)。

〔179〕 C. Pelz，转引自Timm, ZIS 2013, S. 256；在那里还提及其他情况。

〔180〕 A. Nieto Martin, Probleme (Fn. 14), S. 27 (33).

〔181〕 这么认为的有C. Pelz，转引自Timm, ZIS 2013, S. 256。

大的公约数，并根据要求最为苛刻的法律秩序来确定要予以阻止的行为。”[182] 如果遵循这一标准，则尽管跨国公司中的合规措施会涉及不同的刑法秩序，其依然能够统一调整公司员工的全球化举止。这反过来又可以成为法律一致化的催化剂。

（三）刑事合规与刑事诉讼法

刑事合规与刑事诉讼法的关系尤为引人注目。在这方面，主要是作为正式的刑事合规之表现形式的企业内部调查[183] 与刑事诉讼法之间的相互作用问题。受篇幅所限，无法展开详尽的分析，这里仅提出两点来对具有示范意义的规则分歧进行说明。

第一个方面涉及发起内部调查的前提条件问题。这是因为，对于最初的嫌疑人（《刑事诉讼法》第152条第2款），私人公司并不必然会成为国家刑事追诉的介入条件，事实上，它们可以基于一般的怀疑而自愿发起内部调查，[184] 尽管基于外部调查压力而采取行动的情况更为常见。[185] 更为棘手的是要回答以下问题：在什么条件下，一旦《违反秩序法》第130条规定的调查义务被置于不顾，[186] 公司必须开展具有抵御刑罚意义的内部调查。考虑到根据《刑法》第266条而产生的义务违反性，莫姆森建议根据《刑事诉讼法》第152条第2款，以最初的嫌疑人为指向，尽管他对于所获得的涉及商业举止之信息的可信性并不打算提出过高要求。[187] 该建议并非没有问题，除了在不合规时因背信而产生的财产损失问题以外，[188] 莫姆森还对下述看法表示赞同：如果内部调查旨在服务于公司的合法权益，则排除因背信而产生的义务违反性。[189] 原则上，针对防御刑罚性的私人调查义务所提出的要求，至少不应比针对防御刑罚性的国家调查义务（参见《刑法》第258 a条）更为宽松。在下述情况下——已有判例对《违反秩序法》第130条表示赞成——唯有在有证据证实存在不当举止时，才产生调查

---

[182] A. Nieto Martin, Probleme (Fn. 14), S. 27 (33). 其评价该标准系功能性的。

[183] 对此参见上文第二（二）3部分。

[184] 参见C. Knauer/E. Buhlmann, Unternehmensinterne (Vor-) Ermittlungen-was bleibt von nemo tenetur-und fair-trial?, AnwBl. 2010, S. 387 (393); T. Rotsch, Compliance (Fn. 13), Rn. 49。

[185] O. Sahan, Untersuchungen (Fn . 43), S. 171 (172 f.).

[186] 对此参见上文第二（一）部分及脚注45；O. Sahan, Untersuchungen (Fn. 43), S. 171 (174)。

[187] C. Momsen，转引自Timm, ZIS 2013, S. 251。

[188] 对此参见上文第五（一）2部分。

[189] C. Momsen，转引自Timm, ZIS 2013, S. 251。

义务。〔190〕尤其是考虑到背信的可罚性，允许公司在“是否”以及“如何”开展内部调查方面拥有自由裁量的空间。〔191〕

刑事合规与刑事诉讼法之间的重大规则分歧主要是从内部调查中获得的证据在刑事诉讼程序上的适用性问题。倘若在劳动法许可的内部调查范围内，凭借有关员工在劳动法上的供述义务而获得了有罪的证据，考虑到（未受保护的）诉讼法上的审讯权利，至少从与不得自证其罪原则相关联的公平审判原则出发，在并行的刑事诉讼程序方面，独立地禁止使用这些证据是必须被接受的做法。〔192〕此外，基于充分的理由，也需要禁止使用这些证据。〔193〕所有的这些建议都要在下述背景中来理解：对缓解刑事合规与刑事程序法之间出现的规则分歧进行合理关注。

（四）刑事合规与刑法文化

刑事合规最终全面地对刑法文化产生了深远影响。这是在雅各布斯的敌人刑法理论帮助下展现出来的。〔194〕雅各布斯认为，现代刑法分裂成了市民刑法与敌人刑法。〔195〕市民刑法保障的是自由领域，而敌人刑法则是寻找保护法益的最佳方案。〔196〕市民/人格体与敌人的区别在于，人格体为其符合规范的举止提供了最低的认知保障，而敌人则是这样一类个体，他们也许已经通过自己的举止长久地背离了法律，并不能提供最低的认知保障。〔197〕与此相适应，国家应当做出不同的反应：市民刑法根据法治国家的理念行事，而敌人刑法则是“战争”的

---

〔190〕上文第二（一）部分及脚注 45。

〔191〕仅关于就裁量而言“如何”开展内部调查，参见 C. Momsen，转引自 Timm，ZIS 2013，S. 251. 批评将合规与《刑法》第 266 条联系在一起的是 R. Michalke，Untreue（Fn. 4），S. 245（251）。

〔192〕参见 C. Knauer/E. Buhlmann，Unternehmensinterne（Vor-）Ermittlungen（Fn. 184），S. 387（393），他们只赞同这违背了公平审判原则；认为仅涉及违背不得自证其罪原则的，例如 H. Theile，Internal Investigations und Selbstbelastung usw.，StV 2011，381（385）；T. Rotsch，Compliance（Fn. 13），Rn. 52，附有进一步的参考文献。

〔193〕例如 T. Rotsch，Compliance（Fn. 13），Rn. 52，附有进一步的参考文献。

〔194〕在关于刑法分部制这一主题的文章中，T. Rotsch 同样也提及了与刑事合规有关的 G. Jakobs 的敌人刑法，参见 T. Rotsch，Konsequenzen（Fn. 2），S. 141（148 f.）。

〔195〕G. Jakobs，Terroristen als Personen im Recht?，ZStW 117（2005），S. 839（847）.

〔196〕G. Jakobs，Kriminalisierung im Vorfeld einer Rechtsgutsverletzung，ZStW 97（1985），S. 751（756）.

〔197〕G. Jakobs，Das Selbstverständnis der Strafrechtswissenschaft vor den Herausforderungen der Gegenwart（Kommentar），in：Eser/Hassemer/Burkhardt（Hrsg.），Die deutsche Strafrechtswissenschaft vor der Jahrtausendwende，2000，47（51 f.）.

结晶。[198]

在合规现象中，恰好体现了雅各布斯的倚仗个人能力的人格体概念，这一概念同样也是以其敌人刑法理论为基础的。该人格体概念的核心并不是权利，而是义务，尤其是可靠的忠诚于法律的能力。[199] 在严格以自由为导向的刑法中，市民对国家所背负的义务通常不超过可罚的过失性举止，与此不同，在雅各布斯的市民刑法中，对法律的忠诚则成为送达给市民的义务。国家不再单独保障市民基本权利的安全。市民本人有义务为解决安全问题做出贡献。[200] 这种送达性的义务（Bringschuld）还将合规/刑事合规的特征描述为自治的表现形式与犯罪预防的私权化。成为潮流的与自由相敌对的合规之路掩盖了下述事实：合规源自于公司，并在公司中发挥作用。[201] 尽管如此，但由于合规义务涉及的是公司的具体员工，合规因此也变成了送达给他们的义务。在这方面，刑事合规可以继续充当目前以安全为导向的刑法文化之引擎。[202]

六、小 结

对上述关于刑事合规基本问题的分析可作如下总结：刑事合规在概念上包括实体规则与程序规则之整体，从法人和没有法人资格的协会的角度出发，它应当在法定的（刑事实体法的）刑事可罚性范围的前置领域，避免潜在的刑事责任风险。除了避免刑事责任这一法律上的基本功能，刑事合规还具有许多下位功能和附属功能。考虑到位于刑事合规背后的各种利益具有一致性，刑事合规并不属于时髦现象。刑事合规的发迹史最佳地解释了为何将其解读为自治的表现形式和犯罪预防的私权化。刑事合规与刑法有着密切的相互影响。其与刑事实体法和刑事程序法的关系尤为引人注目。对于目前以安全为导向的刑法文化，刑事合规有进一步对其进行强化的潜力。

---

〔198〕 G. Jakobs, Selbstverständnis (Fn. 197), S. 47 (51 ff., 53).

〔199〕 G. Jakobs, Norm, Person, Gesellschaft, 2. Aufl., 1999, S. 38; ders, Terroristen (Fn. 195), S. 839 (843).

〔200〕 对此参见 F. Saliger, Feindstrafrecht: Kritisches oder totalitäres Strafrechtskonzept?, JZ 2006, 756 (761 f.)。

〔201〕 由此产生了刑事合规与公司刑法之间的开放关系，对此参见 W. Bottke, Compliance-Oder: Normbefolgungsbereitschaft von und in Unternehmen usw., in: FS Stöckel, 2010, 43 (50 f.); H. Kudlich, Compliance durch Verbandsstrafbarkeit?, in: Kuhlen u. a. (Hrsg.), Compliance und Strafrecht, 2013, S. 209 ff.。

〔202〕 代表性的观点，参见 P.-A. Albrecht, Der Weg in die Sicherheitsgesellschaft usw., 2010。

欧盟领域中的刑事合规[*]

马克·恩格尔哈特（Marc Engelhart）[**]
蔡仙[***] 译

一、概述

在整个欧盟法范围内，根据法领域的不同，合规扮演着不同的重要角色。欧盟立法的权限越突出，合规主题就越为重要。由于欧盟的个别权限受到了限制，所以直到现在，既没有一个统一的欧洲刑法或者制裁法，也不存在一个统一的合规方案（Compliance-Ansatz）。然而，在那些可以通过欧盟进行制定并且付诸实施的原始法规（originäre Regelungen）（也包含了制裁）领域内，合规发挥着最为重要的作用。迄今为止，即便涉及合规的文献对欧盟法的处理只是刚起步，但是，合规对于实践而言也十分重要，甚至是在卡特尔法领域中以及有关避免制裁法上责任这方面，合规也发挥着重大的作用。

卡特尔法—合规（Kartellrechts- Compliance）是本文讨论的焦点问题。另外，具有实践意义的是对外贸易法中与反恐怖主义和其他禁运规定（Embargo-Vorschrift）有关的规制。同样地，在洗钱（Geldwäsche）、恐怖融资（Terrorismusfinanzierung）、保险监管法（Versicherungsaufsichtsrecht）和金融市场监管（Finanzmarketregulierung）领域也出台了重要的规定。除此之外，欧洲在合规上的规定也体现在对于财政而言十分重要的农业援助领域。在本文的最后，将讨论欧洲公

---

* 原文见 Marc Engelhart, Criminal Compliance in der EU, In: Thomas Rotsch (Hrsg.), Criminal Compliance Handbuch, Baden-Baden 2015, Nomos, 1104-1120。

** 德国马克斯·普朗克外国与国际刑法研究所负责人之一，主要研究方向：经济刑法、欧盟和国际刑法、刑事诉讼法和证券法。

*** 苏州大学王健法学院讲师，法学博士。

司的治理。

二、卡特尔法

欧洲卡特尔法方面的规定包括了《欧洲联盟运作条约》（AEUV）第101条、第102条以及具体化的第1/2003号规则（VO 1/2003）[1]。第1/2003号规则第23条规定了科处企业和企业联合会罚款的可能性。从经济学意义上来看，企业概念会被宽泛地理解，尤其是这一概念还包涵了母公司对子公司的责任。[2]相反的是，并不存在对自然人的罚款规定。2006年，为了确定罚款，欧盟颁布了自己的指南。[3] 另外，欧盟也公布了一个涉及免除和减轻罚款［所谓的“宽免计划”（leniency programme）］的基本原则的通告。[4] 在实践中，欧盟委员会曾多次因（企业）违反竞争对其科处十分高额的罚款，为此，大量企业寄希望于卡特尔法方面的合规计划。然而，不仅是《欧洲联盟运作条约》、1/2003号规则，罚款裁量指南也未对合规加以明确说明[5]，因此，只能通过解释对其进行考察。但是，罪责原则使得只能在很小的裁量空间内引入合规—努力（Compliance- Bemühungen）。不过从法后果方面来看，引入合规—努力在原则上是可能的，只是欧盟当时没有采纳。实际上欧盟寄希望的是自愿合规。

根据1/2003号规则的规范构造（第23条第2款a），在构成要件阶层，合规计划不具有重要意义。该规定只提到了故意或者过失地实施了违反竞争的行为。由于合规计划并没有明确地规定在法律中，因此，这种规制（Reglung）只能通过对某个部门或者其他员工因违反卡特尔法进行归责来实现。[6] 对于自然人而言，他必须故意或者过失地实施了某种行为。[7] 在这种归责结构中，行为人实施犯罪所处的企业环境不重要（纯粹的个体犯罪模式）（reines Individualtatmodell）。[8] 一个单独的“企业过错”（Unternehmensverschulden）也不是必要的。因此，企业内部

---

〔1〕 Verordnung (EG) Nr. 1/2003 v. 16. 12. 2002, ABl（《欧盟官方公报》）. L 1/1 v. 4. 1. 2003.

〔2〕 Bronett, Art. 23 Rn. 21 ff. m. w. N.

〔3〕 确定罚款的程序指南，按照1/2003号规则中第23条第2款a，ABl. C 210/2 v. 1. 9. 2006. 此外，Engelsing, WuW 2007, 470; Moosmayer, wistra 2007, 91; Sünner, EuZW 2007, 8.

〔4〕 委员会在卡特尔案件中免除和减轻罚款的通告，Abl. C 298/17 v. 8. 12. 2006.

〔5〕 卡特尔法中的合规，参见 Kapp/Hummel, CCZ 2013, 240; Karbaum, S. 19ff.; Kasten, in: Mäger, S. 81 Rn. 34ff.; Krebs/ Eufinger/Jung, CCZ 2011, 213 (216f.); lampert, BB 2002, 2237; Pampel, BB 2007, 1636; Schultze, Compliance- Handbuch Kartellrecht, S. 1 ff.; van Vormizeele, CCZ 2009, 41.

〔6〕 EuG, Urt. v. 8. 9. 2010-Rs. T-29/05 (Deltafina), Rn. 139 ff.

〔7〕 详细地，Bronett, Art. 23 Rn. 44 ff.

〔8〕 可能的模式，参见 Engelhart, Sanktionierung von Unternehmen und Compliance, S. 361 ff.。

采取的阻止或者避免犯罪的举措也没有意义。[9] 当自然人的行为与这些举措保持一致，且行为人没有认识到自己实施了违反竞争的行为时，这些举措本来能够阻却实施该行为的自然人的罪责（Verschulden）。[10] 但是判例长期以来认为，对法律状态的无知不足以排除构成要件[11]，对于过失而言，“必须认知”（Erkennenmüssen）便足够了[12]，因此，排除罪责只会出现在极少数的例外情形中。但是，对于法律上存疑的案件，即某行为是否根据《欧洲联盟运作条约》第 101 条第 3 款属于法律上的例外，仍然可以考虑一个重大相关的错误（ein relevanter Irrtum）。[13] 因此，只要企业中出现了员工的违规行为，那么，对企业而言实际上几乎不存在依据 1/2003 号规则第 23 条排除责任的可能性。

本来在制裁裁量的范围内可以考虑合规计划，但是，从欧盟当前的实践来看，合规计划根本不重要。根据 1/2003 号规则第 23 条，因违反竞争而被科处的罚款可能会达到最后一个业务年度实现的销售总额的 10%，而非取决于违反竞争的产品的销售额。所以罚款指南规定，首先要查清与销售额有关的基本数额（Grundbetrag），[14] 然后根据加重或者减轻的情形对这一基本数额进行调整。[15] 在指南列表中也没有提到合规计划。由于该计算不是终局性的，因此，合规计划仍可以在制裁裁量（Sanktionsüberlegungen）的过程中予以考虑。

到 20 世纪 90 年代，即便在违规行为出现之后才制定合规计划，甚至在出现了核心卡特尔（Hardcorekartell）的情形下，委员会仍零星地将合规计划作为减

---

〔9〕 参见 EuG, Urt. v. 29. 4. 2004- Rs. T-236/01 u. a.（Tokai Carbon u. a.）, Slg. 2004, II-1181, Rn. 308. 结论上类似的，Dreher, ZWeR 2004, 75, 86; Kasten, in: Mäger, Rn, 135 ff.; Kiegler, S. 227f.。

〔10〕 该可能性，参见 Engelhart, Sanktionierung von Unternehmen und Compliance, S. 406ff.; Sieber, FS Tiedemann, S. 449（468f.）。

〔11〕 EuGH, Urt. v. 9. 11. 1983- Rs. 322/81（Michelin） = Slg. 1983, 3461, Rn. 107.

〔12〕 EuGH, Urt. v. 14. 2. 1978- Rs. 27/76（United Brands） = Slg. 1978, 207, Rn. 299 ff.

〔13〕 相关地，Buckenleib, S. 154 ff.; Dannecker/Biermann, in: Immenga/Mestmäcker, EU- Wettbewerbsrecht, Bd. 1 Teil 2, Vor Art. 23 VO 1/2003 Rn. 200 ff.; Dreher/Thomas, WuW 2004, 8 ff.。

〔14〕 Leitlinien Ziff. 12ff.

〔15〕 Leitlinien Ziff. 27ff.

轻情节加以考虑。[16] 欧盟法庭也肯定这一实践操作。[17] 不过，例外地，委员会曾将某计划作为加重因素予以考虑，因为涉案企业明显地违反了它的计划，并且已经违反了在先前程序中承担的义务。[18] 最近，尤其在涉及核心卡特尔时，委员会完全否决了这样的考虑。[19] 同样地，委员会也很少将事后的计划制定纳入其决定中。[20] 更确切地说，它认为："合规计划不会让已有的违规行为发生任何变化，因此，合规计划也不会被看作减轻事由。[21] 违规行为本身已表明，不存在任何有效的计划。"[22] 该观点迄今仍受到诸欧洲法院的支持，这些法院也赋予了委员会在考察合规计划（即使偏离了先前的实践）问题上的巨大裁量权。[23]

最新的进展表明，企业已经没有这样的机会让合规计划受到法律上的重视。因为在责任承担上，仅仅是员工的行为便可以归责于企业，因此，对合规计划的考察还必须额外地要求一个特殊的企业责任（Unternehmensverschulden）。[24] 结合现有的构成要件表述，即构成要件只涉及故意和过失，并且该要求还不是直接与实施行为的自然人有关，因此，这样的要求完全是可能的，而且也将由此考虑

〔16〕 Kome, 7. 12. 1982, ABl. 1982, L 354/28ff. , Rn. 67-69 (National Panasonic); Kome, 18. 12. 1987, ABl. 1988, L 49/19 ff. , Rn. 27 (Fischer- Price/Quaker Oats); Kome, 18. 6. 1988, ABl. 1988, L 284/41 ff. , Rn. 82 (Napier Brown/British Sugar); Kome, 5. 6. 1991, ABl. 1991, L 287/39, Rn. 28 Nr. 6 (Viho/Toshiba); Kome, 15. 6. 1992, ABl. 1992, L 233/27 ff. , Rn. 24 Nr. 6 (Viho/Parker Pen).

〔17〕 EuG, Urt. v. 14. 7. 1994- Rs. T-77/92 (Parker Pen) = Slg. 1994, II-549, Rn. 93. 但是，亦参见，EuG, Urt. v. 17. 12. 1991-Rs. T-7/89 (Hercule Chemicals) = Slg. 1991, II-1711, Rn. 354。

〔18〕 Kome, 22. 3. 1999, ABl. 1999, L 76/1, Rn. 208 (Britisch Sugar II)。更早的程序是 Kome; 18. 6. 1988, ABl. 1988, L 284/41 ff. , Rn. 82 (Napier Brown/Britisch Sugar)。在该程序中，合规计划起到了减轻的效果。亦参见 EuG, Urt. v. 8. 7. 2008- Rs. T-53-03=Slg. 2008, II-1333 Rn. 431 (BPB)。

〔19〕 Kome, 31. 5. 2006, ABl. 2006, L 322/20, Rn. 19 (Methacrylate).

〔20〕 Kome, 7. 6. 2000, ABl. 2001, L 152/24, Rn. 312 (Aminosäuren).

〔21〕 详见 Kome, 3. 12. 2003, ABl. 2004, L 125/45, Rn, 313 (Elektrotechnische und mechanische Kohlenstoff- und Graphitprodukte). 亦参见 Kome, 22. 7. 2009, COMP 39. 396, Rn. 237 ff. (Calciumcarbid); Kome, 21. 2. 2007, ABl. 2008, C 75/19, Rn. 754 (Aufzüge und Fahrtreppen); Kome, 21. 12. 2005, COMP/F/38. 443, Rn. 345 (Kautschukchemikalien); Kome, 26. 5. 2004, Rs. COMP/C - 3/37. 980, Rn. 187 (Souris - Topps); Kome, 30. 10. 2002, ABl. 2003, L 255/33, Rn. 451 (Nintendo); Kome, 18. 7. 2001, Rs. COMP/E-1/36. 490, ABl. 2002, L 100/1, Rn. 194 (Graphitelektroden); Kome, 22. 11. 2001, ABl. 2003, L 6/1, Rn. 736 (Vitamine).

〔22〕 详见 Wettbewerbskommisar Almunia, SPEECH/11/268, S. 3 v. 14. 4. 2011。

〔23〕 EuGH, Urt. v. 28. 6. 2005 - Rs. C - 189/02 P u. a. , Rn. 395 ff. (Dansk Rφrindustri u. a.); EuG, Urt. v. 29. 4. 2004- Rs. T - 236/01 u. a. (Tokai Carbon u. a.) = Slg. 2004, II - 1181, Rn. 343; EuG, Urt. v. 15. 3. 2006- Rs. T 15/02 = Slg. 2006, II - 497, Rn. 266 (BASF); EuG, Urt. v. 5. 4. 2006 - Rs. T - 279/02 = Slg. 2006, II-897, Rn. 349, 351 ff. (Degussa); EuG, Urt. v. 26. 4. 2007-Rs. T-109/02 u. a. , ABl. 2007, C 96/31, Rn. 653 (Bolloré u. a.); EuG, Urt. v. 12. 12. 2007-Rs. T-101/05 u. a. =Slg. 2007, II-4959, Rn. 52 (Vitaminprodukte).

〔24〕 譬如，参见 Bosch/Colbus/Harbusch, WuW 2009, 740 (749)。

一直以来完全被忽视的、员工实施犯罪行为时所处的企业环境。不过，这种处理相当于体系上的一个变化，似乎不是委员会现在所希望的。相反，正如文献中曾多次建议的，在制裁裁量过程中考虑合规计划则不会引起如此剧烈的变化。〔25〕毫无疑问，非终局性的指南列表允许考虑合规计划，并且依据种类和范围对其灵活地予以考察。因此，不论是有效的大规模计划，还是特定有效的个别措施都可能在不同程度上以及伴随着对员工行为的影响而被承认。“粉饰行为”（window dressing）也可能作为从重要素予以考虑。但是，委员会和欧洲法院现在的做法是一种片面的打压和威慑。〔26〕因此，浪费了一个真正激励（企业）设立预防措施的宝贵机会。〔27〕其中，委员会从一种错误的主张出发，认为违反竞争本身就表明了合规计划的问题。但是，违反竞争仅仅只能是（合规计划）无效的一个迹象（Indiz），因为即便是制定一个“完美”的计划（ein „perfektes“ Programm），也不能完全避免违反法律的情况发生。委员会不信任一般性的预防措施，也未针对单独的合规—努力进行一个有效性的分析。除此之外，宽免计划（Kronzeugenprogramme）的严格条件会诱发这样的一个错误动机（Fehlanreiz），即完全放弃合规计划，并且在疑难案件中通过广泛的合作（包括利用宽免计划）来减轻惩罚。〔28〕

即便委员会在罚款方面没有重视合规计划，但还是将其看作企业中实现风险实质性降低（faktischen Risikoreduzierung）的重要手段。〔29〕为此委员会还建立了一个相关的网站〔30〕，并且发行了一本名为“竞争法上的合规”［英文名为“合规事宜”（compliance matters）］〔31〕的手册，其中包含了制定合规计划的建议。可见，即便合规不具有法律上的重要性，但是考虑到高额的罚款，企业仍然不能

〔25〕 Dannecker/Biermann, in: Immenga/Mestmäcker, EU-Wettbewerbsrecht, Bd, 1 Teil 2, Vor Art. 23 VO 1/2003 Rn. 217; Kiegler, S. 227.

〔26〕 同样地，Kasten, in: Mäger, Rn. 137; Müller, S. 186; van Vormizeele, CCZ 2009, 41 (45).

〔27〕 类似地，Bosch/Colbus/Harbusch, WuW 2009, 740 (745 ff.); Kasten, in: Mäger, Rn. 148; Sahan/Berndt, BB 2010, 647 (649ff.); Karbaum, S. 360ff.; 亦参见 Theurer, Geldbußen im EG- Wettbewerbsrecht, 2009, S. 253 f.。

〔28〕 亦参见 Dreher, ZweR 2004, 75 (88); Kasten, in: Mäger, Rn. 149 f.。

〔29〕 参见负责竞争的委员（Wettbewerbskommissar）Almunia, Speech/10/586, S. 5 f. v. 25. 10. 2010; Speech/11/268, S. 3 v. 14. 4. 2011。

〔30〕 http://ec. europa. eu/competition/antitrust/compliance/index_ en. html（最后访问：2014 年 7 月 1 日）。

〔31〕 Europäische Kommission, Wettbewerbsrechtliche Compliance. Was Unternehmen tun können, um die EU-Wettbewerbsvorschriften besser einzuhalten, 2012.

放弃依照委员会对企业的“建议”而采取最低限度的预防措施。另外，企业需要有效的监管来识别企业内部的违规行为，并且如果必要的话，能够及时地利用宽免计划。实践中，作为应当防止（预防功能）并且揭露（抑制功能）违反竞争的举止的合规计划，事实上已经成为竞争法中一个重要的组成部分。

因此，总体来讲，在合规计划的具体实施上不存在法律上有拘束力的规定。由于康采恩母公司（Konzernmutter）也可能被判处罚款，所以，建立一个康采恩范围内的合规计划仍然是必不可少的。考虑到这样的宽免计划，还有必要建立一个报告系统。通过该系统，可以很快地利用那些可能向委员会进行汇报的必要信息。[32] 此外，遵守委员会在“合规事宜”这本手册中提出的“忠告”也是有意义的。[33] 这就需要为企业量身定制一个覆盖特定风险的计划。因此，企业必须具备充分的资源为合规的实现提供准备，同时，发展并获得一个清晰的策略。当然，关于“禁止事项”（Don'ts）和“危险信号”（Red Flags）方面的指示也是有意义的。对员工而言，“激励”以及违规后的制裁都应当事先规定。员工也应当不断地接受培训。另外，应当为他们提供一个存疑时具体的联系人，并且让他们知道，在存疑时可以使用什么样的方式向该联系人报告。对此，必须存在一个有效的内部报告制度。该计划也必须持续不断地更新，并且（通过监控和审计）得以监督。这些预定目标大体上与推广开来的竞争法上的合规计划建议相吻合。[34] 但是，欧盟在明确减轻中小企业处罚上仍表现得十分谨慎。由于这些企业和大企业一样都受到欧盟法的约束，因此，合规部门可能取决于企业大小也只是个别的妥协（Zugeständnis）。[35] 可见，合规是每个企业的主题。

三、对外经济法

基于统一的国内市场以及关税联盟，欧盟拥有许多规制欧盟共同体对外关系（Regelung der Außenbeziehungen）的权限。对此，反恐怖主义规定以及对第三国

---

〔32〕 关于必要的信息，参见通告，ABl. C 298/17 v. 8. 12. 2006，以及在欧洲竞争网络（ECN，European Competition Network）间的具体化，即欧洲竞争网络模型宽大计划（ECN Model Leniency Progamm）（于2012年12月修订）。

〔33〕 Europäische Kommission, Wettbewerbsrechtliche Compliance. Was Unternehmen tun können, um die EU-Wettbewerbsvorschriften besser einzuhalten, 2012, S. 15 ff.

〔34〕 例如，参见 Engelhart, Sanktionierung von Unternehmen und Compliance, S. 711 ff.; Karbaum, S. 59 ff.; Kasten, in: Mäger, Rn. 34 ff.; Krebs/Eufinger/Jung, CCZ 2011, 213 (216 f.)。

〔35〕 Europäische Kommission, Wettbewerbsrechtliche Compliance. Was Unternehmen tun können, um die EU-Wettbewerbsvorschriften besser einzuhalten, 2012, S. 15.

的禁运制裁在合规方面最为重要。

1. 反恐怖主义

在过去的几年里，反国际恐怖主义范围内除了反洗钱外，还使用了所谓的"恐怖主义名单"。[36] 不仅仅是该名单中提及的自然人（"恐怖分子嫌疑人"），其中尚未列出的企业也会受到规制，因为企业不允许向这些人提供资金，并且要履行大量的报告义务（Meldepflichten）。这些规定只能通过相应的合规措施来遵守。

现有恐怖主义名单依据的是一系列的联合国决议。1999 年第 1267 号决议，2000 年第 1333 号决议和 2002 年第 1390 号决议对塔利班、基地组织以及资助者的资金和金融资产进行了规定。联合国中的制裁委员会确定了列入名单［即联合国恐怖主义名单（UN-Terrorliste）］的个人和机构范围。这些决议通过欧盟第 881/2002 号规则付诸实施，该规则中的某些要点目前已通过第 286/2009 号规则进行了修改。[37] 在第 881/2002 号规则中，联合国恐怖名单作为第一个附录被引用，并且通过欧共体委员会（EG- Kommission）不断地进行更新。[38] 此外，安理会还制定了第 1373 号决议（2001 年），并要求成员国切断实施或者支持恐怖主义犯罪的个人和机构的所有金融资产。相关个人和机构的筛选权则委托给成员国。欧盟第 2580/2001 规则实施了该决议。[39] 该规则第 2 条第 3 款规定，欧盟理事会（der Rat）将相关的个人和组织纳入独立的制裁名单［欧盟恐怖主义名单 I（EU- Terrorliste I）］，并且负责对该名单进行持续更新。此外，随着阿富汗局势的变化发展，为了继续对恐怖主义分子和恐怖主义组织进行反击，联合国安理会制定了第 1988 号决议（2011 年），相应地，欧盟也制定了第 753/2011 号规

---

〔36〕 德国联邦经济和出口管制局（BAFA）在网站上公布了欧洲法律依据的概况：www.ausfuhrkontrolle.info/ausfuhrkontrolle/de/embargos/terrorismus/index.html（最后访问：2013 年 10 月 1 日）。亦参见 Bartmann; Meyer/Macke, HRRS 2007, 445 ff.; Raif, Sanktionslisten, 2010; Schlarmann/Spiegel, NJW 2007, 870 ff.。

〔37〕 1267 号决议（1999 年）和 1333 号决议（2000 年）首先通过（EG）467/2001 号规则被共同体法（Gemeinschaftsrecht）吸收，但之后，随着安理会 1390 号决议（2002 年），又被现今生效的（EG）Nr. 881/2002 v. 27. 5. 2002, ABl. L 139/9 废除。后者接着又通过（EG）Nr. 1286/2009 v. 22. 12. 2009, ABl. L 346/42 予以了修订。

〔38〕 直到 2014 年 4 月中旬已经过了 212 次的更新。参见德国联邦经济和出口管制局网站上的概况：www.ausfuhrkontrolle.info/ausfuhrkontrolle/de/embargos/terrorismus/alquaida/durchfuehrungsverordnung/index.html（最后访问：2014 年 7 月 1 日）。

〔39〕 Verordnung（EU）Nr. 2580/2001 v. 27. 12. 2001, ABl. L 344/70.

则。[40] 对此，也由欧盟理事会制定和更新该制裁名单［欧盟恐怖名单Ⅱ（EU-Terrorliste Ⅱ）］。

企业及其员工只要不是例外地出现在被列举的个人和机构中，也就不会直接地被纳入恐怖主义名单。但是，这些个人和企业仍然不允许实施违反法律文件的行为。与联合国的法律文件一样，尽管欧洲法律文件没有规定针对企业及员工的直接制裁，但是在德国法律中，修订后的《对外经济法》（AWG）第17、18条（修订前的第34条）规定了自然人违反国际法律后的刑事可罚性，其中也包括轻率形式的过失行为。[41] 因此，企业会面临刑法上的资产追回、罚没以及根据《违反秩序法》（OWiG）第30条而被科处企业罚款的风险。此外，企业还会受到工商业法上的制裁，例如，《工商条例》（GewO）第35条规定的从业禁止。同样，也可能丧失通关时的优先服务。

名单制度包括三个主要的义务形式：[42]

首先，必须冻结列入名单的个人和机构支配的或所有的资金以及经济资源［冻结命令（Einfriergebot）］。[43] 该义务的首要履行方是银行和金融服务提供商。对于它们是否遵守了法律规定，则由负责金融服务监管的联邦部门加以审查。[44]

其次，不允许向列入名单的个人和机构提供资金和经济资源。[45] 这一所谓的“供应禁令”（Bereitstellungsverbot）涉及面很广，即便排除了一定的日常交易行为，但仍然属于涵盖范围最为广泛的制裁措施。[46] 它不仅涵盖了资金、一般的金融资产，还包括了所有的能够借其而获得资金、商品或者服务的便利。因此，譬如包括了体现商品价值或者书面确认了对商品的权利或主张的文件，以至

---

〔40〕 Verordnung（EU）Nr. 753/2011 v. 1. 8. 2011，ABl. L 199/1.

〔41〕 根据德国法律，核心的刑罚规定包括，自2013年9月1日开始实施的新《对外经济法》（AWG）第17第1款及相关的《对外经济条例》（AWV）第80条，《对外经济法》（AWG）第18条第1款。这些规定对应于旧《对外经济法》第34条第4款，旧《对外经济法》第34条第4款第1项及相关的旧《对外经济条例》（AWV）第70a条。这些规定还包含了对禁运措施的违反。为了推行联合国或者欧盟的制裁措施，《对外经济条例》（AWV），尤其是新《对外经济条例》第74条及其以下条款，明确地对禁运措施的违反进行了解释。详见Bartmann，S. 108 ff.；Meyer/Macke，Hrrs 2007，445（446 f.）。

〔42〕 Hehlmann/Sachs，EuZW 2012，527（528）；Meyer/Macke，Hrrs 2007，445（446 f.）。

〔43〕 参见Art. 2（1）lit. a EG-Verordnung Nr. 2580/2001；Art. 2（1）EG-Verordnung Nr. 881/2002；Art. 3 Abs. 1 Verordnung（EU）Nr. 753/2011。

〔44〕 根据《德国银行法》第6a条，这属于德国联邦金融监管局（BaFin）的特殊职责范围。

〔45〕 参见Art. 2（1），（2）der EG-Verordnung Nr. 2580/2001；Art. 2（2），（3）EG-Verordnung Nr. 881/2002；Art. 3 Abs. 2 Verordnung（EU）Nr. 753/2011。

〔46〕 对于例外，参见Meyer/Macke，HRRS 2007，445（447）；Schlarmann/Spiegel，NJW 2007，870（871 ff.）。

于不允许当面将存货单交给被列入名单的个人或者在有利于该个人的情况下签发存货单。该供应禁令适用于所有的在该规则生效的空间范围内参与经济交往的自然人和法人。除了银行和金融服务提供商外，从事生产的企业以及贸易企业在国外也会受到规制。〔47〕

最后，针对企业、员工与被列入名单的个人、机构之间的交往，这些法规也规定了极为详细的告知义务（Mitteilungspflichten）。〔48〕当然，在规则的适用领域内，这些告知义务也适用于所有的自然人和法人。当相关信息涉及资金时，要向德意志联邦银行报告；当信息与经济资源有关时，就要告知德国联邦经济和劳动部。

为了遵守以上规定，企业必须积极地采取合规—预防措施。〔49〕虽然立法时没有对此进行具体规定，但是由于这些名单在不断地更新，并且企业在业务接触以及雇佣员工时必须进行审查，所以实际上企业完全可以通过采取充分的制度化措施来保证其经营的合法。只有这样才能完全避免违法行为的发生，或者即便是违法了，至少也可以排除在故意或者必要时在过失上的谴责。

确切地说，欧洲机构在采取措施方面的建议得到了普遍的采纳，〔50〕最具体地来说，这些建议是指理事会制定的最佳的实践指南。〔51〕作为一项具体的合规措施，欧盟法规规定，鉴于恐怖名单的个人性（Personenbezugs der Terrorlisten），允许采用事前进行身份验证的机制。只有这样才能实现供应禁令的目标设定，避免与被列入名单的个人和组织进行业务接触或者至少在交易之前保证信息对称（Datenabgleich）。对此最好的实现方式是利用由信息技术支持的合规措施以及定期地依据公布恐怖主义名单的欧盟公报和德国联邦司法部公报的最新版本进行信息的调整。目前市场上已经提供了相应的建立客户和个人信息库的筛选软件

---

〔47〕详细地，Bartmann，S. 81 ff.；Schlarmann/Spiegel，NJW 2007，870（871 ff.）。

〔48〕参见 Art. 8 Verordnung（EU）Nr. 753/2011；Art. 4（2），5（1）EG- Verordnung Nr. 881/2002；Art. 3（2），4（1）EG- Verordnung Nr. 2580/2001。亦参见 Meyer/Macke，HRRS 2007，445（459）。

〔49〕参见 Bartmann，S. 81；Hehlmann/Sachs，EuZW 2012，527（528）；Momsen/Grützner - Meyer，10. Kap. C.（S. 1274）unter IV.（1296 f.）；Meyer/Macke，HRRS 2007，445（462）；Puschkel/Hohmann，Basiswissen Sanktionslisten，S. 56 ff.；Schlarmann/Spiegel，NJW 2007，870（874）。亦参见 Pottmeyer，S. 81 ff.。

〔50〕参见欧盟对外关系网站上的基本信息：http：//eeas. europa. eu/cfsp/sanctions/index_ en. htm。尤其是关于该名单的，参见 http：//eeas. europa. eu/cfsp/sanctions/consol-list_ en. htm（最后访问：2014 年 7 月 1 日）。

〔51〕参见 2008 年 4 月 24 日欧盟理事会文件，Nr. 8666/1/08，REV 1，关于"限制性的措施（制裁）—为了有效实施限制性措施，经证实的欧盟实践的更新"［„Restriktive Maßnahmen（Sanktionen）- Aktualisierung der bewährten Praktiken der EU für die wirksame Umsetzung restriktiver Maßnahmen"］。下载地址：http：//register. consilium. europa. eu/pdf/de/08/st08/st08666-re01. de08. pdf（最后访问：2014 年 7 月 1 日）。

(Screening Software)。另外，欧盟在网络上也提供了一个统一的名单[52]和数据库[53]，其中包含了所有被纳入的个人或者其他组织的最新名单。虽然这对于个案的审查有作用，但是，其仍然不能替代一个全面的、体系化的审查。对于被列入恐怖主义名单的客户，应当在客户信息等限制性附注中记录从而被标识出来。在组织上有必要任命一个执行责任人（Ausfuhrverantwortlichen）来履行组织和监督名单调整的义务。同时，也应当将审查的方式及范围详细地记录在案，以便在出现违法情形时能够证明（企业）尽了必要的谨慎义务。尤其需要注意的是，因为阿拉伯姓名的拉丁语书写方式，即便是采取了有效的合规措施也不能完全地防止违法行为的发生。

只要实施并重视上述的措施便足以满足欧洲法上的规定。但是，考虑到欧洲和德国官方的实务操作（Behördenpraxis），应当审查进一步的措施（weitergehende Maßnahmen）是否没有意义。这尤其体现在应当获得“经认证的经营者”的认证（AEO-Zertifizierung）或者集中出口许可（Sammelausfuhrgenehmigung）的情况下。

根据欧盟海关法典（EU-Zollkodex）的规定，自2008年起，如果这些“经认证的经营者”（ZWB，英文表达为：Authorized Economic Operator- AEO）的企业满足一定条件，便可以在欧盟范围内享有优先办理通关手续的便利。“经认证的经营者”这一身份具有重大的经济价值，尤其是对于从事跨境货物运输的物流公司而言。根据海关法典的规定，适当的安全标准也属于获得该认证的基本条件。[54] 对此，保证货物运输免受恐怖嫌疑分子的破坏也是属于基本条件之一。[55] 海关法典[56]的实施规则以及委员会的指南也在大量的细节上对该规定予以具体化，例如，在涉及安全的领域对员工进行定期的审查（员工审查）。[57]

---

〔52〕 参见 http：//eeas. europa. eu/cfsp/sanctions/consol-list_ en. htm（最后访问：2014年7月1日）。

〔53〕 参见 http：//eeas. europa. eu/external_ relations/cfsp/sanctions/list/version4/global/help_ online/help. html（最后访问：2014年7月1日）。

〔54〕 参见 Art. 5a，Abs. 2 Zollkodex。

〔55〕 Meyer/Macke，HRRS 2007，445（460）；Witte，AW- Prax 2012，388；亦参见 Däubler- Gmelin，DuD 2011，455（456 f.）。

〔56〕 参见，特别是 Art. 14k der Verordnung（EWG）Nr. 2454/93 v. 2. 7. 1993 以及实施规则 DVD（EU）Nr. 58/2013 v. 23. 1. 2013，ABl. L 21/19 v. 24. 1. 2013。

〔57〕 参见欧盟委员会税务暨关税同盟总署（Generaldirektion Steuern und Zollunion），经认证的经营者指南（Zugelassene Wirtschaftsbeteiligte. Leitlinien），17. 4. 2012，TAXUD/B2/047/2011- Rev. 3. 下载地址：http：//ec. europa. eu/taxation_ customs/resources/documents/custioms/policy_ issues/customs_ sucurity/aeo_ guidelines2012_ en. pdf（最后访问：2014年7月1日）。参见 Däubler-Gmelin，DuD 2011，455（457），但是其中没有提及该指南。

欧洲法上的规定，包括员工审查在内的规定则通过联邦财政部（BMF）的工作守则（Dienstvorschrift）继续被引入德国法律，并且在部分内容上进行了区分。〔58〕德国联邦财政法院（BFH）指出，目前在信息保护法上员工审查是被允许的，因此将其作为获得认证的经营者（ZWB）地位的公认条件。〔59〕

德国联邦经济和出口管制局（BAFA）在一个说明（Merkblatt）中引用了“企业内部合规计划”的具体规定。〔60〕这类计划不仅仅要在审查工商业管理法上的信用时被考虑，而且尤其是给予集中出口许可的前提。〔61〕这项合规计划的核心部分是任命执行责任人，且该负责人必须属于企业领导层。〔62〕因此，相较于欧洲法上的规定，该规定更为严格，因为欧盟法规没有要求与企业领导层建立联系。除了在领导层任命一名执行负责人外，聘任一名承担日常监管和组织的出口负责人（Exportverantwortlichen）对于企业而言也很重要。

2. 禁运

除了针对个体的反恐举措外，还有大量的如针对伊朗、缅甸或者朝鲜的国别限制（länderspezifische Beschränkungen）。〔63〕这同样也需要采取合规措施。和恐怖主义名单一样，其依据多数是安理会的决议，当然，合规措施也可能依据的是像欧洲安全与合作组织（OSCE）等的组织决定。在欧洲法中，禁运多数是通过欧盟规则被规定在直接生效的法律中。不过即便不存在欧洲范围内的管辖权，在国家范围内也会对此做出规定，如《对外经济条例》（AWV）第 69 条 a* 及其以

---

〔58〕参见 Bmf, Dienstvorschrift, N 31 2010 Nr. 117, Änderung der Dienstsvorschrift „Zugelassener Wirtschaftsbeteiligter-AEO“（E-VSF Z 05 20）, III B 1-Z 0520/08/10001：002 DOK 2010/0214902 vom 14. 6. 2010,（E-VSF-Nachrichten vom 22. 6. 2010）, Ziff. 247-255。2014 年 6 月初，该规定重新校订了，此次修订主要从专业和编辑方面展开对该规定进行了校订（III B 1-Z 0520/08/10013 DOK 2014/0178100 vom 2. 6. 2014）。

〔59〕Bfh, Urt. v. 19. 6. 2012-VII R 43/11=ZfZ 2012, 236. 参见 Boulanger/Urso, ZfZ 2011, 322; Däubler-Gmelin, DuD 2011, 455; Hehlmann/Sachs, EuZW 2012, 527 (530); Roeder/Buhr, BB 2012, 193 sowie 2011, 1333.

〔60〕Bafa, Internal Compliance Programms- ICP. Innerbetriebliche Exportkontrolle（Stand：Januar 2014）. 下载地址：http：//www. ausfuhrkontrolle. info/ausfuhrkontrolle/de/arbeitshilfen/merkblaetter/merkblatt_ icp. pdf（最后访问时间：2014 年 7 月 1 日）。

〔61〕Bafa, Internal Compliance Programmes- ICP. Innerbetriebliche Exportkontrolle（Stand：Januar 2014）, S. 9 f.

〔62〕详见 Pottmeyer, S. 55 ff.

〔63〕此处，德国联邦经济和出口管制局（BAFA）也提供了丰富的信息。见 http：//www. ausfuhrkontrolle. info/ausfuhrkontrolle/de/embargos/index. htm（最后访问时间：2014 年 7 月 1 日）。

* 译者注：现有的《对外经济条例》第 69 条已经没有 a 款。在咨询作者后，作者指出，相关的款项即原有的《对外经济条例》第 69 条 a 款位置发生了变化，其主要内容目前被《对外经济条例》第 74 条所覆盖。

下条款的规定。对禁运措施的规制内容也有很大的不同，可能是全部或者局部禁运。局部禁运涵盖了从禁止武器供应和其他的出口禁令或限制，到进口和履行禁令，再到禁止提供技术和财政帮助，以及金融制裁和旅游限制。不同于针对个体的恐怖主义名单，这些制裁更为多样化，它们也可能与产品和劳务有关。所谓的“全面控制”（catch-all）条款甚至意图通过目标设定的规定尽可能地将同一个领域内的所有产品涵括进来。〔64〕

本质上来讲，与恐怖主义名单一样，禁运规定没有直接对合规措施提出要求。不过同样的是，在没有相应合规措施的情况下，其原则上不可能与法律保持一致。另外，对于禁运法而言，在缺乏相应措施如联邦经济和出口管制局规定的“内部合规措施”时，“经认证的经营者”的身份或者集中出口的许可也不可能获得。从这个方面来讲，出口企业实际上不得不采取特定的合规计划。

四、保险—金融市场法

除了欧盟直接为公民制定有效法律外，合规领域内以指令的形式而制定的法律也具有重要的意义。对于法律实践者而言，虽然个别的立法属于国内立法，但这些规定仍建立在整个欧洲发展的基础上。其中，重要的合规规定体现在洗钱和恐怖融资领域、保险监管法领域和金融市场监管领域。

1. 洗钱和恐怖融资

在洗钱领域产生了大量的欧洲合规规定。〔65〕其中，扮演重要角色的是欧洲共同体2005年反洗钱第三号指令以及2006年的执行指令〔66〕。该指令将反洗钱和恐怖主义融资规定在一起。到现在，该指令已经进行了多次更新。〔67〕该指令的核心是通过一个以风险为基础的方法（“risk- based approach”），针对金融服务提供商及其他行业制定出一个全方位的义务列表。这些规定以不同的风险状况为导向。企业尤其在与所谓的“政治敏感人物”（politisch exponierten Personen）进行商业往来时必须注意：第一，利用建立在风险基础上的适当程序来确认该客户是否为这样的敏感人物；第二，在与该人物进行商业交往之前，征求领导层的

---

〔64〕对此，亦参见Bieneck，wistra 2008，208。

〔65〕仅参见Ackermann/Reder，WM 2009，158 ff. u. 200 ff.；Herzog，in：ders.，Einl. Rn. 71 ff.。

〔66〕Richtlinie 2005/60/EG v. 26. 10. 2005，ABl. L 309/15 v. 25. 11. 2005（3. EG- Geldwäscherichtlinie）；Richtlinie 2006/70/EG v. 1. 8. 2006，ABl. L 214/29 v. 4. 8. 2006（执行指令）。第一、第二欧洲共同体反洗钱指令，参见Herzog，in：ders.，Einl. Rn. 72 f.。

〔67〕该规定最终于2010年通过2010年11月24日的指令2010/78/EU第8条，2010年12月15日的ABl. L 331/120进行了修改。

允许；第三，采取措施以确定其财产或者投入资金的来源；第四，持续对该商业往来进行监管。另外，该指令还规定了企业内部的预防措施、保管义务以及向主管部门的申报义务。该法规主要是通过德国《洗钱法》（GwG）付诸实施的。经过国内法的成功实施，欧洲法规主要在解释《洗钱法》方面有重大的意义。根据委员会2013年2月5日的建议，第三号反洗钱指令及执行指令应当被一个防止利用金融系统进行洗钱和恐怖主义融资的新指令（欧盟第四号反洗钱指令）所替换。[68] 该指令规定继续在企业中推广合规规定，而且该指令首次大规模地将博彩业涵盖进去。

2. 保险监管法—偿付能力指令 II（Solvency- II- Richtlinie）

对于保险和再保险公司而言，独立的合规要求规定于偿付能力指令 II[69] 中。[70] 该指令大规模地对欧洲范围内的保险监管法进行重新调整并且以三个支柱为基础，即资本要求（Eigenkapitalanforderungen）、治理规定（Governance-Vorgaben）和报告义务（Berichtspflichten）。第二个支柱，即对保险公司良好的企业治理提出了要求，它包括了一般性的要求（第41条及以下若干条款）、有效的风险管理制度（第44条及以下条款）、有效的内部监管制度（第46条）、有效的内部审查（第47条）以及有效的保险精算机制（第48条）。对合规组织的要求被作为第46条中内部监管制度的组成部分进行了规定。除此之外，该制度还包括了“对符合要求的监管功能（‘合规职能’）”。第13条序号29将该功能定义为：“治理系统内部执行实际任务的固有能力。”属于合规任务的还有公司机构在法律上的指导，它涉及了应遵守的规定、法律领域的变化对企业的影响以及识别可能由违反法律规定而引起的所谓“合规风险”（第46条第2款）。

委员会可以进一步地确定这一初步性的规则。该法规制定是通过所谓的朗法吕西程序（Lamfalussy- Verfahren）实现的。根据基本的立法程序，朗法吕西程序是（偿付能力指令 II 的）第一阶段，委员会的实施细则是第二阶段，第三阶段是通过欧洲监管组织［欧洲银行管理局（EBA），欧洲保险和职业养老金管理局（EIOPA），欧洲证券及市场管理局（ESMA）］[71] 进行统一执行。紧接着，

---

〔68〕 Kom（2013）45 endg. v. 5. 2. 2013。2014年3月11日，议会颁布了一个修订过的版本，参见2013/0025（COD）程序中采纳的文本 P7_ TA（2014）0191。

〔69〕 Richtlinie 2009/138/EG v. 25. 11. 2009, ABl. L 335/1 v. 4. 12. 2009.

〔70〕 Bürkle, WM 2012, 878; Dreher, VersR 2012, 933; ders., VersR, 2013, 929; Lüttringhaus, EuZW 2011, 856; Reese/Ronge, VersR 2011, 1217; Wolf, VersR 2013, 678.

〔71〕 欧洲证券监管委员会（CESR），欧洲银行监管委员会（CEBS），欧洲保险和职业养老金监事委员会（CEIOPS）。

委员会将对指令的执行进行监管（第四阶段）。但是，偿付能力指令Ⅱ的实施期限已经多次推后，而根据某个补充指令，其开始的时间被确定为2016年1月。[72] 实施细则也没有颁布，因为对偿付能力指令Ⅱ也进行了修订的综合2号指令（Omnibus-Ⅱ-Richtlinie）于2014年4月通过[73]。[74] 实施细则是否会对合规的内容进行具体化，尚无定论；与之类似的欧盟2004/39号指令［金融工具市场指令（MiFID）］的实施细则对此亦无详细的规定。[75] 在德国，该指令中的各个方面已经通过《保险监管法》（VAG）第九修正法案特别是新《保险监管法》第64条a款予以实施。[76] 然而，该指令本来应通过《保险监管法》第十修正法案全面地得以执行，但是，由于欧洲方面的迟延导致该修正法案直到现在还未通过。[77]

从第46条的规定来看，可以得出4个合规任务：[78]

- 监管（第46条第1款第2句）
- 指导（第46条第2款第1句）
- 预警机能（第46条第2款，第2句，主句前半段）
- 风险管理（第46条第2款，第2句，主句后半段）

因此，保险企业中合规职能的任务将会比目前的更为广泛。通过所要求的自治以及职责划分（第41条第1款第2句），内部审查会更为严格地对合规单位（Compliance-Einheit）进行分解。同样适用的还有集中在资金风险上的风险管理，只不过合规仅限于法律风险。虽然确定了若干要点，但是如何明确地区分和安排不同的职能（风险管理，内部审查，内部监管制度及合规）尚未解决。不过唯一确定的是，作为一个具有决定意义的整体概念而发挥作用的，既不是单独的合规，也不是其他的某个职能部分。发挥连结功能的是所谓的“治理系统”（Governance-System），然而它绝不会指示超越单个功能单元的内容。因此，对企业而言，这意味着巨大的灵活性。同时，这也表明，曾多次被讨论的一些合规视

---

〔72〕 Richtlinie 2013/58/EU v. 11. 12. 2013, ABl. L 341/1 v. 18. 12. 2013.

〔73〕 Richtlinie 2014/51/EU v. 16. 4. 2014, ABl. L 153/1 v. 22. 5. 2014.

〔74〕 第一个实施细则草案于2011年底由委员会公布：EU-Kommission, Draft Implementing Measures Solvency II, 31. 10. 2011。

〔75〕 参见Richtlinie 2006/73/EG v. 10. 8. 2006, ABl. L 241/26 v. 2. 9. 2006。

〔76〕 2007年12月23日《保险监管法》（VAG）的修正法案［《保险监管法》第九修正案（9. VAGÄndG）］（BGBl. I, S. 3248）。譬如，参见Louven/Raapke, VersR 2012, 257, 261。

〔77〕 参见尚未实施的2012年2月15日政府草案《保险监管法》第十修正案，BT-Drs. 17/9342, BR-Drs. 90/12.

〔78〕 同样地，Bürkle, CCZ 2012, 220 (222)。亦参见Hemeling, CCZ 2010, 21 ff.。

角仍没有被采纳〔79〕：该法律既没有对一个合规管理制度（还有认证系统）提出要求，也未对（公共的、法律上的）合规代理人及特殊的报告制度，如内部举报者热线（Whistle- blowing- hotline）予以规定。然而，应当建立一个基础性的组织性框架，在这个框架中，上述提及的任务才能有效地得以履行。而进一步地组织安排则委托给国内的立法者。

3. 金融市场的监管

进一步的合规制度产生于金融市场监管领域。首先应提及的是 2004 年的《金融工具市场指令》（MiFID- Richtlinie），该指令针对证券公司规定了遵守相关法律的适当策略和程序。〔80〕这一概括性规定是通过 2006 年的实施细则指令以及将“设立合规职能”义务化而得以具体化的。〔81〕这些指令尤其通过《证券交易法》（WpHG）第 33 条以及《证券服务、行为和组织规范》（WpDverOV）第 12 条规定在德国法中加以实施。在衍生产品交易方面，2012 年的《欧洲市场基础设施监管规则》（EMIR- Verordnung）〔82〕规定了额外的合规预定目标，尤其体现在金融交易报告、风险降低和清算义务方面。〔83〕

2014 年 5 月，一个新规则（《欧盟金融工具市场监管规则》）（MIFIR- Verordnung）和指令（《金融工具市场指令 II》）（MiFID-II- Richtlinie）对《金融工具市场指令》以及《欧洲市场基础设施监管规则》进行了修正。〔84〕这些立法规定了大规模新的合规预定目标。由此，《金融工具市场指令 II》第 31 条要求交易市场中的运营商必须实现有效的规制并建立预防和发现市场滥用的程序。可见，即便越过实施细则也需要制定一个作为允许交易条件的合规计划。另外，指令在第 16 条和 17 条中规定了对证券公司在组织上的要求。这些要求是为了规制记录义务和算法交易（algorithmisches Handel）的原则而针对《金融工具市场指令》进行补充的。在此，将要颁布的实施规则可能针对 2006 年的细则对合规要求进一步地予以规定并且具体化。

与《金融工具市场指令》类似，2009 年新颁布的《欧盟可转让证券集合投

〔79〕参见 Bürkle, CCZ 2012, 220（222）。

〔80〕参见 Art. 13 Abs. 2 der Richtlinie 2004/39/EG v. 21. 4. 2004, ABl. L 145/1 v. 30. 4. 2004。

〔81〕参见 Art. 6 der Richtlinie 2006/73/EG v. 10. 8. 2006, ABl. L 241/26 v. 2. 9. 2006。

〔82〕VO（EU）648/2012, v. 4. 7. 2012, ABl. L 201/1 v. 27. 7. 2012.

〔83〕对此，Litten/Schwenk, DB 2013, 857 和 918。

〔84〕VO（EU）600/2014 v. 15. 5. 2014, ABl. L 173/84; Richtlinie 2014/65/EU v. 15. 5. 2014, ABl. L 173/349 v. 12. 6. 2014. 关于草案，Butlar, BB 2014, 451; Geier/Schmitt, WM 2013, 915。

资指令》(OGAW- Richtlinie)对投资公司进行了一般性地规定，要求它们防止利益的冲突并以维护投资者的最大利益和市场诚信来遵守已有的法律规定。[85]作为具体的实施方案，该实施指令也对建立一个持久的合规职能进行了规定。[86]该规定在德国的实施尤其体现在《投资行为和组织规则》(KAVerOV)的第4条和第5条。[87]

五、农业援助

在农业援助法(Agrarbeihilfenrecht)上，遵守合规规定也具有重要的意义。[88] 自2003年起，为了满足环境秩序法上的要求以及乡村的发展，以遵守环境和动物保护领域的基本要求为条件的企业奖励会作为农业援助方式被发放[所谓的交叉合规(Cross Compliance-CC)]。[89] 如果违反了这些要求，该奖励可能会被缩减或者撤回。[90] 根据2012年欧洲法院的判决，这些措施不属于压制性的制裁。[91] 这意味着，违反交叉合规不仅仅会面临一个行政法上的后果，而且会受到罚款或者刑罚(主要是在补贴欺诈的情形下)的制裁。

六、合规和欧洲公司治理

公司治理也是一个欧洲范围内的主题。[92] 与德国公司治理法规不同的是，合规对象没有直接规定在法律中。公司治理领域现有的立法和建议[93]仅仅触及了合规问题的边角。委员会曾提出设立一个欧洲公司治理框架的想法，还特别地

---

〔85〕 参见 Art. 12, 14 der Richtlinie 2009/65/EG v. 13. 7. 2009, ABl. L 302/32 v. 17. 11. 2009。

〔86〕 参见 Art. 10 der Richtlinie 2010/43/EU v. 1. 7. 2010, ABl. L 176/42 v. 10. 7. 2010。

〔87〕《投资行为(Kapitalanlage)和组织规则》(KAVerOV) v. 16. 7. 2013, BGBl. I 2013, S. 2460. 之前，这种规制是通过现已被废除的《投资(Investment)行为和组织规则》(InvVerOV)实现的。

〔88〕 Baumgarten, S. 313 ff.; Eickstedt, Vom Landwirt zum Landschaftspfleger, 2010, S. 74 ff.; Meyerbolte; Rehbinder, NuR 2011, 241 (243); Schweizer/Seliger, AuR 2009, 44.

〔89〕 主要通过73/2009号欧洲共同体指令。对此，详见 Baumgarten, S. 315 ff.; Eickstedt, Vom Landwirt zum Landschaftspfleger, 2010, S. 75 ff.; Rehbinder, NuR 2011, 241 (243)。

〔90〕 Baumgarten, Rechtliche Rahmenbedingungen, S. 325 ff.; Eickstedt, S. 112 ff.

〔91〕 EuGH, Urt. v. 5. 6. 2012-Rs. C- 489/10, Ziff. 31 ff.。亦参见 Eickstedt, S. 145 ff.。

〔92〕 仅参见 Bayer/Schnidt, BB 2013, 3 ff.; Habersack, Gutachten E, 69. Juristentag 2012, S. E 18 ff.; Weller, ZEuP 2012, 681 ff.。

〔93〕 参见 Habersack, Gutachten E, 69. Juristentag 2012, S. E 18 ff.。

公布了两本绿皮书。[94] 其中，虽然没有对合规主题进行详细地考虑，但是，在法律风险方面触及合规领域的风险管理问题成为了主题。[95] 委员会考虑了管理部门是否应当允许风险存在并为风险负责，以及它们是否已经确保提供了有效且恰当的风险预防措施。[96] 由于和德国公司治理法规不同，委员会也考虑了有约束力的法律规定以及向非上市公司的扩张，因此，不能够排除未来在欧洲公司治理中会诞生出相关的企业合规制度。在德国，违反委员会的见解绝大多数是被否定的。[97] 因此，委员会在 2012 年 12 月的最新行动方案中，先在股东权利的透明和保障方面迈出了步伐。[98]

---

〔94〕 欧盟委员会，欧盟治理框架绿皮书（Grünbuch Europäischer Governance- Rahmen），Kom（2011）164 endg；欧盟委员会，金融机构和薪酬制度中公司治理绿皮书（Grünbuch. Corporate Governance in Finanzinstituten und Vergütungspolitik），2. 6. 2010，Kom（2010）284 endg. 第三个绿皮书：欧盟委员会，财政年度审查领域内的进一步举措绿皮书（Grünbuch Weiteres Vorgehen im Bereich der Abschlussprüfung），13，10，2010，Kom（2010）561.

〔95〕 参见两本绿皮书，每个 Nr. 1. 5（S. 11 f.）。

〔96〕 参见两本绿皮书，每个 Nr. 1. 5（S. 12）。

〔97〕 参见德国联邦议会中法律委员会的意见，BT- Drs. 17/6506 v. 6. 7. 2011，以及德国公司治理守则政府委员会针对欧盟委员会的态度，v. 6. 7. 2011。亦参见 Habersack，Gutachten E，69. Juristentag 2012，S. E 18 mwN。

〔98〕 譬如参见，欧盟委员会，“针对欧盟议会、理事会、欧盟经济和社会委员会以及地区委员会的通告”（Mitteilung der Kommission an das Europäische Parlament，den Rat，den Europäischen Wirtschafts- und Sozialausschuss und den Ausschuss der Regionen.），“行动方案：欧洲公司法和公司治理——对于承担义务的股东及具备更好生存能力的企业而言，一个现代化的法律框架”（Aktionsplan：Europäisches Gesellschaftsrecht und Corporate Governance- ein moderner Rechtsrahmen für engagiertere Aktionäre und besser überlebensfähige Unternehmen），v. 12. 12. 2012，COM（2012）740 final。亦参见 Bayer/Schmidt，BB 2013，3（12）；Hopt，ZGR 2013，165。

表象化的合规与协商治理的失败*

金伯莉·D. 克拉维克（Kimberly D. Krawiec）**
李本灿*** 译

摘要：在众多法律制度中——包括环境法、侵权法、劳动不平等待遇法、企业法、证券法和医疗保健法——美国法律为那些可以证明存在有效内部合规结构的企业减轻或免除了企业责任。该法律标准大概是基于内部合规结构会减少企业内部犯罪行为这一假设。然而，本文通过论证发现，很少有证据能支持这一假设。实际上，越来越多的证据表明，内部合规结构并不能阻止企业内的犯罪行为，并且它在很大程度上只是表象化的，旨在为企业提供市场合法性和减轻法律责任。这导致了两个潜在的问题：其一，对企业不当行为的威慑力不足；其二，高代价却低效力的内部合规结构的大量出现。

美国法律制度对内部合规结构作为责任判定要素的热情拥护与本文提到的协商治理模型日益增长的影响一致。该模型旨在通过更多的合作治理来促进政府管制和（或）诉讼程序的完善。合作治理赋予被监管团体和其他利益相关者一定的治理权。基于不完全契约的相关文献，本文认为，尽管协商治理模式极好地阐述了法规发展机制，但这一模式的支持者们轻视了机会主义行为在重新协商阶段（即贯彻执行阶段）带来的危险。这些机会主义行为往往出自那些利用法律的不完备性的获利者——企业和包括律师在内的法律合规专业人员。

---

* 原文见 Kimberly D. Krawiec, Cosmetic Compliance and the Failure of Negotiated Governance, Washington University Law Quarterly, Vol. 81, 2003。

** 哈佛大学布鲁斯·W. 尼科尔斯客座教授，北卡罗来纳大学法学教授。

*** 山东大学法学院讲师，法学博士，博士后流动站研究人员。

一、前言

近期愈演愈烈的企业不当行为，包括安然（Enron），世界通信（WorldCorn）和美国泰科（Tyco）这样的大企业的丑闻，不出意外地招致了行业专家、政客和普通大众对于企业贪婪与不道德行为的强烈反对。[1] 就连乔治·沃克·布什（George W. Bush）总统也加入了这场讨伐，痛斥美国商业的“滥用”和“越轨”行为，并宣称“美国最重要的经济需求是更高的道德标准”。[2]

并非所有对企业道德行为重燃的兴趣都仅仅是纸上谈兵。商学院正努力在他们的课程中增加更多的伦理学内容；[3] 纽约证券交易所近期通过了新的上市标准，要求所有的上市企业都要有内部审核部门并且采纳和公布商业行为准则和道德准则；[4] 2002年的《萨班斯-奥克斯利法》（在安然公司丑闻后通过）规定，所有按要求应报告的企业都要提交“内部控制报告”[5]，并且披露道德准则的信息；[6] 道德合规咨询业务需求大增，现已是一个数十亿美元的行业。[7] 由于改进美国企业的道德下滑需要更多企业行为准则和内部合规计划（本文称为“内部合规结构”）的共识，法律合规专家（包括律师、道德合规咨询师和内部合规与人力资源人员）在未来的十年里会成为领头羊。

然而，却很少有人停下来思考向内部合规结构倾注更多资源就可以解决美国企业苦恼这一观点的原因和正确性。实际上，作为责任准则的内部合规结构的重

---

〔1〕 比如，最近的CBS新闻民意调查显示，仅有25%的美国人认为大多数企业董事是正直的。Jenna Russell 和 D. C. Denison，“Corporate Scandals Fails to Taint MBA Students' Optimism”，*Chi. Trb.*， Aug. 2，2002，at C5（hereinafter Russell& Denison）.

〔2〕 “Bush Talks Tough on Business”，BBC NEWS（July 9，2002），at http：//news. bbc. co. uk/2/hi/business/2118162. stm；与之类似，在2002年7月16日的一个讲话中，美联储主席Alan Greenspan也因企业治理崩溃以及近期由此产生的企业灾难而谴责商业中的贪婪行为。Greg Ip，“Greenspan Issues Hopeful Outlook as Stocks Sink”，*Wall ST.*， Jul. 17，2002，at A1.

〔3〕 Russell & Denison，supra note 1.

〔4〕 Press Release，“New York Stock Exchange，NTSE Approves Measures to Strengthen Corporate Accountability”（Aug. 1，2002），at http：//www. nyse. com/press/NT00545421. html.

〔5〕 15 U. S. C. A. § 7262（West 2002）. 内部控制报告必须包含在证券交易法 section 13（a）或 15（d）所要求的每一个年度报告中，并且“说明管理者对于建立和维持充分的内部合规结构和财务报告程序的责任；并且……包含对内部控制结构和发行者财务报告程序效用的评估，截至发行者的最近一个会计年度末”。Id.

〔6〕 15 U. S. C. A. § 7264（West 2002）. 在证券交易法 section 13（a）或 15（d）所要求的每一个阶段性报告中，报告的发行者必须“披露是否（如果没有，理由是什么）对高级财务人员采纳了道德准则，并将其应用于主要财务人员、审计员或主要会计人员，或行使相似职能的人员”。Id.

〔7〕 Jan Norman，“Righting Corporate Wrongs”，*Orage Co. Reg.*， Jul. 19，2002，at C1.

要性不断增加，法律合规专家（包括法律学者）对这一现象的回应是压倒性的乐观。[8] 相比之下，只有很少的评论员详细地提到这一体制的潜在低效。

对内部合规结构作为责任标准的热情拥护与“协商治理”模型[9]重要性的日益增加是一致的。尽管这些模型各有差异，但都声称能通过加强合作治理来增加政府监管和诉讼程序的效力，这一加强合作的治理方法赋予了监管团体和其他

---

〔8〕 See, e. g. , Jennifer Arlen & Reinier Kraakman, “Controlling Corporate Misconduct: An Analysis of Corporate Liability Regimes”, 72 *N. Y. U. L. Rev.* 687, 745-52 (1997)（主张支持企业量刑的责任减免条款，根据内部合规结构减轻被告企业的刑事责任）; Charles M. Foster, Jr. et al. , “Compliance Programs: An Alternative to Punitive Damages for Corporate Defendants”, 49 *S. C. L. Rev.* 247, 263-66 (1998)（类似于组织体量刑指南并且敦促法院对企业被告强制实施内部合规结构来代替惩罚性损害赔偿）; Harvey L. Pitt & Karl A. Groskaufmanis, “Minimizing Corporate Civil and Criminal Liability: A Second Look at Corporate Codes Of Conduct”, 78 *Geo. L. J.* 1559, 1647 (1990)（主张“企业自我管理为侵权或刑事责任提供一种优越的替代方法，作为实现社会对商业期望的一种手段”）(hereinafter Pitt & Groskaufmanis); Charles J. Walsh & Alissa Pyrich, “Corporate Compliance Programs as a Defense to Criminal Liability: Can a Corporation Save its Soul?”, 47 *Rutgers L. Rev.* 605, 607-08 (1995)（主张企业合规计划应当使企业免于刑事责任）; Note, “Growing the Carrot: Encouraging Effective Corporate Compliance”, 109 *Harv. L. Rev.* 1783, 1794-95 (1996)（认为组织体量刑指南所做的远远不足以鼓励企业为合规而努力，并且倡导一个“允许有令人满意的合规计划的企业申请赦免”的项目）(hereinafter Note). See also infra notes 103-13 and accompanying text（讨论了支持协商治理的奖金）。

〔9〕 一系列的术语被用来描述这些治理模型，包括：“契约论者”“协作的”“实验主义者”“问题解决”“授权参与”“强制的自我规制”“回应型监管”“协商关系集”和“治理股东网络结构”See, e. g. , Ian Ayres & John Braithwaite, *Responsive Regulation* 4-6 (1992)（采用“回应型规制”和“自我治理实施”的措辞）[hereinafter Ayres & Braithwaite]; David A. Dana, “The New ‘Contractarian’ Paradigm in Environmental Regulation”, 2000 *U. Ill. L. Rev.* 35, 36 (2000)（提到了“契约主义者”治理模型）; Michael C. Dorf, “Legal Indeterminacy and Institutional Design”, 78 *N. Y. U. L. Rev.* 875, 886 (2003)（提到了“实证主义者”或“问题解决”的法律机构）(hereinafter Dorf); Jody Freeman, “Collaborative Governance in the Administrative State”, 45 *Ucla L. Rev.* 1, 22 (1997)（采纳了“合作”治理的措辞）[hereinafter Freeman, Collaborative Governance]; Jody Freeman, “The Private Role in Public Governance”, 75 *N. Y. U. L. Rev.* 543, 571 (2000)（将治理作为“一系列的协商关系”）[hereinafter Freeman, Private Role]; Richard B. Stewart, “Administrative Law in the Twenty-First Century”, 78 *N. Y. U. L. Rev.* 437, 448 (2003)（讨论“政府利益相关者网络结构”）; Archon Fung & Erik Olin Wright, “Thinking About Empowered Participatory Governance 3”, in *Deepening Democracy* (Archon Fung & Eirk Olin Wright eds. , 2003); Susan Sturm, “Second Generation Employment Discrimination: A Structural Approach”, 101 *Colum. L. Rev.* 458, 475 (2001)（提到“问题解决”规定）(hereinafter Sturm). 笔者采用“协商治理”模型来从整体上谈论这些理论，以进一步扩大本文（尤其是在第六部分）所采用的契约隐喻来分析治理过程。然而，应当将“协商治理”与“协商制定规则”加以区分。“协商制定规则”是1990年协商规则制定法案所建立的一种行政规则制定制度。尽管协商制定规则是协商治理的一种，但“协商治理”包含的范围远大于协商行政规则制定。见附注103-113及相应正文。

利益相关者发言权。[10]

尽管本文没有采取公共选择理论的态度，即完全对私力对治理过程的影响作出消极评价，本文也不接受大多数协商治理模型中对私力影响的乐观态度。本文认为尽管协商治理在一些情况下可能能够提高监管效率，但目前在规范企业行为的很多重要法律领域，它并没有真正起到作用。[11] 在美国法律体系中认真考察一种协商治理的作用——将内部合规结构作为影响责任的因素时，其无用性便一目了然。

正如下文第三部分所述，很多情况下，对于能够证明存在“有效”内部合规结构的企业，美国法律会减轻或者免除其责任。[12] 据推测，该法律标准大概是基于内部合规结构会减少企业内部违法行为这一假设。然而，本文通过论证发现，很少有证据能支持这一假设。实际上，越来越多的证据表明，内部合规结构并不能阻止企业内犯罪行为的发生，并且它在很大程度上只是表象化的，旨在为企业提供市场合法性和减少法律责任。

但这并不意味着内部合规结构本身不好或者所有美国企业都是违法行为的窝点。大多数企业管理者无疑都全身心致力于监管、侦测和预防企业内部违法行为，而且他们可能通过内部合规结构来达到这一目标。另外，本文并不认为不该重视企业道德，或法律体系不应该鼓励符合道德的企业行为。

相反，本文试图证明当前这一极其重视内部合规结构作为责任影响因素，

---

〔10〕 因为本文只解决协商治理模式在控制商业企业中的运用，本文所述的“被监管团体”一词指的是企业。然而，很多评论家对协商治理做出更广义的应用，他们为治理其他主体提供指导，例如犯罪被告人。See, e. g., Michael C. Dorf & Charles F. Sabel, “Drug Treatment Courts and Emergent Experimentalist Government”, 53 *Vand. L. Rev.* 831 (2000)（讨论有毒瘾的被告人）；Dorf, supra note 9, at 965-80（联邦最高法院对强迫审讯的讨论）。尽管本文没有提及，但是这里所得出的商业企业治理上协商治理的失败的结论可能不会适用于那些经济上和政治上权力较低的团体的规定，例如刑事被告人。然而，这些结论可能适用于那些会影响其他重大利益的规定和诉讼，例如医生、律师、其他专业人员以及那些不仅条理清晰并且拥有资本和政治影响力的团体。

〔11〕 值得强调的是，本文的主张不是在所有情形下协商治理都注定失败。相反，我的观点是，基于内部合规的企业责任机制只是协商治理中的一种（迅速发展），并且关于内部合规结构作为预防犯罪机制的有效性的现存实证证据应当对法律系统（和法律学者的热情）广泛采纳这种责任机制提出质疑。虽然其他形式的协商治理可能会更有效，但缺乏实证证据证明内部合规结构是预防企业不当行为的方式，这不仅要在法律和管理文献中找到证据，更应该引起人们更多的质疑。

〔12〕 根据组织体量刑指南，有效的内部合规结构是指那些“合理设计、实施、执行的，因此它们一般在防止和发现犯罪行为上是有效的；没能防止和发现即时犯罪并不意味着这个计划没有效。” U. S. Organizational Sentencing Manual § 8A1.2 (k) (2001). 指南继续列举了为了有资格适用减刑企业至少要采取的措施。见附注 18-25 及相应正文（讨论组织体量刑指南对于有效内部合规的最低限度）。

以及持续重视这一因素的法律制度，会带来执行不力和社会资源浪费的潜在危险，而这些危险很大程度上未被法学界提及。过于信赖内部合规结构作为责任影响因素的法律制度存在固有危险，且相较于未采取这些制度而受严厉处分的企业而言，采取这些制度的企业享受到了极其优越的待遇。这带来了两个潜在的问题：其一，对企业不当行为威慑力不足；其二，代价高昂成效颇微的内部合规结构大量出现。

首先，当前法律制度对采取内部合规结构企业的极其偏向性的处理结果可能会导致对企业不法行为的威慑力减弱，并且削弱法律规范性的目的。[13] 这是因为一个有效合规系统的表面特征很容易被模仿，而法院和监管者却很难判断其有效性（尤其是在事后）。于是那些为利益而从事违法行为的企业可以通过模仿一套有效的合规体系，在没有减少企业内部不法行为的情况下就减轻甚至免除企业层面的责任，通常还能给企业的股东以及市场展现出合法的外表，从而减少了市场对其违法行为的制裁。[14]

其次，现行法律对没有采纳内部合规结构（或结构达不到行业标准广泛要求）的企业进行的的严厉处分，已经导致了代价高昂但收效颇微的内部合规结

---

〔13〕 首先，假设此处谈论的法律规则的目的是实质性的，而不是仅是粉饰性的。例如，如果国会认为近期的市场低迷仅仅是由投资者信心的不合理丧失造成的，那么《萨班斯-奥克斯利法》中的道德守则和内部控制规定将被视为吸引投资者重回股市而又几乎不破坏正常商业实践的划算的机制。然而，这是在一定程度上基于对于投资者天真的假设，这与大多数的市场行为理论并不相符。其次，对于一些十分不明智的法律，执行不力和不执行反而会对社会有益。尽管如此，坚持内部合规结构作为责任的决定因素仍然是一种特别昂贵的不执行手段。

〔14〕 See Kimberly D. Elsbach, "The Architecture of Legitimacy" 391, in *The Psychology of Legitimacy* (John T. Jost & Brenda Major eds., 2001)（认为企业可能会把合法性作为吸引和留住重要股东的工具，例如员工、顾客、行业分析师、媒体代表和投资者）。企业可能基于两个基础的理由而选择实施无用的合规系统：其一，如果执法不力，那么违反法律可能有利可图，这并不是因为惩罚设置的太低或者监管不完善。See Donald C. Langevoort, "Monitoring: The Behavioral Economics of Corporate Compliance with Law", 2002 *Colum. Bus. L. Rev.* 71, 80 (2002) (hereinafter Langevoort, Monitoring); Kimberly D. Krawiec, "Accounting for Greed: Unraveling the Rogue Trader Mystery", 79 *Or. L. Rev.* 301 (2000) (hereinafter Krawiec). 其二，无用的合规可能意味着委托代理问题，其中管理代理人可以从不当行为中获得好处，但遭受的损失却很少。Langevoort, Monitoring, supra, at 80.

构的扩张。[15] 真心致力于法律合规的企业，从高级管理层对于企业道德行为的投入就可以看出。反映在这种投入的企业文化与内部合规目标一致并对其激励机制进行加强。然而为了避免违法行为发生时受到严厉惩罚的风险，企业不得不采纳昂贵的内部合规结构。尽管管理层是善意的，但对大型企业来说违法行为还是不可避免的。[16]

由于内部合规结构在许多法律制度中都被视作责任判定的影响因素，这一观点对于众多领域都有重大的影响，包括环境法、侵权法、劳动不平等待遇法、企业法、证券法和医疗保健法。然而，本文主要着眼于3个法律领域内的基于合规的责任影响：组织体量刑指南中规定的企业量刑；企业法，证券法和《萨班斯-奥克斯利法》在近期做出的修正中规定的企业和董事责任以及平等就业机会法中

---

〔15〕 当前，各种企业在多样的内部合规结构中投入了大量资源。See, e.g., Richard S. Allen & Kendyl A. Montgomery, "Applying an Organizational Development Approach to Creating Diversity", 30 (2) *ORG. Dynamics* 149, 151 (2001)（表明"美国企业预估每年在多元化培训项目上花费两到三亿美元""得到了不同的结果，有的甚至是失败"）; P. E. Murphy, "Corporate Ethics Statements: Current Status and Future Prospects", 14 *J. Bus. Ethics* 727 (1995)（其认为，20世纪70年代以来，"企业在修订他们的道德声明上投入了大量的精力"）; Harvey L. Pitt & Karl A. Groskaufmanis, "Minimizing Corporate Civil and Criminal Liability: A Second Look at Corporate Codes of Conduct", 78 *Geo. L. J.* 1559, 1634 (1990) [其认为，"采纳企业守则（和伴随守则的合规计划）是昂贵的"]。不出所料，出现了许多法律合规专业人士来满足这一需求。See, e.g., Helen Hemphill & Ray Haines, *Discrimination, Harassment, and the Failure of Diversity Training: What To Do Now* 4 (1997) (hereinafter Hemphill & Haines)（其指出，在1995年，多元化培训师和咨询师的数量超过5000人，并且探讨了与人力资源经理的访谈，他们每周从多元化专家那里收到多达30本小册子）。

〔16〕 这些因素中的每一个——管理层对企业道德、企业文化和制度激励结构的承诺——都显著影响着企业不当行为的程度。See, e.g., *Marshall Clinard, Corporate Ethics and Crime: The Role of Middle Management* 132-36 (1983)（通过与64位五百强企业的退休经理的访谈发现，管理高层的行为和观念最常被认为是导致员工非法行为的主要原因）; Jeff Allen & Duane Davis, "Assessing Some Determinant Effects of Ethical Consulting Behavior: The Case of Personal and Professional Values", 12(6) *J. Bus. Ethics* 449 (1998)（其发现，企业文化和奖励机制而非道德守则，会影响员工行为）; Anita Jose & Mary S. Thibodeux, "Institutionalization of Ethics: The Perspectives of Managers", 22 *J. Bus. Ethics* 133, 139 (1999)（发现调查中身居管理高层的98.8%的经理支持，并且有93%认为，在鼓励道德的企业行为上，企业文化比行为守则和培训计划等因素更重要）。Gary R. Weaver et al., "Integrated and Decoupled Corporate Social Performance: Managerial Commitments, External Pressures, Corporate Ethical Practices", 42(5) *Academy of Mgmt. J.* 539, 547 (1999) [发现管理高层认为道德计划在预防不当行为上比外力（组织体量刑指南）更重要。外力只是推动了正式的表象化的改变，包括道德守则，而这些并未被包含在企业活动中]。其他关键因素包括：经济压力、企业规模、复杂程度、分散程度以及行业集中度。See, e.g., Marie McKendall et al., "Ethical Compliance Programs and Corporate Illegality: Testing the Assumptions of the Corporate Sentencing Guidelines", 37 *J. Bus. Ethics* 367, 376 (2002)（发现企业盈利能力下降和OSHA违规行为正相关）and at 368（谈论了发现面临经济压力的企业更容易有违法行为的早期研究）(hereinafter McKendall et al.); Marie A. McKendall & John A. Wagner, III, "Motive, Opportunity, Choice, and Corporate Illegality", 8 (6) *Org. Sci.* 624, 644 (1997)（发现企业规模、结构、复杂程度和行业集中度是预测企业违法行为的重要因素）。

规定的员工责任。[17]

本文尤其关注在平等就业机会法中内部合规责任标准的发展，因为在平等就业机会领域，合规责任发展的更为迅速，相关诉讼更常见，实证研究更多。研究包括法律、经济、社会学和心理学等众多领域。因此，平等就业机会领域的发展和评估他们的学术评论对于规范企业行为的其他法律制度具有重要意义。

此外，本文也试图解释一个与协商治理模型准则一致的治理机制如何导致与该模型所期待的更有效的治理背道而驰的结果。如后文所述，与协商治理模型相一致的治理过程可以被有效地分析为一系列重复的相互作用。在这些相互作用中，治理过程中的相关团体，如法院、立法者、治理机构（决策者）、受监管团体（这里是企业）、私人利益集团和法律合规专业人士，通过协商解决法律不完备或含糊不清的问题。借用其他法律学者使用的契约化隐喻，把治理过程当作一套相关联的契约来分析是一种有效的分析工具，突出了上述团体在共同构建法律中所发挥的作用。

如同契约，任何法律都必然是不完整的。然而，这些参与者在治理的实施执行阶段填补了法律空缺，这就为盗用新法律标准创造的社会收益，挫败法律的规范性目的的机会主义行为提供了可行空间。尤其是，这一填补空缺的程序被证实是一种重要的机制。通过这一机制，监管企业外的主体（比如律师和咨询师）和监管企业内部的主体（比如高级管理人员、部门经理、内部合规人员、人力资源人员以及企业内部的法律部门）得以增加他们的收益。由此看来，大部分内部合规责任机制都可以归于对法律不足的填补，这一填补是通过使用有利于此过程中最有影响力的当事方的术语而实现的。这些当事方通常是企业和法律合规专业人员。

本文剩余部分将以如下方式展开。第二部分的前半部分讨论了企业通常采用的内部合规结构，这些结构也反映了组织体量刑指南的建议。后半部分简要展示了合规行业的历史（始于20世纪80年代的国防承包商丑闻），还分析了合规行业对于紧接其后发展起来的组织体量刑指南的影响。第三部分讨论了内部合规结构在其他美国法律制度中的地位。前半部分尤其着重企业法和证券法，后半部分的重点则是就业歧视法。

第四部分表明，尽管法律制度严重依赖于内部合规结构这一责任判定要素，

---

〔17〕 平等就业机会法包括第7条以及其他相关的反歧视法规，例如《美国残疾人法》和《就业年龄歧视法》。见附注52。

然而这些结构作为威慑机制是无用的，很少有证据能证明内部合规结构的效力。第四部分分析了关于三种类型的内部合规结构的实验证据。这三种类型分别是道德准则、组织体量刑指南推荐的内部合规结构和多元化培训。经分析得出结论，缺少这些结构有效性的证据来支持法律制度把这些结构当作责任减免事由。

在协商治理的语境下，第五部分讨论了作为美国法律制度一大特征的内部合规结构的兴起，认为协商治理模型为许多法律政策的发展提供了重要的描述性认识。第六部分表明，如果将治理适当地理解为一系列相关联的契约和协商关系，这种契约和关系在很大程度上是不完整的。不完全契约的相关文献表明，这种不完整的契约关系揭示了在重新谈判期间（即治理的实施和执行阶段），当事人寻租行为的危险。

第七部分通过一个具体的说明将第六部分中展开的不完全契约治理理论和第三、四部分中对于内部合规结构作为责任判定的内容结合在一起：解释在平等就业机会法下，申诉程序作为责任减免的兴起。第八部分对全文进行了总结。

二、合规行业

（一）内部合规结构的定义

大多数企业采取的内部合规结构有许多共同特征，这些特征是从组织体量刑指南对于有效合规计划的最低要求衍生出来的。[18]

第一，有效的内部合规结构要包含书面的道德准则或者类似的阐述企业内部可接受行为表面限制的行为准则。[19] 很多企业行为准则还规定了准则执行机制，例如，内部报告和信息采集、对被报告违规行为的调查、保护举报人的举报程序以及对违反行为准则或道德准则者的内部程序和制裁。[20] 除此之外，很多企业还有致力于公平雇佣行为的平等就业机会准则的规定。

第二，企业必须采取一系列措施来确保雇员以及其他代理人对准则的知悉，例如，通过培训项目使人员对准则更加熟悉，或者通过宣传和公布准则的方

---

〔18〕 McKendall et al., supra note 16, at 372（认为“量刑指南中详细列出的各种道德合规计划反映了向企业提供的关于如何促进对员工行为产生积极影响的道德氛围的建议”）。

〔19〕 U. S. Sentencing Guidelines Manual §8A1.2（k）（1）（2001）.

〔20〕 Andrew Brien, “Regulating Virtue: Formulating, Engendering and Enforcing Corporate Ethical Codes”, 15(1) *Bus. & Professional Ethics J.* 21（1996）; Richard S. Gruner, “Developing Judicial Standards for Evaluating Compliance Programs: Insights from EEO Litigations”, 1317 *PLI/CORP.* 162, 169（2002）（hereinafter Gruner）.

式。[21] 常见的宣传方式包括企业订阅信、员工手册和企业的网站。[22] 在平等就业的语境下，这一宣传通常采取多元化或“敏感性”培训。

第三，有效的内部合规结构会包含一些监控和审计系统，这些精心设计的系统能够监察到员工和其他代理人的不当行为。[23]

第四，有效的内部合规还要有一个举报系统，这一系统的存在能使举报企业内违反行为准则和法律法规者不怕被报复。[24] 在平等就业语境下，合规还需有内部申诉程序，这一程序在很多企业是以讨论会的形式呈现的，员工们在这一场合可以表达对歧视行为的顾虑。

第五，企业内特定的高层人员必须负责对行为守则遵守情况的监督。[25]

（二）组织体量刑指南简史

尽管人们认为“合规业”并非起源于商业界，而是在“水门事件”后起源于政府，[26] 但合规真正崛起成一门产业通常被看作源于20世纪80年代中期的国防承包丑闻。[27] 当时一位国防部的举报人揭露了政府的国防承包商们欺诈、开高价、送回扣的行为，导致了55位承包商协定采用道德准则和内部道德官来尽力抵挡联邦监管者。[28]

这份协议被称为国防工业倡议书（DII），它对签署者作了以下规定：

采用书面的行为准则，并对员工熟悉准则提供指引和培训，为员工提供对企

---

〔21〕 U. S. Sentencing Guidelines Manual § 8A1. 2 (k) (4) (2001).

〔22〕 Gruner, supra note 20, at 177.

〔23〕 U. S. Sentencing Guidelines Manual § 8A1. 2 (k) (5) (2001).

〔24〕 Id.

〔25〕 U. S. Sentencing Guidelines Manual § 8A1. 2 (k) (2) (2001). 美国量刑指南手册中的其他必要的最小步骤包括：企业必须小心谨慎，不把权力授予有违法倾向的员工；一旦违规行为被发现，企业必须采取一切合理的步骤，适当地应对违规，并防止类似的违规；行为守则必须得到持续执行。U. S. Sentencing Guidelines Manual § 8A1. 2 (k) (2001).

〔26〕 Peter W. Morgan & Glenn H. Reynolds, *The Appearance of Impropriety* 73-98 (1997) [hereinafter Morgan & Reynolds].

〔27〕 Lisa Girion, "Interest in Corporate Ethics is Still Weak", *L. A. Times*, July 8, 2002, at C1; See also The Defense Industry Initiative on Business Ethics and Conduct, Origins and Development of the Defense Industry Initiative, at http: //www. dii. org/annual/2000/origins. html. 然而，Harvey Pitt 与 Karl Groskaufmanis 将内部合规结构的兴起归属于1960年代的重型电气设备行业的价格垄断丑闻以及 J. Cullen Ganey 法官针对通用电气的判决。See Pitt & Groskaufmanns, supra note 8, at 1580-82.

〔28〕 Girion, supra note 27; Andy Pasztor & Lucette Lagnado, "Health Care: Ethics Czar Aims to Heal Columbia", *Wall ST. J.*, Nov. 26, 1997, at B1 (hereinafter Pasztor & Lagnado).

业遵守采购法的问题畅所欲言的机制（如设立热线电话和求助电话）、设立对违反联邦采购法行为的主动揭露程序、参与最佳实践论坛、向社会公开信息来显示做以上事情的决心。[29]

DII 实施后不久，美国量刑委员会就开始了对“组织体量刑指南”的讨论。DII 的代表也向委员会证明了 DII 模式的内容和影响。[30] 几年后，美国量刑委员会在 1991 年通过了“组织体量刑指南”，合规业也因此得到了最重要的推动，这一指南还被一些业内人士员称为“1991 道德顾问就业促进法”。[31]

出于实践目的，“组织体量刑指南”规定了企业应采取内部合规结构，指南通过大幅度减轻被判犯有联邦罪行但采取合规企业的惩罚，以及加重对未具备合规企业的惩罚两种方式来实现目的。[32] 由组织体量刑指南与 DII 条款极其相似可以看出，美国量刑委员会很明显地受到了 DII 经验的影响。

有趣的是，组织体量刑指南早期的版本并没有关于对符合内部合规结构企业的减刑。相反，在 1987 到 1991 征求意见期间，委员会一开始考虑了两种提案：①“公平惩罚”制度，这一制度以委员会对个人被告的量刑指南为基础，考虑企业罪责的标识性因素，例如，高管涉及犯罪和企业在起诉前对涉嫌犯罪员工的处罚；②基于法律和经济学的“最优震慑”法，这一方法将对企业的财务处罚与违法行为造成的社会危害挂钩，并视侦查难度减刑。[33] 这两种提案最后都被断定行不通，[34] 都被否决了。委员会转而支持了一种鼓励企业采取内部合规结构的方式，

[29] Defense Industry Initiative on Business Ethics and Conduct, 2000 Annual Report 1 (2000). DII 的动力可能来自于 1986 年 2 月 28 日的“美国国防治理特别工作委员会的中期报告”，该报告指出“国防承包商必须公布并警惕地执行应对国防采购中的特殊问题和程序的道德守则。同时他们必须制定和实施内部控制，以监管这些道德守则和合规契约的敏感”。Id. at 1-2. DII 后来被其他陷入困境的行业所复制，包括一直受到医疗保险欺诈和毒品企业回扣丑闻困扰的医疗业。Pasztor & Lagnado, supra note 28. 有意思的是，DII 的首席工程师艾伦·尤斯（Alan Yuspeh），也是一些医疗行业自愿合规工作的起草者。Id.

[30] Defense Industry Initiative on Business Ethics and Conduct, 2000 Annual Report 27-28 (2000).

[31] Morgan & Reynolds, supra note 26, at 101（引自 1996 年 8 月 14 日对华盛顿道德资源中心 Frank Nauron 的采访）。

[32] Paula Desio（美国量刑委员会代理总顾问），An Overview of the Organizational Guidelines, United States Sentencing Commission, available at: http://www.ussc.gov/Training/corpover.PDF; Michele Galen, Keeping the Long Arm of the Law at Arm's Length, BUS. WK., Apr. 22, 1991, at 104（据 John C. Coffee 教授所言，根据组织体量刑指南，如果总顾问不实施内部合规计划，将构成业务不法）。

[33] John R. Steer, Changing Organizational Behavior-Joh Federal Sentencing Guidelines Experiment Begins to Bear Fruit（未见刊，但是在 2001 年 4 月 26 日于俄克拉荷马州塔尔萨举办的“价值探讨”第 29 次年度会议上报告了该论文），available at 1317 PLI/CORP. 113 (2002); John R. Steer 是美国量刑委员会副主席。

[34] 鉴于无法准确量化所有社会危害，以及缺乏关于各种犯罪侦查概率的可靠经验数据，最佳的威慑提案尤为难以执行。Id.

这一方式为合规者提供的实质激励，使包括商业圆桌在内的商业团体都积极游说。[35]

组织体量刑指南通过设立一个基础罚款来实现对犯罪企业的经济惩罚，基础罚款接着被扩展成了责任点数。[36] 随着企业罪责的增加或减少，基础罚款会乘以0.05到4之间的一个倍数。[37] 因此，罚款可能会被减少到原始数值的1/20或者增加到原始数值的400%。

犯罪企业的内部合规结构在减小罪责倍数上起着至关重要的作用，因为法院将根据减轻或加重量刑要素来减小或增大倍数，这些要素包括企业是否设立了"有效的计划来发现和防止违法行为"。[38] 假设没有任何加重量刑要素（例如，高层人员参与违规行为或以前有犯罪史），实施有效的内部合规结构会将企业的罪责评分减少3个级别，这将大大降低罚款倍数并将减少最多60%。[39]

---

〔35〕 Jeffrey M. Kaplan, "The Sentencing Guidelines: The First Ten Years" (2001), available at http: //www. singerpubs. com/ethikos/kaplan%20_ Guidelines%2010%20years. htm (reprinted from the Nov. /Dec. 2001 issue of Ethikos); McKendall et al., supra note 16, at 370（讨论采纳内部合规结构的指南是来自商界的压力）See generally William S. Lofquist, "Legislating Organizational Probation: State Capacity, Business Power, and Corporate Crime Control", 27 *L. & Soc'y Rev.* 741 (1993)（讨论商业圆桌会议、全国制造商协会商会、众多企业以及与OSGs利益相关的公共和私人团体的游说活动）。

〔36〕 基准罚款是以下中的最大值：（1）由OSG的"违法罚款表"确定的金额，规定了从5000美元到72 500美元不等的基准罚款，（2）从非法行为中获得的金钱利益，或者（3）蓄意、疏忽、明知的违法行为造成的金钱损失。U. S. Sentencing Guidelines Manual § 8C2. 4 (a) (d) (2001).

〔37〕 U. S. Sentencing Guidelines Manual § 8C2. 6 (2001).

〔38〕 U. S. Sentencing Guidelines Manual § 8C2. 5 (2001). 其他责任因素包括：①高级人员对犯罪行为的容忍和参与，②该企业有类似犯罪历史，③企业在调查中的配合程度，④对于违规行为的自愿自我报告，以及⑤企业是否同意对违法行为承担责任。Id.

〔39〕 Id. 如同之前讨论的，对OSGs的官方评论定义了企业内部合规结构被认为"有效"所必需的最低限度因素，从而满足减刑的条件。See supra notes 18-25 and accompanying text（讨论最低限度因素）。从1994到2001年，只有两家企业基于有效的内部合规计划而被减刑。See "Organizations Sentenced Under Chapter Eight: Culpability Factors", Tables 47-54, available at http: //www. usc. gov/corp/orgizsp. htm. 然而，这不应被理解为证据表明，OSGs未能成功地引导企业采用内部合规结构，或作为证据表明，OSG建议的内部合规结构在减少不正当行为方面取得了很大成功，即很少有采用这种结构的企业违反法律。实际上，调查数据显示组织体量刑指南在企业决定实施内部合规结构上起到了重大影响，并且实证证据表明，组织体量刑指南推荐的内部合规结构和减少企业不当行为之间并没有联系。See 2000 Ethics Officers Association Member Survey (Public Version), available at http: //www. eoa. org/Research/survey_ 2k. html（显示53%的调查对象将"响应联邦组织体量刑指南"视为对企业道德承诺有"很大影响"的一个因素。）(hereinafter 2000 Ethics Officers Association Member Survey). See infra notes 85-88 and accompanying text（回顾了关于组织体量刑指南在遏制违法上是否有效的实证数据）。然而，对于这一结果的最有可能的解释是，绝大多数在OSGs下被判有罪或判刑的企业是小企业，它们通常没有资源投资于内部合规，并且由于高级治理人员参与不当行为而无法获得减刑资格。相反，大企业一般在内部合规结构上投入了大量资源，并且一般有能力达成民事和解或辩诉交易。对于这些和解协议的研究表明，企业的内部合规结构在这一过程中发挥了重要作用。See 2000 Ethics Officers Association Member Survey, supra; Steer, supra note 33, at 131.

三、法律视角

组织体量刑指南企图通过内部合规方法来减少企业的不当行为，这一方法很快被其他法律领域所模仿。因此，组织体量刑指南是内部合规结构被广泛采纳的最初也是最重要的法律诱因。如今，各种各样的民事、刑事和监管规定都对这种结构的实施加以鼓励。

例如，环境保护署（EPA）和卫生与人力服务部（HHS）在近期的政策和指南中，大量借鉴了组织体量刑指南的内部合规责任机制。具体来说，它们都允许减轻民事处罚，并且在一些案件中，倾向于免除对设有有效内部合规结构的企业的刑事处罚。[40] 此外，卫生与人力服务部指南中关于合规作用效力的判定是参照组织体量刑指南关于有效内部合规计划的最低标准制定的。[41] 更通俗地来说，司法部门在决定企业是否应对其员工和代理人的行为负刑事责任时会考虑企业在违法事前和事后所做出的内部合规方面的努力。州总检察长在做决定时也会考虑内部合规结构。[42]

司法机关也加入了合规的浪潮中，为企业实施内部合规提供了更多的激励措施。例如，合规结构可能与判断员工的行为是否出于企业利益有关，因此也就与企业层面上的民事责任和刑事责任有关。如果企业已经设置了预防不当行为的道

---

〔40〕 See "Policy Statement on Incentives for Self-Policing: Discovery, Disclosure, Correction, and Prevention of Violations", 65 *Fed. Reg.* 19, 618 (Apr. 11, 2000). 包含在单独的行业特殊文件中的卫生与人力服务指南，详情见网站 http: //oig. hhs. gov/faud/ complianceguidance. html（为医药制造商、救护车供应商、护理设施、医院和"医疗保险+选择"企业等提供合规计划指导的链接）(hereinafter HHS Guidelines)。

〔41〕 See id. HHS 监察长办公室还要求企业通过和解医疗欺诈的指控来大规模采纳企业内部合规结构。正如最近两位评论家所说：这些机构（司法部和 HHS）近期要求所有正在和解医疗欺诈指控的企业来采纳政府建议的企业诚信计划作为被告和解协议的一部分。这些政府强制执行的合规计划通常要求企业将大量资产投入到合规中，并涉及重大的政府和私人监督。Thomas E. Bartrum & L. Edward Bryant, Jr., "The Brave New World of Health Care Compliance Programs", 6 *Annals of Health L.* 51, 55 (1997).

〔42〕 由代理总检察长 Eric Holder 所写的备忘录 "Bringing Criminal Charges Against Corporations" (June, 16, 1999), at http: //www. usdoj. gov/criminal/fraud/policy/Chargingcorps. html; Woo, Self Policing Can Pay Off for Companies, *Wall ST. J.*, Sept. 8, 1993, at B5.

德准则和表面上可以监察违规行为的合规计划，就可以以此为根据进行辩护。[43] 在民事或刑事和解中，通常企业也会被要求落实内部合规结构。[44]

内部合规结构或许是证明企业试图遵守法律规范的有效手段，也由此把企业粉饰成违法行为的受害者而不是犯罪者。这种找替罪羊式的辩护尽管不总是奏效，但是很常见，通常与各种“流氓交易”丑闻有关。[45]

（一）企业法和证券法

企业法和证券法也为实施内部合规结构提供了激励措施。例如，证券交易法15（b）（4）（E）条授权美国证券交易委员会可以暂停或撤销代理人的注册，只要这些代理人未能本着防止违反证券法或商法的目的进行有效监督，而受其监督的其他人做出了违法行为。[46] 然而，只要有经过合理设计来监察阻止违法行

---

〔43〕 See, e. g. , U. S. v. Beusch, 596 F. 2d. 871, 878 (4th Cir. 1979)（其表明，“企业可能对其员工违反指示和政策的行为负责，但是，在判断员工的行为是否是为了企业利益时，可能会考虑这些指示和政策的存在”）; Lowry's Reports, Inc. v. Legg Mason, Inc. , 2003 WL 21635302, at *6 (D. Md. 2003)（认为，美盛公司（Legg Mason）的员工违反政策和秩序，侵犯 Lowry 版权的事实无关美盛公司（Legg Mason）的责任，而是与法定和损害赔偿金额以及律师费的裁定有关）; In re Exxon Valdez, 1995 WL 527990, at *11 (D. Al. 1995)（坚持陪审团的指示，“在考虑企业对惩罚性损害赔偿责任时，必须考虑员工的行为是否违反被告企业的直接... 政策”）; Jeffrey M. Kaplan Et Al. , Compliance Programs and the Corporate Sentencing Guidelines § 20: 9 (2002)（表明，就错误的员工行为是否是为了使企业受益这一决定企业代理责任的必要因素的问题上，合规计划对于陪审团的指示也有影响）。But see U. S. v. Twentieth Century Fox Film Corp. , 882 F. 2d 656, 660 (2d Cir. 1989)（认为即使内部合规结构是减轻企业刑事责任的一个因素，“尽管 Fox 的合规计划范围很大，但在其员工在其权限范围内违规时，不能对企业免除责任。”）。

〔44〕 See, e. g. , John Hechinger, Merrill to Pay New Hampshire a $500, 000 Fine, WALL ST. J. , Jul. 19, 2002, at C7（披露了公司美林证券（Merill Lynch）的和解条款，由于一个雇员代理人的行为，Merill 必须支付50万美元罚款并聘请咨询公司审查合规计划）John R. Wilke & Don Clark, “Despite Settlement, Microsoft Faces More Legal Challenges”, *Wall ST. J.* , Nov. 4, 2002, at A1（关于反垄断解决方案的条款要求 Microsoft 建立由至少三名外部董事组成的合规委员会，并任命内部合规官）。See also infra note 53 and accompanying text（在歧视诉讼中基于合规的补救方法作为解决方案）。

〔45〕 Krawiec, supra note 14, at 306-07（金融机构可能故意营造一种推动流氓交易的内部文化，因为这种文化可能会产生更多营利的贸易商）; Randall Smith & Susan Pulliam, “IPO ‘Rogue’ Battles to Clear His Name”, *Wall ST. J.* , Sept. 17, 2002, at C1（该文报道了一个被监禁的经纪人，尽管他的雇主瑞士信贷第一波士顿银行（CSFB）声称其是一个违反企业政策的流氓，但他坚称自己是企业的替罪羊）; Michael Lim Choo San & Nicky Tan Ng Kuang, The Report of the Inspectors Appointed By The Minister For Finance on Baring Futures (Singapore) Pte Ltd. at B. iv (Sept. 7, 1995)（“霸菱公司（Baring）声称不知道88888账户的存在，并且不知道 Baring 集团汇给 BFS 的17万新币满足通过该账户交易的利润要求。如果这一声明是真实的话，可以得到一个有力的推论，Baring 集团管理层的核心人员存在极大的疏忽或者蓄意罔顾事实”）。

〔46〕 15 U. S. C. §78o (b) (4) (E) (2000).

为的程序被实施，就算满足这项监督要求。[47] 在商品交易法和自律企业条例中也存在相似的监督要求。[48]

2002 年的《萨班斯—奥克斯利法案》极大地提高了内部合规结构在证券法中的重要性。例如，该法案和证券交易委员会在它的实施条例中规定，企业应披露对财务报告的内部控制、行为准则和道德准则、企业是否有达标审计委员会的相关信息。[49]

另外，根据 1996 年特拉华衡平法院的凯马克国际公司派生诉讼案（Caremark）判决，若未实施内部合规结构，企业董事可能会承担民事责任。[50] 尽管承担民事责任的风险不大，但很多人认为董事会在法律专业人员的建议下，或许仍高估了个人责任的风险。[51]

（二）就业歧视

尽管组织体量刑指南很重要，但对实施内部合规结构影响最大的或许是就业

---

〔47〕 Id. 证券交易法章节 15（b）（4）有如下表述：如果具有如下情形，就不能认为责任人员没有尽到合理监督的义务：（i）已经存在相关程序以及运行该程序的系统，而这种程序有望有效预防和发现违规行为；（ii）由于该程序和系统的存在，并且没有合理理由相信该程序和系统并没有得到遵守，责任人员已经免除了其应当承担的义务和责任。

〔48〕 See e. g. , NASD Rules of Fair Practice, art. III, § 27（要求全国证券交易商协会会员建立并维护内部监督系统）；N. Y. Stock Exchange Rule 342. 21（要求所有交易都应当受到审核程序制约）；Chicago Board of Options Exchange Rules 4. 2 and 9. 8；17 C. F. R. ame，. 3（2000）.

〔49〕 15 U. S. C. A. § § 7262，7264，7265（West 2002）. See also 17 C. F. R. § 229. 308（2003）；17 C. F. R. § 229. 406（2003）and § 229. 401（2003）.

〔50〕 In re Caremark Inc. Int'l Derivative Litig. , 698 A. 2d 959，970（Del. Ch. 1996）（为了获得“商业判断规则”的保护，相关主管人员应当认真考虑，企业信息和报告系统在理念和设计上是否足以保证董事会在日常操作中能够及时获得有关信息）。

〔51〕 Chancellor Allen 认为董事责任风险并不显著，他指出：“只有董事会持久或者系统性的监管失职才可能导致主管人员的个人责任，例如，根本没有相关举措确保一个合理的信息和报告系统的存在的情形。”参见 Caremark，689 A. 2d at 970；See also Cindy Alexander et al. , “Regulating Corporate Criminal Sanctions：Federal Guidelines and the Sentencing of Public Firms”，12 *Fed. Sent. Rept'R*，No. 1，at 20（1999）；Donald C. Langevoort，“The Human Nature of Corporate Board：Law，Norms，and the Unintended Consequences of Independence and Accountability”，89 *Geo. L. J.* 797，819-20（2001）（该文认为，董事会高估了 Caremark 案带来的个人责任）。

歧视方面的法律规定，尤其是职场骚扰法。[52] 由于就业歧视领域的合规责任标准比其他领域发展得都快，因此比起其他领域的法律，司法界和学术界就有更多的对合规责任系统防范就业歧视的评价。鉴于就业歧视语境下的内部合规结构帮助企业实施其他类型的合规结构，也帮助法院评估这些结构，这种内部合规结构的作用非常重要。因此，如果其他法律领域的企业责任标准也更加看重内部合规结构因素，这些歧视案件和学术评论会更加重视其他领域。

企业的内部合规结构至少在三方面和就业歧视有关。[53] 其一，当一位员工声称她被蓄意歧视时，内部合规结构可以作为避免惩罚性赔偿的辩护。其二，当一位员工宣称她受到恶意职场骚扰时，内部合规结构可以作为防止企业责任的积极辩护。其三，企业内部合规结构的存在和有效性，以及其他环境证据可能是判定企业是否有主观歧视意图的因素。

1. 惩罚性赔偿

在1991年民权法案中，国会为声称被告违反第七条的原告提供额外救济，救济包括对可能存在的故意歧视处以企业惩罚性赔偿。[54] 在科斯达德案（United States v. Kolstad）案中，最高法院援引代理法重述建立了企业可能会因其代理人行为而承担惩罚性赔偿责任的4种情形：

---

〔52〕 对于就业歧视的规制在许多法律法规中均有迹可循，然而最重要的当属1964年《民权法案》第7条。该条明确禁止基于种族、肤色、宗教、性别、民族的就业歧视。42 U. S. C. §2000e-2 (a) (1) (1994 & Supp. 2003). 除上述民权法案禁止职场的歧视的相关规定之外，《反就业年龄歧视法案》与《美国残疾人法案》分别禁止基于年龄与残疾的就业歧视。参见 Age Discrimination in Employment Act of 1967, 29 U. S. C. § §621-634 (1988 & Supp. V 1993); Americans with Disabilities Act, 42 U. S. C. § §12, 101-12. 213 (Supp. V 1993)。其他有关反歧视的法律还包括1993年《家庭和医疗休假法案》, 29 U. S. C. §2601 (2000). 其他后重建时代的民权法案包括42 U. S. C § §1981, 1981 (a), 1983, 1988; 肯尼迪与约翰逊总统的行政命令；平等就业委员会的相关法规、解释以及其他不同的国家法规。参见：Elizabeth Chambliss & Lauren B. Edelman, "Sociological Perspectives on Equal Employment Law", in *Law's Disciplinary Encounters: Readings in Law and Social Science* (Victoria Saker Woeste, Bryant G. Garth, & Robert L. Nelson eds., forthcoming U. of Chicago Press, 2003).

〔53〕 对于构成歧视的企业，法院要求其实施行为守则以及培训程序，以此作为一种补救。See e. g., Stair v. Lehigh Valley Carpenters Local Union No. 600, 855 F. Supp. 90 (E. D. Pa. 1994)（要求对于性骚扰有责的工会为基层成员构建强制性的年度培训计划）; Matt O'Connor, "Pizza Hut to Fight Bias in Chain", *Chi. Trib.*, Aug. 21, 1999, at C1（报道了必胜客（Pizza Hut）同意为那些可能与顾客建立联系的100 000名职员提供关于种族敏感性的培训，以此作为与那些声称在伊利诺伊州的餐馆内被歧视的非裔美国顾客之间法律解决方案的一部分）。

〔54〕 42 U. S. C. §1981a (a) (1) (2000). 为了获得惩罚性赔偿，原告方必须证明被告实施了差别待遇的行为，或者以故意或者疏忽的方式漠视受害个人的受到联邦法律保护的权利。42 U. S. C §1981a (b) (1) (2000).

①当事人授权了该行为和行为方式，或者，②代理人不适合并且当事人在雇佣他的时候是不慎重的，或者，③该代理人受雇于管理者并在雇佣范围内行事，或者，④当事人或当事人的管理者批准或许可了该行为。[55]

尽管认为重述中对“雇佣范围”的规定造成了“变相诱因”，法院根据③条情形中的管理者行为确定了对惩罚性赔偿的辩护。能够证明善意遵守第7条规定的员工，可以因此免于由代理人在雇佣范围行事造成的惩罚性赔偿。[56]

自科斯达德案以来，许多被告试图通过将他们的内部合规结构（尤其是他们的平等就业政策和多元化的培训计划）作为善意的证据来使自己符合这一辩护条件。尽管在很多案件中法院已经发现了这一程序不足以证明善意，一些被告还是成功地通过他们的内部合规结构规避了惩罚性赔偿。[57] 因此，在探索中，企业内部合规结构受到了越来越多的重视，同时原告的律师和平等就业机会委员会试图对企业在多元化培训中投入了多少资金，培训的内容以及培训师的专业知识进行判断。[58]

2. 职场骚扰

美国最高法院将两种类型的职场骚扰认定为歧视（可见雇佣行为骚扰和敌意

---

〔55〕 Kolstad v. American Dental Ass'n, 527 U. S. 526, 542-43 (1999) [quoting Restatement (second) of Agency § 217 (c)].

〔56〕 Id. at 545.

〔57〕 See e. g. , Harris v. L & L Wings, Inc. , 132 F. 3d 978, 983-84 (4th Cir. 1997)（在科斯达德案中也引用了该案；该案指出：在一些案件中，基于善意构建的书面化政策的存在已经成为了企业惩罚性赔偿责任的障碍；书面化防止性骚扰的政策的存在成为否定原告主张企业恶意或者疏忽的重要事由）；Bryant v. Aiken Regional Medical Centers, Inc. , 333 F. 3d 536 (4th Cir. 2003)（该案认为，医院不能对非裔美国员工承担惩罚性损害赔偿，因为该医院已经广泛实施了反歧视的相关举措，这些举措包括覆盖全单位的反歧视政策的实施；举报申诉政策的创设；多元化的培训项目——基于以上原因，医院不能为其管理人员违反单位政策的歧视决定而承担替代责任）；EEOC v. Wal-Mart Stores, Inc. , 187 F. 3d 1241, 1249 (10th Cir. 1999)（该案指出：企业贯彻反歧视政策的深度以及就《美国残疾人法案》的相关要求对职员的教育程度成为决定其是否承担替代责任的重要考量因素）；Jaudon v. Elder Health, Inc. , 125 F. Supp. 2d 153, 172 (D. Md. 2000)（该案认定被告企业已经展示了其遵守《民权法案》第七条相关要求的善意，因为其已经发布、维持、宣扬了关于反性骚扰、开门政策以及机会均等政策）。

〔58〕 Ellen McLaughlin & Carol Merchasin, "Training Becomes Important Step to Avoid Liability", 23 *Nat. L. J.* , Jan. 29, 2001, at B10.

环境骚扰)，因此针对这些行为根据第7条可以进行索赔。[59] 法院明确表示，在骚扰事件发生时，采取内部合规结构的企业将尝到一些甜头。法院表明，“设计第7条法令是为了鼓励反骚扰政策和有效申诉机制的实施。企业是否需要负责一部分取决于企业是否努力创设这种程序，这将使国会在第7条的背景下推动和解而不是诉讼”。[60]

在三种不同的标准下，企业因敌意环境骚扰需要对他们的雇员负责:[61] ①对于同事敌意环境骚扰，此时根据疏忽的程度来对企业进行判断，企业对所有知道（或应当知道）并因忽视而未纠正的骚扰负责。②对于企业知情的上级敌意环境骚扰，根据疏忽程度来认定企业行为，企业只对因其疏忽而未能妥善应对的骚扰负责。③对于企业不知情的上级敌意环境骚扰，企业要对其承担间接责任，除非以下两部分的积极抗辩成立：其一，“企业对防止和及时纠正性骚扰行为投入了合理的精力”；其二，原告雇员没有利用雇主提供的防止和纠正机会或避免伤害，却无正当理由。[62]

在上述敌意环境骚扰诉求中，企业的反骚扰政策和内部合规程序都与证明其是否知道或忽视骚扰，或积极抗辩是否成立有关。例如，反骚扰政策、旨在防止骚扰的员工培训和正规的骚扰投诉程序都将成为企业在未能发现骚扰上不存在疏

---

〔59〕 可见雇佣行为（Tangible Employment Actions）主要涉及雇佣状况的显著变化，例如雇佣、解雇、晋升未果、显著不同的职责的重新分配或者民权法案第7条任一权利种类基础上的利益的显著改变。敌意环境性骚扰（Hostile Environment Harassment）主要是指企业行为过于严苛或渗透性过强以至于，尽管没有可见伤害（如失业或者薪金的降低），但是仍违背民权法案第7条的要求改变了雇佣关系或状况。Burlington Industries, Inc. v. Ellerth, 524 U. S. 742, 761-62 (1998).

对于可见雇佣行为，企业面临严厉的替代责任，因而企业实施的内部程序与可见雇佣行为并不相关，除非其可以阻止骚扰行为的存在或者被用以作为惩罚性损害赔偿的辩护事由。Burlington Industries, 524 U. S. at 762-63 [出于维护民权法案第七条旨意的目的，监督管理人员所实施的可见雇佣行为被归属于企业……在这种情况下，通过阐释代理原则（agency principle）使企业逃脱责任的做法是匪夷所思的]。然而，企业的内部程序可能会以一种或者另外一种形式与敌意环境主张（hostile environment claims）发生关联。

〔60〕 Burlington Industries, 524 U. S. at 764.

〔61〕 B. Glenn George, “If You're Not Part of the Solution, You're Part of the Problem: Employer Liability for Sexual Harassment”, 13 *Yale J. L. & Feminism* 133, 142 (2001). 尽管最高法院根据不同标准区分了“企业明知的监督治理者敌意环境性骚扰”与“企业不知道的监督管理者敌意环境性骚扰”，然而，大多数的巡回法庭并未接受这种区分，并对于所有的监督治理者敌意环境主张均采取了双管齐下式的积极抗辩（two-pronged affirmative defense）。Id. at 143. 根据B. Glenn George教授的说法，第三、第五、第六、第七、第八、第九巡回法庭均在如下案件中对于替代责任错误地采取了上述双管齐下式的积极抗辩，即企业明知骚扰行为，因此过失标准（negligence standard）本应得到采用。Id at 145.

〔62〕 Faragher v. City of Boca Raton, 524 U. S. 775, 807 (1998). See also Burlington Industries, 524 U. S. at 764 (1998)（采取同样标准）。

忽的证据。[63] 同样，这些程序也可以用来证明，虽然原告对骚扰进行了投诉，不能因此归咎于企业知情。[64]

在企业不知情的上级敌意工作环境骚扰的案件中，企业的骚扰政策和程序将是最直接相关的。在这些案件中，企业可能会借助内部合规结构来显示对防止骚扰做出了合理努力，并以此来逃避责任。采用双管齐下的积极辩护，最高法院拒绝把对反骚扰政策和合规结构的要求视为法律问题，并且从未声明拥有这种政策和结构便足以免除企业在上级敌意环境骚扰中的责任。

然而，联邦最高法院确实强调过反骚扰政策和内部合规程序在第一层辩护中的重要性："尽管企业是否声明其采取了包含投诉程序的反骚扰政策在法律上并非在所有案件中都是必要的，但是当进行第一层辩护时，对公布适宜工作环境政策的需求应当被合理处理。"[65]

然而，很多下级法院似乎比最高法院更进一步，已经将为杜绝骚扰而设计的内部合规结构视为免责的必要充分条件。例如，有些下级法院认为，反骚扰政策

〔63〕 See e. g. , Newton v. Shell Oil Co. , 52 F. Supp. 2d 366, 372 (D. Conn. 1999)（企业应当提供投诉渠道，以避免由于疏于了解存在的骚扰行为而产生的责任）；Velez v. City of Jersey City, 817 A. 2d 409, 414 (N. J. Super. A. D. 2003)（基于疏忽理论，企业可能会因为性骚扰的发生而承担相应责任；疏忽的判断建立在如下的基础之上，即企业未能很好地宣传并执行反骚扰政策、有效的正式或非正式的投诉机制、培训以及/或者监督机制）[引自 Lehman v. Toys R Us, Inc. , 132 N. J. 587, 621 A. 2d 445, 462 (1993)]；See also George, supra note 61, at 151（如果对于骚扰行为的认识缺失，法庭将会聚焦在其是否为防止骚扰努力（就像在 Faragher 或者 Burlington Industries 案中那样），这种努力通常体现在得到良好宣传的反骚扰政策上）。

〔64〕 例如，in Madray v. Publix Supermarkets, Inc. , 28 F. 3d 1290 (11th Cir. 2000), cert. denied, 531 U. S. 926 (2000)，法庭认为，因为企业的反骚扰政策已经得到很好宣传，并且详细说明了骚扰投诉的适当程序，然而，原告并未遵守这些方式，尽管其已经向三位不同的管理人员进行了非正式投诉，但不能将原告受到骚扰归咎于企业。Id. at 1293. See also Giuliani v. Stuart Corp. , 512 N. W. 2d 589 (Minn. App. 1994)（如果企业确立了反骚扰政策，并适当地处理性骚扰，那么，管理层可能对于企业内发生的不当行为尽早了解；如果企业内部没有构建相应政策，他们自然具有较大的可能被认为对于不法行为知情）；George, supra note 61, at 151-52（讨论 Madray 案）。

〔65〕 Burlington Industries, 524 U. S. at 745. See also Faragher, 524 U. S. at 807.

和内部合规结构本身就从法律上充分证明了企业为防止或纠正骚扰所做的努力。[66] 因此，有些企业已经能用内部合规结构来逃避责任，即使有些被证实的案例是反复或严重的骚扰。同样地，很多下级法院还似乎将内部合规结构视为免责的必要条件，判定没有合规的被告企业不能进行积极辩护。[67]

尽管笔者仅凭经验就反骚扰合规结构在何种程度上减轻了企业责任做了部分回答，[68] 但正如在第六部分（二）1 中所述，法律合规专业人士早已提前巧妙地重新包装了这些下级法院判决，将合规包装为企业希望规避巨大责任的绝对必须品。[69] 结果就是反骚扰合规结构的扩张，但很少有法院、评论家或法律同行去探究合规防止骚扰的有效性的证据。

3. 歧视意图

宣称蓄意歧视的原告越来越难指出公然歧视的直接证据了。[70] 不论是因为变化的社会风气或是由于对诉讼愈加老练，今天的企业已经不可能给原告留下能证明歧视的确切证据了。[71] 因此，受歧视的人有可能转而采用间接证据。[72]

---

〔66〕 See e. g., Smith v. First Union National Bank, 202 F. 3d 234, 244 (4th Cir. 2000)（企业是否采用有效的反骚扰政策决定着对其是否尽到合理的性骚扰预防义务的认定）；Brown v. Perry, 184 F. 3d 388, 396 (4th Cir. 1999)（如果没有证据表明企业并未真诚地采纳或者执行反骚扰政策，或者其反骚扰政策是存在缺陷的，那么，这种政策的存在将会有利于得出结论，即企业已经尽力预防以及改善性骚扰）；Idusuyi v. State of Tennessee Dept. of Children's Services, 2002 WL 220640, at*4 (6th Cir. 2002)（有理由承认企业的积极抗辩，因为其实施了防止性骚扰的政策，原告也并未以适当的方式进行投诉，部门内部存在长达两个小时的关于性骚扰的培训项目）；Citroner v. Progressive Cas. Ins. Co., 208 F. Supp. 2d 328, 341 (E. D. N. Y. 2002)（企业已经履行了防止种族骚扰的义务，因为其已经确立了反骚扰的相关政策、相应的投诉机制、行为守则和"开门政策"）。

〔67〕 See e. g., Molnar v. Booth, 229 F. 3d 593, 601 (7th Cir. 2000)（根据法律，被告企业不可能证明其已经实施了合理的骚扰行为预防和矫正措施，因为其除了反歧视政策外根本没有相应政策专门针对性骚扰）。

〔68〕 See infra notes 167–87 and accompanying text（讨论了被告企业针对职场的骚扰行为而设置的投诉程序对于企业层面的责任的影响）。

〔69〕 See e. g. Ellen Mclaughlin & Carol Merchasin, Training Becomes Important Step to Avoid Liability, NAT' L. L. J., 29, 2001, at B10（素质培训连同好的成文政策很可能被认为满足了 Kolstad 案中的善意抗辩）；Gruner, supra note 20, at 163（在平等就业机会领域内的责任标准……使得合规计划质量成为减轻特定形式的企业责任的关键因素）；See also infra Part VII（法律工作者对于构建不明确的平等就业机会法的作用）。

〔70〕 一位评论人员称，诸如如下的现象已经成为过去：在门上贴上印有"爱尔兰人勿申请"的标志；对于女性的职位申请予以拒绝，并解释称该岗位不招女性。Sturm, supra note 9, at 459–60.

〔71〕 Rosen v. Thornburgh, 928 F. 2d 528, 533 (2d Cir. 1991)（企业不可能为自己的歧视行为留下任何确凿证据，例如在员工档案中留下印迹，从而证明自己存在对员工的歧视意图）。

〔72〕 Id.（歧视受害人很少能直接证明其主张，通常只能被迫依靠间接证据链。）

于是，大多数差别对待案件遵循着联邦最高法院在麦道公司诉格林案（McDonnell Douglas v. Green）案[73]中建立的三方框架，即原告和被告都可以援引企业内部合规结构来寻求间接证据，证明企业是否因为其的弱势地位而故意歧视原告。[74] 尽管存在这样的内部合规对蓄意歧视的企业是否要承担责任以及责任大小还不得而知，但正如在第六部分（二）中提到的，本文的重要观点就是在一系列法律合规专业人士的督促下，企业管理人员相信合规是企业责任的重要决定因素。

四、有效性证据

如前文所述，美国的多个部门法律体系都很重视将内部合规结构作为一个责任影响因素。据推测，这种重视源于这样一种假设，即合规结构能有效降低企业内部不当行为的发生率。然而，本部分将证明这个假设经不起实际考验，虽然它强调了关于企业责任的法律制度中一个日益重要的环节。

事实上，根本没有证据证明内部合规结构减少社会危害行为的有效性。考虑到法律制度对合规的热情拥护，这一事实让人不安。而或许更令人头疼的事实是，确实有一些证据存在，但大多数方法严密的研究都表明合规缺乏有效性。

本部分分析了以下 3 种内部合规结构的实验证据：①道德守则或行为守则。②组织体量刑指南推荐的内部合规结构。③多元化培训。下面的分析将指出，没有足够实践证据表明任何一种机制具有威慑效力，尽管它们受到法律体系的热情拥护。

（一）道德守则

道德守则是最常见的企业内部合规结构之一，超过 90%的 500 强企业报告说

---

〔73〕 McDonnell Douglas v. Green, 411 U.S. 792 (1973). 在 McDonnell Douglas 案中，原告最初承担着第一位的歧视证明责任，例如，其必须证明自己属于受保护的范畴；其有资格申请作为争论焦点的工作；其遭受了不利的职业歧视。Id, at 802. 一旦原告完成了自己的证明责任，证明责任则将转移到被告方，其必须对针对原告的不利职业行为做出合理解释，证明不存在歧视。St. Mary's Honor Center v. Hicks, 509 U.S. 502, 506 (1993). 如果被告提供证据证明，相关职业行为是合理、非歧视的，那么证明责任再次转移到原告方，其必须提供优势证据，证明被告方所谓的合理原因仅是职业歧视的托辞。Texas Dept. of Community Affairs v. Burdine, 450 U.S. 248, 253 (1981).

〔74〕 Vicki Schultz, "Telling Stories About Women and Work: Judicial Interpretations of Sex Segregation in the Workplace in Title VII Cases Raising the Lack of Interest Argument", 103 *Harv. L. Rev.* 1749, 1782-92 (1990). [讨论了审判实践中，内部合规结构（尤其是反优先雇佣政策）如何被运用，进而确立了所谓的女性兴趣缺少的辩护意见不能否定性别歧视的成立]。与之类似，企业的内部合规结构可能与差别性影响歧视案件(disparate impact cases)中的决定相关联。Sturm, supra note 9, at 488-89.

它们有道德守则。[75] 此外，法律合规专业人士也肯定了实施道德守则的重要性，认为其传达了企业对遵守法律的追求。[76]

尽管美国企业中道德守则普遍存在，并且许多法律合规专业人士坚持认为它是十分重要的威慑工具，却很少有证据能证明道德守则可以改善员工的行为。虽然一些研究确实发现了道德守则和员工行为之间有很大的联系，然而其研究方法却存在问题。例如，无法询问受访者关于道德守则的问题或者无法识别道德守则导致的行为改善（而非简单地询问受访者是否认为道德守则是影响行为的重要因素），依赖于实验设置中假设的道德困境（而非分析就业环境中的真实行为），和依赖于单一的自我报告渠道（而不是记录员工违反守则的可观察的实例）。[77] 此外，这样的研究结果还与大量发现道德守则与员工行为之间没有太大联系的研究相抵触。[78]

近期最详尽的一个研究试图通过在企业环境中证实道德守则和员工行为改善之间的相关性来解决之前研究的一些缺点。[79] 该研究对 4 家加拿大大型企业的

---

〔75〕 Brien, supra note 20, at 21. 此外，在最近一项针对 254 家大型企业的调查中，78%的企业回应称其拥有道德守则。G. Weaver, L. Trevino, & P. Cochran, "Corporate Ethics Practices in the Mid-1990s: An Empirical Study of the Fortune" 1000, 18 *J. Bus. Ethics* 283 (1999).

〔76〕 McKendall et al., supra note 16, at 372.

〔77〕 See e. g., Alan Kitson, "Taking the Pulse: Ethics and the British Cooperative Bank", 15 (9) *J. Bus. Ethics* 1021 (1996)（针对 17 个银行管理人员的采访）; Donald L. McCabe et al., "The Influence of Collegiate and Corporate Codes of Conduct on Ethics-Related Behavior in the Workplace", 6(4) *Bus. Ethics Q.* 461 (1996)（针对 328 个大学毕业生的问卷调查）; Margaret Anne Pierce & John W. Henry, "Computer Ethics: The Role of Personal, Informal, and Formal Codes", 15(4) *J. Bus. Ethics* 425 (1996)（针对 356 位数据处理管理人员的问卷调查）。

〔78〕 See e. g., Jeff Allen & Duane Davis, "Assessing Some Determinant Effects of Ethical Consulting Behavior: The Case of Personal and Professional Values", 12(6) *J. Bus. Ethics* 449 (1993)（针对 207 个国家商业顾问的问卷调查）; Joseph L. Badaracco, Jr. & Allen P. Webb, "Business Ethics: A View of From the Trenches", 37(2) *CA. Mgmt. R.* 8 (1995)（针对 30 位中层管理人员的采访）; Arthur P. Brief et al., "What's Wrong with the Treadway Commission Report? Experimental Analyses of the Effects of Personal Values and Codes of Conduct on Fraudulent Financial Reporting", 15(2) *J. Bus. Ethics* 183 (1996)（针对近 400 位主管和控制人员的问卷调查与试验）; Victor J. Callan, "Predicting Ethical Values and Training Needs in Ethics", 11(10) *J. Bus. Ethics* 761 (1992)（针对 226 位国家公务员的问卷调查）; Margaret Anne Clark & Sherry Lynn Leonard, "Can Corporate Codes of Ethics Influence Behavior?", 17(6) *J. Bus. Ethics* 619 (1998)（针对 150 位从事商业课程学习的本科生和研究生的问卷调查）。然而，很多上述研究都存在相同的方法问题，从而使道德守则与员工行为呈显著相关性的结论存疑。

〔79〕 Mark S. Schwartz, "The Nature of the Relationship Between Corporate Codes of Ethics and Behavior", 32 *J. Bus. Ethics* 247 (2001) (hereinafter Schartz). 与之前的研究相似，Schwartz 依赖于自我报告，而不是观察到的行为改变。

57 名员工进行了深入采访。[80] 研究者总结道，尽管道德守则有可能会改变员工的行为，“但这仅发生在极少数情况中。”[81] 作者发现受访者无法提供因道德守则而改变行为的具体实例，实际上，他们企业的道德守则并没有改变他们的行为。[82] 除此之外，一些受访者还表示他们曾拒绝遵守企业守则。[83]

这些研究结果，虽然不是决定性的，但却质疑了基于道德行为守则减免损害赔偿金的法律制度。当然，道德守则仅是合规结构中的一种，而且是比较肤浅的一种。因为正如组织体量刑指南要求的，核心合规结构在威慑不当行为上是必要的，所以研究者们或许还不能证明道德守则和道德行为间的联系。正如下面小节所讨论的，这一假设也同样并没有通过实证检验。

（二）组织体量刑指南

如前所述，在法律合规专业人士的建议下，企业合规结构倾向于遵照组织体量刑指南的建议。然而，几乎没有研究去探求这些结构是否能够预防不法行为。相反，大多数对于内部合规结构的研究集中于使用多样结构的企业比例，分析道德行为准则的实质性内容以及调查员工对企业行为准则的看法以及违反行为准则的自我报告。[84] 笔者仅发现了 3 个系统性检验组织体量刑指南建议中所提出的假设性的大规模研究。[85]

上述研究全都不支持组织体量刑指南所建议的内部合规结构对企业犯罪有威慑效应这一假设。最近的研究对组织体量刑指南建议的合规结构的存在与职业安全与卫生条例的违反率进行了纵向比较。研究者玛丽·马肯德尔（Marie Mckendall），贝弗莉·德马尔（Beverly DeMarr）和凯瑟琳·琼斯·李克斯（Catherine Jones-Rikkers）对近乎反映组织体量刑指南建议的内部合规结构进行了研究，发

---

〔80〕 Id. at 247. 这些课题研究分别在企业内进行，平均耗时 13.4 年；所有的参与者被单独采访；在所有的 57 个采访中，其中 51 个被记录下来；平均采访时间为 65 分钟。Id at 252.

〔81〕 Id. at 253.

〔82〕 Id.

〔83〕 Id.

〔84〕 McKendall et al. , supra note 16, at 373.

〔85〕 三项研究分别为：M. Cash Mathews, “Codes of Ethics: Organizational Behavior and Misbehavior”, in *Research in Corporate Social Performance* 107, 125 (W. Fredrick ed. , 1987) （检验了 4 个联邦监管机构自 1973 年至 1980 年以来，针对 485 个企业所采取的行政以及民事行动的影响，并得出结论：行为守则以及执行机制与企业违规行为仅具有很小的关联）；Marie McKendall & John A. Wegner, III, “Motive, Opportunity, Choice, and Corporate Illegality”, 8(16) *Org. Sci.* 624 (1997)；McKendall et al. , supra note 16.

现他们对于企业违法行为没有影响。[86]

研究者发现的实证证据表明，组织体量刑指南建议的内部合规结构，在很大程度上只是表象化的。[87] 该研究有一个重大发现，即组织体量刑指南建议的内部合规结构与蓄意反复的职业安全与卫生条例违规行为间呈现正相关。研究人员据此推测，由于蓄意反复违规是最有可能涉及管理层参与和知情的违规类型，企业有可能使用组织体量刑指南建议的内部合规结构来掩饰管理层参与故意违法行为或者减轻企业责任。[88]

（三）多元化培训

多元化培训正成为美国企业日益普遍的内部合规结构。例如，人力资源管理协会1998年的一项研究发现，75%的世界500强企业和36%的非500强企业具有多元化培训方案。[89] 然而，并没有系统地研究过这些方案的影响。[90] 大多数多元化培训方案从来没经过有序评估。即使有评估，这种评估通常只包括参与者的定性反馈。[91] 很少有人尝试评估多元化培训对员工行为的影响。

沃顿商学院的卡捷琳娜·别兹鲁科娃（Katerina Bezrukova）和凯伦·耶恩（Karen Jehn）在最近的一篇工作论文中回顾了发表在管理学、心理学和社会学核心期刊

---

〔86〕 McKendall及其合作者将组织体量刑指南所推荐属于有效合规计划的因素（除“对合规负责人的任命”这一因素）作为自变量。McKendall et al.，supra note 16，at 376-79.

〔87〕 Id. at 380. M. Cash Mathews也发现，行为守则的部分内容（例如，要求员工做出的合规宣誓，或者维护企业声誉的相关要求）与违规数量存在正相关，这一点是始料未及的。对此，可能的解释是，在守法的企业内，管理人员可能认为并没有必要使别人承认其良好声誉。Mathews，supra note 85，at 125. See also Richard A. Barker，“An Evaluation of the Ethics Program at General Dynamics”，12 *J. Bus. Ethics* 165，175-77（1993）（通用动力的道德计划意在使自己区别于竞争者，而不是为了发现违法行为）；Dove Izraeli & Mark Schwartz，“What Can We Learn From the U. S. Federal Sentencing Guidelines for Organizational Ethics?”，17 *J. Bus. Ethics* 1045（1998）（内部合规机制的首要目的是减轻自身损害，而不是发现违法行为）；McKendall et al.，supra note 16，at 379（越来越多的研究人员意识到，企业道德实践并非主要、真诚地推动道德行为）；Gary R. Weaver et al.，“Corporate Ethics Practices in the Mid-1990's：An Empirical Study of the Fortune” 1000，18（3）*J. Bus. Ethics* 283，283（1999）（绝大多数企业致力于低成本，仅具有象征意义的道德活动）（hereinafter Weaver et al.）。

〔88〕 Weaver et al.，supra note 79，at 380.

〔89〕 Richard S. Allen & Kendyl A. Montgomery，“Applying an Organizational Development Approach to Creating Diversity”，30（2）*Org. Dynamics* 149，149（2002）.

〔90〕 Loriann Roberson et al.，“Designing Effective Diversity Training：Influence of Group Composition and Trainee Experience”，22 *J. Org. Behavior* 871，871（2001）（hereinafter Roberson et al.）；Katerina Bezrukova & Karen A. Jehn，*The Effects of Diversity Training Programs*（July 2001）（working paper at 9，on file with author）（hereinafter Bezrukova & Jehn）.

〔91〕 Roberson et al.，supra note 90，at 872.

的实证研究，他们总结道："我们分析关于多元化培训对企业和校园影响的实证研究后发现，现在下全面的结论还为时尚早。"〔92〕

具体来说，别兹鲁科娃（Bezrukova）和耶恩（Jehn）总结了研究者调查多元化培训影响的3个因变量：多元化问题意识；行为和态度变化；以及对多元化培训的反应。〔93〕很多实证研究反映了多元化培训后参与者多元化意识的提升。〔94〕然而，这些研究没能提供实证证据证明多元化培训有利于态度和行为变化。〔95〕

轶事证据和一些正式研究不认为多元化培训会削弱对种族、性别和文化多元化的包容。〔96〕同时，一些其他研究也反映出培训参与者对多元化培训的总体积

---

〔92〕 Bezrukova & Jehn, supra note 90, at 16.

〔93〕 Id. at 9.

〔94〕 See Bezrukova & Jehn, supra note 90, at 10-11. See also Heidi Tarr Henson, "Gauging the Outcomes of Organizational Diversity Implementations: The Intersection of Attitudes, Awareness, and Behavior", 60 (7-A) *Dissertation Abstracts Int'L* 2, 325 (2000)（多元化培训可以促进多元化认知，但并不一定导致态度的转变）；Dick Wallace Kracht, "Diversity Training Among Manufacturing Companies: Reaction and Learning in a For-Profit and Not-for-Profit Work Environment", 59 (7 - *A*) *Dissertation Abstracts Int'L* 2, 345 (1999)（经过多元化培训后，141名员工的感知学习能力提高了）；J. Mausehund et al., "Diversity Training: Effects of an Intervention Treatment on Nonverbal Awareness", 58(1) *Business Communication Q.* 27 (1995)（来自不同文化的个体之间的人际沟通中的非言语因素认知与多元化培训具有积极关联）；Dana Yavette Law, "An Evaluation of a Cultural Diversity Training Program", 59(5 - *B*) *Dissertation Abstracts Int'L* 2, 468 (1999)（培训组中多元化问题认知水平的提高与控制组具有关联性）；David L. Tan et al., "Changes in Attitude After Diversity Training", 50 (9) *Ttaining & Development* 54 (1996)（经过多元化培训，739名管理者的多元化认知水平显著提高）。

〔95〕 Compare Taylor Cox, Jr., "The Multicultural Organization", 5(2) *Academy of Mgmt R.* 34 (1991)（"种族关系能力工作小组"在针对非裔美国人的态度上产生了积极影响，组内参加者之间的种族关系也得到改善）with Sara Rynes & Benson Rosen, "What Makes Diversity Programs Work?", 39(10) *H. R. Magazine* 67 (1994)（针对785名美国人力资源管理协会成员进行了调查研究，发现多元化培训对于态度会产生短期的积极作用，但长期效果不明显）；Diane Marie Govern, "The Effect of Diversity Awareness Training on Oral Presentation Ratings", 58(10 - *B*) *Dissertation Abstract Int'L* 5, 681 (1998)（黑人与白人警察候选人的口头报告评级与多元化培训并没有关联性）；Henson, supra note 94（多元化培训中的被试没有态度的变化）；Bezrukova and Jehn, supra note 90，同样检测了5个关于多元化培训对于大学校园影响的测验。尽管4个研究发现了多元化培训与种族态度具有微弱积极关联，但研究者将这归于自我选择偏差，而不是态度的真正改善。其他的研究没有发现多元化培训与种族态度的关联性。Id. at 12-13.

〔96〕 See, e. g., Hemphill & Haines, supra note 15. 亨普希尔（Hemphill）和海恩斯（Haines）采访了65家企业500多名主管、经理以及董事和100多名的多元化培训顾问。Id. at 1 & 5. 研究发现，受访者对于多元化培训具有明显抵触情绪，高级管理人员也深信，培训并不能减少骚扰与歧视。一则典型评论如下："在上个月的培训项目上，白人职员对于多元化培训产生了愤怒"。Id. at 1. See also Michael Mobley & Tamara Payne, "Backlash: The Challenge of Diversity Training", 46 (12) *Training and Devel.* 46 (1992)（声称"在我们自己的多元化培训中，我们发现它隐隐约约地破坏了团队精神和企业灵活性"）Stephen Paskoff, "Ending the Workplace Diversity Wars", *Training*, Aug. 1996, at 43（当下的很多项目都是浪费时间；成千上万的管理人员也具有相同的看法）。

极评价。[97]

五、作为协商治理的内部合规

鉴于目前缺少对内部合规结构作为有效震慑机制的实证证据，一个值得思考的问题是：为何法律体系多推崇合规结构？换句话说，除了对现存法律政策的批评，对作为责任影响因素的内部合规结构的深入分析有着更深的含义——它还可以作为例子分析法律政策是如何从不完善发展的。

本部分认为，美国现行法律制度对内部合规结构作为责任影响因素的重视，体现了日益增加的“协商治理”趋势，这一趋势试图通过赋予监管团体和利益方更大的监管权力来完善监管。尽管这些协商治理模型的详细内容各不相同，但是它们有两个共同点。其一，它们都强调监管应该更加团结合作，少一些权威性。其二，它们都基于这样一个假设，即各方利益团体（包括监管团体）更多地参与治理过程将产生更有效的监管制度。

本文采取了美国法律政策采用的协商治理模型中的详细规定。正如朱迪·弗里曼教授所言，协商治理的批评者和支持者都关注私人参与者在治理过程中的规范讨论，却常常忽略了现代监管在一些程度上已经与协商治理模型类似了。[98]

然而，本文反驳了协商治理模型对私人参与者在治理过程中作用的积极观点。正如本文所述，各种协商治理模型在很大程度上都没有解决一个重要问题，

---

〔97〕 See Bezrukova & Jehn, supra note 90, at 13-14（讨论了当下的一些研究）。进一步损害多元化培训有效性的是，在多元化培训中坦率地讨论刻板印象和偏见可能会导致愤怒的分歧，并且有时候还会引起诉讼。培训期间，管理人员和雇员所做的一些陈述已经被接纳为平等就业机会案件的歧视意图的证据。See e. g., Stender v. Lucky Stores Inc., 803 *F. Supp*. 259, 292-93（N. D. Cal. 1992）（作出关于性别刻板印象的证据管理声明，以响应咨询人员在会议期间对企业非歧视性宣传和招聘做法的刻板印象的要求）；Hephill & Haines, supra note 15, at 1（一个企业高管指出，鼓励参与者讨论刻板印象的多元化培训会在几起歧视诉讼中产生愤怒的雇员和证据）. 因此，合规人员现在更多鼓励一个更具有“消毒作用”的多元化培训，管理人员不得表达任何有利于诉讼者的观点，所有的培训材料都着眼于诉讼来准备。See e. g., Ellen McLaughlin & Carol Merchasin, “Training Becomes Important Step to Avoid Liability”, *Nat'L. J.*, *Jan*. 29, 2001, at B10（建议管理人员开办对于审判有价值的培训会，不要去讨论偏见或者老套的话题，对于培训材料的起草也着眼于诉讼实践）。

〔98〕 Freeman, Private Role, supra note 9, at 547（在美国长期存在的私人参与公共治理的现象很少得到公众的注意，也没有得到政治家的承认或者学者的认真审视）and at 555（行政法学界大多忽视了行政管理中的私人作用）。

即治理在何种程度上作为协商关系或相关契约被合理分析，[99] 政策制定者无力完美阐明所有契约条款意味着，这些契约或关系是很不完整的。[100]

因此，由受监管的群体（在法律合规专业人士的协助下）通过正式或非正式制定标准规范和实践来填补这些契约的空白。因此，很多（虽然不是全部）内部合规责任机制是对模糊或不完善的法律规定的行业反应，这些反应是由法院或监管机构批准的。这种现象在这里被称为“不完全契约治理理论”。

这并不意味着协商治理的支持者无法理解不完备的法律和协商治理之间的关系。相反，该模型的一些活跃支持者明确指出，许多协商治理都源于法律的不完备。[101] 然而，对于不完全契约文献中暗示的战略的重新谈判，这并不是潜在的危险机会。协商治理的支持者把法律的不完备性称赞为一个鼓励创造性解决治理问题的机制。[102]

例如，迈克尔·C. 道夫教授最近声称，比起寻求理论来证明对歧义文本的司法解释是正当的，学者和法官更应当通过与其他机构、团体和参与者的合作来减小法律歧义的范围，以得到可行的解决方案。[103] 道夫赞成最高法院在性骚扰案件中的做法，他认可“法院监督企业对其职场的监督”，并且，组织体量刑指南对企业不当行为的做法是法庭和机构在面临法定歧义时应采取的“实验主义”

---

〔99〕 朱迪·弗里曼在分析治理关系时用契约关系进行类比说理，对此，我是认同的，然而，这并不意味着正式的契约是存在的或者契约条款被清晰商定或者重新商定了。Id. at 571. 相反，政策制定、实施以及执行都依赖于公私的共同努力，这一点是简单明了的。Id.

〔100〕 一个例外是 J. Gregory Sidak & Daniel F. Spulber, *Regulatory Takings and the Deregulatory Contract* (1998). Sidak 和 Spulber 两位教授将国家公共事务治理指涉为国家与受规制公司之间的契约，而且是高度不完备的契约。Id. at 101, 104-05. 然而，斯达克（Sidak）和史普博（Spulber）教授仅仅聚焦于重新协商程序中政府规制主体实施投机行为的可能性，而没有强调被规制团体或者其他利益关系方实施投机行为的可能性。Id, at 105-08. 本文并非认为政策执行者绝不会在不完整的规制契约的重新协商中投机。相反，本文希望强调，被规制团体或者其他利益相关方也会经常进行投机，例如合规专业人员。

〔101〕 See e. g. , Dorf, supra note 9, at 886 [如果实验主义的法庭（experimentalist courts）必须解决由法律系统本身造成的争议问题，那么，其倾向于故意给出不完全的答案。因此，可以预期，那些宣称基于不可避免的歧义性权力的实验主义上诉法院便故意在他们的声明中包含歧义，通过建立框架而非全面的蓝图来解决问题]; Sturm, supra note 9, at 475 (“第二代问题不能被简化为用一套固定的规则或要求来建立治理行为的界限”)。

〔102〕 See Dorf, supra note 9, at 960. [问题解决型法庭（problem-solving courts）可以担负起法律不确定性的解决路径，因为他们可以创造开放式的解决思路，给受影响的客体创造可行思路的空间]; Sturm, supra note 9, at 475 (法律的发展是外向的，而且仅仅具有单方面的影响，不论是通过法庭还是规制主体，都无法通过一项一般的“禁止歧视原则”规制所有的情况；这种问题的解决需要问题解决导向，而非清晰、特定的行为规制规则)。

〔103〕 Dorf, supra note 9, at 960.

或“解决问题”方式的范例。[104]

道夫教授的提案与苏珊·斯特姆教授最近的实地研究有密切联系。苏珊·斯特姆教授，汇编了3个企业的实验案例研究，这3家企业出于各种原因，参与了旨在减少职场歧视和骚扰以及促进少数人口雇员的项目。[105]苏珊·斯特姆总结道，因为打击“第二代”就业歧视的成功策略必须要符合每个人对工作环境的需求，所以成功的解决方法必须产生于内部。相比之下，外部的强制性方案将无法“对环境有足够的敏感性或被融入到影响其实施的日常实践中”，从而真正改变职场习惯。因此，治理这一行为的法律应当是灵活开放的，而不是具体而权威的。[106]

协商治理模型的其他支持者，没有明确地阐述法律的不完备性，而是选择接受这一模型（有时是契约化的隐喻）。例如，伊恩·艾尔斯和约翰·布雷斯韦特教授依靠公民共和主义理论[107]来倡导一种强制自我监管系统，这一系统将受管

---

〔104〕 Id. at 962-63（讨论了最高法院对于性骚扰案件的裁决）and at n. 305（讨论了联邦量刑指南的相关情况）。

〔105〕 这三家企业分别为：德勤会计师事务所、因特尔公司、家得宝。Sturm, supra note 9, at 492-520.

〔106〕 Id. at 475. 斯特姆值得称赞的是，她的确发现了“下级法院和律师可能会刻板地复制无效的内部程序来推销解决问题的承诺”这种危险。然而我认为，鉴于现状，她对于联邦最高法院对待公平就业机会法的方法的乐观是毫无根据的。因此，我的目的不是质疑斯特姆的研究结果，而是他们的普适性。

〔107〕 公民共和主义关注的是，立法过程中的各方代表—不管是监管者还是利益集团—不单单是站在他们最佳利己立场上，而是有一种“公共精神”，这种公共精神会产生推进一些共同决定，来决定监管过程中发现的共同目标的最佳监管方式。Cass R. Sunstein, *After the Rights Revolution: Reconceiving the Regulatory State* 12 (1990); Steven P. Croley, “Theories of Regulation: Incorporating the Administrative Process”, 98 *Colum. L. Rev.* 1,76-78 (1998)（将现代规制程序描述为一种“后新政共和主义”(post-New Deal republicanism),该理念坚持原初的信念,即将政府规制程序看成以公共利益为目标的商讨,而不是利益集团之间的一系列的交易）;Mark Seidenfeld, “A Civic Republican Justification for the Bureaucratic State”, 105 *Harv. L. Rev.* 1511, 1541 (1992)（政府首要的责任就是使得公民可以自由选择喜好以及在公共利益上达成一致）；在公民共和主义理念之下，不论是监管者还是利益团体，都不能对于监管结果带有预先的承诺。相反，各参与人在协商程序中才能形成某种倾向，将各方的观点都囊括进去。Croley, supra, at 78. See also Ayres & Braithwaite, supra note 9, at 93（指出监管方的目标是改变参与者的审议习惯和行为倾向，而不仅仅是为了鼓捣那些心理不受影响的参与者的结果）。因此，规制意味着各方对于如下内容达成一致意见，即什么样的规制将会最好地服务于团体目标。公民共和主义理论是一种关于规制本质规范性理论。See e. g., Ayres & Braithwaite, supra note 9（提倡机制改革，鼓励公民共和主义规制）；Croley, supra note 107, at 81（将公民共和主义理论描述成原初规范性）然而，即便是严格的解释，公民共和主义仍遭到批判，因为其未能提供合理的理论来解释具有公共精神的审议官（public-spirited deliberators）的出现，或者未能合理解释如何避免决策僵局。最后，公民共和主义的描述性主张也受到批评，因其并未提供实证证据来确证该理论。

制企业的自我监管责任很大一部分“转包”出去。[108] 艾尔斯和布雷斯韦特认为：

强制性的自我监管系统可以使受监管企业在特定情形下更有效地发挥部分或全部立法、执法和司法治理职能。作为自我监管的立法者，企业将设计它们自己的治理规则；作为自我监管的执法者，企业将监督自己的违规行为；并且作为自我监管的法官，企业将会对违规行为进行惩罚和纠正。[109]

然而，在所有的协商治理模型的支持者中，或许只有朱迪·弗里曼教授对于契约化隐喻的应用最为明确。她利用批判理论和公共选择理论[110] 来发展一种将治理视为一系列公共和私人行为者之间的谈判关系模式。[111] 虽然弗里曼凭借公共选择理论发展出了契约治理模型，她的理论跟公共选择理论在描述私人参与者对监管过程影响方面还是不同的。鉴于公共选择理论对私人参与者在治理体系中的作用深表怀疑，弗里曼强调了私人参与者在治理过程中提供的好处。[112]

---

[108] Ayres & Braithwaite, supra note 9, at 101–32（讨论了强制的自治）。艾尔斯和布雷斯韦特也提倡三方监管体系（regulatory tripartism），鼓励公共利益团体参与到规制程序之中。其同时倡导部分行业规制体系，该行业中的相关企业及其子企业将受到规制。Id. at 54–100（讨论了三方监管体系）and at 133–57（讨论了部分行业规制体系）。

[109] Id. at 103. 艾尔斯和布雷斯韦特强调，规制功能被分包给被规制企业自身的程度取决于行业结构以及企业的规制历史。Id.

[110] 公共选择理论可以大体上被分成两个分支：基于肯尼斯·阿罗（Kenneth Arrow）的投票理论，和基于乔治·施蒂格勒（George Stigler）的利益集团理论。See Jerry L. Mashaw, Greed, Chaos, & Governance 10 (1997) (hereinafter Mashaw). 根据阿罗的不可能定理，投票理论声称根据大多数规则所确定的结果可能产生不确定的、随机的或转移的结果—这一过程被称为“循环”。See generally Kenneth J. Arrow, “A Difficulty in the Concept of Social Welfare”, 58(4) *J. Pol. Econ.* 328 (1950). 另一方面，利益集团理论将法律规定视为特殊利益集团和立法者之间政治谈判的产物。See generally George J. Stigler, “The Economic Theory of Regulation”, 2 *Bell J. Econ. & Mgmt. Sci.* 3 (1971).

[111] See Freeman, Private Role, supra note 9. 弗里曼的模式与现代企业法理论是一致的。例如，企业法学者长久以来使用企业契约来描述企业。See generally Michael C. Jensen & William H. Meckling, “Theory of the Firm: Management Behavior, Agency Costs and Ownership Structure”, 3 *J. Fin. Econ.* 305 (1976). 此外，与Freeman 的分散化的规制路径相一致，一些企业法学者对于企业内部的可识别性关系（identifiable nexus）观念提出挑战，并主张企业关系应当被视为一系列的关系性契约（connected contracts）。See G. Mitu Gulati, et al., “Connected Contracts”, 47 *Uclal. Rev.* 887 (2000). But see Stephen M. Bainbridge, “The Board of Directors as a Nexus of Contracts”, 88 *Iowa L. Rev.* 1 (2002)（对于关系性契约模型提出了挑战）。

[112] Freeman, Private Role, supra note 9, at 548–49（尽管传统上认为，私人在规制程序中是一种外部威胁，使得合法的公共追求偏离……私人仍然是规制资源，可以在行政管理的有效性与合法性上起到作用）；弗里曼认为规制是规制主体、被规制团体以及相关私人利益团体的协作。与其他规制理论相反，她反对将规制理解为等级的、以公共机构为中心的理念。Id. at 547。相反，她主张分散动态的政策制定、实施和执行环境，使得信息与影响可以从上向下传递，即从国家机关到私人；也可以从下到上传递，即从私人到国家机关，或者水平方向上在公共机构与私人团体之间传递。Id. at 571. 更重要的是，弗里曼同样强调，政策制定、执行与实施的协商是一个连续过程，以至于没有特定的时刻被认定为是开创性时刻，期间，政策被制定或者执行。Id. at 572.

前面对协商治理学术界的讨论基本是片面之言。的确，几乎每个领域的著名学者和从业者都已经加入到了协商治理的改革中，不论是通过批评现存的美国法律体系过于正式和法条主义，并要求采取更灵活的协商方式，还是赞扬美国法律采取协商治理的方式而促进其最新发展。[113]

本文第六部分将论述，这些协商治理模型其实是阐明了一种机制，即在法律制度的许多方面，尤其是《民权法案》第7条规定的，以内部合规为基础的责任辩护机制。对以内部合规为基础的法律制度进行仔细研究之后发现，正如协商治理模型所暗示的，以合规为基础的责任辩护在很大程度上是由合规专业人员、企业和政策制定者共同开发的。

然而，简单地接受协商治理模型准确地描述了一些治理机制并不意味着人们必须同时接受另一观点，即来自模型支持者对私人影响治理过程中的积极观点。的确，本文第四部分呈现的经验数据对协商治理理论提出了质疑，因为这些理论只强调了私人参与者在治理过程中的好处。

本文将在第六部分详述，治理在某种程度上被合理分析为一种相关的契约或协商关系，这种契约和协商关系——正如法律本身——是很不完善的。正是因为协商治理模型在很大程度上没有解决这一问题，这些模型低估了私人参与者在重

---

〔113〕 See generally Archon Fung & Erik Olin Wright, *Deepening Democracy: Institutional Innovations in Empowered Participatory Governance* (2003)（主张一种“授权参与式治理”（Empowered participatory governance），将重要的权利赋予基层协商机构与相关利益主体，协作寻求有效的路径）; Robert A. Kagan, *Adversarial Legalism* (2001)［批评了美国式的对抗制（adversarial legalism），提倡更多的弹性规制路径，以此推动公共和私人利益团体的参与，包括被规制的行业］; Michael D. Dorf & Charles F. Sabel, “A Constitution of Democratic Experimentalism”, 98 *Colum. L. Rew.* 267 (1998)（提倡将“民主经验主义”作为自治的一种形式，由此，规制标准将建立在由受规制行业所提供的“最佳实践标准”之上，而不必尝试不同的规制路径）; Robert A. Kagan, “The Consequences of Adversarial Legalism”, in *Regulatory Encounters: Multinatioanl Corporations and American Adversarial Legalism* 372-413 (Robert A. Kagan & Lee Axelrad eds., 2000)（批评了美国式的对抗制（adversarial legalism），提倡更多的弹性规制路径，以此推动公共和私人利益团体的参与，包括被规制的行业）; Bradley C. Karkkainen, “Collaborative Ecosystem Governance: Scale, Complexity, and Dynamism”, 21 *VA. Envtl. L. J.* 189 (2002)（讨论了“合作性生态系统治理”，这种治理模式依赖于公私合作与信息共享）; Barbara J. Zabawa, “Making the Health Insurance Flexibility and Accountability (HIFA) Waiver Work Through Collaborative Governance”, 12 *Annals Health L.* 367 (2003)（称赞新的HIFA免除作为执行协同治理的手段，因为它鼓励在医疗保险领域的公私合作。）But see Dena, supra note 9, at 38-39（在环境监管的契约路径中，规制主体与被规制者对政策进行协商，这可能并不能改善环境质量，原因在于环境组织的参与会显著提高成本）; William Funk, “Bargaining Toward the New Millennium: Regulatory Negotiation and the Subversion of the Public Interest”, 46 *Duke L. J.* 1351, 1356 (1997)（协商制定规章削弱了公共利益）; Stewart, supra note 9, at 437, 448-54（尽管“代理人—利益相关人网络模型”（agency-stakeholder networks model）是一个不同的政府与非政府主体之间的类契约工作关系，其旨在推动问题的灵活解决，但该模型在理论与实践层面蕴含很多问题）。

新协商过程（即实施治理阶段）中的机会主义行为。因此，第六部分将指出，以内部合规为基础的法律制度在很大程度上可被解释为不完善的法律加上有利于企业被告和法律合规专业人士的条款，因为这两个群体在完善法律的过程中最有影响力。[114]

六、不完全契约和自私的参与者

这一部分通过具体例子和经验数据论证了第五部分的观点，即协商治理模型通过将治理过程分析为一套协商关系或相关契约，从而阐释法律政策是如何产生的。具体来说，这一部分论证的是，如同协商治理模型所预测的那样，治理过程可以被理解为是一个多方的多层面互动，包括政策制定者、监管团体、重要的私人参与者，也就是包括律师、道德合规顾问、内部合规和人力资源人员在内的法律合规专业人士都参与其中，并且扮演着法律政策重要解读者的角色。

然而，这一部分同时也论证了，尽管协商治理模型的支持者相信契约这一比喻（并且，有时还相信这一比喻的固有不备全性），他们却低估了重新协商这些契约时发生策略性行为的可能性。这种协商治理模型固有的契约不备全性（和带来的机会主义行为）暗示了两个重要问题。其一，被监管团体在努力遵守新的法律要求时，会通过正式或不正式的标准规范和实践来填补这些契约空白。其二，被监管团体通常不自己填补空白，而是依赖于法律合规专业人员解释模糊或不完备法律规定时所给出的建议。正如一些协商治理的支持者[115]所料，在此过程中，法律合规专业人员经常以一种加强他们自身对被管制团体的影响力和重要性的方式来解释契约条款和空缺，而非像一些协商治理支持者所认为的那样公正维护客户利益。当然，这也是因为被管制团体倾向于加强其自身福利的解释。因此，大部分基于内部合规的法律机制可以归因于对不完备的法律规定的填补，这一填补是使用偏向于该过程中最有影响力的那些当事方——被告企业和法律合规专业人员——的术语进行的。

---

[114] 尽管本文论述的不完全契约治理理论声称，合规责任制度，尤其是第七部分的企业辩护是由于法院或代理人所维护的对不完善法律的行业应对，但这并不意味着法官和代理人是通过施惠与特殊利益集团为了加强他们自己的权力而做出维护的。相反，通过对内部合规结构被很多法律制度所采取的过程进行仔细分析可以看出，它们被广泛采取不是由于法院和监管者的动机，而是由于它们在填补不完善法律时所面临的结构上的制约（包括时间、预算限制和专门知识的缺乏）。

[115] See e. g. , Dorf, supra note 9, at 875［讨论了辩护律师在问题解决型法庭（problem solving courts）中的作用，作者积极论证了辩护律师对于其客户权益的维护，但是律师更容易接受一个广义的客户利益的定义］。

尽管，政策制定者拒绝那些和原始契约条款不一致的空缺填补解释，但是政策制定者经常缺少专业知识，因而不能在事后区分谋取私利或低效的解释与服务于公共利益的解释。因此，即使有人拒绝公共选择理论在治理过程中对私人利益获取的观点，在制定政策时，有利害关系的私人参与者的自利行为往往也会对政策和执行产生负面影响。社会利益在法律政策上占下风，这一点不容忽视。

分阶段来分析这个多阶段的治理过程有助于清晰地阐述不完全契约治理理论。然而，本文需要强调，把这一讨论分为许多阶段并不意味着在暗示法律建设必须要遵循一个顺序或者说政策制定、实施、执行过程的各个方面可以被有序地彼此区分开。相反，法律建设是一个所有当事方关于法律内容进行互相协商的流动过程，直到达成某种意义上的均衡协议。因此，分阶段仅仅是为了清晰阐述问题。

第一阶段，制定正式的政策。正如许多法律、经济和政治学评论家所指出的，许多利益集团，包括受规制方，都有可能大量参与正式政策的制定过程。因为正式政策必然是不完整的。第二阶段，对新兴法律感兴趣的各方对规则进行解释，填补契约空白。然而，许多法律政策在第二阶段重新谈判之前并没有真正的内容。第三阶段，当一个单一的空缺填补解释开始在法律和所规制领域占据统治地位时，扩散和制度化随之出现。第四阶段，法院和监管机构被要求对这些法律解释的有效性进行评估。

通过标记批准特定的解释，法院和监管者进一步提高了解释的可信度，确保了该解释被更加广泛地采纳。最后，这个解释成为行业标准，未能遵守这一标准的被监管团体将要么受到法律惩罚或市场制裁，要么同时受到两者的处罚。

（一）第一阶段：正式政策的制定及不完备的法律

在第一阶段，新的政策正式被制定。正如几乎被所有现代治理理论所认可的，许多利益集团，包括受规制方，都有可能大量参与正式政策的制定过程。不幸的是，评论者们有时会倾向于孤立地分析治理过程的这一部分，考察利益团体的参与程度以及政策的结果，然后得出结论，数据与某一个特定的治理模型最为相符。继续采用契约隐喻，假设现在契约已经制定完成，双方可以接着进入实施和执行阶段。

正如一些法律形式主义模型所假设的那样，如果法律能得到充分阐明且具有权威性，这一分析有助于对参与政策制定的各方间的关系及这种关系对政策制定和实施所产生的影响的深刻理解。[116] 因为，法规经常是模糊的，表达不明确，或者有不同的解释。然而，法律政策充分获得内容的过程仅仅是个开始。[117] 换句话说，契约是不完整的，而且任何空缺都必须在实施和执行阶段的重新协商中被填补。

1. 不完全契约

不完全契约是法律和经济文献中的重要概念。许多经济学家和法学家认为，基于两个基本理由契约必然是不完整的：缔约方的有限理性和契约中存在可观察但不可验证的变量。[118]

在此情境下的有限理性不仅仅源于契约缔约方无法预见未来所有有关的紧急事件，而且源于即使当事人可以预见所有的未来事件，他们也无法就每一点都进行协商并把他们的协议简化为一个可以被法院理解和执行的书面形式。[119] 可察觉却无法核实的契约条款问题源于一些契约变量（例如，缔约方的投入）或许可以被契约缔约方察觉，但可能无法被法院或其他第三方执行者所核实。[120]

此外，有些契约不完整是出于主观考虑，要么出于战略原因，要么是因为契

[116] Cf. Mark C. Suchman & Lauren B. Edelman, "Legal Rational Myths: The New Institutionalism and the Law and Society Tradition", 21 *L. & SOC. Inquiry* 903, 905 (1996)（批评了企业理论家的如下做法：将法律视为对于企业行为的明晰的、命令式的、强制的外在限制）。

[117] Id. at 929（指出将法律视为明确的、习以为常的理论掩盖了法律实际上是晦涩、片段化和高度模棱两可的）; Walter W. Powell, "Fields of Practice: Connections Between Law and Organizations", 21 *L. & Soc. Inquiry* 959, 959 (1996)（其与苏克曼以及埃德尔曼都认为：制度分析看待法律的方式固化，仅仅聚焦于法律的字面含义以及可能的影响，而不是法律以及法制环境受到协商、阐释以及论争的制约程度）。

[118] See Oliver Hart, *Firms, Contracts, and Financial Structure* 23 (1995); Ian Ayres & Robert Gertner, "Filling Gaps in Incomplete Contracts: An Economic Theory of Default Rules", 99 *Yale L. J*. 87, 92–93 (1989); Oliver Hart & John Moore, "Incomplete Contracts and Renegotiation", 56 *Econometrica* 755, 757 (1988) (hereinafter Hart & Moore).

[119] Hart, Firms, supra note 118, at 23; Hart & Moore, supra note 118, at 757. 大量经济文献都忽略了契约各方的有限理性问题，因为其呈现给形式化建模的困难。See e. g. Hart & Moore, supra note 118, at 757（我们忽视了有限理性问题，不是因为我们认为它不重要，而是因为分析它存在很大的困难）; Oliver Hart, "Norms and the Theory of the Firm", 149 *U. Pa. L. Rew*. 1701, 1703 (2001)（为了便利，大多数经济文献排除了契约各方存在的有限理性）。

[120] Louis Kaplow & Steven Shavell, "Economic Analysis of Law", in *Handbook of Public Economics* § 4. 1. 4 (Alan J. Auerbach & Martin Feldstein eds., 2002) (hereinafter Kaplow & Shavell); Hart, Norms, supra note 119, at 1702.

约完整性的交易成本超过了收益。[121] 如果一些紧急情况出现概率很低或者需要复杂程序时，交易成本造成的契约不完整性尤其可能出现。[122]

不完全契约造成了事前和事后两种问题。事后问题即契约签订后重新协商阶段，双方的交易还有剩余收益，而契约并没有详细规定这些收益如何分配（或所依据的契约变量不能被法院核实）。在这种情况下，每一方都可能侵吞共有的事后收益。[123] 这种可能性带来了事前的影响：如果契约一方知道事后可能发生机会主义行为，它可能不会提供有效的事前特定关系投资水平。[124]

2. 作为不完全契约的法律

基于这些文献，其他学者也指出立法者面临的类似限制，他们认为法律从定义上来说，也是同样不完全或不明确的。[125] 此外，如同契约一样，任何法律都

---

〔121〕 Ayres & Gertner, supra note 118, at 94（契约一方有时可能会隐瞒那些本可以使契约更加完整的信息，因为沉默可能会增加他们从契约中获得的利益份额）; Karen Eggelston et al., "The Design and Interpretation of Contracts: Why Complexity Matters", 95 *Nw. U. L. Rev.* 91, 100-101 (2000) ［区分了完全完整契约 (perfectly complete contracts) 与功能完整契约 (functionally complete contracts)，前者在各国存在差异，后者尽管存在有限理性与不可证实性问题，但仍尽量保持完整］。

〔122〕 这些交易成本包括法律费用、起草和印刷费及谈判时间的机会成本。Ayres & Gertner, supra note 118, at 92-93. Eric Maskin 以及 Jean Tirole 曾辩称，尽管存在很多假定，但是交易成本并不需要妨碍企业完整契约的形成。Eric Maskin & Jean Tirole, "Unforeseen Contingencies and Incomplete Contracts", 66 *Rev. Econ. Stud.* 83, 84-85 (1999) (hereinafter Maskin & Tirole). But see Oliver Hart & John Moore, "Foundations of Incomplete Contracts", 66 *Rev. Econ. Stud.* 115, 116 (1999)（认为 Maskin 和 Tirole 的批评并没有削弱交易成本文献）。

〔123〕 Jean Tirole, *The Theory of Industrial Organization* 21 (2002) (hereinafter Tirole).

〔124〕 Id. see also Hart, Firms, supra note 118, at 26-27; Kaplow & Schavell, supra note 120, at §4.1.9.

〔125〕 See e.g. Ian Ayres, "Preliminary Thoughts on Optimal Tailoring of Contractual Rules", 3 *S. CAL. Interdisc. L. J.* 1, 14 (1993)（阻止私人签署完全国别差异契约的成本可能更会阻止立法者提供这些违约条款）; William M. Landes & Richard A. Posner, "The Independent Judiciary in an Interest-Group Perspective", 18 *J. L. & Econ.* 875, 879 (1975)（人类预见的局限性，语言的模糊性以及立法审议的高成本等因素结合起来使得多数立法均呈现不完整的形式特征）; Maskin & Tirole, supra note 122, at 83（行政机构、法院或者立法者授权根本没有提及很多偶然性，而这恰恰可能影响可行的选择；契约的不完整性似乎对于理解政府结构的重要性具有重要的作用）; Katherina Pistor & Chenggang Xu, *Fiduciary Duty in Transitional Civil Law Jurisdictions: Lessons from Incomplete Law Theory*, European Corporate Governance Institute (Jan. 8, 2002)（未刊稿件第9页）（法律本质上是不完整的，这主要是指设计一个能够涵盖未来所有偶然性的法律是不可能的）。

法律是不确定的这种观念长久以来都是批判法学运动的批判中心。See generally Ken Kress, "Legal Indeterminacy", 77 *Cal. L. Rev.* 283 (1989)（针对该问题对于批判法学者进行了反批判，认为法律具有普遍的不确定性，而这种不确定性并不会削弱其合法性）。See also Joseph William Singer, "The Player and The Cards: Nihilism and Legal Theory", 94 *Yale L. J.* 1, 12-13 (1984)（法学原理远比传统理论家所意识到的更不确定。如果传统法学家对于法治中法律的确定性的重要性的认知是对的，那么按照他们的标准，法治就从来没有存在过）。

简而言之，法律是完全确定的观念在当下似乎已经没有追随者了。See e.g., Paul Schiff Berman, "The Cultural Life of Capital Punishment: Surveying the Benefits of a Cultural Analysis of Law", 102 *Colum. L. Rev.* 1129, 1133 (2002)（无论是在学术上，还是实践中，都很难再找到很多法律教条主义者了）。

可能是故意不完整的，不论是出于策略原因还是交易成本原因。[126] 鉴于此，我们可以预测到法律会有同样的事前和事后问题。例如，如果法律很不完整，我们应该能想到在政策正式实施后实施治理阶段，新法律规定带来的事后收益会导致机会主义行为。[127] 正如将在第六部分（二）所讨论的，这种不完全契约隐喻很好地比喻了各利益方关于模糊法律规定的事后商讨。[128]

具体而言，将法律规定分析为不完全契约为法律解释和实施带来了问题。当法律不完整时，成功地实施和执行法律就要依靠法律体系处理事后商议过程的有效性，因为事后商议才是法律得以完善的阶段。[129]

（二）第二阶段：填补契约空白

在第二阶段，新的法律开始填充内容。为了更好地理解这一过程，我们有必要先了解一点，即被监管团体（例如，企业的管理人员）很少自己学习新的法律。[130] 也就是说，很多治理模型隐含的假设就是企业知道法律是怎么规定的。尽管看似合理，这一假设忽视了监管过程很重要的一步。实际上，法律体系并没

---

〔126〕 例如，当新的法律在政治上有争议时，或者当事件变糟糕会带来显著风险，但在事情顺利的时候能带来相应好处使立法者可以受益，立法者可能会通过选择不完整的法律力求最大限度地提高连任的机会，从而推动执法者事后执行，例如使诸如法院或监管机构填补空白并解决歧义。Scott Baker & Kimberly D. Krawiec, *The Penalty Default Canon* (2003)（可用的草稿在作者处）。法律可能也会出于社会利益的原因而刻意使得法律保持不完整，例如，减少与事前定义所有未知情形相关联的交易成本；授权给那些具有更多时间与专门知识者相应的职责，以对一些条款做出决定。Id.

〔127〕 笔者并非争论这些法规因为更加具体而不可避免地比标准更可取。相反，笔者认为这些标准有成本和收益，而且那些成本和收益必须要平衡。See generally Louis Kaplow, "Rules Versus Standards: An Economic Analysis", 42 *Duke L. J.* 557 (1992)（讨论了标准与规则的成本与利益）。

〔128〕 See infra notes 130-63 and accompanying text。相似地，将法律看成不完整的契约可能会增加这种可能性，即事后寻租的可能性将改变事前投入激励，进而影响法律政策。鉴于此，人们可能会发现由于一些原因我们在法律条文的形成上投入太少，而在非特定的游说中投入太多。See Baker & Krawiec, supra note 126.

〔129〕 Pistor & Xu, supra note 125, at 6. 两位作者认为，次优的有效结果可以通过将执行与剩余政策制定权授权给正确的政策制定主体，例如法院、立法机构或者规制主体，而这取决于多样化的因素。Id. 与过多关注于制度选择相反，本文主张，面对法律的不完整性问题，3 个政策制定机构都要在发展有效的政策上受到严格限制。当然，这并不必然意味着所有政策制定机构都会对法律的不完整性作出相似的回应。See also infra notes 164-66 and accompanying text.

〔130〕 Langevoort, supra note 51, at 823（多数企业管理人员并没有直接的法律知识来指导其作为董事会成员的行为，相反，他们更多地依赖于律师的建议）；Daniel J. Givelber et al., "Tarasoff: Myth and Reality: An Empirical Study of Private Law in Action", 1984 *Wis. L. Rew.* 443, 443 (1984)（如果 Tarasoff 案中的法庭规则旨在提高公共安全，那么，治疗师应当被告知其新的职责及其履行方式）(hereinafter Givelber et al.)。

有系统性的机制来保证被监管人知晓治理他们的法律。[131] 虽然正式法律出版物大量存在，但只有那些既有意愿又有能力理解它们的人才会看。因此，企业倾向于从很多非官方途径了解新法，例如媒体、法律合规专业人员以及处于同样处境的其他企业。

不完整的法律使这一过程更加复杂。当法律不完整时，前面所述的法律“中间人”——政策制定者、利益团体和被监管团体——都必须在契约充分制定前协商法律的含义。而这些参与者相应地就在重新商议过程中带上了利己主义和偏袒的动机。

1. 法律合规专业人员

在解释法律阶段，法律合规专业人员的角色尤其重要。旁观者们不应该错误地认为法律合规专业人员是新法规的公正过滤者。相反，他们在建设法律制度时也存在一定的动机和偏好。[132]

因此，法律合规专业人员可能会很重视法律的不完整性，因为作为法律政策的重要解释者，他们能够通过使用术语填补不完整法律的空白来增加法律合规行业的福利。尽管法律合规专业人员和其他的特殊利益团体一样，可以并且确实也可以直接地游说立法机关提供有利的法律规则，法律合规专业人员（因为他们对司法和监管体系有着更深入专业的理解）可能会通过填补模糊法律以更低的成本获得更大的成功，而不是直接游说立法机构以获取明确偏向于法律职业的法规。[133]

例如，一些评论员明确表示，由于法律专业人员能够从不完整法律中获利，

---

[131] Suchman & Edelman, supra note 116, at 930-31.

[132] 并非只有法律合规专业人员可能以自利的方式构建法律责任。例如，精神病医疗职业团体可能已经以一种反映精神健康职业利益的方式构建了 Tarasoff 案（发生于1976年，主张精神病医疗人员负有对于第三方的谨慎义务，避免第三方遭受其病人的伤害威胁）。See Givelber at al., supra note 130, at 446. See also Tarasoff v. Regents of the Univ. of Cal., 13 Cal. 3d. 177, 529 P. 2d 553 (1974), withdrawn and replaced by 17 Cal. 3d 425, 551 P. 2d 334 (1976). 而实证数据显示，多数的医疗专家是通过这些职业团体了解到 Tarasoff 案所施加的职业责任的，而非通过律师或者原始法律来源。Givelber at al., supra note 130, at 460.

[133] Macey & Miller, infra note 134, at 473（讨论了特拉华州律师特殊专业机能、参与以及对于该州司法的影响）。这并不是说，法律合规专业人员（尤其是律师）并不会出于自身利益对立法者进行游说。事实上，确实有大量证据证明了相反的结论。笔者反而认为，由于法律合规专业人员对于空白填补程序的控制，这种游说是完全不必要的。

因此他们对模糊的法律有着内在的兴趣。[134] 其他人，例如唐纳德·兰格沃特教授和罗伯特·K. 拉斯缪森教授，揭示了一些更为间接的法律专业人员可以从模糊法律标准中获利的方式。具体来说，兰格沃特和拉斯缪森预测，在向客户提供建议时律师会系统化地夸大法律风险，这一预测被许多实证证据所证实。[135] 据推测，与明确描述法律义务的法律规则不同，模糊的法律规则更容易导致夸大描述。此外，法律合规专业人员有动力推荐有法律风险或法律歧义的方式，这些方式需要法律合规人员的大量参与，并且正好属于他们的专业领域，例如，起草契约、员工手册或其他特定行为的材料；监察雇佣、解雇和升职行为；或者要求某些形式的职工培训。

正如兰格沃特和拉斯缪森教授提到的，法律合规专业人员可能会夸大法律风险，因为这是一个使收益最大化的策略。[136] 法律风险越大，能够控制该风险的专业人员的服务就越有价值。当控制策略需要大量法律工作的时候，法律服务费会因此增加。[137] 法律合规专业人员也可能会出于保护其名誉的合理担忧而夸大风险。[138]

然而，法律合规专业人员可能出于经济利益而夸大法律风险这一事实并不意味着这种夸大是有意的或是有目的的。相反，法律合规专业人员可能无意识地夸

---

〔134〕 See e. g. , Ehud Kamar, "A Regulatory Competition Theory of Indeterminacy in Corporate Law", 98 *Colum. L. Rew.* 1908 (1998); Jonathan R. Macey & Geoffrey P. Miller, "Toward An Interest-Group Theory of Delaware Corporate Law", 65 *Tex. L. Rev.* 469, 505 (1987)（律师希望减少特拉华州的法律的明确性，以增加诉讼业务量）。

〔135〕 Donald C. Langevoort & Robert K. Rasmussen, "Skewing the Results: The Role of Lawyers in Transmitting Legal Rules", 5 *S. Cal. Interdisc. L. J.* 375 (1997). See infra notes 146-51, 159-63 and accompanying text（讨论了支持该理论的实证证据）。尽管 Macey 等学者特别强调了律师，他们的论据同样适用于非律师法律顾问，例如，人力资源和其他合规专业人员。实证证据意味着，非律师的合规专业人士就像律师一样珍视法律命令的模糊性，以借此过度夸张法律风险。See infra notes 146-51, 159-63, and accompanying text.

〔136〕 Langevoort & Rasmussen, supra note 135, at 380. 如果是外部咨询，利益最大化会体现在法律咨询费用的增加；如果是内部人员，利益最大化可能表现为法律或者合规部门的重要性、威望以及资源的增加。Id. at 416.

〔137〕 Id. at 392. 法律专业人士对风险的夸大自然会受到一些市场限制。然而，兰格沃特和拉斯缪森教授强力证明，出于法律服务市场的信息不对称等原因，这些限制都不是完美的。Id. at 381.

〔138〕 Id. at 394. 例如，法律专业人员可能会通过夸大风险来减少企业从事违法交易带来的名誉上的惩罚。同样，好的法律服务与不好的法律服务的可观测性之间或许存在不对称，这使律师们理智地保持过分谨慎。换言之，往往没有确实的证据来证明法律服务是正确的，然而证明法律服务不正确的证据却很明显：交易违法或者客户犯罪。Id. at 377-78.

大法律风险，要么是因为专业规范要格外谨慎，〔139〕要么是因为许多法律专业人员获得法律知识的法律资源本身也是有偏见的。〔140〕或许，最重要的是，法律专业人员夸大法律风险可能是因为专业人员真的相信最符合自身利益的也是最符合客户利益的。〔141〕换句话来说，法律合规专业人员和其他一般人一样，在一些情况下可能会受到自我服务偏见的困扰。

大量的心理学研究表明，欲望往往会大大影响信息解读，即使是那些有意识地想要维持客观和公正的人也是这样。〔142〕当信息因有歧义而导致不同解释时，很可能产生自我服务偏见。〔143〕此外，当他认可另一个人的个人利益有关的偏见而不是自己做出初始决定时，自我服务偏见可能是最强的。〔144〕不难看出，在这种情况下，对于模糊法律的偏见解释是如何在法律界站住脚跟的，并且这一观点随着越来越多的人对其的赞同而日益加强——有时这一现象被称为“信息级联”。〔145〕

研究者已经确认了几种法律合规专业人员大肆夸张风险的情形。例如，其中一个研究分析了人事期刊、面向从业者的法律期刊以及涉及非法解雇诉讼威胁的

---

〔139〕 Id. at 413. 例如，“律师可能会将其主要责任理解为警告客户法律风险的存在，确保客户不会低估现行法律规则和标准”。然而，出于与经济利益解释的分裂，兰格沃特和拉斯缪森最后否认了这一解释。换言之，规范只有在服务于某些目的的时候才会产生并存活下来。过分谨慎这一行为的最明显的目的是提高法律专业的福利待遇。Id. at 414.

〔140〕 Id. at 434-36. See also infra notes 146-51, 159-63, and accompanying text（讨论了二级法律资源夸大法律风险的重大偏见）。

〔141〕 Langevoort & Rasmussen, supra note 135, at 428.

〔142〕 Max Bazerman, *Judgment in Managerial Decision Making* 2（4th ed. 1998）（审计失败是不可避免的，因为自我服务偏见，审计人员不可能维持客观）; Linda Babcock & George Lowenstein, “Explaining Bargaining Impasse: The Role of Self-Serving Biases”, 11（1）*J. Econ. Persp.* 109-10（1997）[尽管心理学家对于自我服务偏差的潜在原因存在争论，但它的存在很少受到质疑；此外还展示了实证调查研究的结果，研究了自我服务偏差，并确立了其与协商僵局（bargaining impasse）的联系]; Max H. Bazerman et al., “Why Good Accountants Do Bad Audits”, *Harv. Bus. Rev.* 97, 98（NOV. 2002）; David Messick & Keith Sentis, “Fairness and Preference”, 15（4）*J. Experimental Soc. Psychol.* 418（1979）（实验对象在工资公平分配的决定中朝着自我利益的方向偏离）。

〔143〕 Bazerman et al., supra note 142, at 98.

〔144〕 Id. at 99. Kristina A. Diekmann et al., “Self-Interest and Fairness in Problem of Resource Allocation: Allocators Versus Recipients”, *J. Personality and Soc. Psychol.*, 1061, 1062（May 1997）.

〔145〕 Timur Kuran & Cass R. Sunstein, “Availability Cascades and Risk Regulation”, 51 *Stan. L. Rev.* 683, 721（1999）[信息级联即仅仅因为别人都接受某个观点（例如，某废弃的排土场是危险的），自己也开始相信这个观点]。

学术法律评论。[146] 研究发现，人事及法律从业者期刊极大地鼓吹了非法解雇诉讼的风险，通常是通过夸张或极端的语言来夸大这种诉讼的频率和原告胜诉的比例。[147] 尽管实际来说，不管是研究人员自己的数据还是兰德公司的研究都总结出了这一结论，即企业因非法解雇诉讼所花的成本是很少的。[148] 而且类似的结论也同样适用于内部申诉[149]程序和证券法。[150] 但无需赘言，法律合规专业人员所主张的解决这些威胁的措施往往是在他们擅长的专业领域内，并且能创造大量收益。[151]

法律合规专业人员构建法律，并且通过一系列机制将构建的法律传达给法律利益相关者（比如法院、代理机构和受监管团体），这些机制包括：为客户提供咨询、发表期刊文章、在论坛发言、向法院和监管者陈述法律观点、游说政策制定者或在政策起草中起直接作用。[152] 或许最重要的一点是，法律合规专业人员通过一系列的专业网络来构建法律，笔者将在下文第六部分（三）讨论这一现象。

---

〔146〕 See generally Lauren B. Edelman et al. , "Professional Construction of Law: The Inflated Thread of Wrongful Discharge", 26 *Law & Soc'Y Rev.* 47 (1992) (hereinafter Professional Construction of Law).

〔147〕 Id. at 64. 一篇名为"The Explosion of Wrongful Discharge Litigation"的论文就是典型的例子。See Charles G. Bakaly, Jr. & Joel M. Grossman, "How to Avoid Wrongful Discharge Suits", 73 *Mgmt. Rev.* 41, 41 (1984) (quoted in Professional Construction of Law, supra note 146, at 64) 另一篇文章指出：针对企业的非法解雇诉讼正席卷全国。David A. Bradshaw & Linda Van Winkle Deacon, "Wrongful Discharge: The Tip of the Iceberg?", 30 *Personnel Administrator* 74, 74 (1985). 以法律从业人员为导向的杂志稍显公允，但总体上仍显著夸大了非法解雇诉讼的法律风险；学术导向的法律评论文章则显得公允很多，尽管其强调这种诉讼风险的增加，但数量仍保持在较低水平。Professional Construction of Law, supra note 146, at 68-69.

〔148〕 Professional Construction of Law, supra note 146, at 53-60. 例如，兰德公司的研究结论表明，非法解雇诉讼尽管引起骚动，但是法律成本并不高……陪审团审理每一个员工的案件的年均费用仅仅 2.56 美元。James N. Dertouzos Et al. , *the Legal and Economic Consequences of Wrongful Termination* Ix (1988). Edelman 的研究出于各种原因，得出了比兰德公司的研究更低的数值。Id. at 52, 54-55.

〔149〕 See infra notes 172-77 and accompanying text（讨论了法律专业人员建构的申诉程序，并以此作为针对平等就业机会诉讼案件的保护措施）。

〔150〕 例如，地方法院的 Escott v. Barchris Construction Co. , 283 F. Supp. 643 (S. D. N. Y. 1968) 一案，该案根据《1933 年证券法》的第 11 条，提高了对参与公开发行证券各方的尽职调查标准，产生了大量具有警示性的评论。建议潜在的负责主体需要采取各种昂贵的措施以满足尽职调查辩护的要求。后来的判例法在该法 11 条下对发行者和其他潜在的责任方采取了更加热情的态度，却没有得到类似的关注。这一对 11 条责任的构建可能大大增加了公开发行过程的成本。Id.

〔151〕 例如，倡导控制不正当诉讼带来的风险的解决方案通常包括各种人事措施。比如对雇佣、解雇的正式化和标准化，对保护雇员免受不正当诉讼措施的评估，以及员工手册、合同和其他文件中保护雇佣自由条款的使用。Professional Construction of Law, supra note 146, at 76.

〔152〕 Suchman & Cahill, infra note 163, at 683.

2. 受监管团体：企业

企业作为受新政策管制的团体，也在构建法律的意义上发挥重要作用。尽管如前所述，企业高管不太可能从一手来源直接了解新法律，但这并不意味着他们不参与构建监管其行为的法律制度。例如，企业的高级管理层可能会尽可能少地破坏现行做法，同时仍向法院和监管机构保证，他们已经达到了新政策所设立的目标。因此，他们会拥护这样一种法律解释，即既可以彰显他们符合相关法律制度，但却没有达到监管的规范目标。同样，如果管理层认为其他方面提供的解释会过分限制治理的自由裁量权或会破坏当前的商业行为，管理层可能会拒绝在谈判过程中对其他方面提供解释（例如，法律合规专业人员、法院或机构）。

因此，当法律做出了过分限制管理层雇佣和解雇权的规定时，企业管理层可能会阻止法律的建设，例如，平等就业机会法中规定的禁止歧视需要采取积极行动，或者非法解雇的默示契约理论要求企业不得无故解雇。相反，他们可能至少接受或会拥护一种法律构建，即平等就业机会法要求的平等的雇佣政策和多元化培训，以此使企业免除责任，或如非法解雇的默示合同理论要求企业在雇员手册中加入“自由雇佣”条款，以保持管理层能无故解雇员工的自由裁量权。[153] 由于法律合规专业人员通常更喜欢这些法律构建（因为它们的实施需要这些专业人员的更多参与），所以人们能相对很快地对新政策做出最合适的反应。换句话说，对不完整法律的填补代表了法律专业人员、监管团体和监管者或法院多方之间的平衡协议。

当考虑企业对法律的架构时，不容忽视的一点是部门间的竞争，即企业内的各部门会因为职位、威望和有限资源而斗争。如果一种法律的解释会增强某一部门相较其他部门的权利（比如说法律合规部门），那么这个部门的管理者就很可能积极推动对他们部门最有利的法律解释的发展。[154]

（三）第三阶段：普及化和制度化

前一小节探索了受法律政策影响的各种团体用利己条款填补不完整法律的动机。然而，有人可能还有疑问，为什么他们的法律解释都很相似？的确，一定有

---

〔153〕 Professional Construction of Law, supra note 146, at 79（其讨论了特殊的非法解雇的法律构建的传播）。如前所述，平等就业机会雇佣政策以及多元化培训是针对 EEO 法律框架下特定主张的责任减轻事由，例如，敌意型环境或者针对蓄意歧视的惩罚性损害赔偿。See supra Part III. B.

〔154〕 一些实证研究追溯了某些人事实践的普及，如工作评估和晋升测试。20 世纪 40 年代期间，人事专员们推行这些措施来建立并维持他们在企业内的策略性地位。这是一个工会活动不断上升的时期，而人事专员以拥有遏制工会的权力来标榜自己。See, e. g., James P. Baron et al., “War and Peace: The Evolution of Modern Personnel Administration in U. S. Industry”, 92 *Am. J. Soc.* 250 (1986).

不止一种解释能够维护法律合规专业人员和企业的利益。那么，这些对于法律的共识是如何产生的呢？本小节将讨论专业网络在一个特定法律构建的标准化、普及化和最终制度化中的重要作用。

当一个特定法律构建开始在被监管团体和法律合规专业人员中出现时，专业网络就对相关团体的法律构建的标准化和普及化极其重要。[155] 这些网络包括专业协会及其定期聚会和通讯出版物；商业培训班和法律合规教育课程；通过互联网进行专业交流；以及专业出版物，如期刊、书籍、论文、客户备忘专业学术期刊中的文章。[156]

如同大部分法律合规专业人员一样，这些网络的发起人在构建法律时就带有利己主义的色彩。例如，危言耸听的法律构建可能会带来更多收益，因此会比更慎重的法律构建带来更多销售额。[157] 同样，大多数二手法律资料的读者会希望有一个简短清晰而又明了易懂的法律结构。因此，准确或仅有细微差别的详细解释可能会被拒绝，而错误表达法规和法院裁决的简单结构反而会被支持。最后，许多材料都是由法律合规专业人员为了吸引客户而制造的。因此，他们不仅有动机夸大法律风险，也有动机夸大法律合规专业人员通过创造性方式和解释解决风险的能力。[158]

因此，许多研究表明以人事和从业者为向导的法律期刊倾向于明显夸大法律风险。[159] 此外，这种出版物往往会使用极其不准确的语言，尤其是在题目或标题中，并且几乎不提供数字或实证数据来支持他们的主张。[160] 即使提供了数据，

---

〔155〕 Edelman et al., "The Endogeneity of Legal Regulation: Grievance Procedures as Rational Myth", 105 *Am. J. Soc.*, 406, 412 (1999). 其他职业可能对于特定行业惯例的普及化和制度化也负有责任。例如，会计人员可能对于特定财富200强企业的财务报告惯例的普及化与制度化起到一定作用。Stephen J. Mezias, "An Institutional Model of Organizational Practice: Financial Reporting at the Fortune" 200, 35 *Admin. Sci. Q.* 431 (1990).

〔156〕 Langevoort & Rasmussen, supra note 135, at 434; Edelman et al., The Endogeneity of Legal Regulation, supra note 155, at 412.

〔157〕 Langevoort & Rasmussen, supra note 135, at 434; Langevoort, supra note 51, at 823.

〔158〕 Langevoort & Rasmussen, supra note 135, at 434.

〔159〕 See, e. g., Edelman et al., The Endogeneity of Legal Regulation, supra note 155, at 446 (1980年代刊出的面向人事和从业人员的法律出版物显著夸大了内部申诉程序的法律利益); Professional Construction of Law, supra note 146, at 64-65. 学术类杂志则相反，对于法律的观点显得更加客观公允。

〔160〕 Id. at 64-65; Edelman et al., The Endogeneity of Legal Regulation, supra note 155, at 418 n. 7 and accompanying text. Marc Galanter 教授注意到了对于诉讼的既定认知的类似现象。See Marc Galanter, "Predators and Parasites: Lawyer-Bashing and Civil Justice", 28 *Ga. L. Rev.* 633, 644 (1994) (讨论了系列已经成为了既定认知的、关于诉讼的似是而非的观点或者奇闻轶事); Marc Galanter, "Reading the Landscape of Disputes: What We Know and Don't Know (and Think We Know) about Our Allegedly Contentious and Litigations Society", 31 *Ucla L. Rev.* 4, 62 (1983) (人们"熟悉的掘金和最喜欢的恐怖故事"被设计来警告读者，它们最终会被认定为事实)。

这些文章也很少引用或使用数据研究，这使得其主张的合理性难以评估。[161] 最后，一些报道的数据和已知研究的结果相差甚远，以至于使其主张的合理性受到怀疑或者在某些情况下显得荒谬可笑。[162]

除了这些问题外，一旦法律合规专业人员在最合适的解释上达成一些共识，某些法律结构就普及得很快很广。正如第七部分讨论的，法律专业人员对于非法解雇法和第 7 条中的申诉程序价值的构建扩散得越来越快，尽管有证据表明，这些构建在制定时几乎没有法律根据。[163]

（四）第四阶段：正式合法化——法院和机构的作用

法院和监管机构在填补法律空白中也发挥了重要的作用。随着对于某一空白填补结构的共识的出现，及这一共识被监管团体和法律合规界制度化，法院和行政机构被召集起来确定这种解释是否符合最初设想的契约条款。尽管理论上，这时法院和行政机构可以因其与初始政策目标不符（因此与契约条款不符）而拒绝这种解释，然而出于各种原因这种情况并不会发生。

法院和行政机构可能面临着有限的专业知识、时间、预算和对遵守法律的不完善指导等问题。[164] 企业和法律合规专业人员，相反，却尽他们最大的努力按照公共利益和规定的原有目标来对选定结构进行包装。因此，法院和监管机构经常根据行业标准来衡量法律遵守情况，几乎没有调查受管制团体和其他自主行为

---

〔161〕 Professional Construction of Law, supra note 146, at 64-65; Edelman et al., The Endogeneity of Legal Regulation, supra note 155, at 418 n. 7 and accompanying text.

〔162〕 Professional Construction of Law, supra note 146, at 64-65.

〔163〕 参见下文第七部分并非所有的法律职业人员实施的政策构建与普及都会对社会福利造成消极影响。例如，马克·苏克曼（Mark Suchman）和米娅·卡希尔（Mia Cahill）证明，硅谷律师在风险投资实践的相关规范方面起到了重要的积极作用，很多规范已经在国家法律体系内被制度化了。Mark C. Suchman & Mia L. Cahill, The Hired Gun as Facilitator: Lawyers and the Suppression of Business Disputes in Silicon Valley, 21 L. & Soc. Inq. 679（1996）（hereinafter Suchmann & Cahill）. 同样地，罗纳尔多·希尔松（Ronald Gilson）教授同样证明了律师在减少交易成本方面的积极作用。Ronald J. Gilson, Value Creation by Lawyers: Legal Skills and Asset Pricing, 94 Yale L. J. 239（1984）. 律师在价值创造上的更多的作用，请参见 Symposium: Business Lawyering and Value Creation for Clients, 74 OR. L. Rev. 1（1995）.

〔164〕 Suchman & Edelman, supra note 116, at 934. 尽管我们经常认为，行政机构与法院相比，具有时间、专业知识的优势，然而行政机构一定程度上也具有这些缺陷，此外，行政机构更容易受到行业俘获（industry capture）的影响。Mashaw, supra note 110, at 21. 尽管法院、行政机构、立法机构可能对于法律的不完整性会有不同的行为反映，三个主体在对法律的不完整性的回应过程中都受到严格限制。

者在建立这些标准方面发挥的作用。[165] 此外，由于法院是反应式的，只能决定那些诉诸它们的案件和争议，却几乎不能独立地构建出潜在的遵守法律的方式。尽管司法裁决可能会表明现存推行合规的方法是否符合法律，但是法院不可能简单地发明新的合规方法，如果这些方法还没有在被管制团体成员间取得明显的成功。[166]

七、例证：申诉程序与职场骚扰

在第 7 条背景下，本部分分析了作为防范职场骚扰的企业内部申诉程序获得合法性的过程。该分析为先前第六部分提到的不完整契约治理理论提供了具体说明，并强调了不完整的法律、法律空缺填补和私人利益集团（尤其是法律合规专业人员）在作为责任减免事由兴起的内部合规结构中发挥的作用。

第 7 条以及导致其通过的不断变化的社会规范为许多美国工人创造了重要的新权利。然而，第 7 条的不完整性却是臭名远扬，它遗留下许多项重要的未被界定的问题。例如，尽管法条禁止歧视，但是它却没有定义什么样的行为构成歧视，或者企业要如何在法庭宣称自己没有歧视行为。因此，企业和这一立法中其他有利益关系的团体需要填补第 7 条中许多不完整条款的空缺。它们需要通过为自己定义一些未被界定的问题来遵守新的法律。

第七部分将会说明法律合规专业人员在解释企业的新义务和新法律赋予企业的免责保护中发挥着尤为积极的作用。[167] 下文将说明，首选的结构严重依赖于内部合规结构，例如，迅速普及的反歧视部门和内部申诉机制。[168] 最终，会由法院来决定企业通过使用这种机制，是否履行了它们在第 7 条中的新义务。总得来说，正如不完全契约治理理论所预测的，法院遵从了企业制定的政策和程序，并且这在商界越来越普遍。[169] 然而如前所述，这些内部合规结构的有效性在很大程度上还无从证明，而事实上几个实证研究都对它们的有效性产生了质疑。如果这些内部合规结构真的对减少职场歧视没有效果，那么对第 7 条的空缺填补条

〔165〕 Suchman & Edelman, supra note 116, at 939. 这并不意味着法院和行政机构必然不经思索地盲目批准行业标准。事实上，一些著名的裁定曾坚持认为，这样的标准与惯例对于法规遵循来说是不充分的。问题在于，法院与行政机构通常会对那些表面上成功的行业的法律回应表达一定的尊重，因此他们更偏爱维持现状。

〔166〕 Id. at 939.

〔167〕 Id. at 924.

〔168〕 Id.

〔169〕 Id.

款，即将内部合规结构作为企业责任影响因素的条款，不仅代表了第7条公共目的的失败[170]，而且也意味着将第7条本来面向受益者的利益转移给了企业和法律合规专业人员。

最近劳伦·B. 埃德尔曼（Lauren B. Edelman）教授，克里斯托弗·尤根（Christopher Uggen）教授和霍华德·S. 厄兰格（Howard S. Erlanger）教授在其关于申诉程序和平等就业机会法的研究中对这些现象进行了详细的阐述。该研究检验了正式的法律声明、专业法律构建与法律构建对之后法院解释法律规定的影响之间的关系。他们审查了从1964年到1989年人力资源、管理和法律期刊中在平等就业机会法语境下解决申诉程序的文章。[171]

这些文章对申诉程序对法律责任的影响这一话题做了两个强有力的论述：其一，他们认为鉴于内部申诉程序为争议解决提供了一个替代性场合，他们的存在便减少了向外部机构和法院申诉的发生；[172] 其二，这些文章声称在企业采取内部申诉程序但仍然被外部起诉时，法院会因该企业在内部试图提供合理程序而奖励他们。[173]

然而，这些文章发表时，这样的论调还没有法律基础。与法律合规文献的预测相反，内部平等就业机会申诉程序对外部投诉的数量并没有影响，却增加了内部投诉。[174] 同样的，文献声称企业可以通过使用内部申诉程序来减轻或免除责任缺乏依据。这些文章发表时，几乎所有的歧视索赔请求都是根据替代责任标准来判决的。因此，企业的责任应该是自动决定的，而不考虑申诉程序或其他内部

---

〔170〕 这并非暗示立法机关在制定第7条时就有如此考虑公众的目的。正如公众选择理论家们所认可的，很有可能国会是故意使第7条不完整的，以满足企业等特殊利益集团的需要，同时也为其他成员提供了公共服务的幻想。See Baker & Krawiec, supra note 126（讨论了战略性的授权）。

〔171〕 Edelman et al., The Endogeneity of Legal Regulation, supra note 155, at 431.

〔172〕 Id. 例如，埃德尔曼于1984年的一篇代表性文章称，良好的申诉程序威慑雇员寻求外部代理。Peter M. Panken, "What Every Company Should Have: A Formal Employee Complaint Procedure", 73 *Mgmt. Rew.* 42-45 (1984) (quoted in Edelman et al., The Endogeneity of Legal Regulation, supra note 155, at 414). 与此类似，其1985年的一篇文章称，如果雇员可以通过（内部）申诉系统获得公平的聆听陈述的机会，那么其寻求法律救济的概率很小。Thomas J. Condon, "Use Union Methods in Handling Grievances", 64 *Personnel J.* 72-75 (1985) (quoted in Edelman et al., The Endogeneity of Legal Regulation, supra note 155, at 412).

〔173〕 Edelman et al., The Endogeneity of Legal Regulation, supra note 155, at 412.

〔174〕 Id. at 427. 这并不意味着企业内部歧视事件实质上的减少。相反，很可能是"平等就业机会申诉官"（EEO grievance officers）的存在释放出一个信号，鼓励员工注意歧视问题，受到不公平对待的员工也更愿意主张自身权利。因此很难知道内部申诉程序的实际影响，如果有，也是对内部歧视的发现几率产生影响。Id. at 420.

合规结构是否存在。[175]

事实上，在联邦最高法院 1986 年对美驰储蓄银行诉文森案（Meritor Savings Bank v. Vinson）案做出判决前，只有 13 起就业歧视案件提出了申诉程序的抗辩，而其中只有 6 个法院指出愿意考虑申诉程序作为决定责任时的减轻因素。[176] 法律合规文献中广为流传的观点，即申诉程序作为防范诉讼机制的价值，是源于这 6 起鲜为人知的地区法院案件，这很值得怀疑。[177]

然而，企业似乎并不知道法律合规专业人士提出的建议是错误的。埃德尔曼及其团队记录了申诉程序的不断普及，这与在法律合规文献中倡导此类程序相一致。[178] 作为对平等就业机会法的回应，申诉程序的制度化显然开始于少数几个企业，他们可能对他们的法律环境（主要是联邦承包商、联邦机构、大学和以前被卷入歧视诉讼的企业）十分敏感，并且在整个研究期间稳步普及。[179]

然而，或许在美驰储蓄银行诉文森案中最有趣的就是职场骚扰的一个新理论——恶意环境骚扰——这一新理论取代了有直接责任标准的替代责任标准，因此以前错误的法律合规文献突然就解释得通了。当意识到恶意环境骚扰是美驰储蓄银行诉文森案的一个可行的主张时，联邦最高法院明确指出，尽管美弛储蓄银行的内部申诉程序不足以保护被告使其免于责任（因为它们要求受害者直接向骚扰她的人投诉），但是构想更加周到的申诉程序可能会为其提供法律保护。[180]

埃德尔曼和她的合著者得出结论，美驰储蓄银行诉文森案对申诉程序辩护进行了合法化。截止到他们做研究时，自从美驰储蓄银行提出了申诉程序辩护以来，法院已经判决了 116 起职场骚扰案。其中，91%的案件中法院表示，结构良好的申诉程序可以使企业免除责任，而在 36%的案件中，企业的申诉程序的确使企业免责。[181] 研究数据进一步表明，法院在确定责任方面越来越有可能尊重企

---

〔175〕 Id. at 432. 事实上，1980 年代中期以前，很少有案件讨论申诉程序。Id.

〔176〕 Id. at 439. 在 6 个案件中，只有 4 个案件因为企业申诉程序的设立而减轻处罚，其余 2 个因申诉程序缺陷过大而没有被给予减轻处罚的优待。Id.

〔177〕 这个结论得到了如下事实的强化，即没有出版物引用六个案件中的任何一个。Id.

〔178〕 Id. at 451.

〔179〕 Id.

〔180〕 Meritor Savings Bank v. Vinson, 477 U. S. 57, 72（1986）. 法院表明：显然，银行的申诉程序要求员工首先向其主管人员进行投诉，也就是本案中的泰勒。由于泰勒就是被指控的犯罪行为人，所以被告没有援引程序和报告申诉并不令人惊讶。原告认为，如果程序能通过更好的方式来鼓励骚扰受害者主动提供信息，被告免责失败的可能性会更强。Id. at 72-73.

〔181〕 Edelman et al., The Endogeneity of Legal Regulation, supra note 155, at 440.

业的申诉程序。[182] 因此，法院不仅在接受，而且在强化包括申诉程序在内的歧视法律构建。

通过联邦最高法院1998年的法拉格诉博卡拉顿市案（Faragher v. City of Boca Raton），法律合规专业人士所宣称的内部合规程序已经完全地在正式法律结构中确立了，该案建立了在被告企业的申诉程序基础上的积极辩护。[183] 随着法律合规专业人士利用法拉格诉博卡拉顿市案宣扬申诉程序可以作为使企业免受平等就业机会法责难的保护机制，企业有预见般地做出了进一步实施申诉程序的反应，法拉格诉博卡拉顿市案也因此意味着平等就业机会法的构建进入收尾阶段。[184]

当然不应该假设，仅仅因为救济程序被法律合规专业人士支持是出于自我服务的原因就认定对平等就业机会的促进一定是无效的。然而不幸的是，这是一个很难解决的经验主义问题，因为只有歧视投诉的发生率是可以观察得到的，而歧视本身的发生率却无法被观察到。[185]

尽管如此，谨慎对待法院对这些程序的合法化存在许多原因。首先，正如第四部分中讨论的，在可以证明内部合规结构有效性的实验数据出现之前，其他类型的不利数据应当引起对申诉程序的怀疑。其次，法院对于特定企业的申诉程序是否有效而作出的事后决定并不理想。[186] 最后，员工可能有正当理由摒弃内部申诉程序，例如，担心遭到报复或不被信任，以及对投诉处理者职业偏见的担忧。[187]

---

〔182〕 Id. at 442.

〔183〕 524 U. S. 775, 807–08 (1998). See also supra notes 62–67 and accompanying text（讨论了积极性抗辩）。

〔184〕 See . e. g. Ellen McLaughlin & Carol Merchasin, "Training Becomes Important Step to Avoid Liability", *Nat'L. L. J.*, Jan. 29, 2001, at B10（对于职工实施的反歧视/骚扰政策的培训已经成为企业避免第七部分所述责任以及惩罚性赔偿的重要的工具）；"Training's Impact on Harassment Lawsuits", *Managing Training & Dev.*, Feb. 1., 2002, at 1［快速的回应（包括多元化培训）可以使企业避免过于昂贵和沉重的责任追诉］。

〔185〕 如前所述，内部申诉程序的存在增加了歧视投诉的出现。然而，这可能归功于以下这一事实：平等就业机会申诉官的出现更加突显了歧视法，在这一环境中，员工们的权利意识更强并且更愿意提出投诉。See supra note 174 and accompanying text（对这一点进行了讨论）。

〔186〕 See supra notes 64 and 66–67, and accompanying text（讨论了部分低级别法院的案例）.

〔187〕 Linda Hamilton Krieger "Employer Liability for Sexual Harassment–Normative, Descriptive, and Doctrinal Interactions: A Reply to Professors Beiner and Bisom–Rapp", 24 *U. Ark. Little Rock L. Rev.* 169, 181–85 (2001)（调查数据显示，出于以下几点原因，仅有2–15%的性骚扰受害者利用了企业的官方内部投诉机制：对非正式途径效率的信任；担心被谴责、报复或者不被信任；对于内部投诉机制效率的担心）；Theresa M. Beiner, "Sex, Science, & Social Knowledge: The Implications of Social Science Research on Imputing Liability to Employers for Sexual Harassment", 7 *WM. & Mary J. Women & L.* 273, 307–23 (2001)（性骚扰案件被隐瞒不报的原因包括：法律构成意义上的骚扰行为的认定的失败；担心被报复，对于职业的消极影响，或者不被信任）。

八、结论

本文分析了最为盛行、发展最快的协商治理机制——内部合规结构在环境法、侵权法、就业歧视法、企业法、证券法和医疗保健法等多种法律背景下作为责任决定事由的作用。

通过对关于内部合规结构在预防犯罪行为中有效性的实证证据的审查，可以得出结论，现有的实证证据并不支持法律制度对这种结构的热情拥护。实际上，规模最大和方法最为健全的研究都无法提供证据证明内部合规结构可以减少企业内违法行为。相反，这些研究提供了实证支持来证明了一个结论，那就是内部合规结构主要是企业管理层所实施的为了减轻责任或为企业利益相关者及市场提供合法形式的粉饰机制。

这就引出了一个更为概括的相关结论，协商治理模型面临其支持者尚未克服的实证和理论上双重的障碍。首先，从实证方面来说，尽管内部合规结构只是协商治理的一种形式，缺乏内部合规结构减少犯罪行为的实证，但这引发了对寻求加强合作来治理企业的协商治理模型日益增加的影响力的质疑。其次，从理论上来说，协商治理模型包含内部矛盾，即按照它的逻辑结论，该理论推导出的结果与那些模型支持者们所预测的不一样。具体来说，在治理被合理地视为一系列的协商关系或关联契约的情况下，这些契约和关系一般来说正如契约一样，是很不完整的。关于不完全契约的经济和法律文献也就因此预测了在重新协商中机会主义者出现寻租行为的可能性。

在这一基础上，本文讨论的不完全契约治理理论预测并证实类似的机会主义行为存在于重新协商不完整法律阶段，即治理的执行和实施阶段。与大多数协商治理模型的支持者不同，他们要么忽视了其采纳的契约隐喻的内在不完整性，要么将这一不完整性视为利益相关的公私主体间合作的契机。

简言之，法律的不完整性为各种公私参与者的解释和操纵创造了空间，从而也就为那些规定的利益相关者提供了一个政治机会，使其能在重新协商中的治理的执行和实施阶段，通过构建利己的空白填补解释来推行他们的议题。通过空白填补这一重要机制，各种被监管企业以外的参与者（比如律师和顾问）以及内部参与者（例如，高级管理层、内部合规和人力资源部门、法务部门）得以维护他们的利益。

然而，更为重要的是，这一过程中最明显地被忽视的利益团体是那些可能代表公共利益的团体。[188] 因此，就公共参与政治过程可能会促进法律政策内容来说，这种情况应该引发对目前机制的重新评估，重新评估美国法律和政治机构处理不完整法律的问题机制。

一些附加说明是必需的。首先，大多数协商治理理论都包含自我监管机制，而不是内部合规结构，例如，行业标准制定和合作执行，这一点在本文中没有具体说明。[189] 然而，鉴于内部合规结构糟糕的实践成效，以及私人机构侵吞由法律政策所产生的社会效益（由不完全契约治理理论强调），应当产生比现有法律文献的提议更慎重的方法。

其次，不完全契约治理理论的发展主要是将平等就业机会法规定的内部合规结构作为责任决定因素。将内部合规结构作为责任决定因素的其他法律制度可能通过不同的机制发展。例如，组织体量刑指南以及其它与内部合规有关的企业法和证券法的一部分主要通过立法和行政行为来发展，而不是像许多平等就业机会法一样通过司法解释来发展。

虽然如此，这些差异不该被夸大。例如，尽管联邦量刑委员会（在商业圆桌会议的极大投入和影响下）宣传组织体量刑指南的推荐量刑，但众所周知，这些建议在颁布之初就不完整，因此需要法律合规专业人员和企业的大量解释。[190] 此外，本文第三部分提到，监管机构、法院和立法者都在一系列法律领域采纳内部合规结构，并没有评估这些合规结构很难震慑不法行为，文中指出当试图推动联合行为监管企业时，三个政治分支可能会面临困难。

最后，还不应该排除本文讨论的结果中的态度因素。如果法官和监管机构根据个人的政策偏好不愿意在某些案件中判定责任，例如，一旦他们认为就业歧视案件没有价值或企业机构不应承担刑事责任，那么比起其他案件，他们更有可能在这类案件中支持合规。

---

〔188〕 Ayres 和 Braithwaite 教授同样认为，公众代表在治理过程中的许多方面通常都没有代表性，并且提倡发展政治和法律结构，并将其纳入事后治理。See Ayres & Braithwaite, supra note 9, at 57-60［“三方主义”（Tripartism）意味着对公共利益团体（PIGs, Public Interest Groups）开放空间，使其参与到真正的监管业务商谈之中］。

〔189〕 See, e. g., Freeman, Private Role, supra note 10; Ayres & Braithwaite, supra note 9.

〔190〕 See Note, supra 8, at 1786（批评者认为组织体量刑指南并未为企业合规提供足够的指导）。

实体法与合规

"事前规划"抑或"事后处罚"：合规在刑事案件中的作用*

瑞恩·D. 迈克康奈尔（Ryan D. McComell）　杰伊·马丁（Jay Martin）
夏洛特·西蒙（Charlotte Simon）**
万方*** 译

一、引言

合规失败可能损害企业的声誉，造成数百万美元的罚款、产生调查费用和法律费用，导致宝贵的管理时间及资源流失。换言之，合规失败将会给企业带来严重经济损失。目前而言，合规已成为联邦检察机关起诉、判处经济犯罪的企业时主要的考虑因素。

作为法人，企业应依法为其员工及代理人的行为负责，因此，合规制度作为诉讼和量刑的考量因素就自然形成了。2010 年，美国最高法院在联合公民诉联

---

* 原文见 Ryan D. McConnell，et al，"Plan Now or Pay Later：The Role of Compliance in Criminal Cases"，*Houston Journal of International Law*，Vol. 33，2011.

** Ryan D. McConnell，Haynes 和 Boone 律师事务所合伙人，曾任美国联邦助理检察长、美国巡回法官 John C. Godbold 的法务助理，曾于休斯顿大学法律中心教授刑事诉讼和国家安全法。2000 年毕业于路易斯安那州立大学，2003 年毕业于圣路易斯华盛顿大学法学院。Jay G. Martin，贝克休斯公司（"BHI"）副总裁、首席合规官兼高级副总法律顾问，德克萨斯州达拉斯南卫理公会大学的工商管理学学士、公共管理硕士和法学博士学位。加入 BHI 之前，曾是 Winstead Sechrest & Minick P. C. 的股东、Phelps Dunbar 和 Andrews&Kurth 的合伙人、弗吉尼亚州费尔法克斯郡美孚石油公司全球勘探与生产部的法律顾问助理、德克萨斯州休斯顿美孚天然气公司的法律总顾问。Charlotte A. Simon，休斯顿 Haynes & Boone 律师事务所助理。2006 年毕业于哥伦比亚大学，2011 年毕业于休斯顿大学法律中心。

*** 北京师范大学社会发展与公共政策学院博士后研究人员、法学博士。

邦选举委员会案[1]中强调要将企业看作“人”。2009年，距美国最高法院对国家诉纽约中心和哈得逊河铁路公司[2]一案作出判决已经整整过了一百年，该判决开创了企业为其员工的非法行为承担责任的先例。这一百年里，法院稳步扩大了纽约中央铁路公司[3]一案的裁决的影响力。目前对企业提起刑事起诉的相关法则规定，员工在其雇佣范围内有犯罪行为，且其犯罪行为有利于雇佣者时，该企业需为员工行为负责。[4]

近一个世纪以来，检察机关不论是要起诉还是判处企业的经济犯罪，执行起来都越来越简单，这主要得益于雇主责任等原则的完善和集体认识的发展，其中，雇主责任原则指明，若员工犯罪行为使企业收到某种益处，那么应对该企业问责[5]；集体认识则能帮助检察机关全方面了解某罪责进而明确企业的刑事责任。[6] 不论员工在企业中是什么职位、企业已拥有多么健全的合规计划，这些归责原则均同样适用。[7]

为了应对上述趋势，企业的合规计划已愈发成为监督预防员工非法行为的重

---

〔1〕 Citizens United v. Fed. Election Comm'n, 130 S. Ct. 876. 898-99 (2010), (判决认为两党选举改革法案中关于限制各种企业资助候选人的争议条款441b违反了言论自由，并且推翻了“根据企业发言人身份限制其言论”的备忘录); See also Adam Liptak, “The Roberts Court; Justices Offer Receptive Ear to Business Interests”, *N. Y. Times*, Dec. 19, 2010, at Al (讨论了近年来最高法院商业案件比例的增加以及“凭企业股份胜诉的案件比例”)。

〔2〕 N. Y. Cent. & H. R. R. Co. v. United States, 212 U. S. 481, 495-96 (1909) (“公司无犯罪能力”是陈旧的、应予以推翻的论断，由这个论断而让公司免受一切惩罚，这实际上会剥夺控制犯罪主体和避免牵扯无辜的唯一有效手段)。

〔3〕 Egan v. United States, 137 F. 2d 369 (8th Cir. 1943); United States v. George F. Fish, Inc. , 154 F. 2d 798, 801 (2d Cir. 1946).

〔4〕 Andrew Weissmann, et al. , *Reforming Corporate Criminal Liability to Promote Responsible Corporate Behavior* 3 (2008).

〔5〕 *Black's Law Dictionary* (9th ed. 2009).

〔6〕 See United States v. Bank of Eng. , 821 F. 2d 844, 856 (1st Cir. 1987) (支持预审法庭以“集体认识”指导陪审团做出判决——一般认为，公司具有其雇员的集体认识); Cont'l Oil Co. v. Bonanza Co. , 706 F. 2d 1365, 1376 (5th Cir. 1983); Saba v. Campagnie Nationale Air France, 78 F. 3d 664, 670 n. 6 (D. C. Cir. 1996).

〔7〕 Standard Oil Co. of Tex. v. United States, 307 F. 2d 120, 127 (5th Cir. 1962); United States v. Gold, 743 F. 2d 800, 823 (11th Cir. 1984); United States v. Beusch, 596 F. 2d 871, 877-78 (9th Cir. 1979); United States v. Demauro, 581 F. 2d 50, 54 (2rd Cir. 1978); contra United States v. Sci. Applications Int'l Corp. (“SAIC”), 626 F. 3d 1257, 1261 (D. C. Cir. Dec 3, 2010) (拒绝采用“集体认识”原理，集合公司全体员工的认识，因此判定法人实体被告缺乏对违反民法“虚假申报法”的必要认识)。

要工具。[8] 各个企业开始致力于发展合规，美国司法部亦是如此。实际上，美国司法部很早就开始考虑根据合规对企业提起诉讼，甚至早在1999年之前就正式发布了针对企业的起诉指南。[9]

现如今司法部《美国检察官手册》第9-28.000条，明确规定了官方的企业起诉政策，指明联邦检察官在对企业提起刑事诉讼之前必须考虑9个因素中3个有关合规的因素。[10]《美国量刑指南》第八章《组织量刑指南》指出，合规是确定对企业进行罚款的主要量刑考虑因素。[11] 在《组织量刑指南》指导下，一个完备的合规计划甚至可以将企业的罚款参考数额降低30%，这部分内容会在下文提到。[12] 这可能会转化为按量刑指南计算罚款的数百万美元折扣，也就是说，按照《美国量刑指南》计算罚款的时候，完备的合规计划能帮企业免去数百万美元的罚款。[13]

美国司法部并不是力求推进合规发展的唯一监管机构，其他的像美国财政部海外资产控制办公室、证券交易监督委员会等机构也把合规作为计算罚款数额的主要参考因素[14]，甚至连其他国家的监管机构也已经开始强调合规。[15] 就在最

---

〔8〕 Elizabeth Grace Saunders, "White-Handed: Prevent and Detect White-Collar Crime with Proper Corporate Compliance Programs, Smart Business", December 2007, available at: http: //www. sbnonline. com/Local/Article/13551/68/121/Whitehanded. aspx.

〔9〕 Jeffrey M. Kaplan, "The Sentencing Guidelines: The First Ten Years", Ethikos, Nov. /Dec. 2001, available at: http: //www. singerpubs. comlethikos/html/guidelinesl0years. html.

〔10〕 U. S. Attorneys' Manual § 9-28. 000 (2008) (hereinafter USAM), available at: http: //www. justice/gov/usao/eousalfoia-reading-roomlusam/.

〔11〕 U. S. Sentencing Guidelines Manual § 8C2. 5 (f) (2010) (hereinafter USSG), available at : http: //www. ussc. gov/Guidelines/2010_ guidelines/index. cfm.

〔12〕 Id.

〔13〕 具体可参见下文第三部分（第八章，计算公司刑度）。

〔14〕 美国证券交易委员会（SEC）提出，决定是否因公司的自我监督和检举给予其奖励时要考虑13个因素（又称 the Seaboard factors），证券委员会出版 No. 44969, Report of Investigation Pursuant to Section 2 L (A) of The Securities Exchange Act of 1934 and Commission Statement on the Relationship of Cooperation to Agency Enforcement Decisions, (2001), available at: http: //www. sec. gov/litigation/investreport/34-44969. htm#Pl6_499（规定了13个考量因素）。这13个因素中有一个特别提到了合规计划，并指出，对公司进行制裁时，证券交易委员会将会问到以下问题：犯罪行为是如何产生的？公司现有什么合规政策来阻止（目前披露的）犯罪行为发生？为什么这些合规政策没有成功地阻止非法行为产生？See Id.; See also Economic Sanctions Enforcement Guidelines), 31 C. F. R. § 501, app. A (2010)（把"主体法人基于风险的 OFAC 合规计划的存在、性质、充分性"列入美国财政部海外资产控制办公室 OFAC 决定对组织施行何种制裁时的考虑因素）。

〔15〕 拉里·汤普森发布（Larry D. Thompson，副检察长）的关于"美国司法部和联邦检察官对商业组织的起诉原则"的备忘录（2003年1月20日）［下文简称"汤普森备忘录"（Thompson Memo）］，available at: http: //www. justice. gov/dag/ cftf/corporate_ guidelines. htm.

近，2011 年 1 月起生效的《英国反贿赂法》规定，要对在英国开展业务却未能防止相关人员贿赂行为的公司施以惩罚。[16] 而合规是《英国反贿赂法》[17] 唯一承认的公司可用的抗辩依据，这就显示了监管机构对企业合规的重视。

美国司法部对合规的重视已经迫使进入了美国资本市场的美国本土及他国企业重新审视自己的合规计划[18]，许多企业已经开始重新评估、正式化并改进之前非正式或一般性的行为准则。[19] 既然现实情况表明合规已经成为联邦公诉的主要参考及量刑的决定性因素，那么，当今的企业就必须确保其合规计划中包含精心制定的政策，以尽量降低承担民事与刑事责任的风险。

二、美国联邦量刑指南

（一）诉讼应有统一的标准

合规成为诉讼的参考因素最早源自于 1984 年颁布的《量刑改革法》，该法颁布了《联邦量刑指南》（USSG），成立了联邦量刑委员会（USSC）。[20] 在此量刑指南发布之前，由国会负责确定最高刑罚[21]，法官在遵循法定最高刑罚的前提下酌情处理[22]，最后再由假释委员会判定罪犯实际应服刑的多少[23]，这样一

〔16〕 See Bribery Act 2010, c. 23, § 7 (Eng.), available at: http: //www. statutelaw. gov. uk/content. aspx? activeTextDocid = 3694937; Ministry of Justice, The Bribery Act 2010: Guidance on Procedures Which Relevant Commercial Organisations Can Put into Place to Prevent Persons Associated with Them from Bribing (Section 9 of the Bribery Act 2010) PP 15-16 (2011) (U. K.), available at: http: //www. justice. gov. uk/guidance/docs/bribery-act-2010-guidance. pdf.

〔17〕 Id.

〔18〕 具体可参见兰尼·布鲁尔（Lanny A. Breuer），联邦司法部长助理，在第 24 次全国大会上关于反海外腐败法的演讲（2010 年 11 月 16 日），available at: http: //www. justice. gov/criminal/pr/ speeches/2010/crm-speech- 1011 16. html; Kirk J. Nahra, Changing Roles for Today's Corporate Compliance Programs, Metro. Corp. Couns., Dec. 2004, at 7, available at http: //www. metrocorpcounsel. com/pdfl2004/December/07m. pdf.

〔19〕 Nahra, supra note 18. 2010 年春，Haynes & Boone 律师事务所的 Ryan D. McConnell 和 Katharine Southard 对财富五百强的行为准则进行了正式评估，发现许多公司都在逐步修正自己的准则。这项研究可参见 http: //www. haynesboone. com/codesofsilence.

〔20〕 See U. S. Sentencing Comm'n, An Overview of the United States Sentencing Commission, available at: http: //www. ussc. gov/About_ theCommission/Overview-of the-USSC/USSC_ Overview. pdf; Sentencing Reform Act of 1984, Pub. L. No. 98-473, 98 Stat. 1987 (1984).

〔21〕 Mistretta v. United States, 488 U. S. 361, 362-65 (1989).

〔22〕 Id.

〔23〕 USSG § 1A1. 3 (2010)（其指出，由于此制度，囚犯常常只服完 1/3 的刑期便获得假释资格）。

来，量刑活动变得既复杂又难以预测。

在这样的量刑制度下，法官的自由裁量会导致量刑活动的差异现象。例如，若被告被指控触犯了《美国法典》的第 18 编第 371 条〔24〕，图谋诈骗国家、对国家不利，则根据法典规定应判处其在监狱服刑不超过 5 年，而联邦法官的自由裁量权就体现在有很大的判刑空间，轻则缓刑，重则 5 年监禁。〔25〕同样，在《联邦量刑指南》发布之前，在佛罗里达州触犯“联邦毒品法规”比在伊利诺伊州可能会受到重得多的刑罚，即使这两名被告犯了同样的罪并有同样的前科。〔26〕

为了纠正《联邦量刑指南》出现前的不公平现象，国会力图促进量刑的统一和公正。〔27〕为了达到这一目的，量刑指南规定对于有同样前科或相似犯罪行为的罪犯，要消除他们之间的判决差异来促进量刑的确定性。〔28〕这一指南于 1987 年 11 月 1 日起施行〔29〕，但一直到 1991 年《组织量刑指南》实施后〔30〕，才开始用来处理有关公司犯罪和公司合规的问题。然而到了 2005 年，联邦最高法院在美国诉布克案的裁决中表明，《联邦量刑指南》仅仅是一项“有效的参考”。〔31〕

布克案前，强制性的量刑指南限制了司法自由裁量权，保证了判决的一致性和可预测性。每条指南都涵盖了一组典型的案例，详细阐述了指南里所述的行为类型。〔32〕非典型案例出现时，指南也允许判刑法官考虑是否有必要做出偏离指南的判决，如果是这样的话，又是否需要制定一个不同的、更恰当的指南。〔33〕

---

〔24〕 共谋侵犯或欺诈美国政府，18 U. S. C. § 371 (2010).

〔25〕 Id.

〔26〕 USSG § 1A1. 3 (2010).

〔27〕 Id.

〔28〕 See U. S. Sentencing Comm'n, An Overview of the United States Sentencing Commission, available at: http: //www. ussc. gov/AbouttheCommission/Overview-oftheUSSC/USSCOverview. pdf（提供联邦量刑指南的发展简史）。

〔29〕 Id. at 2.

〔30〕 指南结构如下：第一章：引言、权限与一般适用原则；第二章：犯罪行为；第三章：调整规则；第四章：犯罪记录与犯罪常业；第五章：对量刑做出决定；第六章：量刑程序及诉辩交易；第七章：违反缓刑与受监督释放规定的行为；第八章：组织犯罪的量刑。USSG ch. 1-8 (2010).

〔31〕 United States v. Booker, 543 U. S. 220, 245 (2005).

〔32〕 USSG § 1A4 (b) (2010).

〔33〕 Id.

若法官没有遵循指南犯了错，也是可以挽回的。[34]

不论布克案前后，《联邦量刑指南》在个人犯罪方面的应用都很简单直接，量刑多少主要考虑 3 个因素：①被告行为；②被告前科记录；③判刑的法律意图。[35]

1. 被告个体的行为/犯罪行为等级

根据《联邦量刑指南》评定被告的犯罪行为等级，要先确定指南里具体哪一条适用于被告构成犯罪的行为。[36] 例如，要评定洗劫银行的犯罪行为等级，依据便是指南里的 2Bl.1 款——关于抢劫、敲诈和勒索。[37] 基本罪行等级定下来之后，就可以根据具体犯罪行为特征来做出调整。[38] 比如，在洗劫银行一类案件中，若罪犯使用枪支或致使受害者受伤，则根据《联邦量刑指南》，其罪行等级要增加——后果越严重，罪行等级就越高。[39]

评定完某一具体罪行的基本罪行等级后，量刑委员会会根据犯罪人在该犯罪活动中扮演的角色、受害人的情况做出调整，再依案件的具体特征最终确定是否要增加或减少罪犯的犯罪行为等级。[40] 最终的等级要定为量刑指南里 43 级罪行中的某一级，这里面的每一级规定的监禁月数都和前后两级有一定的重合。[41]

2. 被告个体的犯罪前科/罪行类别

确定了罪行的轻重级别，量刑委员会就开始关注被告本人及其犯罪前科。[42] 量刑指南针对被告的犯罪史做了分类，从无犯罪前科（1 类）到大量犯罪史（4

---

〔34〕 参见修订版 Solomon, 465 F. 3d 114, 120, n. 2 (3d Cir. 2006)（阐明前联邦量刑指南的审查标准对于裁决的“合情合理”性是高度服从的）。最高法院在布克案中宣布量刑指南是“有效的参考”后，量刑法官应用量刑指南作为审查标准，自由裁量权的滥用得到了控制。See Koon v. United States, 518 U. S. 81, 91 (1996)（认为用审查标准处理对地方法院偏离指南的量刑决定所提起的上诉是自由裁量权的滥用，而非合法的复审）; See Gall v. United States, 552 U. S. 38, 46 (2007)（阐明在后布克案时代，对量刑决定的上诉审查仅限于判定其是否“合理”以及适用审查标准的裁量权滥用范围）。

〔35〕 USSG ch. 5, pt. A, introductory cmt. (2010); See also id. § 1.3 (2010)（将所有因素分为行为和犯罪史两大类）。

〔36〕 USSG § IB1.1 (a) (1) (2010).

〔37〕 Id. § 2B3.1 (2010).

〔38〕 Id. ch. 2, introductory cmt (2010).

〔39〕 Id. § § 1B1.1 (b) (2), 1B1.1 (b) (13) (2010).

〔40〕 Id. ch. 3 (2010). 例如，量刑指南要确保犯罪公司的领导比其他参与者受更重的刑罚。Id. § 3B1.1 (2010)（若在犯罪案例中，被告作为“涉及 5 个及以上参与者的犯罪行为策划者或领导者”对犯罪行为起“加重作用”，则将其刑度上调）。

〔41〕 Id. ch. 5, pt. A（量刑表格）(2010).

〔42〕 Id. § 4A1.1 (2010).

类)。[43] 这个分类是综合了犯罪次数、之前判刑年限、两犯的间隔和当前的起诉等情况后计点数产生的[44]，若是被告的犯罪前科在这套点数制度下被夸大或低估，那么量刑指南允许法院有所偏离，用更宽泛或者更详细的判刑准则来更准确地评估被告的行为。[45] 表1阐明，表中与被告犯罪前科、被告犯罪行为都有对应关系的数字区间就是量刑指南给出的刑度参考。[46]

表1　量刑指南的刑度表（单位：月）[47]

犯罪前科分类

不同级别		Ⅰ（0、1）	Ⅱ（2、3）	Ⅲ（4、5、6）	Ⅳ（7、8、9）	Ⅴ（10、11、12）	Ⅵ（13或以上）
A区	1	0–6	0–6	0–6	0–6	0–6	0–6
	2	0–6	0–6	0–6	0–6	0–6	1–7
	3	0–6	0–6	0–6	0–6	2–8	3–9
	4	0–6	0–6	0–6	2–8	4–10	6–12
	5	0–6	0–6	1–7	4–10	6–12	9–15
	6	0–6	1–7	2–8	6–12	9–15	12–18
	7	0–6	2–8	4–10	8–14	12–18	15–21
	8	0–6	4–10	6–12	10–16	15–21	18–24
B区	9	4–10	6–12	8–14	12–18	18–24	21–27
	10	6–12	8–14	10–16	15–21	21–27	24–30
C区	11	8–14	10–16	12–18	18–24	24–30	27–33
	12	10–16	12–18	15–21	21–27	27–33	30–37

〔43〕 Id. § 4A1.1 cmt (2010).

〔44〕 Id. § 4A1.1. (a) – (e) (2010).

〔45〕 Id. ch. 1, pt. A (4) (b) (2010) (讨论了量刑委员会关于偏离指南的量刑政策); see also id. § 2B5.3, 应用注解4 (2010) (保证了"若依指南判定的罪级大大低估或夸大了犯罪的严重性，则可以寻求偏离指南的量刑决定")。

〔46〕 Id. ch. 5, pt. A (量刑表格) (2010) (用于适合实施缓刑时).

〔47〕 Id.

续表

不同级别		Ⅰ（0、1）	Ⅱ（2、3）	Ⅲ（4、5、6）	Ⅳ（7、8、9）	Ⅴ（10、11、12）	Ⅵ（13或以上）
D区	13	12-18	15-21	18-24	24-30	30-37	33-41
	14	15-21	18-24	21-27	27-33	33-41	37-46
	15	18-24	21-27	24-30	30-37	37-46	41-51
	16	21-27	24-30	27-33	33-41	41-51	46-57
	17	24-30	27-33	30-37	37-46	46-57	51-63
	18	27-33	30-37	33-41	41-51	51-63	57-71
	19	30-37	33-41	37-46	46-57	57-71	63-78
	20	33-41	37-46	41-51	51-63	63-78	70-87
	21	37-46	41-51	46-57	57-71	70-87	77-96
	22	41-51	46-57	51-63	63-78	77-96	84-105
	23	46-57	51-63	57-71	70-87	84-105	92-115
	24	51-63	57-71	63-78	77-96	92-115	100-125
	25	57-71	63-78	70-87	84-105	100-125	110-137
	26	63-78	70-87	78-97	92-115	110-137	120-150
	27	70-87	78-97	87-108	100-125	120-150	130-162
	28	78-97	87-108	97-121	110-137	130-162	140-175
	29	87-108	97-121	108-135	121-151	140-175	151-188
	30	97-121	108-135	121-151	135-168	151-188	168-210
	31	108-135	121-151	135-168	151-188	168-210	188-235
	32	121-151	135-168	151-188	168-210	188-235	210-262
	33	135-168	151-188	168-210	188-235	210-262	235-293
	34	151-188	168-210	188-235	210-262	235-293	262-327
	35	168-210	188-235	210-262	235-293	262-327	292-365
	36	188-235	210-262	235-293	262-327	292-365	324-405
	37	210-262	235-293	262-327	292-365	324-405	360-终身
	38	235-293	262-327	292-365	324-405	360-终身	360-终身
	39	262-327	292-365	324-405	360-终身	360-终身	360-终身

续表

不同级别		Ⅰ（0、1）	Ⅱ（2、3）	Ⅲ（4、5、6）	Ⅳ（7、8、9）	Ⅴ（10、11、12）	Ⅵ（13或以上）
	40	292-365	324-405	360-终身	360-终身	360-终身	360-终身
	41	324-405	360-终身	360-终身	360-终身	360-终身	360-终身
	42	360-终身	360-终身	360-终身	360-终身	360-终身	360-终身
	43	终身	终身	终身	终身	终身	终身

3.《联邦量刑指南》旨在处理“真正的犯罪行为”而不仅仅是控方指控的行为

《联邦量刑指南》在个人被告的量刑方面做出的最大改进就是依据“真正的犯罪行为”，也就是被告真正实施过的犯罪行为来判定其是否应接受刑罚，而不是依据控方指控的行为，也就是控方对被告行为的控诉。[48] 例如，在欺诈案件中，如果欺诈过程造成受害人损失，涉及 10 笔交易，每笔交易涉及 10 万美元，那么总损失将为 100 万美元[49]，无论作为被告的个人被指控参与了其中 1 次交易还是全部的 10 次交易，量刑都只看最后实际造成的损失，即将损失计为 100 万美元。[50] 同样道理，量刑委员会会综合被告被指控的罪状，避免多次计算同一条罪状而导致加重刑度。[51] 量刑指南的这项改革意义重大，因为它限制了联邦检察官提出的指控所产生的影响。[52] 不论控方提起的诉讼是什么，为保证量刑的诚实性、公正性，量刑委员会在量刑的时候总会从各个方面评估相关行为。

〔48〕 Id. ch. 1, pt. A, § 4 (a) (2010)（对比比较“真正犯罪行为”和“控方指控行为”的量刑）。

〔49〕 Id.

〔50〕 Id.

〔51〕 Id.（阐明被告的实际行为是以罪状条数计量的，这自然就给检察官设定了量刑上限）。在计数原则下，被告罪状条数越多，所受刑罚越重（取决于犯罪的严重程度），但量刑指南将有关罪状合为一条，避免了重复计算罪状的情况。Id. § 4A1.1 (e)，应用注解（2010）。分组计算多条罪状的一般程序为：①将罪状划分组别；②为组别设定罪级；③将具体案件代入，确定一个罪级。See id. ch. 3, pt. D, § 1.1 (a) (2010). 罪别及有关行为的规定确保了检察官不能通过控诉随意增减量刑刑度（但连续犯罪行为的最小强制量刑不适用）——例如，18 U.S.C. § § 1028A（对于不知悔改的身份盗窃行为，处以至少两年的强制有期徒刑）or 924 (c)（对于某些枪支犯罪行为，依具体情况处以 5 到 25 年的有期徒刑）. USSG ch. 1, pt. A, § 4 (2010). 强制性的最小刑罚可能会引起争议，因为它不允许法院做出低于这个刑度的判罚。18 U.S.C. § 3553 (e) (2010). 布雷耶大法官曾写到，这些条款倾向于“将量刑权转移给检察官，让检察官通过控诉来决定量刑”。Harris v. United States, 536 U.S. 545, 571 (2002) (Breyer, J., concurring in part and concurring in judgment).

〔52〕 See USSG ch. 1, pt. A, 4 (a) (2010).

量刑指南着重关注被告的相关行为，而非控方的指控[53]，这一点是美国总检察长理查德·索恩伯格（Richard Thornburgh）在补充量刑指南时所极力推介的，他要求检察官只对情节极为严重且容易查证的犯罪行为提出指控。[54]

4. 美国缓刑办公室和量刑前检查报告

在被告被判有罪后，美国缓刑办公室将要准备一份量刑前检查报告（PSR）。[55] 这份报告为量刑法官提供了被告的罪行等级和犯罪前科，还有其他与被告量刑相关的背景信息，比如，被告的个人资产和生活经历。[56] 实际上，量刑前检查报告总能提供一些在庭审时呈给陪审团的材料和呈给法院的认罪证明之外的信息。[57]

与量刑指南的目标相契合的是，根据司法部的政策，联邦检察官必须尽可能全面地向美国缓刑办公室（和量刑法官）提交有关依法判处被告的信息。[58] 控辩双方都有机会向量刑前检查报告中的内容以及量刑指南给出的刑度参考提出异议。[59] 听证会上，量刑法官将检查报告中没有争议的信息视作事实，对异议作出裁决，从而作出最后的判决。[60] 布克案前，量刑指南的刑度适用于此判决。[61]

---

〔53〕 USSG § 3B introductory cmt (2010).

〔54〕 Alan Vinegrad, "Justice Dep't New Charging, Plea Bargaining and Sentencing Policy", *N. Y. L. J.* (June 10, 2010), http://www.law.com/jsp/nylj/PubArticleNY.jsp? id=1202462395978&Justice-DepartmentsNewChargingPleaBargaining-andSentencingPolicy&sreturn=l&hbxlogin=1.

〔55〕 FED. R. CRIM. P. 32 (c) (1) (A).

〔56〕 FED. R. CRIM. P. 32 (d).

〔57〕 FED. R. CRIM. P. 11 (b) (3)（要求法院确保以犯罪事实为依据进入认罪答辩阶段）.

〔58〕 若被告遵守协议，则依量刑指南和司法部政策，其信息不会作为判决或豁免协议的一部分呈给政府供量刑使用。See FED. R. CRIM. P. 32 (d) (3)；同时可参见约翰·阿什克劳夫特（John Ashcroft, 总检察长）向联邦检察官发布的有关"刑事犯罪、处分和判决政策"的备忘录（2003 年 9 月 22 日）（hereinafter Ashcroft Memo）（阐明联邦检察官"不能'事实缔约'（fact bargain）"，或参与任何导致审判法庭无法了解全部事实的辩诉协议）。

〔59〕 Fed. R. Crim P. 32 (e) 要求美国缓刑办公室（the U. S. Probation Office）在判刑的 35 天前公开量刑前检查报告。Fed. R. Crim P. 32 (e). 收到量刑前检查报告后，被告和司法部均有 14 天时间来提出异议。Fed. R. Crim P. 32 (f) (1). 之后，美国缓刑办公室对异议作出回应（有时会同意其意见），并在判刑的 7 天前向审判法官提交未解决的异议与量刑建议。Fed. R. Crim. P. 32 (f). 联邦检察官大多不会像司法部或被告公开缓刑办公室给出的量刑建议。See United States v. Baldrich, 471 F. 3d1110, 1114 (9th Cir. 2006).

〔60〕 一般由被告承担找出量刑前检查报告不实之处的重任，除非涉及司法部豁免权，因为这种情况下，重任会转交司法部，需证明报告中的信息并非基于豁免权。United States v. Taylor, 277 F. 3d 721, 724 (5th Cir. 2001).

〔61〕 Fed. R. Crim P. 32 (i).

（二）美国诉布克案与量刑参考制度

在2005年美国诉布克案裁决中，最高法院将国会制定的《联邦量刑指南》中“强制执行”的规定改为“有效的建议”，布克案也就成了量刑制度强制性的终结。〔62〕最高法院坚决认为布克一案的判决违反了“宪法第六修正案”，因为此案的量刑法官以《联邦量刑指南》为依据，用到了量刑前检查报告里提到的却未呈给陪审团的事实，加重了被告的罪行等级和刑度。〔63〕作为弥补，最高法院废除了《联邦刑法典》中保证量刑指南约束力的规定。〔64〕但在后布克时代，量刑指南就仅仅是一个建议性的规范了。〔65〕量刑法官仍需依据量刑前检查报告给出的信息计算出刑度参考，但若按照联邦法典第18编第3553条第a款规定的一系列因素来看，如果某个具体案件的情况不符合量刑指南，那么要将其作为非典型案例用偏离指南的方式来处理。〔66〕

后布克时代的量刑制度是一系列模糊判决体系的混合体，因为法官虽然需要考虑指南划定的刑期范围，但其实只要符合第3553条第a款的规定，就可以自由裁量。〔67〕检察官和辩护律师都可以根据第3553条第a款中的量刑因素对刑度

---

〔62〕Booker, 543 U. S. at 245. 布克一案的审判期间，布克拥有92.5克可卡因的证据被呈给了陪审团。陪审团判定布克有罪，违反了21 U. S. C. § 841（a）（1）中不得拥有超过50克可卡因的规定，这项罪责对应的刑度为10年到终身监禁。鉴于其前科，量刑指南给出了210-262个月的刑度参考。审讯后，在布克判刑期间，法官发现根据量刑前检查报告，适用一些条款来增加其罪级。法院判定，布克的犯罪行为还涉及566克可卡因，且有碍司法公正，因此增加其罪级，刑度参考也增加到360个月至终身。布克面临的不是陪审团裁决后的最大刑期——262个月监禁，而是法官应用量刑指南，加重罪级后的360个月刑期。Id. at 257. 最高法院指出，使联邦量刑指南具有强制性的18 U. S. C. § 3553（b）（1）条款与宪法第六修正案不“兼容”，修正案要求陪审团，而非法官，寻求有关量刑的事实。Id. at 222.

〔63〕Id. at 246-47（第六修正案的要求“意味着不再可能维持公正的实情调查，国会认为此调查能巩固其寻求建立的强制性指南制度”）。

〔64〕Id. at 222. 最高法院做出决定将量刑指南的强制性改为“有效的参考”，废除了18 U. S. C. § 3553（b）中的部分内容，增加了不具约束力的条款，虽不是国会最初颁布的体制，却“为量刑的确定性和公正性提供了保障，避免了不必要的量刑差异……又为个别量刑留出足够的灵活处理空间”，保留了国会判刑目标的最基本形态。Id. at 264.

〔65〕Id. at 265（承认“在撰写量刑法案的时候，国会旨在建立强制性的指南制度”，却也指出，考虑到第六修正案的要求，这种强制性的制度“不是一个很好的发展选择”）。

〔66〕18 U. S. C. § 3553（a）中提出的因素包括：①犯罪的性质与具体情况、被告人的生活史与个性；②须反映犯罪的严重性，以树立法律权威、做出惩罚、实现威慑、保护公众，并为被告提供其所需的教育或职业培训、医疗与矫正处遇；③刑种须有可实现性；④刑种与刑度应与犯罪相适应；⑤量刑委员会提出的每一项相关政策；⑥避免无依据量刑悬殊的需求；⑦赔偿被害人的需求。18 U. S. C. § 3553（a）（2010）.

〔67〕Booker, 543 U. S. at 266.

参考提出异议，就法官应加重或减轻刑罚给出论辩。[68]

量刑法官若依据第3353条第a款的量刑因素做出了偏离指南的裁决，则需接受合理性审查。[69] 但只要法官确实参照了指南，也考虑了第3553条第a款里的各个因素，就不会因偏离指南而处于不利地位。[70]

在现行的量刑参考制度下，《联邦量刑指南》依然为法官提供了有效的建议。[71] 大多数联邦法官审判案件时，还是会先参照量刑指南。在一些典型性案件中，指南划定的量刑范围依然能为恰当的刑罚提供一个参考。[72]

三、联邦刑事诉讼规则与合规成为对公司起诉、量刑参考因素的发展历程

（一）个人、公司犯罪的联邦刑事诉讼基本规则

鉴于司法部资源的有限性，联邦检察官无法追究所有能提起诉讼的案件。2009年共上报了81549起新的联邦刑事案件，其中177起涉及组织犯罪。[73]《美国检察官手册》9-27.000条规定的联邦刑事诉讼规则，提供了联邦检察官在决

〔68〕 2010年，时任总检察长的埃里克·霍尔德（Eric Holder）指导称联邦检察官在根据3553（a）之前应寻求审查批准。美国司法部长埃里克·霍尔德发布的关于"司法部指导下联邦检察官对公司起诉、量刑的政策"备忘录，（2010年5月19日）（hereinafter 2010 Holder Memo), available at: http://edca. typepad. com/files/holder-memore-charging-and-sentencing-decisions- 1. pdf（指出"所有检察机关做出偏离指南的量刑决定，都必须以具体可述的因素为依据，并要求监督批准"）。

〔69〕 Rita v. United States, 551 U. S. 338, 341 (2007).

〔70〕 司法部在3553（a）指导下偏离量刑指南时的另一个障碍是，在提交地方法院的最终决定之前，必须征得美国副司法部长的批准。18 U. S. C § 3742（b）（4）. 如果地方法院①驳回上诉；②裁定或判决后准予新的审判（除非双重危险条款禁止进一步的起诉）；③准予废止请求；④判决前下令交还被扣押的财产；或（5）命令释放定罪人士。18U. S. C. § 3731. 美国政府有权对地方法院在刑事案件中的不当判决提出上诉。18U. S. C. § 3742（b）。

〔71〕 2009年涉及个人犯罪量刑的81372起刑事案件中：842起的实际刑期超出了指南刑度，9358起的实际刑期低于指南刑度，151起偏离指南、实际刑期略长，861起偏离指南、实际刑期略短. See U. S. Sentencing Gomm'n, Sourcebook Of Federal Sentencing Statistics, Tables 32A、32B、31B、31C (2009), available at: http: //www. usse. gov/ Dataand-Statistics/AnnualReports_ and_ Sourcebooks/2009/SBTOCO9. htm.

〔72〕 2010 Holder Memo, supra note 68, at 2（强调检察官通常应在指南给出的适用范围内量刑）; see also Booker, 543 U. S. at 264（"地方法院虽不一定适用这些'指南'，但量刑时必须……考虑到这些条目"）; Rita, 551 U. S. at 351（指出地方法院应以正确计算出适用的指南刑度作为量刑的开始步骤）; Gall, 552 U. S. at 49（"量刑属于行政事项，要保证全国的统一性，因此量刑指南应成为出发点和初步的基准"）。

〔73〕 See U. S. Sentencing Gomm'n, Overview Of Federal Criminal Cases Fiscal Year 2009 2 (2010), available at: http: //www. ussc. gov/ResearchlResearch_ -Publications/2010/20101230FY09_ OverviewFederalCriminalCases. pdf. 目前还未公开统计过联邦未追究的案件数目。

定是否追究刑事案件时必须考虑的指令。[74] 处理一切刑事案件时，联邦检察官都要考虑这些联邦刑事诉讼基本规则。与9-28.000规定的企业起诉原则不同，联邦刑事诉讼基本规则在过去二十年里都没有多少变化。[75] 自1989年起，虽然这些规则出现了一些细微的变化（后文会提到），但其一直要求联邦检察官只针对重大的案件控告情节极为严重、容易查证的犯罪行为、提起诉讼。[76]

在卡特总统的最后任期，美国司法部颁布了有关联邦检察官的指导性规则，这是向中央集权的检察公诉政策迈出的第一步。[77] 原来的“联邦刑事诉讼规则”规定非常广泛，不够具体。[78] 除了政府提起公诉的能力外，联邦检察官还应当考虑一些别的因素，比如，联邦执法的优先事项、案件性质及严重性、起诉的威慑作用、被告的犯罪情况、犯罪前科和接受调查的配合度、在另一辖区有效起诉的可能性以及用非刑事手段代替诉讼是否妥当。[79] 最初发行的司法部诉讼政策就明白地指出，只有在犯罪行为与被告人行为“‘性质和程度上有合理关系’的情况下，检察官才应进行辩诉交易，再结合案件的具体情况，实施辩诉后产生适当的判决”。[80]

1989年3月，总检察长理查德·索恩伯格（Richard Thornburgh）发了一份备忘录（索恩伯格备忘录，Thornburgh Memo），为检察官提供了一份如何提起刑事诉讼的详细“路标图”（而不是辩诉协议方面的泛泛的指导）[81]，规定联邦检察官要对“情节极为严重且容易查证的犯罪行为”提出指控。[82] 若起诉后发现

---

〔74〕 USAM § 9-27.120 (2008).

〔75〕 USAM §9-27.220中的起诉原则规定，联邦检察官应只对涉及联邦利益的案件提起诉讼。Id. § 9-27.230 (2008)（列出了判定案件是否涉及联邦利益时的几个考量因素）。

〔76〕 Id. § 9-27.300 (2008).

〔77〕 总检察长Benjamin R. Civiletti最初于1980年7月28日颁布了“联邦起诉原则”。See U.S. Dep't of Justice, Principles of Federal Prosecution (1980)，现在扩充并载于美国检察官手册§§ 9-27.001-.760 (2008)。后来，司法部的百页“检察官手册之量刑指南”于1987年11月1日发布，联邦量刑指南也在同一天生效。USAM, supra note 10, § 9-27.001. 两天后，当时的司法部刑事司法分部副检察长Stephen Trott发布了一个平行的政策声明。See U.S. Dep't of Justice, Principles of Federal Prosecution (1980)，现在扩充并载于美国检察官手册§§ 9-27.001-.760 (2008)。

〔78〕 Id.

〔79〕 Id.

〔80〕 See Vinegrad, supra note 54.

〔81〕 理查德·索恩伯格（Richard Thornburgh，美国总检察长）向联邦检察官发布的备忘录（1989年3月13日）in 6 Fed. Sent. R. 347 (1994) (hereinafter Thornburgh Memo).

〔82〕 Id. 索恩伯格备忘录规定，“联邦检察官应当对情节极为严重且容易查证的犯罪行为提出指控。不应只为引导认罪而提起诉讼，也不应为了达成协议而放弃控诉，这样便显示不出犯罪行为的严重性”。Id.

指控明显不容易查证，或者有其它状况支持撤诉，比如，需要保护一个配合调查的证人，那么索恩伯格备忘录（Thornburgh Memo）就允许检察官撤诉。[83] 另外，索恩伯格备忘录规定，若公司能满足量刑指南 5Kl. 1 列出的所有因素，那么根据这一规则，公司可以争取到一个免责议案。[84] 但索恩伯格备忘录也明确规定，最初的指控必须针对那些处于最高刑罚范围的犯罪行为（情节极为严重、容易查证的犯罪行为）。[85]

2003 年 9 月 22 日，总检察长约翰·阿什克劳夫特（John Ashcroft）又发布了一项新的联邦诉讼备忘录（阿什克罗夫特备忘录，Ashcroft Memo），和索恩伯格所提到的一样，这个条例也强调只针对情节极为严重、容易查证的犯罪行为提起诉讼，极个别情况例外。[86] 阿什克罗夫特备忘录（Ashcroft Memo）还改善了美国司法部的辩诉交易政策，规定检察官应要求被告只对情节极为严重、容易查证

---

〔83〕 Id. at 2. 索恩伯格备忘录还为“情节极为严重且容易查证的犯罪行为”规定补充了两个例外。第一个例外是指，“若犯罪行为适用的指南刑度不会受到影响”，则允许撤消对容易查证行为的指控。Id. at 2. 第二个例外是指，若某个特定的联邦检察官办公室变得“尤其不堪重负”，且案件将会消耗大量的时间，则允许联邦检察官在审查批准下终止对容易查证行为的指控。Id. at 3.

〔84〕 如果被告向当局提供了实质性援助，则据 5K1. 1，法院判决可以偏离量刑指南。USSG § 5k1. 1 (2010). 法院通过考察一系列因素来确定是否存在实质性的援助，包括：被告协助的重要性和实用性；被告所提供信息的真实性和可靠性；被告协助的性质和范围；被告或其家人因被告的协助而面临的任何危险；以及被告协助的及时性。Id. § 5Kl. 1 (a) (1) – (5) (2010). 大多数美国检察官办公室和司法部下属部门都拥有检察官政策及委员会，用来决定在何种情况下适用 5K1. 1 议案、可以寻求哪些类型的减量。See generally, Ashcroft Memo, supra note 58. 在检察官提出 5K1. 1 议案之后，判刑法官可能会做出最小程度的量刑偏离。有时，这些议案会被拒绝。此外，判刑法官在根据司法部 5K1. 1 议案重新量刑时，仍然必须考虑 3553 (a) 中的因素。USSG § 5k1. 1 cmt. background (2010).

〔85〕 See Thornburgh Memo, supra note 81（“根据联邦检察官手册第 9 章 27 节中的联邦起诉原则，联邦检察官应当最先起诉情节极为严重且容易查证的犯罪行为”）; see also Ashcroft Memo, supra note 58（将“情节极为严重的罪行”定义为“引发最高刑罚的行为”，除非强制性最低刑罚或计量所需连续刑罚产生了更高的刑罚）。

〔86〕 阿什克劳夫特备忘录规定的关于基本起诉政策的例外情况包括：①如果量刑不受影响；②“快速通道”计划；③控告后重新评估；④实质性援助；⑤法定加重；⑥其他特殊情况。See Ashcroft Memo, supra note 58.

的犯罪指控认罪（或者不会减轻被告刑罚的指控）。[87]

广泛意义上讲，这两项备忘录建立的诉讼框架旨在确保司法部的政策符合量刑指南的目标，即全面了解被告的行为以给出合适的刑度参考。[88] 这些政策旨在使被告受到一致的指控，防止检察官用比事实严重的指控迫使被告认罪。[89] 在这项备忘录的指导下，联邦检察官决定了要由联邦公诉之后，就会参照量刑指南，判定哪些算是情节极为严重且容易查证的罪行，然后提交可能引发最重刑罚的控诉。[90] 依照阿什克劳夫特备忘录，对被告的控诉一旦提交，被告就只能对引发最重刑罚的指控认罪。[91] 这个政策保证了对被告的指控的一致性，加强了量刑指南政策应用在量刑中时的统一性和准确性。

---

〔87〕 Id. Civiletti 最初构建的司法部辩诉交易政策阐明，若辩诉交易中的罪名与被告的实际行为有"一定程度的性质上的合理联系"，则检察官可与被告达成辩诉交易，控告有罪或给出"较轻的罪名"。Vinegrad, supra note 54. 索恩伯格备忘录重新定义了辩诉交易标准，指出被告应就容易查证的罪行认罪，但有以下三种例外情况：①检察官判定控诉无法随时查证；②适用的量刑指南刑度不受影响；或者③监督人同意辩诉交易。See Thornburg Memo, supra note 81. 阿什克劳夫特备忘录使得辩诉交易政策更加严格，授权检察官只有在以下任一例外出现时才进行协商辩护，给予情节极为严重且容易查证的犯罪行为以更轻的控诉：①判决不受影响；②案件是"快速通道"计划的一部分；③控诉不再容易证明；④为保证被告合作后的安全；或⑤在极少数情况下得到审查批准。See Ashcroft Memo, supra note 58. 阿什克劳夫特备忘录下的辩诉交易更加严格，因为它取消了索恩伯格备忘录允许的"个性化评估"，"个性化评估"给了检察官自由裁量权，在初始诉状应夸大犯罪严重性的前提下，有权与被告达成辩诉交易而减轻对其最严重犯罪行为的指控。Adam Liptak & Eric Lichtblau, New Plea Bargain Could Swamp Courts, N. Y. Times, Sept. 24, 2003 available at: http: //www. nytimes. com/2003/09/24/ national/24PROS. html; see also Ashcroft Memo, supra note 58, at Section II. C（为达成辩诉交易而减轻或撤销控诉的程度须遵循备忘录第 I 节规定的原则）。

〔88〕 See Joy Anne Boyd, "Power, Policy, and Practice: The Department of Justice's Plea Bargain Policy as Applied to the Federal Prosecutor's Power Under the United States Sentencing Guidelines", 56 *Ala. L. Rev.* 591, 603（阐明量刑的统一性是联邦量刑指南的目标，且索恩伯格和阿什克劳夫特备忘录下关于"情节极为严重且容易查证的犯罪行为"的司法部政策符合这个目标）。

〔89〕 See Thornburg Memo, supra note 81（"不应只为引导认罪而提起诉讼，也不应为了达成协议而放弃控诉，这样便显示不出犯罪行为的严重性"）; see also Ashcroft Memo, supra note 58, at Section I. A.（规定"不应只为引导认罪而提起诉讼"）。

〔90〕 See Ashcroft Memo, supra note 58（强调控诉追究"情节极为严重且容易查证的罪行"是司法部门对联邦检察官的要求，情节极为严重的罪行是指能引发"量刑指南里最重刑罚的犯罪行为"）; see also Vinegrad, supra note 54, at 1（索恩伯格备忘录指出，一般要求被告就最严重且容易查证的罪行认罪）。

〔91〕 See Ashcroft Memo, supra note 58（强调联邦检察官有责任确保适当地限制"要求或同意偏离指南给予更轻刑罚"的情况。此外，它指出，只有被告向政府的案件提供实质性援助，或者案件属于"快速通道"计划之一时，律师才可以寻求偏离指南的更轻刑罚）。

短短几年后，公司诉讼指南的缺失就很显然阻碍了对企业的起诉和判决。[92] 作为特殊的被告，企业不能被判入狱，但可以通过合规计划采取一定的措施来预防犯罪行为的产生。[93] 尽管人们普遍认为企业犯罪在形式和实质上都与个人犯罪不同，法院和检察官并不会询问企业有没有试图用完备的合规计划来预防犯罪行为发生。

(二)《组织量刑指南》与合规发展成为起诉的参考因素

1991年，经过多年研究如何充分解决企业和个人量刑之间的差异问题，联邦量刑委员会颁布了《组织量刑指南》，规定在《联邦量刑指南》的第八章里。[94] 能否建立有效的合规计划取决于很多因素，比如企业的规模、业务性质和合规历史等，量刑委员会认识到了这一点，所以列出了有效合规计划的必要组成部分，也就是“七个一般标准”。[95] 要制定有效的合规计划，公司必须：

（1）建立合规政策和标准，合理预防犯罪行为发生；

（2）指定高层人员来监督企业的合规政策和标准；

（3）谨慎小心，不向组织了解的，或应该了解的可能有犯罪倾向的个人授予重大的自主决定权；

（4）就企业的合规政策和标准向所有员工进行有效的普及，例如，开展员工培训项目；

（5）采取合理措施以实现企业标准下的合规，例如，利用监测、审计系统来检测员工的犯罪行为，建立违规举报制度，让员工举报可能的违规行为；

（6）通过适当的惩戒机制始终严格执行合规标准；

---

〔92〕 See Win Swenson, “The Organizational ‘Guidelines’ ‘Carrot and Stick’ Philosophy, and Their Focus on ‘Effective’ Compliance”, in *Proceedings of the Second Symposium on Crime and Punishmen in the United States*, “Corporate Crime in America: Strengthening the ‘Good Citizen’ Corporation” (Sept. 7-8, 1995), at 25, available at: http://www.ussc.gov/Guidelines/Organizational Guidelines/SpecialReports/wcsympo.pdf（强调在前联邦量刑指南时代，对公司的量刑缺乏一致的、统一的原则，“法官一直在努力地寻求制裁经济犯罪公司的正确方法”）。

〔93〕 Kathryn Keneally, “Corporate Compliance Programs: From the Sentencing Guidelines to the Thompson Memorandum and Back Again”, *Champion Magazine*, 2004.6, at 42.

〔94〕 See U.S Sentencing Comm'n, Supplementary Report On Sentencing Guidelines For Organizations (1991), available at: http://www.ussc.gov/Guidelines/OrganizationalGuidelines/ HistoricalDevelopment/Org-GL83091.pdf（详细介绍了量刑委员会在组织量刑方面做出的实证研究和分析，1988年至1990年间从774个组织和有关个人被告收集了80多个变量的信息，才最终起草组织量刑指南）。

〔95〕 USSG § 8A1.2, application note 3 (k) (2010).

（7）发现犯罪行为后，采取必要的合理措施来应对犯罪行为，并预防类似行为发生，例如，修改完善合规计划[96]。

1991年的《组织量刑指南》明确指出，有效的合规计划意味着一个合理设计、实施和执行的机制，这样才能有效地预防和发现犯罪行为。[97] 未能防止犯罪行为发生并不代表合规计划不起效用，但有效合规计划的标志是一个企业能尽职调查，以预防和发现员工的违法违规行为。[98] 上述7个标准就是企业为制定有效的合规计划所必须采取的重要监管措施。

《组织量刑指南》之于企业诉讼及合规计划的意义，再怎么夸大也不为过。这些指南为企业提供了一个框架，这个框架为有效的合规计划提供了土壤。同时，这些指南还给检察官提供了一个参考框架，以帮助他们判定哪些才是企业犯罪范围中的情节极为严重且容易查证的犯罪行为。检察官在考虑分析应给予犯罪企业什么样的指控、应该罚款多少时，就可以用这些指南来指导他们做出最合适的决定。合规能作为检察官量刑的参考；事实上，在量刑指南指导下，一个完备的合规计划有可能帮助企业免去近30%的罚款。[99]

《组织量刑指南》不仅将合规正式归为了联邦诉讼和量刑的参考，也催生了道德合规行业。[100] 1992年，“道德与合规官协会”成立，最初有七名正式会员。[101] 现在这个组织已经有数千名会员了，他们就合规事宜为企业提供咨询和建议。[102] 虽然合规得到了普遍的重视，但实际上，因违法而受到联邦公诉的企业中几乎没有一个拥有完备的合规计划。[103]

1995年，量刑委员会开始调查依《组织量刑指南》量刑的企业是否拥有有

---

〔96〕 Id. § 8B2.1 (b) (2010).

〔97〕 Id.

〔98〕 Id. § 8B2.1 (a) (2010).

〔99〕 See infra Part III（在第八章指导下计算组织的量刑）.

〔100〕 See History of the Ecoa, Ethic and Compliance Officer Association, http://www.theecoa.org/imisl5/ECOAPublic/ABOUTTHEECOA/History-ofLtheECOA/ECOAPublic/AboutContent/History.aspx? hkey=43ce057e-1870-408c-a6b3-b227c5b2950（最后访问时间：2011年6月4日）。

〔101〕 Id.

〔102〕 Ecoa Global Network, Ethic and Compliance Officer Association, http://www.theecoa.org/imisl5/ECOAPublic/ABOUT-THEECOA/ECOAGlobal-Network/ECOAPublic/AboutContent/Global_ Network.aspx（最后访问时间：2011年6月4日）。

〔103〕 See U.S Sentencing Comm'n, Annual Sourcebooks (1996 - 2009), available at: http://www.ussc.gov/Dataand_ Statistics/archives.cfm.

效的合规计划。[104]

量刑委员会的数据只覆盖了在联邦法院定罪、判刑的企业，所以这个数据库并不能代表通过其他途径（比如，暂缓起诉和不起诉协议）获得减刑的案例。[105] 但是这些数据（如下表2）表明，司法部刑事调查的目标企业里确实存在着合规缺陷。

表2 逐年来看被定罪、判刑的公司的合规情况[106]

类别＼年份	1996	1997	1998	1999	2000	2001	2002	2003	2004	2005	2006	2007	2008	2009
拥有有效的合规计划的组织		1	0	1	0	0	0	0	0	0	0	1	0	0
拥有合规计划，但计划起效的组织	0	0	0	0	14	2	0	0	0	0	0	0	0	0
没有有效的合规计划的组织	94	112	118	91	118	90	143	90	20	69	108	88	93	96
总计	94	113	118	92	132	92	143	90	20	69	108	89	93	96

表2展示的最新数据表明，1996年到2009年间，只有3家公司得益于自己有效的合规计划，罪责指数减少。除此之外还有16家公司也拥有合规计划，但因并不满足《组织量刑指南》的最低要求，不能视作为有效的合规计划。《组织量刑指南》为公司提供了合规模式的基准，为检察官提供了诉讼量刑时评估公司行为的框架。这些数据突出表明，有效的公司合规计划能起到至关重要的威慑作用，但被判违反联邦法律的公司大多依然缺乏有效的合规计划。

（三）对组织适用的联邦刑事诉讼规则

没有事实表明1991年以前法院在判处企业违法犯罪行为时考虑过合规性问

---

[104] See U. S Sentencing Comm'n, 1995 Annual Report 120 - 28 (1995), available at: http://www.ussc.gov/Dataand_ Statistics/AnnualReports-andSourcebooks/1995/ANNUAL95. htm.

[105] See U. S Sentencing Comm'n, Guide to Publications & Resources (2010), available at: http://www.ussc.gov/Publications/ 2010Guide to Publications andResources. pdf.

[106] U. S Sentencing Comm'n, Annual Sourcebooks (1996-2009), available at: http://www.ussc.gov/DataandStatistics/archives. cfm.

题，也没有出现过检察官将合规作为量刑参考的情况。1991年后，联邦检察官依据索恩伯格备忘录（后来是阿什克罗夫特备忘录）量刑的时候将合规计划纳入考虑范畴，并在正式提交控诉前按照量刑指南计算了被指控企业的刑度。[107]

1999年，时任美国司法部副检察长的埃里克·霍尔德（Eric Holder）发布了正式的企业诉讼指南［1999版霍尔德备忘录（1999 Holder Memo）］，指明了检察官决定起诉公司时必须考虑的几个因素。[108]

1999版的霍尔德备忘录正式指出了早已为联邦检察官、法官清楚认识到的问题：影响公司起诉、量刑决定的变量和影响个体起诉的因素之间存在巨大的差异。[109] 为阐明这些不同之处，霍尔德备忘录补充了联邦刑事诉讼基本规则中要求“检察官只对情节极为严重且容易查证的犯罪行为提起诉讼”这一规定，列举了检察官指控公司时应考虑的8个具体因素。[110] 这些因素被视为对适用于个人犯罪基本诉讼参考因素的补充。[111]

霍尔德备忘录列出的框架要求，决定是否对公司提起诉讼时要考虑以下8个因素：①犯罪行为的性质、严重程度；②该公司内违法违规行为的普遍性；③该公司的类似行为史；④该公司发现犯罪行为的及时性、自觉性，对调查人员的配合度；⑤公司是否拥有合规计划，其合规计划是否完备；⑥公司采取的补救措施；⑦有没有附带的不良后果，包括对无罪的股东、员工造成的不等的损失；⑧可用的不违法补救措施是否妥善。[112]

虽然最初合作得到了关注，但合规才是诉讼时重点考虑的因素。事实上，这

---

〔107〕 See Thornburg Memo, supra note 81; see also Ashcroft Memo, supra note 58.

〔108〕 埃里克·霍尔德（Eric Holder，时任美国副检察长）向联邦检察官及司法部领导发布了关于“对公司的犯罪行为提起诉讼”的备忘录（1999年6月16日）（hereinafter 1999 Holder Memo），available at：http：//www.justice.gov/criminallfraud/documents/ reports/1999/charging－corps.PDF；see also Lawrence D. Finder and Ryan D. McConnell, Devolution of Authority：The Department of Justice's Corporate Charging Policies, 51 ST. Louis U. L. J. 1, 7（2006）（阐明1999年霍尔德备忘录“采取了一系列调查政策（组织量刑指南），并将其与一套预审政策和举措（“美国检察官手册”）合并，这改变了司法部的公司起诉政策”）。

〔109〕 1999 Holder Memo, supra note 108, at Section II. A（列出了处理公司法人被告时应考虑的具体因素）.

〔110〕 Id.

〔111〕 Id.（阐明“一般来说，在决定是否起诉公司时，检察官应考虑与起诉个人相同的因素……但是，由于公司是‘法人’性质，所以可能需要额外考虑一些因素”）

〔112〕 Id.

8 条里有 3 项是关于合规的[113]，只有 1 项是关于合作的。[114] 1999 年的霍尔德备忘录指导检察官从以下 3 个方面参考合规性：①企业违法违规行为的普遍性；②企业是否拥有合规计划；③企业采取的补救措施。[115] 首先，在要求评估企业违法违规行为普遍性的规定中，霍尔德备忘录特别提到，若企业内部个别员工出现了单独的违法违规行为，那么依照雇主责任制把责任强加到一个拥有完备合规计划的企业上，就不甚合理了。[116] 其次，第 2 条强烈要求检察官调查合规计划在企业内是否是独立的职能业务，是否起了效用。[117] 最后，第 3 条引导检察官考虑企业在违法违规行为出现后，所采取的进一步修补、完善合规计划的补救性措施。[118]

1999 年霍尔德备忘录的关键点在于提出公司不应该只有“纸面计划”。[119] 该备忘录提醒检察官核查企业的合规计划，若该企业只有一个表面的合规计划，或者实际上不起效用的“纸面计划”，那么就不算该企业有合规性。[120] 为了确定企业的合规是不是“纸面计划”，霍尔德备忘录引导检察官检查“企业是否指派了足够多的职员来审核、记录、分析和应用合规工作的成果”。[121] 条例指出，“评估任何机制的关键都在于看它是否是为了充分防止或发现员工的违法违规行为而精心设计的，企业的管理运行又是否在支持、遵循这种机制”。[122] 对于面临司法部公诉的企业来讲，这就意味着它们如果没有采取措施来执行合规政策、不

---

〔113〕 See USAM § § 9-28. 500, . 800, . 900 (2008)（列出了对商业组织的联邦起诉准则）.

〔114〕 1999 年霍尔德备忘录阐述道，“合作”是决定是否起诉公司时的一个考量因素。1999 Holder Memo, supra note 108, at VI. 在评估“合作”程度时，检察官可以衡量“公司自我检举时所提供信息的全面性，包括必要时放弃律师客户及工作产品的保护特权”。Id. 由于已有大量奖学金专门为研究“合作在审前协议中的作用”而设置，本文则重点介绍了合规情况，对合作只是一带而过。See, e. g. , Lisa Kern Griffin, “Compelled Cooperation and the New Corporate Criminal Procedure”, 82 *N. Y. U. L. Rev.* 311, 324-26 (2007)（批评了暂缓起诉协议，认为它向有关公司实施了过度和不恰当的管理控制）；Leonard Orland, “The Transformation of Corporate Criminal Law”, 1 *Brook. J. Corp. Fin. & Com.* L. 45, 7-81 (2006)（讨论了起诉协议中有关滥用政府策略的观点）；Finder & McConnell, supra note 108, 17 [“与汤普森备忘录相一致，审前协议的中心议题是配合政府调查（与政府合作）”]

〔115〕 Christopher A. Wray and Robert K. Hur, “Corporate Criminal Prosecution in a Post-Enron World: The Thompson Memo in Theory and Practice”, 43 *AM. Crim. L. Rev.* 1095, 1100 (2006).

〔116〕 See USAM § 9-28. 500 (2008).

〔117〕 USAM § 9-28. 300 (2008).

〔118〕 See USAM § § 9-28. 500, . 800, . 900 (2008)（列出了对商业组织的联邦起诉准则）。

〔119〕 1999 Holder Memo, supra note 108, at Section VII. B.

〔120〕 Id.

〔121〕 Id.

〔122〕 Id.

保证员工理解并遵循合规管理，那么即使是出台了极为完善的合规政策，也不能免受与合规相关的控诉（或者折扣后的罚款）。[123]

2003年，副检察长拉里·汤普森（Larry Thompson）发布了一份备忘录［汤普森备忘录（Thompson Memo）］，为联邦检察官提供了控诉企业方面的改进后的指导性建议。[124] 然而，这份备忘录没有对合规方面的几个因素做出改动，而是在公司诉讼框架上增添了第9个因素，这个因素是关于对个人进行犯罪指控妥善性的规定。[125] 值得注意的是，汤普森备忘录中明确提出，审前分流是给积极发展合作与合规企业的适当奖励，为之后的暂缓起诉和不起诉协议做铺垫。[126] 下文讨论的这些协议具有合规的特征，它们给予了坚持合规改革并配合司法部调查的企业一个免予刑事定罪的机会。[127] 虽然司法部最近将不再管理律师客户特权和律师费、被调查员工的工资、联合辩护协议等企业合作方面的事务，但司法

〔123〕 Id.

〔124〕 See Colin P. Marks, "Corporate Investigations, Attorney-Client Privilege, and Selective Waiver: Is a Half-Privilege Worth Having At All?", 30 *Seattle U. L. Rev.* 155 (2006)（详细阐述了有关律师—当事人特权豁免的许多问题）; see also Finder & McConnell, supra note 108, at 9（强调1999年霍尔德备忘录中最有争议的就是有关公司的律师—当事人和工作产品特权豁免的条款）。

〔125〕 Thompson Memo, supra note 15. 汤普森备忘录进一步强化了合作的议题，要求企业采取有争议的行动，例如放弃律师客户特权、移交内部调查收集的资料、拒绝向公司高管提供律师。Id. 随后，副检察长保罗·麦克纳特（Paul McNulty）在2006年发布了一份令人困惑的备忘录，此备忘录修订了合作指南，试图将潜在的特权信息划为不同的类目，并实施特权豁免审批程序。见 保罗·麦克纳特（Paul J. McNulty，副检察长）向联邦检察官及司法部领导发布的关于“商业组织的联邦起诉准则”的备忘录（2006年12月12日）(hereinafter McNulty Memo), http://www.justice.gov/dag/speeches/2006/mcnulty-memo.pdf. 麦克特纳备忘录于2008年废除，并被美国检察官手册的§ 9-28.000所代替，其中特别规定，检察官不得为了诉讼目的而要求特权豁免、增加公司收费或安排联合辩护。USAM § 9-28.000 (2008). 但是，公司仍然享有自愿放弃律师客户及工作产品特权的自由。Id.

〔126〕 See Thompson Memo, supra note 15. 汤普森备忘录承认没有什么合规计划能防止公司员工的所有犯罪活动，但强调司法部评估合规计划的关键考量因素是“该计划是否被充分设计，以最大限度地有效预防和检测员工的不法行为，以及企业管理层是否执行该计划，还是默认鼓励甚至迫使员工从事不当行为来实现业务目标”。Id.

〔127〕 Wray, supra note 115.

部出台的关于合规作为公司诉讼参考的政策并没有发生动摇。[128]

2010 年，总检察长埃里克 · 霍尔德（Eric Holder）在阿什克罗夫特备忘录和索恩伯格备忘录的指导下略微改动了联邦刑事诉讼基本规则，把“检察官必须只对情节极为严重且容易查证的犯罪行为提起诉讼”中的“必须”（must）改成了“应该”（should），还给了检察官更大的起诉自由，允许他们个人对犯罪行为做出评估。[129] 但是，1989 年以来，最基本的理念一直没变：检察官要在分析“联邦量刑指南”的基础上做出诉讼决定。[130] 1991 年以后，检察官针对企业犯罪进行诉讼分析时，在符合《组织量刑指南》前提下，逐渐将合规视为关键的考虑因素，因为合规有可能帮公司免去多达 30%的罚款。[131] 另外，1999 年后出现了为诉讼分析设计的规则框架，在这个框架里，至少 1/3 的诉讼规则涉及了合规。[132]

四、根据量刑指南第八章《组织量刑指南》对企业进行量刑

为了符合索恩伯格备忘录、阿什克罗夫特备忘录、《美国检察官手册》9-27.000 的 2010 版霍尔德备忘录和 9-28.000 司法部出台的企业起诉原则，检察官应在正式提交控诉之前计算出被告企业应受处罚的刑度。[133] 依据《组织量刑指南》计算的刑度和《联邦量刑指南》中对犯罪个人的量刑不同，因为对企业量刑涉及特殊的因素，比如，企业采取了何种措施来抵制员工的犯罪行为、企业

---

〔128〕 参见马克 · 菲利普（Mark R. Filip，副检察长）向联邦检察官及司法部领导发布的关于“商业组织的联邦起诉准则”的备忘录（2008 年 8 月 28 日）(hereinafter Filip Memo), available at: http: // www. justice. gov/dag/ readingroom/dag-memo-08282008. pdf（在特权豁免、雇员补偿、联合辩诉协议和雇员终止合约等方面重新考虑企业合作信贷，将公司起诉准则收入检察官手册的 9-28.000 节里）; see also United States v. Stein, 541 F. 3d 130, 150 (2d Cir. 2008)（认为政府对公司施加压力，拒绝赔偿高级职员和董事人员的合作违反了宪法“第六修正案”，侵犯了高级职员和董事的权利）. 有趣的是，随菲利普备忘录而来的指示中明确建议了联邦检察官应将当前 9-28.000 里的公司起诉政策（而非与特定总检察长或副检察长有关的政策）纳入司法部的检察官手册。(例如，霍尔德备忘录 Holder Memo、汤普森备忘录 Thompson Memo、麦克纳特备忘录 McNulty Memo). Filip Memo, supra. 现在，9-28.000 里的公司起诉准则常被引为“USAM § 9-28.000”。

〔129〕 2010 Holder Memo, supra note 68（规定“合理行使公诉裁量权对于维持联邦刑法管理的公平、公正和有效至关重要”)。2010 年霍尔德备忘录未提出 9-28.000 里的“起诉公司应考虑的因素”。

〔130〕 2010 Holder Memo, supra note 68（“近三十年来，检察官手册第 9 章 27 节的联邦起诉准则一直指导着检察官……”）。

〔131〕 See USSG § 8C2.5 (2010).

〔132〕 See 1999 Holder Memo, supra note 108（起诉准则框架里共有 8 个因素，其中 3 条涉及合规)。

〔133〕 USAM § § 9-27.000 to 9-28.000 (2008).

对调查的配合程度以及组织的规模等。[134]

按照《组织量刑指南》，除非企业的主要目的是从事犯罪活动，否则量刑指南的刑度将按如下方式计算：①确定犯罪等级；②把罪行等级代入公司罚款表；③确定罪责指数；④对罪责指数用乘数加倍，以确定该行为在量刑指南下的最高和最低罚款数额。[135] 计算出假定的刑度参考能很快地展现出企业因拥有有效的合规计划而获得的重大益处——这种益处体现在诉讼和量刑两方面。

（一）第一步：确定犯罪等级

在《组织量刑指南》下，确定指南刑度的第一步涉及与个人犯罪量刑类似的分析过程。量刑指南第二章里的《犯罪行为认定方案》是用来认定潜在犯罪行为的。[136] 例如，若某企业违法行为在《反海外腐败法》中被认定为贿赂行为，那么罪行等级按照指南里的§2C1.1来评定。[137]

在量刑指南里，基本罪行等级为12（除非被告是公务人员），和特定的犯罪行为特征相对应，比如，涉贿数额、贿赂金额和受益总额等。[138] 量刑接下来要参照§2B1.1规定的“经济犯罪的量刑”中的经济损失表，根据损失数额来增加犯罪行为等级。[139]

§2C 1.1 行贿、教唆行贿、受贿罪；利用公务权利敲诈罪；剥夺公务人员勤政服务之无形权利的欺诈罪；通过干涉政府运作的欺诈共谋罪

（a）基本罪级：

（1）如果被告是公务人员，则为14级；

（2）其他情形，则为12级。

（b）特殊罪行特征

（1）如果罪行涉及多次贿赂或敲诈，则增加2级；

---

〔134〕 Paula A. Tuffin, Effective Compliance and Ethics Programs Under the Amended Sentencing Guidelines, Newsletter of the Aba Business Law Section Committee on Corporate Compliance (Summer 2010), http://www.abanet.org/buslaw/committees/CL925000pub/newsletter/201007/tuffin.pdf.

〔135〕 若组织的首要目的是进行犯罪活动，则量刑指南要求对该组织的罚款数额要足够剥夺其所有财产。USSG § 8C1.1 (2010).

〔136〕 See USSG § 1Bl.1 (a) (2) (2010)（说明指南应用规则的几个步骤，阐释如何运用量刑指南第二章）。

〔137〕 USSG § 2C1.1 (2010).

〔138〕 USSG § 2C1.1 (a) (2) (2010).

〔139〕 USSG § 2C1.1 (b) (2) (2010).

（2）如果公务人员或其代理人员的支付额度、接受利益或回扣、所得以及未来所得，政府因此犯罪所导致的损失非常大且超过 5000 美元，则按 § 2B1. 1 增加相应罪级；

（3）如果罪行涉及被选举的公务人员、高级决策公务人员、敏感职位公务人员，则增加 4 级。如果最终罪级低于 18 级，则增加到 18 级；

（4）如果被告是公务人员，其协助①某人、交通工具、货物进入美国；②获得护照和籍贯、公民身份、合法入境（legal entry，入境）、居留权；③获得政府身份文件，则增加 2 级。

（c）交叉参考

（1）如果犯罪的目的是为了实施另一犯罪，且最终罪级高于按上述所定罪级，则适用实施另一犯罪共谋罪的量刑指导方针；

（2）如果犯罪的目的是隐瞒、阻碍司法机关处理另一犯罪，且最终罪级高于按上述所定罪级，则对于另一罪行适用 § 2X3. 1（事后从犯）或 § 2J1. 2（妨害司法管理）；

（3）如果罪行涉及生理伤害或财产损害威胁，且最终罪级高于按上述所定罪级，则适用 § 2B3. 2。

（d）罚款的特殊规定——组织

（1）根据 § 8C2. 4 的（a）（3）项所定罚款原则适用最高级：①非法支付价值；②接受价值或回扣价值；③因非法支付所导致的间接损害的价值。

§ 2B1. 1. 盗窃、侵占以及其他形式偷盗罪，收受赃物罪，毁坏财产罪，欺诈罪，欺骗罪，伪造罪，变造罪，假冒伪劣罪。

（a）基本罪级

（1）如果①被告犯有该指导方针所定罪行，且②罪行的法定刑期上限是 20 年或 20 年以上，则为 7 级；

（2）其他情形，则为 6 级。

（b）特殊罪行特征

（1）如果损失超过 5000 美元，则按如下情形增加罪级（offense level）：

损失（适用最高级）		增加的罪级
（A）	5000 美元或 5000 美元以下	无罪级增加
（B）	超过 5000 美元	增加 2 级

续表

损失（适用最高级）		增加的罪级
(C)	超过1万美元	增加4级
(D)	超过3万美元	增加6级
(E)	超过7万美元	增加8级
(F)	超过12万美元	增加10级
(G)	超过20万美元	增加12级
(H)	超过40万美元	增加14级
(I)	超过100万美元	增加16级
(J)	超过250万美元	增加18级
(K)	超过700万美元	增加20级
(L)	超过2000万美元	增加22级
(M)	超过5000万美元	增加24级
(N)	超过1亿美元	增加26级
(O)	超过2亿美元	增加28级
(P)	超过4亿美元	增加30级

（2）若某企业行贿不止一次，且总经济收益达5000万美金，那么根据§2C1.1，该企业总的罪级应为36级。[140]

（二）第二步：把罪行等级代入罚款表格

第二步要把从量刑指南2C1.1得出的罪行等级代入《组织量刑指南》的基础

〔140〕 罪级36点由以下几项合计而来：基本罪级12点［据2C1.1（a）（2）］，由于犯罪行为涉及不止一次贿赂，加两点［据2C1.1（b）（1）］，由于贿赂额数价值五千万美金，再加22点，得到36点［参见2B1.1（b）（1）（L）（损失额数大于两千万美金）］。

罚金额度表中。[141] 我们假设这将导致 5000 万美金的基础罚款额（这比 8C2.4“罪级-罚款”表格中规定的数额大）。[142] 若由违法获得的金钱收益低于“罪级—罚款”表格中罪级 36 级所对应的罚款额，那么表格中的数额就可以视作基础罚款额。[143]

§8C2.4. 基础罚款额

(a) 基础罚款额取以下几个中的最大值

(1) §8C2.3（犯罪行为等级）确定的与罪级相对应的罚金数额，参照（d）表；

(2) 组织从犯罪行为中获取的经济收益；

(3) 组织犯罪造成的金钱损失，包括故意、明知或过失造成的损失。

(b) 如果第二章适用的犯罪行为指南里列出了对组织罚款的特别建议，则可遵循该建议

---

〔141〕 Michael Viano & Jenny R. Arnold, Corporate Criminal Liability, 43 AM. Crim. L. Rev. 311, 329 - 32 (2006). 只要基础计数是第 8C2.1 节中引用的，《组织量刑指南》下的罚款准则就适用。适用于涉及违反《反海外腐败法》(FCPA) 行为的刑度计算常用指南（第 2C1.1、2B1.1、2B4.1 节）包含在 802.1 中。一旦确定组织量刑指南适用，基础罚款计算分析便从 USSG §8C2.4 开始，其中规定的基础罚款额取以下几项中的最大值：①“罪级—罚款”表格中规定的基础金额［列在 8C2.4（d）里］；②组织获得的金钱利益；③组织承受的金钱损失。重要的是，8C2.4（b）强调只要适用的罪行指南对组织罚款有特别指示，那么不论何时，这些特别指示都适用。指南第二章里常涉及对组织罚款的特别指示。这些特别指示规定，罚款额应取①非法付款的价值、②收到的利益、或③非法付款造成的损失中的最大值，而不考虑金钱损失，即第 8C2.4（a）(3) 中的第三个选择。See, e.g., USSG §§ 2C1.1（d）(1)、2B4.1（c）(1)（均包括组织罚款特别指示）。基本上，这意味着基础罚款额通常是以下几项的最大值：①基础罚款表；②组织获取的金钱利益；③非法付款的价值；④非法付款获取利益的价值；或⑤非法付款造成的损失。任何时候，针对具体犯罪行为的指南第二章都包括对组织罚款的特别指示，该指示实际上不会将金钱损失视为违法行为，并将其替换为上述三项。此外，若贿赂价值或由于贿赂获取的利益价值超过 7250 万美元，该数额将被作为基础罚款金额，因为“罪级—罚款”表的上限为 7250 万美元，所以当贿赂的数额高于上限时，就不再取最大值为基础罚款额了。比较暂缓起诉协议，United States v. Technip S.A., No. 4-10-CR-00439 (S.D. Tex. June 28, 2010) [hereinafter DPA (Technip DPA)] [以 § 8C2.4 和 § 2C1.1(d)(1)(B)得来的利益价值计算 1.99 亿美元的罚款额]，及暂缓起诉协议，United States v. Pride International, Inc., No. 10-CR-766 (S.D. Tex. Nov. 4, 2010) [hereinafter DPA (Pride Int'l DPA)]（公司获取的总利益仅为 1300 万美元，故使用“罪级—罚款”表格中的 7250 万美金作为基础罚款额），和暂缓起诉协议，United States v. Aibel Group Limited, No. 07-CR-005 (S.D. Tex. Jan. 5, 2007) (hereinafter Vetco DPA) [将收益价值（59455.62 亿美金）作为基础罚款额，而“罪级—罚款”表格建议的罚款额仅有 160 万美金]。

〔142〕 See USSG §§ 2C1.1 & 8C2.4 (2010)（将 8C2.4 得出的基础罚款代入 2C1.1 中，可以得到 5000 万美元的基础罚款标准）。

〔143〕 这样，假想组织的收益额为 5000 万美金，而与罪级 36 相对应的数额则为 4550 万美金。基础罚款额是按罚款标准、组织收益额或损失额中的最大值来计算的，而 5000 万美金是最大值，则依据 8C2.4（a），5000 万美金就是基础罚款额。

（c）如果对经济收益或犯罪损失的计算非常复杂或者时间漫长，则法院在确定基础罚款额时可不考虑这两个因素

（d）“罪级—罚款”表格

表3 罪级—罚款表

犯罪行为等级	罚款数额
6 或以下	5000 美元
7	7500 美元
8	1 万美元
9	1.5 万美元
10	2 万美元
11	3 万美元
12	4 万美元
13	6 万美元
14	8.5 万美元
15	12.5 万美元
16	17.5 万美元
17	25 万美元
18	35 万美元
19	50 万美元
20	65 万美元
21	91 万美元
22	120 万美元
23	160 万美元
24	210 万美元
25	280 万美元
26	370 万美元
27	480 万美元
28	630 万美元
29	810 万美元

续表

犯罪行为等级	罚款数额
30	1050 万美元
31	1350 万美元
32	1750 万美元
33	2200 万美元
34	2850 万美元
35	3600 万美元
36	4550 万美元
37	5750 万美元
38 及以上	7250 万美元

（三）第三步：确定罪责指数

第三步涉及罪责指数的确定，罪责指数的高低可能会致使罚款额减半或加倍，这取决于组织的规模、配合程度（如果有）以及企业是否拥有有效的合规计划。[144] 根据指南 8C2. 5，计算时的基本罪责指数是 5 点。[145] 举个例子，假设企业有超过 1000 名员工，其出现了违法违规行为，却没有自首，不配合调查也缺乏完备的合规计划，那么要乘的倍数就是 9。[146]

§8C2. 5. 罪责指数

（a）基本罪责指数为 5 点，根据（b）和（g）有所调整

（b）参与或放任犯罪

如果适用不止一条，则取罪责指数最大的：

（1）如果

①组织拥有 5000 或 5000 多名员工，且

---

〔144〕 See USSG § 8C2. 5（2010）（依据组织的规模大小、合作程度、公司是否拥有有效的合规计划，量刑指南会增减罪责指数）。

〔145〕 USSG § 8C2. 5（a）（2010）.

〔146〕 这个罪责系数 9 是这样得出来的，即初始罪责系数是 5［§ 8C2. 5（a）］，如果企业有 1000-5000 员工则增加 4 点［§ 8C2. 5（b）（2）（A）］。这个前提假设是企业并未与调查机关合作。如果企业阻碍了调查，则需要因妨碍司法而额外增加 3 点［§ 8C2. 5（e）］。相反，如果企业具有有效的合规计划，则罪责系数将会减少 3 点［§ 8C2. 5（f）（1）］（如果企业毫无迟疑地报告了相关犯罪）。

（i）组织的某位高层管理人员参与、放任、包庇犯罪；

（ii）组织中有实权的管理人员普遍容忍该犯罪行为；或者

②犯罪发生的部门有5000或5000多名员工，且

（i）该部门的某位高层管理人员参与、放任、包庇犯罪；

（ii）该部门中有实权的管理人员普遍容忍该犯罪行为，

则罪责指数应增加5点；

（2）如果

①组织拥有1000或1000多名员工，且

（i）组织的某位高层管理人员参与、放任、包庇犯罪；

（ii）组织中有实权的管理人员普遍容忍该犯罪行为；或者

②犯罪发生的部门有1000或1000多名员工，且

（i）该部门的某位高层管理人员参与、放任、包庇犯罪；

（ii）该部门中有实权的管理人员普遍容忍该犯罪行为，

则罪责指数应增加4点；

（3）如果

①组织拥有200或200多名员工，且

（i）组织的某位高层管理人员参与、放任、包庇犯罪；

（ii）组织中有实权的管理人员普遍容忍该犯罪行为；或者

②犯罪发生的部门有200或200多名员工，且

（i）该部门的某位高层管理人员参与、放任、包庇犯罪；

（ii）该部门中有实权的管理人员普遍容忍该犯罪行为，

则应增加3点；

（4）如果

组织拥有50或50多名员工，且组织中某位有实权的管理人员参与、放任、包庇犯罪，

则应增加2点；

（5）如果

组织拥有10或10多名员工，且组织中某位有实权的管理人员参与、放任、包庇犯罪，

则应增加1点。

（c）有前科

如果适用不止一条，则取罪责指数较大的：

（1）如果组织（或单独管理的业务线）

①因实施犯罪行为而被判有罪；或者

②因实施两起以上各自独立的违法行为而被判民事或行政违法，又在 10 年内实施类似的犯罪行为，

则应增加 1 点；

（2）如果组织（或单独管理的业务线）

①因实施犯罪行为而被判有罪；或者

②因实施两起以上各自独立的违法行为而被判民事或行政违法，又在 5 年内实施类似的犯罪行为，

则应增加 2 点；

（d）违反法院命令

如果适用不止一点，则取罪责指数较大的：

（1）如果组织（或单独管理的业务线）

①因实施类似犯罪而违反缓刑规定，或

②因实施本罪而违反司法命令或禁止令，

则应增加 2 点；

（2）因实施本罪而违反缓刑规定的，

则应增加 1 点。

（e）妨碍司法

如果组织在调查、起诉或审理犯罪的过程中，故意实施或企图实施妨碍司法行为，或者帮助、怂恿、鼓励妨碍司法的行为，或者在知情的情况下，并未采取合理的措施来阻止这种妨碍行为或妨碍企图，则应增加 3 点。

（f）制定有效的道德合规计划

（1）如果组织虽未能防止犯罪行为发生，但制定了有效的道德合规计划，参照 § 8B2.1（有效的道德合规计划），则应减少 3 点。

（2）如果组织意识到犯罪行为后，没有任何正当理由延期向相关政府管理部门上报，则（f）（1）不适用。

（3）①如果组织的某位高层管理人员、犯罪发生部门（拥有 200 或 200 多名员工）的某位高层管理人员、或者 § 8B2.1（b）（2）②或③中描述的个人有参与、放任、包庇犯罪的行为，则（f）（1）不适用，下面②和③中的情况除外。

②如果一个（i）小规模组织的高层管理人员；或者（ii）组织中有实权但不在高层的管理人员有参与、放任、包庇犯罪的行为，且这个组织不具备有效的

道德合规计划，则（f）（1）也不适用。

③如果有以下情况，则①、②不成立：

（i）负责道德合规管理［参照§8B2.1（b）（2）③］的个人有向有关管理机构或其隶属组织（如董事会审计委员会）检举犯罪行为的直接义务；

（ii）在犯罪行为被组织外的部门发现或在很可能即将被发现之前，组织的道德合规计划就已披露了此犯罪行为；

（iii）组织自发向有关政府当局举报犯罪行为；

（iv）负责道德合规管理的人员没有参与、放任、包庇犯罪行为。

（g）自行检举、合作并承担责任

如果适用不止一条，则取罪责指数最大的：

（1）如果组织发现犯罪行为后，在政府调查或事情即将败露之前主动且及时地向有关政府当局报案，在调查中予以全面合作，并承认自己的罪责，则应减少5点；

（2）如果组织在调查中予以全面合作，并承认自己的罪责，则应减少2点；

（3）如果组织承认自己的罪责，则应减少1点。

（四）第四步：将罪责指数代入罪责乘法表

最后一步要在《组织量刑指南》指导下，将罪责指数代入罪责乘法表。[147]在实际例子里，就会产生最小倍数1.8和最大倍数3.6。[148] 如果把这个规则应用于我们第三步里5000万美金的基础罚款，就会产生1.8亿美元的最高罚款额和9000万美元的最低罚款额。[149]《反海外腐败法》下的最高罚款额设为200万美元或者企业总盈利额的两倍，所以依照法规最高罚款额将会是1亿美元。[150]

§8C2.6. 最小倍数和最大倍数

根据下面的表格，用§8C2.5（罪责指数）得到的罪责指数确定罚款最小倍数和最大倍数，若第二章中有适用的特别罚款建议，也可采用。

---

〔147〕 Michael Viano & Jenny R. Arnold，“Corporate Criminal Liability”，43 *AM. Crim. L. Rev.* 311，336-37（2006）.

〔148〕 USSG § 8C2.6（2010）（与罪责指数9相对应的最小乘数为1.8，最大乘数为3.6）。

〔149〕 See id.

〔150〕 15 U.S.C. § 78dd-2（g）（1）（A）（2010）.

表 4　罪责指数确定罚款倍数

罪责指数	最小倍数	最大倍数
10 或以上	2.00	4.00
9	1.80	3.60
8	1.60	3.20
7	1.40	2.80
6	1.20	2.40
5	1.00	2.00
4	0.80	1.60
3	0.60	1.20
2	0.40	0.80
1	0.20	0.40
0 或以下	0.05	0.20

若企业拥有有效的合规计划，那么根据指南，罚款数额将会有非常大的改变，因为罪责指数从 9 降到了 6。[151] 由于点数变化，最小倍数变成了 1.2，最大 2.4，罚款数额则依据指南变成了 6000 万到 1.2 亿美元（法定上限为 1 亿）。[152] 也就是说，一个有效的合规计划能把可能的罚款参考数额降低 4000 多万美元——除了司法部在《美国检察官手册》9-28.000 里增添的 3 个企业层面的参考因素（也能影响此数额）。[153]

另外，若企业自觉披露了违法违规行为并配合调查，那么罪责指数就会额外降低多达 5 个级，可能从最初的 9 变成 1。[154] 这样一来，最小倍数可能会变成 0.2，最大倍数变成 0.4，罚款参考也就会相应地变成 1000 万到 2000 万，或者低于公司的盈利额。[155]

---

〔151〕若公司拥有有效的合规计划，则罪责指数减少 3 点。See Ussg § 8C2.5 (f (1) (2010)。

〔152〕USSG § 8C2.6 (2010)（与罪责指数 6 相对应的最小乘数为 1.2，最大乘数为 2.4）。

〔153〕USSG § 8C2.5 (f) (1) (2010).

〔154〕若组织自我检举、配合调查并承担责任，则依据 8C2.5 (g)，罪责指数可以减少 5 点；若组织配合调查并承担责任，则减少 2 点；若组织只承担罪责，则减少 1 点。罪责指数取最大值。

〔155〕USSG § 8C2.6 (2010)（与罪责指数 1 相对应的最小乘数为 0.2，最大乘数为 0.4）。

大量法律评论文章讨论过合作带来的无形、有形的益处[156]，但很显然，依据指南为违反《反海外腐败法》的企业量刑时，合作只是其中的一个考量方面。为了量刑时获得最大收益（较小的倍数可能额外降低30%的罚款），企业必须拥有有效的合规计划。[157] 而依据《检察官手册》9-28.000，检察官又必须确定刑度以作为诉讼参考，所以发展合规之于诉讼也有重大的意义。

五、2010年《组织量刑指南》修订

2010年，联邦量刑委员会对1991年版《组织量刑指南》进行了一次最为重大的修订，其中就包括《组织量刑指南》第八章2.5（f）（3）对有效合规计划的定义。[158]

根据修正案，在以下情况下，尽管资历深厚员工参与了违法行为，企业的合规计划仍可视为有效；即：①合规专业人员对董事会审计委员会等监督管理机构有“直接报告义务”；②规范运作能够有效查探非法行为；③自首并告知非法行为；④对合规计划有执行责任的个人并未参与或者纵容非法行为。[159]

---

[156] See e. g. , Lawrence D. Finder, “Internal Investigations: Consequences of theFederal Deputation of Corporate America”, 45 *S. Tex. L. Rev.* 111, 117 - 18 (2003)（阐明在进行内部调查之前，公司必须谨慎地衡量合作可能带来的利益和危害）。许多对合作的批评意见认为，公司从合作中收到极少回报。See Robert Tarun & Peter Tomczak, “A Proposal for a United States Department of Justice Foreign Corrupt Practices Act Leniency Policy”, 47 *Am. Crim. L. Rev.* 153, 216-17 (2010)（认为司法部反垄断分部的宽恕政策应当也适用于反海外腐败法，能给自愿检举触犯反垄断法行为的公司一个喘息的机会）；也可参见前副检察长 George Terwilliger 的讲稿（2010年6月23日），http://www.complianceweek.com/s/documents/TerwilligerRemarks.pclf（认为当前的司法部政策并未给自愿检举违法行为的公司什么好处，呼吁作为自行检举的回报，给予公司“无犯罪倾向的推定”）。

[157] 2010年，美国国会通过了多德·弗兰克法案（the Dodd-Frank Act），该法案包含激励员工的举报者条款，若员工直接向监管机构报告违规行为，而不是通过公司的内部合规体系进行报告，则承诺给举报者美国证券交易委员会（SEC）成功执法行动中缴获罚款的30%。See Dodd-Frank Wall Street Reform and Consumer Protection Act, *Pub. L.* 111-203, H. R. 4173. 多德·弗兰克法案可能使内部合规计划的影响力减弱，并破坏量刑指南在合规方面的立场。Samuel J. Lieberman & Jennifer Rossan, Chief Compliance Officers: Sullivan v. Harnisch and SEC Proposed Whistleblower Rules Bolster Internal Compliance Programs While Creating Catch-22 for Compliance Officers, The Hedge Fund Law Report, 2011. 3. 18, 1. 联邦量刑指南使得公司有时间进行内部调查，并以降低刑度的方式奖励自我检举的公司。See McNulty Memo, supra note 125. 相比之下，多德·弗兰克法案鼓励举报者直接向证券交易委员会报告，不给公司证明合规计划有效性的机会，并拒绝在判刑方面给予公司任何好处。Ashby Jones & Joann S. Lublin, “Critics Blow Whistle on Law”, *Wall St. J.*, Nov. 1, 2010, at Bl.

[158] See U. S Sentencing Comm'n, Amendments to the Sentencing Guidelines (2010), available at: http://www.ussc.gov/Legal/Amendments/Reader-Friendly/20100503_ RFPAmendments. pdf.

[159] USSG § 8C2.5 (f) (3) (A) - (C) (2010).

该修正案中“直接上报义务”的定义对和董事会之间要存在直接沟通渠道提出了要求[160]，还要求企业授予合规专业人员明示的权限，让其能就任何实际或涉嫌犯罪行为，及时与企业主体（如审计委员会）当面沟通。[161] 2010 年 11 月，此修正案生效。[162]

此次修改不仅为面临罚款的企业提供了让其能够利用合规计划减少罚款的途径，也让检察官决定起诉以对首席合规官的汇报架构予以审查。[163] 修正案发布后，首席合规官和董事会之间不仅要有沟通渠道，而且首席合规官 1 年内要至少一次向董事会就合规管理的有效性进行汇报。[164]

最高法院强调企业董事会和首席合规官之间应存在直接汇报渠道，这一点在最近的起诉协议中也得到了支持。最近的暂缓起诉协议和不起诉协议就倾向于修改合规结构，以便企业首席合规官能够直接和审计委员会进行沟通。[165] 而这一汇报架构与量刑指南 8B1（b）（2）③中的规定有重合之处，该规定指出有效的合规管理将会“让企业特定个体人员每天都有任务分配……承担责任……定期向高层人士汇报，相应地向管理当局（汇报）……享有和管理部门或者特定小组直接沟通的权限”。[166] 2010 年《联邦量刑指南》关于首席合规官汇报架构修正案和企业起诉因素 9-28.000 中关于暂缓起诉协议和不起诉协议的内容有重合之处，这就说明，遵守量刑指南规定的企业合规计划也应遵从暂缓起诉协议和不起

---

〔160〕 USSG § 8C2.5, application note 11 (2010).

〔161〕 Id.

〔162〕 Tuffin, supra note 134.

〔163〕 See Jay Martin and Ryan D. McConnell, How Revised Sentencing Guidelines Impact CCOs, Compliance Week (May 4, 2010), available at: http://www.complianceweek.com/pages/login.aspx?returl=/how-revised-sentencingguidelines-impactccos/article/186734/&pagetypeid=28&articleid=186734&accesslevel=2&expireddays=0&accessAndPrice=0（为了顺利地按罚款表格进行三步调整，合规专业人员必须直接向执政机关报告）。

〔164〕 Id.

〔165〕 See, e.g., Deferred Prosecution Agreement, United States v. Tidewater Marine International, Inc., No. 10-CR-770 (S.D. Tex. Jan. 5, 2007)（hereinafter Tidewater DPA）（要求公司指派负责监督合规计划的高级职员履行“直接上报给独立监督机构的义务，包括内部审计”）。

〔166〕 USSG § 8B2.1 (b) (2) (C) (2010). 美国量刑委员会审议并驳回了要求高层管理人员、拥有实权的管理人员及其他所有员工“了解组织的文件保留政策，并遵守任何此类政策，以实现量刑指南的‘有效合规计划’目标”的议案。Notice of Proposed Amendments to Sentencing Guidelines, Policy Statements, and Commentary, 75 Fed. Reg. 3525, 3535 (2010.1.21). 此外，量刑委员会决定不纳入 8B2.1（b）（7）评注中的一项拟议修正案，它允许“组织采取额外步骤，保留独立的监测机构，以确保充分评估合规计划并实施修改”。Id. 量刑委员会也拒绝接受“以独立监察为工具来评估公司的罪后恢复情况”的议案. Id. 反之，量刑委员会接受了“允许公司聘请外部律师审查其合规计划，将监督公司罪后恢复情况的工作留给缓刑办公室”。See Martin, supra note 163.

诉协议的指导。[167]

六、经合组织指导准则

正值量刑委员会考虑对于《组织量刑指南》在首席合规官汇报架构做出调整之际，2010年3月，经济合作与发展组织发布了《内部控制、企业道德及合规运营良好行为准则》。[168]

经合组织框架为企业提供了反腐方面的指导。[169] 秘书长安赫尔·古利亚严肃指出，这一框架的发布为企业商业组织在这一方面提供了“有史以来最为全面的指导”[170]，尽管其不具备法律约束力，但是它旨在帮助企业有效地加强内部控制、企业道德以及合规计划，以此打击违反《反海外腐败法》的贪污受贿行为。[171]

经合组织的指导列出了确保公司拥有有效合规计划时应考虑的12个要素。[172] 这12个要素就包括：①企业高层管理人员对于合规计划的支持；②企业政策对于贿赂行为的明令禁止；③所有员工对于遵从内部控制及合规计划这一义务达成共识；④适时适当监督合规计划实施情况，包括监督人员和董事会独立监督个体之间的汇报架构；⑤企业道德及合规计划对个别内容进行强调，包括：赠品、招待费用、应酬开销、顾客差旅费用、政治捐赠、慈善捐赠、赞助费用、好处费、询价及勒索；⑥将合作第三方纳入合规计划；⑦完善会计流程以确保会计账簿和记录的准确性；⑧对全体职员及子公司进行培训；⑨鼓励遵循合规计划的措施；⑩修正合规计划错误的纪律处分程序；⑪制定一套体系，让员工得以检举涉嫌违规行为以及能对国外潜在违规员工予以紧急警告；⑫定期审查评估合规计

---

〔167〕 Id.

〔168〕 See Organization for Economic Cooperation and Development, Good Practice Guidance on Internal Controls, Ethics, and Compliance 2010 (改编版 2010. 2. 18) [hereinafter Good Practice Guidance], available at: http: //www. oecd. org/dataoecd/5/51/ 44884389. pdf.

〔169〕 See id.

〔170〕 See Oecd calls on businesses to step for their fight against bribery, Oecd (Mar. 3. 2010), http: //www. oecd. org/document/41/0, 3343, en_ 26493448744697385 1_ 1_ 1_ 1, 00. html.

〔171〕 Id.

〔172〕 Jeremy B. Zucker and T. Clark Weymouth, An International Standard for Corporate Compliance?, LAW360 (May 14, 2010), http: //www. hoganlovells. com/files/Publication/932cd4ld - 8dcf - 41b5 - bf03 - 0f987601275a/Presentation/PublicationAttachment/d7e215fe - cle4 - 4flc - a86e - 14e2669401f2/ZuckerWeymouth-Law360. com. pdf

划的有效性。[173]

尽管司法部还未如经合组织准则那样对合规计划提出如此明确的指导，但接下来将要对近期的暂缓起诉协议和不起诉协议进行讨论，其中有些内容便和经合组织中的准则相类似。

七、企业合规计划关键概念以及如何有效利用合规计划

（一）暂缓起诉协议和不起诉协议概述

1991 年《组织量刑指南》生效后，联邦检察官就开始利用指南因素对企业合规计划的完备性予以评估。企业如何建立有效的合规计划以应对起诉和判决这一问题，除《组织量刑指南》提出的七大因素以外，几乎没有其他明确的指导。[174]

1993 年，《组织量刑指南》实施初期，检察官不再从起诉和撤诉之间二选一。相反，他们开始与企业达成一致目标，签订协议，在不定罪的情况下，审理企业刑事案件。[175] 这些协议要么是撤销对企业指控，即不起诉协议；要么是延缓针对企业的指控，即暂缓起诉协议。[176]

暂缓起诉协议和不起诉协议两者都是由司法部和企业双方签署的协议，用于处理未经定罪的刑事案件，其前提是企业遵循该协议中的条件。[177] 这些条件通常包括：商业和合规计划改革、合作、缴纳大额罚款、承诺打击违法行为。[178] 协议经常还会要求公司雇佣监管人，向司法部汇报协议遵循情况。[179] 暂缓起诉协议和不起诉协议格式类似。暂缓起诉协议通常递交法院，其中包含条款数字，

---

〔173〕 Good Practice Guidance, supra note 168.

〔174〕 See USSG § 8B2.1 (b) (2010).

〔175〕 See Peter J. Henning, "The Organizational Guidelines: RIP?", 116 *Yale L. J.* 312, 312-13 (2007).

〔176〕 Scott D. Michel & Kevin E. Thorn, "Deferred Prosecution Agreements: Implications for Corporate Tax Departments", *The Tax Executive*, Jan. -Feb. 2006, at 50-51, available at: http: //www. capdale. com/files/Publication/f3aeb828-5dl7-4719-b741-89ec48afd09d/Presentation/ PublicationAttachment/70ab2303-1321-44b0-ad52-8cbbc995bl9f/Deferred%20Prosecution% 20Agreements. pdf.

〔177〕 See id.

〔178〕 See id.

〔179〕 参见代理副检察长克雷格·莫福德（Craig Morford）向联邦检察官及司法部领导发布的有关"与公司达成的暂缓起诉协议和不起诉协议中监管人的甄选和任用"的备忘录（2008. 3. 7），available at: http: //www. justice. gov/dag/morforduseofmonitorsmemo-03072008. pdf.

其拟定风格和辩诉协议类似。[180] 不起诉协议通常以信件的形式呈现，其抬头为对企业开展调查的特定司法部部门（如休斯顿的联邦检察官办公室）。[181] 不论是暂缓起诉协议，还是不起诉协议，都必须由司法部和正在接受调查的企业共同签署。[182]

这两类协议的有效期通常为1-5年，这也是已判定违反联邦法律并由法官判处缓刑的企业的一般缓刑时长。[183] 美国缓刑办公室并不会对企业进行监督以及向量刑法官汇报，通常是在监督人员的帮助下履行这一职责。[184] 这类协议里的多数术语表达一致。企业经常会：①承认不法行为；②请求暂缓起诉；③认可协议以及事实依据在法庭上的可取性；④承诺今后不再实施违法行为；⑤同意协助司法部检举其他犯罪者（如让员工出庭，为大陪审团作证，抑或在审判期间向司法部提交其他证据）；⑥承诺企业员工不会违反协议。[185]

如司法部怀疑企业违反协议，那么在其声称企业违反协议并依据公司在法庭上承认过的事实进行刑事起诉之前，暂缓起诉或不起诉协议就为企业列出了申诉程序。[186] 达成暂缓起诉协议和不起诉协议的结果都是一样的：企业通常要缴纳数以百万计的高额罚款以及不用接受刑事定罪。[187]

---

〔180〕 See, e. g. , Deferred Prosecution Agreement, United States v. Wachovia Bank, N. A. , No. 10-20165-Cr-Lenard (S. D. Fla. Mar. 16, 2010); Deferred Prosecution Agreement, United States v. Transocean Inc. , No. 10-CR-768 (S. D. Tex. Oct. 21, 2010) (hereinafter Transocean DPA).

〔181〕 参见 Donald J. DeGabrielle, Jr.（联邦检察官）给 Dennis Cain, Esq. , Moen、Cain 和 O'Brien 的信件（2008. 10. 1）（在弗吉尼亚大学法学院存档），available at: http: //www. law. virginia. edu/pdflfaculty/garrett/republicservices. pdf（来自休斯顿总检察长办公室的有司法部信头的不起诉协议信件）；See also Steven S. Scholes, "U. S. Securities and Exchange Commission Enforcement Manual", 1819*Practising Law Inst.* 299 (2010)（列出了美国证券交易委员会使用不起诉协议的步骤）。

〔182〕 Lawrence D. Finder, Ryan D. McConnell, & Scott L. Mitchell, "Betting the Corporation: Compliance or Defiance? Compliance Programs in the Context of Deferred and Non-Prosecution Agreement - Corporate Pre-Trial Agreement Update-2008", 28 *Corporate Counsel Review* 1, 2 (2009).

〔183〕 See Finder & McConnell, supra note 108, at app.（列述了暂缓起诉协议及不起诉协议中的时长；强调了在审慎的不起诉协议中，5年是最长的年限）。

〔184〕 Id. at 23.

〔185〕 斯科特·哈蒙德（Scott D. Hammond），美国司法部助理副部长，在经合组织竞争委员会中发表演讲："The U. S. Model of Negotiated Plea Agreements: A Good Deal With Benefits For All"（美国的辩诉协议协商模式：益于双方的好交易）(Oct. 17, 2006), available at: http: //www. justice. gov/atr/public/speeches/219332. htm.

〔186〕 Finder &McConnell, supra note 108, at 17（强调指出若公司未遵循暂缓起诉协议和不起诉协议的条款，那么"司法部有使该公司认罪的章程"）。

〔187〕 See Finder & McConnell, supra note 108, at app.（列举出每个暂缓起诉协议和不起诉协议的罚款额度）。

（二）合规计划、暂缓起诉协议、不起诉协议

合规计划的三个核心概念源于《组织量刑指南》以及经合组织准则，包括监测、预防和应对。[188] 合法经营针对的是公司内部监测和预防不法行为，以及应对内部出现的违规预警。司法部还未就如何遵守《组织量刑指南》规定形成有效合规计划提供任何指导，而暂缓起诉协议和不起诉协议为解释这三个概念提供了一个范例。企业能够从这些合规计划失败案例中吸取教训，评估正在接受调查的企业在暂缓起诉协议和不起诉协议中要如何调整合规计划，才能使其符合《组织量刑指南》的规定和应对司法部刑事调查。

许多早期的暂缓起诉协议和不起诉协议都只是粗略地提及了补救措施。但是在过去五年里，司法部签订了大量的起诉协议。如表 5 所列，详细地概括出合规计划的特点，即对试图实行符合《组织量刑指南》的合规计划的企业提供指导。[189] 这些协议也为企业规避合规问题提供了可资借鉴的模型，使其了解司法部在审查合规计划时看重什么。

表 5　近期签订的暂缓起诉协议和不起诉协议[190]

2005	Adelphia, AEP Services, Bank of NY, Bristol Myers, Friedman's Inc. , Hilfiger, KPMG, MCI, Micrus Corp. , Monsanto, Orthoscript, Univ. Med& Dentistry NJ
2006	AIG, Bank Atlantic, BAWAG, Boeing, Endocare, FirstEnergy Nuclear, HealthSouth, HVB, Intermune, Medicis, Mellon Bank, MRA Holdings, OperationsMgmt. Int'l, Prudential, Roger Williams Med. Cntr. , Royal Ahold, Schnitzer Steel, Statoil, Western Geco LLC, Williams Power

〔188〕 See Good Practice Guidance, supra note 168.

〔189〕 See Orland, supra note 114, at 60.

〔190〕 包含合规改革的暂缓起诉协议和不起诉协议都是大胆的。本文仅涉及 2011 年 1 月之前与司法部达成的暂缓起诉协议和不起诉协议。本文的数据资料不涉及与任何其他执法机构（如美国证券交易委员会、司法部的反垄断司或州检察长）达成的协议。我们只列出了用法院文件和美国证券交易委员会文件等公共数据库就能查证的协议。

续表

2007	ABT, Akzo Nobel, Alabama Contract Sales, Am. Express Bank Int'l, Appalachian Oil Co., Baker Hughes, Biomet, Blue Cross&Blue Shield RI, BP, Chevron, Collins&Aikman Corp., DePuy Orthopedics, Echo Inc., El Paso, English Const. Co., Express Scripts, Hoy and Newsday, Ingersol Rand, ITT Corp., Jazz Pharm., Jenkins Gilchrist, Lucent Tech. Inc., Maximus, Mirant Energy, NETeller PLC, NetVersant, Omega Advisors, Paradigm BV, Pfizer, Purdue Pharma, Reliant Energy, Smith&Nephew, Stryker Orthopedics, Textron, Union Bank of California, United Bank of Africa, Vetco, York Int'l Corp., Zimmer Inc.
2008	AB Volvo, AGA Medical, American Italian Pasta, Biovail Pharm., ESI, Faro Tech., Fiat, Fine Host, Flowserve, IFCO Systems, Jackson Country Club, Lawson Products, Milberg, Parkway Village, Penn Traffic, Republic Services, Sigue, WABTEC, Willbros
2009	AGCOCorp., Beazer Homes USA, Columbia Farms, Credit SuisseAG, Fisher Sand &Gravel, Halliburton, Helmerich&Payne, Lloyds ISB Bank, McSha Properties, NeuroMetrix, Novo Nordisk, Optimal Group, Party Gaming Plc, Petrocelli, Pilgrims Pride, Quest Diagnostics, Sirchie Acquisition, Spectranetics, Trace America, Trammo Petroleum, UBS AG, UTStarcom, Wellcare Health Plans
2010	ABB Ltd., ABN Amro Bank, Alcatel-Lucent, Alliance One Int'l, Barclays Bank, Ceramic Protection, CVS, Daimler, Daimler China, Deutsche Bank, Exactech, General Reinsurance, Kos Pharm., Louis Berger Group, MetLife, Noble Corp., Panalpina, PPG Paints Trading, Pride Int'l, RAE Systems, Shell Nigeria, Shiavone Construction, Shoppers Food Warehouse Corp., Snamprogetti, Sportingbet PLC, Technip, Tidewater, Transocean, Universal, Wachovia, Wright Medical

作为暂缓起诉协议和不起诉协议条件之一的合规计划，其改革开始于1993年在洛杉矶联邦检察官办公室达成第一份暂缓起诉协议的时候。当时，这份协议

是由检察官与违反出口管制的美国阿穆尔（Armour of America）公司达成的。[191] 该份协议承认了《联邦量刑指南》的原理：有效的合规计划能够极大地降低企业违背道德或者违法的风险。这不仅是首次应用暂缓起诉协议进行审理的企业刑事案件[192]，也是联邦首个检察官将合规计划纳入考虑范围，决定是否提出刑事诉讼的公开透明的案件。[193] 由于美国阿穆尔公司开展改革，并缴纳了2万美元罚款，检察官事务所在该企业交齐罚款后，撤销了诉讼。[194]

第二年，即1994年，在曼哈顿，美国检察官办公室与犯有证券欺诈罪的保诚证券公司达成暂缓起诉协议。[195] 该协议指出，合规是撤销起诉保诚公司并没有对其定罪的主要原因。[196] 保诚外聘律师在其附有暂缓起诉协议的信中声称，基于保诚公司切实改正其合规计划的举措，检察官不应起诉该公司。[197] 信中写道："1991年初，（新任执行总裁）着手做出了一系列改进，实施改革，在企业上下创立了统一的特色企业文化。"[198] 换而言之，合规是考虑是否起诉企业的关键因素。

保诚公司的改革内容包括：①扩充合规部门，将员工增加至95人，年均预算定为1040万美元；②由高管人员组建风险管理小组，向首席执行官汇报，协调法律和合规事宜；③建立商业审查委员会系统性地审查所有交易；④加强培训力度，包括人均7万美元的新任财政顾问费用，以及1000万美元的训练设施费用；⑤完善用于检测和制止非法行为的审计方案。[199] 对这些方面进行完善，使之符合《组织量刑指南》提出的7大原则。[200] 并且，该企业在董事会内部任命

---

[191] Deferred Prosecution Agreement, United States v. Armour of America (C. D. Cal. Dec. 29, 1993) (hereinafter Armour DPA). 我们将 Armour DPA 作为引证的第一个暂缓起诉协议，是因为唯一早于它的协议——安泰保险（Aetna）与联邦检察官办公室于1993年8月达成的协议属于民事协议。

[192] See id. ; see also Washington Legal Foundation, Special Report: Federalerosion of Business Civil Liberties 6-2 (2008), available at: http: //www. thefederation. org/documents/Final + Timeline + PDF% 5B1% 5D. pdf（对司法部于1993年首次应用暂缓起诉协议做出了评价）。

[193] See Armour DPA, supra note 191; see also Federal Erosion of Businesscivil Liberties, supra note 192, 6-2.

[194] Armour DPA, supra note 191.

[195] Mary Jo White（S. D. N. Y. 的美国律师）写给 Scott W. Muller &Carey R. Dunne（保诚法律顾问）的信（1994. 10. 27）（hereinafter Prudential Agreement）。

[196] Id.

[197] Id.

[198] Id.

[199] Id.

[200] See USSG ch. 8 (2010).

成立了合规委员会，在企业八大分区内设立了区域合规官。[201] 联邦检察官办公室同意，若保诚公司贯彻落实了这些改革并支付3.3亿美元罚款，办公室将在3年以后撤销诉讼。[202]

2010年，安达信（Arthur Andersen）事件爆发，企业被起诉，最终裁减28000个岗位。[203] 事后，司法部频繁地使用暂缓起诉协议和不起诉协议，以减小企业遭起诉判决所造成的附带后果。因此当时这两类协议的签订达到高峰期。

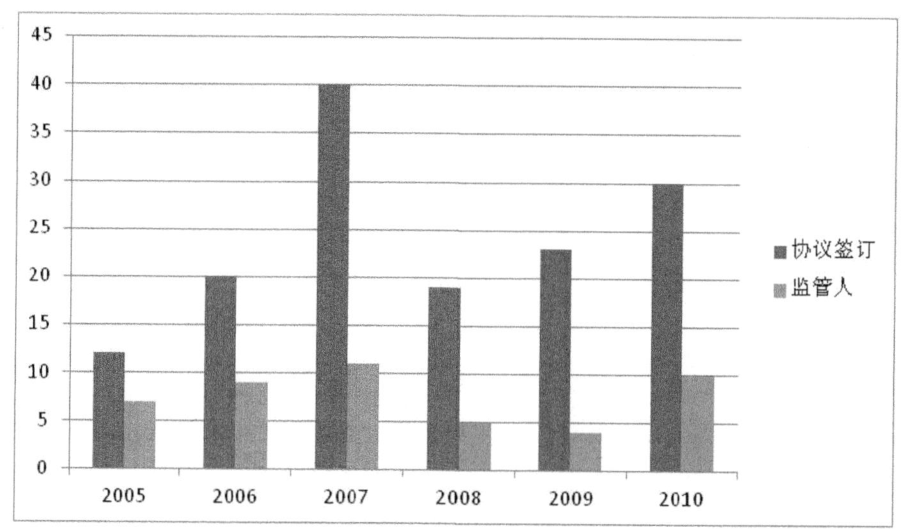

安达信事件后期暂缓起诉协议和不起诉协议的签订高峰

（三）合规的出现逐渐成为暂缓起诉协议和不起诉协议的核心特征

除了保诚公司和阿穆尔公司签订的协议之外，早期的暂缓起诉协议和不起诉协议强调合作，确保公司配合司法部调查，检举犯罪者。不过，近六年以来，合规变成暂缓起诉协议和不起诉协议的核心内容。

---

〔201〕 See Prudential Agreement, supra note 195.

〔202〕 Id.

〔203〕 Joseph Weber, "Huron Consulting Group: From the Ashes of Andersen", *Bus. WK.*, 2007.6.4, available at: http://www.businessweek.com/magazine/content/07_23/b4037412.htm.

（四）近期的暂缓起诉协议和不起诉协议反映出合规已成发展趋势

实际上，每一份暂缓起诉协议或不起诉协议都要求企业对合规计划进行修改。[204] 尽管早期的协议对发展合规计划只是一笔带过，但是，近来却有越来越多的协议对合规提供了详尽的框架。[205] 对于合规的仔细修改，既强调了合规在起诉和量刑过程中的重要性，也表明了其是在刑事调查中试图避免刑事定罪的企业达成暂缓起诉协议和不起诉协议的关键要素。而且，出现在近期的暂缓起诉协议和不起诉协议中的详细合规改革也为按照《组织量刑指南》规定形成有效合规计划提供了框架，为预防合规相关失误提供了衡量标准。[206]

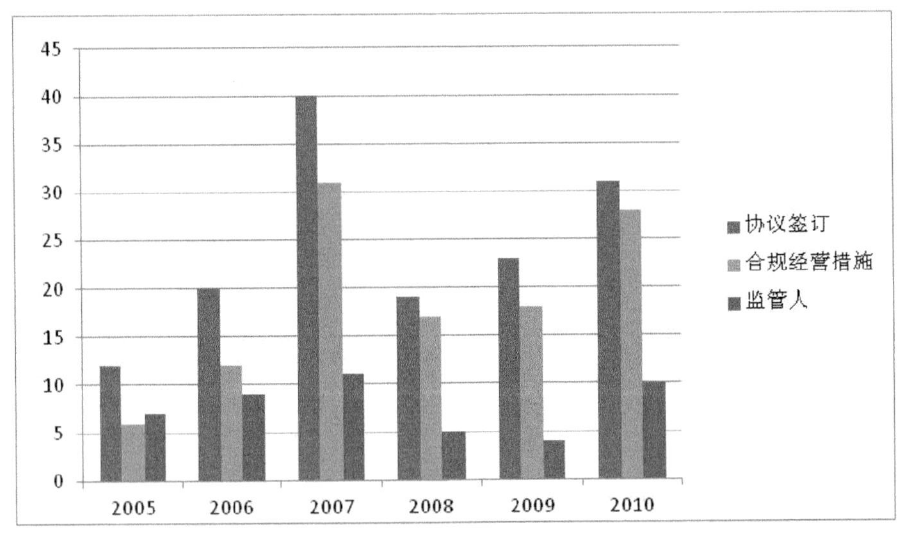

暂缓起诉协议和不起诉协议对于合规的修正措施[207]

近年来，暂缓起诉协议和不起诉协议在 2007 年达到最高纪录 40 份以后，数

[204] Melissa Aguilar, "DPA-NPA Tally Marks Decade's Second Highest", *Compliance Week* (2011. 1. 20), http: //www. complianceweek. com/dpa-npa-tallymarks-decades-second-highest/ printarticle/193990/.

[205] 比较 Armour DPA, supra note 191, 与不起诉协议, U. S. -Party Gaming Plc (2009)（非法网络赌博）（记录在休斯顿国际法期刊上）。

[206] See supra Part II (B)（讨论近来 DPA 和 NPA 的合规改革）。

[207] 该图表涵盖了 2011 年 1 月之前与司法部达成的暂缓起诉协议和不起诉协议。若无法获得和审查实际协议，则该协议不包括在内。

量稍微下降。[208] 2008年和2009年分别达成了19和23份协议[209]；而在2010年，达到了32份。[210] 可见，从2008年，2009年再到2010年暂缓起诉协议和不起诉协议签订数量明显增加。[211]

近期的暂缓起诉协议和不起诉协议呈现的最为重要的趋势就是，越来越多协议明确要求合规措施是企业商业改革的一部分。[212] 2005年和2006年，将近50%的协议包含了合规相关改革（2005年12份协议里7份有此要求，2006年20份协议里8份有此要求）。[213]

2007年，40份协议中有31份包含了合规相关改革的内容，合规补救措施在协议里出现得愈加频繁。[214] 2008年、2009年和2010年的数据表明，暂缓起诉

---

〔208〕 U. S. Gov'T Accountability Office, Gao-10-110, Corporate Crime: Dojhas Taken Steps to Better Track Its Use of Deferred and Non-Prosecutionagreements, But Should Evaluate Effectiveness 13 (2009), available at: http: //www. gao. gov/new. items/d10110. pdf.

〔209〕 Id. at 13. 虽然暂缓起诉和不起诉协议最常出现在违反《反海外腐败法》《反回扣法》，出口管制违规，或类似腐败、欺诈行为的情况下，但最近的协议也涉及环境侵权行为和非法互联网赌博等不同的公司犯罪行为。See, e. g. Press Release, Dep't of Justice, First energy Nuclear Operating Company to Pay $28 Million Relating to Operation of Davis - Besse Nuclear Power Station (2006. 1. 20), available at: http: //www. justice. gov/opalpr/2006/January/06_ enrd_ 029. html; Deferred Prosecution Agreement, United States v. MRA Holdings, No. 5: 06CR79/RS (N. D. Fla. 2006. 9. 12)（未能创建并维持年龄和身份记录）; Non-Prosecution Agreement, U. S. -Pilgrim's Pride Inc. (2009)（非法雇用外国人）（记录在休斯顿国际法期刊上）；不起诉协议，U. S. -Party Gaming Plc (2009)（非法网络赌博）（记录在休斯顿国际法期刊上）。

〔210〕 GAO-10-110, supra note 208, at 13.

〔211〕 据报道，BL贸易有限公司于2010年12月达成了暂缓起诉协议，但尚未向法院提交协议，因此未包括在我们的统计数字中。See generally Press Release, Dep't of Justice, Two EMC Employees and a Massachusetts Business Charged in "E-Fencing" Scheme (2010. 10. 7), available at: http: //www. justice. gov/usao/ma/Press%200ffice%20-%20Press%20Release%20Files/Dec20lO/KellyKevinPR. html.

〔212〕 Ryan McConnell and Charlotte Simon, "Remedial Compliance Programs: A Key Ingredient in the Enforcement Recipe", *The Fcpa Blog* (Jan. 18, 2011) (hereinafter Remedial Compliance Programs), available at: http: //www. fcpablog. com/blog/2011/18/18/remedialcompliance - programs - a - key - ingredient - in - the - enforce. html.

〔213〕 Id.

〔214〕 Id.

协议和不起诉协议越来越强调合规相关商业改革。[215]

2008 年，89.47%的暂缓起诉协议和不起诉协议都含有合规相关要求（19 份协议里有 17 份）。[216] 同年，司法部副部长保罗·麦克纳特修正了企业起诉原则麦克纳特备忘录（McNulty Memo）[217]，再次强调了暂缓起诉协议和不起诉协议作为企业改革工具的重要性。尽管多数评论都围绕备忘录中让人困惑的框架展开，但是该框架则用于将企业调查期间获得的信息进行分类，便于让企业合作，获得豁免，是暂缓起诉协议和不起诉协议关于企业起诉政策所做的重大调整。[218]

该企业起诉政策特别提到，“暂缓起诉协议和不起诉协议……是企业在拒绝指控和接受定罪两种情况下的折中之举”。[219] 2008 年以前，这份唯一的起诉准则对于暂缓起诉协议和不起诉协议潜在用途的解释还很模糊，允许“在一些情况下……在政府调查过程中考虑审前分流”。[220]

2009 年，包括合规内容的暂缓起诉协议和不起诉协议数量仍然较多，占 78.26%（23 份协议里有 18 份）。[221] 此外，司法部于 2008 年在《美国检察官手册》联邦刑事诉讼基本原则的下一章，即 9-28.000 引入了麦克纳特备忘录中的

---

〔215〕 Id. 此外，司法部不是唯一应用起诉协议的机构。美国证券交易委员会于 2010 年达成了首个不起诉协议，扭转了仅能在犯罪情况下采用暂缓起诉协议和不起诉协议的趋势。See Craig S. Warkol, Kevin J. O'Connor, LaShon Kell & Philip J. Bezanson, Sec Enters Its First Non-Prosecution Agreement-But Are Companies Better Off!, Bracewell & Giuliani News & Publications (2010.12.22), available at: http://www.bracewellgiuliani.com/index.cfm/fa/news.advisory/item/412807af-fc95-43cl-a849-46a574849415/SEC_ Enters_ Its_ First_ NonProsecution_ Agreement_ But_ Are_ Companies_ Better_ Off.cfm. 公司利用暂缓起诉协议和不起诉协议的目的是避免定罪，而美国证券交易委员会无权提起刑事诉讼，所以采用这两种协议是奇怪的。美国证券交易委员会使用这两种协议可能会掀起一阵奇怪的新浪潮，即在企业合规的民事执法领域采用这两种协议。Non-Prosecution Agreement, U.S. -Carter's Inc. (2010), available at: http://www.sec.gov/litigation/cooperation/2010/carters1210.pdf; see also Press Release, SEC, SEC Charges Former Carter's Executive With Fraud and Insider Trading (2010.12.20), available at: http://www.sec.gov/news/press/2010/2010-252.htm（强调了 SEC 和卡特公司达成的不起诉协议）。

〔216〕 Remedial Compliance Programs, supra note 212.

〔217〕 See McNulty Memo, supra note 125（概述了对商业性组织的联邦起诉准则）。

〔218〕 See generally USAM § 9-28.1000 (2008)（阐述了暂缓起诉和不起诉协议下的附带后果）。

〔219〕 USAM § 9-28.200 (B) (2008). 重要的是，讨论暂缓起诉和不起诉协议优点的新话语已经成为了公司起诉指南的一部分，这部分讨论了刑事定罪的附带后果，强调了这两种协议是限制公司作为无辜第三方被刑事定罪的附带后果的重要机制。See USAM § 9-28.1000 (2008)（“若企业作为无辜第三方被刑事定罪引发了严重的附带后果，那么在这种情况下，比起其他处理方法来说，考虑寻求暂缓起诉和不起诉协议或许是恰当的，这样能以适用的法律促进合规，并防止再犯”）。

〔220〕 See McNulty Memo VII (B) (1), supra 125; see generally Finder &McConnell, supra note 108（讨论了两种协议的演变历程以及麦克纳特与汤普森备忘录中所引的联邦检察官条款的适用性）。

〔221〕 Remedial Compliance Programs, supra note 212.

企业起诉原则。[222] 尽管司法部摈弃了麦克纳特备忘录中复杂的豁免框架，禁止检察官采取豁免手段以及考虑在起诉过程中向企业收取比员工律师费高的律师费，但合规仍然是手册的重点。[223] 实际上，《美国检察官手册》的九大企业起诉原则里有3条都以合规计划为中心。[224]

另外，《美国检察官手册》9-28.800特别规定检察官询问以下问题：①该企业的合规计划是否设计良好？②该企业是否认真落实了其合规计划？③该企业的合规计划是否有效？[225]

联邦检察官要回答以上问题，必须了解《组织量刑指南》中的“有效合规计划”的概念。[226] 《美国检察官手册》9-28.000中的框架和以起诉协议为重点的新增内容强调，合规不仅是考虑起诉与否的一大因素，也是以暂缓起诉协议或不起诉协议形式获得起诉优待的必要组成部分。

2010年，包含新合规计划或合规修正计划内容的暂缓起诉协议或不起诉协议数目再次大幅上升，90.32%的暂缓起诉协议或不起诉协议中都涉及完善合规的内容（31份协议里有28份）。

1. 通过暂缓起诉协议或不起诉协议学习有效合规计划的要素

针对暂缓起诉协议或不起诉协议中合规的特点所做的一项调查表明，暂缓起诉协议或不起诉协议表现出了合规计划的一系列相似特点。这些特点和《联邦量刑指南》以及经合组织的框架是一致的，甚至在某些方面超出了《联邦量刑指南》的基本标准。[227] 总结的特点如下：

第一，包含行为（道德）准则以及专门对员工进行行为准则方面的培训，包括授予经过一定培训的员工证书。

---

〔222〕 USAM § 9-28.300 (2008).

〔223〕 See Mark J. Stein & Joshua A. Levine, “The Filip Memorandum: Does It Go Far Enough?”, *N. Y. L. J.* (2008.9.10), http://www.law.com/jsp/nylj/PubArticleNY.jsp? id=1202424398325&slreturn=1&hbxlogin=1（讨论了现在禁止检察官提出放弃“核心”特权信息的要求；不论事实信息有多大可能是来源于特权信息，调查的实质仍然在于获取事实）; see also Filip Memo, supra note 128, § 9-28.720（表明公司可以选择不赋予律师特权的方式进行内部调查，而政府不该仅因公司聘请了律师进行调查就放弃为获得事实而做出的努力）。

〔224〕 USAM § 9-28.300 (A) (2008).

〔225〕 Id. § 9-28.300 (2008).

〔226〕 USSG § 8B2.1 (2010).

〔227〕 USSG § 8B2.1 (2010).

第二，首席合规官享有专用资源以及向董事会或首席执行官进行汇报的渠道。[228]

第三，一套由企业合规官对内部控制和流程体系进行监督的体系，以确保发现违规行为。

第四，提供途径确保员工准确及时汇报任何可疑违规问题，如由企业合规官进行监督的电话热线或邮件系统。[229]

以上列出的4个特点在2008年以来的多数协议中都出现过，而近期的协议，如2010年9月艾波比（ABB）公司达成的暂缓起诉协议，就这几点分别提出了更深入的要求。[230]

合规守则：合规守则几乎是所有暂缓起诉协议或不起诉协议的必要特征；以清晰明确的企业政策为呈现形式，反对任何存在争议的非法行为[231]；针对全体员工，能反映出企业高管对该政策做出坚定明确的承诺。[232] 目前，作为处理违反《反海外腐败法》行为的暂缓起诉协议或不起诉协议，一致要求合规守则包括特别的政策管理以下内容：赠品、招待费用、应酬开销、顾客差旅费用、政治捐赠、慈善捐赠、赞助费用、好处费、询价及勒索。[233] 毫无意外，合规守则是《联邦量刑指南》和经合组织的基本原则。

内部控制：值得注意的是，目前暂缓起诉协议或不起诉协议还要求企业采用或修正内部控制程序机制，便于发现以后可能会出现的犯罪行为。[234] 此类内部控制体系变得更加适用于企业实情，可防止企业重蹈覆辙。比如，对企业是否违反《反海外腐败法》存在争议时，企业的内部控制可以审查其内部财务控制，

---

〔228〕 Ben W. Heineman, "Don't Divorce the GC and Compliance Officer", *Corporatecounsel* (2010. 1. 29), http: //www. law. comljsp/cclPubArticleCC. jsp? id=1202479547797（强调首席合规官向法律部提出的结构建立在公司一个至关重要的需求上，即公司需要强大的、公正的法律部。一方面，因为这个结构能有效避免严重的组织重叠或混乱，将首席合规官的工作重点放在公司的关键流程管理、统一性和严格性上；另一个方面，由于法律部以合规为核心问题，在许多领域都占很重要的地位）。

〔229〕 Finder & McConnell, supra note108, 17; USSG § 8B2. 1 (2010)

〔230〕 Deferred Prosecution Agreement, United States v. ABB. Ltd. , No. H-IO-665 (S. D. Tex. 2010. 9. 29) (hereinafter ABB DPA).

〔231〕 ABB DBA, supra note 230.

〔232〕 Id. at 23.

〔233〕 Id. ; see also Non-Prosecution Agreement, U. S. -Alliance One Int'l, Inc. , at App. B (2010. 8. 6) [hereinafter Alliance One NPA], available at: http: //www. justice. gov/criminallfraud/fcpa/cases/ alliance-one/ 08-06- 10alliance-onenpa. pdf; Deferred Prosecution Agreement, United States v. Panalpina World Transport (Holding) Ltd. , No. 4: 10-cr-00769 (S. D. Tex. Nov. 4, 2010) (hereinafter Panalpina DPA).

〔234〕 ABB DBA, supra note 230, at 22.

确保企业财务记录精准，且符合《反海外腐败法》规定或者资金管理要求。[235] 此外，企业应该落实政策以防止税收诈骗或债券欺诈的违法行为，可以要求具体的业务应该经过企业内部派遣小组或委员会审核，通过审核之后才能得到批准。[236] 此外，近期的协议还强调了企业应该基于风险评估情况改善内部控制体系。[237] 而风险评估过程一定要考虑企业由于和地区组织以及外国政府交流，还有本身经营的产业等因素可能产生的特定风险。[238] 因此，暂缓起诉协议或不起诉协议认为，内部控制体系应该为企业特别定制。这一点和《联邦量刑指南》以及经合组织采用的方法相似。[239]

首席合规官：企业只有自上到下都强调道德观念和合规，并将它们看作是“高层基调”的一部分，合规才会是有效的。[240] 近期达成的协议要求企业任命首席合规官以持续监督合规补救措施的落实情况，就反映出了这一点。[241] 首席合规官通常是企业高管中的一员。[242] 根据《联邦量刑指南》，被任命的首席合规官有直接向董事会独立机构如审计委员会、公司法律顾问或者法律总监汇报的职责。[243] 而有效的首席合规官不仅拥有足够的自主权，也会享有企业资源的全力支持。[244] 这一点符合《联邦量刑指南》以及经合组织框架的规定，两者都强调首席合规官和董事会或管理当局之间应有有效的汇报渠道。[245]

训练和纪律：与 2010 年的经合组织准则一致，近期的协议强调合规过程应针对企业全体员工。这一点包括了 3 个独立的要素：①培训；②汇报；③纪

---

[235] See id.

[236] See, e. g. , Non-Prosecution Agreement, U. S. -Deutsche Bank AG, Ex. B (2010. 10. 21) (hereinafter Deutsche Bank NPA), available at: http://www. gibsondunn. com/publications/Documents/ DeutscheNPA. pdf (概述税收具体政策，审查结构性交易和避税交易); see also Non-Prosecution Agreement, U. S. -General Reinsurance (2010. 1. 18) 5 (hereinafter General Reinsurance NPA) (概述了一系列风险转移协议，包括成立复杂的交易委员会，以确保再保险交易不企图“伪造、操纵或粉饰”财务报表)。

[237] ABB DPA, supra note 230.

[238] Id. at 24.

[239] See USSG § 8B2. 1 cmt. n. 2 (2010) (本手册研究行业实践、公司规模和类似的不当行为)。

[240] Heineman, supra note 228.

[241] ABB DPA, supra note 230.

[242] See id. at 24.

[243] See, e. g. Deferred Prosecution Agreement, United States v. Shell Nigeria Exploration and Production Co. , Ltd. , No. 10-CR-769 (S. D. Tex. Nov. 4, 2010) (heieinafter Shell Nigeria DPA), available at: http://www. justice. gov/opaldocuments/shell-dpa. pdf.

[244] ABB DPA, supra note 230, at 24.

[245] USSG § 8B2. 1 (2010).

律[246]。员工必须接受关于企业合规守则的培训，知道如何检举可疑违规事件且不用担心后果，以及一旦违规，其将会接受纪律处分。[247] 包括董事会人员，部长，某些情况下甚至是贸易伙伴在内的全体人员，都必须接受定期培训和年度重新认证。[248] 除了暂缓起诉协议或不起诉协议的指导之外，公司还必须将合规作为经理绩效评估、获得奖金鼓励以及企业提拔机会的一项指标，激励经理们完成合规目标。[249]

暂缓起诉协议或不起诉协议通常还要求企业设立举报热线或者类似的举报体系，这样员工就能直接向首席合规官汇报违规等相关行为。[250] 除了遵从暂缓起诉协议和不起诉协议的指导以外，企业也应该意识到，根据此类热线电话进行调查的话，必须要收集足够信息。[251] 要发挥热线的有效性，就要求企业对举报人（员工）和调查者（合规官）之间的双向沟通做出规定。[252] 首席合规官应该将针对可疑违规行为的举报记录存入数据库，以确保所有的举报都得到适时跟进，以及所有的潜在违规行为都能得到处理。最后，暂缓起诉协议或不起诉协议一般会授予公司自由裁量权，通过适当纪律处分来处理违反《反腐败法》或其他法律、违反企业内部合规和道德准则的行为。[253]

审慎调查贸易伙伴：贸易伙伴或机构的非法行为常常可以归咎于公司本身，近期的暂缓起诉协议或不起诉协议意识到这一点，故要求将第三方贸易伙伴纳入合规范围。[254] 其中强制要求企业在与第三方建立伙伴关系[255]之前应对其进行审慎调查以及建立机制以确保第三方明确该企业的合规守则。[256] 部分暂缓起诉协

---

〔246〕 Good Practice Guidance, supra note 168.

〔247〕 Id.

〔248〕 See, e. g. , Pride Int'l DPA, supra note 141（协议规定所有员工必须接受培训）。

〔249〕 USSG § 8B2. 1 (2010).

〔250〕 ABB DPA, supra note 230, at 25-26.

〔251〕 Good Practice Guidance, supra note 168.

〔252〕 See id.（提出在各级员工双向沟通中实施变革是重要的，这样才能为董事和高层管理人员提供有效的指导意见和建议）。

〔253〕 Id.

〔254〕 See ABB DPA, supra note 230, at 27.

〔255〕 Good Practice Guidance, supra note 168.

〔256〕 Deferred Prosecution Agreement, at 42-43, United States v. Snamprogetti Netherlands B. V. , No. 4: 10-cr-00460, (S. D. Tex. Jul. 07, 2010) (hereinafter SnamprogettiDPA), available at: http: //www. justice. gov/criminal/fraud/fcpacases/docs/07-07-10snamprogetti-dpa. pdf.

议甚至要求贸易伙伴间互相遵循对方合规计划，并签订协议，一旦出现腐败行为违反合规准则，强制终止贸易关系。[257] 这一要求在经合组织准则中也出现过。[258]

定期检测：近期的企业贸易结算还强调了监测审计的重要性，确保合规计划不只是一份“纸面计划”。[259] 2010年年底达成的协议都强调要通过定期检测严格评估合规计划的有效性[260]，并且此类检测专门用于评估和提高企业合规计划的有效性。除了暂缓起诉协议或不起诉协议提出的相关指导之外，另一有效做法是企业雇佣外部审计人员确保合规准则条款独立通过外部律师顾问和审计人员的审核。定期审查合规计划应该与企业相关发展（包括相关法律的实质性进展和公司产业的调整）一致，确保合规计划尽可能全面。经合组织和《联邦量刑指南》都指出，定期检测对于形成一个有效的合规计划是很有必要的。[261]

向司法部汇报：近期的协议表明，替代企业监管人的另一方案要求首席合规官就企业合规改革情况向司法部进行汇报。部分协议里还单独包括了详尽的企业合规计划汇报安排，企业确定此协议之后，在4到6个月内向司法部进行初始汇报。该汇报通常安排在暂缓起诉协议有效期内的年度汇报之后。[262]

2. 合规计划模型以及《反海外腐败法》

越来越多的暂缓起诉协议和不起诉协议经协商达成，用来处理违反《反海外

〔257〕 Id. at 44.

〔258〕 Good Practice Guidance, supra note 168

〔259〕 Filip Memo, supra note 128.

〔260〕 See, e. g. , Snamprogetti DPA, supra note 256, 44; Non-Prosecution Agreement, U. S. -Universal Corp. (2010. 8. 3) (hereinafter Universal Corp. NPA), available at: http: //www. justice. gov/criminallfraud/fcpa/cases/universal-corp/08-03-10universal-corp-npa. pdf.

〔261〕 Good Practice Guidance, supra note 168; USSG § 8B2. 1 (5) (B) (2010).

〔262〕 See, e. g. Panalpina DPA, supra note 233; Shell Nigeria DPA, supra note 243; Tidewater DPA, supra note 165.

腐败法》的行为。[263] 近年来，美国司法部及美国证监会受理的违反《反海外腐败法》的案件数量剧增。[264] 内部控制的缺陷甚至是失败通常是违反《反海外腐败法》的首要原因[265]，因此，《反海外腐败法》开始具体针对合规计划。考虑

---

[263] See Shearman & Sterling LLP, Recent Trends and Patterns in Fcpaenforcement 2 (2008), available at: http: //www. shearman. com/files/upload/FCPATrends. pdf (强调“司法部越来越多地在 FCPA 事务中使用不起诉（或暂缓起诉）协议…”)。400 多家公司为了获得有利待遇而向外国政府官员提供超过 3 亿美元的付款，为了回应这种现象，1977 年通过了《反海外腐败法》(FCPA)。See U. S. Dep'T Justice, Foreign Corrupt Practices Act: An Overview, http: //www. justice. gov/criminallfraudlfcpal (最后访问时间：2011 年 2 月 2 日); see also H. R. REP. No. 95-640, at 8 (1977). 《反海外腐败法》的反贿赂条款禁止①故意使用邮政或其他州际贸易手段②助长腐败行为③提供金钱或其他有价值的物品④从而影响外国官员（在其职权方面），诱使官员以某种方式违反其职责，或者给予不正当的商业好处。Federal Corrupt Practices Act, 15 U. S. C. § 78dd-1 (a) (1) (2006). FCPA 的反贿赂条款适用于美国证券交易委员会注册证券的所有美国人士、公司和外国发行人，以及直接或通过代理人促进美国境内贪污贿赂行为的外国人和外国公司。Id. 据 FCPA 规定，“促成”付款的例外。Id. 这种例外能让公司促进正常政府职能的加快，而不受外国官员的特殊待遇，例如处理政府文件或提供例行的政府服务。Id. FCPA 还要求其证券在美国上市的公司遵守其会计条款。Id. § 78m (b). 立法者根据《反海外腐败法》的反贿赂条款设计了会计条款，要求公司保留显示公司真实交易的记录，并制定和实施适合内部会计控制的制度。Id. 违反反贿赂条款的罚款额最高可达 200 万美元，或公司总收益的 2 倍，最高可处 5 年监禁。U. S. Dep' T Justice, Lay Person's Guide, available at: http: //www. justice. gov/criminal/fraud/fcpa/docs/ay-persons-guide. pdf. SEC 可能会寻求追缴额。See, e. g., Statoil, ASA, Exchange Act Release No. 54599 (2006. 10. 13) (据 SEC 管理政策，应追缴 1050 万美金)。

[264] See Shearman & Sterling LLP, FCPA Digest: Cases And Review Releases relating To Bribes To Foreign Officials Under The Foreign Corrupt Practices Act Of 1977 at v (2009), available at: http: //www. shearman. com/files/uploadlfcpa-digest. pdf. 司法部和美国证券交易委员会均执行 FCPA: DOJ 进行刑事执法，SEC 进行民事执法。See Lay Person's Guide, supra note 263. 证交会和司法部也开始合作，对不相关的公司采取联合执法行动。See Press Release, U. S. Dep't Justice, Alliance One International Inc. and Universal Corporation Resolve Matters Involving Bribes Paid to Foreign Government Officials (2010. 8. 6) (hereinafter Alliance One and Universal Press Release), available at: http: //www. justice. gov/opa/pr/2010/August/10-crm-903. html; see also Press Release, SEC, SEC Files Anti-Bribery Charges Against Two Global Tobacco Companies (2010. 8. 6) (hereinafter SEC Anti-Bribery Press Release), available at: http: //www. sec. gov. litigation/litreleases/ 2010/1r21618. htm. 2010 年，美国证券交易委员会和司法部对不相关的两家美国公司——“联盟国际有限公司”和“环球公司”发布了通讯，并实施了执法措施，其中每个都提及了另一家公司的援助与合作。See Alliance One and Universal Press Release, supra; SEC Anti-Bribery Press Release, supra. 这两家公司都进行了自我检举，在亚洲的烟草业务涉及违反《反海外腐败法》的行为，并签订了不起诉协议。See Alliance One NPA, supra note 233; Universal Corp. NPA, supra note 260.

[265] See James R. Doty, “Toward a Reg. FCPA: A Modest Proposal for Change in Administering the Foreign Corrupt Practices Act”, 62 *Bus. Law* 1233, 1239 (2006-2007) (其不满于贯彻实施《反海外腐败法》的“主观判断”，并认为，“对于在困难的外国他乡努力完成复杂任务的公司，政府还欠它们刑罚的统一性和可预测性”)。

到有效的合规计划可能是预防此类违法的唯一途径[266]，近期关于违反《反海外腐败法》签订的暂缓起诉协议和不起诉协议都提供了极为详尽的合规计划模型，该模型也得到了司法部的认可。[267]

近期的暂缓起诉协议和不起诉协议为《反海外腐败法》提出的合规提供了一个改善的框架，远胜于《联邦量刑指南》和经合组织准则提出的基本范例。[268] 如前所述，此类协议经常要求公司进行内部控制。[269] 在《反海外腐败法》的背景下，这里所说的内部控制专为预防违反《反海外腐败法》的行为而制定。[270] 例如，协议对内部会计控制体系进行特别说明，鼓励企业遵循《反海外腐败法》的账簿记录条款。[271] 暂缓起诉协议还制定了公司必须发展实施的反腐政策，通常包含关于赠品、招待费用、应酬开销、顾客差旅费用、赞助费用、好处费、慈善捐赠等方面的内容。[272]

鉴于很多违反《反海外腐败法》事件都涉及了第三方伙伴[273]，近期的暂缓起诉协议尝试在合规程序里纳入潜在的第三方伙伴。例如，2010 年 11 月达成了 5 份关于违反《反海外腐败法》的暂缓起诉协议，这 5 份协议就企业落实“留查观看和监督所有部门以及贸易伙伴”[274] 这一方面的合规要求提供了详细的指导。

---

[266] Foreign Corrupt Practices Act Compliance Issues: Leading Lawyers on Responding to Recent Fcpa Enforcement Actions, Maintaining an Effective Compliance Program, and Navigating Risk in Emerging Markets (Inside the Minds) (Thompson Reuters/Aspatore 2010).

[267] Press Release, Troutman Sanders, FCPA "Best Practices" Guide (2010.11.11), available at: http://www.troutmansanders.com/fcpa-best-practices-guide-11-11-2010.

[268] 比较 Panalpina DPA, supra note 233, 与 USSG § 8B2.1 (2010), 和 Good Practice Guidance, supra note 168（展示了比量刑指南和经合组织制定的一般准则更为详细、轮廓更鲜明的计划）。即使越来越看重反海外腐败法的合规计划，过去几年里的罚款数额依然在不断上涨。See Christopher M. Matthews, FCPA Fines Are Now More Than Double The Estimated Gain, Analysis Shows, Just Anti-Corruption (2010.10.17), http://www.mainjustice.com/justanticorruption/2010/12/17/fcpa-fines-are-nowmore-than-double-the-estimated-gain-from-bribing-analysis-shows/. 自 2007 年起至今，在违反《反海外腐败法》而获得的利益中，1 美元的罚款点数上涨了 18 倍，2007 年为每 1 美元罚款 0.11 美元，到了 2010 年，就变成了每 1 美元罚款 2.14 美元。Id. 尽管罚款数额发生了剧增，暂缓起诉和不起诉协议依然强调罚款数额应低于指南建议的额度。See, e.g., Panalpina DPA, supra note 233.

[269] Id.

[270] Id.

[271] See, e.g., Panalpina DPA, supra note 233, at C-4.

[272] Id. at C-3.

[273] See Foreign Corrupt Practices Act Compliance Issues, supra note 266.

[274] See Panalpina DPA, supra note 233, at C-6; Shell Nigeria DPA, supra note 246, at C-7; Tidewater DPA, supra note 165, at C-6; Transocean DPA, supra note 183, at C-6; Pride Int'l DPA, supra note 141, at C-3.

此类要求里通常包括企业和第三方建立伙伴关系之前应该对其进行审慎调查。[275] 部分暂缓起诉协议甚至要求企业和第三方相互遵循合规的承诺并签订协议，一旦出现违规行为，便终止合作关系。[276] 近来，一份暂缓起诉协议针对第三方制定了目前为止最为严苛的措施，表彰了1家企业，因其对违法行为自首并采取了一并停用第三方销售和销售代理的极为严格的补救措施。[277]

最近的暂缓起诉协议和不起诉协议反映出企业自首情况增多的趋势。[278] 不过，监管人若要采取企业违规后的补救措施[279]，那么此人应具备关于《反海外腐败法》的经验，包括设计过或修订过一般的企业合规政策、内部控制程序以及《反海外腐败法》具体政策。[280]

按照《反海外腐败法》规定的暂缓起诉协议和不起诉协议强调，和其他企业刑事案件一样，合规仍然是《反海外腐败法》起诉考虑的重要部分。同时，这些协议也强调，合规不仅是考虑起诉与否的重要因素，也是考虑量刑多少的重要因素。先前讨论过的按照《组织量刑指南》进行的假定性量刑计算也表明了这一点。[281]

---

〔275〕 See, e. g. , Panalpina DPA, supra note 233, at C-6. 除了暂缓起诉协议中的指导，代理契约中的标准 FCPA 语言可能包括以下元素中的一些或全部：定期认证的要求；在所有第三方代表协议中具有审计和终止权的反腐败代表及事业；关于遵守所有法律（包括《反海外腐败法》条款和反抵制申请）的声明；关于所有权和参与业务活动的陈述和保证；付款方式和开户地点；赔偿性质；成果可交付的性质和定期的书面报告要求；分销代理商的使用限制；审核或访问权限；没有转让权利或转包条款；因不良行为或违反 FC-PA 法行为而单方面终止合约的权利；禁止境外付款。Id. at Attachment C.

〔276〕 See, e. g. , Panalpina DPA, supra note 233, at C-7.

〔277〕 Deferred Prosecution Agreement at 7, United States v. Alcatel - Lucent, S. A. , No. 10 - 20907 (S. D. Fla. Dec. 27, 2010) (hereinafter Alcatel-Lucent DPA).

〔278〕 See Recent Trends and Patterns in Fcpa Enforcement, supra note 263, at 8-9.

〔279〕 Alliance One NPA, supra note 236; Deferred Prosecution Agreement at 9, United States v. Daimler AG, No. 10-CR-063-RJL (U. S. Dist. Col. Mar. 24, 2010) (hereinafter Daimler DPA).

〔280〕 See Alliance One NPA, supra note 233, appendix C, at 1; Daimler DPA, supra note 279, at 9.

〔281〕 See Christopher M. Matthews, SFO Director: No "Safe Harbor" Under New U. K. Bribery Law, Just Anti-Corruption (2010. 10. 20), http://www.mainjustice.com/justanticorruption/2010/ 10/20/sfo-director-no-safe-harborunder-new-u-k-bribery-law/.

八、作为合规机制的企业监管人

(一) 企业监管人的相关背景

合规是考虑起诉与否的重要因素，最能体现出这一点的莫过于司法部启用监管人进行的企业调查活动。[282] 实际上，暂缓起诉协议和不起诉协议经常将监管人当作合规计划，司法部也以此确保企业遵守其承诺按照协议规定进行合规相关改革。[283]

《组织量刑指南》和美国缓刑部门也为合规监管人的出现奠定了基础。[284] 被定了罪的企业不会去联邦监狱，而是有可能获得缓刑，经由美国缓刑部门监管。[285] 该部门的职员对企业是否遵守缓刑条件进行监督，并向受理此案的联邦法官举报违规行为。[286] 《组织量刑指南》指出，缓刑条件要求企业发展有效合规计划和道德准则方案，就方案实施情况向法院定期汇报。[287] 不过，缓刑部门官员是向量刑法官汇报，监管人则是向司法部汇报。还有一点不同，即缓刑部门官员是由美国法院行政管理部门支付薪水的公职人员，而企业监管人由企业支付薪水。[288] 与暂缓起诉协议和不起诉协议相同的是，《美国检察官手册》也提出了监管人高于企业起诉原则。

从 1993 年开始，借助周详的暂缓起诉协议，司法部依靠监管人对起诉协议要求的合规调整情况进行监督。而任用企业监管人再次表明合规在联邦诉讼和量刑过程中的关键作用。将商业改革融入暂缓起诉协议或不起诉协议，监管人旨在

---

〔282〕 参见克雷格·莫福德（Craig S. Morford，代理副检察长）向联邦检察官及司法部领导发布的有关“与公司达成的暂缓起诉协议和不起诉协议中监管人的甄选和任用”的备忘录（2008. 3. 7）(hereinafter Morford Memo), available at: http: //www. justice. gov/dag/morford-useofmonitorsmemo-03072008. pdf（阐述了与公司达成的 DPA 和 NPA 中监管人的甄选和任用），也可参见加里·格林德勒（Gary G. Grindler，代理副检察长）向联邦检察官及司法部领导发布的有关“NPA 和 DPA 中监管人的使用指南”的备忘录（2010. 5. 25）(hereinafter Grindler Memo), available at: http: //www. justice. gov/dag/dag-memoguidance-monitors. pdf.

〔283〕 Id. ; see also Panalpina DPA, supra note 233, at C-4.

〔284〕 See Finder & McConnell, supra note 108, at 5（阐述了《组织量刑指南》显示出犯罪组织需与个人区别对待，因而“要考虑合作的影响和合规监督对企业量刑的影响，这为明确的司法部起诉政策奠定了基础”）。

〔285〕 See USSG § 8D1. 4 (b) (3)-(4) (2010).

〔286〕 See USSG § § 711. 2, 8D1. 4 (2010).

〔287〕 USSG § 8D1. 4 (b) (1) (2010).

〔288〕 See Grindler Memo, supra note 282.

进行监督，一般说来，该职能与缓刑部门职员或者法院针对被起诉定罪的企业提供的监督职能类似。[289] 因此，包含经协商后的商业改革及合规计划内容的起诉协议数量增多并不奇怪，同理，包括监管人内容的协议的数目也增加了，至少最初是这样的。

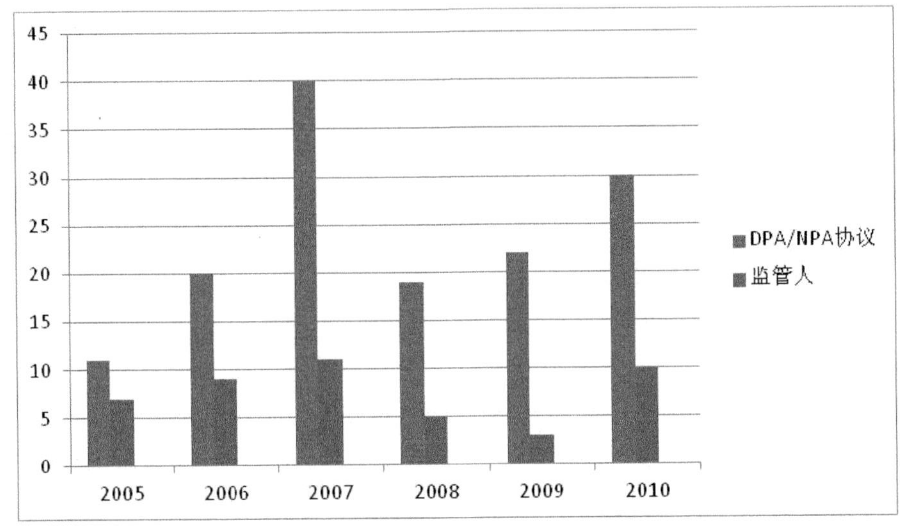

监管人在 DPA 及 NPA 协议中占比[290]

（二）2008 年的莫福德备忘录（Morford Memo）

关于监管人的任用，特别是甄选，引发了很大的争议，其一是监管人的薪酬；其二则是挑选监管人的过程中会存在潜在的利益冲突。[291] 2008 年，美国司

[289] Allen Pan, "In Defense of Behavioral Compliance Programs", in *Practicing law Institute: Corporate Law and Practice Course Handbook* 607, 632 (2010).

[290] 该图表涵盖了 2011 年 1 月之前与司法部达成的公共非反垄断的暂缓起诉协议与不起诉协议。若无法获得和审查实际协议，则该协议不包括在内。至于方法论，我们认为作为监督者的任何人或团体都必须向司法部报告（可能包括公司外部的合规顾问或外部审计员）。

[291] See U. S. Gov'T Accountability Office, GAO-09-636T, Corporate Crime: Preliminary Observations on DOJ'S Use and Oversight of Deferred Prosecution and Non-Prosecution Agreements (2009), available at: http: //www. gao. gov/products/GAO-09-636T（报道了司法部选择监管人时的偏袒行为）; see also Philip Shenon, "Ashcroft Deal Brings Scrutiny in Justice Dept. ", *N. Y. Times*, 2008. 1. 10, available at: http: //www. nytimes. com/2008/01/10/washington/10justice. html［公布了司法部给予前检察长约翰·阿什克劳夫特（John Ashcroft）18 个月、2800-5200 万美金的合同后所引发的争议，以作为对齐默控股公司（Zimmer Holdings）的监督］; see also Deferred Prosecution Agreement at 6, United States v. Bristol-Myers Squibb Co. , Cr. No. 2: 05-mj-06076 (D. N. J. 2005. 6. 13)［要求百时美施贵宝公司（Bristol Myers）资助西顿霍尔大学（司法部检察官的母校）设伦理学教授职位，作为暂缓起诉协议的一部分］。

法部实施了一项新政策用于处理暂缓起诉协议和不起诉协议中的企业监管人甄选事项。[292] 这一准则由莫福德备忘录提出，试图消除关于监管人甄选和任命的疑虑，并阐明了监管人的职责。[293]

莫福德备忘录要求司法部建立筛选委员会，在签订监管人合同之前先审核符合要求的候选人，由此精简甄选监管人的过程。[294] 同时，备忘录强调监管人的公正性非常重要，反复申明“监管人应该是一个独立的第三方，而非企业或政府的员工”。[295] 最终，备忘录还强调监管人担当的不是施与惩罚的角色[296]；相反，监管人的核心作用是评估企业是否采用并有效实施了合规计划以防止再犯。[297] 2010 年，司法部又在格林德勒备忘录（Grindler Memo）中额外提出了指导，以消除人们对于监管人和企业之间争议解决措施不足的担心。[298] 格林德勒备忘录在莫福德备忘录的基础上添加的第 10 条准则要求签订监管人协议，表明了司法部在消除企业和监管人之间分歧中发挥的作用。[299]

虽然 2008 年司法部这一政策的改革减少了人们关于监管人甄选的忧虑。不过有些评论者质疑监管人充当合规修正措施是否真正有效。[300] 他们指出即使企

---

[292] Criminal Resource Manual § 163（2010），available at：http：//www.justice.gov/usao/eousalfoia-jreading-room/usam/title9/crm00163.htm.

[293] See Morford Memo，supra note 282（强调“监管人只有在特定事实和情况下才适用……若公司已经停止了在犯罪行为发生地区的业务，则监管人是不必要的”）。

[294] 莫福德备忘录中概述的新政策规定，司法部下属部门（包括美国联邦检察官办公室）应先设立选拔委员会，审查出一组合格的候选人，然后挑选监管人作为 DPA 或 NPA 的一部分。Morford Memo，supra note 282. 委员会应包括：①办公室的道德规范官，②刑事长官或司法部科长，③有经验的检察官。Morford Memo，supra note 282，at 4. 理想情况下，委员会至少考虑 3 名合格人选，司法部吸纳的人数将因选择商定过程而有所不同。但任何情况下，都由副检察长决定最后的监管人选。

[295] 莫福德备忘录规定，监督的期限因协议而异。此期限将取决于不全面的一系列因素，包括：①潜在不当行为的性质和严重性；②公司内部不当行为的普遍性和持续时间，包括高级管理层的共谋或参与；③公司的类似行为史；④企业文化的本质；⑤协议所规定的补救措施的规模和复杂性，包括所涉及实体或业务部门的规模；⑥监管开始时，设计和实施补救措施所处的阶段。Morford Memo，supra note 282，at 7.

[296] Id.（强调了监管人的基本责任是遵守专门的协议条款以解决和减少公司犯罪行为的发生，而不是进一步惩罚过失方）。

[297] Id.

[298] Grindler Memo，supra note 282.

[299] Grindler Memo 指出，当监管人向公司提出建议，认为公司的负担过重时，公司应该可以选择以书面形式提出替代政策来实现同样的目标。Id. 此外，此备忘录还要求联邦检察官将语言纳入监管协议，以阐明公司应首先向联邦检察官办公室或司法部下属部门提出自己的担忧。Id. 这种语言强调，司法部不是公司与监管人之间协议的缔约方，因此不得对双方之间的合同纠纷进行仲裁。

[300] David Hechler，“Have We Learned Anything?”，*Corporate Counsel*（2010.10.1），available at：http：//www.law.com/jsp/cclPubArticleCC.jsp?id=1202471815927.

业有监管人，近期还是有违法事件爆发，因此监管人实际上并不能有效防止不法行为。[301] 近期，仅仅是英国百绅公司（BP 公司）、美国国际集团（AIG 公司）、雷曼兄弟和葛兰史素克这些“大而不倒”的企业的合规失败案例，就进一步加剧了人们的怀疑：更严格的监管实际上并不能改变企业的行为。[302]

（三）监管人的近期发展趋势

近来，要求企业设置监管人的暂缓起诉协议和不起诉协议倾向于强调监管人必须在企业曾经违规的方面有所专长。[303] 部分协议，如 2010 年签订的联一国际（Alliance One）不起诉协议和戴姆勒公司（Daimler）暂缓起诉协议，针对监管人的甄选条件要求监管人“擅长《反海外腐败法》”[304] 以及“有设计或者修订过（或两者都有）企业合规政策、程序及内部控制，包括《反海外腐败法》具体政策的经验”。[305] 2010 年 12 月签订的阿尔卡特朗讯（Alcatel-Lucent）暂缓起诉协议针对监管人的职责提出了最新的要求。[306] 协议任命一个法国人为监管人，并且要求他履行双重职能；确保阿尔卡特朗讯公司的经营符合《反海外腐败法》规定以及法国的阻塞条令。[307]

自 2007 年以来，启用监管人的情况明显减少（见上图）。为了替代监管人的作用，美国司法部更加重视合规汇报义务。这一趋势可以从 2010 年年底以后暂缓起诉协议和不起诉协议将企业汇报义务正式化的举措上看到。[308] 事实上，现在很多暂缓起诉协议和不起诉协议特别地在附件中就企业合规汇报义务列出大

---

[301] See id.（宣称“只有监管人”是无价值的，因为“若没有专业知识来了解公司的运作，没有让监管人遵守规则的能力，那么监管人对于公司来说并不能起到什么作用，就像没有了牙齿、忘记了怎么吠叫的狗一样”）。

[302] See Sue Reisinger, Half-Baked Justice? Corporate Prosecutions Are All Over the Map, Corporate Counsel (Dec. 23, 2010), available at: http://www.law.com/jsp/cclPubArticleCC.jsp? id= 1202476577987.

[303] See, e.g., Alliance One NPA, supra note 233; Daimler DPA, supra note 279.

[304] Alliance One NPA, supra note 233, at app. C.

[305] Daimler DPA, supra note 279, at 9.

[306] See Lucinda Low & Brittany Prelogar, “International Law Advisory-French Companies Prepare to Pay Hundreds of Millions to U.S. Authorities in Foreign Corruption Matters”, *Fin. Fraud L. Rep.*, Nov./Dec. 2010, available at: http://www.steptoe.com/publications-7001.html（阐释法国合规监管的使用）。

[307] 阿尔卡特朗讯 DPA 类似于 2010 年早期达成的 Technip DPA，该协议考虑到法国监管机构将首先向法国当局报告，若公司未来再出现违规行为，则将其转交给司法部。See Alcatel-Lucent DPA, supra note 277; see also Technip DPA, supra note 141.

[308] See Alcatel-Lucent DPA, supra note 277, at att. C.

纲。[309] 通常监管人都要求做一份初始报告，接下来的任期内还要做两到三次后续报告。[310] 最近，企业已经承担了类似义务：上交初始报告，详述最初的补救措施，接下来就是两到三份后续报告。[311] 虽然如此，但在适当情况下，针对那些违反了联邦法律最终没有受到刑事定罪的公司，监管人监管依然是企业合规的重要手段。

九、总结

根据2009年美国审计总署就暂缓起诉协议和不起诉协议做出的一项研究，17位合作调查和美国司法部进行协商的公司管理人士中，只有10个人知晓联邦检察官基于《组织量刑指南》提出的合规等因素做出暂缓起诉协议或不起诉协议等决策。[312] 而在这10个企业代表当中，只有6个人真正地尝试过按照《组织量刑指南》里的因素来影响检察官的诉讼决策。[313] 尽管审计总署的调查结果是这样的，但由于司法部的起诉政策一直以来都在对量刑准则的框架进行补充，因此，合规还是成为了司法部起诉考虑中的关键因素。从一开始的《联邦量刑指南》，到索恩伯勒备忘录，再到1991年颁布的《组织量刑指南》，然后是1999年颁布的霍尔德备忘录，随后，也就是现在的9-28.000的重申，我们可以看到：一直以来，企业的诉讼以及量刑都意识到了合规的重要性。但如果企业足够重视合规的话，不仅要求助于《组织量刑指南》和经合组织的指导，还要看到暂缓起诉协议和不起诉协议中提出的更为详细但是经常被忽视的合规内容分析。[314]

通常，联邦检察官应用9-28.000中的9大起诉因素中的3个关于合规的因素，并依据《组织量刑指南》对极易影响到企业罚款考量的合规方案进行评估，最终达成暂缓起诉协议或不起诉协议。[315] 实际上，无数的暂缓起诉协议和不起

---

〔309〕 Id.

〔310〕 Id. at att. D.

〔311〕 Panalpina DPA, supra note 233, at att. D; Transocean DPA, supra note 183, at att. D.; Tidewater DPA, supra note 165, at att. D.

〔312〕 Preliminary Observations on DOJ's Use and Oversight of Deferred Prosecution and Non-Prosecution Agreements: Testimony Before the Subcomm. on Commercial and Administrative Law of the H. Comm. on the Judiciary, 111th Cong. 7 (2009) [艾琳劳伦斯（Eileen R. Larence，国土安全和司法部部长，政府受托责任）发表的声明], available at: http://www.gao.gov/new.items/d09636t.pdf.

〔313〕 Id.

〔314〕 Finder, McConnell & Mitchell, supra note 182, at 32.

〔315〕 See GAO-10-110, supra note 208, at 9-10（阐述9个因素，以及如何确定是否应用暂缓起诉协议、不起诉协议或直接进入刑事诉讼）。

诉协议都表明了合规补救措施在这些协议中的突出作用。进入 2010 年以后，超过 90%以上的暂缓起诉协议和不起诉协议都包含合规内容[316]，2005 年就已经有超过 50%的协议涉及合规内容，这一期间包含合规内容的协议数目增长量将近 40%。[317] 这些协议通过汲取过去合规失败的教训，制定出了合规计划模型。[318] 而这些模型之所以重要，是因为他们为企业完善合规计划、有效缓解法律后果和减轻责任提供了框架。[319] 但是，合规的重点做了重大改变，即从预防违法行为变成了提升企业道德文化。作为公认的改革要素，合规是企业在诉讼和量刑中获得宽大处理的重要因素。然而，下一个十年里的真正挑战是要调整企业文化使其和合规相融合并以此作为预防措施，企业借此可得到加强企业管理和完善合规经营的机会，再也不用担心是否能协商达成暂缓起诉协议或不起诉协议以延缓抑或规避起诉。

对于董事会和首席合规官执行官而言，最大的挑战不仅是要将近期暂缓起诉协议和不起诉协议中改善的标准视为一系列法律新规，而且要将其视作机遇，以此形成最佳经营方式，提升企业道德文化。合规计划坚实的企业，不仅会最小化刑事定罪的可能性，也会在生意场上形成良好的形象。收获政策稳定、道德感强、运营程序合规的良好声誉，会为企业带来巨大的发展机遇。[320] 比如说，拥有良好声誉的企业能更快地获得政府批准。商业道德声誉良好，以及管理优秀的

---

〔316〕 Remedial Compliance Programs, supra note 212.

〔317〕 Id.

〔318〕 See Jacqueline C. Wolff & Kate Greenwood, "Compliance Tips from Deferred prosecution and Agreements: Turning Lemons into Lemonade", 13 *L. J. Newsl.* 8 (2006), available at: http: //www. cov. com/files/Publication/b9a52779-7e8f-4e32-abe8-6023dee79be9/Presentation/PublicationAttachment/3fd42ab4-9ef6-4bld-9602-675b299d70cbloid40984. pdf (阐明了为何企业难以确定其合规计划是否有效，DPA 和 NPA 是多么有用的资源，能通过实例为企业提供"哪些类型的企业最好采用什么样的改革"的指导)。

〔319〕 See id.（讨论了企业如何"从其他人达成的暂缓起诉协议中得到经验"，并将其用于制定自己的合规计划，以避免被"起诉"）。

〔320〕 See Ethics and Compliance Risk Management: Improving Business Performance and Fostering a Strong Ethical Culture Through a Sustainable Process, LRN (2007), http: //www. ethics. org/files/u5fLRNRiskManagement. pdf (阐明法律诉讼和声誉损害的威胁导致许多公司追求道德与合规管理以及随之而来的利润和机会); see also Robert C. McMurrian & Erika Matulich, "Building Customer Value and Profitability with Business Ethics", 4 *J. Bus. & Econ. Res.* 11 (2006), available at: http: //www. franklinbankdoesnotcare. com/business-ethics. pdf (讨论了商业道德声誉与盈利能力、企业竞争优势之间的正相关关系); see gernerally Y. Abramov & Kenneth W. Johnson, "Business Ethics: A Manual for Managing a Responsible Business Enterprise in Emerging Market Economies", *Good Governance Program* (2004), available at: http: //trade. gov/goodgovernance/adobe/bem-manual. pdf (讨论了维持良好商业道德的益处及重要性)。

企业，其股票价格指数通常会更高，员工也会更加满意。[321] 从各个方面来讲，合法运营，遵守道德，就是企业取得成功的催化剂。

然而，在合规方面，企业面临的挑战越来越多。很多企业都在和经济下行趋势、削减的金融资源、海外的腐败体制进行斗争。[322] 正值司法部声称当前关于《反海外腐败法》的指控数达到史上最高的时候，英国反贿赂法和多德弗兰克法案额外产生的法律陷阱让很多企业不得不全方位地化解合规挑战。[323] 然而，最近的暂缓起诉协议、不起诉协议、《组织量刑指南》、经合组织指导，以及司法部关于企业起诉的政策，都为企业制定有效合规计划提供了所需的工具。经过完善后的合规框架让企业从过去的不足中汲取教训，将合规内化为企业道德文化的一部分，由此，企业便可以预防合规失败。

---

〔321〕 See Economist Intelligence Unit, The Importance of Corporateresponsibility 2 (2005), available at: http: //graphics. eiu. com/files/ad_ pdfs/eiuOracle_ CorporateResponsibility_ WP. pdf（它提到，有研究表明，企业责任有助于增加公司的净利，更好地鼓舞员工热情）。

〔322〕 See Senator Patrick Leahy, Remarks at the World Bank International Corruption Hunters Alliance (2010. 12. 7), available at: http: //web. worldbank. org/Wbsite/External/News/0, contentMDK: 22784360-menuPK: 34476-pagePK: 34370-piPK: 34424-theSitePK: 4607, 00. html（提及援助国及发展中国家日益加重的公职人员腐败现象，随之而来的是一场前所未有的全球性经济危机）。

〔323〕 See Rex Homme, "Does the Bribery Act Make the U. K the New Sheriff in Town?", *Corporate Counsel* (2011. 1. 28), http: //www. law. com/jsp/cc/PubArticleCC. jsp? id= 1202479595125（质疑 2010 年反贿赂法案的实际效用以及是否有助于英国地位的提升）。

作为企业注意义务的合规计划*

川崎友巳**
曾文科*** 译

一、合规计划的可能性

通过到目前为止的考察可以清楚地看到，美国对实施合规计划的企业给予了各种各样法律上的“优惠”。而且，这样的“优惠”种类特别多，有减轻刑罚的、不起诉的、民事上免责的等等，并且对企业而言，还包括了重要性相当高的一些优惠。反过来看，给予优惠的前提是，企业在“实施合规计划”这一条件中兼具以下实际内容，即可以期待实施合规计划能够达到很好的效果以至于即便给予上述程度的“优惠”也不会感到奇怪。

20世纪90年代之后，日本也逐步推进合规计划的引入，其中一个原因是想将其作为应对相继发生的企业丑闻的对策。此外，社会上对合规计划的理解也逐渐提升。那么，在本国是否可以赋予这样的合规计划某些法律上的意义？如果能够认可这样的意义，则能为合规计划存在着可定位为企业的注意义务内容这一效果提供一个根据。

从这样的问题意识出发，首先，本章追溯我国合规计划的发展过程。其次，整理现行法律制度中合规计划的法律意义。在此过程中，将从以下3个视角出发进行探讨：①企业在法律上的义务；②董事长构建内部治理系统的义务；③企业在量刑上的减轻事由。最后，立足于这些考察之上，文章讨论将合规计划定位为企业系统过失责任中企业固有的注意义务的内容这一做法的可能性。

---

* 原文见川崎友巳『企業の刑事責任』（成文堂、2004）第2部「企業の注意義務とコンプライアンス・プログラム」第10章。

** 日本同志社大学法学部、法学研究科教授，日本刑法学会理事，日本被害者学会理事。

*** 中国政法大学讲师，日本早稻田大学法学博士。

二、我国（日本）合规计划的发展过程

1. 截至20世纪80年代中期的动向

（1）从预防性法务的视角出发企业所做出的努力。在我国，企业为了遵守法令而自主做出的努力，经历了怎样的发展过程？回顾历史可以看到，在我国，除了少数几个例外〔4〕，直到20世纪80年代后期，几乎没有听到过“合规计划”这一称呼。但是，我国有些企业也并不是完全没有做出相应的努力。

必须指出的是企业法务部门进行的预防性法务活动是达到了某种程度的有组织的努力。虽然一般来说我国企业对法务部门的认识程度还不够，但可以看到，部分大企业已经从20世纪60年代中期左右开始出现了整备独立的法务部门的动向。〔5〕当初，法务部门的主要职能是制作并管理合同文书、管理债权及担保等，但之后以企业的国际化及社会影响力的增大为背景，渐渐地将预防性法务也纳入

---

〔4〕根据川越憲治「わが国におけるコンプライアンス・プログラム」公正取引506号（1992）4頁的记载，“首次用日语书写遵守反垄断法指南手册的是昭和40年代日本IBM公司的指南手册”“然后是经团联翻译出版的‘美国各公司遵守反垄断法指南集’（1976年出版）”。

〔5〕北川俊光「企業法務の歴史的発展（戦後）」法学教室167号（1994）41頁以下。另外，关于我国企业中法务部门的发展，自1964（昭和40年）年之后，商事法务研究会与经营法友会几乎每5年进行一次详细的调查，并报告其成果。参见経営法友会·商事法務研究会①「企業内法律業務に関する実態調査」商事法務360号（1965）7頁以下、同②「第2次企業内法律業務に関する実態調査」商事法務537号（1970）6頁以下、同③「企業内法律業務に関する実態調査」商事法務722号（1976）86頁以下、同④「〔実態調査〕会社法務部の現状と課題—第4次実態調査の分析報告」『会社法務部—第4次実態調査の分析報告·別冊NBL8号』（商事法務研究会、1982）109頁以下、同⑤「〔実態調査〕会社法務部の現状と課題—第5次実態調査の分析報告」『会社法務部—第5次実態調査報告·別冊NBL16号』（商事法務研究会、1986）155頁以下、同⑦「〔実態調査〕会社法務部—現状と課題：第7次実態調査の分析報告」『会社法務部—第7次実態調査の分析報告·別冊NBL38号』（商事法務研究会、1996）37頁以下、同⑧「会社法務部—第八次実態調査の分析報告」『会社法務部—第八次実態調査の分析報告·別冊NBL63号』（商事法務研究会、2001）43頁以下。其中，1995年对合计3487家公司（全国证券交易所上市企业2326家，登录店铺的公司626家，有影响力但非上市公司535家）进行了调查，在第七次报告中，44.3%的企业提出将“遵守反垄断法”作为了“过去五年间法务部门新致力的课题”（経営法友会·商事法務研究会⑦·前揭注（2）論文62頁）。另外，2000年对合计5077家公司（全国证券交易所上市企业2452家，登录店铺的公司871家，有影响力但非上市公司1754家）进行了调查，在第八次报告中，新设了“制作、参与合规计划”这个问题，占全体34.1%的企业回答说制作了合规计划，“从而可以看出，不论是上市公司还是非上市公司，都对合规计划高度重视”（経営法友会·商事法務研究会⑧·前揭注（2）論文77頁）。尤其是资本金额100亿日元以上不满1000亿日元的企业中有50.1%，资本金额1000亿日元以上的公司中有66.7%制作了合规计划，“资本金额越大，对合规计划的重视程度越高”（経営法友会·商事法務研究会⑧·前揭注（2）論文77頁）。此外，从行业类别来看，金融行业的制作率是75.2%，“重视程度很高，特别突出，这一点值得注意”（経営法友会·商事法務研究会⑧·前揭注（2）論文77頁）。再者，在制作合规计划时，法务部门起到核心作用的企业占54.6%，法务部门通过某种形式参与制作工作的企业达到88.6%（経営法友会·商事法務研究会⑧·前揭注（2）論文78頁）。

视野，开展了范围宽广的活动。〔6〕在这种预防性法务工作中，为回避企业活动中产生的各种法律风险——如因违反《反垄断法》而支付课征金（译者注：一种类似于我国罚款的行政制裁）、罚金，因产品责任而支付损害赔偿等——实施了相应的预防性措施。例如，向相关部门提出法律上的建议、事前检查合同内容、对从业人员进行有关法律知识的教育、启蒙活动等。此外，也有不少监督部门等行政机关通过行使行政许可权或通过行政指导要求企业做出遵守法令方面的努力。〔7〕

（2）作为法律上的要求而由企业做出的努力。其有时也会作为法律上的义务，直接要求企业做出相应的努力以遵守法令。例如，20世纪60年代中期（昭和40年代）之后修正商法的主要目的之一，即在于通过强化董事会的机能、充实监事、会计监察人制度来促使企业做出自主性的努力以遵守法令。〔8〕在这一系列修正商法的背景中，存在着决算作假、行贿、不正当支出资金等企业违法行为，这一点与美国的动向是类似的。特别是以洛克希德案件为契机进行的1981年商法修正，与作为企业捐款丑闻的应对措施而要求企业强化自主防控的20世纪70年代美国的动向是一致的。

（3）直至20世纪80年代中期企业做出的努力。20世纪60年代之后，在我国，企业也以各种各样的形式做出了遵守法令的努力。但是，企业谈不上是在积极地做出这些努力。如反复发生的企业丑闻所显示的那样，我国企业一直以来轻视这些努力，存在只整备形式上的制度与机构、粉饰外观之嫌。因此，概而言之，一直以来企业所做的努力并不具有体系性、机能性的性质。正因为如此，其作为我国高度经济成长期的“负面”，被指责为实施的是利益至上主义的企业活动。

2. 20世纪80年代中期之后

如此一来，直至20世纪80年代中期，我国在合规计划方面所做的努力绝谈

---

〔6〕小島武司「会社法務部—課題と解決指針」『会社法務部—その任務と活動·別冊NBL2号』(1976) 10頁、同「会社法務部の理想と現実」『会社法務部—第4次実態調査の分析報告·別冊NB8号』(1982) 9頁以下、柏木昇「企業法務への誘い」法学教室167号（1994）21頁。此外，这样的预防性法务也多被称为“法律上的风险管理”“法律上的危机管理”“法律上的危险管理”。

〔7〕高橋文利「会社と官庁」ジュリスト1050号（1994）50頁以下、古城誠「企業経営と行政的指導」ジュリスト1050号（1994）161頁以下。

〔8〕前田庸「会社法制」ジュリスト1073号（1995）128頁以下、川濱昇「企業の健全性確保と監督機能」森本滋ほか編『企業の健全性確保と取締役の責任』（有斐閣、1997）5頁、河本一郎ほか『日本の会社法』（商事法務研究会、新訂第2版、1998）48頁以下。

不上充分。但是，在我国也能看到光明的征兆。受到日美构造协议等外部压力，以及社会上对相继发生的企业犯罪、泡沫经济破灭后金融证券业界的丑闻的批判等的影响，从20世纪80年代后期起，终于可以开始看到我国的企业也与美国一样，以积极的姿态引入兼具具体性与体系性的合规计划。

（1）有关管制出口的法律与合规计划。我国最先在有关管制出口的法律领域推进引入合规计划。成为契机的是东芝机械公司违反COCOM案件。本案的概要是，东芝机械公司的两名从业人员在没有得到当时通产省同意的情况下，将作为COCOM管制对象的大型船舶用螺旋桨工作机械的零部件出口到苏联，并提供了使其运转的必要的电脑软件。两名从业人员与东芝机械公司因其行为违反当时的《外汇法》第48条第1款与第25条第2款而被起诉，并被宣告有罪。〔9〕1987年7月与9月，原通产省立足于该案件，要求出口相关企业制订合规计划以遵守有关管制出口的法规。〔10〕当时，原通产省提出了以下9点作为应当加入合规计划中的事项〔11〕：①向内外宣布遵守法令是企业的基本方针；②明确有关出口战略物资的责任人，整备出口审查体制；③将董事地位以上的人作为对战略物资出口程序具有最终判断权的人；④强化出口货物的检查体制；⑤坚持出口程序的适正化；⑥强化监督体制以对出口管理进行合理清查；⑦对负责人扩充有关出口相关法律的教育训练；⑧发生违反法令的行为时，对相关人员实施严正处分；⑨延长有关出口战略物资的文书保存期间。受该要求的影响，出口相关的企业推进了合规计划的整备工作，到该年年末，约2300家相关企业中有2200家企业制作了合规计划，占比达94%。〔12〕如此一来，由于大部分企业都制作了合规计划，所以该年11月，原通产省在“关于出口贸易管理令的运用”这一通告中作出行政指导，要求企业在申请出口许可时，添加合规计划作为附件；更进一步地，为

---

〔9〕東京地判昭和63年3月22日（判時1276号30頁）。此外，参见斉藤豊治①「東芝機械ココム違反事件と外為法改正」犯罪と刑罰第6号（1989）11頁以下、同②「関税および対外取引をめぐる犯罪」中山研一ほか編著『経済刑法入門』（成文堂、第2版、1994）67頁以下、神山敏雄『日本の経済犯罪—その実情と法的対応—』（日本評論社、1996）266頁以下。此外，关于引入合规计划等东芝机械公司案件后的应对，「〈ニュース〉東芝、ココム順守へコンプライアンス・プログラムを作成」商事法務1122号（1987）46頁以下、大隈一武「東芝の『戦略物資等管理プログラム』を読んで」国際商事法務15巻10号（1987）776頁、山村繁次編「米国における輸出管理とコンプライアンス・プログラム（4·完）—ココム規制と日本企業の対応—」商事法務1128号（1987）22頁以下。

〔10〕湯本登「輸出関連法規遵守規定の実施状況と課題」商事法務1153号（1988）2頁、斉藤豊治①·前掲注（6）論文37頁以下。

〔11〕湯本登·前掲注（7）論文3頁。

〔12〕湯本登·前掲注（7）論文3頁。

提高出口许可申请程序与审查的效率，1988年2月开始实施以下制度，即由企业事前提交合规计划，对于已接受审查者交付受理票的，在申请出口许可时添加受理票的复印件作为附件。[13] 所以，合规计划实质上成为了获得出口许可的必要条件，对相关企业而言，引入并运用合规计划逐渐成为不可避免的措施。

（2）反垄断法与合规计划。此外，与美国一样，我国近来与反垄断法相关的合规计划也取得了令人瞩目的发展。在我国，受1989年开始的日美构造问题协议的影响，围绕着反垄断法发生了急剧的变化，如强化反垄断法的执行、反垄断法的社会认知度上升、公正交易委员会公布了各种有关适用反垄断法的指南等。[14] 以这样的变化为背景，大家认识到有关反垄断法的合规计划的重要性。[15] 以回应这种认识的形式，国家于1991年相继公布了两份合规计划的指南手册，这两份指南手册以将合规计划引入日本企业为前提。即《有关反垄断法的合规计划入门》[16]（1991）与《面向合规计划的反垄断法指南手册（模本）》[17]（1991）。两者明了地展示了引入有关反垄断法的合规计划时必要的基本事项。这些指南手册发挥了作用，之后许多企业基于此开展引入合规计划的工作。可以指出的是，我国合规计划的特征在于制作出针对各行业的统一指南后，再由各个企业一齐引入。在1993年以东京、大阪、名古屋各证券交易所上市的2063家公司为对象进行的问卷调查中，实施了合规计划的达到六成，预计将要实施的还有两成。[18]

---

〔13〕 湯本登・前揭注（7）論文3頁。

〔14〕 川越憲治「『独占禁止法コンプライアンス・プログラムの手引』の概要」公正取引（1991）493号4頁以下、松本滿雄「『独占禁止法コンプライアンス・プログラムの手引』作成に携わって（学者の立場から）」公正取引493号（1991）10頁以下。

〔15〕 根据川越憲治・前揭注（11）論文4頁，在我国，“从伊从宽氏（当时公正交易委员会委员）于1990年10月16日在日经新闻上发表题为‘制作遵守反垄断法的指南手册’这一论文开始”，开创了提高对合规计划重视程度的契机。该论文以日美构造协议的缔结为背景，受到政府主张强化反垄断法的执行的影响而展开论述，阐释了企业预防违反反垄断法行为的必要性。

〔16〕 財団法人公正取引協会編著『独占禁止法コンプライアンス・プログラムの手引—独占禁止法の遵守のために』（公正取引協会、1991）。

〔17〕 経営法友会『コンプライアンス・プログラムのための独占禁止法遵守マニュアル（ひな型）』（商事法務研究会、1991）。

〔18〕 南木通①「独占禁止法コンプライアンス・プログラムに関するアンケート調査結果」商事法務1346号（1994）29頁以下、同②「独占禁止法コンプライアンス・プログラムに関するアンケート調査結果について」公正取引519号（1994）20頁以下。

（3）公司治理。除此之外，在防止内幕交易〔19〕、制定针对“股东大会上的闹事者”的对策及防止对这些人提供利益〔20〕、保护环境（ISO14000 系列）〔21〕等领域，引入合规计划的现象也活跃起来，或者意识到应该引入合规计划。给企业中的这一风潮提供助力的是最近在我国也被广泛热议的公司治理（corporate governance）论。在公司治理论中，既讨论为提升企业业绩的有效经营状态，也探讨为遵守法令而应有的经营状态。〔22〕特别是受到社会上对泡沫经济崩溃后金融及证券丑闻、向股东大会上的闹事者提供利益等的批判的影响，在我国的公司治理论中，对为遵守法令而应有的经营状态的关心持续高涨。因此，不只讨论形式化的对策，即采用一直以来反复被提倡的“企业的伦理纲领”，而且探讨对遵守法令而言更为有效且细致的对策。在这样的讨论中，人们广泛认识到了合规计

〔19〕关于内幕交易的防止，参见上村達男「内部者取引管理規定の事例研究（1）□（13）」資料版商事法務 132 号（1995）6 頁以下、133 号（1995）20 頁以下、134 号（1995）24 頁以下、135 号（1995）11 頁以下、136 号（1995）40 頁以下、137 号（1995）6 頁以下、138 号（1995）11 頁以下、139 号（1995）32 頁以下、141 号（1995）31 頁以下、142 号（1996）31 頁以下、144 号（1996）28 頁以下、146 号（1996）23 頁以下、147 号（1996）27 頁以下。

〔20〕关于针对“股东大会上的闹事者”的对策，山田庸男「総会屋対策にみるコンプライアンスのあり方」日弁連民暴対策委員会編『民暴対策論の新たな展開』（2000）54 頁以下。此外，虽然没有使用“合规”这一用语，但从企业危机管理的视角出发阐释合法经营作为民事介入暴力对策的重要性的先驱性文献有，中務嗣治郎「企業対象暴力への対応姿勢」佐長彰一ほか編集代表『企業対象暴力と危機管理』（1997）58 頁以下。此外还有，林則清「合理経営から『合法経営』へトップ主導の危機管理体制を」佐長彰一ほか編集代表『企業対象暴力と危機管理』（1997）、玉造敏夫「最近の暴力団情勢と企業防衛」奥島孝康編『遵法経営―コーポレートガバナンス3』（1998）87 頁以下、久保利英明「コーポレートガバナンスとしての株主総会対策」奥島孝康編『遵法経営・コーポレートガバナンス3』（きんざい、1998）137 頁以下、松井秀樹「総会屋等との絶縁と企業の対応」商事法務 1489 号（1998）17 頁以下。另参见岸田雅雄「商法・証券取引法から見た企業の違法行為のチェックシステム」ジュリスト1129 号（1998）36 頁以下、森淳二朗「総会屋に対する利益供与と商法改正」法学セミナー 524 号（1998）53 頁以下。

〔21〕关于环境保护，参见丸山陽司「環境管理システムと監査」JICPAジャーナル484 号（1995）21 頁、吉川栄一「企業の環境監査と取締役の注意義務」上智法学論集 41 巻 4 号（1998）5 頁以下、永井進「企業の環境管理・監査と環境ラベリング」環境と公害 27 巻 3 号（1998）37 頁以下、矢部浩祥「ISO14000と企業の環境戦略」環境と公害 27 巻 3 号（1998）44 頁以下、野口聡『環境管理と企業』（化学工業日報社、1995）。

〔22〕奥島孝康編『コーポレートガバナンス・新しい危機管理の研究』（きんざい、1996）、同編『遵法経営・コーポレートガバナンス3』（きんざい、1998）、森本滋「コーポレイトガバナンスと商法改正」龍田節ほか編『商法・経済法の諸問題』（商事法務研究会、1994）111 頁以下。也可以看到否定公司治理中包含实施合规计划的见解。这种见解认为，公司治理的内容中含有未确定的要素，“公司治理是一个为了提高经营效率的概念，不是用以纠正违法经营的王牌。给企业经营带来合法性的是‘守法精神’与‘合规’”（久保利英明『違法の経営・遵法の経営』〔東洋経済新報社、1998〕ii 頁）。

划的重要性。[23]

(4) 20世纪80年代中期之后企业的努力。我国正式引入合规计划已经约有十年了。其间，合规计划逐渐普及向多数的企业以及各种各样的法律领域。虽然因行业或企业规模的不同普及率仍有所差异，但可以说合规计划的重要性确实渗透到了人们的观念之中。

但是，我国企业对合规计划所做出的努力中仍然是消极的一面更为强烈，这也是事实。随着20世纪80年代末开始的“泡沫经济”的崩溃，在种种场合下也浮现出了企业的不正当行为。社会上对这些不正当行为做出了史无前例的强烈且严厉的非难。因此，企业认为，仅仅形式化地高喊目前这样的“伦理纲领”或“经营的健全化”，是不可能消除社会上的不信任感的；于是便考虑引入合规计划作为令人耳目一新的方法，试图展现经营的健全性与安定性，恢复业已下降的企业形象。不可否认，我国企业引入合规计划时的动机很大程度上是出于上述考虑。但是，虽然引入合规计划的进程在我国是出于这种消极的理由而开始的，可进入21世纪后，在种种场合下通过赋予合规计划法律上的意义，引入合规计划的进程又逐渐加速起来。

三、我国合规计划的法律意义

20世纪80年代之后，因为多个契机重叠在一起，使得合规计划在我国也渐渐渗透开来。但是，由于引入合规计划对企业而言并不与利益直接相连，在人力上和经济上都是很大的负担，所以，如果完全将引入合规计划的工作交由企业自发性的努力，那么合规计划究竟能够被引入到何种程度，是存有疑问的。恐怕就现状而言，很难期待我国企业能引入与前述美国最优化的水准相同的合规计划。在美国，以社会对企业犯罪的批判为背景，在1991年针对组织体的联邦量刑指南中，一方面，将史无前例的高额罚金刑予以法定化，另一方面，则在适当地实施了合规计划的情形中留有大幅度减轻罚金数额的余地。如此一来，这极大地激励了企业引入合规计划，也正因为如此，高水准的合规计划被评价为具有引入价值的、“划算的”安排，渗透到了许多企业之中。

那么，在我国是否存在着与引入高水准的合规计划联结在一起的有效激励措施？从目前的考察中也能清楚地看到，可以期待确保了实效性的合规计划起到预

---

〔23〕 川越憲治「企業法務における独占禁止法—コンプライアンス・プログラムについて—」自由と正義45巻4号（1994）36頁。

防企业犯罪的作用。因此，即便认为促使引入合规计划的动力与企业的刑事责任问题是相分离的，也必须承认，引入合规计划作为企业犯罪的对策具有深刻的意义。实际上，受到社会上对合规计划的评价不断高涨的影响，在我国可以看到赋予合规计划法律意义的动向。下文试图整理一下我国有关这种法律意义的现状，并对其激励效果进行若干讨论。

1. 企业的法律义务

有不少管制经济活动的法令规定了企业代表人的法令遵守义务。[24] 但是，这些义务是各人遵守法令的义务，没有明确地课以构建遵守法令的体系这一义务。与此相对，最近散见一些法律上将整备、实施合规计划作为义务的动向。以下首先整理一下这样的例子。

第一，对于处理存款业务的金融机构，设置了相关规定，课以其构建并公布合规体制的义务。即课以处理存款业务的金融机构如下义务：按照各种法令的要求，每个会计年度制作有关业务及财产状况的说明书，并放置在所有的营业场所及代理店中，供公众阅览。[25] 作为有关业务事项的一部分，其必须记载有关法令遵守体制的事项。[26]

伴随着金融自由化，存款人选择存款地点这种自己决定具有空前的重要意义。作为存款人对存款地点作出判断的一环，其需要对各金融机关的信用度做出准确的评价，为此，合规体制中金融机构信息公开的意义也就增大了。[27] 此外，构建并公布合规体制还期待着如下效果，即“使企业内容透明化，可以间接地起到防范该企业在社会上实施不法行为于未然的作用”。[28]

---

〔24〕 例如，《商法》第254条之三。此外，关于信用合伙的理事，参见中小企业等共同合伙法第42条等。另见和歌山地判平成14年12月27日〈LEX/DB INTERNET 28080679〉、大阪高判平成13年5月28日〈LEX/DB INTERNET 28071362〉。

〔25〕 银行法第21条第1款前段、保险业法第111条、农业中央金库法第81条第1款、渔业协同合伙法第58条之三第1款前段、农业协同合伙法第54条之三第1款前段。另外，根据日本邮政公社施行规则第42条与第43条，日本邮政公社规定，在基于日本邮政公社法第65条第2款有义务公开的信息中，必须将法令遵守体制作为有关邮政存款业务及简易生命保险业务事项的一部分予以公开。

〔26〕 农林中央金库法施行规则第59条之2第4项、有关协同合伙的金融业务的法律施行规则第12条之二第4项、有关农业协同合伙及农业协同合伙联合会的信用业务的命令第55条、有关渔业协同合伙等的信用业务的命令第48条、银行法施行规则第19条之二第4项、长期信用银行法施行规则第18条之二第4项、信用金库法施行规则第20条之二第4项、劳动金库法施行规则第16条之二第4项、有关证券公司的行为规制等的内阁府令第11条之二第3款、商工合伙中央金库法施行规则第27条之十第4项。

〔27〕 濱田俊郎「規制緩和と社内体制—コンプライアンス・プログラム等」ジュリスト1228号(2002) 87頁以下。

〔28〕 川口恭弘『現代の金融機関と法』(中央経済社、2001) 163頁。

第二，在金融厅公布的“金融检查指导手册”中，确认金融机构的合规情况成为核查项目的一大支柱。1999年，当时的金融监督厅试图使金融体系安定下来并重建该体系，以恢复机构内外对金融机构的信赖为目的，作为金融检查的改善对策，制定了金融检查指导手册。此外，列明整备合规体制是该检查的重点项目。具体而言由以下5点组成：①法令遵守体制的整备、确立情况；②应遵守法令事项（行动规范）的规定、整备状况；③核查遵守体制是否发挥作用的核查体制的整备状况；④违反法令等时制裁（惩罚）规定的整备、运用状况；⑤金融机构及其经营者等应予遵守的具体法令。[29]

当然，这份指南手册虽被定位为检查官在检查金融机构时的指针，但同时还被期待发挥如下效果：通过要求金融机构的董事、理事对合规产生自觉意识，并使所有金融机构营造出重视合规的企业风气，来促进金融机构发挥其公共职能。[30]

第三，还存在着这样的情况，即在申请一定业务的行政许可时，要求有义务提交的文件中记载遵守法令的状况。[31] 例如，1987年发现东芝机械公司违反COCOM案件之后，旧通产省要求与出口相关的企业制作合规计划以遵守与出口管制相关的法规[32]；1987年11月，在“关于出口贸易管理令的运用”这一通告中进行了行政指导，要求在申请出口许可时附上合规计划。另外，旧通产省为提高出口许可申请程序与审查的效率，在1988（昭和63年）年2月开始实施以下制度，即对于事前提交了合规计划并接受了审查者交付受理票的，在申请出口许可时添加受理票的复印件作为附件。[33]

受冷战结束的影响，以对共产主义国家管制出口为目的的巴黎统筹委员会（COCOM）于1994年3月解散。但由于地域纷争频发并成为国际性问题，所以设立新出口管理体制的必要性增大，在原COCOM加盟国与俄罗斯、东欧各国之

---

〔29〕 关于金融厅对各金融公司的检查指南手册，参见〈http：//www/fsago. jp/manual/manual. html〉。

〔30〕 金融庁『預金等受入金融機関に係る検査マニュアル』7頁〈http：//www/fsago. jp/manual/manual. html〉、片木晴彦「内部統制と証券取引法」ジュリスト1249号（2003）65頁。

〔31〕 例如，关于保险公司申请证券业务的许可及申请债权募集或管理的受托等的许可，金融厅长官基于提交的文件审查有关经营管理的体制时，也要参考遵守法令的状况（保险业法施行规则第52条之五第2款第3项及第52条之六第2款第3项）。此外，证券公司等为了进行有关内部管理相关的业务而试图获得对证券交易法第45条所禁止的行为的承认时，在有义务提交给金融厅长官等的申请承认书中，必须将有关法令遵守管理的业务作为有关内部管理业务的一部分予以记载（有关证券公司的行为规制等的内阁府令第11条之二第3款）。

〔32〕 湯本登·前揭注（7）論文2頁、斉藤豊治①·前揭注（6）論文37頁以下。

〔33〕 湯本登·前揭注（7）論文3頁。

间达成了瓦森纳协定（Wassenaar Arrangement），试图防止常规武器和两用物品及技术的转移。与以往一样，在这一新的出口管理体制之下，也要求整备合规计划并对其进行报告。作为瓦森纳协定的对应措施，制作与外汇法有关的合规计划正发挥着作用，其成为了出口相关企业实质开展业务的前提条件。

此外，针对保险公司提出的证券业务行政许可申请，以及募集债权或信托管理等行政许可申请，金融厅长官基于提交的书面材料，在审查经营管理相关的体制时，也会参考法令遵守的状况。〔34〕证券公司等为了实施有关内部管理的业务而希望就《证券交易法》第45条禁止的行为获得许可时，必须在有义务提交给金融厅长官等的许可申请书中，将有关管理法令遵守的业务作为有关内部管理的业务中的一部分予以记载。〔35〕可以看到，今后作为许可某项业务的条件，是否确定了合规体制将成为重要的指针。确立合规体制被定位为实施适正业务时不可或缺的前提。

2. 董事的内部治理体系构建义务

（1）两件股东代表诉讼。虽然不是刑事案件，但在整理我国合规计划的法律意义时，有必要注意围绕着以下两件股东代表诉讼而产生的动向。第一件是2000年9月20另一件日做出的关于大和银行股东代表诉讼的大阪地方裁判所判决。作为对1995年案发的“大和银行NY分店案件”的应对措施，部分股东提出了股东代表诉讼。关于该诉讼，大阪地方裁判所认定了当时的股东及监事共11人的责任，命令赔偿共计7.75亿美元（约830亿日元）。“大和银行NY分店案件”的案情是，该银行NY分店的副总裁擅自交易、买卖美国财政部证券以至发生巨额损失；当时NY分店的店长等却没有迅速地将副总裁的侵占行为与发生损失的事实报告给监督机构，而是试图秘密地填补损失；这样的应对方法构成联邦法上的犯罪，于是该银行与副总裁及NY分店的店长一起被起诉。该案中被追究刑事责任的大和银行通过司法交易的途径支付了3.4亿美元（约365亿日元）。这是当时美国刑事审判史上金额最高的罚金，在我国也被大肆报道。〔36〕

本案虽然在被控诉到高等法院的阶段达成了和解，但一审判决将内部治理体系的构建义务作为善意监管注意义务及忠实义务的内容，从正面对其予以了肯定。因此，作为这种构建义务的实际内容，整备合规体制在确定董事等的责任方

---

〔34〕 保险业法施行规则第52条之五第2款第3项及第52条之六第2款第3项。

〔35〕 有关证券公司的行为规制等的内阁府令第11条之二第3款。

〔36〕 关于大和银行NY分店的详细情况，参见拙稿「アメリカ金融犯罪の一断面—『大和銀行NY支店事件』からの教訓—」商事法務1602号（2001）51頁以下。

面起到了重要作用。社会对此的认识度提高了，支持这种见解的学说也很有影响力。[37]

此外，另一件神户制钢公司股东代表诉讼中也肯定了董事的内部治理体系构建义务。本案案情是，神户制钢公司筹措活动经费向股东大会上的闹事者提供利益；关于这些不正当的支出，案件当时的董事等被提起诉讼，要求损害赔偿。本案最终也是以达成和解的方式于 2002 年 4 月 5 日结案，但结案时神户地方裁判所公布了“裁判所的看法”，其中明确提到，“大企业中职能分配不断细化，事实上不可能准确地把握其他董事及全体从业人员的活动。所以，董事负有法律上的义务，应该构建内部治理体系以防止违法行为等发生”。

这一连串的司法判断对董事产生了充分的冲击力，使其重新认识到引入合规计划的重要性。虽然根据 2002 年的商法修改，对股东代表诉讼制度进行了重新设计[38]，但对董事而言，引入合规计划并推进内部治理体系构建在当下仍然意义重大，这一点并没有发生变化。[39]

（2）2002 年的商法修改。2002 年施行的修改后的商法以复杂化的大规模企业的经营合理化，与防止接连发生的企业丑闻为目标，引入了“设置委员会等的公司”制度，即设置由半数以上的公司外的董事组成的指名委员会、报酬委员会、监督委员会（商法特例法第 2 章第 4 节）。此外，还要求董事构建对监督委员会履行职务而言必要的“内部治理体系”，并要求建立起一套体制以使得监督委员会能够适正地监督执行人员在业务上的决定与执行情况（同法第 21 条之 7 第 1 款第 2 号）。[40] 具体而言，是要求建立这样一套体系，即通过这套体系确保执行人员在符合法令与规定的情况下有效地执行职务（《商法施行规则》第 193 条）。因此，今后在法制度上也要求以执行—监督分离型的经营管理机构为模型，充实公司治理过程中的内部治理与合规系统。可以说，这一点通过修改后的商法

---

〔37〕 伊勢田道仁「会社の内部統制システムと取締役の監視義務」金沢法学 42 巻 1 号（2000）80 頁以下。

〔38〕 北村雅史「取締役の責任減軽と株主代表訴訟—平成 13 年 12 月改正—」民商法雑誌 126 巻 4・5 号（2002）565 頁以下、宮島司「株主代表訴訟」法学教室 264 号（2002）35 頁以下。

〔39〕 与此相对，关于金融机构之外的企业，认为将内部治理设置义务扩展到财务工作之外是有疑问的见解有，宮島司「企業監査とガバナンス—内部統制システムを中心として」ジュリスト 1235 号（2002）18 頁。

〔40〕 片木晴彦「監査役と監査委員会」民商法雑誌 126 巻 4・5 号（2002）560 頁以下、森田章「取締役の機能の分離」民商法雑誌 126 巻 4・5 号（2002）509 頁以下、山下友信「委員会等設置会社における取締役・執行役の責任」民商法雑誌 126 巻 6 号（2002）811 頁以下。

得以明确化了。[41]

3. 量刑中的从轻减轻事由

（1）关于下水道串通投标案件的东京高等裁判所判决。关于合规计划在刑事法上的法律意义，值得注意的是1996年下水道串通投标案件中的东京高等裁判所判决。[42] 该判决首先认为，被告法人针对日本下水道事业集团招标的电气设备工程结成了价格卡特尔，是有罪的；然后在此基础上指出具有量刑上应予酌量的情节，即“本案中的犯行被发现后，作为被告的9家公司认识到了事件的重大性并进行了深刻的反省，通过机构调整与人事变动，或者制作遵守反垄断法的指南手册并对公司员工进行教育的方式，试图彻底防止再犯”。该判决恐怕是我国刑事法上从正面承认合规计划法律效果的开端性案例。

该判决将合规计划作为事后的一个情节来考虑，将其理解为“自我认识到作为法人的社会责任，并不再以组织的形式实施犯罪的证明”。[43] 该判决表明，合规计划在对法人的量刑时具有一定的效果，从这一点中能够读出不少的涵义。此外，这也激励了企业推进引入合规计划。

（2）关于下水道串通投标案件的东京高等裁判所判决之后的动向。东京地方裁判所平成14年1月16日[44]的判决，同样将案件发生后合规计划的整备作为量刑上应予酌量的情节。本案的大致案情为，以买卖渔业水产品为目的的被告法人在进口西非诸国原产的冷冻章鱼时，企图利用特惠关税制度，在无权限的情况下，在印有证明机关印的白纸，即原产地证书上，记录如下内容，即冷冻章鱼的原产地是特别特惠受益国，然后在进口时将其用于申报，从而不正当地免除关税；被告法人因实施了内容虚假的进口申报而以违反关税法之名被起诉。判决中除了提到被告法人已经完全缴纳了包含加算税在内的所有税款，还提到，“被告公司全面协助了东京海关对本案的调查等工作，而且在本案被发现后，通过设置

---

〔41〕 上村達男「委員会等設置会社」法学教室265号（2002）21頁、布井千博「経営の機動力は向上するか」法学セミナー575号（2002）20頁、畠田公明「企業不祥事は防止できるか」法学セミナー575号（2002）26頁以下、川口恭弘「内部統制システムの意義と監査役の役割」監査役476号（2003）12頁以下。但是，认为2002年商法修改的目的在于提高经营效率的观点有，出口正義「委員会等設置会社の立法の意義」ジュリスト1229号（2002）51頁以下。此外，参见大杉謙一「取締役・監査役の責任と、その軽減—監査役によるリスク管理体制の監視とアクティブ・ボードの推進—」法律時報74巻10号（2002）25頁以下、末永敏和「機関を中心とする大会社関連の改正」ジュリスト1229号（2002）26頁以下、野村修也「経営管理機構のあり方と取締役会改革」法律時報74巻10号（2002）17頁以下等。

〔42〕 東京高判平成8年5月31日判例タイムズ912号146頁。

〔43〕 原田國男「社会奉仕活動と量刑」『量刑判断の実際』（現代法律出版、2003）214頁。

〔44〕 東京地判平成14年1月16日〈LEX/DB INTERNET28075341〉。

合规委员会、强化监督部门对公司内的监督等，在防止再次违反法令方面做出了努力”。

此外，埼玉地方裁判所平成14年12月4日[45]的判决中也作出了同样的判断。本案案情为，经营精肉贩卖业的被告法人将进口鸡肉用标有“无药饲料饲养”“国产”等字样的包装材料重新包装起来进行贩卖，从而以违反不正竞争防止法之名被起诉。判决中除了提到被告法人已经受到行政处分与社会上的非难外，还将以下情形作为应予酌量的情节来考虑，即“为了彻底地遵守法令并对生产进行管理，设置了合规办公室及生产开发部门等；与此同时，还采取了再犯防止对策，诸如让从业人员定期地参加法令遵守研修会等接受教育等”。

四、企业系统过失责任中的合规计划

1. 法人的注意义务与合规计划

从目前的考察来看，可以说我国对于合规计划的期待也很高，合规计划的法律意义也正着实地确立下来。立足于最近的这一动向，考虑到合规计划的性质与效果，将合规计划作为评价的对象，用以判断法人是否履行了自己应尽的注意义务，是有可能的。在美国，由于采用的是代位责任的法理，即虽然法人没有过失，但也要将代理人或从业人员违法行为的责任转嫁给法人，所以，即便法人适正地运用了合规计划，也并不能因无过失而免责。可是在我国，是将法人的刑事责任理解为对从业人员的选任、监督上的过失责任，所以将合规计划作为法人注意义务的内容来予以评价，应该不存在障碍。尤其是考虑到“组织构造”“管理系统”等法人固有的性质，上述那种思路就更加顺理成章了。毋宁说，如果以适正地实施了合规计划为条件而赋予无过失免责的法律效果，那么我国对企业的激励能够达到与美国同等甚至超过美国的程度。且从为了防止犯罪而促进合规计划的整备这一视角来看，也会支持将合规计划作为企业系统过失责任中的注意义务。

2. 对企业系统过失责任的批判

在我国一直以来有关企业刑事责任的讨论中，也有人对将合规计划作为企业注意义务来对待的做法提出疑问。

第一，有学者一方面指出，“存在有效的遵守法令的合规计划表明企业尽到了选任监督上的义务，这样的见解在理论上是可能的”；另一方面又有学者指出，

---

〔45〕 さいたま地判平成14年12月4日〈LEX/DB INTERNET28085282〉。

“遵守法令的合规计划虽然乍看上去滴水不漏，但对公司各部门的业绩要求等容易造成组织上的压力，令人不得不轻视对法律的遵守”，因此，“仅以是否实施了遵守法令的合规计划来判断是否可以免责是错误的”。〔46〕的确，即便形式上、外观上确立了合规体制，但在从业人员实施了轻视该体制的活动时也赋予免责的效果，是不妥当的。但是，在这样的情形中，应该评价为虽然形式上看上去实施了合规计划，但实质上没有起到作用，不能期待其发挥效果，从而否定免责；如果基本上有效地实施了合规计划，那么应该对法人免责。从实施了合规计划这一事实出发，评价企业已经尽到注意义务时，不仅要具有形式的一面，还需兼备实质的一面，即“如果实施了合规计划，通常能够防止违法行为的发生”。

第二，还有见解提出，适正地实施合规计划是法人的代表人等自然人的义务，不是法人自身的义务。〔47〕这是因为，从如前所述的美国凯马克公司派生诉讼案（Caremark International）与我国的大和银行股东代表诉讼一审判决来看，这样的结论很有说服力。但是在此应当留意的是，上述两个判决都是有关损害赔偿责任归属的民事上的判断，在决定要将发生的损害归属于哪一方时，董事等法人的机关被课以了超出个人能力的“贵族义务”（noblesse oblige）；与此相对，在判断是否存在刑事责任时却是以个人的能力作为前提；所以二者的判断构造完全不同。倘若在确保其实效性的前提下将运用合规计划作为注意义务的内容来把握，以是否存在合规计划来追究选任监督上的过失责任，那么这样的注意义务是不可能从单个人身上推导出来的。

为了顺利地开展经济活动，企业在法律上受到了种种恩惠。而且不可忽视的是，企业的经济活动对社会带来的影响力也极其重大。考虑到这些状况，应当在与代表人的性格及能力无关的情况下，承认企业负有构建系统的义务，使得能够在不违反法令的前提下开展企业活动。因此，将合规计划的适正实施理解为与法人的代表人等自然人分离的法人固有的注意义务，是妥当的。

第三，另有见解指出，即便实施了合规计划，也不能因此就说企业尽到了注意义务。如果将该批判的内容理解为，仅凭形式上引入合规计划还不能评价为对预见法益侵害与基于该预见回避结果尽到了充分的注意，那么该批判与第一种批

---

〔46〕川濱昇「独禁法遵守プログラムの法的位置づけ」『川又良也先生還暦記念・商法・経済法の諸問題』（商事法務研究会、1994）576頁以下。此外，今井猛嘉「法人処罰」法学教室260号（2002）75頁以下、高山佳奈子「法人処罰」ジュリスト1228号（2002）73頁以下。

〔47〕神例康博「法人処罰における過失責任法理の限界（1）」松山大学論集13巻2号（2001）11頁以下。

判就没有区别了。与此相对，如果将该批判的内容理解为，尽管实施了具有实效性的合规计划，但与企业活动相关且发生法益侵害（或者与法益侵害联系在一起的从业人员的违法行为）时，仍然要肯定其预见可能性，那么此时所设想的究竟是怎样的情形呢？存在应当如此处理的案件吗，即针对同样组织规模的企业即便实施了能够实施的合规计划也不能预见或回避结果的法益侵害，仍然以应该预见或应该回避结果为由给予刑法上的非难。关于过失犯的构造可能存在不同的理解，但不能超出合规计划的内容，来要求对认定企业过失责任而言必要的注意义务的质与量。

法人处罚

——立法论*

樋口亮介**

张小宁*** 译

一、前言

（一）研讨的课题

日本在制定新的关于处罚法人的立法时，需要讨论如下5个问题：①将哪些种类的犯罪作为处罚对象；②规定哪些处罚要件；③如何设定构成处罚对象的主体；④规定哪些刑罚方式；⑤如何处理现行的两罚规定。

本文将针对这5个问题，从比较法的角度，参考英、美、法、澳、瑞士以及奥地利等国法律，提出可供日本选择的立法模式。[1]

（二）基本视角

在展开研讨之前，首要阐明依据怎样的视角制定处罚法人的立法这一基本问题。

---

* 原文见樋口亮介『法人処罰と刑法理論』（東京大学出版会，2009）最后一章「法人処罰の理論的基礎と具体的要件の構築」。原文的最新版本收录于芝原 邦爾 =古田 佑紀=佐伯 仁志『経済刑法—実務と理論』（商事法務，2017）。

** 日本东京大学大学院法学政治学研究科副教授，日本刑法学会会员。

*** 山东大学（威海）法学院副教授，法学博士。

〔1〕关于各国法律制度的比较，请参见松原久利、川本哲郎、奥村正雄、川崎友巳："諸外国における法人処罰の動向：ドイツ、フランス、イギリス、アメリカ合衆国"，《刑法杂志》第41卷第1期（2001年）第5页；甲斐克则・田口守一编：《企業活動と刑事規制の国際動向》（2008年）。

日本在进行新立法时，基本的视角应当是以处罚自然人的构成要件·违法·责任这一传统体系以及以责任为基础确定量刑的刑事制裁模式为基础，来设定处罚法人的制度。[2] 当然了，考虑到法人与自然人的不同，应当有所修正，但基本立场还是以针对自然人的刑法为基础。

二、以法人作为处罚对象的犯罪种类

（一）比较法

1. 将全部犯罪作为对象的立法例

《澳大利亚联邦法》第12.1条、《奥地利团体责任法》第3条[3]、《瑞士刑法》第102条第1款在处罚法人时不区分犯罪的种类。

此外，《法国刑法》第121-2条在1992年立法时规定应区分犯罪种类来处罚法人犯罪，但2004年3月9日修正该法时废除了上述限制。[4]

2. 根据犯罪不同设置不同的处罚要件的立法例

英国的2007年《企业过失致人死亡罪法》(Corporate Manslaughter Act 2007)[5] 规定对组织的行为进行处罚［下文三（一）2（1）①］，即，对于日本刑法规定的过失致死罪，英国法规定可以处罚法人。英国判例也依据“同一视理论”［下文三（一）1］处罚大多数法人犯罪[6]，2007年《企业过失致人死亡罪法》在过失致死罪的限度内认可组织的过失行为。

《瑞士刑法》第102条第2款[7]规定：只针对洗钱罪与贿赂罪等犯罪，在处罚自然人之外，还可以处罚有组织性过错的法人。该法第102条第1款规定，法

---

〔2〕 樋口亮介：《法人処罰と刑法理論》(2009年) 第156-158页。

〔3〕 冈上雅美：「オーストリアにおける法人ないし团体処罰の新立法について」，青柳幸一：『融合する法律学　下巻』(2006年) 第551页。

〔4〕 Loi n°2004-204 du 9 mars 2004 portant adaptation de la justice aux évolutions de la criminalité, Art. 54.

〔5〕 冈久庆：「英国における企業の致死事件に対する刑事処罰の拡大」，『外国立法』第234期(2007年) 第237页；今井猛嘉：“イギリスにおける法人処罰”，『法学志林』第106卷第3期 (2009年) 第145页。

〔6〕 依据同一视理论无法处罚的法人犯罪只有重婚等依据法人的性质无法构成其主体的犯罪 (D. Ormerod, Smith & Hogan's Criminal Law 14th 2015, p. 303)。

〔7〕 松原久利：「スイス新刑法典における企業処罰規定」，『同志社法学』第57卷第6期 (2006年) 第1795页；科林斯蒂安·施瓦辛格：“スイスの刑事制裁制度”，小池信太郎校·薮中悠、横滨和弥、荒木泰贵、山田雄大、桥本广大译，『庆应法学』第35期。

人处罚是对自然人处罚的补充责任［下文三（一）2（1）②］。第102条第2款则规定：关于处罚组织的要求较高的犯罪类型，可以缓和法人的处罚要件。[8]

英国、瑞士的立法都是在一定的要件下认可所有犯罪的法人处罚，但针对个别犯罪设定处罚法人的特殊要件。

（二）日本可以设想的模式

1. 现行双罚规定的制度设计——个别规定的要求

在日本，针对存在两罚规定的犯罪，可以处罚法人。这是根据犯罪不同确认可否处罚法人的模式。

2. 新立法时的选择项

（1）个别规定的方式与处罚全部犯罪的方式。① 在设置处罚法人犯罪的类型时，现行法同样可以在一定的指标要求下，根据犯罪不同设置不同的处罚方式。[9] 以这种方式立法时，问题在于将哪些犯罪纳入其中。不过，问题在于，这种划分工作极其繁杂，而且无论如何划分，在可否处罚法人的问题上都会出现失衡的感觉。② 参考其他国家的现状，也可以采用不区分犯罪类型在刑法总论中一概规定处罚法人的立法模式。[10] 虽然有重婚罪等从法人的性质上来看是不可能处罚的犯罪类型，但这完全可以交由身份犯的解释来处理。以这种方式立法时，不会出现选择某项犯罪是否适合处罚法人的问题。不过，不问犯罪类型一概处罚法人的做法能否被日本接受还是个问题。[11]

（2）是否需要认可不同的处罚要件与刑事制裁。还有一种做法是，在总则规定中设置法人的处罚要件与刑事制裁，而后针对个别犯罪做特别规定。与之相对，例如，考虑到有必要严厉打击组织活动造成的人身伤害事件，所以仅针对业务上过失致死伤罪规定处罚组织的过失行为［下文三（二）3］，加重其罚金刑［下文五（二）2（1）］。此时，可以在《刑法》第211条之后设定新条文。

---

〔8〕 樋口·前揭注2·第142页。

〔9〕 饭田英男:「法人処罰に関する立法上の問題点」,『法学家』第672期（1978年）第88页列举了构成处罚对象的犯罪。

〔10〕 川崎友巳:「法人処罰論の今日的展開」,瀬川晃编:『大谷實先生喜寿記念論文集』（2011年）第392页。

〔11〕 不对处罚法人的犯罪类型进行限制时，需要研讨在什么情况下追诉法人才合适的问题。这是在探讨处罚法人的刑罚意义（关于处罚法人的意义及该意义反映的量刑，参见樋口·前揭注2·第153-155页）。处罚法人的意义大概在于，一是对作为多数人集结点的法人进行非难时是合适的；二是其虽然是少数人甚至是一个自然人的活动，但该活动是出于营利目的并且属于法人的活动范围时，对于由此而生的违法行为进行处罚是合适的。

三、法人的处罚要件

（一）比较法中的模式

1. 同一视理论

《美国模范刑法典》2.07 条（1）（c）、《法国刑法典》第 121-2 条、《奥地利团体责任法》第 3 条第 1、2 款都规定可以将自然人的行为与法人的行为互换评价（同一视要件），在针对自然人的刑法中包含针对法人的条款。[12]

根据该模式立法时，问题在于如何确定同一视要件。不过，将针对自然人的处罚要件适用于法人时，可以比较容易地制定内容明晰的法律。

2. 组织模式论

（1）组织过失。①《英国 2007 年企业过失致人死亡罪法》。根据《英国 2007 年企业过失致人死亡罪法》第 1 条，在组织的管理活动中出现重大的违反义务行为因而造成死亡结果时，处罚该组织。根据该模式立法，没有必要论证自然人违反注意义务的问题。不过，为了将处罚法人尽可能地限定在过失犯之内，有必要同时采用同一视理论，将其适用于故意犯罪。②《瑞士刑法》第 102 条第 1 款。《瑞士刑法》第 102 条第 1 款规定，处罚法人的要件不仅包括组织有过失，还包括不能处罚自然人。该规定的设想是：仅处罚自然人时不能充分地遏制违法行为，所以需要通过处罚法人来确保刑罚的遏制力。因而将处罚法人的要件原封不动地纳入到了刑法之中。从以处罚自然人的要件为基础设定处罚法人的要件这一立场来说，瑞士模式的参考意义不大。

（2）组织故意。《澳大利亚联邦法》第 12.3 条将处罚组织的设想彻底贯彻到了故意犯之中。[13] 同条（2）（c）规定，关于犯罪的主观要件，只要认定允许不遵守关联规定的法人文化（corporate culture）即可。

这是将处罚自然人的要件彻底适用于处罚法人的立法模式。但是，组织故意这一要件的内容是不明确的[14]，而且规定组织故意究竟有什么用处也是个问题。

---

〔12〕介绍美国模范刑法典的有：川崎友巳：『企業の刑事責任』（2004 年）第 162 页；介绍法国法的有：樋口亮介：「法人処罰と刑法理論（六）」，『法学协会杂志』第 125 卷第 12 期（2008 年）第 49-52 页。

〔13〕关于立法过程请参见樋口亮介：「オーストラリアの法人処罰」，『企業と法創造』第 4 卷第 1 期（2007 年）第 15 页（甲斐等·前揭注 1·第 225 页）。

〔14〕关于美国集合认识的理论以及组织故意的研究请参见樋口·前揭注 2·第 90、99 页。

（二）日本可以设想的方式

1. 并用模式

同一视理论与组织模式论原本就是可以并用的。实际上，同一视理论主要用于处罚小型企业，而组织模式论则用于处罚大型企业，两者皆可充分发挥作用。因此，日本不妨设想将同一视理论与组织模式论并用的立法模式。〔15〕

2. 同一视要件的规定方式

规定同一视要件时，需要阐明的问题在于：①针对法人内部的哪些主体；②针对哪些行为方式；③针对以什么样的动机实施的行为。关于问题①，需要阐明究竟是限定为法人内部地位较高者还是包括地位较低者这一问题。〔16〕关于问题③，则还需要说明是否应当将有加害法人之意图的情形排除出去这一问题。〔17〕

在制定条文时，还可以规定只要法人的意思决定机关在开展法人的业务时实施犯罪就可以处罚法人。在立法程度上只需要确认同一视理论的妥当性即可，关于主体、行为方式、动机等同一视要件的具体内容，可以交给法院自主判断。

与之相对，也可以在立法时将行为主体限定于地位较高者，并将有加害动机的情形排除出去。

3. 组织模式论的规定方式

（1）组织过失。①引入日本的可能性。在认定法人内部的自然人的注意义务的内容之前，日本的判例认为应当先确认法人自身的注意义务的内容。〔18〕这种做法提供了处罚法人的组织过失时的思路。在日本，处罚组织过失的理论基础已经铺垫完成，将组织过失引入立法已经毫无障碍了。②引入时需要注意的问题。参照处罚法人违反管理义务的英国法，问题在于是否应当具体规定法人注意义务的内容。关于组织过失的具体内容，可以设想到的是法人的妥善管理义务。〔19〕但是，注意义务的具体内容因个案不同而不同，并且不应局限于管理或

---

〔15〕川崎·前揭注12·第215、488页主张并用同一视理论与组织过失。并用处罚模式的立法例有澳大利亚联邦法第12条，樋口·前揭注2·第178页也指出了这种立法的可能性。

〔16〕关于行为主体，饭田·前揭注9·第83页尝试在与行为样态相关的形式上加以确定。

〔17〕最决平成23年1月26日刑集第65卷第1期第1页的调查官解说（增田启佑《最高裁判所判例解说刑事篇平成23年度》第18页以下）对目前的讨论进行了总结。

〔18〕最决平成2年11月29日刑集第44卷第8期第871页、最决平成24年2月8日刑集第66卷第4期第200页、最决平成26年7月22日刑集第68卷第6期第775页。关于判例的理解，请参见矢野直邦：「判解」，『最高裁判所判例解说刑事篇平成24年度』第75、76页。

〔19〕因为存在一种感觉：法人的管理或组织形态的不健全是“法人自体のしわざ”。关于英国法的分析，请参见樋口·前揭注2·第76、78页。

组织形态的不健全方面，因此，.不应在立法中将注意义务的内容固定化。根据具体案例[20]，法人注意义务的内容应当是“实施召回等改善措施”，没有必要限定为“完善召回等改善措施的管理机制”。出于同样的理由，将合规计划列为法人固有的注意义务也是不妥当的。[21]

因此，在引入处罚组织过失的条文时，可以用较为抽象的方式规定注意义务的主体是法人，而判断是否违反注意义务时则应着眼于法人本身等内容。应当不妨碍注意义务的内容因案件不同而有别。

（2）组织故意。组织故意的问题在于其具体内容以及是否存在实际意义。关于该问题，《独占禁止法》第3条关于不正当限制交易罪的规定可以作为参考，即，关于其成立要件——意思联络、相互约束，不需要经由自然人，只要在法人层面上可以举证即可。[22] 立法时不妨参照判处罚款时认定事实的办法[23]，只要在法人层面上有意思联络、相互约定即可。

不过，日本是否需要认可组织故意的条文还是个问题。此外，即使引进该法条，还有如何限定其犯罪类型的问题［前文二（二）2（2）］。

四、作为处罚对象的主体

（一）比较法

1. 公权力的行使主体

在外国立法中，就如何处理公权力的行使主体特别是国家与地方公共团体的问题需要考量。

（1）《瑞士刑法》第102条第4款b排除了领域团体，这意味着国家、州、地方公共团体都在其中。[24]

（2）《法国刑法》第121-2条将国家排除在外，并且规定地方公共团体只有

---

〔20〕 最决平成24年2月8日刑集第66卷第4期第200页。

〔21〕 川崎友巳：「コンプライアンス・プログラムと法人処罰」，『刑事法ジャーナル』第17期（2009年）第27、28页。关于各国的状况请参见甲斐克则・田口守一编：『刑事コンプライアンスの国際動向』（2015年）。

〔22〕 在计算针对限制竞争行为的罚款时，可以将这些作为考量要素。参见山本雅昭：「オーストラリアにおける法人処罰と『法人責任』」，『静冈大学法政研究』第19卷第1期（2014年）第49页注20。

〔23〕 关于独占禁止法事件的意思联络的举证方法，越智保见的『独禁法事件・経済犯罪の立証と手続的保障』（2013年）第一部中有详细的介绍。

〔24〕 Niggli/Gfeller, Basler Kommentar Strafrecht I 3. Aufl. 2013, Art. 102 Rn. 395.

在依据公共事务的委托契约进行活动时才承担刑事责任。

（3）《奥地利团体责任法》第1条第3款第2项规定国家、州、地方公共团体以及其他法人在行使公权力时不负刑事责任，[25] 对国家一律不作特别处置。

（1）、（2）、（3）均规定行使公权力时免除刑事责任，其差别在于究竟是将一定的主体彻底排除在处罚对象之外，还是在其活动内容是行使公权力时免除处罚。

与之相对，英国2007年《企业过失致人死亡罪法》第11条则宣布不认可主权免责，并且在第1条（2）（b）别表1中列举了可以构成主体的各类行政机关。[26] 不过，第3-7条则规定在判断是否违反义务时，需特别考量行政机关的活动。[27]

2. 无法人资格的团体

《美国模范刑法典》2.07条（3）将无权利能力的社团（unincorporated association）[28]，《奥地利团体责任法》第1条第2款将没有法人资格的公司（eingetragene Personengesellschaften），英国2007年《企业过失致人死亡罪法》第1条（2）（d）·14条将合伙企业（partnership）也列为处罚对象。与之相对，《法国刑法》第121-2条仅处罚法人。

（二）日本可以设想的方式

1. 国家、地方公共团体

外国的立法模式将公权力的行使主体或者行使公权力的活动排除在刑事责任之外。[29] 在日本，也有人认为国家是刑罚权的主体，所以不可能成为刑罚的客体。[30] 从这些讨论可以得到的启示是，日本立法时可以明文规定国家免予刑事

---

〔25〕 Fabrizy, StGB, 11 Aufl. 2013 VbVG §2 Rz. 3.

〔26〕 丹麦法也是如此。详见松泽伸：「デンマークにおける企業犯罪」，甲斐等·前揭注1·第214页。

〔27〕 英国的侵权行为法将政策判断因素也纳入其中（Ormerod, supra, fn. 6 p. 657）。参见刘宗德：「イギリス国家責任法の一考察（一）」，『名古屋大学法政论集』第104期（1985年）第100页、岩井伸晃：「イギリス不法行為法上の国家賠償請求事件における行政機関の注意義務及び行政裁量の範囲の判断基準に関する最近の判例の動向について」，『法曹时报』第42卷第4期（1990年）第45页。

〔28〕 认可处罚合伙的先例是，United States v. A&P Trucking Co., 358 U. S. 121 (1958). 关于美国的组织形态，大山谦一：「法人（团体）の立法のあり方について·覚書」，IMES Discussion Paper Series 2000-J-7（2000年）第3页以下。

〔29〕 关于针对地方公共团体适用两罚规定的问题，福田平：『行政刑法〔新版〕』（1978年）第122页以下否定了其行政机关性质，肯定了其事业主体性质。

〔30〕 西田典之等编：『注釈刑法　第1卷』（2010年）第275页［佐伯仁志］。

处罚。[31]

但是，《国家赔偿法》规定了国家与地方公共团体的相关责任，因此，我们需要研讨为什么国家可以免于刑事处罚。因为刑罚的意义在于表明国家对于有害事态的非难态度，[32] 既然公权力的行使主体也可以成为非难的对象，那么当然可以考虑将国家以及地方公共团体列为处罚对象。至少我们应当研讨其在实际上的妥当与否，而不是简单地停留在刑罚权的主体不可能成为客体的观念论上。[33]

2. 无法人资格的团体

《金融商品交易法》第 207 条规定，对于没有法人资格的团体也可以处罚。[34] 以此为参照，只要没有除外理由，当然可以将法人以及无法人资格的团体都列为处罚对象。

六、针对法人的刑事制裁

（一）比较法

1. 制裁的种类

除罚金以及没收、追征等财产性制裁之外，还有公布（《法国刑法》第 131-39 条第 9 项、英国 2007 年《法人故意杀人罪法》第 10 条）、防止再发生命令（英国 2007 年《法人故意杀人罪法》第 9 条、《奥地利团体责任法》第 8 条第 3 款）或保护观察（probation——译者注）[35]、损害赔偿命令（《法国刑法》第 131-39-1 条、《奥地利团体责任法》第 8 条第 2 款）、禁止活动（《法国刑法》第 131-39 条第 2 项）、关闭营业所（《法国刑法》第 131-39 条第 4 项）、解散法人（《美国模范刑法典》6.04 条、《法国刑法》第 131-39 条第 1 项）。[36]

---

〔31〕 现行的两罚规定中排除了国家的有航空器工业振兴法第 33 条第 2 款。

〔32〕 松原英世：『企業活動の刑事規制』（2000 年）第 148 页以下。与之相对，松泽伸：「企業犯罪の現状と企業刑法の構想」，田口守一等编：『刑法は企業に介入すべきか』（2010 年）、神例康博：「法人処罰論の課題」，『刑事法理論の探求と発見　斉藤豊治先生古稀祝賀論文集』（2012 年）第 73 页。

〔33〕 例如，在明石市沙滩塌陷事故事件（最决平成 26 年 7 月 22 日刑集第 68 卷第 6 期第 775 页、最决平成 26 年 7 月 22 日刑集第 314 期第 163 页）中，处罚了国家与地方公共团体的相关人员，在立法处罚法人之后，在同一事件中仅处罚地方公共团体而免除国家的责任的做法是否妥当呢？这一点还值得讨论。

〔34〕 关于两罚规定的设置方式，请参见福田·前揭注 29·第 121 页。

〔35〕 关于美国法的介绍，请参见川崎·前揭注 12「企業に対するプロベイション」第 441 页。

〔36〕 关于法国刑种的多样性，请参见川本哲郎：「フランスにおける法人の刑事責任」，京都学园法学 1995 年第 2、3 期第 44 页以下。关于各国的状况，请参见今井猛嘉：「企業犯罪と法人の刑事責任」，田口等·前揭注 32·第 59 页以下。

2. 罚金的规定方式

罚金的规定方式包括：①换算针对自然人刑罚的方式；②一律规定针对法人罚金的方式；③规定专门处罚法人罚金的方式。

（1）《法国刑法》第131-38条、澳大利亚1914年《犯罪法》第4B（3）都规定，针对法人的罚金刑是针对自然人的罚金刑的5倍。《奥地利团体责任法》第4条还规定了针对自然人的自由刑刑期与针对法人的罚金日数之间的换算方式。以这种方式制定条文时，可以根据犯罪的轻重设定不同的罚金刑。

（2）《瑞士刑法》第102条第1款规定无论犯罪类型如何，罚金刑的上限为500万。而同条第3款则规定应以犯罪的轻重作为量刑的指针，所以第1款规定实际上导致犯罪的轻重与法定刑之间的对应关系难以维系。

（3）英国2007年《企业过失致人死亡罪法》第1条第6款没有规定罚金的上限。这是针对法人活动导致他人死亡所设置的特别罚金刑。

（二）日本可以设想的方式

1. 刑种

在认可处罚法人的各国，针对法人的刑种是否多样化实际上是针对自然人的刑种是否多样化的反映。在日本，针对自然人的刑种较少，所以，在对处罚法人进行立法时，设置罚金、没收以及追征这几项是比较现实的。

不过，还可以参照行政制裁，将公布、禁止活动、解散法人等作为新刑种。但关于法人的防止再发生命令或保护观察等，还需要解决监督主体如何确保法人履行的问题。[37]

2. 条文的规定方式

（1）罚金。在刑法总则中引入处罚法人的规定时，可以结合针对自然人的刑罚之轻重，换算为针对法人的罚金。[38] 在规定中可以依据犯罪的轻重设定针对法人的刑罚之轻重。此时，针对法人从重处罚时的两罚规定的数值，可以参考《金融商品交易法》第207条第1项，例如，与10年以下徒刑（第197条）相对

---

〔37〕 川崎·前揭注12·第462、492页、今井·前揭注36·第60、61页。

〔38〕 藤永兴治：「法人処罰に関する立法上の諸問題」，『刑法雑誌』第23卷第1、2期（1979年）第139页。

应的是 7 亿日元以下罚金。[39]

针对个别的犯罪，可以加重对法人的刑罚。例如，法人的业务上过失致死罪经常造成多人受害，此时不妨以具备特别的危险性为理由而加重其罚金刑。

（2）没收、追征。刑法总则在引入处罚法人的规定时，只要设定没收、追征可以针对法人即可。因为只要将处罚法人的规定与没收、追征相结合，就可以针对法人实施没收、追征。

3. 损害赔偿命令

关于损害赔偿命令，现行的损害赔偿命令是为了保护犯罪受害人的权益而作为刑事程序的附随制度设定的，所以不妨将其纳入针对法人的刑事事件之中。

不过，该法第 23 条将对象事件限定在一定的重大犯罪之内，例如，过失犯便被排除在外。[40] 如果将损害赔偿命令适用于法人犯罪的话，还需要对可以适用的事件范围进行界定。

五、与现行两罚规定的关系

（一）分离处罚法人条文的必要性

将处罚法人的范围限定在过失致死罪时，对于其他的犯罪保留两罚规定即可。与之相对，在刑法总则中引入处罚法人的条文时，有个问题是如何处理以往的两罚规定。

现在的两罚规定承担如下 3 项机能：①扩张处罚机能，本条是关于身份犯的规定时，可以将其适用于无身份的犯罪人。②设置托盘式构成要件的机能，针对法人的监督过失进行处罚。③确认可以处罚法人的机能。[41] 这 3 项机能都是历史沿革性形成的，并没有确认其合理性之有无。

因此，通过从两罚规定中完全分离认可处罚法人机能的方式，可以设定新的条文。

---

〔39〕 关于罚金的缓期执行，可以将关于自然人的规定挪用至关于法人的规定之中（《法国刑法》132-32 条、《奥地利团体责任法》第 6 条）。与之相对，也有认为法人罚金刑的缓期执行没有意义，因而在法条中未做规定的方式（《瑞士刑法》第 102 条第 1 款）。

〔40〕 关于其理由，请参见佐伯仁志：「犯罪被害回復のための新制度」，『制裁论』（2009 年）第 223 页。

〔41〕 山口厚编著：「両罰規定」，『経済刑法』（2012 年）第 340 页（樋口亮介）。

（二）两罚规定的处理

1. 两项机能的处理

抛开机能③不谈，还有前两项机能如何处理的问题。机能①与机能②大多是特别法中的问题，因此，可以将这两项机能原封不动地保存下来。与之相对，考虑到机能①与机能②毕竟不同，还可以分别设定新的条文。

2. 分别设置的规定方式

扩张身份犯罪的处罚规定有《德国刑法》第 14 条、《瑞士刑法》第 29 条。从立法技术上来看，将之引入日本刑法总则应当是没有障碍的。

关于设定托盘式构成要件的机能，可以采用保留两罚规定的方式。〔42〕

（三）本条与托盘式构成要件的法定刑的区分

本条与托盘式构成要件在法定刑的轻重方面存在差别。特别是，当本条是故意犯罪时，托盘式构成要件处罚的是较轻的过失犯案件。

尽管如此，从重处罚法人时，法定刑并没有做区分。〔43〕但是，在新立法时，有必要区分法定刑。

七、结语

综上所述，立法时的要点在于如下几点：

（1）在确定哪些犯罪可以处罚法人时，存在两种选择：其一，挑出个别犯罪处罚法人；其二，无论犯罪种类如何皆可处罚法人。

（2）在刑法总则中依据同一视理论规定同一视要件。但需要决定究竟详细到何种程度的问题。

（3）关于组织过失，以日本可以引入该制度为前提，存在两种方式：其一，在刑法总则中不问犯罪种类统一规定；其二，例如，以限定为业务上过失致死罪的方式，在分则中规定。无论采用哪种方式，都需要设置不影响注意义务内容多变性的条文。

---

〔42〕川崎·前揭注 12·第 489 页建议，关于法人的监督过失，无论犯罪类型是什么，都可以处罚。关于自然人，可以保留一直适用的以两罚规定为基础的监督过失，关于法人的监督过失，则规定新的条文。

〔43〕关于从重处罚法人的研究，请参见山本和昭：「両罰規定における業務主に対する罰金額と行為者に対する罰金額の連動の切り離しについて」，『判例時報』第 1402 期第 8、12 页（1992 年）。

关于组织故意，应当研讨日本是否需要引入该制度的问题。如果引入的话，还需要限定在有必要处罚的犯罪上。

（4）作为处罚对象的主体，除法人之外，还包括没有法人人格的团体。关于是否将国家、地方公共团体列为处罚对象的问题尚有待研讨。

（5）关于罚金，可以在总则中设置以针对自然人的刑罚为基础的换算方式。此外，还要针对业务上过失致死罪等个别犯罪规定加重的罚金额。

关于没收、追征的对象，应当包含法人。

关于损害赔偿命令的对象，需要研讨法人能否成为刑事事件的对象。如果可以的话，还需要界定对象事件的范围。

（6）在规定处罚要件、处罚对象、刑事制裁的方式时，不妨规定适用于自然人的条文在原则上可以适用于法人。这样，当关于处罚法人的解释产生不同理解时[44]，便可以进行解释了。

---

〔44〕关于具体的例子，请参见樋口·前揭注2·第171、178页。

对于单位的处罚*

——立足于合规计划的研究

今井猛嘉**

周啸天　张小宁***　译

一、前言

关于处罚法人等单位的问题与接连发生的企业违法事件等系列事件相呼应，成为近来日本的热门话题。本文将参考其他国家的法律制度，提出关于处罚单位的几种模式。不过，虽然本文可能有助于推进相关问题的讨论，但也难免有从特定视角出发简单整理问题之虞。本文将研讨处罚单位的主要模式，确定讨论的方向，并在此基础上探讨在整备了合规计划时如何处理单位犯罪的问题。〔1〕

二、模式论的整理

（一）模式论的目的与分类

之所以处罚单位，是为了认定因其行为而产生侵害法益的结果，并对引发该结果的单位本身进行法非难。与此同时，也希望通过处罚，遏制该单位以及其他单位产生同样的违法结果。

---

* 原文见今井猛嘉「組織体の処罰」田口守一、甲斐克則、今井猛嘉、白石賢編『企業犯罪とコンプライアンス·プログラム』(商事法務，2007)。

** 日本法政大学大学院法务研究科教授，律师，法制审议会刑事法部会委员，司法考试考查委员。

*** 周啸天，山东大学法学院副教授，法学博士；张小宁，山东大学（威海）法学院副教授，法学博士。

〔1〕 本文主要讨论处罚单位特别是法人的问题。笔者关于本内容的最初研讨请参见今井猛嘉：「法人処罰」，『法学教室』第260期第76页以下（2002）。

从这一目的出发，本文当然理应探讨旨在非难、抑止单位引起违法行为的理论（抑止单位模式）。如果直视单位的实在性的话，该理论的构想基本上是可以获得支持的。不过，单位是由自然人组成、运营的，否则单位无法从事相关活动。因此，我们必须要探讨如何以刑罚来非难参与了单位的组成与运营的个人的行动，并且以刑罚的威慑力来制止其违法行为（抑止个人模式）。

在肯定处罚单位（特别是法人）的国家中，一直有采纳抑止单位模式还是抑止个人模式（正确的说法是混合模式）的问题。从历史沿革上来看，先出现的是抑止个人模式，但抑止单位模式在近些年来发展比较活跃。

在抑止个人模式中，还可以分为代位责任论（the vicarious liability theory）与同一视理论（the identification theory）。前者将单位成员（遵照单位规章实施行动因而引发违法结果的从业人员）的责任归咎到一定的个人（单位的领导层、高层）身上进行处罚。后者将可以视同为单位的个人（法人的代表董事等）的行为与责任视为单位的行为与责任，从而加以处罚。美国采用前者，英国采用后者，规制方式日渐严谨。

此后，又出现了集合责任理论（the aggregation model）。[2] 该理论认为：在以法人为代表的单位内部，产生单位意思的基础是由意思决定程序的分散化与分层化而发展成形的认识，是通过汇集属于单位的自然人的意思而形成的单位意思。汇集起来的意思形成了一个组织的意思，受该意思支配的行为引发了违法状况时，可以视为单位自身的违法行为，从而对单位进行责任非难。即单位的意思是统合了众多个人的意思。这种集合责任理论位于抑止个人模式与抑止单位模式之间。原因在于，集合责任理论以单位内部的个人为媒介来设定单位的刑事责任，这使其不同于代位责任论与同一视理论。[3] 此外，集合责任理论又不重视特定个人的意思（其完整性），而是着眼于客观存在的单位内部的意识，在这一意义上，它又推动了抑止单位模式的发展。[4]

受集合责任理论的影响，近年来，自己同一性模式（the method of separate self-identity）以单位本身的意思决定以及由此产生的违法结果为依据，试图撇开自然人对单位本身进行非难。其特征在于认定单位的刑事责任时，不以其内部的自然人的存在或作用为媒介，但并非完全不考虑自然人（或者其集合体）的参

〔2〕 也被称为 the collective knowledge theory（集合认识论）。

〔3〕 集合责任理论中包含将代位责任论与同一视理论应用于大型单位的主张。

〔4〕 其中研讨的是不同于自然人的认识或意欲的单位的认识或意欲。

与问题。

(二) 抑止单位模式 (自己同一性模式) 的研讨

1. 在上述模式中，比较受人关注的是自己同一性模式，本部分将研讨该模式

自己同一性模式重视单位的精神 (ethos) 与文化 (culture)。即以法人为代表的单位是独立于个人的存在，即使成员经常变更，但单位 (应当) 是永远存在的。在单位内部，存在着固有的气质 (公司风貌)，新加入者会被该气质同化或社会化 (assimilation or socialization)，从而学会或者被迫遵从与先加入者相同的行为模式。一方面，如果单位气质是容许或默认犯罪的发生或者无法阻止犯罪的话，其成员实施了犯罪这一结果理应视为单位气质的体现，视为单位自身的犯罪。因为犯罪是单位气质的必然结果，所以没有必要具体到某个成员身上。除此之外，单位努力防止该类犯罪，在单位严格要求其成员遵守法令，单位尽到了相应的义务时 (有组织地实施合规计划时)，单位的刑事责任当然可以减免。自己同一性模式的主旨大致如上所述。

不过，该模式的内涵丰富，但在理论上有太多不够明确之处。

2. 不够明确之处

(1) 将某种犯罪结果归因于单位的精神或文化的做法在社会学、经营学或者犯罪学中具有一定的意义。[5] 但是，至少刑法理论不会研究单位的精神问题。对单位的精神或文化进行定义是困难的。即使能够定义，在刑法理论上仍然需要研究形成了这些精神或文化，确定了该单位的行为方向，并且在事实上规整其行为的个人的行为 (或参与)。

我们可以从着眼于单位的精神或文化的其他国家的法制度中认证这一点。

(2) 澳大利亚 1995 年刑法中的处罚法人规定便采用了自己同一性理论。其中的 2.5 部分 (从第 12.1 条到第 12.6 条) 规定了法人的刑事责任 (Corporate criminal responsibility)。[6] 其中，第 12.1 条规定的是基本原则 (本刑法典以其

---

〔5〕 最近的犯罪学研究倾向于通过分析产生犯罪的环境 (circumstance) 来实现犯罪的预防。从这一观点出发，各单位的内部的风貌是重要的研究事项。

〔6〕 自 2001 年 12 月 15 日之后，2.5 部分适用于澳大利亚的所有犯罪。实施之后，1995 年法被整编为 2002 年法，与处罚法人相关的条文的编数、条数都有改变。不过，其内容基本保持一致，目前能够查到的大部分解说依据的都是 1995 年法。本文也将针对 1995 年法进行分析。至于 2002 年法出台后的新问题，将另行著文以作说明。

适用于自然人的方式适用于法人[7]。本部分的修改以及基于刑事责任是强加于法人而不是自然人这一事实而做的其他必要修改以同样方式适用)。第12.2条以下是具体规定。详情如下：

12.2条 行为要素。如果犯罪的行为要素是由雇员在其事实的或者明显的雇用范围内实施的，或者是由法人的代表或者高级职员在他或者她的事实的或者明显的权限范围内实施的，则该行为要素也应当归属于法人。

12.3条 疏忽（negligence）以外的过错要素。①如果蓄意、明知或者轻率是与犯罪的行为要素有关的过错要素，则该过错要素应当归属于明示地、默示地或者暗示地授权或者许可犯罪行为的法人。②如此授权或者许可可以通过如下方式实施：（a）法人的董事会蓄意地、明知地或者轻率地实施了相关行为，或者明示地、默许地或者暗示地授权或者许可该犯罪行为；或者（b）法人的高级主管蓄意地、明知地或者轻率地参与了相关行为，或者明示地、默许地或者暗示地授权或者许可该犯罪行为；或者（c）在法人内部，存在指挥、鼓励、容忍或者导致不遵守相关条款的法人文化；或者（d）法人没有创造或者保持一种遵守相关条款所需要的法人文化。③如果法人证明它已经实施了适当的努力来阻止行为、授权或者许可，则第（2）款（b）项之规定不适用。④与第②款（c）项或者（d）项的实施相关的因素包括：（a）是否法人的高级主管已经授权实施具备相同的或者相似特征的犯罪；和（b）实施犯罪的法人的雇员、代表或者高级职员，是否是基于正当的理由或者合理的期望而确信法人的高级主管会授权或者许可犯罪行为。⑤如果轻率不是与犯罪的行为要素有关的过错要素，则第②款不能够通过证明法人的董事会或者高级主管轻率地参与行为或者轻率地授权或者许可犯罪行为，而使过错要素得到证明。⑥在本条中：董事会是指履行法人实施权的团体（无论其名称是什么）。

法人文化是指存在于法人整体或者作为相关活动发生地的法人某部门的态度、政策、规则、行为或者实践的程序。

高级主管是指其行为可以完全地被认为代表法人的政策的法人的雇员、代表或者高级职员。

12.4条 疏忽。①对于法人的疏忽的考察规定在第5.5条之中。②如果：（a）疏忽是与犯罪的行为要素相关的过错要素；和（b）法人中的单个雇员、代表或者高级职员不具备该过错要素；则当该行为被视为整体行为（也就是说，通过汇

---

[7] 1995年法没有对法人团体（body corporate）进行定义。

集法人的雇员、代表或者高级职员的所有行为)，即法人行为时，法人就是疏忽的。③符合以下情形，就可以认定存在疏忽：(a) 对于一个或者多个法人的雇员、代表或者高级职员的行为缺乏足够的法人管理、控制或者监督；或者 (b) 不能在法人内部提供完善的系统来将相关的信息传送给相关的人员。[8]

在上述规定中，值得注意的是：其一，在认定法人的故意时，可以考虑企业文化的影响 [第12.3条 (2) (c)、(d)]；其二，在与故意犯的关系方面，对于预防犯罪尽到了相当的注意 (due diligence) 时可以构成法人的免责事由 [第12.3条 (3)]；其三，在与过失犯的关系方面，采取了一定的预防措施时可以在一定范围内构成法人的免责事由 [第12.4条 (3) 的反对解释]。

关于第一点，其设想在于，恶质企业文化可以引发企业犯罪，但"企业文化"的含义并不明确。[9] 但为其设定明确的定义原本便是不可能的。上述规定也认为代表法人的高级职员的意思对于法人犯罪会有重大影响。[10] 这说明了一点：单位不同于运营单位的个人，不可能对单位的存在进行把握，必须要考虑可以视同为单位的个人的参与问题。换言之，在抑止单位模式中，作为抑止个人模式的同一视理论的视角也是必需的。[11]

关于第二点，如果尽到了不引发犯罪 (此处是指故意犯) 的"相当注意 (due diligence) "的话，在多数情况下，意味着法人遵守了相关规定 (previous legislative or regulatory compliance)，实施了有效的合规计划。[12] 但是，这种"相当注意"的抗辩[13]发挥作用的范围是有限的。即以存在恶质企业文化为理由追

---

[8] 12.3条 (6) 的下划线来自于原文。在12.4条之后，12.5条针对被追究严格责任的法人设定了免责条款，12.6条则规定了法人行为与其他人员行为之间的干涉关系。

[9] 参照12.3条 (6) 的定义规定。根据 Model Criminal Code Officers Committee, General Principles of Criminal Responsibility (1992), pp. 111-113，"尽管公司文件规定应当遵守法令，但公司实际上默认违反关于产品制造期限的相关法规时 (无视确认安全的要求等)"，属于恶质"企业文化"。

[10] 12.3条 (2) (b)。此外，在12.3条 (2) (c) (d) 中，根据12.3条 (4)，高级管理人员的参与方式也是重要要素。

[11] 根据12.2条，法人的行为必须通过其从业人员、代理人、职员的行为才能获得确认 (行为可以超越权限)，这意味着该条款并没有采用纯正的抑止单位模式。根据抑止单位模式，单位的行为可以不通过从业人员的行为就获得确认。

[12] 再参照12.3条 (2) (c) (d)。

[13] 多被称为抗辩 (defence of due diligence)，但举证责任并不转移给被告人 (法人)。检察官负有超越合理怀疑的举证责任，必须证明被起诉的法人存在故意或过失，在举证过程中，检察官需要推翻被告人主张的"因为尽到了相当的注意义务所以不存在故意或过失"，这才是抗辩的实质。虽然针对法人规定了罚金刑，但不能因为针对法人有税金等行政以及民事制裁手段就将民事制裁的举证原则 (关于举证责任、证据事实的证明程度) 纳入刑事制裁之中 (日本最近出现了这种观点)。不过，关于罚款 (课征金)，如果不决定其性质的话是无法适用上述论述的。笔者将另行著文分析该问题。

究法人故意犯的责任时［第 12.3 条②（c）（d）］，法人是很难以尽到了相当的注意为理由进行抗辩的。虽然引发了故意犯罪但关于存在企业文化的证明未能超越合理怀疑时，这种“企业文化”与尽到了“相当的注意”或实施了妥当的合规计划的问题是很难并存的。

关于第三点，是第 12.4 条的连贯性问题。根据第 12.4 条①提到的第 5.5 条（关于过失犯的基本规定），应当依据如下标准判断法人过失的有无。即“如果行为人的行为包含如下情形，则其对于犯罪的行为要素是疏忽的：（a）缺少足够的注意，作为一个理性人，其在该环境下实施犯罪；和（b）行为中存在或者可能存在极度的危险；因而该行为应当受到刑事处罚”。此外，根据第 12.4 条②的规定，其可以适用集合责任理论来认定法人的过失，不过，第 12.4 条③则规定可以根据法人对于其内部人员[14]的关联方式（监督方式）来认定法人的过失。该条文认可了集合过失概念与传统的个人过失概念的并用（或若干的混同）问题。在与过失的关系方面，第 12.3 条③还存在不明确之处。虽然关于过失犯之外的犯罪规定在第 12.3 条之中，但该条款实际上认为法人有过失时可以肯定故意（严格意义上来说，是指过失以外的有责性要素）的成立。此处给人的感觉是将原本应作为过失犯处理的犯罪类型升格为故意犯处理了。在关于过失犯的第 12.4 条之中没有规定［与第 12.3 条④相对应的］“相当注意”的抗辩，这是个大问题。因为“相当的注意”原本是指不存在过失。[15] ③如此一来，我们不得不承认的是，澳大利亚的刑法中关于处罚法人的规定虽然是一种积极的尝试，但在理论上还有诸多问题需要研讨。概念混乱的问题暂且不论，我们需要注意的是，澳大利亚刑法也注意到了个人在单位中的重要作用。与其相同的构思也出现在美国近几年的刑法动向中。④在美国，由于安然事件等企业违法案件的频繁发生，2002 年制定了企业改革法（萨班斯—奥克斯利法[16]）。第 805 条（a）（5）授权联邦量刑委员会制定可以阻止单位犯罪的量刑指南[17]，于是，2004 年 11 月，联邦量刑指南中增加了 § 8B2.1。[18] 根据该条款的规定，企业制定了“有效的合规计划以及合乎道德准则的程序”（Effective Compliance and Ethics Pro-

---

〔14〕 可以是一个人，也没有要求该人员必须是法人内部拥有一定权限的人员。

〔15〕 Cf. Tesco Supermarkets Ltd. v. Nattrass（1972）AC 153.

〔16〕 Sarbans-Oxley Act of 2002（Public law 107-204）.

〔17〕 U. S. Sentencing Guidelines Manual ch. 8,（1991）.

〔18〕 U. S. Sentencing Guidelines Manual § 8 B2.1（2004）.

gram）是从轻量刑的情节，[19] 在认定该情节时，重要的因素是“单位文化”。具体而言，§8B2.1 中作如下规定。[20]

§8B2.1. 有效合规与伦理计划

（a）为了达到§8C2.5（f）的罪责指数降低以及§8D1.4（c）（1）单位缓刑的条件，单位（an organization）应当——

（1）进行相当注意（due diligence）以预防并发现犯罪行为；

（2）此外，还要倡导一种鼓励伦理行为的单位文化（an organizational culture）并承诺遵守法律；

（省略）

（b）上述（a）小节中的相当注意（due diligence）、倡导鼓励伦理行为的单位文化以及承诺遵守法律的最低要求如下：

（1）单位应当建立标准和程序来预防和发现犯罪行为。

（2）（A）单位的管理机构（the organization's governing authority）应当充分了解合规伦理计划的内容及操作方案，并就该计划的实施和有效性进行合理的监督。

（B）单位的高层管理人员（high-level personnel of organization）应确保本单位按照指南要求建立了有效的合规伦理计划，并指派高层管理人员中的特定人员全权负责该计划。

（C）委派单位内的特定人员承担合规与伦理计划的日常执行责任。负有执行责任的人员应就合规与伦理计划的有效性向高层管理人员报告，并酌情向管理机构（the governing authority）或其相关隶属单位报告。为了能够履行这样的执行责任，上述人员应当被赋予充分的资源，适当的权限以及和管理机构或其相关隶属单位直接沟通的渠道。

（3）单位应尽合理的努力，将包括实际管理人员（the substantial authority personnel of the organization）在内的从事违法活动或违反有效合规与伦理计划的任何人员排除，这些人员可以是单位业已知道的或者是只要尽到相当注意义务（due diligence）便应当知道的。

（4）（A）单位应采取合理步骤，以切实可行的方式定期与（B）部分所列

---

〔19〕 §8 C2.5（f）

〔20〕 关于本条的内容及制定背景，请参见川崎友己：「アメリカにおけるコンプライアンス・プログラムの新動向」，『同志社法学』第56卷第7期第1页以下（2005）。下文中的试译立足于本文对此的理解。

人员沟通合规与伦理计划的标准、程序及其他方面的要求；通过实施有效的培训计划及其他方式传达与这些人员各自角色和责任相关的信息。

（B）上述（A）部分所提及的人员包括管理机构成员（the members of the governing authority）、高层管理人员（high-level personnel）、实际管理人员（substantial authority personnel）、单位的雇员，适当情况下还包括单位的代理人。

但即使通读该§8B2.1，我们也搞不清楚“单位文化”究竟是什么意思。不过，该规定与澳大利亚刑法典的共通之处显而易见。如果概括整理澳大利亚刑法典与美国联邦量刑指南的话，其内容如下：“①在单位内部，应当根据合适的信息尽到防止犯罪的相当注意义务（due diligence）。②可以称为单位文化的健全化。③可以看出，①或②应当对于阻止单位犯罪（特别是过失犯）或者量刑（美国联邦量刑指南）发挥积极作用。④但是，①或②的状况应当依赖于单位领导人等高级管理层的贡献。”

需要注意的是，在量刑指南中，作为缓和量刑事由的“单位文化”依存于单位的高层管理人员（high-level personnel of the organization, etc）。[21] 即，单位的性格取决于决定其方针并付诸实施的干部职员，量刑指南承认了这一点，可以看出该指南是以抑止单位模式为前提，同时也参考了抑止个人模式（同一视理论）的适用问题。

通过如上分析，我们多少搞清楚了“单位文化”的意义，但却很难将这一程度的概念作为单位的责任阻却事由。在认定单位的刑事责任时，关于单位是否是不得已而实施违法行为的问题只能依据行为时的情形进行客观的、个别的研讨。我们不可能以“单位文化”来一概评价这些问题。

这一指责同样适用于《萨班斯—奥克斯利法》第404条。该条要求CEO（经营方面的最高责任人）与CFO（财务方面的最高责任人）在向SEC（联邦证券交易委员会）提交材料时不得进行虚假记载或者遗漏重要事项，而且需要提交保证开示了内部统制的有效评价的证明书并且签名。当上述记载中有虚假内容时，CEO或者CFO将会被追究刑事责任[22]（第906条）。[23] 其问题意识在于，

---

〔21〕 Cf. §8 B2.1.（b）（2）（3）（4）。在这一点上，澳大利亚刑法中的“企业文化”也是同样的构想。

〔22〕 单处或者并处100万元以下罚金或者10年以下监禁。有虚假记载的意图时，单处或者并处500万元以下罚金或者20年以下监禁。

〔23〕 最近，东京证券交易所要求上市有价证券的发行者（代表人）提供“关于适时公布公司信息的宣誓书”。此外，有价证券报告书上有虚假记载但企业的代表人却在标示记载无虚假的确认书上签字、盖章时，也要受到处罚（证券交易法第197条、第5条、关于公布企业内容等的内阁府令）。

为了维持企业的健全性，有必要探究 CEO 与 CFO 等企业领导层的意愿。确实，虽然企业的健全性并不完全取决于领导层的个人意愿。但领导层的个人意愿确实会对企业内部的状况（企业风貌）产生相当大的影响，[24] 可以说美国[25]的立法者重新认识到了这一点。

3. 在自己同一性模式下确定单位的固有意思时，需要依据单位内部的客观状况。关于其内部客观状况的判断实际上只能依赖于单位成员的意思。因此，在大多数情况下，虽然可以采用集合责任理论的方法，不过该方法本身便有很大的问题。

如前所述，集合责任理论是在抑止个人模式转变为抑止单位模式的过程中出现的，其内容并不一致。

（1）在美国，判例虽然采用集合责任理论，[26] 但关于其适用范围却存在争议。虽然都认为集合责任理论可以适用于单位的过失犯罪，[27] 不过，确实有相当多的意见反对将其适用于故意犯罪。[28]

（2）澳大利亚 1995 年刑法认为可以将集合责任理论适用于法人的过失犯罪[第 12.4 条②]，但并未将其适用于故意犯罪（第 12.3 条）。此外，第 12.4 条 2 中也没有规定具体的“集合”方法。在属于单位的自然人中，究竟哪些人的不注意可以“集合”为单位意志的问题依赖于判例的展开，在该法制定之前，判例不认为“集合”了个人的意思便是单位的意思。[29]

在根据集合责任理论认定单位存在过失时，还可以根据合规计划的履行情况来否定过失的成立。关于这一点，可以从澳大利亚的刑法规定中看出。[30] 但是，合规计划是由可以被视同为该单位的个人（或个人的集合体）决定的，决定后就只能履行了。

---

〔24〕 强调这一点的有芝原邦尔：『経済刑法研究（上）』，有斐阁 2005 年版，第 93 页。此外，本研究会在 2004 年针对日本主要企业的问卷调查也得出了同样的回答。关于该问题，请参见本书（译者注：具体请参见关于译文原始出处的注释说明，下同）收录的「パネル・ディスカッション：企業活動とコンプライアンス・プログラム」（加藤ひとみ的发言）第 68-70 页。

〔25〕 其中，抑止单位模式处于支配地位。

〔26〕 United States v Bank of New England 821 F. 2d 844（1987）.

〔27〕 Cf. Colvin, “Corporate personality and criminal liability”,（1995）6 *Criminal Law Forum* 23.

〔28〕 Lederman, “Models for imposing corporate criminal liability”,（2000）4 *Buffalo Criminal Law Review* 641.

〔29〕 R. v. Australasian Films Ltd（1921）29 CLR 195; R. v. A. C. Hatrick Chemicals Pty Ltd（Victoria, Court of Appeal, No 1485 of 1995）19.

〔30〕 根据《澳大利亚刑法》第 12.4 条③的反对解释。

（3）“集合”的涵义并不明确，根据抑止单位模式（自己同一性模式），单位的故意（或明示的意思）当然因为作为单位的行动指南（corporation policy）而被具体实施。[31] 因为这一行动指南可以被评价为统合了单位成员各种意思的结果。但是，当被视同为该单位的个人（或个人的集合体）决定了该指南后，就必须在单位内部履行了。[32] 在这一意义上，同一视理论的观点也是不可或缺的。

三、以同一视理论为根据的处罚方式

（一）作为抑止单位模式之基础的同一视理论

如上所述，为了处罚单位，我们需要以单位的实在性为基础，引入抑止单位模式的视角，但仅如此是不够的。使单位确定其活动方向的仅仅是一部分自然人。所以，我们还需要以自然人的行为、意思为基础来探讨处罚单位的问题。在该意义上，抑止个人模式（同一视理论）时至今日仍然是有效的。

（二）同一视理论的理解（根据与适用范围）

不过，对于同一视理论，一直存在着各种批评意见。

首先，同一视理论在将单位拟人化这一点上太过于技巧性。但是，这种批评的说服力不足。虽然单位存在于社会之中，但并非物理意义上的实在体。以这一不证自明的结论为前提，在对单位的责任非难问题设定基础时，我们需要以已有的刑法理论为依托，构建最合适的理论。抑止单位模式也是其中之一，不过，如上所述，虽说是单位的精神、文化或者合规计划的实施，但如果撇开处于领导地位的自然人的参与的话，就无法展开论述了。如此一来，我们需要考虑单位内部的领导层的行为（决定单位方向性）与其成员参与度之间的关系问题。同一视理论正是以此为出发点，借用侵权责任的分析，主张“单位是领导层（the directing mind）的分身（alter ego）”。虽然这种观点值得反思，但如下所述，同一视理论至今仍有其积极意义。

其次，有批评意见指出：根据同一视理论，可以视同为单位的人员（例如，代表董事）的违法行为便是单位自身的行为，而单位则无法免除责任了。即，在同一

〔31〕 参照《澳大利亚刑法》第12.3条⑥中“企业文化”的定义。

〔32〕 参照《澳大利亚刑法》第12.3条⑥中“高级管理职员”的定义。

视理论下（或者说，正是在同一视理论下），采用传统通说即法人的行为责任、监督责任二分法时，如果追究单位的行为责任，就无法免除其责任了，这是违反责任主义的。[33] 这种批评是妥当的，不过，如下理解可以视为对该批判的回应。

同一视理论认为单位对于社会的意义只能通过各个行为和结果来实现。在一个单位里面，每个人都有自己的想法。对于单位而言，成员利用其设施和作为单位品牌而具有的价值等都是共通的。但是，刑法关心的问题是，单位的行为如何引发了违法结果，针对该违法结果应当怎样追究其责任。在判断时，刑法关心的是某自然人（单位成员）引发的侵害法益结果能否评价为单位的行为。依据单位的方针，遵循单位的目的而实施的各种业务活动组成了单位的行为，领导层决定这些方针，指导成员的行为，使其依据该方针从事相关活动。单位的行为取决于领导层的这些参与活动。在该意义上，领导层是引发单位行为的人员，可以视同为该单位。

因此，“可以视同为单位的人员”是指“可以决定作为单位的行为并且引发违法的侵害法益结果的具体行为的人员”。

这种人员可以是一个自然人（例如，小型公司），但是，作为单位内部各种机关的统合体，其主要表现为能够体现该单位的人员。单位的行为也是各机构互相交涉的产物。通过各机构的相互评价过程而形成单位的意思，在与该行为的关系上，依据权限而参与了该意思形成的所有人都可以被评价为该单位的代表。典型例子便是大型企业。其中会有人主张某行为可以给企业带来好处因而积极推进该行为（代表董事、董事或者与拥有给董事会提供重要信息等权限的部长、课长等），反之，也有人会顾虑该行为可能带来的不利（其他的董事或监事），因此，公司需要在综合评价该行为会给社会造成哪些影响的基础上来决定是否实施该行为。此时，有权参与该评价过程的各机构如果不能共同交换意见的话，是不可能形成单位意思的，我们必须将这些机构的集合视为单位。与之相对，股东大会虽然是公司的最高决策机构，但实际上很难对公司的方针决定产生实质的、直接的影响。[34] 认识到这一点后，我们很难将股东大会视为公司。[35]

因此，我们没有必要将一个人或者一个机构视同为单位。有权限参与决定单

---

〔33〕 关于讨论的状况，请参见今井·前揭注（1）第75页以下。

〔34〕 需要做出关键的经营判断时，董事会成员以及监事需要迅速公布必要的信息。但是，股东会一般是在经营判断后再做事后承认，股东会的作用不可能与董事或监事相同。正如《澳大利亚刑法》第12.4条（3）（b）所示，单位决定其行为时，传达合适的信息是必须的前提。

〔35〕 参照今井·前揭注（1）第77页。

位之行为的人员的集合体也可以被视同为单位。[36]

虽然可以预见某行为将引发违法结果，但在单位已经采取了充分的避免措施时，即使该行为依然引发了违法结果，也可以否定单位的刑事责任。根据同一视理论，某一行为有可能引发违法结果，所以董事会和监事之间意见分歧时，如果代表董事坚持实施因而引发了违法结果，因为可以将代表董事视同为单位，所以单位的刑事责任不被免除。[37] 但是，如果代表董事采纳了董事会和监事的异议，采用了可以防止违法结果的妥当措施但依然造成违法结果时，被视同为单位的人员（例如，代表董事、董事、监事）不存在过失，单位的责任也会被免除。原因在于，为了避免可预见的违法结果而采用了充分措施的单位采取的是不会引发违法结果的行为，所以便可以否定该单位对结果的预见可能性乃至过失性。[38]

该结论最初是抑止单位模式提出的，并且获得了广泛的支持。本文也认可其妥当性。但是，防止犯罪的单位的努力并非单位的文化或道德。我们不能忽视领导该单位的各机构相互努力的结果。此外，根据本文的理解，虽然领导单位的各机构互相努力，都采用了预防犯罪的对策，但各机构的参与都不够充分，最终导致单位的有效对应（否定发生结果的预见可能性的充分的对应）并不充分时，该单位依然要对产生的犯罪承担刑事责任。此时，如果不能回溯证明究竟是哪些机构的对策不充分引发了犯罪的话，还是无法解决问题的。而根据本文的理解（作为抑止单位模式之基础的同一视理论）也可以论证这一点。

（三）合规计划的定位

以之为基础，下文将研讨合规计划的问题。

1. 合规计划的分类：关于其目的的再确认

虽然关于“合规”的内容理解不一，[39] 但有必要以认可合规计划为目的分别讨论。

（1）从经营学观点出发的合规计划。该合规计划的目的是维持单位成员的道德或者单位的存在根据（raison d’ etre）。其内涵是改善或者强化“企业风貌、

---

〔36〕这种理解契合单位的现实状况。

〔37〕此时，针对单位科处的是绝对责任。

〔38〕因为实施了合适的合规计划所以可以否定预见可能性的问题也是出于同样的理由。关于这一点，将与旧过失论合并论述。

〔39〕例如，乡原信郎：『コンプライアンス革命』，文艺社 2005 年版，第 170 页、192 页中将合规定位为“单位顺应社会的要求，实现其目的”。而滨边阳一郎：『コンプライアンスの考え方』，中公新书 2005 年版，第 i 页将合规定位为“单位为了调和法令等规范并实施健全的活动而形成的结构”。

文化、体质”或者“企业伦理”，内容在于“确立诚信的商业习惯”。这一意义上的合规计划对于单位的自我治理（corporate-governance）和自我规制（self-regulation）颇有价值。但是，这种合规计划的内容过广，缺乏明确性，也很难因违反该计划而推导出相应的法律效果。[40]

（2）限定民事责任的合规计划。这种合规计划的目的在于限定单位或董事的损害赔偿责任。典型例子是企业为了限定股东代表诉讼中的董事责任而整备的合规计划。根据日本新公司法的规定，董事或董事会应当建立确保董事会遵守法令以及规章执行职务的体制或者法务省令规定的其他用于确保公司业务正常进行的体制。[41] 其中第二种类型的合规计划日渐增多。但是，其法效果基本上还是限定在民事法的范围之内。

（3）限定行政责任的合规计划。这种合规计划的目的在于避免或者限定对于单位的行政制裁。例如，独占禁止法中规定的合规计划。以此为基础，修正后的独占禁止法中采用了“Leniency”（宽恕）制度[42]，自 2006 年 1 月 4 日开始施行。不过，该制度将从宽处罚（lenient treatment）仅限于免除或者减轻罚款（课征金），而没有预定刑事责任的减轻。

（4）限定刑事责任的合规计划。该合规计划的目的在于限定单位的刑事责任或者防止单位实施犯罪行为。本部分主要研讨这一类合规计划，下文将针对这一类合规计划展开分析。

2. 与单位的刑事责任相关联的合规计划：方式

（1）如果单位实施合规计划的事实有利于单位的话，需要整理这种事实究竟是违法阻却事由[43]还是责任阻却事由[44]的问题。所以，我们首先需要确认其

---

〔40〕 制定、实施合规计划可以降低单位的诉讼风险。由此，该单位的市场评价会高，其负担的保险费会下降，经营效果会更好。

〔41〕 关于董事，请参照公司法第 348 条第 3 款第 4 项、同条第 4 款（大公司时），关于董事会，请参照同法第 362 条第 4 款第 6 项、同条第 5 款（大公司时）、第 416 条第 1 款第 1 项ホ（公司设置委员会时）。

〔42〕 根据《独占禁止法》第 7 条之二第 8-10 款的规定，实施了串通投标后，率先向公正交易委员会交代的前三个企业可以免除或者减轻罚款（课征金）。

〔43〕 其中包括减少违法性的事由。以下相同。

〔44〕 其中包括减少责任的事由。以下相同。

出发点。[45][46] 那么，在与单位的关系方面，合规计划究竟是违法阻却事由还是责任阻却事由呢？

（2）我们很难将履行合规计划认定为阻却了单位行为的违法性或者责任。侵害法益的特定人的行为原则上是违法的，不过，当这种侵害是为了保护更优越的利益时，该行为的违法性被阻却。此外，即使该行为违法，当无法期待行为人实施合法行为时，该主体的责任被阻却。这种阻却违法性或者责任的判断必须具体到个案当中。虽然单位会设置应对各种状况的合规计划，但这种努力并不必然引发对单位有利的结果。[47]

（3）尽管如此，我们还是希望将阻却单位的违法性或责任的内容纳入合规计划的做法会产生遏制犯罪的积极效果，而这也不是不可能的。

（4）在考察作为违法阻却事由的合规计划时，即使单位的活动引发了侵害他人法益的结果，还是应当将其作为正当化事由纳入合规计划之中。这些事项会因为单位的活动（营业的种类、方式）而不同，所以应考虑其活动的不同并依据各种法令规定不同的合规计划。依据相关法规进行活动时，该单位的行为在与法规的关系方面是不违法的。但是，（侵害其他法益的）单位行为并不能立即在刑法上获得正当化。只有在考虑了被侵害法益的价值也可以获得认可时，单位遵循相关法规活动的结果才会在刑法上被认定是正当的（《刑法》第35条）。在作判断时，需要对各种关联法规所保护的法益和被侵害的法益之间的价值进行比较衡量。[48] 在与阻却违法性的关系方面，合规计划的内容在于：重视评价依据被遵守的法令（compliance with the related legislation or section）而获得保护的利益。

如果详细记述上述状况的话，合规计划的内容是过于繁琐的。为了避免这一点，我们需要整理作为违法阻却事由的合规计划的要点。该要点可以概括为：

---

〔45〕关于作为量刑事由的合规计划，需要另行研讨。阻却责任事由是行为人实施违法行为时的状况，是可以减少非难的状况。与之相对，量刑事由是针对被宣告有罪的被告人具体宣告其刑罚时需要考虑的事由。因此，量刑事由与阻却责任事由都包括违法行为时的状况，不过，量刑事由还包括适应行刑等被告人将来的状况（可预测的状况）。在该意义上，关于量刑因素的考量有超越分析阻却责任事由的方面。关于这一点，笔者将另行著文以作分析。

〔46〕履行合规计划也是刑事追诉的阻却事由，不过，本文将舍弃这一点。

〔47〕可以联想到关于石油卡特尔事件判决（东京高判昭和55年9月26日高刑集第33卷第5期第359页）以及无异议函的讨论。判例的倾向在于：遵循行政机关的指导和建议实施了行动但刑法上违法时，不能轻易地阻却刑事责任。如果行为人没有陷入违法性错误的相当理由，就不能阻却责任，而“相当理由”的存在是受到严格限定的。

〔48〕与之相对，从行为无价值论或者新过失论出发，可以认为依据法规实施行为时具备社会相当性（或者并未脱离基准行为），因而阻却违法性。

"遵守相关法规，在个别具体的状况中努力实施合适的行为。"[49]

（5）设想作为阻却责任事由的合规计划时，是无法将所有状况列举出来的。在与单位的关系方面，可以设想有哪些违法行为以及可能引发哪些违法结果，关于为了避免这些行为与结果所作出的努力才是作为阻却责任事由的合规计划的内核。但是，此处的合规计划的内容是繁琐的。为了避免这一点，需要整理作为阻却责任事由的合规计划的要点。这种简洁的合规计划是指，"在个别的、具体的状况中，努力不实施违法行为（或违反法令的行为）"或者"可以预见违法结果时，努力选择法所期待的行为（或法令要求的行为）"。[50]

（6）有观点主张：如果单位构建了合适的合规计划的话，在理论上可以否定单位过失。[51] 这种观点有时是妥当的，但还需要从理论上进行分析。[52]

刑法中的过失是指能够预见侵害法益（违法的结果），但由于不注意而未能预见或者虽然预见却未能避免结果。履行回避结果的义务是故意犯与过失犯中共通的要素，所以过失的核心在于结果预见的可能性（旧过失论或修正过失论）。[53] 这一意义上的过失因为履行了合规计划而被否定时，单位的成员必须有组织地充分实施了回避侵害法益[54]的对策。具体而言，单位需要充分调查可设想的状况，并为了防止这些状况而实施充分的客观的防治对策。此时，虽然预见了侵害法益的结果，但由于单位为了避免该结果而采用了充分的手段，所以违法结果不是因该单位而产生的。处于这种状况中的单位可以否定结果的预见可能性。[55]

---

〔49〕 从结果无价值论的立场出发，我们希望制定体现保护优越利益原则的合规计划。但是以此制定的合规计划的规定恐怕是冗长的，恐怕也不得不将结果无价值论的宗旨纳入"在个别的、具体的状况中采取妥当的行为"等表述之中。不过，充实合规计划时可以考虑到的一般事项是存在的。下文（9）中将详述这一点。

〔50〕 不过，充实合规计划时可以考虑到的一般事项是存在的。下文（9）中将详述这一点。

〔51〕 川崎友巳：『企業の刑事責任』，成文堂2004年版，第302页；「法人の処罰」，『刑法の争点（第三版）』第11页等。

〔52〕 以下的讨论是与关于法人等事业者的过失内容（过失的构成要素即预见可能性的对象）的讨论相对应的。判例、通说认为法人对于从业人员的选任、监督存在过失时，依据两罚规定，对于法人和从业人员进行处罚［参照今井·前揭注（1）第77页以下］。

〔53〕 预见结果的义务生成于可以预见时，所以，在过失犯中，结果的预见可能性是重要的问题。

〔54〕 这最终还得评价为单位的行为。

〔55〕 在与（作为两罚规定之对象的）法人的关系方面，有力说认为：①法人负有义务整备管理统制组织以便防止违规行为；②只要法人尽到了监督该组织有效运作的义务，就可以否定法人的过失［参照今井·前揭注（1）第78页］。可以凭借合规计划的实施认为法人尽到了管理义务与监督义务。

与之相对，新过失论〔56〕认为过失的本质在于它是脱离了社会相当标准的行为（其结果即侵害法益违反了结果回避义务），所以可以更容易地以履行了合规计划为理由否定单位的过失。通过“标准行为=履行合规计划”的解释可以更容易地得出结论。但是，关于依据什么“标准”得出“标准行为”的问题，新过失论是解释不清的。如果确定标准行为的“标准”是消防法、建筑标准法、道路交通法等各种行政法规的话，因为不注意而产生行政法上的结果便成为刑法中过失（新过失论所称的行为的违法性）的基础了，违法的质的相对性便被否定了。为了避免这一难点，刑法只能以构成违法的事态（侵害法益结果）为基础来推导标准行为，侵害了刑法所保护的法益的行为只有在例外时才能获得正当化，超越这一点来谈论一般化的“标准行为”甚至可以视同为“标准行为”的合规计划的做法在方法论上是不妥当的。单位的行为以及与之相伴的危险因单位不同而不同，限定其（违法性或）责任的合规计划也应依据各单位的特征以及相关法规而制定。〔57〕

（7）作为阻却违法性事由或者阻却责任事由的合规计划虽然可以归结为阻却违法性的原则或者责任主义（或者阻却责任事由），但基本上是不得已而为之。在与单位的关系方面，阻却违法性事由只能解释为位于《刑法》第 35 条背后的实质违法性阻却原理。此外，阻却责任事由应当以单位行动的自由为前提〔58〕，从规范责任论的视角出发，认定为不存在其他行为的可能性或期待可能性。

只有这种合规计划才能被称为“有效的合规计划”。〔59〕将这种刑法效果赋予合规计划后，单位才能获得整备合规计划的种种好处。即通过妥当地实施这一计划，单位可以减轻刑事责任，（作为实施该计划的附随效果），单位才可能发挥其行政、民事或者社会责任，将经营的风险压缩到最小。通过这种程序，单位的公司治理（Corporate Governance）才能得以锤炼，公司社会责任（Corporate

---

〔56〕 根据新过失论，过失是违法要素。

〔57〕 在探讨作为阻却法人责任事由的合规计划时，需要依据关于单位业务的法令。在理解合规计划时，必须再度确认“遵守法令”是其出发点这一问题。

〔58〕 如果认为单位的行动便是依据其“精神”或“文化”实施的话，当单位只能实施违法行为时，就无法进行非难了。在这一点上，强调单位的“精神”或“文化”的观点或者自己同一视模式是存在问题的。

〔59〕 与之相对，不应当将程序的“道义性”视为问题。单位的道义不是一个明确的概念。即使“道义希冀的状况”可以减少对单位的责任非难，在将其作为阻却责任事由的程序中，也必须通过更为明确的概念进行阐释。

Social Responsibility）才得以奏效。[60]

（8）近年来，好多业界团体或者主管机关都制定了关于合规计划的指导方针，因为合规计划的效果得到了认可。但是，我们不应过高评价这种指导方针。因为它不过是为了让各种单位能够制定妥当的合规计划而制定的“抽象事例”。即使忠实地依据指导方针制定和实施合规计划，也并不因此而必然限定了单位的刑事责任。各种团体以及行政机关所期待的不过是为各种单位制定合规计划提供素材而已。

（9）那么，为了制定妥当的合规计划，究竟应当具体准备哪些要素呢。刑法理论中将其简单记述为行为阻却违法性或者责任的事由。但这不过是制定合规计划的第一步而已。仅如此很难让单位凭借自身的力量制定妥当的合规计划。根据2004年针对日本主要企业进行的问卷调查[61]，并且参考澳大利亚刑法以及美国量刑指南的规定内容，[62] 本文认为以下注意事项是必需的。[63]

① 关于制定、修订、实施合规计划的问题，单位的上层成员负有最终责任。

② 在具体地制定、修订、实施合规计划时，允许上级职员委托给下级职员，但不得委托给有犯罪倾向的职员（不得将业务委托给有前科人员等）。

③ 必须提示单位的成员（从业人员等）应履行合规计划。

④ 必须使单位的成员（从业人员等）理解合规计划的意义，并且为了其贯彻实施而进行必要的教育，提供相关信息。

⑤ 以其成员可能犯罪为前提，单位需要设立监督制度（monitoring system），发现犯罪后，为了免于将来的不利益处分，应设置适宜通报、监督犯罪事实（reporting and auditing system）的制度。

⑥ 未尽到上述努力而引发犯罪时，单位应当采取妥当的对策，并且，为了避免发生同类犯罪，应对合规计划进行修订。

---

〔60〕 关于 Compliance Programe，Corporate Governance，Corporate Social Responsibility 的相互关系，请参照本书收录的今井猛嘉：「基調報告：企業活動とコンプライアンス——アンケート調査を踏まえた法的責任のあり方について」第30页以下。

〔61〕 关于这一点，请参见今井·前揭注（60）第11页以下。

〔62〕 笔者将另行著文研讨美国联邦量刑指南的运用状况及其评价。

〔63〕 以下要素与被追诉的单位进行“相当抗辩”时需要考虑的要素大致相同［cf. also，Clough and Mulhern，*The Prosecution of Corporations*（2002），p. 155］。此外，以下要素中还包含与单位的违法阻却事由或责任阻却事由相关的事项。虽然可以依据各阻却事项进行整理，但对于自己制定合规计划的单位来说，这不一定是有益的。因此，本文将仅列举这些要素。

上述要素中，日本在立法应对[64]和企业努力[65]方面已经做了不少工作。[66]希望日后能够整合各要素，制定针对各企业实际状况的程序（tailor made program）。

四、结语

本文总结了处罚法人的研究成果，针对若干基本问题探讨了今后的发展方向。不过，未能对存在差异的观点进行整合。[67]

虽然本文的研讨并不充分，但本部分仍将略作总结。

第一，在把握实在的单位特征这一点上，抑止单位模式是合适的。

第二，为单位的刑事责任设定基础时，抑止个人模式（其中的同一视理论）也是有效的。这一点通过比较法也得到了印证。

第三，将抑止个人模式适用于多元化的现代单位时，需要重新确认可以视同为单位的自然人或机关的范围。

第四，依据合规计划阻却单位过失的观点为我们指明了方向，但必须明确它与单位刑事责任的根据之间的关系。此时，旧过失论是不可或缺的。

第五，关于合规计划的内容具体到什么程度的问题，我们需要依据企业活动的效率性或维持单位成员道德等经营学判断，以及原本定位为私人规则的合规计划的法律效果，才能进行研讨。

因此，我们需要继续探讨合规计划的内容，并且提出模式·合规计划。这种模式应当定位于能够为各单位提供助益的“最大公约数模式”。但是，法学理论方面的研讨应当能够有助于改变目前关于合规计划的混乱研究状况。这才是今后的课题。

---

〔64〕 关于要素（5），请参见公益通报者保护法（关于该法，请参照本书收录二本柳诚：「公益通報者保護法と刑法」）。

〔65〕 问卷调查的结果显示，要素（3）、（4）在大多数企业中已经实现了。

〔66〕 此外，对于单位的量刑判断，要素（6）还具有重要意义。

〔67〕 受本文性质所限，关于比较法的介绍只能尽量压缩了。

企业犯罪与制裁制度的方式*

田口守一**

张小宁*** 译

一、前言

（一）刑事制裁为何构成问题

目前，“企业犯罪”这种犯罪现象不仅发生在日本，而且也发生在全世界范围内。本文谈到的“企业犯罪”是指由企业的业务活动所引发的犯罪行为，或者是与企业的业务行为相伴而生的犯罪行为。其种类复杂多变，例如，大规模的铁道事故等给众多市民的生命、身体造成损害的犯罪现象。再如，关于公共事业的串通投标等给国家与地方自治体的财政造成损害的犯罪现象，还有假决算以及内幕交易等危害经济秩序且给众多投资者造成损害的犯罪现象。

这些企业犯罪的首要特点在于：与个人犯罪相比，其危害极大，或者危害的范围很广。根据德国的统计，在所有犯罪中，企业犯罪仅占 1.3%，但其受害额却占犯罪受害总额的 57.2%。这一点在任何一个国家应该都差不太多。正是由于其危害极大，所以有必要以刑法进行制裁。

企业犯罪的第二个特点是与“企业”这一组织体的业务活动密不可分。虽然企业犯罪会给市民生活造成极大的危害，但由于它是“企业”实施的犯罪，

---

* 原文见田口守一「企業犯罪と制裁制度のあり方」，田口守一、松澤伸、今井猛嘉、細田孝一、池辺吉博、甲斐克則『刑法は企業活動に介入すべきか』（成文堂，2010）。

** 日本信州大学大学院法曹法务研究科教授，早稻田大学法学学术院名誉教授。

*** 山东大学法学院（威海）副教授、法学博士。

所以很难用刑法进行制裁。原因在于，刑法在原则上以“个人”作为处罚对象。

因此，对于企业犯罪，主要的制裁手段不是刑事制裁，而是行政制裁，即命令改正业务等，即使是金钱制裁也不过是“罚款”等非刑措施，或者是民事损害赔偿等。这其中包含两个问题。

问题一是，如果认可企业犯罪这种“犯罪”实体的话，必须设想一种能够与这种犯罪评价相对应的制裁。如果针对企业犯罪科处刑罚的结果不过是制裁个人的话，那企业犯罪与刑事制裁之间就难以平衡了。在将企业犯罪评价为“个人犯罪”这一点上以及针对企业犯罪实施“制裁个人”这一点上，我们不得不承认的是其与现实要求之间产生了龃龉。

问题二是，针对企业犯罪的行政制裁或者民事措施能否充分地发挥作为制裁制度的机能。依据刑法实施的“刑事制裁”，即“刑罚”制裁，是现行法秩序中最严厉、最严酷的制裁，所以应当审慎地发动，应当尽可能地抑制刑罚权的行使。这一问题不同于尽管应当适用刑罚但却只适用行政制裁或民事措施的问题。其也不同于如下问题：有时候，根据事件的具体状况，虽然理应适用刑罚，但由于理论或制度上的缺陷而无法实施刑事制裁，因而只能暂时搁置。

由此来看，关于企业犯罪的刑事制裁方式，确实必须进行根本性的再研讨了。

（二）关于企业犯罪的关心已经扩展到了全球

实际上，关于企业犯罪的刑事制裁方式已经是一个世界性话题了。日本的刑事法并不“迟于”世界。但是，例如，美国针对企业犯罪的刑事制裁制度远比日本要完善，这也是不争的事实。伴随着世通事件以及安然事件等重大经济犯罪事件陆续被曝光，美国于2002年制定了《萨班斯—奥克斯利法》（Sarbanes-Oxley Act），在其中针对企业课以严格的义务要求。此外，为了敦促企业利用合规计划避免违法行为，联邦量刑指南也设置了对企业进行刑事制裁时可以适用的相关规定，这些都是对企业犯罪进行刑事制裁时极其重要的法制度。虽然联邦量刑指南已经因为2005年的判例（布克判决）失去了法律约束力，但实务界依然将其作为制裁标准加以适用。

针对企业的刑事制裁的法律制度在欧洲各国也逐渐普及。2001年，意大利制定了企业刑法并且引进了多种制裁制度，此外，其还引入了一种合规计划的思考方法。2003年，瑞士的法律规定，如果企业已经采取了充分的措施来阻止从业人员的违法行为的话，企业的刑事责任可以被阻却。

对日本刑法及刑法学产生深远影响的德国的动向也耐人寻味。德国否定法人的犯罪能力，刑法仅适用于个人。但是，在《违反秩序法》（Ordnungswidrigkeiten Gesetz）（行政法）中规定有针对企业犯罪的行政罚款（Geldbuβe），该法律参照了刑法。在德国，2007 年企业长期贿赂公共机关及对方企业的西门子事件被揭发，因此，研究企业犯罪的刑事制裁的必要性又被重新提及。2007 年召开的德国刑法学会便提出了一个颇具挑战性的题目："刑法是否是经济的规制机制?"

在邻国中国，近年来接连发生企业的业务灾害事件以及毒奶粉事件。以之为契机，企业犯罪的预防与对策也成了重要的研究课题。2006 年中国《公司法》中规定了"企业的社会责任"，其意义引起了社会各界的广泛关注。

（三）"刑法应当介入企业活动吗?"

刑法应对企业犯罪的方式已经成为全世界关心的话题。伴随着经济全球化的推进，关于企业犯罪的问题意识也实现了全球化。

例如，某国企业与他国企业缔结契约时，会调查对方企业是否也制订了合规计划并且为防止企业犯罪而做出了相应的努力，如果没有的话，便有可能放弃缔约。这样的企业日渐增多。如此一来，在关于企业犯罪的防止义务与制裁制度等方面，如果各国之间缺乏共通性的话，那么世界经济将无法实现了。因此，经济全球化也必然导致针对经济犯罪的法制度的全球化。

这种状况要求我们从根本上思考刑法对于遏制企业犯罪的作用。各国针对企业犯罪的法制度存在较大的差异，这是事实。但关于为何会出现这种差异的问题，我们尚未从理论上加以阐明。然而如果不从理论上进行阐明的话，针对企业犯罪的对策以及刑事政策的研究都不过是镜花水月而已。

因此，我们需要重新思考刑事法在现代社会中的作用究竟是什么。以"个人"为对象的刑法究竟能否把"企业"也列为规制对象。这一根本问题必须得到解决。

（四）企业犯罪的原因、责任及制裁

下文将总览关于企业犯罪的问题，并且从三个突破口确认其问题所在。其一，企业犯罪的原因。分析企业犯罪的个人原因与组织原因，在此基础上探讨究竟应当由谁、哪些机关承担企业犯罪的责任。此外，解明企业犯罪的原因也是探讨防止对策的必然前提。其二，企业犯罪的责任所在。在考察企业犯罪的责任、

探讨组织责任时，必须确认组织责任究竟是什么的问题。而后研讨如何在以个人责任为原则的刑法中为组织责任设定根据的问题。其三，当企业犯罪的主体是企业时，应当如何对其进行制裁。此外还有一个程序问题，即将企业犯罪的主体视为企业时，调查程序与个人犯罪有何不同。上述问题实际上都处于尚未解决的状态之中。

二、企业犯罪的原因

（一）从电车脱轨事件看原因

2005年的JR西日本福知山线脱轨事件造成107人死亡，但直至今日事故原因仍未能彻底查清，事故仍未能妥善解决。曾有报道称是由于司机超速行驶导致电车转弯时脱轨。但如果考察一下事故原因的话，会引出一连串的问题。①其直接原因是“速度过快”。②追问“为什么要超速行驶”时，司机不得已超速时“上司（管理层、董事）的态度”又值得考量（当时的安全监督负责人即社长被诉构成业务上过失致死伤罪）。③但是，进而还有“为什么上司是那种态度”这一原因，为此，我们必须将其上司所属的“组织（法人）系统”的运作方式纳入视野之中。④如果再琢磨“为什么那种系统能够通行”这一原因的话，又必须考察“长年累积起来的企业风俗”或者“传统的企业文化”（corporate culture）这一问题。⑤不过，这种企业风俗或者企业文化并不是一个公司形成的。那么，孕育这一企业风俗或者企业文化的不正是日本社会吗？我们恐怕得追溯到这一点上了。

像这种只是追究某种犯罪或事故的原因，到最后便也不得不追溯到行为人所属的社会上，这一点并不稀奇。在个人犯罪时也是如此。例如，追究少年犯罪的原因时，一般会考察其背后的学校以及家庭问题。关于令人痛彻心扉的高龄者犯罪问题，例如，杀害老年痴呆的妻子的案例，其背后隐藏的福利政策以及地域社会的存续方式等问题也是必须考量的。不过，在这些个人犯罪中，主要原因还在于行为人个人敢于实行犯罪这一点，其背后的社会问题并不是引发该犯罪的直接原因。不过，即使不将行为的背景状况视为犯罪的直接原因，在对行为人定罪量刑时，通常也会将其作为量刑事由（多数情况下对行为人是有利的）。

与之相对，在电车脱轨事件等案件中，如果将事故原因仅局限于驾驶员的“超速”而不追究更深层次的原因的话，是不可能彻底查清事件原因的。仅以“速度过快”无法充分解释脱轨事件的原因。解释清楚“为什么司机会超速”这一点对于查清事故原因而言是不可或缺的。

国土交通省最近的调查结果显示，在卡车、巴士、出租车等引发的重大事故的背后，司机的劳务环境与公司安全管理的不到位都是原因之一（2009年6月3日朝日新闻报道)。其中还报道了司机的过度加班、公司方面未调查气象状况以及对于司机未接受视力测试的问题置之不理等问题。针对这种明显违反劳务规定的行为，国土交通省做出了行政处罚决定。虽然没有追究司机背后的企业的刑事责任，但在事故原因方面，企业的业务机制本身确实是存在问题的。

（二）企业犯罪的个人原因与组织原因

在类似犯罪中，除了直接的个人原因之外，在其背后或多或少地存在引发个人原因的背景状况。在企业犯罪中，个人原因与其背后的组织原因显然是竞合的。但是，正如上述电车脱轨事件一般，在企业犯罪中，事故原因大多存在于组织原因之中。

问题在于此处的组织原因究竟是什么。为了阐明这种组织原因，还需要查清一定的企业活动是在怎样的系统中运营的，该系统中为什么会出现违法行为等问题。当该系统由于自身缺陷从而导致个别行为人违法时，我们应当认定该违法行为真正的原因在于该系统，有必要针对该系统采取合适的对策。

企业活动系统是会衍生违法行为的组织还是会衍生有缺陷的组织这一问题，从根本上来说是企业自身的责任问题。但是，如果将企业系统委决于企业自身的话，由于企业向来是以追求利润为目的的，所以其中蕴含着为了追求利润而无视法规的风险。遏制企业犯罪的方法之一便是在事前以行政手段对企业活动详加规制。即所谓许可行政。虽然这制约了企业的自由领域，但从国家以及社会的角度来看，可以维持高效的企业系统。一直到20世纪70年代末，日本的企业活动基本上都是以这种形态运作的。

在以行政许可为基础的企业活动中，企业活动需要遵循行政指导，所以会出现轻视努力遏制企业违法行为的倾向。还会导致努力遏制企业违法行为的社会背景不复存在。当虽然企业活动引发了违法行为但只要没有明确地违反法律规定时便只能追究个人责任，因而追究企业自身责任的必然性便不复存在了。换言之，此时便很难称其为企业犯罪了。当企业有违法行为时，称其为“企业犯罪”并且追究该企业组织自身责任的做法，可以看作是企业活动方式自己发生变化的结果。

（三）企业犯罪的社会背景

我们可以明确地看出企业犯罪本身是一种历史性存在。特别是 20 世纪 80 年代之后，日本企业社会中流行的“规制缓和”政策对于企业犯罪论产生了深刻的影响。其发端在于 20 世纪 80 年代后期开始的美日结构问题调整协议。其结果是，日本一直采用的政府主导型经济政策被国际社会批评为封闭政策，必须要对其进行根本性变革。进入 20 世纪 90 年代后，日本采纳了规制缓和政策，过去的行政许可被大幅度修订，企业活动的自由化程度大幅度提高。其结果是，违反行政法规的犯罪大批量地实现了非犯罪化，企业获得了更多的自由。

但自由往往导致违规。日本之前被称为“内幕交易的天堂”。但对于这种违反规则的行为当然不能置之不理，因为保障企业的自由活动是市场经济存在的前提。1988 年，内幕交易实现了犯罪化。1991 年，洗钱被纳入了规制范围。伴随着规制缓和理念的渗透，企业活动的犯罪化也在进行。之前的事前规制开始转变为以保障企业活动的自由为前提的事后规制。这也使企业活动发生了重大变化。例如，与洗钱规制相匹配，金融机关被课以可疑交易报告义务，1998 年时，报告件数只有 10 件，2001 年时已经增长到 1 万件，2007 年时则增长到了 15 万件。

进入这个时代后，需要企业自己努力防止违法行为。当企业怠于履行职责导致其从业人员实施违法行为时，企业本身也被认为具有引发违法行为的危险性。企业需要教育并且促使其从业人员遵守法令，万一发生违法行为，在争论对错的同时，如果该违法行为涉嫌犯罪的话，企业需要迅速报告调查当局，并且协助调查，这便是合规计划的制定与实施问题。只要企业完善了合规计划，便可以判断从业人员的违法行为究竟是个人犯罪还是企业组织的犯罪了。换言之，当企业完善了合规计划，采取了不使企业活动产生犯罪行为的防治对策时，便可以将该犯罪认定为个人犯罪而非企业犯罪。或者，即使构成企业犯罪，企业无法免除责任，但完善了合规计划这一事实也可以减轻企业的责任。

总之，关于企业犯罪究竟应归咎于个人原因还是组织原因的争论，是判断企业犯罪的责任的前提。无论该责任是行政责任、民事责任还是刑事责任，无原因之处自然无责任。此外，如果不能查清原因的话，就无法制定防止企业犯罪的对策。无论对于企业犯罪的责任论还是对策论而言，企业犯罪的原因论都是必须的前提。

三、企业犯罪的责任

（一）企业犯罪刑事责任的界限

即使认为企业犯罪的原因在于企业组织，但正如前文所述，在日本现行刑法制度下，我们也无法认定企业组织自身的刑事责任。因此，追究企业犯罪的刑事责任终究是追究企业组织中特定个人的刑事责任。

在日本也有关于企业刑事责任的“两罚规定”。企业组织中的特定人员因实施违法行为遭受处罚时，以处罚该行为人为条件，对法人判处罚金。其界限在于，虽然法人也承担了刑事责任，但并不认可法人自身的独立的刑事责任。此时是以自然人的犯罪行为为前提，推定法人存在过失。例如，《反垄断法（独占禁止法）》中的“不正当限制交易罪”规定：处罚法人代表时（《独占禁止法》第89条，5年以下有期徒刑或者500万日元以下罚金），也处罚法人（5亿日元以下罚金）。两罚规定制度是《反垄断法》等特别法中的规定，为刑法典中所没有。下文中暂且搁置这一问题，首先研讨在企业犯罪时追究个人责任的问题。

例如，在串通投标事件中，企业的领导层要受处罚，那么，这种处罚能够有效地发挥追究企业犯罪的刑事责任的功能吗？以“桥梁串通投标事件”（2008年）为例，在年成交量3500亿日元的政府招标项目中，招标方与投标方串通投标，结果是，旧日本道路公共团体的原副总裁被诉构成《独占禁止法》中的不正当限制交易罪与背任罪，东京高等法院判处其有期徒刑两年零六个月，缓期四年执行（2008年7月4日朝日新闻）。因为串通投标以及分割订购等行为，道路公共团体在大规模的桥梁建设过程中遭受了4700万日元的损害。针对这种“企业犯罪”，副总裁虽然被判处徒刑，但却是缓期执行。我们应当如何评价这种制裁呢？

实际上，这种类型的企业犯罪即使被判有罪，行为人（多数是企业的管理层）也很少被判处“实刑”。虽然有研究者主张“实刑主义”，但迄今为止的绝大多数判决都是缓期执行。可以想到的理由有：犯罪行为的恶劣性达不到实刑的程度，行为人已受到社会的制裁等等。但或许真正的原因在于，在串通投标之类的案件中，即使企业的领导层入狱，对于被害人而言也无济于事。在针对该类企业犯罪追究领导层的个人责任这一点上，隐藏着犯罪与刑罚的不均衡性，这也是缓期执行的理由吧。此外，即使判处徒刑，对于串通投标这种犯罪行为的遏制效果究竟如何也是不明确的。总之，我们需要反思制裁企业犯罪的方式。

在银行粉饰决算的“长银事件”中，该银行的原行长被诉违反《证券交易法》与《商法》，但最高法院驳回了判处缓期执行的原判决，宣告无罪（2008 年 7 月 19 日朝日新闻）。在原日本长期信用银行破产之际，该银行粉饰决算，没有发放给股东应得的利润，其违法金额共约 72 亿日元。但最高法院并没有认定为有罪。该事件引人注意之处在于，虽然造成了 72 亿日元的损失，但被追究责任的只有原行长个人。认定个人的刑事责任时当然需要以严格的事实认定为前提。如果按照这种认定标准的话，个人很有可能被认定为无罪。不追究组织责任而是个人责任这一点值得我们注意。虽说如此，但造成了 72 亿日元的损失却不追究刑事责任的做法总是不妥的。企业犯罪时如何追究其责任确实是个问题。

（二）能否追究企业自身的刑事责任

关于刑事责任的认定有严格的标准（关于企业犯罪论与刑法责任之间的关系，请参见本书第二章松泽论文），①罪刑法定原则认为：只有在法律明确规定了犯罪与刑罚时，才能认定犯罪。不能依据含义暧昧的法追究刑事责任。因此，法不溯及既往，类推解释被禁止。②责任主义认为：无责任无刑罚，责任仅限于行为人有故意或过失时。换言之，如果行为人没有非难可能性的话就不会被科处刑罚。③刑罚的谦抑性认为：刑罚是剥夺个人的生命、自由、财产等基本人权的制裁措施，所以，如果其他的制裁措施足够的话就优先适用其他制裁措施，刑罚的适用应当是谦抑的。这也被称为刑罚的最终手段性（ultima ratio）。④刑事制裁中的实体真实主义认为：关于刑事审判中的事实的认定必须真实，举证证明时需要超越合理怀疑（beyond a reasonable doubt）。这一点不同于民事审判中的“证据优越性”原则。

问题在于，追究企业自身的刑事责任时是否可以修订上述标准。有如下两种思考方法。一是“个人模式”。在考察法人的责任时，以刑事法的原则“个人责任”作为基本准则。即①以个人的违法行为为前提来考察法人的责任；②以法人对于个人（从业人员）的监督责任为根据来探求处罚法人的根据。二是“组织模式”。直接设定法人的责任。即①设想法人自身的犯罪行为；②在无法确定个人行为人时也可能处罚法人。“个人模式”重视的是与传统刑法理论之间的连续性，而“组织模式”则在阐述新思考方法的必要性。本书第三章今井教授的论文便试图以“统合模式”克服上述两种思考方式的对立局面。详情请参见今井论文，此处不再赘述。无论如何，肯定企业的刑事责任时，必须要对上述各种责任进行再研讨。这种理论构成才是叩开时代之门的关键。下文将以能否认定企业组织的刑事责任为前提，探讨企业的刑事责任的内容。

（三）企业刑事责任的内涵何在

作为能否认定企业刑事责任的前提，有关于“没有肉体也没有精神”的法人“能否实施犯罪行为（法人的犯罪能力）”或者“能否承受刑罚（法人的受刑能力）”的讨论。关于该问题，如上所述，把握企业犯罪这一点已经将犯罪主体认定为法人本身，自然是肯定了法人的犯罪能力，同时也是肯定了法人的受刑能力，即虽然不能对其科处徒刑，但可以科处罚金刑。

问题的要点仍在于责任。企业是一定的组织，人在组织中活动。过去的做法只追究“一定的人”的个人责任。与之相对，问题在于能否对“一定的组织”进行“非难”。法人组织当然不是为了实施违法行为而构成、运营的（否则就是犯罪组织了）。但当该组织中存在缺陷时，便可能引发企业犯罪。那么，什么样的缺陷才是应当受到非难的缺陷呢？

如果企业根据设立的宗旨实施合法的企业活动的话，是不可能发生违法行为的。即企业活动中当然隐含着“遵守法令义务”这一行为。违反该义务时便会产生违法行为。“遵守法令（compliance）”这一思考方法提供了重要的指示。为了遵守法令，企业需要制定合规计划。其中隐含着各种各样的义务规定（详情参见本书第五章池边论文以及第六章甲斐论文）。例如，①制作合规计划的指南；②在公司内展开教育，使员工了解其内容；③设置保障员工遵守法令的部门；④设置发现违反者时受理通报的机构；⑤完善发现违法行为时的处置措施。制定合规计划的目的当然是防止企业的违法行为。

2006年施行的《新公司法》采用了这种措施。该法第362条第4款第6项明确规定董事会的任务之一便是：“完善确保董事执行职务时符合法令及章程的体制以及其他确保公司正当运营业务而必需的体制。”董事会的这项任务不能“交由董事行使”（第362条第4款）。即“董事会”负有完善合规计划的责任，而且这并非董事的责任。这一规定意义深远。原因在于，合规计划的不完善并非“董事”一人的责任，而是“董事会”这一组织自身的责任。因此，2006年也被称为“合规计划元年”。

如果参照制定的合规计划的话，可以非常客观地判断企业组织的责任。当然也会有合规计划自身存在缺陷（凭借该合规计划无法遏制违法行为）的情况。此外，合规计划完善但未能传达至全公司时，也可以研讨其实施过程中是否存在故意或过失。结果分为两种：①企业是否有责任，或者是否可以免除企业的责任；②企业无法免责时，以之作为确定企业责任程度的标准，并探讨量刑的可能性。

以上是制订了合规计划但企业活动中仍然存在违法行为时的处理方式。制定合规计划最大的意义在于企业可以用来预防违法行为。当制定与实施合规计划的法效果明显时，企业制定合规计划的刺激效果也会增强。因此，对于合规计划的确定而言，必须的前提是法效果的明确性。

四、企业犯罪的对策

（一）针对企业犯罪的三种制裁制度

简单的模式是机动车引发人身伤害事故时的制裁制度。①司机可能被吊销驾照。为了保障交通安全，有必要处分可能引起人身伤害事故的危险驾驶行为。这便是从交通安全这一行政目的引申出的“行政制裁”。②事故的受害者会要求司机赔偿医疗费及住院期间的损失（在大多数情况下，因为有保险，所以由保险费提供赔偿）。这是以救济受害人为目的的“民事措施”。③司机可能被追究刑法上的驾驶机动车过失致死伤罪的责任。如果认定为有罪的话，可能被判处徒刑、监禁或者罚金等刑罚。这是以处罚加害人为目的的“刑事制裁”。

针对违法行为的制裁方式有 3 种，有时会全部适用，有时只适用其中的一种。各种制裁都有自己的目的与要件，根据情况有时适用一种，有时适用两种，有时三种并用。在企业犯罪时基本也是如此。

针对企业犯罪的“行政制裁”有：①解散法人的命令；②吊销许可或者登记；③停止营业的处分；④停止提名或参加投标的处分；⑤禁止进出口的处分；⑥进入检查；⑦命令改善业务；⑧劝告、警告、注意；⑨公布违规企业；⑩罚款（課徵金：独占禁止法中规定的罚款）、过失罚款（過料：针对过失行为的罚款）；⑪行政指导（关于企业的行政处罚的详细规定，请参见本书第四章细田论文）。与之相对，针对企业犯罪的“民事措施”则包括：①对受害人的损害赔偿；②在特殊情况下，例如，因为公司董事的违法行为而给公司造成损害时，部分股东可以代表全体股东提起代表诉讼，请求损害赔偿。

针对企业犯罪的“刑事制裁”有：①如上所述，日本刑法以个人责任为原则，所以企业本身是不受刑事制裁的，只能对企业中的一定的个人进行刑事制裁。②本文中也提到了，当有两罚规定（《独占禁止法》《金融商品交易法》）时，除了处罚违法行为人之外，还可以对法人判处罚金。需要注意的是，两罚规定制度也出现了变化。以前是以处罚行为人为前提才能处罚法人，针对行为人的罚金额与针对法人的罚金额是联动的。即将对法人的罚金额度限定在个人罚金额度的范围之内。但到1992年，这种联动性被否定了。针对从业人员的罚金额与针对法人的罚金额被区分开来。例如，根据《金融商品交易法》第207条的规定，针对行为人的罚金额上限是500万日元，针对法人的罚金额上限则是7亿日元。在该限度上，法人的独立存在性得到了认可。

问题在于，作为针对企业的制裁制度，这种刑事制裁制度是不充分的（关于法人刑罚的方式，请参见本书第3章的今井论文）。关于其他国家的制度，例如，在英美法中有带有刑事制裁性质的民事罚（civil penalty）、针对企业的保护观察制度（probation），在德国法中则有带有刑事制裁实质的行政罚款（Geldbuβe）。本文从与合规计划相关联的角度补充一点，在美国的《联邦量刑指南》中，在针对企业的保护观察制度中最引人注意的是要求企业制定合规计划的保护观察命令。该命令要求企业进行组织结构上的变革，因为变革必然导致财政负担，所以该命令实际上具备惩罚机能。这种设想不再将制裁视为单纯的责任追究手段，而是赋予其面向未来预防犯罪的机能。无论如何，针对企业犯罪的制裁制度包括行政制裁、民事措施以及刑事制裁，所以有必要从整体上讨论这些制裁制度。

（二）关于独占禁止法中的罚款制度

日本关于企业犯罪的制裁制度中，最引人注目的应当是《独占禁止法》中的罚款（課徵金）制度。该罚款是针对违法企业的行政处分，不同于“刑罚”中的罚金，但对于企业来说确实具有一定的制裁机能。2005年修正独占禁止法时，对于罚款制度进行了较大的改革（关于课征金制度的详情，请参见本书第四章细田论文）。

第一，提高了罚款的额度。罚款制度的宗旨在于剥夺卡特尔企业的不当利益，问题在于罚款的数额。通过2005年的修正，在企业是大型制造企业时，罚款的计算率由不法销售额的6%提高至10%。这在制度设计上是对不当得利的剥夺，但计算率提高到10%的话，实际上便具备制裁效果了。这是不能否认的。

第二，引入了罚款减免制度（检举制度）。实施了串通投标或者卡特尔垄断的企业如果主动向公正交易委员会坦白其违法行为并协助调查的话，可以减少或者免除罚款。在公正交易委员会实施调查之前最先坦白的企业可以全额免除罚款，并免予刑事追诉。第二个坦白的企业可以减少50%的罚款，第三个坦白的话可以减少30%。调查开始后最多有3个企业可以减少30%的罚款。通过这种赋予企业方面减免罚款的方式，可以强化敦促其坦白违法行为的效果。该制度源于美国，引入该制度之初，曾有人认为这属于“告密”，可能不适合日本。但是，自从实施以来，有相当多的企业适用了该制度。

例如，2008 年的“钢板价格卡特尔事件”便利用了这一制度。大型的钢板制造企业们联合控制了建材用镀锌钢板的价格。该卡特尔组织中的一员，同时也是主导该卡特尔组织的大企业最终检举了该卡特尔组织。这是震惊日本社会的首起卡特尔自首事件（2008 年 11 月 12 日朝日新闻）。

串通投标与卡特尔都是秘密实施的，并且没有直接被害人，所以很难揭发。在企业的合规计划中包含奖励“内部通报”的事项，但并不总是有效的。因此，检举制度的目的是让企业通过报告违法行为来保障一定的利益，进而强化揭发企业犯罪的机制，该制度在日本逐渐成型。这是值得关注的现象。

（三）揭发企业犯罪中的诉讼程序问题

最后研讨一下揭发企业犯罪过程中出现的诉讼程序问题。2005 年修正《独占禁止法》时也引入了违章调查制度。公正交易委员会可以对企业进行性质上属于强制处分的调查。但是，该调查仅仅是行政处分，并不同于刑事诉讼法中的搜查。如果是刑事诉讼法中的搜查的话，作为搜查对象的嫌疑人是享有沉默权等防卫权的。与之相对，在违章调查中，被调查人在多大程度上可以凭借正当程序条款保护自己的问题尚不明确。

例如，在澳大利亚，行政机关可以进行强制调查，被调查的企业负有提交证据的义务。不过此时企业及其从业人员可以依据程序法获得多少保护的问题仍未能理清。例如，当企业无法拒绝提交关于犯罪的证据时，如果该证据中包含从业人员个人的犯罪证据的话，能依据该证据追究其个人的责任吗？这便是个问题。一种思考方式认为，被提交的证据可以用来证明该企业的犯罪行为，但不能用来追究从业人员个人的责任。因为个人拥有不得被迫自证其罪的特权。但该问题在澳大利亚也尚未得到解决。企业不得被迫自证其罪的特权也是今后要研究的课题。

五、结语

综上所述，查明企业的犯罪原因、阐明企业犯罪的责任所在，并且构建适用于企业犯罪的制裁制度等问题是时代布置的课题。

在考虑该问题时，合规计划具有重要的意义。其一，合规计划具有事前防止企业犯罪的机能。其二，在判断企业有无责任特别是过失责任时，合规计划可以使判断变得简单。其三，在认定企业构成犯罪并科处刑罚时，合规计划可以为量刑提供客观资料。其四，合规计划的制定也使揭发企业犯罪的工作变得容易。无论对于企业还是国家而言，合规计划的制定与实施都具有重要意义。关于企业犯罪这一现代课题，通过合规计划的制定与实施，我们可以看到国家与企业互相协作这样一种新型刑事司法模式的出现。

不过，还有三点需要留意。第一，日本某尖端企业在合规计划中提出了极高的目标："当面临正义与利益不可兼得的状况时，我们毫不犹豫地贯彻正义（Marubeni Group Compliance Manual）"（请参照本书第五章池边论文）。此时的"正义"不应当是"裸的正义"。企业的高目标中应当包含法治内涵。企业贯彻"正义"时，必须构建能够在法治上正当地评价正义的系统。"正义"必须是法概念。

第二，对于法治内涵而言，重要的是其核心中必须包含"理论"。在考虑针对企业犯罪的刑事制裁时，依据利益衡量与价值观制定的政策无法提供国际化标准。国家不同，利益的内涵、价值观也不同。"政策"（Politik）无外乎是"政治"（Politik）。刑罚制度不应当是政治的产物。有了理论基础，刑事制裁才能获得正当性。理论刑法学责任重大。

第三，即使考察企业社会中的企业犯罪问题，也不能忘记我们的社会是"市民社会"。企业社会论的独行很容易引发轻视具体的市民权利的风潮。我们不能忘记企业犯罪论是蕴含于现代社会中的本质问题。在此基础上，我们才能面对21世纪的难题——企业犯罪论。

参考文献

仅标注单行本（本文也引用了本书中的其他论文，重复之处亦不再赘述）。

（1）企业犯罪入门书

芝原邦尔『経済刑法』岩波新书670（2000年）"可以总览经济刑法的整体状况"

滨边阳一郎『コンプライアンスの考え方——信頼される企業経営のために』中公新书1784（2005年）"并非刑事法读本，但对于'可能导致人们误解'的合规计划背后的法文化进行了解读"

（2）企业犯罪研究书

神山敏雄『日本の経済犯罪』（1996年，日本评论社），同『日本の証券犯罪』

(1999年，日本评论社)“涵盖范围广泛的先驱性著作，内容涉及独占禁止法、证券交易、期货交易、出资交易、连锁交易、支付卡交易、企业秘密与知识产权、个人信息、租税、渎职、公司破产、外贸、多国籍企业的经济犯罪等”

西田典之编『金融業務と刑事法』(1997年，有斐阁)“关于金融业务这一复杂领域中的刑事罚问题的先驱性著作”

川崎友已『企業の刑事責任』(2004年，成文堂)“详细介绍了美国等外国法中的合规计划。也有关于联邦量刑指南的详细介绍”

芝原邦尔『経済刑法研究　上、下』(2005年，有斐阁)“关于日本经济刑法研究已经到达的高度的概述性著作”

樋口亮介『法人処罰と刑法理論』(2009年，东京大学出版会)“论证了个人刑法理论包括性地适用于无肉体也无精神的法人的问题，是深化刑法理论的尖端著作”

佐伯仁志『制裁論』(2009年，有斐阁)“深入反思针对经济犯罪的制裁制度的最新成果。其中还包括关于医疗过失的制裁论”

(3) 早稻田大学国际COE关系图书

田口守一、甲斐克则、今井猛嘉、白石贤编『企業犯罪とコンプライアンス』(商事法务，2007年)“得到了内阁的协助，所以登载了关于实施合规计划的国内企业的调查数据。是日本最初的实际调查数据，值得关注”

甲斐克则、田口守一编著『企業活動と刑事規制の国際動向』(信山社，2008年)“记录了关于企业犯罪的国际调查与国际研讨会”

甲斐克则编『企業活動と刑事規制』(日本评论社，2008年)“早稻田大学的二十一世纪COE研究之集大成『企業社会の変容と法創造』全八卷中的第五卷。研讨了关于日本企业犯罪与刑事规制的最新问题点”

企业的合规文化·计划与刑事制裁*

甲斐克则**

谢佳君*** 译

一、序——迄今为止的研究经纬

（一）作为出发点的企业问卷调查

本文将就“企业的合规文化与刑事制裁”一题展开论述。在进入正题之前，要先阐述一下迄今为止本项目的研究经纬。本文的研究内容也是从该项目研究中衍生而来的。

首先，基于2003年早稻田大学的“企业社会的演变和法律体系的创造”21世纪COE计划，《企业法制和法律创造》综合研究所（上村达男任所长）被创设出来，其中的刑事法部门展开了“企业与市场相关的刑事法制研究小组”的活动。作为其中的一个环节，2004年10月，我们开始与内阁府经济社会综合研究所合作，并得到财团法人商事法务的协助，实施面向企业的问卷调查。以“企业的社会责任、合规等相关的问卷调查”为题，得到来自约3100家上市企业中的942家企业的调查答案。这虽是世界首次此类的调查，但仍有很高的回收率。在分析上述问卷调查的基础之上，2004年11月，举办了题为“COE研讨会：企业的社会责任——谋求新法律体系的构筑”的日本国内研讨会。此次研讨会邀请了刑事法学学者和企业法务的相关人员进行小组讨论，并坦率交换意见。讨论会

---

* 原文见田口守一、松澤伸、今井猛嘉、織田孝一、池辺吉博、甲斐克则：『刑法应当怎样介入企业活动』（成文堂、2010年）第6章，第113-138页。

** 早稻田大学法学学术院教授、法学博士，日本刑法学会理事、日本医事法学会代表理事、日本生命伦理学会理事。

*** 西南政法大学法学院副教授，日本早稻田大学法学博士。

非常热烈，与会者相互间进行了真挚的讨论。2004年12月，我们在协助问卷调查的企业中，选定12家实施采访调查。这些研究成果发布在由田口守一、甲斐克则、今井猛嘉、白石贤编著的《企业犯罪与合规制度》[1] 一书中。该书已出版发行，并获得了颇高的评价。

（二）企业犯罪国际研讨会和各国的调查

2005年10月，根据上述调查及研究举办了题为“企业的法律责任和合规文化”的企业犯罪国际研讨会。此次国际研讨会邀请了德国马克斯普朗克外国和国际刑法研究所所长乌尔里希·齐白（Ulrich Sieber）教授、德国西门子公司副总经理兼律师阿尔布雷希特·舍费尔（Albrecht Schäfer）、美利坚合众国律师丹尼尔·普莱恩（Daniel Plaine）等与日本刑事法学者、企业法务相关人士等专家进行了专题小组讨论。在此次研讨会上，参会者了解了合规文化发源地美国的具体情况，以及同日本一样开始受到美国影响的德国的情况，并就合规文化与刑事规制的应有状态进行了深刻讨论，在某种程度上使我们感受到了一定的前瞻性。

在自2006年9月起的约半年时间里，展开了题为“海外诸国的以高质量经济设计为目的的法律规制和企业合规情况相关调查研究”的早稻田大学和内阁府经济社会综合研究所的共同研究（代表：甲斐克则）。此项研究是对美国、英国、德国、欧盟、法国、意大利、荷兰、丹麦、瑞典、澳大利亚的企业犯罪以及合规文化乃至企业治理和刑事规制进行调查的国际调查研究项目。此项研究取得了颇丰的成果，其研究成果也包含了上述国际研讨会的举办，以及由甲斐克则、田口守一编写的《企业活动与刑事规制的国际动向》[2] 一书的出版，该书公开发行后也获得了高度评价。

包含日本国内法的研究在内，作为全体刑事法小组的全球COE研究成果之一的由甲斐克则编写的《企业活动与刑事规制》[3] 一书得到公开发行。这姑且可以作为该项目研究进行了五年的一个总结。

（三）各国最新调查

2008年以来，早稻田大学全球COE的刑事法小组重新开始了题为“成熟市

---

[1] 商事法务2006年版。

[2] 信山社2008年版。

[3] 日本评论社2008年版。

民社会型企业法制的创造”的调查研究项目。大体分为国内法制研究小组和海外调查研究小组，以此来展开研究活动。本文在此稍微陈述一下海外调查的相关情况。

先前实施的与合规相关的国内调查在国外也受到关注。特别是德国的马克斯·普朗克外国和国际刑法研究所所长乌尔里希·齐白教授对此也表示了极大的关心。2008 年 11 月笔者访问了位于弗莱堡的该研究所，该研究所的齐白教授、汉斯格奥尔格·科赫博士以及马克·恩格尔哈特（Marc Engelhart）于 2009 年 3 月来到早稻田大学访问，就德国的调查交换意见。经过几次交流后，展开了包括德国在内的几个国家的合规体制和刑事规制的调查，形成了比较研究合作体制。目前该计划将正式开始实施。受田口守一教授的帮助，在意大利以罗马第三大学的毛罗卡泰纳奇（Mauro Catenacci）教授为首展开了调查。

然后是已经完成调查的国家——中国。最近，经济迅速发展的中国也对企业的社会责任乃至合规文化和刑事规制的问题抱有极大关心。受内阁府经济社会综合研究所的支助，作为早稻田大学和中国社会科学院的共同研究的一环，在对我们制作的问卷进行若干修正的基础上，以中国社会科学院亚洲法律研究中心的田禾教授为代表，结合中国的情况实施了首次大规模的企业调查。最近调查刚刚结束，近期将进一步详细分析所提交的报告书，并归纳精练，同时计划在中国和日本公布分析结果。2009 年 11 月，笔者访问北京的中国社会科学院确认了实况以及调查成果。正因为是举世瞩目的中国企业的动向，调查才更有意义。结果发布时，预计再共同比较探讨德国、意大利的实况调查。

此外，预计还将在英国、美国以及澳大利亚展开实况报告，根据这些实况报告，计划于 2011 年召开国际研讨会。

根据上述动向，下文就企业的合规制度和刑事规制的应有状态，概观欧美各国的动向，并围绕日本的合规文化的刑法理论意义和实践的意义进行阐述。

二、欧美的合规文化与刑事规制

（一）美国

首先概观美利坚合众国的情况。美国乃世界经济大国，正是因为其已经经历了十余件以安然案（the Enron Incident）为代表的各种大规模的企业犯罪，为了克服类似的犯罪，才确立包含刑事规制在内的制裁体系以及合规文化，并在世界范围内产生巨大影响。据熟悉美国法律制度以及实际情况的川崎友巳教授所述，

“在美利坚合众国的联邦标准中，20 世纪 80 年代中期以后，刑罚观的主流重视犯罪者的改造更生，立场由社会回归（rehabilitation）过渡到谋求公正报应（just desert），犯罪者的处遇模式从医疗模式（medical model）转换为公正模式（justice model），以此为背景，引进主要目的为量刑上的公平化的量刑指南”，这波及包含 1991 年企业的“组织体的联邦量刑指南”（Sentencing Guidelines for Organization），“不单以对企业等组织体的量刑统一化为目标，在以往讨论的基础之上，明确对企业的刑事制裁的目的同时，采用几种新的刑事制裁方法”。〔4〕例如：罚金刑的高额化、受害赔偿令、企业整改。其中，美国的企业应承担社会责任（corporate social responsibility，CSR），作为其中的一环，有无竭尽余力施行构建合规文化则成为评价犯罪和刑罚之际的重要依据。〔5〕

据说最初的合规文化，即使在美国也只是在限定的法律领域才能得到发展，其效果也并未得到很高评价。但是近来，逐步发展到以广泛法律领域为对象，其有效性也备受期待。〔6〕具体来看，合规文化的法律意义从 20 世纪 60 年代以后至今在逐步地变迁，尤其是到了 20 世纪 80 年代，以内幕交易为契机取得了质与量的发展。随着 1991 年的“对组织体的联邦量刑指南”的法制化，对企业科以高额罚金的同时，也在合理实施合规文化的情况下应当减轻罚金额度。自该制度实施以来，提高了合规文化的法律重要性。〔7〕虽然现在美国企业要求的合规文化的具体内容根据行业、规模、组织结构的不同而有所不同，但在以下三个方面都得到了充分的完善和具体化：①明文手册的制作及其运用；②实行计划责任人和责任项目的设置；③发觉违法行为时的处理程序的完备。〔8〕

特别是以助长了 2000 年安然案的会计监察法人即亚瑟·安达信案为契机〔9〕，使得我们必须把重点放到对企业的监察机能上。美国的这些体系，以及被评价为相当严酷的 2002 年的《萨班斯—奥克斯利法案》（即所谓的 SOX 法）都给发达国家的企业治理（企业统治）体制带来了巨大的影响。〔10〕尽管如此，

---

〔4〕参见川崎友巳：「美利坚合众国的企业犯罪的实况和企业犯罪上的刑法应对」，甲斐、田口编：前出注（2），第 32-32 页。

〔5〕参见川崎友巳：『企业的刑事责任』，成文堂 2004 年版，第 225 页以下，特别参见 227 页以下。

〔6〕川崎：前出注（5），第 226 页。

〔7〕川崎：前出注（5），第 231 页以下，特别是第 235 页以下。

〔8〕川崎：前出注（5），第 250 页。

〔9〕本案的 2005 年判决的详情请参见萩野贵史：「毁灭证据等罪的主观要件——Arthur Andersen LLPv. United States，544 U. S. 696（2005）」，载《比较法学》2007 年第 40 卷第 2 号，第 339 页以下。

〔10〕参见甲斐、田口编：前出注（2）第一部的各论文以及该书第二部的国际研讨会的记录。

还有2008年末开始的以“雷曼案”为代表的席卷全球的美国经济危机。也正因如此，合规文化的真正意义又再次引发了各界的热议。

美国的上述联邦量刑指南（1991年）也理所当然地影响着企业犯罪的量刑。据作者对此造诣颇深的原同事浜辺阳一郎律师所述，加重刑罚的要素主要有以下3点：①经营团队的干预；②犯罪前科；③搜查妨碍。减轻刑罚的要素主要有以下4点：①实施有效的抑制违反法令行为的措施（七个步骤）；②自己申告（自首）；③协助调查；④坦白犯罪行为。[11] 其中具体的“七个步骤”是：①制定为防止犯罪的合理的合规基准和程序；②选任成为该基准和程序的合规监督责任人的上级管理者；③权限委让的注意事项；④对必要的标准、程序等问题进程彻底的研修和告知（交流）；⑤建立监察系统和报告系统；⑥建立违规的惩戒等强制措施；⑦拟定为防止相同犯罪而适当应对以及重新评价计划。[12] 若将日本今后的企业犯罪考虑为企业体系上的犯罪且以财产刑为主的话，该措施具有很大的参考价值。

（二）英国

接下来概观英国的合规文化和刑事规制。据熟悉英国此问题的今井猛嘉教授所述，应该说是在讨论企业社会责任的母国——英国，自1987年的自由企业先驱号沉船事故（死亡192人）以来，企业无预谋杀人罪·杀人罪（corporate manslaughter or killing）引人瞩目。在迄今为止的34件起诉案中，7件被判有罪。这看似是刑法对伴随企业活动发生的犯罪非常严格，但正如有罪判决率较低所显示的那样——所谓的“等同理论”（identification theory）是有界限的。[13] 其理由如下：姑且不说小规模企业，即使在“现代的大企业中，因为通常是从属于各个阶层的员工参与决策，因此要锁定可与相关法人等同的个人主体是不可能的”。[14] 因此英国存在倒不如运用《劳动安全卫生法》（Health and Safety at work Act 1974）来解决问题的趋势。这也是因为在实际的诉讼中，死亡案件只占约20%，重伤害只占到1%，有人批判这是企业责任的重大并未得到正当的评价造成的。由此提出了以下提案：1996年的来自法律委员会（the Law Commissions）的增设企业杀人罪（corporate killing）的提案，2000年来自政府的过失杀人罪（Involuntary Manslaughter）相关的

---

〔11〕 参见浜辺阳一郎：『合规的思考方式』，中央公论新社2005年版，第58-59页。

〔12〕 浜辺：前出注（11），第59页。

〔13〕 参见今井猛嘉：「英国的法人处罚——其概观」，载甲斐、田口编：前出注（2），第69页以下。

〔14〕 今井前：出注（13），第70页。

咨询文件，2005 年来自政府的“法人无预谋杀人法”（corporate manslaughter）的提案。[15]

2007 年 7 月 26 日，《法人无预谋杀人法》（Corporate Manslaughter and Corporate Homicide Act 2007）颁布。[16]“我国在与法人有关的问题上，废止了普通法的 manslaughter by gross negligance（因重大过失的无预谋杀人罪：重大过失致死罪），对于法人适用新设的法人无预谋杀人罪。”[17] 该法的具体内容是，组织体违反注意义务（第 2 条—第 7 条规定，与因过失而造成的无预谋杀人罪的前提的注意义务内容相同）致人死亡的情况下，对组织体科以罚金刑、命令改正、或者公示命令等刑罚。这可以说是汇集英国迄今为止的各方面讨论而决定的应对措施，但还有必要对包含实效性在内的妥当性进行进一步的探讨。

另外，英国以前有 1974 年的《劳动安全卫生法》，此法律以往一直被有效利用，但常常被批判罚金刑的额度不如美国高。[18] 但是，安全卫生局的解决方法作为企业活动的规制体系，虽有一定的界限，但从确保劳动现场的安全这一点来看，似乎需要重新评价。

再者，或许是因为以彻底的自我责任和自主规制为基调的缘故，“英国社会对威胁个人安全、社会秩序、安全的犯罪极其敏感。与此相对，对于白领阶层的犯罪或是经济犯罪而言，社会整体的感受性却并不是那么强”，但是对于金融、证券市场的犯罪及其搜查、起诉，以及市场滥用行为（market abuse）而言，制裁金发挥着重要的作用。因此，防止、制裁不法行为的刑事法的作用具有重要意义。具体来说，特别是《金融服务与市场法》（Financial Services and Market Act 2000）是一部应对金融犯罪起着核心作用的法律，而且其独特之处在于金融犯罪的取缔机关与搜查起诉机关并立。根据 1985 年犯罪人追诉法，虽然公诉局拥有追诉权限，但金融服务机构（Financial Services Authority，FSA）却起着核心作用，这二者同时并存。[19] 此外，通商产业省（DTI）也拥有关于包含内幕交易

---

〔15〕 参见今井：前出注（13），第 71 页以下。

〔16〕 详情参见岡久庆：「英国企业致死案的刑事处罚的扩大」，载『外国立法』2007 年第 234 号，第 237 页以下；今井猛嘉：「英国的法人处罚——2007 年法人无预谋杀人法法——」，载『法学志林』2009 年第 106 卷第 3 号，第 145 页以下。

〔17〕 今井：前出注（16）「英国的法人处罚」，第 148 页 .

〔18〕 参见涩谷洋平：「关于给生命 · 身体带来危险的企业活动的刑事规制的考察——以英国 1974 年劳动安全卫生法为中心」，载甲斐、田口编：前出注（2），第 19 页以下。

〔19〕 参见田中利彦：「英国金融、证券市场的犯罪规制」，载甲斐、田口编：前出注（2），第 79 页以下。

的公司犯罪的调查权限。重大欺诈局（Serious Fraud Office）也不仅限于重大欺诈犯，还有金融、证券犯罪的搜查、追诉权限。但是作为刑事案件，似乎只有2004年的AIT案这一件。金融服务法施行之前的案件，可以列举Sounders案（声德案）。制裁内容的特征表现在制裁金和公示违反事实等措施得到了有效利用。[20]

综上所述，英国除了颁布《法人无预谋杀人法》之外，比起事后的监管把重点放在监督部门的事前预防上，还通过高效的配置利用稀少的行政资源，并且确保金融商品相关的市场以及交易的合理，因此可以说谋求消费者保护是英国规制体系的一大特征，这一方面与美国有所不同。

（三）德国

在大陆法的代表国家——德国，以20世纪90年代的施耐德（Schneider）案、鲍尔萨姆（Balsam）案以及金属公司案（Metallgesellschaft）案为代表的企业犯罪为背景，监察部门的监察机能受到质疑。近年，对企业犯罪的制裁的讨论开始盛行起来，特别是与企业收购有关的曼内斯曼案和提供贿赂有关的西门子案使之更加受到关注。

曼内斯曼案是指，英国手机公司沃达丰（Vodafone）敌意收购德国曼内斯曼公司时，向曼内斯曼监察会以及董事会支付了高额的功劳金和退职金。该案被以背信罪（《刑法》266条）及其从犯来追究责任，[21] 一直争诉到联邦普通法院。2005年12月21日，联邦普通法院撤销了一审的无罪判决，发回杜塞尔多夫地方法院。2006年11月24日，辩方和检察院方同意以580万欧元的罚款终止诉讼程序，据此双方和解，此事落下帷幕。该案因此变得模糊不清，但给围绕德国的企业治理和企业犯罪的研究创造了极大的契机。

其后德国也开始引进合规文化，但冲锋在前的德国代表企业西门子却发生了负面事件。在全球约190个国家开展经营活动的西门子公司，为了扩展业务，直至2007年一直贿赂官方机构以及合约对象。[22] 该案在德国和美国进行了审查，

---

〔20〕 参见田中：前出注（5），第99页以下。

〔21〕 参见神例康博：「形成德国的企业活动的合理规则的法律制度—特别是制裁体系的现状」，载甲斐、田口编：前出（2），第107页以下；正井章筰：「企业收购中向经营者支付功劳金——曼内斯曼诉讼看到的德国的企业治理与刑事司法制度——」，载『早稻田法学』2007年第82卷第3号，第59页以下。

〔22〕 参见武藤真朗译，马克·恩格尔哈特（Marc Engelhart）早稻田大学的讲演稿：「尤其顾虑合规文化的德国以及美利坚合众国的企业制裁」，载『季刊·企业和法创造』2009年第6卷第1号，第148页以下。

在德国，西门子被判处 2 亿 5000 万欧元的罚款，同时该公司还另行接受了 3 亿 9500 万欧元的罚款。此外，西门子在美国也接受了 4 亿 5000 万美元的罚金刑和 3 亿 5000 万美元的来自证券交易委员会的民事法上的制裁。还记得当时在上述我们的企业犯罪国际研讨会上，该公司的副总裁兼律师阿尔布雷希特 · 舍费尔（Albrecht Schäfer）自信满满地介绍西门子的合规体制〔23〕，使得笔者在听闻这一事件时也受到了打击。想必要落实真正的合规体制并不是那么容易。

德国企业犯罪的制裁体系拥有刑法（对关系人的背信罪等）和有价证券法等的特别法，但在对法人一般不认同其具有犯罪能力的德国，以与原本刑罚不同的独特的罚款（Geldbuße）这一制裁方法——秩序违反法（Gesetz über Ordnungswidrigkeiten，OWiG）为中心。特别是第 130 条的违反监督义务之规定意味深长，并且秩序违反法不仅包含实体法的一面，还包含了企业犯罪乃至经济犯罪的搜查程序等另一面。这从罚款程序和刑事程序的关系来看也颇为有趣。特别是在起诉法定主义的德国，一边以刑事制裁为前提，一边又运用起诉便宜主义，使得运用刑事程序外的制裁（赋课事项或遵守事项）来处理案件成为可能，在不能运用该方法制裁的情况下可以科以行政制裁（罚款）。这一点可以说是德国独有的创意。〔24〕 再者，企业治理制度的核心是 2002 年 8 月公布的《德国企业治理准则》（Deutscher Corporate Governance Kodex），这一经过反复修改的软法规，使董事会和监察人应承担的义务具体化。在处于一般性地处罚法人犯罪的潮流的欧盟各国中，德国尽力抵抗这种潮流并用多样的制裁方法孤军奋战，作者对其这样的姿态再次感到特别的不一样。

但是近年对于德国的企业犯罪的规制，开始出现积极地将合规文化导入刑法理论中的见解。从乌尔里希 · 齐白教授的观点〔25〕以及马克 · 恩格尔哈特律师的观点〔26〕中可以看出这种倾向，详情将另行论述。由于也有人主张应将法人犯罪归到刑法典中，因此有必要关注包括上述动向在内的德国以后的发展动向。

---

〔23〕 参见甲斐、田口编：前出注（2），第 349 页以下。

〔24〕 参见田口守一：「德国的企业犯罪与秩序违反法」，载甲斐、田口编：前出注（2），第 157 页以下。

〔25〕 参见 Ulrich Sieber，Compliance Programme im Unternehmensstrafrecht. Ein neues Konzept zur Kontrolle von Wirtschaftskriminaritat，in Ulrich Sieber u. a（Hrsg.）. Festschrift für Klaus Tiedemann zum 70. Geburtstag，2008，S. 449ff. 日译，乌尔里希 · 齐白著，甲斐克则、小野上真也、萩野贵史译：「企业刑法上的合规文化——为控制经济犯罪的新构想——」，载『季刊 · 企业和法创造』2009 年第 6 卷第 1 号，第 120 页以下。

〔26〕 参见 Marc Engelhart（武藤译）：前出注（25）第 6 卷第 1 号，第 148 页以下.

（四）澳大利亚

虽处于英国法域但又有独特发展的澳大利亚，于1995年在《刑法典》（2001年施行）中引进法人处罚规定，特别是从正面将独有的企业文化乃至法人文化（corporate culture）的概念和承认组织故意的法人处罚一起纳入刑法典（尤其是12.3条）中。〔27〕据当地2006年的调查，事实上适用此规定的案件并不多，该规定究竟是如何运用的呢？我们有必要关注其今后的动向。

根据当地2006年的调查所知，以匹敌美国安然案的澳大利亚的2001年HIH保险公司案为契机，而实行了企业治理的制度改革。据此，澳大利亚虽处于英国法域，但通过硬法规和软法规相结合的方式逐渐构筑出了独特的规制体系。值得我们注意的是其所做出的努力超出母国英国的制度改革。〔28〕特别是根据2004年的企业法经济改革计划法，开始了以会计监察法人的独立和责任、财务报告、情报的明示、干部的报酬、政府干预、资产的安全保障、利益冲突的管理等为内容的改革。此外还表现在以下方面：以证券交易所（ASX）以及证券—投资委员会（ACIC）为中心，发挥其各自的机能和作用；（促进）竞争以及消费者保护委员会（ACCC）与之协作开展工作；甚至企业以及市场顾问委员会也开始提出有利的建议等。但是据2009年5月我们的研究项目招聘的悉尼的威廉·J.比尔沃斯（William J Beerworth）律师所称，由于这几年规制太严格，想成为企业干部的人正在减少，我们有必要留意到该现象的存在。

三、日本的合规文化与刑事规制

（一）企业治理与刑事规制

接下来将在分析了上述的国际动向的基础上来探讨日本的合规文化和刑事规制问题。

日本企业治理意识的提高是在进入21世纪以后，特别是在2003年以后尤为显著。伴随着企业活动的犯罪，尤其是产生企业犯罪的情况，给社会带来巨大的不安。根据情况有时还会给国民的生命、健康、财产带来具体的损害，此外有时

---

〔27〕包括此规定的成立经过等详情参见樋口亮介：「澳大利亚的法人处罚」载甲斐·田口编：前出注（2），第225页以下。

〔28〕参见甲斐克则：「澳大利亚的企业活动的规制体系」，载甲斐、田口编：前出注（2），第255页以下。

甚至会给市场经济带来巨大影响，可以说作者都正好亲身体验到这些过程。总而言之，不管国内还是国外，当内部统制体系赶不上企业的快速发展，或者既存企业的陈旧体制赶不上市场体系时，就容易出现发生负面事件的倾向。

企业治理不只在法律，尤其不只是在刑事规制中才可以实现。从结论来看，澳大利亚的硬法规和软法规相结合的模式更为合理。

但基于商法的大修改，2005 年颁布的《公司法》第 348 条 3 项规定设置企业的内部统制系统，即“完善确保董事职务执行的符合法令及条款的体制，以及完善为确保其他股份公司业务合理性而不可或缺的法务省法规所规定的体制”。具体而言，根据《公司法施行规则》第 98 条第 1 款的规定，主要对以下 5 个方面进行完善：①有关保存以及管理董事职务执行的相关信息的体制；②管理损失风险的相关规程以及相关体制；③确保高效执行董事职务的体制；④确保雇员执行职务符合法令及条款；⑤确保由该公司和其母公司以及子公司组成的企业集团的业务的合理性的体制。据此，日本的企业治理也逐步在社会上站稳脚跟。

但是要真正实现企业治理还必须完善其周边各种制度以及确保其实效性。特别是一定要探讨对违反法令的典型犯罪的对策，必须找寻作为硬法规的刑事法介入企业犯罪的意义。在刑法上是否普遍肯定法人的犯罪能力，还是一个大问题。由于现行刑法坚持个人处罚的原则，本文认为若抛开双罚制规定的话，则会对法人犯罪能力持否定态度。但是法国、英国、荷兰、丹麦等肯定法人犯罪能力的国家也有很多。最近在学说界持肯定说的学者也不断增加。但是从现行法的解释论来看，其顶多追究企业干部的刑事责任，尤其是背信罪（公司法第 960－962 条），根据情况可运用共犯论乃至监督过失论来追究个人责任，或者适用各种行政刑法法规规定的双罚制规定（在从业人员犯罪的情况下企业主或是法人被处罚的规定），这已经是极限了。超出该界限的框架将成为立法论上的课题。但是，刑事法介入的意义和界限都需要在刑法基本原则的行为主义、罪行法定主义、责任主义和法益保护的调和中来展开摸索。本文认为我们应当树立以下目标，即在普遍肯定法人的犯罪能力而谋求立法化之前，应当再次确认肩负着现行法部分使命的双罚制规定的意义，并对其不足的地方加以补充。

（二）行政刑法的分割

行政刑法如何发挥作用一直备受期待。接下来我们将研究以《禁止垄断法》以及《金融商品交易法》为核心的规制体系。

《禁止垄断法》以确保“公平交易”为目的，公平交易委员会将负责其各种规制及指导。但近年来，针对串通投标、违反企业合并等行为的对策而启用了制裁金制度。而且也同时引进了所谓的宽严相济制度（制裁金减免制度）。[29] 虽然其效果有待今后的评价，但从严格意义上看制裁金并不是刑罚措施，只能作为行政规制的新措施，但对其有效运用值得我们关注。另外，公平交易委员会的权限强化也是很重要的一点。特别是在一直被称为具有“谈判体质”的日本，有必要进一步摸索根本性对策，对此最近几年正得到大幅度的完善。

1948 年制定并运用至今的证券法，以西武铁道案、嘉娜宝案（Kanebo）、活力门案（livedoor）、村上基金案等一系列大规模有价证券虚假信息案乃至“粉饰决算”案为契机，2006 年 6 月，“部分改正证券交易法等的法律”变更为新法“金融商品交易法”，并于 2007 年夏开始施行。该法强化罚则，纳入公开收购、大量保有报告制度的改正、有价证券报告书记载内容相关的确认书、内部统制报告书制度、季度报告书、证券交易所的独立性的强化等事项。被称为是日本版的 SOX 法。[30] 但是即使强化公开信息是妥当的，对该法的罚则强化，大部分见解也是期待其抑制力［提交虚假重要事项的有价证券申请书的，处 10 年以下惩役，单处或并处 1000 万日元以下的罚金（197 条第 1 项第 1 号），发行人的代表者等对法人财产或业务相关作虚假记载的，根据双罚制规定，处 10 亿日元以下的罚金（第 207 条）］。但是也有商法学者指出，“对已经染指犯罪的人，无法给予中止犯罪的鼓励，反倒使其畏惧被逼入‘隐蔽工作’的境地”。[31] 再者，引入了包括内幕交易［处 5 年以下徒刑，单处或并处 500 万日元以下的罚金（第 197 条第 2 款）］，就法人的财产进行交易时，也引进了包含对法人处以 5 亿日元以下的罚金（第 207 条）在内的按照违法行为的程度、形态来处罚的制裁金制度。从整体来看，这明显大幅度强化了制裁。但是过度的制裁对整个市场体系能否有效发挥作用，我们有必要谨慎地密切关注。相反，为防止违法行为而设置有效监视系统不才是更重要的吗？为此，使证券交易等的监视委员会的权限（第 210 条以下）与公平交易委员会的权限拥有同等效力的方针可能更为妥当。

（三）合规文化与刑事规制

因与企业治理的关系，近年合规文化受到热烈讨论。下文将对其展开论述。

---

〔29〕 详情参见原田和往：「制裁金减免制度的法律性质」，载田口、甲斐等编：前出注（1），第 292 页以下。

〔30〕 参见黑沼悦郎：『金融商品交易法入门』，日经新书 2006 年版，第 19 页。

〔31〕 黑沼：前出注（30），第 51 页。

首先有必要事先确认一下合规文化的法律意义。自进入 21 世纪以来，日本社会迎来了某种转型期。这在行政组织、大学、医院、企业、运动界等各领域都有所体现。若想用简单的图表来表现这种现象会感到犹豫，但硬要用文字表达的话，可以说是日本正向形成“以透明度高的公平原则为基础的有责任的社会结构”的方向迈进。特别是大企业的结构改革，在与欧美企业的竞争中，越是全球性的跨国（transnational）活动规模，越是不得不朝着这个方向前进。在这样的潮流中，可以说日本的企业结构也被迫从过去的“家长式的企业体制”向“以透明度高的公平原则为基础的负有责任的企业体制”转换。如今可以说呼吁合规文化乃至企业的社会责任（CSR）的必要性也是必然趋势。但是，究竟怎样理解合规文化乃至 CSR 的内容和法律定位呢？它会带来什么样的法律效果呢？即便从刑事法的视角来看，这里面都包含了很多我们无法置之不理的部分。

据在合规文化方面造诣很深的专家指出，通常合规文化仅仅被翻译为“遵守法令”，但事实上并不是那样，“合规的核心是组织性的应对方法”“企业社会所谋求的合规是作为组织可以自主应对的制度，其定位并非个人课题或是个人哲学”。另外，“因为如若只理解成遵守法令，合规文化不仅变得非常不完全，就连真正意义上的遵守法令也将无法实现。只看到法令的话，可能会陷入以下困境，即只追求合乎形式的逻辑，而不采取顺着法律本来的目的来行动，从而做出违法的行为，甚至会出现只要没有被发现就相安无事的思维方式”。总之，不只是法令，企业伦理、各种公司内部规定、指南等也应作为合规对象被包含进去。〔32〕的确，既然法律不可能是完美的，若把伦理规范的最小限度当成法律规范，就只把形式上的法令遵守视为问题的话，那么合规文化的宗旨就会被埋没。最终我们会发现重要的仍然是如何把规则运用下去。从刑事法的角度来考虑该问题时也有必要注意这一点。但是从刑事法的角度来看，伤害（危害）原则（harm principle）尤为重要，而且我们有必要注意到，正因为比起其他原则而言，合规以行为主义、罪行法定主义、责任主义等基本原理为前提，所以我们不能处罚仅是形式上的违规行为。〔33〕

真正的问题在于如何正确定位合规文化的刑法意义。关于合规文化与法人的刑事责任的关系可分为：①“相当注意”的抗辩与合规文化的关系；②代位责

〔32〕 浜辺：前出注（11），前出第 5-6 页。

〔33〕 参见甲斐克则：「合规文化与企业的刑事责任」，载田口、甲斐等编：前出注（1），第 106-108 页；同「企业治理与刑事规制」，载甲斐编·前出注（3），第 204-205 页。

任的成立条件与合规文化的关系；③起诉裁量—量刑与合规文化的关系；④民事责任与合规文化的关系。[34] 虽然美国法与日本法的法体系有所不同，但我们可以以此为线索，从刑事法的观点出发主要聚焦于“相当注意”的抗辩和起诉裁量—量刑来探求合规文化的刑法意义。

先来研讨关于“相当注意”的抗辩。正如在美国有赞否两论一样，合规文化可以成为这样的抗辩吗？通过一系列的调查，我们证明了对于合规文化采取先进的解决方式的企业和没有采取该方式的企业之间存在较大的差距。这在大企业与中小企业之间，或是行业之间也可以看出。或者即使在大企业中也有因制定虚有其表的合规文化而自我满足的案例。参加采访调查的企业中，也有实际上制定精细的合规文化并且付诸实践的企业。尤其是，越是与海外企业交易频繁的企业，越是能认识到合规文化的重要性。在这样的企业中，我们应当更加关注其为了让合规文化实际发挥作用而设置的监管体系。而且特别值得一提的是，为了运转这些体系，企业相关人士都强烈要求期待领导层的意识改革。

无论怎样，在这种参差不齐的状况下，要直接给合规文化赋予“相当注意”的抗辩这种法律意义是很困难的。但是，若能真正落实的话，想必一定会给过失犯注意义务标准的研究和双罚制规定的选任、监督义务研究带来一定的影响。

（四）合规文化的三个阶段

因此，今后的课题是如何落实合规文化。本文认为可以把合规文化分为3个阶段。[35]

第一阶段，无论哪种行业，无论在什么企业都存在着应当遵守的合规文化的共同事项。刑法典规定的违法行为自不必说，抵触垄断禁止法的串通投标、抵触金融商品交易法的内幕交易、粉饰决算等，这些明显构成犯罪行为的便是最具代表性的共同事项。另外，虽说未必是犯罪行为，但成为严格的行政规制的对象的，或是明确地被当成民法上的不法行为的事项也被包含在了共同事项中。对于其周边的企业活动而言，从“预防”合规文化的观点出发，其越重视就越不得不变得更加详细，在这种情况下我们可以预想到，设立新的共同框架会因行业及企业规模而面临困难。

第二阶段是考虑到行业的特殊事由（有的情况下是企业规模），通过添砖加

---

〔34〕 川崎：前出注（5），265页以下。

〔35〕 参见甲斐：前出（33），第109页以下。

瓦可以设定出具有柔软性的合规文化。例如，即便是在制造业这个行业，与国民健康息息相关的医药品制造企业（不由得想起药害艾滋案和肝炎案）或是健康乃至食品制造企业（不由得想起一系列的食品假冒伪劣案）与其他制造业之间存在或多或少的差异。而就言论、出版、广播等企业而言，与言论、表现自由等有关的行业也许能形成独树一帜的局面。另外，例如，对于金融证券保险的相关企业而言，以最近的金融危机为契机，或许也能形成独树一帜的局面。例如，对于所谓风险企业而言，若排除某种风险性要因或许就根本无法开展企业活动。并且其行为在以往的法律框架中无法完全被明确捕捉的情况下，则更应该考虑该制度。在跨国（transnational）的企业活动的国际化乃至全球化的浪潮中，也不能忽略从国际视角来考虑合规文化。不过在交易对手限定于国内的情况下，也许更有必要考虑该制度。但是，即使在这种情况下，在设立“是否有可能树立符合日本企业风土的合规文化”这一问题时，还有需要注意的地方。即虽然此问题的设定未必错误，但我们应当注意在“日本的企业风土”中还要再添加一些什么。因为，夸大只有在日本的部分行业通用的事情并提出“日本企业风土论”的话，有歪曲合规文化本质的嫌疑。当然，这一点上也没有必要太过担心。因此，我们有必要认真思考基本能纳入合规文化中的“日本企业风土”究竟是什么这一问题。

第三阶段，在以上各阶段的基础上企业也可以纳入独特的规则，从而制定更细致的合规文化。这应当被称为公司风气、公司规范或是企业法则等，也许还包括了员工接待顾客的礼仪、做法等。但是可以说那已经是法律框架以外的东西了。

不管怎样，通过以上 3 个阶段考虑的话，极有可能成为有意义的“有灵魂的合规文化”。因此，合规文化中存在有重要法律意义的部分和没有重要法律意义（应委托于企业法则）的部分。并且即使是有重要法律意义的内容，也可分为与企业犯罪（防止）密切相关的部分和与企业犯罪无关的部分（委托于行政规制乃至民事规制的对应的）。

（五）起诉裁量、量刑和合规文化

以上述内容为前提来考虑的话，关于起诉裁量、量刑和合规文化的关系也会获得一定的意义。当然，要是有像美国《联邦量刑指南》那样完善的制度的话，当然会被认为具有积极的意义。即使没有，若在某种程度上能良好运用的话，也是值得我们充分考虑的。这也可能与上述的“相当注意”有一定的关系。在拥有实质的合规制度的情况下，也可以使其反映到起诉裁量乃至量刑上。另外，最近日本通过对《垄断禁止法》的修正（2005年），在对制裁金大幅上涨的同时，引进所谓的宽严相济政策（制裁金减免）。若符合法定的必要条件（实施违反行为的企业坦白违反行为），只对3类企业实行减免，对现场检查前的第一位自首的制裁金予以免除，对第二位自首的减免50%的制裁金，对第三位自首的减免30%的制裁金，现场检查后自首的减免30%的制裁金。制裁金虽然还谈不上是刑罚措施，但采用这种方式今后对起诉裁量乃至量刑会带来微妙的影响。

四、合规文化在刑法解释论上的意义

（一）合规文化的正当化机能

就有关合规文化在刑法上的意义而言，从理论上看主要有3个机能。即发挥类似法定正当化（justification）乃至违法性阻却的机能、发挥类似免责（excuse）乃至责任阻却的机能以及免刑机能或是免除诉追机能。若将上述机能混淆的话，则有可能会误认为“只要制定合规文化就行了”这样的担忧。

我们先来研究关于合规文化发挥正当化机能的情形。其主要是作为《刑法》第35条的正当业务行为的一环的企业活动的情形。例如，保镖公司的员工遵循严格的合规文化实行警备业务时，导致物品破损乃至他人受伤的情形。又如，航空公司的飞行员、海运公司的船长遵循严格的合规文化运行时，遭遇难以预测的灾难，为躲避大的伤害不得已导致一定损害结果的情形，而且其应对也是被纳入合规文化中的情形，该情形根据《刑法》第37条第1项的“紧急避险”也会被正当化。此外，在媒体报道与损害名誉罪的关系中，基于充分遵守合规文化进行采访报道时，合规文化也许也会发挥正当化的机能。

另外，合规文化也有可能会影响过失犯罪的成立与否。尤其是若根据在违法性阶段来考虑过失犯罪的本质的观点（新过失论）来看，合规文化有可能被理解为客观的注意义务的标准，假设在企业活动中发生了人身伤亡，当遵守了一定的合规文化时，其有与正当化机能相结合的余地。但是如后文所述，由于笔者主张在责任阶段考虑过失（旧过失论），因此认为反而不如在免责机能的场景中阐述此问题。

（二）合规文化的免责机能

接下来我们研究一下合规文化发挥免责机能的情形。

在故意犯罪中，上层管理者（总经理等）、董事、中层管理人、员工等各自分别做了什么样的违法行为，这与违法性意识问题有关。例如，尽管原本打算遵循严格的合规文化进行营业活动，却没有赶上最先端的信息，从而给公司造成损害的情况，只要符合违法性错误（《刑法》第38条第3款）的“相当理由”，就有可能不会被问责。只要没有上述事由，例如，在董事会了解情况之后才做出的意思决定，那么就原则上成立共同正犯（包括共谋共同正犯）乃至教唆犯，根据情况还有可能成立间接正犯。另外，例如，虽然各个公司都设置有“不串通投标”的合规制度，但是若越过公司由担任其关联企业的要职的人举行会谈进行“商议”的话，除单纯地“不知道那个会谈是串通投标的”这种非常例外的情况以外，一般是不能成为抗辩事由的。至少会被认定为是未必的故意，最终有可能成立共同犯罪。

并且一提到犯罪，不只是故意犯罪，也有过失犯罪。关于过失犯罪虽然也有像英美法一样部分承认近于结果责任的严格责任（strict liability）的看法。但是，本文认为关于企业的刑事责任，实际上既然自然人不得不参与活动，就应该立足于责任主义、责任原理的根本来加以考虑。[36] 在过失犯罪中，特别是在认定监督过失的违反注意义务的问题上（包括管理监督过失的问题），也可以将合规文化作为客观的注意义务的内容加以理解（新过失论乃至危惧感说）。例如，因宾馆商场等的大规模火灾而出现很多死伤人员的情形中，若将实施避难诱导训练、完善防火设备等消防法上乃至建筑基准法上的义务作为合规文化的一环来把握的话，则很容易认为仅仅根据有无履行其义务就足够判断经营者等管理权利人乃至其选任的防火管理者（《消防法》第8条）是否成立过失犯罪。但是本文认为这只是一种参考而已，我们应该在限定行为主体之后，对于注意义务的违反进一步考虑到个别事由而深入到主观的内容，在以具体的预见可能性为基轴的责任阶段来判断其是否成立。例如，2005年发生的JR西日本福知山线脱轨死伤事故，关于历代企业上层管理者的刑事责任，应该从该案的视点出发来考虑。这样一来，人们普遍认为虽然能充分理解被害人的情感，但是要追究历代企业上层管理者的刑事责任仍然是很困难的。

关于这一点目前正在研究的是所谓刑法上的产品责任问题。最近，在日本的企业制造缺陷产品并贩卖，消费者使用后发生人身伤亡等事故出现，此时难道不

---

〔36〕 参见甲斐克则：『责任原理与过失犯罪论』，成文堂2005年版，第1页以下，第95页以下以及第155页以下。

可以对该企业乃至企业相关人士问责吗？并且该研究还在不断升温。例如，成为该研究契机的是药害艾滋案［（旧）绿十字渠道最高法院平成17年（2005年）6月27日判决（判例集未登载）］、以及三菱汽车缺陷车辆案的两个有罪判决。〔37〕从理论上看，这个问题主要与刑事过失责任的监督过失论密切相关，但是从未必一定有员工的过失行为的介入这一点来看，其具有与典型的监督过失论不同的一面。但是，从行为人称不上是直近过失人这一点来看，其又包含了在实行行为性以及预见可能性的认定上存在一定困难等问题，这与监督过失论又有了共同之处。各企业的缺陷产品的制造及贩卖是经过怎样的意思决定的程序，或者贩卖后的回收程序是怎样的等等，以及与合规文化互相配合认定事故的因果过程和具体的预见可能性乃至注意义务的违反。即使制定好合规文化，也有可能发生事故，所以在认定过失责任中合规文化未必发挥决定性的作用，但可以成为参考，最为重要的是如何运用它。

日本的特别刑法（例如，关系到人的健康的公害犯罪的处罚相关的法律——昭和四十五年法律第百四十二号第4条）乃至行政刑法（例如，《水质污染防治法》第34条）规定了的所谓双罚制度，即员工因故意或过失行为而犯罪，除处罚直接行为的员工以外，还可以处罚法人或法人代表（企业主）。而且在判断企业主对员工是否尽到充分的选任和监督义务之时，通说和判例一般采用所谓过失推定说，即推定作为企业主存在对行为者的选任、监督以及为了防止其他违法行为没有做到必要的提醒和注意的过失（最高法院大法廷判决昭和32年·11·27刑集11卷12号3113页）。换句话说，企业主若无法证明其对员工的选任、监督尽到相关的注意义务，则将受到处罚。在进行判断时，若是精心筹划并实践合规文化的话，有可能考虑将其作为过失推定的反证素材。

总之无论是故意犯罪还是过失犯罪，企业的事故型犯罪都不是突然发生的，一定有具体的危险的预兆。正因为有了事故发生前提的几个危险的存在，其不断累积并最终造成大事故，故意犯罪也是同样的道理。如果它们事前对风险的处理充分地纳入合规文化，即使不是决定性的，但也能成为免责的有力的判断材料。

（三）合规文化的免除追诉、免刑、减刑机能

虽然还有免除追诉乃至免刑机能，或是量刑的减轻机能，对此已经阐述过

〔37〕横滨地方法院平成19年12月13日，载《判例タイムズ》，第1285号第300页；横滨地方法院平成20年1月16，日判例集未登载，均在上诉中）。参见北川佳世子：「缺陷产品与企业的刑事责任」，载甲斐编：前出注（3），第152页以下。

了，所以不再累述。

五、结语——“经济刑法”至“企业刑法”

（一）硬法规与软法规的结合

本文最后想要强调一点，即刑事规制其本身具有一定的界限，与其所有的案件都用刑罚应对，还不如同时考虑代替手段甚至补充手段。究竟是以加重刑罚来解决，抑或是代替刑罚措施加重罚款额度来解决，还是应该对现行的刑罚制度进行改革引进新的刑罚制度来解决呢？这个问题今后我们也将继续讨论。从最终结论来看，为了规制企业犯罪乃至企业的脱轨行为，以均衡了刑事制裁、行政制裁、民事制裁以及各种指南等的自主规制的阶段性规制为基调，同时采用硬法律与软法律并用的方式，类似于在垄断禁止法修正中讨论的宽严相济制度等新的体系才是最有效果的制裁论。〔38〕

（二）来自企业外的监督机能的强化

接下来，不得不指出企业组织内的应对也是有一定的界限的。虽然目前设置热线、求助热线等的企业正在不断增加，也制定了公益举报人保护法，但仍有必要在发挥其本来的机能上下功夫。为促进企业真正的自律，有必要在必要范围内增加新的外部的监督系统，使企业内部气息畅通。很多企业已经正在引进该系统。但是在此情况下，也不能只停留于形式，最关键在于此系统是否能发挥监督机能。那时，在企业之间强化合规上的连带也是一个方案。

与之相关的重要问题是对经营者的责任问题，特别是应该怎样检查经营者的滥用行为。当然，经营者的责任是多样的。当经营者实施了犯罪行为时，由司法机关事后进行裁判。但是，刑法最主要的作用在于事后审查，当经营者实施了犯罪行为时，对企业的损害以及对员工的影响是不可估量的。若是在独裁体制的企业，如果没有适当的“有灵魂的”合规文化的话，则无法进行事前检查。因此“上层管理者的意识改革”总是最大的悬而未决的事项。

（三）行政的作用

此时能想到的是行政的作用。从先前实施的企业问卷调查以及采访得到的感

---

〔38〕 参见佐伯仁志：『制裁论』，有斐阁 2009 年版。

触是，所属辖区政府机关（经济产业省，根据情况或是金融厅）的行政指导，或者公平交易委员会的劝告等等，实际上一直发挥着巨大的作用。“人非圣贤，孰能无过”（To err is human）[39]，以此为前提，发生大型事故、大型犯罪之前，若通过制定检查小错误阶段的体系，结合公益举报人保护法，并联合行政的话，则大有希望。从刑法上来看，虽然即使不是故意犯罪，但至少有可能发生过失犯罪，但是通过上述努力，则可能减少过失犯罪。

要使法律完善还需要行政的努力。但是，在放宽规制的潮流中，我们要警惕行政的过度干涉，同时，行政方面也是对于增加过剩的成本持消极态度。反而我们有必要自觉注意到行政在其人力、物质上本身也是有一定界限的。在考虑到上诉因素的基础上，若谋求有效的规制，应该引进行政负责检查各企业是否具备了自主检查的系统。这种间接的检查，比起在小错误阶段行政直接介入，在尊重企业自主性的意义方面以及成本方面，都是实际有效的手段。虽然不可能完全清除企业的负面新闻，但是我们有可能做到尽量减少犯罪性强的违法行为。若在合规文化中融入上述体系，我们则可以相当程度地期待企业治理的进步。

（四）从“经济刑法”到“企业刑法”

要综合考察上述各种问题，从以往的“经济刑法”的框架来考虑是不充分的。因为诈欺罪、侵占罪、背信罪等是财产犯罪乃至“经济刑法”的代表，虽然个人主体进行的犯罪比较多，但是为了从正面看清企业活动来应对企业犯罪，当前必须设定“企业刑法”的框架，从总体上来分析、探讨企业犯罪，采取对策。近期的川崎友巳教授的研究[40]、今井猛嘉教授的一系列的研究[41]、樋口亮介副教授的研究[42]都为我们带来了崭新的视角。但是，对于像樋口副教授的主张中那样共同从正面来认识组织故意和组织过失的观点，对此本文仍然感到怀疑。我们应当在进一步弄清以往的责任原理所拥有的意义和界限的同时，继续探讨意大利的2001年“企业刑法”。[43] 以此为基础我们今后也将继续研究“企业

〔39〕 参见 Linda T. Kohn, Janet M. Corrigan, and Molla S. Donaldson 编，美国医疗质量委员会/医学研究所著（日本医学出版协会译）：『人非圣贤，孰能无过』，日本评论社 2000 年版。

〔40〕 参见前出书。

〔41〕 参见上述各论文。

〔42〕 樋口亮介：『法人处罚与刑法理论』，东京大学出版会 2009 年版。等都让我们感受到了新的气息（以上三位执笔的〈特集〉「法人处罚的现代课题」，载『刑事法ジャーナル』2009 年，第 17 号）。

〔43〕 参见吉中信人：「意大利的企业合规以及企业犯罪规制的状况」，载甲斐、田口编：前出注(2)，第 181 页以下。

刑法”的相关问题。

参考文献（限定于近期作品）

〔1〕〔日〕川崎友巳：『企业的刑事责任』，东京：成文堂，2004。

〔2〕〔日〕田口守一、甲斐克则、今井猛嘉、白石贤编：『企业犯罪与合规文化』，东京：商事法务，2007。

〔3〕〔日〕甲斐克则：『企业活动与刑事规制』，日本评论社，2008。

〔4〕〔日〕甲斐克则、田口守一：『企业活动与刑事规制的国际动向』，东京：信山社，2008。

〔5〕〔日〕芝原邦爾：『经济刑法研究（上）（下）』，东京：有斐阁，2005、2008。

〔6〕〔日〕神山敏雄、齐藤豊治、浅田和茂、松宫孝明编：『新经济刑法入门』，东京：成文堂，2008。

〔7〕〔日〕樋口亮介：『法人处罚与刑法理论』，东京：东京大学出版会，2009。

〔8〕〔日〕佐伯仁志：『制裁论』，有斐阁，2009。

〔9〕〔日〕〈特集〉「法人处罚的现代课题」，『刑事法期刊』(*Criminal law journal*)，2009（17）。

论作为降低涉企犯罪损害预期值措施的刑法上要求的企业监督（刑事合规）[*]

——界定合规责任的基本问题

丹尼斯·伯克（Prof. Dr. Dennis Bock）[**]
黄礼登[***] 译

本文研究了有关刑事合规规范（比如《秩序违反法》第130条）的解释问题，其中必要的监督措施的概念需要最大限度的具体化。本文揭示了这样一个结论：必要的合规措施的范围是依据企业行为损害预期值而确定的。监督义务的法律内容就是为了促进对社会有益的经济发展，将涉企犯罪的损害预期值降低到法律上尚可接受的范围内。

一、引论

人们可以在德国的经济实践和德国的经济刑法中发现（刑事）合规这个英语概念，它具有多重含义。首先，它讲的是对法定义务的遵守。它还说明了没有实现犯罪构成（和广义刑法概念下的秩序违反行为）。其次，合规还指所有监督措施的整体，这是逐渐被认可的一种理解，目的是基于所有法定命令和禁令而保障企业人员行为的合法性。这里所说的刑事合规指的是去阻止员工犯罪行为的监督义务，违反这种监督义务是可以被处以刑罚的。根据相应的刑事合规规范——

---

* 原文见 Dennis Bock, Strafrechtlich gebotene Unternehmensaufsicht (Criminal Compliance) als Absenkung des Schadenserwartungswerts aus unternehmensbezogenen Straftaten–Zum Grundproblem der Bestimmung der Compliance–Schuld, HRRS 2010, S. 316.

** 维尔茨堡大学刑法教席教授。

*** 西南财经大学法学院副教授，柏林洪堡大学法学院刑法学博士。

比如基于《秩序违反法》第 130 条[1]——侦测个体的监督责任后，需要对所要求的监督措施进行具体化。对于狭义合规在刑法上的法律根据，一个原则性的标准是共通的：对于存在的法律义务来说，措施首先是可能的，其次是必要的，最后是可期待的。[2]

二、可能性

监督措施对于相应团体的成员来说，事实上必须是具有可能性的。不具有可能性的在刑法上也是不能归责的。[3] 通常对具有显著经济潜力的企业来说，不具有事实上的可能性是很少见的。没有法院会产生探讨安全措施不具有技术上的可能性[4]这样的想法。企业领导人员如果基于个人原因对于采取监督措施不具有可能性，那么至少会成立过失的组织过错。对于故意造成不可能的，可以考虑适用原因自由的不作为（omissio libera in causa）。[5] 在这个框架下，工作劳累、生病和缺席并不重要。在与刑法相连接的基础被前置化时，没有预先安排好适当的被授权人，这才是问题的关键。[6] 学界认可并不存在亲自履行谨慎义务的强制要求。[7]（仅仅）在这个意义上，我们可以说对企业提高了要求，因为可以使用多个人员和专家的组织去监督和控制企业开设和运营中的危险源。[8]

缺乏必要的经济手段可能是非常重要的因素。企业价值会最终限制实施降低风险行为的可能性。在缺乏经济手段的情况下，只存在采取无需花费的措施这种

---

〔1〕 对于这一点以及刑事合规的一般性讨论，参见 Bock ZIS 2009，68.

〔2〕 Vgl. nur BGH NStZ 1997，545，546；BGH NStZ 1986，34；OLG Koblenz MDR 1973，606；OLG Düsseldorf wistra 1999，115，116；*Meier* NJW 1992，3193，3195.

〔3〕 Statt aller Fischer，StGB，57. Aufl. （2010），§ 13 Rn. 42 sowie § 357 Rn. 5；BGHSt 4，22；zu § 357 StGB BayObLGSt 51，199；zum Wehrstrafrecht Schölz/Lingens，WStG，4. Aufl. （2000），§ 41 Rn. 10；RMG 1，131；RMG 4，293；RMG 10，90；zum Völkerstrafrecht Werle，Völkerstrafrecht，2. Aufl. （2007），Rn. 459 f.，476；Weigend，in：MüKo-St GB （2009），§ 4 VStGB Rn. 48；Ambos，Der Allgemeine Teil des Völkerstrafrechts，（2002），S. 688 f.

〔4〕 Vgl. Lenckner，in：Bockelmann（Hrsg.），FS Engisch，1969，490，500.

〔5〕 Vgl. zu § 266a StGB BGH NJW 2002，2480，2481；zum Völkerstrafrecht Weigend，in：MüKo-StGB（Fn. 3），§ 4 VStGB Rn. 51.

〔6〕 Hermanns/Kleier，Grenzen der Aufsichtspflicht in Betrieben und Unternehmen，1987，S. 68.

〔7〕 Alexander，Die strafrechtliche Verantwortlichkeit für die Wahrung der Verkehrssicherungspflichten in Unternehmen，（2005），S. 195 f.；Stree，in. Schönke/Schröder，27. Aufl. （2006），vor § 13 Rn. 152；vgl. auch BGH NStZ 2002，421，423；OLG Hamm VRS 34，149.

〔8〕 Dannecker，in：Amelung（Hrsg.），Individuelle Verantwortung und Beteiligungsverhältnisse bei Straftaten in bürokratischen Organisationen，（2000），209，216.

可能性，特别是采取利用政府信息这种形式。

只有当正好要求采取法律行为时，比如说提出了破产申请，不具有法律上的可能性才会在个人行为能力方面排除保证人义务。[9] 在别的情况下事实上可能的监督措施是否在法律上是被允许的，这样的问题涉及的是期待可能性。[10]

三、必要性

行为人不作为（这里指的是不采取监督措施）必须具有必要性。[11] 这里包含（像在《刑法典》第32条那样）两层意思：一方面，只能采取对于防止结果发生来说——这里特别指防止员工犯罪——适格的手段，另一方面，行为人只能在适格的手段中选择对他来说最轻微的手段。

适格手段中的“适格”指的是，手段以其影响行为的效果而具有防止发生涉企错误的高度盖然性。[12] 不清楚的是，如何去理解高度盖然性。可以优先考虑的是每个降低风险的措施就足够满足手段的适格性的要求。这与《刑法典》第32条具有可比性。监督措施降低风险可能性的程度问题，在此要与之分开，可称之为“适格性程度”。在适格性层面要从义务范围中排除这些不改变风险甚至提高风险的努力。

把《秩序违反法》第130条中要求的监督行为的适格性与防止犯罪的高度盖然性相联系的学者们[13]显然不是认为每个有可能减少风险的行为都是具有适格性的。违反义务的行为应在实质上变得困难，虽然规范有这种假定的要求，但是这只是事后考虑的不作为的可罚性客观条件的问题。事前所确定的加重违反义务难度的充足机会——实质上应该这样正确去表达——并不是要采取行动的条件。适格性的程度，特别是在故意或过失行为中影响行为的可能性，[14] 会对挑选最

---

[9] Weigend, in: LK, 12. Aufl. (2007), § 13 Rn. 65.

[10] Rogall, in: KK-OWi G, 3. Aufl. (2006), § 130 Rn. 38; unklar Hilgers, Verantwortlichkeit von Führungskräften in Unternehmen für Handlungen ihrer Mitarbeiter, 2000, S. 30.

[11] Zu § 13 StGB vgl. nur Kühl, AT, 6. Aufl. (2008), § 18 Rn. 27;《秩序违反法》第130条的字面含义已经清晰表达了这一点，vgl. nur Rogall, in: KK-OWi G (Fn. 10), § 130 Rn. 37 ff.; zum Völkerstrafrecht Werle (Fn. 3), Rn. 76 ff.; Weigend, in: MüKo (Fn. 3), § 4 VStGB Rn. 49; Weigend, in: MüKo-StGB (Fn. 3), § 13 VStGB Rn. 17.

[12] Többens NStZ 1999, 1, 4 zu § 130 OWiG; Rogall, in: KK-OWiG, (Fn. 10), § 130 Rn. 43 ff.

[13] So Többens NStZ 1999, 1, 4 zu § 130 OWi G; Rogall, in: KK-OWiG, (Fn. 10), § 130 Rn. 43 ff. (但是Rogall又在边码43处使用“对举止无影响的监督措施”这个标准，但只有在机会为零的时候，人们才可以这样说)。

[14] Rogall, in: KK-OWi G, (Fn. 10), § 130 Rn. 44 ff.

合适手段的必要性判断产生影响。[15] 监督措施应该考虑致力于从各方面都遵守企业义务，或者应该广泛预防对义务的违反，[16] 司法判决中所表达的这个观点在这个意义上被归为是必要性内容。[17]

这也与《刑法典》第 13 条的法律状况相契合。这里，每个事实上救助的可能性都是适格的，必须利用每个救助机会。[18] 只有确定可以预见到救助努力不会成功才可以免除行为义务。[19] 事先可以确定行为阻止危害后果的发生具有接近必然的盖然性（通行的假定因果关系的定义），这并不是采取行为的前提条件，其仅仅对于结果的归因问题具有意义。在各种适格的行为可能性中，行为人应该选取在当时的情况下能最确定防止后果发生的行为。[20] 标准是尽可能降低风险，以至于必要的时候可以累加采取多种手段。

必要性这个论题还包括一个对行为人有利的限制。他可以限于采取对他而言最轻微的手段：在多个同等适格的措施中（只能在这之中），监督义务人可以选取对他造成最低负累效果（花费）的措施。[21] 这个原则只适用于与择一性的关系中，也就是说只有在没有其他多种累加可以降低风险的措施的时候才适用。

侦测适格性的程度当然可能导致行为人的认识错误（《秩序违反法》第 11 条第 1 款、《刑法典》第 16 条第 1 款，由此保留了未遂和过失犯罪的可罚性）以及程序上的困难。

四、期待可能性（作为利益超越）

1. 概述

怎么在教义学上对将采取行为是否具有期待可能性进行定位是有争议的。部

---

〔15〕 A. A. （oder missverständlich）Kolbe NZA 2009，228，230：针对故意违法，任何合规体系都是无用的。西门子除了书面要求（“企业中的组织和监督义务”规定）员工在业务中坚守正直之外还能做什么呢？也许还能想到多种监督措施，虽是可能的，但对于企业却不具有期待可能性。

〔16〕 BGHSt 25，158，163 = BGH NJW 1973，1511，1513 f.；OLG Zweibrücken NSt Z-RR 1998，311，312；OLG Stuttgart NJW 1977，1410.

〔17〕 Vgl. Alexander，Die strafrechtliche Verantwortliehkeit für die Wahrung der Verkehrssicherungspflichten in Unternehmen，（2005），S. 238.

〔18〕 Vgl. nur，auch zum Folgenden，Stree，in：Schönke/Schröder，（Fn. 7），vor § 13 Rn. 149，ferner Weigend，in：LK，（Fn. 9），§ 13 Rn. 63；vgl. auch das Völkerstrafrecht，hierzu Werle，Völkerstrafrecht，2. Aufl.（2007），Rn. 477；Weigend ZSt W 2004，999，104.

〔19〕 BGH NSt Z 2000，415；BGH NJW 2003，526.

〔20〕 Weigend，in：LK（Fn. 9），§ 13 Rn. 63.

〔21〕 Rogall，in：KK-OWi G（Fn. 10），§ 130 Rn. 38，48.

分人认为，它在这里是不纯正不作为犯的一项客观行为构成要件的特征；[22] 另一部分人将其视为是违法阻却事由[23]或者责任排除事由[24]。赞成将其定位在客观的行为构成内的理由是好的，这样在行为构成层面只是缺乏一个客观上理性的行为。这个行为超越了必要性问题的边界，因为后者只考虑了对于法益的风险。这一点上，《刑法典》第 323 条 c 的要件同样适用于不纯正不作为犯。[25] 对于作为犯却非如此。在行为构成上作为始终是具有期待可能性的。对于不作为犯，积极的作为是必要的，但却不是在整体上要求作为。它与违法阻却事由的区别在于，它涉及对义务内容原则上的确定，而不仅仅是具体个案中的一个例外情形。在一定程度上，它是对过于宽泛的行为构成进行的目的性的简化，在方法上并无特殊之处，它通过行为义务来对矛盾性的后果进行限制。《违反秩序法》第 130 条第 1 款第 1 句中，期待可能性的要件包含在“适当的”监督里面。[26]

期待可能性的基本定义要考虑（企业）自己认可的利益在显著的范围内要与所遭受的危害后果处于一个适当的关系中。[27] 这里涉及要放弃和要保护的利益之间的权衡。在大致承认有这种适当关系时，它具有责难的功能，并不是内容空洞的。法官也不应当被授权在没有法律基础的情况下去宣告无罪。[28] 考虑救助行为最优性的起点应当限缩到一个理性的可期待的范围。这也可以通过一个相应地对必要性的限缩解释来实现。[29] 值得考虑的还有，如果立法者并没有对不具期待可能性的角度进行规范，那么总是可以要求最优性的。刑法规范正是立法

---

〔22〕 Vgl. BGH NJW 2002, 2480, 2481（“不成文的构成要件要素”）; BGH NJW 2009, 3173, 3175; 先前的判例则是意见不一的, vgl. RGSt 58, 59; 58, 227; 77, 127; BGHSt 6, 57; BGH NJW 1964, 731, 732; 对于构成要件效果（Tatbestandswirkung）也可以参见 Fischer (Fn. 3), § 13 Rn. 16; Stree, in: Schönke/Schröder (Fn. 7), vor § 13 Rn. 155; Weigend, in: LK (Fn. 9), § 13 Rn. 68; 关于期待可能性作为民法上所要求的保障措施的界限 vgl. Wagner, in: MüKo-BGB, 5. Aufl. 2009, § 823 Rn. 258 附有对判决的佐证; 在国际刑法中人们也讲适当性（Angemessenheit）, vgl. nur Weigend, in: MüKo-St GB (Fn. 3), § 4 VStGB Rn. 49; Weigend, in: MüKo-St GB, 2009, § 13 VStGB Rn. 17; Ambos, Der Allgemeine Teil des Völkerstrafrechts, (2002), S. 688.

〔23〕 So aber z. B. Köhler, AT, 6. Aufl. (1997), S. 297 f.

〔24〕 So die wohl h. L., vgl. nur Kühl AT, 6. Aufl. (2008), § 18 Rn. 140; Roxin, Strafrecht AT II, (2003), § 31 Rn. 233 f.

〔25〕 Stree, in: Schönke/Schröder (Fn. 7), vor § 13 Rn. 155.

〔26〕 Rogall, in: KK-OWiG, (Fn. 10), § 130 Rn. 49; vgl. auch etwa KG VRS 1986, 29, 30; OLG Düsseldorf wistra 1999, 115, 116.

〔27〕 Vgl. Stree, in: Schönke/Schröder (Fn. 7) vor § 13 Rn. 156.

〔28〕 Vgl. aber Dannecker, in: Amelung (Hrsg.), Individuelle Verantwortung und Beteiligungsverhältnisse bei traftaten in bürokratischen Organisationen, (2000), 209, 234; vgl. auch Alexander a. a. O. (Fn. 17) S. 56.

〔29〕 Vgl. Bosch, Organisationsverschulden in Unternehmen, 2002, S. 356 f.

者禁止风险行为的尝试。要求降低风险的积极行为的最优化是对属于基本权利的自由的一种侵犯，它完全不同于充满问题的不作为。

古典的个体刑法是以个体的效用最优化为指引的。[30] 即使在传统的刑法中，也并不要求行为人在显著的范围内去威胁自己值得保护的利益。[31] 这是耗费与收益之间的一个权衡。广泛传播的不具期待可能性的例外，只存在于不作为的行为人的耗费总是很小的情况下。而确定法律上要求的企业监督则完全不一样。任何监督措施都会产生成本，在复杂的组织中成本会达到显著的幅度。经济交往中的期待可能性意味着总是要考虑成本。[32] 我们要通过效益上的收益成本平衡来确定所允许的风险，借此使相互矛盾的利益达到相对的平衡关系。[33]

监督措施所带来的不利后果不能高于构建降低风险措施所带来的好处。所以我们要将司法判决的表达具体化，判决强调对于企业监督不能提出过分的要求。[34] 在文献中，也有观点认为，监督措施的范围，以及从花费的角度看，不切实际的和过分的措施就不具有期待可能性。[35] 我们不能忘了，有监督义务者最终是要为第三人的错误行为负责的。[36] 应该要承认，刑法只能确保一定程度的组织义务，并不能提供广泛的法益保护。[37] 只有理性的权衡才能保证，法律上所要求的合规体系不会产生一个过分的内部规制。[38] 如果合规部门比研究部和销售部具有更多工作人员的话，那么标准就会陷于混乱。[39]

问题是，刑法允许和不允许的风险的界限在哪里？对此只存在可能性，并没有确定性，所以只谈得上一定的事件发生的盖然性。[40] 思想上的理念是对保护要求进行尽可能大范围的量化，以便借助风险管理对期待可能性的要求通过数学

---

〔30〕 Heine, Die strafrechtliche Verantwortlichkeit von Unternehmen, (1995), S. 139 f.

〔31〕 Vgl. nur Fischer (Fn. 3) § 13 Rn. 44.

〔32〕《民法》也持完全相同的观点，vgl. Sprau, in: Palandt, 68. Aufl. 2009, § 823 Rn. 51；关于经济上的期待可能性参见 BGH NJW 2007, 762.

〔33〕 Mayer, Strafrechtliche Produktverantwortung bei Arzneimittelschäden, (2008), S. 174; vgl. Auch Wagner, in: MüKo-BGB (Fn. 22) § 823 Rn. 259.

〔34〕 OLG Koblenz MDR 1973, 606; OLG Düsseldorf NSt Z-RR 1999, 151; vgl. auch OLG Düsseldorf wistra 1999, 115, 116; BGHSt 7, 336, 349, 351; BGH wistra 2000, 137, 141.

〔35〕 Tessin BB 1987, 984, 988; Alexander a. a. O. (Fn. 17), S. 251.

〔36〕 Hermanns/Kleier a. a. O. (Fn. 6), S. 44.

〔37〕 Bosch a. a. O. (Fn. 29) S. 501.

〔38〕 Vgl. Bürkle BB 2005, 565, 566.

〔39〕 Schneider/Schneider ZIP 2007, 2061.

〔40〕 Vgl. Hilgers, Verantwortlichkeit von Führungskräften in Unternehmen für Handlungen ihrer Mitarbeiter, 2000, S. 138.

上的方式进行测知。这个结果也可以被称作是预防犯罪行为组织措施在经济上的可接受性。如果是在通常情况下，这类理性检测出的耗费不能被企业或企业家所承受，那么其应该终止产生风险并实施破产。这也是社会所期望的，企业由于缺乏资本来应对危险性的行为，从而不能承担其应该承担的责任，因此这里存在一个对企业进行社会清理的问题。

人们不能搞错方法上和法律事实上的不确定性。但这并不影响提问的正确性。侦测正确的结果面临的困难，应当利用科学来克服，就像法庭上遇到事实上的困难利用鉴定人来克服一样。法学虽然是一门规范科学，但当紧张的规范或者其解释在宪法意义上对人们提出过高要求的话，它要通向何方？性刑法、禁欲、通奸、堕胎等等问题的历史经验对此提供了借鉴价值。对具体权衡处进行方法上的填充可以为规范性的讨论提供正确的地方。即便是司法判决也倾向于对有争议的利益进行权衡。〔41〕 对过失行为没有定义〔42〕必然导致评价行为以及导致在采取危险行为的利益和保护法益不受威胁的利益之间进行权衡〔43〕，也就是考虑危险的大小与消除危险的耗费之间的比例关系。〔44〕 此外，这还与紧急状态有一定的相似性（《刑法典》第 34 条），因为那里同样要在被威胁的法益的大小和价值与所追求的目的和比例性之间进行权衡。〔45〕

下面是值得关注的员工监督领域内的一些权衡点〔46〕：

员工犯罪产生不利后果的盖然性（发生盖然性）；

由此而产生的可能不利后果的大小（损失幅度）；

监督措施避免犯罪的盖然性（适格性程度）；

所采取的监督措施带来不利后果的盖然性和范围（针对企业领导、企业和员工以及第三人）。

2. 员工犯罪行为产生不利后果的盖然性（发生盖然性）

义务的强度与危险的大小有关联，也就是说与从所面临的损害范围和发生盖

---

〔41〕 Vgl. Schünemann JA 1975, 575; Schwartz, Strafrechtliche Produkthaftung, 1999, S. 77; LG Aachen JZ 1971, 507, 515.

〔42〕 Schünemann JA 1975, 575.

〔43〕 Schünemann JA 1975, 575; Kuhlen JZ 1994, 1142, 1146.

〔44〕 Ransiek, Unternehmensstrafrecht, (1996), S. 27.

〔45〕 Vgl. Prittwitz, Strafrecht und Risiko, (1993), S. 297ff.; Mayer, Strafrechtliche Produktverantwortung bei Arzneimittelschäden, (2008), S. 174.

〔46〕 Vgl. auch Wagner, in: MüKo-BGB (Fn. 22), § 823 Rn. 259.

然性（也被称为损害预期值）中所产生的结果是有关联的。[47] 损害预期值越大，就越应该向义务承担者要求成本更大的安全措施，一直到这样一个界限，也就是实施谨慎注意义务所需要的成本达到从损害范围及发生盖然性中产生结果的成本。[48] 义务承担者只能将安全措施扩展到这样一个程度，即当履行谨慎义务的耗费等于所被避免的损失的费用时。[49]

要追问的是，法益要达到何种盖然性才能被视为是受到了损害?[50] 对于刑事合规，观察会限缩到可能有益于企业的员工犯罪行为，以及通过那些犯罪行为所侵犯的法益。员工在这个意义上成为犯罪者的这种盖然性，是要求监督的强烈度中的一种比例性因素。

3. 通过员工犯罪行为所造成的可能不利后果的范围（损害范围）

涉及法益不可侵犯性利益的第二个因素是（可想象的）损害的严重性。[51] 特别的问题当然是指集体性利益。要在它们那里建立一个与人类利益有决定性的关联是很困难的。对于个体性利益就完全不一样。企业中很重要的领域，比如财产以及健康损害或者生命（首先是消费者的生命）属于个体性利益。在实践中，产品责任案件是很重要的，它们往往会产生严重的甚至令人震惊的[52] 损害。同样重要的还有劳动保护。[53] 将要受到损害的强度，取决于频繁性（所涉及人员数量）、个体损害的严重程度以及持续时间，还有可复原性（可消除性）。[54]

---

〔47〕 Vgl. Adams/Shavell GA 1990, 337, 344; Wagner, in: MüKo-BGB, 5. Aufl. 2009, § 831 Rn. 37; Wagner, in: MüKo-BGB, 5. Aufl. 2009, § 823 Rn. 259; Sprau, in: Palandt (Fn. 32), § 823 Rn. 51, 各自均附有对（民事）判决中的相关表述的佐证。

〔48〕 Wagner, in: MüKo-BGB (Fn. 22), § 823 Rn. 259.

〔49〕 Wagner, in: MüKo-BGB (Fn. 22), § 823 Rn. 259f. 应该一提的是，尽管联邦法院（NJW 1984, 801, 802）明确反对遵循经济上的核算，但实质上却是这样做的（z. B. BGHZ 58, 149, 158; BGHZ 108, 273; BGH NJW-RR 2005, 251, 253; OLG Hamm NJW-RR 2002, 1459, 1460）。

〔50〕 Mayer a. a. O. (Fn. 33), S. 174.

〔51〕 Vgl. Mayer a. a. O. (Fn. 33), S. 174; Wolf DStR 2002, 1729, 1730（“风险价值”作为一个规定时期内基于统计计算来确定最大损失的方法）; Sprau, in: Palandt (Fn. 32), § 823 Rn. 51; Belling, in: Staudinger, BGB, 15. Aufl. 2008, § 831 Rn. 94（“对与更大的责任相关联的工作或者对于公共安全特别是对人们生活具有危险的更高层的工作，应该提出更严格的要求”）; BGH (Z) NJW-RR 2005, 251; vgl. auch schon RGZ 142, 356.

〔52〕 Kuhlen JZ 1994, 1142, 1146; Kuhlen, in: Ar-nold/Burkhardt/Gropp/Heine/Koch/Lagodny/Perron/Walther (Hrsg.), FS Eser, (2005), 359, 366.

〔53〕 Vgl. Herzberg, Die Verantwortung für Arbeitsschutz und Unfallverhütung im Betrieb, 1984, S. 1, 3.

〔54〕 Vgl. zum Arzneimittelstrafrecht (§ 5 AMG) Mayer a. a. O. (Fn. 33), S. 193; vgl. ferner Heine a. a. O. (Fn. 30), S. 132; LG Aachen JZ 1971, 507, 515 f. (Contergan); Große Vorholt, Behördliche tellungnahmen in der strafrechtlichen Produkthaftung (1997), S. 94.

4. 通过监督措施避免犯罪的概然性（适格性程度）——通过监督来降低风险的认识

只有当监督措施百分之百阻止了损害时，那么来自发生盖然性和损害范围的完整结果就应该被权衡。此外，通过监督措施挫败犯罪的盖然性（适格性程度）也要作为概率上降低风险的大小程度纳入考虑。另外，根据一般信条学的原理，在可期待的情况下，对救助行为成功的大小还要进行考虑。[55] 司法判决的意见在这里很合适，监督措施要着眼于企业义务在各方面得到遵守或者要尽量预防违反义务的行为。[56] 在这个意义上，应该侦测对基本义务实现的威胁范围或者降低员工犯罪风险的范围。

思想上理想的状态应该是对监督措施取得何种后果进行量化确定。开发出可信的统计依赖于经验。从这个角度看，在所有不作为犯罪那里遇到的困难在合规领域都是如此之大，以至于人们产生了对符合合法性（虽然不是合宪性）的一般行为义务的怀疑。在企业组织中系统性的程序会让救助行为变得复杂，风险科学的介入显得还处于完全起步阶段。斯宾德勒（Spindler）就首先揭示过这一点。[57] 对减少风险能力进行侦测的基础可能只是确定的和一般有效的关于组织流程作用方式的认识。而我们缺乏这种认识。

（1）可操作性。要用刑法对管理规则进行定义和评价，这是对刑法的过高要求。我们缺乏科学上和经验上的基础以及评价标准。基于人的行为的高度变化性，组织性的风险不受决定论和概率论的风险分析的影响，这使得确定组织性的剩余风险变得困难。[58] 每个监督情形的独特性、主观性以及亚系统的共存性导致产生了大量的软标准。于是出现陈述是否具有普遍性的问题：最终应当为企业中每个具体的行为侦测正确的监督标准。这已经显示了常规性和创新性活动的一个对比。[59] 工作程序变化以及对创新性能力的要求越小，标准化的程度就能够更高。在一个像德国这样高度发达的国家内，企业喜欢创新，因此，确定监督义务的可能性就愈发缩小。人们不清楚哪种组织性的模式、哪种组织类型应该成为主导样态。虽然具体的义务处于靠前的地位，但现代组织性义务的灵活性要求和

---

〔55〕 Stree, in: Schönke/Schröder (Fn. 7) vor § 13 Rn. 156.

〔56〕 BGHSt 25, 158, 163 = BGH NJW 1973, 1511, 1513 f.; OLG Zweibrücken NSt Z-RR 1998, 311, 312; OLG Stuttgart NJW 1977, 1410; 不一样的观点（对于必要性的一种考虑）参见 Alexander a. a. O. (Fn. 17), S. 238。

〔57〕 Spindler, Unternehmensorganisationspflichten, (2001).

〔58〕 Spindler a. a. O. (Fn. 57), S. 1043.

〔59〕 Vgl. Spindler, a. a. O. (Fn. 57), S. 393 f., 397.

确定作为行为控制程序的谨慎性义务之间的基本困境却没有改变。迄今为止的工作成果都只局限于高度抽象的基本原则，没有对结构上的核心领域进行研究。

并不令人吃惊的是，人们还没有真正地研究个别的监督措施可以降低什么样的风险。有些人放弃努力并且指出，仅仅从理论上并不能确定，哪些组织上的措施或者要素对于达到合规组织的目标是适格的，这只能在实践经验中获得。[60] 具有一般有效性的组织原则并不存在。监督强烈地依赖于关联性和策略性。[61] 稳定性和弹性之间的困境是无法解决的，特别是当与动态的环境条件相关联时。对组织要求的设定，由于其特别复杂的结构，与技术解决的规范化并不具有可比性。并不存在组织技术的现状，[62] 这是因为解决方案处于明显更强的变化中。标准化的程序几乎没有，差不多所有方案都是依情形而定的，因此也并不存在进步。不断地有一系列可替代的解决方案存在，它们的好处总是和各自的情形相关联，反过来也并不存在过时的组织措施。但迄今为止人们纷纷对此进行评价的高度参与性却并没有减少。需要的时候人们却甚至连做出关于趋势的陈述都是不可能的，比如应该通过长期的结构调整，而不是通过短期临时措施，才能使纠正措施变得适合。[63] 这种情况让人想起《民法典》第 1004 条上规定的法律后果：为了消除扰乱，债务人具有选取手段的自由。

企业部门完全不统一，这一点上也显示了（企业）经济学上的不明确性。甚至就广泛传播的监督功能也缺乏一个统一的描述。一个监督者何时被赋予何种任务，并没有标准。[64] 企业组织的种类，也不是不受模式浪潮的影响的。

（2）可测量性和可检查性。就是对组织结构的测量也是有问题的。我们也要留意一个运行过的组织具有的自发性。[65] 每个价值评价都需要一个参照点，对降低风险的监督结构的每次检查需要一个参照的组织。监督措施的影响，只是在特别有限的不同主体间是可检查的，因为对于可比较性和组织的利益缺乏一个一般的评价标准，[66] 还存在一系列不可重复的程序。几乎没有孤立的可以预测

〔60〕 Lösler, Compliance im Wertpapierdienstleistungskonzern, 2003, S. 68.

〔61〕 Spindler a. a. O. (Fn. 57), S. 386, 1045.

〔62〕 Vgl. zum Folgenden Spindler a. a. O. (Fn. 57), S. 433, 1045 f., 1057.

〔63〕 Rotsch, Individuelle Haftung in Großunternehmen, 1998, S. 79; vgl. auch Abschlussbericht der Kommission zur Reform des strafrechtlichen Sanktionensystems, 2000, S. 192.

〔64〕 Spindler a. a. O. (Fn. 57), S. 395 f.

〔65〕 Spindler a. a. O. (Fn. 57), S. 409.

〔66〕 Spindler a. a. O. (Fn. 57), S. 1045 f.

组织行为的条件。[67] 决定论的说法毕竟也是不可能有的。因此，当不存在可重复的和经验上可检查的程序、当并不存在实验室条件去检测不同数值下的不同效果的时候，即便是统计数据也不能说明问题。没有可重复制造的环境条件，就没有科学上立得住脚的对于具体措施的判断。人类有目的的行为是不会重复的，因为有意义的行为不属于不变的流程。“其他条件不变”条款因此不会走多远，不同的变化会导致不可计算的效果。[68] 把经验上所获得的监督措施和环境状态之间的关联性一般化处理是不可能的。同样的监督条件和同样的环境条件，可能在不同的企业中导致完全不同的结果，这样就无法找到一个对于确定的目标来说标准化的组织结构。[69]

当确定采取理性的监督措施这个要求本身就是不采取监督措施而引发的可罚性所要求内容时，拒绝原初科学（此处指企业经济学或者组织学）会导致否认应受到相应的惩罚。特定论（Ad-Hoc-Theorien）或者事后判断可能性（Trial-and-Error-Verfahren，试错程序）对于实体法上所要求的事前观察是没有用的。事实上，事后进行的刑事程序对于一个正义的责任确定是危险的。种类多样其实更好，具有同样效果的降低风险的监督措施应该在刑法的宽容中体现存疑有利于被告原则。

5. 采取监督措施的不利后果

对于理性所确定的义务的范围，执行监督措施的不利后果也应该考虑进去，它在一定程度上是衡量方程式的另一面。这包含了盖然性因素和不利后果范围等因素。[70] 不同承担者的不利后果要相加。

负有监督义务的主体的法益会影响监督措施的期待可能性。由于企业追求盈利，并因此必然要节约成本，特别的组织手段产生的不利后果也就具有重要意义。

组织自由的价值本身是不能用数字估量的，因为它的内容是遵从刑法的限定的，这当然在宪法相互作用学说的框架内才成立。不仅仅是在产品责任案件中能够引发高达百万欧元的费用，[71] 而且严格理解的监督义务也可以引发这样的后

〔67〕 Schürmann, Aufsichtspflichtverletzungen im Spannungsfeld zwischen dem Strafrecht und dem Zivilrecht, (2005), S. 240.

〔68〕 Vgl. Spindler a. a. O. （Fn. 57）, S. 427, 435.

〔69〕 Vgl. Spindler a. a. O. （Fn. 57）, S. 411.

〔70〕 Vgl. Mayer a. a. O. （Fn. 33）, S. 174，其将实现行为所追求好处的盖然性纳入权衡之中。

〔71〕 Kuhlen, in: Arnold/ Burkhardt/ Gropp/ Hei-ne/Koch/Lagodny/Perron/Walther (Hrsg.), (Fn. 52), 359, 366.

果。即便在结果上经常是正确的，即实质上的受害者必须要容忍，[72] 但不作为的行为人所遭受的经济上的不利后果与应该防止的后果相比仍然不成比例。[73] 如果作为法律运用者草率地处理企业的金钱，那经济生活中期待可能性的标准就会加重。这里仅仅存在每个权衡中内在的向哪一面倾斜了多少的问题。如果行为人的风险行为会导致盈利最大化，那么，仅仅当做出对行为人不利的权衡结果时，向哪一面倾斜多少的问题才是无足轻重的。这样，他的风险行为就不是一个被允许的、有利于公众的行为。这些讨论大多会在产品责任框架下进行，产品责任案件中，人们可以看到导致严重伤害的可怕案件，甚至还有死亡。这样可能会导致遮挡了我们的视线，让我们看不到一系列与企业有关的犯罪，它们的后果并不像产品责任案件中的后果那样严重。这并非理所当然的，也并非一般有效，即企业必须承受直至威胁其生存的严重后果。[74] 但是企业应该进行各种努力，直至用尽所有经济手段。当然并非任何对健康的损害都会强迫企业主对其努力进行优化。更进一步的研究是量化科学的任务。由于总有值得保护的利益在合规行为偏离时就存在或者可以被发现，这样会让人产生规则被掏空的恐惧，[75] 但这种恐惧不能导致企业主的地位完全被忽视。在监督措施的范围内，财务问题一定是首先与履行监督任务的员工的数量相关。要求越多的监控，带薪工作时间就越多地用在一些非生产性的活动上。

监督措施在法律上的要求，也会对被监督者的法益产生负累。首先这会触及员工直接从企业所能得到的那些利益：确保员工收入的工作岗位依赖于企业的盈利性，也依赖于企业的成本。可以想象企业主会提出这样的说辞：由于成本高昂，确保工作岗位的措施无可避免。[76] 这种说法有一个真实的内核，事实上它涉及可以权衡的利益。即便立法者用《破产法》专门规定不能考虑拯救工作岗位，这也不会改变什么。[77] 此外，监督还会干涉员工的自我责任和人身权利。[78]

规定企业的组织义务还有可能给第三人的法益带来不利后果。这并不是从直

---

〔72〕 BGHSt 4, 20, 23.

〔73〕 Weigend, in: LK (Fn. 9), § 13 Rn. 69.

〔74〕 So BGHSt 37, 106, 122 (Lederspray); Hellmann/Beckemper, Wirtschaftsstrafrecht, 2. Aufl. (2008), Rn. 945; vgl. auch Dannecker, in: Amelung (Hrsg.), (Fn. 8), 209, 235.

〔75〕 Vgl. Herzberg a. a. O. (Fn. 53), S. 185.

〔76〕 Dannecker, in: Amelung (Hrsg.), (Fn. 8), 209, 233.

〔77〕 So aber Dannecker, in: Amelung (Hrsg.), (Fn. 8), 209, 235.

〔78〕 Kuhlen, in: Maschmann (Hrsg.), Corporate Compliance und Arbeitsrecht, 2009, 11, 27.

接意义上来说的，而是鉴于缩减企业自主性去降低风险会使获得社会有益性的机会变得困难。由于技术进步，企业自主范围内允许的风险，可能比对社会中立领域或者甚至有害的生活领域内所允许的风险更大。对公众的用处首先体现在技术和经济上具有重要意义的产品上。〔79〕

监督措施会产生经济上的耗费，企业必须将此纳入考虑，这会影响法律上合规的标准，以及企业所提供的有用和为人所需的服务和产品的质量、多样性和价格。帝国法院已经探讨过谨慎义务与每天每刻数不尽的风险行为所体现出的既有生活状况及交往需要相互一致的问题。〔80〕问题在于其对法益创造了一个不能再容忍的危险，而不是履行避免任何风险的义务。〔81〕有些问题，比如有关创新性产品〔82〕以及有关预防犯罪的企业组织问题等，当人们对此缺乏以经验为基本的社会共识的时候，关于是否可以容忍其中风险的疑问并不少见。

五、期待可能性可操作性的企业标准：损害预期值的影响因素

1. 对于应降低的损害预期值的标准参照人

监督的对象是企业员工的行为。如果侦测刑事合规意义上的监督义务就是要在法政策上许可的范围内降低对有益于企业的犯罪的风险，那么所要求监督的范围就取决于企业中的行为和行为者。企业不能回避进行具体的选择，确定自己的措施范围。对于所有情况的预防，并不存在标准化、综合性的可运用的措施群。〔83〕但是，企业领导人需要构造监督工具的指导方针。

对要构建有序的合规组织的企业领导人来说，司法判决是以一个标准参照人来判断的。他必须这样来组织企业，以便让企业内部的监督机制以企业在对外交往中所必要的谨慎性相适应。〔84〕为阻止违反与企业相关联的义务，标准参照人应该满足企业某一领域内一般成员对他提出的谨慎要求。〔85〕

〔79〕 Große Vorholt a. a. O. (Fn. 54), S. 94; vgl. auch Ladeur KritV 1991, 241, 248.

〔80〕 RGSt. 30, 25, 27.

〔81〕 Dannecker, in: Amelung (Hrsg.), (Fn. 8), 209, 214; vgl. schon RGSt 30, 25, 27.

〔82〕 Vgl. Mayer a. a. O. (Fn. 33) S. 173.

〔83〕 Pies/Sass/Meyer zu Schwabedissen, Prävention von Wirtschaftskriminalität, 2005, S. 193.

〔84〕 Schünemann, Unternehmenskriminalität und Strafrecht, (1979), S. 107.

〔85〕 Siehe etwa zu § 130 OWiG OLG Düsseldorf wistra 1999, 115, 116; vgl. König, in: Göhler, OWi G, 14. Aufl. (2006), § 130 Rn. 12; Rotberg, OWiG, 5. Aufl. (1975), § 130 Rn. 3; Rebmann/Roth/Herrmann, OWiG, 3. Aufl. 13. Lfg. (2008), § 130 Rn. 14.

这种解释原则还不够完善。[86] 它只是没有经验基础的纯粹的判断，因此只是看上去得到了论证，却没有获得真正的认知。[87] 作为标准，就应该能在每个需评价的案件中被视为是合适的。[88] 经验上的描述性要素并不适合被监督的圈子。每个行业能够通过共同一致的疏忽来降低谨慎性要求。[89] 可能存在这样的危险，通过对事实上所要求的谨慎性进行描述来代替确定交往中所必要的谨慎性。[90] 在面临新的风险和认知时毕竟不存在可以比较的标准。[91] 在交往中所形成的散漫性在法律上是不能被同意的，因此就有必要对谨慎性进行规范的确定。[92] 前提是我们正好需要对其进行明确。此外，一个待观察的圈子应该在多大范围内被确定并不清晰。[93]

当对刑事合规可以进行理性地理解以及真正透明的具体化时，它就能实现对于降低潜在犯罪所造成的损害预期值的界定。《秩序违反法》第 130 条意义上的合适的监督，就是要把损害预期值降低到法律上许可的标准。

2. 前置性的问题：具体的刑法意义上重要的行为所产生的法律上可容忍的损害预期值

理想的监督会在这样一个意义上阻止犯罪行为，即员工实施犯罪的盖然性降低到零，这样损害预期值也会达到这个数值。监督的关联对象因此就是员工的具体的犯罪行为（的可能性），即刑法意义上具体行为（的可能性）。对此不需要企业作为监督的关联对象。比如通过被托付人对享受教育权利者进行监督也适用同样的原则。对于个体犯罪实施的盖然性，企业的关联性只是一个背景，而不是事先的一个视角。

对人员进行旨在排除任何犯罪的监督是不可能的。要把损害预期值降为零，就需要放弃授权以及放弃工作分工。为了实现进步的人类共同生活，法秩序应该对每个人类行为造成一定损害预期值给予容忍。法秩序事实上也是这样做的，特

---

〔86〕 Bosch a. a. O. （Fn. 29）, S. 395 ff. ; vgl. auch Schünemann JA 1975, 575; Maschke, Aufsichtspflichtverletzungen in Betrieben und Unternehmen, (1997), S. 38; Demuth/Schneider BB 1970, 642, 648; Tessin BB 1987, 984, 986.

〔87〕 Vgl. auch Herzberg a. a. O. （Fn. 53）, S. 167 f.

〔88〕 Hilgendorf, Strafrechtliche Produzentenhaftung in der „Risikogesellschaft“, 1993, S. 155; Alexander a. a. O. （Fn. 17）, S. 100; vgl. auch Mayer a. a. O. （Fn. 33）, S. 272 f.

〔89〕 Schwartz, Strafrechtliche Produkthaftung, (1999), S. 77.

〔90〕 Bosch a. a. O. （Fn. 29）, S. 396.

〔91〕 Bosch a. a. O. （Fn. 29）, S. 399.

〔92〕 Vgl. zum Zivilrecht Wagner, in: MüKo-BGB（Fn. 22）, § 823 Rn. 262.

〔93〕 Bosch a. a. O. （Fn. 29）, S. 400.

别明显是在“许可的风险”以及“社会相当性”这样的关键词项下,[94] 根据客观归责的视角，对行为的可罚性进行纠正。统计意义上一定的损害盖然性，对于人类实施风险行为的一般利益来说，是处于次要地位的。在确定法律上必要的监督时也是如此。

关键的问题是怎么确定法律上尚可容忍的损害预期值的大小。我们所谈到的只是刑法上很多地方要排除（《刑法典》第223条第1款、第239条第1款、第240条、第258条第1款）或不排除（《刑法典》第242条、第263条）轻微行为可罚性问题的一个下位问题。刑法分则中的讨论涉及要百分之百发生结果的盖然性。限缩性解释必须正确地抓住与发生结果的较低盖然性相关的行为。只有这样，刑法分则的讨论思想才是可以借鉴的。但是，对于没有轻微界限的犯罪，它并非如此，就这种监督来说，其追求损害预期值为零。它只是展示了对他人监督的属于第二位的功能，这种功能在法律上的必要性，并不在于需要优先实现一个刑法规范。

遗憾的是，我们几乎完全缺乏法律上侦测轻微界限的确切标准，不管是在解释单独的犯罪构成上，还是在阐述客观归责的模糊公式上。刑事司法要告知规范相对方可以预见的指令，不可以仅仅满足于对个案情况以及程序救济的提示。对《刑法典》第258条第1款的解释展示了一定的榜样特征。这涉及仅仅暂时性的挫败刑事追诉的问题。根据（被否定的[95]）主流的观点,[96] 当迫使判决延迟达到一个较长的时间，就具备了构成要件符合性。“较长的时间”这个概念并不确定，在人们责难暂时性挫败（并非没有问题的）前提的正确性时，其在文献中通过援引《刑事诉讼法》第229条关于量化的界限得到解决。[97]

法律上没有精确界定的量化基本上都是可以被攻击的。对数值大小的侦测经常会遇到很大的问题。对于纯粹文字上的总则性条款，需要显示科学上的优势就是避免量化。但量化的讨论至少会增加透明性，也可以揭示与监督有关的处罚在犯罪政策上的可质疑性。

法律上尚可容忍的损害预期值必须大于零。它必须要小于适合从《刑法典》第34条引申出的与人类生活相适应的一个高值。刑法对于轻微案件并不一定完

---

[94] Vgl. nur Fischer (Fn. 3) vor § 32 Rn. 12 f.

[95] Z. B. Hoyer, in: SK-St GB, § 258 Rn. 17.

[96] Vgl. BGHSt 15, 18, 21; BGHSt 45, 97, 100f.; BGH NJW 1984, 135; Fischer (Fn. 3), § 258 Rn. 8.

[97] Lackner/Kühl, StGB, 26. Aufl. (2007), § 258 Rn. 4.

全放弃刑罚，刑法也不遵循“法官不管小事（Minima non curat praetor）”这个原则。那些包含价值界限的犯罪构成的表述和解释，由于又没有进一步的说明（《刑法典》第142条、第315条c、第248条a，对比《刑事诉讼法》第153条），也是起不了多大作用的。只要没有超过5欧元，不管是狭义上的《刑法》，还是《秩序违反法》，都有放弃国家刑罚权的规定。根据《刑法典》第40条第1款、第2款的规定，最小的罚金数是5个日额，每个日额为1欧元，也就是说最小的罚金量是5欧元。根据《秩序违反法》第17条第1款，最小的罚款也是5欧元。警告款的数额也是这么高（《秩序违反法》第56条第1款）。即便是秩序金和强制金也是5欧元（《刑法施行法》第6条）。因此，如果被监督的员工的每项行为的损害预期值不超过5欧元，从通行的现代经济观点来看，是可以容忍的，这样的认识看来是正确的。

帮助法律适用者去侦测损害预期值是经验或者立法的任务。在分析损害出现盖然性、潜在的损害范围的时候，特别是对于非财产性犯罪和保护综合性法益（Universalrechtsgütern）的犯罪，并没有不可克服的方法上的困难。问题在于每次对监督要求的概括，都被模糊的概念所掩盖。对于违反监督义务的每个判决，都是以这样的认识为基础的，即履行监督义务者没有足够降低员工违反义务行为的盖然性。这个暗中的法律上不容忍的损害预期值并没有被提及。

3. 出现损害盖然性的影响

在企业主监督下，所有对累积的损害预期值产生影响的，都是法律上所欠缺的监督强度的标准。总体的损害预期值是由被监督的企业员工具有刑法意义的行为（可能性）数量和每个员工行为的损害预期值构成的。在这个意义上，为具体规范企业的有序运营，决疑式方法的大量运用[98]就变得系统化和理性化了。

要为强化的监控提炼出标准，每次的努力都会遭遇确定性方面的问题：到底什么是监督？什么是与此相应的强化的监督？不提及数量所进行的比较是没有价值的。

（1）具有刑法意义的员工行为的数量。人们要承认，形式上得到确保的程

[98] Bussmann/Matschke CCZ（2009），132.

度取决于企业和企业成员的多寡和其活动的性质。[99] 这一点需要进一步研究和具体化。企业主的监督包括了其员工所有的涉企行为。行为的数量等于员工的数量乘于每个员工行为的数量。在这个意义上，企业的大小这个标准是对的，但并不重要。企业越小，所采取的监督措施就可以越少。[100] 然而这并不意味着标准降低了，人们可以通过另外一种方式达到标准，[101] 也就是通过更少形式化的措施。[102] 企业主可以自己承担更多的监督活动。他只是必须要监控较少的潜在可被刑事处罚的行为。这也是《证券交易法》第33条第1款第2句，《联邦排放保护法》第58条a第1款，《劳动保护法》第3条第2款的基础。

企业大小的标准会在对期待可能性进行一般性权衡时产生影响：在一个企业中实施的、作为可罚性连接点的行为越多，总体上犯罪的盖然性就越大。企业越复杂，监控链条就必须越深入地分级，这样不至于监督人员负担过大。员工数量对监督人员数量的影响实际上并不是以对每个潜在犯罪人提出更高要求为基础，而是以更多的监督目标存在为基础。特别领域也可能对有风险的员工行为的数量产生影响。企业的形式不会发生什么作用。同样不重要的是行为的总数量是否与此有关，即较少的员工实施了较多的潜在的可罚的行为，或者较多的员工实施了较少的可罚的行为。

（2）每个具体的员工行为可罚性的盖然性。刑法上有风险的员工行为的数量应该与每个行为可罚性的盖然性相乘。要侦测这种盖然性需要相应的经验知

---

〔99〕 Vgl. Senge, in: Erbs/Kohlhaas, Strafrechtliche Nebengesetze, 177. Aufl. (2009), § 130 OWiG Rn. 12; Rotberg, OWiG, 5. Aufl. (1975), § 130 Rn. 3; Bohnert, OWiG, 2. Aufl. (2007), § 130 Rn. 18; König, in: Göhler, OWiG (Fn. 85), § 130 Rn. 10; Lemke/Mosbacher, OWiG, 2. Aufl. (2005), § 130 Rn. 12; Rebmann/Roth/Herrmann, OWiG, 3. Aufl. 13. Lfg. (2008), § 130 Rn. 14; Demuth/Schneider BB 1970, 642, 648; Scharpf DB 1997, 737, 739; Maschke, Aufsichtspflichtverletzungen in Betrieben und Unternehmen, 1997, S. 50; Lensdorf CR 2007, 413, 416; Alexander a. a. O. (Fn. 17), S. 235; Wehnert, in: Ha-nack/Hilger/Mehle/Widmaier (Hrsg.), FS Rieß, 2002, 811, 824f.; OLG Zweibrücken NSt Z-RR 1998, 311; OLG Düssel-dorf wistra 1991, 38, 39; OLG Düsseldorf wistra 1999, 115, 116; OLG Hamm Gew Arch 194, 190; OLG Hamm VRS 20, 465; OLG Hamm 1 Ss OWi 634/03; OLG Hamm wistra 2003, 469; OLG Koblenz MDR 1973, 606; OLG Schleswig Schl HA 1975, 197; vgl. auch das Pressrecht: RGSt 23, 274, 276（“出版业务的大小，杂志的范围”）; Löffler NJW 1965, 942, 945; sowie die Geldwäschebekämpfung: Teichmann/Achsnich, in: Herzog/Mülhausen (Hrsg.), Geldwäschebekämpfung und Gewinnabschöpfung, (2006), § 31 Rn. 91（“采取确保措施的范围在内容上要根据业务的实质范围和人员数量进行区分”）。

〔100〕 OLG Stuttgart NJW 1977, 1406:“可一览无遗的小企业以及可轻易监控的雇员人数”; Pieth, in: Sutter-Somm/Hafner/Schmid/Seelmann (Hrsg.), Risiko und Recht, (2004), 597, 609; Spindler, in: MüKo-AktG, 3. Aufl. (2008), § 91 Rn. 19; vgl. auch MaRisk AT 1; MaRisk AT 4.4 Rn. 1.

〔101〕 Pieth, in: Sutter-Somm/Hafner/Schmid/Seelmann (Hrsg.), (Fn. 100), 597, 609.

〔102〕 Mittelsdorf, Unternehmensstrafrecht im Kontext, (2007), S. 214.

识。所有可以得出员工犯罪盖然性结论的，都是标准。

①规制强度。对监督提出何种要求依赖于需遵守的规定的多样性、种类和意义。[103] 种类和意义并不涉及行为的盖然性，而是与损害的范围相关。需遵守的规定的多样性这个视角是一个亮点。这是一个正确的认识：必须遵守的规定越多，员工被监督的行为构成犯罪的危险就越高。[104] 即便是一个具有负责意识的员工，犯错误也并非罕见。[105] 棘手的是，围绕法规适用困难的角度，多样性的丰富只是体现为纯粹的数字。如果员工有困难的并且新的法律问题需要解决，监督要求就应该相应地提高。[106] 首先，一项规定新出现和它有困难性并不具有必然关系，但人们不能认为员工已经掌握了这些规定。规定总是在不断变化。[107] 如果监督依赖于员工要遵守的规定有多困难，这是完全不可接受的。每个法律问题都是困难的，因为每个规范都隐藏着适用的问题，以及一堆的界定困难。

②行为复杂性。企业活动领域既影响员工行为的数量，也影响员工实施犯罪行为的盖然性，以及所受到威胁的损害范围。参见《信贷法》第 25 条 a 第 1 款第 4 句。

这涉及所监督的企业行为更高的犯罪倾向性。[108] 除了对产品数量和结构的依赖[109]以及进入资本市场的方式[110]，其对企业进入外国市场尤其重要。[111] 如果企业要出口的是有名的要支付贿赂金的国家，那么员工犯罪的可能性就会提

---

〔103〕 Senge, in: Erbs/Kohlhaas, Strafrechtliche Nebengesetze, 177. Aufl. (2009), § 130 OWiG Rn. 12; OLG Hamm GewArch 1974, 190; OLG Hamm VRS 20, 465; OLG Schleswig Schl HA 1975, 197.

〔104〕 Alexander a. a. O. (Fn. 17), S. 241.

〔105〕 Busch, Unternehmen und Umweltstrafrecht, 1997, S. 501.

〔106〕 BGHSt 27, 196, 202; OLG Stuttgart wistra 1987, 35; OLG Koblenz VRS 50, 54; vgl. Rebmann/Roth/Herrmann, OWIG, 3. Aufl. 13. Lfg. 2008, § 130 Rn. 14; Senge, in: Erbs/Kohlhaas a. a. O. (Fn. 103), § 130 OWi G Rn. 18.

〔107〕 König, in: Göhler, OWiG (Fn. 85), § 130 Rn. 13; Achenbach, in: Achenbach/Ransiek, Handbuch Wirtschaftsstrafrecht, 2. Aufl. (2008), I 3 Rn. 55.

〔108〕 Alexander a. a. O. (Fn. 17), S. 241.

〔109〕 Vgl. Braun, in: Boos/Fischer/Schulte-Mattler, KWG, 3. Aufl. 2008, § 25a Rn. 77; vgl. auch Heine a. a. O. (Fn. 30), S. 134f. („Komplexität des Betriebssystems“); Langweg, in: Fülbier/Aepfelbach/Langweg (Hrsg.), GwG, 5. Aufl. 2006, § 14 (a. F.) Rn. 74; Mülhausen, in: Herzog/Mülhausen (Hrsg.), Geldwäschebekämpfung und Gewinnabschöpfung, 2006, § 43 Rn. 40, 42f.

〔110〕 Vgl. Spindler, in: MüKo-AktG (Fn. 100), § 91 Rn. 24; BT-Drs. 13/9712 S. 11, 15.

〔111〕 Passarge NZI 2009, 86, 87 („internationale Aufstellung“); vgl. auch Mülhausen, in: Herzog/Mülhausen (Hrsg) (Fn. 109), § 43 Rn. 41 (“业务领域受威胁的风险取决于地理上和基础设施上的影响范围”)。

高。[112] 即便对于和美国做生意的国家，也会由于相关规定的宽泛应用而具有特别的风险。[113]

是否有犯罪倾向，要针对每个员工单独予以界定。根据企业对他们的使用，他们或多或少会具有危险。诸如员工实施腐败犯罪之类的风险，不管是负担型犯罪还是减负型犯罪，都根据他们的部门的不同而有所差别。典型的腐败犯罪通常发生于发包、采办、购置等部门。[114] 市场部和销售部与卡特尔法和竞争法关系紧密。[115] 人事部与劳动（刑）法密切相关。在企业中，一种特别有犯罪倾向性的行为领域是出现全行业弊端的地方。[116] 企业主应该特别注意这些地方是否有违反谨慎义务的行为。但这个也只有当自己的企业内很明显会发生违反义务的行为时，企业主才会这样做。[117] 一个员工犯罪事实上的盖然性并不会被其他员工的犯罪所影响。

③员工质量。第一，概述。作为违反法律的行为，犯罪是员工错误行为的一种。对员工犯罪的预判受到其各自能力和性格的巨大影响。人们公认的是，当把只具有较低的或不确定资格或可信性的员工作为被授权人使用的话，就应该提高相应的监控要求。[118] 对于选择次优的员工，可以通过加强的监督来予以平衡。[119] 在雇佣未试用的或不可靠的人员时，要预计到他们可能会发生违规行为。[120] 没有经过先期培训和没有经验的新入职者[121]就属于这一类“不确定的候选者”[122]，特别是具体企业中的新员工和短期工作者，他们还没有证明自己适合

[112] Spindler, in: MüKo-AktG, (Fn. 100), § 91 Rn. 20.

[113] Spindler, in: MüKo-AktG, (Fn. 100), § 91 Rn. 20.

[114] Hauschka AG 2004, 461, 472; Rodewald/Unger BB 2006, 113, 116; Vahlenkamp/Knauß, Korruption, 1995, S. 40.

[115] Rodewald/Unger BB 2006, 113, 116.

[116] Maschke, Aufsichtspflichtverletzungen in Betrieben und Unternehmen, (1997), S. 41, BGH wistra 1982, 34, 35 m. Anm. Möhrenschlager; Alexander a. a. O. (Fn. 17) S. 244 f.

[117] Vgl. auch Hermanns/Kleier a. a. O. (Fn. 6), S. 70.

[118] Senge, in: Erbs/Kohlhaas, (Fn. 103), § 130 OWiG Rn. 12; OLG Hamm VRS 40, 129; 41, 394; OLG Düsseldorf wistra 1991, 38; Brenner DRiZ 1975, 72, 75; Achenbach, in: Achenbach/Ransiek (Fn. 107), I 3 Rn. 55; 以垃圾处理为例参见 Hecker MDR 1995, 757, 760 (“事实被知晓，对处理者的可信性或者技术能力的怀疑便产生”); vgl. auch BGH NJW 1964, 1283, 1284; BGH NStZ 2002, 421, 423; Cramer/Sternberg-Lieben, in: Schönke/Schröder, (Fn. 7), § 15 Rn. 152.

[119] Alexander a. a. O. (Fn. 17), S. 243; Belling, in: Staudinger (Fn. 51), § 831 Rn. 97.

[120] OLG Koblenz VRS 50, 54; Senge, in: Erbs/Kohlhaas (Fn. 103), § 130 OWiG Rn. 18; Belling, in: Staudinger (Fn. 51), § 831 Rn. 106.

[121] BGH (Z) NJW 1988, 2298.

[122] Belling, in: Staudinger (Fn. 51), § 831 Rn. 97.

工作。[123] 只有经过职业初期一个强力监督的阶段以后，才可以评判员工是否符合企业的要求[124]，他们真正的能力是否达到证明文件上的标准。[125] 一个下属越有能力和越可信，那么监控和监督义务可以减弱更多。[126] 一个（没有犯错的）下属工作时间越长，就越证明了自己是可信的[127]和有职业经验的。但即便是展示了高素质和可信度的员工，也有大于零的犯罪可能性。对于高素质人员、领导人员和具有长期职业经验的人员的监控，并非完全多余的，因为不能排除错误会伴随着习惯性和舒适性而悄然出现。[128] 这是吻合经济犯罪学的认知的。经济犯罪通常不会在工作关系建立伊始就发生，一般会后来出现。行为人经过一个长期工作时间，具有了尽量不被发现而实施犯罪的可能性和知识。[129] 即便处于一个引人注目的职位，也并非代表着此人会有对法律更高的忠诚度。[130]

第二，过去的事件。如果一个员工在过去已经实施过犯罪行为，那么他再次实施犯罪行为的盖然性就会增大。根据犯罪学的认知，相关的先行负累（Vorbelastung）是最清晰的再犯的有效指标。[131] 众所周知的是，过去出现过显著状

---

〔123〕 OLG Schleswig VRS 58, 384, 386; OLG Hamm GewArch 1973, 121; Bay Ob LG NJW 2002, 766, 767; Demuth/Schneider BB 1970, 642, 648; Eidam, Unternehmen und Strafe, 2. Aufl. (2001), S. 196 f.; Otto, in: Hoyer/Müller/Pawlik/Wolter (Hrsg.), FS Schroeder (2006), 339, 345; vgl. auch Sprau, in: Palandt (Fn. 32), § 831 Rn. 13; BGH NJW 2003, 288.

〔124〕 BGH NJW 2002, 2480:"只要没有可疑的线索存在，无论如何在经过一段合适的、无可指责的工作适应期后，原则上可以信任被委托者去完成工作（vgl. BGHZ 133, 370 [378] = NJW 1997, 130 = LM H. 2/1997 § 823 [Be] BGB Nr. 45）。"

〔125〕 Vgl. Wilhelm, Verantwortung und Vertrauen bei Arbeitsteilung in der Medizin, (1984), S. 97, 115.

〔126〕 Schlüchter, in: Eser/Kullmann/Meyer-Goßner/Odersky/Voss (Hrsg.), FS Salger (1995), 139, 160; Bussmann/Matschke CCZ 2009, 132, 135; a. A. Alexander a. a. O. (Fn. 17), S. 207; vgl. auch das Pressrecht: RGSt 23, 274, 276（"出版者的人格与他所聘用的编辑"）。

〔127〕 OLG Celle NJW 1969, 759, 760; vgl. auch Bay Ob LG NJW 2002, 766, 767; OLG Hamm MDR 1978, 598.

〔128〕 Hegnon CCZ 2009, 57, 62; vgl. auch BGH NJW 1980, 1901, 1902; OLG Köln VersR 1989, 708, 709; OLG Bamberg VersR 1994, 813, 815; OLG Düsseldorf Wu E/E OLG 1893, 1897.

〔129〕 Bussmann/Salvenmoser NStZ 2006, 203, 207; Bussmann/Matschke CCZ 2009, 132, 135.

〔130〕 Bussmann/Matschke CCZ 2009, 132, 135.

〔131〕 Bussmann/Matschke CCZ 2009, 132, 134.

况、违反义务行为和损害案件，监督要求就会相应地提高。[132] 但是，提高犯罪盖然性的视角不应仅仅限于是否先前接受过处罚。对于判断来说，先前已经启动甚至完成了国家追诉，并不是必要的。[133] 作为标准的还有政府机构的措施[134]，承诺的和事实上有差距的服务状况。这些可以通过顾客的投诉[135]、所累积的损害报告，以及企业内部的指令显示出来，不管这些指令是来自企业内部的指令系统，还是通过制度化的监督员[136]发出的。

有争议的是，对于员工错误行为进行处罚，这是否有利于降低他们再犯的盖然性。这里在一定程度上涉及预防性刑法的一个支柱问题。如果刑法不会导致荒谬结果的话，那么我们可以从施加了惩戒这个事实得出结论，再犯盖然性提高的指征效果会通过惩罚的先行性负担（至少是部分地）得到平衡。从一个员工先前的犯罪行为得出关于他个人的结论，并不能直接推论出新员工也具有提高的犯罪倾向，这才是正确的逻辑。[137] 在发生员工调岗的时候，实施正常的监督措施就足够了。[138] 但即便一个员工仍然在他的岗位上，我们也应该在理性的范围内相信过去对他所施加的惩罚，对他具有一定的威慑效果。[139] 因此，我们不能认为，对于这样的员工应该采取特别的监督措施。[140]

第三，“红旗”（Red Flags）。在学术文献中，学者们对于已经发生的或期待将要发生的具有可罚性的行为的早期警示性指标清单（Frühwarnindikatorenlisten）

---

〔132〕 OLG Zweibrücken NSt Z-RR 1998, 311; KG VRS 70, 29, 30; OLG Frankfurt NJW-RR 1993, 231; OLG Hamm GewArch 1973, 121; OLG Koblenz VRS 50, 54, 57; OLG Schleswig Schl HA 1981, 91; OLG Hamm GewArch 1973, 121; OLG Düsseldorf Wu W/E OLG 1893, 1897; Brenner DRiZ 1975, 72, 75; Demuth/Schneider BB 1970, 642, 648; Hüneröder, Die Aufsichtspflichtverletzung im Kartellrecht, 1989, S. 118; Maschke, Aufsichtspflichtverletzungen in Betrieben und Unternehmen, 1997, S. 41, 50; Doms, Die strafrechtliche Verantwortlichkeit des Unternehmers für den Arbeitsschutz im Betrieb, 2006, S. 196; Dannecker, in: Amelung (Hrsg) (Fn. 8), 209, 225; König, in: Göhler, OWiG (Fn. 85), § 130 Rn. 13; Rebmann/Roth/Herrmann, OWIG, 3. Aufl. 13. Lfg. 2008, § 130 Rn. 14; Sprau, in: Palandt (Fn. 32), § 831 Rn. 13; Belling, in: Staudinger (Fn. 51), § 831 Rn. 97; Mittelsdorf, Unternehmensstrafrecht im Kontext, 2007, S. 66; Spindler, in: MüKo-AktG (Fn. 100), § 91 Rn. 19; Bussmann/Matschke CCZ 2009, 132, 133; Mengel, Compliance und Arbeitsrecht, 2009, S. 4.

〔133〕 Alexander a. a. O. (Fn. 17), S. 244.

〔134〕 Große Vorholt, Wirtschaftsstrafrecht, 2. Aufl. (2007), Rn. 63.

〔135〕 KG JR 1972, 121; Senge, in: Erbs/Kohlhaas (Fn. 103), § 130 OWiG Rn. 18.

〔136〕 Zimmer/Stetter BB 2005, 1445, 1451.

〔137〕 So aber Bay Ob LG NJW 2002, 766; Bussmann/Matschke CCZ 2009, 132, 133.

〔138〕 Hermanns/Kleier a. a. O. (Fn. 6), S. 40.

〔139〕 Hermanns/Kleier a. a. O. (Fn. 6), S. 71.

〔140〕 So aber Belling, in: Staudinger (Fn. 51), § 831 Rn. 99.

（“红旗”）进行了普遍的讨论，特别是按照预防腐败的要求进行了讨论。[141] 企业领导人具有组织性义务，要创设相应的发现风险的系统。把员工犯罪行为概然性研究作为对人事风险进行管理的抓手，这可以，并且必须以对加负型和减负型犯罪进行的犯罪学研究为依托。所有能够对人产生引领性效果的因素，甚至是道德，都可以成为经济犯罪行为的动因。[142] 学者们长期以来就对经济犯罪的员工的动因或者动机进行过研究。[143] 人们把犯罪原因分为个体的、企业的和社会的。企业领导人在塑造其企业监督体系的时候，必须在可期待的范围内对其所得到的全部员工犯罪倾向指征进行考虑。腐败（指标）作为对员工的风险管理的内容，这种理念是广为人知的。[144] 存在危险指标[145]，就可以推论出员工实施犯罪具有加大的盖然性。对此，有符合规则的对照清单。[146]

第三，特别状况。司法判决显然认为企业成员的犯罪倾向在一定的状况下会提高。在要求监督义务的框架内，对横向授权的情况，司法判决要求在危机状况下，通过授权者对被授权者实施强有力的监督——这也是主流观点所赞同的。[147] 但这种观点有可能在总体上是错误的，[148] 它会产生扩大的监督义务。在危机中的每个义务转移都会变成一次赌博。在危机中，由于追求与合同相对方、放款者等等进行谈判，对企业负责人来说会产生额外的时间花费。对转移权限进行过强

〔141〕 Vgl. Z. B. Vahlenkamp/Knauß, Korruption, (1995), S. 88 ff., 153 ff.; Benz/Heißner/John, in: Dölling (Hrsg.), Handbuch der Korruptionsprävention, (2007), S. 67 ff.;《证券法》第 91 条第 2 款也要求尽早识别危及继续存在的发展态势；vgl. auch Wirtz WuW 2001, 342, 350.

〔142〕 Zirpins/Terstegen, Wirtschaftskriminalität, (1963), S. 44.

〔143〕 Schneider NSt Z 2007, 555, 558 ff.; vgl. auch Zybon, Wirtschaftskriminalität als gesamtwirtschaftliches Problem, (1973), S. 44 ff.; 对将人格特征作为经济犯罪原因的参见 Opp, Soziologie der Wirtschaftskriminalität, (1975), S. 110 ff.; Weckert, in: Deutsche Kriminologische Gesellschaft e. V. (Hrsg.), Betriebskriminalität, 1976, 7, 12 ff.

〔144〕 Benz/Heißner/John, in: Dölling (Hrsg.) (Fn. 141), S. 67 ff.

〔145〕 Heine a. a. O. (Fn. 30), S. 133; Vahlenkamp/Knauß, Korruption, 1995, S. 46 f.; Wolf DSt R 2002, 1729, 1730; Bannenberg, Korruption in Deutschland und ihre strafrechtliche Kontrolle, 2002, S. 456 ff.; Greeve, Korruptionsdelikte in der Praxis, 2005, S. 22ff.; Dölling, in: Dölling (Hrsg.) (Fn. 141), S. 31; Korte, in: Dölling (Hrsg.) (Fn. 141), S. 354; Richtlinie der Bundesregierung zur Korruptionsprävention in der Bundsverwaltung, 2004, Anlage 2, II.

〔146〕 Vgl. Stephan/Seidel, in: Hauschka (Hrsg.), Corporate Compliance, 2. Aufl. 2010, § 25 Rn. 249 ff.

〔147〕 BGHSt 37, 106, 124; zu § 266 StGB: BGH (Z) NJW 1997, 130, 132 und BGH (S) NJW 2002, 2480; Schlüchter, in: Eser/Kullmann/Meyer-Goßner/Odersky/Voss (Hrsg.), FS Salger, (1995), 139, 163; Schall, in: Schünemann (Hrsg.), Deutsche Wiedervereinigung, Band III - Unternehmenskriminalität, 1996, 99, 115; Roxin, Strafrecht AT 2, 2003, § 32 Rn. 142.

〔148〕 Große Vorholt, Wirtschaftsstrafrecht (Fn. 134), Rn. 59.

的限制，产生预防性的效果，在经济上对有意义的补救尝试产生阻碍作用。信任原则在这里仍然以其理性的形态适用：我们不能够进行认定，在特别的商业状况下，被授权人就会有更高受到刑事处罚的盖然性。

如果人们满足于各种特殊的企业状况，比如扰乱事件、企业事故[149]，还有企业的重组和新组，最终包括所有从日常业务中凸显的企业事件，而这些事件和企业复杂活动中发生的日常性的特别事件难以区分开，那么所要求的强化监督是真正值得怀疑的。对于特定的犯罪，在一定的企业状况下，犯罪盖然性提高总是有可信度的。这个结论适用于比如对工作报酬的截留和挪用（《德国刑法典》第266条a）。在企业处于财政危机的时候，这种情况显然比处在正常的企业财务状况时更容易发生。真正严格的判决正是基于这样的认识。在企业领导人获悉企业的财务危机状况时，严格的判决会赋予企业领导人这样的义务，即通过适当的组织措施对社会保险保障法上的义务进行平衡。[150]

4. 损害范围的影响

为了计算损害预期值，不仅应该将具有刑事风险的员工行为数量与每个行为可罚性的盖然性相乘，而且也应该与犯罪行为的每个所预计的不利后果相乘。对于企业频繁出现的对违反义务行为抵抗乏力的状况，可以运用判断单个业务行为危险显著性的标准。[151] 可罚的员工行为的损害显著性会影响监督的强度。[152] 如果对义务的违反带来特别严重的后果，[153] 即出现了更高的危险局势，[154] 那么采取进一步的措施就是具有期待可能性的，特别是在出现涉及身体和生命危险的时候。[155] 在授权关系中，这与所交付任务的重要性是一致的。[156] 一个具体的个人

---

[149] So Busch a. a. O. (Fn. 105), S. 505.

[150] BGH NJW 2002, 2480; BGH GmbHR 2001, 236, 237; hierzu Huff, Die Freizeichnung von strafrechtlicher Verantwortlichkeit durch Pflichtendelegation im Unternehmen, 2008, S. 118.

[151] Vgl. auch Ransiek a. a. O. (Fn. 44), S. 41: "涉及的法益被评价得越高，义务的范围就越宽"; S. 108: "被威胁的损害越大，对监督义务就应该提出更高的要求"; Braun, in: Boos/Fischer/Schulte-Mattler, KWG, (Fn. 109), § 25a Rn. 288.

[152] Alexander a. a. O. (Fn. 17), S. 207, 241; Otto, in: Hoyer/Müller/Pawlik/Wolter (Hrsg.), (Fn. 123), 339, 345; Raum, in: Wabnitz/Janovsky (Hrsg.), Handbuch des Wirtschafts- und Steuerstrafrechts, 3. Aufl. 2007, 4. Kapitel, Rn. 43; BGHSt 47, 224; BGHSt 37, 184, 187.

[153] KG wistra 1999, 375; BGH NStZ 2002, 421, 423; vgl. auch zivilrechtlich Wagner, in: MüKo-BGB (Fn. 22), § 823 Rn. 302; Belling, in: Staudinger (Fn. 51), § 831 Rn. 105; BGH (Z) NJW 2003, 288, 290.

[154] Vgl. Hecker MDR 1995, 757, 760 以被授权的垃圾处理为例; Tessin BB 1987, 984, 987; Doms a. a. O. (Fn. 132), S. 196.

[155] BGH NSt Z 2002, 421, 423 (Wuppertaler Schwebebahn).

[156] Alexander a. a. O. (Fn. 17), S. 235.

承担了越危险的功能，就越应该承受持续的、广泛的监督。[157] 存在大范围的危险并不意味着具有监督义务的人就不能再信任下属。[158] 否则，在诸如总会面临生命危险的医疗等领域，就根本不能适用信任原则。当然，更高的条件和适用信任后降低的法律后果，在工作分工的情况下，完全应该与过失责任原则相协调一致。无论如何都要考虑，企业行为是社会所希望的，而且原则上是视为守法的领域。[159]

员工行为的损害显著性，原则上涉及的不仅仅是犯罪行为受害者的危险，而且还涉及企业自身的危险，即便正好是所谓的可能对企业有益的涉企犯罪也是如此。这在《证券法》第 91 条第 2 款的框架中尤其具有重要性。在刑法规范的框架内，对企业的不利之处并不会影响应进行的监督的强度。公司法上的内部义务转化为刑法上的外部义务，这种转化是不允许的。[160]

六、总结与展望

刑事合规是法律上所要求的所有监督措施的总和。如果成功将使用员工产生的损害预期值限定在法律上还可容忍的范围内，就足以防止发生对企业有利的犯罪行为。怎么实现这一点，在出发点上都是千篇一律的。[161] 对于如此理解的刑事合规这个法律领域，有如下结论：虽然合规体系在司法判决、学术界和实践中形成了不同的里程碑的成果（“合规工具”）。[162] 但对于一项单独的合规措施，并不存在企业主将其引入的法律义务（不考虑特别法律）。在某个范围的不足，可以通过在另一个范围的努力来弥补。围绕建立合规机构的法律义务的争论因此并没有产生丰富的成果。对于合规机构整体而言是如此，对于单项措施在法律上的必要性的问题，最终也是如此，法律上所需要做的只是将损害预期值降低到法律上能够容忍的标准。对此，司法判决要承担一定程度的义务，因为它倾向于从员工犯罪行为上推论出监督的不足。采纳的监督工具越多，就越能证明企业组织守法。

---

〔157〕 Braun, in: Boos/Fischer/Schulte-Mattler, KWG, (Fn. 109), § 25a Rn. 265.

〔158〕 Renzikowski StV 2009, 443, 446; Freund NStZ 2002, 425.

〔159〕 Kudlich, Die Unterstützung fremder Straftaten durch berufs-bedingtes Verhalten, 2004, S. 233.

〔160〕 Vgl. Cramer/Sternberg-Lieben, in: Schönke/Schröder (Fn. 7), § 15 Rn. 223a: “证券法第 91 条第 2 款虽然规定了建立早期预警机制的义务，但是由此仅仅保护了股份公司和它的股东，并没有保护第三人，因此并不能成为运用刑罚来保护的监督和监控义务的附带根据。”

〔161〕 Vgl. Kuhlen, in: Maschmann (Hrsg.) (Fn. 78), 11, 29: “条条大路通罗马，刑法也必须尊重这一点”。

〔162〕 Scherp, in: Bundeskriminalamt (Hrsg.), Wirtschaftskriminalität und Korruption, 2003, 147; vgl. auch Schneider/Nowak, in: Hönn/Oetker/Raab (Hrsg.), FS Kreutz, 855, 861: “毕竟通过司法判决确定了一些初步的要求。”

合规讨论的刑法视角*

——《秩序违反法》第130条作为刑事合规的中心规范

丹尼斯·伯克（Dennis Bock）**

黄礼登*** 译

本文从刑法视角探讨了所谓合规的问题，揭示了作为重要的、广义上的刑法根据的《秩序违反法》第130条的意义，列举了为满足企业管理合法性要求而应采取的企业措施。

一、引言

在企业实践中，为企业运营不违反刑法而进行设计的问题，愈发显得重要。特别是对西门子丑闻的不同看法，以及其他针对企业领导层提起的轰动性的刑事程序，引发了学术界和企业界持续的讨论。合规作为关键词，一时就像通货膨胀似地被使用，并且在一定程度上成为时髦话题。[1] 盈利作为企业的最高目标和国家确定的法律秩序框架之间的冲突，对于（作为所谓的合规有责方或者履行企业义务有责方的）企业来说，事实上有关乎存亡的重要性。这里进行的主要是前期探讨——对此还没有刑法上的责难，刑事追诉机构也尚未启动过一起侦查程序——也就是说，这是为了加强预防以及促进经济活动合法性。[2]

---

* 原文见 Dennis Bock, Strafrechtliche Aspekte der Compliance-Diskussion-§130 OWiG als zentrale Norm der Criminal Compliance, ZIS 2009.

** 基尔大学刑法与刑事诉讼法教席（安德利亚斯·霍伊尔教授）的科研助理。

*** 西南财法学院副教授、德国柏林洪堡大学法学院刑法学博士。

〔1〕 Wessing, Steueranwaltsmagazin 2007, 175；咨询性企业的揽客目的对此也有责任。

〔2〕 Adams/Johannsen, BB 1996, 1017.

企业应该遵守法律，这当然是不言而喻的。[3] 在一个刑法向前置性犯罪、过失犯罪以及不作为犯罪扩张的时代，企业领导层处于危险境地是一个令人困扰的现实。[4] 面对大量的担责危险以及洪流似的规范，遵守法律却并非自然而然的事。如缺乏组织上的措施，它几乎是不能实现的。[5] 侦查程序一旦开启，孩子就已经掉进井里了，即便从财税层面看也是如此。[6]

二、合规的概念

在法学语境中，合规首先可以翻译为符合现行法律的行为，即守法。但是，这个概念也有一个特别的印记，如今它也指为保证企业、企业机关成员及其近亲属、员工面对法律的诫命和禁令实施合法行为而采取措施的总和。[7] 我们要观察的对象是企业内部的管理程序，其目标是记录式确保任何时候都遵守所有对企业而言重要的法律规定。这种企业家的视角与国家的视角是一致的，即就保护法益而言，应为确保遵守法律而创设法律上的手段。在这个意义上，往往也包括那些迄今没有被称为合规的手段。

在企业的用语上，合规也指特设的企业部门，它负责所有行为的合法性。

三、不合规的后果

不合规的意思是指企业的成员基于（臆想的）企业的利益而实施的与企业相关的犯罪行为［所谓的“减轻公司负担的犯罪”（Entlastungskriminalität）］。规范违反的不利后果会导致每个制裁性规范从根本上都是企业内实际要求合规措施的法律基础。下面要区分的是针对企业的制裁（商业风险）以及针对个别企业成员的制裁（个人风险）。

1. 商业风险

（1）刑法上的不利后果。在德国（尚）不存在对团体的刑罚。但是存在可以消除企业犯罪所得利益的剥夺手段。这就是追缴（《刑法典》第73条第3款）和没收（《刑法典》第75、76条a）[8]。在刑事诉讼中，企业可以作为附带参加

---

〔3〕 Schneider, ZIP 2003, 645 (646).

〔4〕 Wessing, in: Volk (Hrsg.), Verteidigung in Wirtschafts- und Steuerstrafsachen, 2006, § 11 Rn. 1.

〔5〕 Kiethe, GmbHR 2007, 393 (396).

〔6〕 Schon 1992 für das Umweltrecht: Knopp/Striegl, BB 1992, 2008（“应该预防性地避免那些通过反应性行为而倍增的费用”）。

〔7〕 Schneider, ZIP 2003, 645 (646); Kiethe, GmbHR 2007, 393 (394).

〔8〕 Vgl. auch § § 34, 34a GWB, 10 WiStG.

者（《刑事诉讼法》第430条及以下）。必要时它还必须容忍《刑事诉讼法》第111条d规定的临时性扣押。即便针对个别企业成员的刑事追诉措施——比如逮捕、搜查、保全等等——也会给企业带来严重的损害，我们可以想象——诸如扣押文件或者电脑等措施。

此外，刑事诉讼成本也有巨大的经济意义，会产生辩护费用、咨询费用和差旅费。对于被指控者来说，由于刑事程序要占据大量时间，要求他集中精力，因此他不能像什么事也没发生一样专注于工作。[9]

（2）秩序违反法。根据《秩序违反法》第30条，企业还可以被判处企业罚款。企业罚款可以根据《秩序违反法》第30条第4款单独确定。根据《秩序违反法》第130条，引发企业罚款的企业成员的相关行为可以仅仅是义务违反。根据《秩序违反法》第29条a，还可以下令对企业成员实施追缴。

（3）其他不利法律后果。根据所实施的行为，行为人可能会遭受不同的制裁：

卡特尔法上的不利后果（参阅《反限制竞争法》第1、第32、第33、第81条，欧盟罚款）。[10]

竞争法和发包法上的不利后果以及市场限制。参阅《建筑工程发包与合同法/上编》第25条序号1第2款以及《服务发包与合同法/上编》第25条序号1第2款第b项规定的仅进行适格性审查（Eignungsprüfung）；《建筑工程发包与合同法/上编》第8条序号5、8a和序号1、《服务发包与合同法/上编》第7条序号5、7a和序号2以及《对自由职业者服务的发包与合同法》第11条序号I规定的（强制性或者选择性的）排除理由[11]；《外派及国内劳动者必备劳动条件法》第6条、《打击黑工及非法雇佣法》第21条、《拜仁州建筑工程发包法》第4条第3款、《下萨克森州发包法》第8条规定的禁止发包，即所谓的黑名单。[12]

税法上的不利后果。参阅《所得税法》第4条第5款序号10。

商业法上的不利后果。《商业法》第35、第51条。

民法上的不利后果，特别是合同性处罚（《民法典》第339条及以下）、损害赔偿（《民法典》第280条第1款、第823条第1款，侵犯所建立的和所实施的商业运营）、违反保护法（Schutzgesetz）而根据《民法典》第823条第2款

---

〔9〕 关于管理费用 vgl. Bürkle, BB 2005, 565 (566).

〔10〕 Hierzu Lampert, BB 2002, 2237; Hauschka, BB 2004, 1178; Pampel, BB 2007, 1636.

〔11〕 Vgl. Ohrtmann, NZBau 2007, 201 und 278.

〔12〕 Hefendehl, ZStW 119 (2007), 816 (835); Eidam, Straftäter Unternehmen, 1997, S. 61 ff.

(对照《刑法典》第 263、266、298、299 条) 产生的损害赔偿义务，《民法典》第 826 条规定的违反良俗故意侵害他人而产生的损害赔偿义务，必要时包含精神抚慰金的危险责任、不作为请求权、无效（《民法典》第 134、138 条，无期限解约或撤销的权利）及请求返还[13]（《民法典》第 817 条第 2 句)、解散公司(《股份法》第 396 条、《有限责任公司法》第 62 条、《工商业合作社法》第 81 条、《民法典》第 43 条，对照《协会法》第 17 条并第 3 条、《联邦宪法法院法》第 39 条第 2 款并第 13 条第 1 款序号 1、《保险企业监督法》第 87 条)。

(4) 声誉。不合规在经济上一个特别重要的不利后果是会损害企业的声誉。相反，对法律忠诚会使企业的形象得分，构成企业的竞争性要素[14]并强化顾客的忠诚度。大企业和国际性的康采恩往往被公众所关注。[15] 但有时候，这种被钉在舆论耻辱柱上的效果，会有意地被利用。比如，在联邦卡特尔局的公开政策中[16]，一经立案就会公布企业和个人的名字。非政府组织，特别是媒体也会进行事件调查工作。互联网由于其具有可以在数秒内向全世界传播的能力，从而具有特别的爆炸性效果。[17]

企业会从利益相关者那里承受到损失。就顾客而言，一旦企业的市场形象受到损害，顾客就会流失，最严重时还可能受到顾客抵制。即便对于供货商，这种稳定的业务关系也会受到冲击。特别是对于分期付款的债权方，它将通过提供很糟糕的条件来惩罚企业的违法行为。在资本市场上，则会引发投资者的恐慌，股票指数会下降。保险公司会提高保费。员工和本地居民会丧失他们对该企业的信任。

2. 个人风险

(1) 刑法上的不利后果。违法的员工会受到罚金和自由刑的处罚。此外还有金钱负担（《刑法典》第 56 条 b 第 2 款序号 1 并《刑事诉讼法》第 153 条 a 第 1 款第 1 句、《刑法典》第 56 条 b 第 2 款序号 2、《刑法典》第 56 条 b 第 3 款、《刑法典》第 57 条第 3 款并第 56 条 b 第 2 款、《刑法典》第 59 条、第 59 条 a 并第 56 条 b 第 2 款与刑事诉讼法第 153 条 a)。最后还有没收与追缴。就《刑事诉讼法》的强制措施而言，根据《刑事诉讼法》第 112 条及其以下条款所规定的

〔13〕 Hierzu Kappel/Kienle, WM 2007, 1441 (1443).

〔14〕 Vgl. auch FAZ vom 16. 6. 2008, S. 20 („Klimaschutz als Wettbewerbsfaktor“).

〔15〕 Vgl. Bayer AG, Corporate Compliance Policy, abrufbar unter http://www.bayer.de/de/corporate_compliance_de.pdfx, S. 7.

〔16〕 Schünemann, in: Dornseifer u. a. (Hrsg.), Gedächtnisschrift für Armin Kaufmann, 1989, S. 629 (648).

〔17〕 Vgl. Bürkle, BB 2005, 565 (566).

侦查羁押非常重要。

（2）秩序违反法。如果员工实施了违反秩序的行为，特别是《秩序违反法》第130条规定的行为，将会面临罚款、追缴和没收，至少会被处以警告款（《秩序违反法》第56条及以下）。

（3）其他法律上的不利后果。民法上，行为人会承担损害赔偿义务。根据《股份法》第93条第2款，在企业实践中，会特别要求董事会承担义务，根据《股份法》第116条并对照第93条第2款，监事会也应该承担义务。根据一般民法的规定，还有违反职务合同的行为（《民法典》第280条第1款、第611条）以及不允许的行为（《民法典》第823条及以下）。在实行行业自治的职业中，还可能遭遇职业法上的行为禁令。由于缺乏可信度，行为人甚至连营业许可也可能被撤销。在劳动法上则通常会面临被解聘的后果。〔18〕

（4）声誉。刑事诉讼的公开性以及媒体报道往往会损害员工的声誉，妨碍其生活。如果诉讼程序持续时间太长，将会形成显著的负累，被告人会一直处在公众的负面评价之中。〔19〕

四、合规的刑法渊源

1. 合规要求的法律基础：概述

不合规的消极后果促使企业为避免风险而重塑组织制度。通过一系列措施，比如让企业决策具有更好的基础、确保质量并且创新，特别是通过风险管理提升价值，通过提高效率〔20〕节省成本，通过机会识别（发觉潜在的既有机遇）〔21〕，这样会给企业带来经济上的好处。有时候这样也可以抵消经济上的不利之处，比如由于没有行贿，竞争对手获得了一定的订单。但要把经济上的符合目的性要求和决定企业组织的法律义务区分开来。不能向法律工作者隐瞒这样一个事实：引入合规体系的义务在实践中终究被视为次要的，因为保护企业免受不合规的不利后果已经给企业家提供了充足的理由去尝试所有可能的和可实施的做法。〔22〕这当然不能保证国家和企业对什么是可能的、什么是可实施的做出不同的判断。

---

〔18〕 Zimmer/Stetter, BB 2005, 1445 (1449).

〔19〕 LG Aachen JZ 1971, 507 (519).

〔20〕 Hucke/Just, ZCG 2007, 5 (11); Feldhaus, NVwZ 1991, 927 (933；通过识别薄弱环节而自我监控); Schwartz, Strafrechtliche Produkthaftung, 1999, S. 152; FAZ vom 16. 6. 2008, S. 20 [“氛围增值”(Climate Value Added)]。

〔21〕 Wolf, DStR 2002, 1729 (1730).

〔22〕 Hauschka, DB 2006, 1142.

很多法律领域对于错误的企业领导都有相应的行为和制裁规范。每个合规讨论的基本问题是，义务汇总的结果是否构成了整体法秩序的一个投影。刑法仅仅是规则集合体的一个元素，只关注刑法是无法充分理解这个规则集合体的。〔23〕法律领域是交织在一起的，刑法、公法和私法之间的区别最终会被抹平。法律上个别的组织义务因此只是合法管理的一般义务的体现，这也是《秩序违反法》第 130 条的出发点。〔24〕合规研究的目的应该是对各种义务进行超越实证法的贯通。这隐藏着跨学科的半吊子主义（Dilettantismus）的风险，但对在广泛的企业行为法（Unternehmensverhaltensrecht）〔25〕意义上形成最佳实践（Best Practice）却是不可或缺的。当违反其他法律领域的规范并且引发类似的损害性的制裁时，仅仅遵守刑法本身是没有意义的。合规框架下的刑事部分（刑事合规）当然是合规中更重要的部分，特别是当企业经理在核心刑法中面临自由刑的时候，这一点会更明显。刑事合规的目标是使企业不会成为检察机关调查的对象。

（广义上）刑法明文规定的有关合规的组织规范是《秩序违反法》第 130 条。除此以外，每个刑法规范都是合规规范，因为每个企业领导层的可罚性都是违反杜绝企业行为危险源义务的征表。由于没有积极作为和故意（或者不能证实，特别是对于大企业来说），刑法上对于合规的讨论一般核心上只限于对过失不作为的讨论。过失不作为犯的问题（主要是假定的因果关系、企业所有人的保证人地位、谨慎注意避免后果的要求）不是本文讨论的重点。它们本身在对《秩序违反法》第 130 条的讨论中就达到了极盛。合规讨论重新激活了对不作为犯和过失犯基本问题的探讨。对《秩序违反法》第 130 条的司法判决对核心刑法规范的解释产生了影响。

2.《秩序违反法》第 130 条作为刑法合规的中心规范

《秩序违反法》第 130 条规定：

（1）工厂或企业的所有人故意或过失不采取必要的监督措施去阻止工厂或企业中的违反义务的行为，如果这些义务涉及上述所有人并且其在违反时被以刑罚或罚款相威胁，以及发生了这些通过谨慎监督可以阻止或可以显著加重其困难的违反义务的行为，工厂或企业所有人的行为就是违反秩序的行为。对监督人员的聘用、谨慎挑选和监督也属于监督措施。

---

〔23〕 Vgl. Pieth, in: Prittwitz u. a. （Hrsg. ）, Festschrift für Klaus Lüderssen zum 70. Geburtstag, 2002, S. 317 (319).

〔24〕 Schneider, ZGR 1996, 225 (230).

〔25〕 Preußner, NZG 2004, 57 (59).

（2）第1款所称的工厂或企业也包括公共企业。

（3）如果违反义务被以刑罚相威胁，那么违反秩序的行为可处以100万欧元以下的罚款。如果违反义务被以罚款相威胁，那么对违反监督义务的行为相应地适用对于违反义务的最高罚款标准。对于同时以刑罚和罚款相威胁的违反义务的行为，如果罚款的最高额超过了第1句确定的金额，第2句也适用。

①行为人范围。这个于1968年制定的并不断扩展的规范〔26〕创立了一项违反秩序的行为。《秩序违反法》属于广义上的（经济）刑法。鉴于有时罚款数额已经达到的高点，我们没有理由不去重视这个法律部门。〔27〕

行为人只能是工厂或企业的所有人。法条为工厂所有人设立了一个类似于保证人的地位。〔28〕这指的是最高领导层，不是股东。〔29〕《秩序违反法》第9条规定了代表人的责任。

“工厂”是指工作技术上为实现创造或提供成果的目的而建立的非临时性的、组织上、多数时候也包括空间上把人员和物资联系在一起并处在统一领导下的单位。〔30〕“企业”是指以实施商事活动为目的的法律和经济意义上的单位。〔31〕盈利目的不是必须的。〔32〕“公共企业”要根据《秩序违反法》第130条第2款来理解。康采恩是否属于《秩序违反法》第130条第1款意义上的企业，是有争议的。〔33〕主流观点对此持肯定意见。〔34〕主流观点认为：康采恩在事实上是像企业那样组织起来的，进行统一领导的，即便对于外部观察者来说，它也是

---

〔26〕关于历史参见 Maschke, Aufsichtspflichtverletzungen in Betrieben und Unternehmen, 1997, S. 6 ff.; Achenbach, wistra 2002, 141；对于由于要求因果关系带来的早期的适用困难参见 Schünemann, Unternehmenskriminalität und Strafrecht, 1979, S. 124 f.; Kohlmann/Ostermann, wistra 1990, 121 (124).

〔27〕Schmidt, wistra 1990, 131 (133)（“令人眩晕的百万高额”）; Bosch, Organisationsverschulden in Unternehmen, 2002, S. 312 Fn. 992.

〔28〕Lemke/Mosbacher, Ordnungswidrigkeitengesetz, Kommentar, 2. Aufl. 2005, § 130 Rn. 2; Kohlmann/Ostermann, wistra 1990, 121 (124); Alexander, Die strafrechtliche Verantwortlichkeit für die Wahrung der Verkehrssicherungspflichten in Unternehmen, 2005, S. 226.

〔29〕Rogall, in: Senge (Hrsg.), Karlsruher Kommentar zum Gesetz über Ordnungswidrigkeiten, 3. Aufl. 2006, § 130 Rn. 23.

〔30〕Lemke/Mosbacher (Fn. 28), § 130 Rn. 6.

〔31〕Lemke/Mosbacher (Fn. 28), § 130 Rn. 7.

〔32〕Bohnert, Ordnungswidrigkeitengesetz, Kommentar, 2. Aufl. 2007, § 130 Rn. 4.

〔33〕Überblick bei Alexander (Fn. 28), S. 305 ff.

〔34〕Schneider, ZGR 1996, 225 (244); Lemke/Mosbacher (Fn. 28), § 130 Rn. 7; Rogall (Fn. 29), § 130 Rn. 25; Kaufmann, Möglichkeiten der sanktionenrechtlichen Erfassung von (Sonder-) Pflichtverletzungen im Unternehmen, 2003, S. 144 f.

一个还要追求其它目的的有计划的进行管理的经济单位。反对观点[35]提示要注意下属企业在法律上的独立性，担心多级瀑布式的归责（Zurechnungskaskaden）在法律上并不具有坚实的基础。但是反对观点在整体上难以令人信服。康采恩的结构事实上可以让领导权渗入到下属企业的内部，母公司可以在具体决定上影响子公司。[36] 康采恩的渗透权事实上形成了一个非自由的层级结构，即便对照核心刑法上的间接正犯和业务领导责任，这种层级结构也是承担刑法上的垂直责任的理由。

②理性。《秩序违反法》第130条所规定的监督义务是传统参与者责任的前阶段，通过放低责任关联性的要求扩展了企业家保证人地位。[37] 在现代分工型的社会中，人（或者人与生产资料的结合）被视为一个风险要素。[38] 虽然经济法上的诫命和禁令本来是针对企业所有者的，但是诫命和禁令是如此的广泛和多样，以至于他们自己不能够完全知晓这些诫命和禁令，否则对他们太过苛求。基于工厂给所有者带来了越来越多的有好处的行为可能性，也基于另外的人处在工厂所有者的影响之下的典型情势，工厂所有者由此必须满足更高的义务。他们应当采取必要的监督措施，由此来履行那些优先应由他们所承担的义务。[39]《秩序违反法》第130条就弥补了两个漏洞。一方面是归责领域的漏洞，因为直接的义务违反者必要时不能通过《秩序违反法》第9条、《刑法典》第14条成为规范的接受者；[40] 另一方面是由于《刑法典》第40条第2款、第46条第2款和《秩序违反法》第17条产生的法律后果上的漏洞，因为大多数情况下是根据弱势的行为人的经济条件而决定罚款额度的高低，而法律被违反的真正原因在于工厂的组织和监督有瑕疵。[41]

《秩序违反法》第130条有时候扩展了责任，因为过失地违反监督义务就足以引发责任。[42] 责任渗透到企业本身具有特别的意义，它会导致对监督义务进

---

〔35〕 König, in: Göhler (Hrsg.), Ordnungswidrigkeitengesetz, Kommentar, 14. Aufl. 2006, § 130 Rn. 5a.

〔36〕 Bohnert (Fn. 32), § 130 Rn. 7.

〔37〕 Alexander (Fn. 28), S. 227.

〔38〕 Rogall (Fn. 29), § 130 Rn. 2.

〔39〕 Rogall (Fn. 29), § 130 Rn. 3; König (Fn. 35), § 130 Rn. 2; vgl. auch schon Kleinewefers/Boujong/Wilts, in: Rotberg (Hrsg.), Ordnungswidrigkeitengesetz, Kommentar, 5. Aufl. 1975, § 130 Rn. 1.

〔40〕 König (Fn. 35), § 130 Rn. 2; Rogall (Fn. 29), § 130 Rn. 4.

〔41〕 König (Fn. 35), § 130 Rn. 3.

〔42〕 Ransiek, Unternehmensstrafrecht, 1996, S. 99, 346; König (Fn. 35), § 130 Rn. 1; vgl. schon Demuth/Schneider, BB1970, 642 (647).

行扩大的解释，以激活《秩序违反法》第30条所规定的企业责任。[43] 当然，不能将具有监督义务的人作为工具而滥用，以强化国家针对企业处以罚款的利益。[44]

虽然对归责的确保（Sicherung von Zurechnung）本身还不足以成为一项法益，[45] 但是规范正是这样设计的[46]：通过维护工厂内的秩序[47]来保护那些法益，即与工厂有关的个别的刑事和罚款法条要保护的法益。[48] 上述结论是基于罚款的幅度与义务违反相联系这样一个事实推导出来的。这里的义务指的是与结果相关联的义务。[49] 这并不排除违反监督义务具有自己独立的责任内容[50]，因为义务违反作为惩罚的客观条件，仅仅具有代表实际必要性的征表性的意义（监控机制与刑事控告的必要性很相似）。[51]

③行为：违反监督义务。行为指在交办了工作任务以后不采取必要的和适当的监督措施。这里涉及纯正的不作为犯。与可能的主流观点不一致的是，这里并不涉及抽象危险犯[52]，根据所描述的监督义务被违反和违法行为之间的关联，这里涉及的是具体危险犯[53]。对规范作目的论的推论时，具体危险意味着工厂违反特定的构成要件特征所带来的紧迫危险。[54] 这也降低了对是否符合《基本法》第103条第2款[55]所规定的明确性原则的疑虑：并不存在一个就自身来说是谨慎的行为所要求的监督总是根据特定的法益来确定，只有这样，对行为进行实质上的描述才具有可能性。如果无价值不依赖于（被威胁的）事实上的法益

[43] Bosch (Fn. 27), S. 314; Rogall (Fn. 29), § 130 Rn. 6; vgl. auch Maschke (Fn. 26), S. 29 f.; Ransiek (Fn. 42), S. 109; Tessin, BB 1987, 984 (985); krit. auch v. Freier, Kritik der Verbandsstrafe, 1998, S. 42.

[44] Schürmann, Aufsichtspflichtverletzungen im Spannungsfeld zwischen dem Strafrecht und dem Zivilrecht, 2005, S. 113.

[45] Bosch (Fn. 27), S. 318 f.; Rogall (Fn. 29), § 130 Rn. 12.

[46] Maschke (Fn. 26), S. 19, 21 ff.

[47] So BGHZ 125, 366.

[48] Lemke/Mosbacher (Fn. 28), § 130 Rn. 3; König (Fn. 35), § 130 Rn. 3a.

[49] Rogall (Fn. 29), § 130 Rn. 13 f.

[50] Bosch (Fn. 27), S. 324.

[51] Bosch (Fn. 27), S. 326 ff.

[52] Vgl. nur Bohnert (Fn. 32), § 130 Rn. 1.

[53] Rogall (Fn. 29), § 130 Rn. 16; König (Fn. 35), § 130 Rn. 9.

[54] Rogall (Fn. 29), § 130 Rn. 17 f.

[55] Schünemann (Fn. 26), S. 121, 217 ff.; ders., wistra 1982, 41 (48); 同意其意见的有 Kohlmann/Ostermann, wistra 1990, 121 (130) 有关违反监督义务的行为构成草案; vgl. auch Bottke, wistra 1991, 81 (86).

侵害，那是不能令人信服的[56]，更何况工厂的错误组织行为是很常见的。[57]

④涉及此类所有者的义务。涉及此类所有者的义务[58]，即禁令[59]，根据主流观点[60]，它们并不仅仅以特别犯（Sonderdelikt）的形态出现[61]，所有与工厂有关的违法行为都会被纳入考虑。当此类所有者也被要求履行基于刑法上的一般犯所要求的特殊注意义务（间接正犯、保证人地位、以企业组织和领导义务形态展现的注意义务等等）时，反对观点援引《秩序违反法》第 130 条第 1 款第 1 句[62]以及与之相对的《秩序违反法》第 30 条第 1 款[63]、《刑法典》第 70 条第 1 款第 1 句的表述并不能令人信服。不仅仅在特别犯那里可以推导出授权要产生的危险，[64] 每个工作分工都有提高法益损害的可能性。阻止这种可能性正是《秩序违反法》第 130 条的目的。[65]

⑤违反义务的行为。员工的违反义务的行为[66]可以来自大量的法定义务。过去在实践中一个特别重要的案件类型是违反《机动车和有轨电车驾驶人员法》上有关休息时间的规定。[67]

去确定一个特定的违反义务的行为人是没有必要的。[68] 违反义务的行为人本身不必是可罚的，只要具有外部的事件流程就足够了。[69] 对此要区分刑法典第 11 条第 1 款序号 5 以及《秩序违反法》第 1 条第 2 款的规定。

⑥显著加重其困难。监督措施必须显著加重违反义务行为的困难。通过确定

---

〔56〕 Schünemann, in: ders. /Suárez González (Hrsg.), Bausteine des europäischen Wirtschaftsstrafrechts, 1994, S. 265 (276).

〔57〕 Mittelsdorf, Unternehmensstrafrecht im Kontext, 2007, S. 138.

〔58〕 Hierzu Ransiek (Fn. 42), S. 103 ff.; Hellmann/Beckemper, Wirtschaftsstrafrecht, 2. Aufl. 2008, Rn. 891 ff.; Bosch (Fn. 27), S. 341 ff.; Rogall (Fn. 29), § 130 Rn. 77 ff.

〔59〕 König (Fn. 35), § 130 Rn. 18.

〔60〕 Vgl. König (Fn. 35), § 130 Rn. 18.

〔61〕 So aber Schünemann (Fn. 26), S. 112 ff.; Bottke, wistra 1991, 81 (87); Rogall (Fn. 29), § 130 Rn. 84 f.

〔62〕 Ransiek (Fn. 42), S. 103.

〔63〕 Ransiek (Fn. 42), S. 103.

〔64〕 So aber Ransiek (Fn. 42), S. 104 f.

〔65〕 Hellmann/Beckemper (Fn. 58), Rn. 892.

〔66〕 关于对违反义务者的圈子的界定参见 Rogall, ZStW 97 (1986), 573 (606); Rogall (Fn. 29), § 130 Rn. 92; Alexander (Fn. 28), S. 263; a. A. König (Fn. 35), § 130 Rn. 19.

〔67〕 Hierzu König (Fn. 35), § 130 Rn. 27a.

〔68〕 König (Fn. 35), § 130 Rn. 20.

〔69〕 Többens, NStZ 1999, 1 (5); König (Fn. 35), § 130 Rn. 21.

“显著加重其困难”这个标准，“风险提高说”在此处被法定化。[70] 其理由就是实践中的便利性。[71] 因为事后要确定一个假定的因果关系是很困难的。[72] 当适当的监督足以消除违反义务的危险，就可以认定“显著加重其困难”。[73] 这里要求实质性地减少违反义务的可能性。[74]

⑦法律后果。罚款是根据《秩序违反法》第130条第3款的标准来确定。对工厂所有者的个人非难，也就是他违反监督义务的严重性，在此是决定性的。[75] 根据《秩序违反法》第130条的法规目的，应该纳入考虑的还有工厂中违反义务行为的意义和严重程度。[76]

五、确定监督要求的基本问题

监督措施的概念是没有突出特点的，它不能对抽象的必要的监督措施的具体化提供什么帮助。[77] 这里存在企业主授权的权利被截断的危险[78]，因为总能找到某个没有采取的监督措施。[79] 并不存在就自身而言的监督义务，它总是与一定的工厂形势和工作相适应。[80] 这样一种行为构成要件也会唤起对预防效果的疑问。[81] 学术和实践的任务是通过对法律上认可的行为方式的标准化处理来协调灵活性（即不明确性）和法律安全性（即补足漏洞）之间的冲突。[82] 司法判决往往只满足于认定工厂所采取的措施尚不充分，并不会将个案中应该采取的措施具体化。[83] 司法判决并没有完成它将谨慎标准设置为执行指南的义务。[84] 企业家（作为法律外行）做决策的时候，需要可信的指南、连续性和可靠的标准、

---

〔70〕 Maschke (Fn. 26), S. 74.

〔71〕 Mittelsdorf (Fn. 57), S. 138.

〔72〕 König (Fn. 35), § 130 Rn. 22a.

〔73〕 Hellmann/Beckemper (Fn. 58), Rn. 901; König (Fn. 35), § 130 Rn. 22a.

〔74〕 Rogall (Fn. 29), § 130 Rn. 101.

〔75〕 König (Fn. 35), § 130 Rn. 28a.

〔76〕 KG wistra 1999, 359; König (Fn. 35), § 130 Rn. 28a; Bohnert (Fn. 32), § 130 Rn. 38.

〔77〕 Bosch (Fn. 27), S. 337, 347 ff.

〔78〕 OLG Düsseldorf wistra 1999, 115 (116); Bosch (Fn. 27), S. 353.

〔79〕 Ransiek (Fn. 42), S. 102 (107); Bosch (Fn. 27), S. 307, 337.

〔80〕 Ransiek (Fn. 42), S. 102 (107); Bosch (Fn. 27), S. 307, 337.

〔81〕 Bosch (Fn. 27), S. 348.

〔82〕 Bosch (Fn. 27), S. 358.

〔83〕 Alexander (Fn. 28), S. 29, 235.

〔84〕 Bosch (Fn. 27), S. 440 Fn. 1396.

可期待的安全性以及足够清晰的潜在义务。[85] 它需要确定特定的组织模式是否合法。但企业家却往往面临不确定性，仅仅遵循一般的命令他们是很难开始工作的。他们自己需要对义务进行具体化，但错误的确定是要被处罚的。[86]

经济管理者需要严格的方针，因为他们必须进行企业经济上的思考。可计算性是所有经济社会行为的前提。如果刑法上的成本并不是可以计算的，那么一个经济主体怎么能够实行经济上理性的行为?[87] 法院在沙利度胺案[88]中需要考虑去识别事实上所要求的是什么，这是一个困难的局面，但这样做并非没有理由。

让法院判决对不确定的法律概念具体化[89]，这样的想法并不能给对于国民经济来说必不可缺的企业提供更多的帮助。每个判决背后都有一个被判决者，判决前他的背上背负着悬而未决的问题。企业不会也不愿意冒险把自己送上法律续造的祭坛。[90] 人们在类案对比中发现总是只存在相似的决定[91]，但追求的目标却应当是让独立的法律发现成为可能。在一个高速变化同时潜在危险越发加大的社会发展中，不能让那些更愿意冒险的人承担所有新的风险，刑法绝不能如此去适用。[92]

事后责任公平承担的困难，尤其是由违反义务行为来决定监督义务违反性的危险[93]，会激化整体形势。[94] 法院回顾审视的目光[95]是以结果为导向的，满足于找到替罪羊。这是人类整体上的趋势，当事前判断不能确定某人是否错误地

---

〔85〕 Vgl. Hassemer, Produktverantwortung im modernen Strafrecht, 2. Aufl. 1996, S. 55; Kuhlen, in: Roxin u. a. (Hrsg.), 50 Jahre Bundesgerichtshof, Festgabe aus der Wissenschaft, Bd. 4, 2000, S. 647 (656 f.) ("这里存在的问题应当认真对待，以刑罚来维护的行为义务必须清晰可识")。

〔86〕 Hassemer (Fn. 85), S. 69; vgl. auch Rotter, in: Brünner (Hrsg.), Korruption und Kontrolle, 1981, S. 113; Alexander (Fn. 28), S. 144.

〔87〕 Bosch (Fn. 27), S. 473.

〔88〕 LG Aachen JZ 1971, 507 (518).

〔89〕 Schünemann, in: Küper u. a. (Hrsg.), Festschrift für Karl Lackner zum 70. Geburtstag, 1987, S. 367 (390).

〔90〕 Lüderssen, Entkriminalisierung des Wirtschaftsrechts Bd. 2, 2007, S. 141 f.

〔91〕 Hilgendorf, Strafrechtliche Produzentenhaftung in der „Risikogesellschaft", 1993, S. 162.

〔92〕 Dannecker, in: Amelung (Hrsg.), Individuelle Verantwortung und Beteiligungsverhältnisse bei Straftaten in bürokratischen Organisationen, 2000, 209 (226).

〔93〕 Ransiek (Fn. 42), S. 107; Bosch (Fn. 27), S. 340; Alexander (Fn. 28), S. 32; Große Vorholt, Wirtschaftsstrafrecht, 2. Aufl. 2007, Rn. 1574.

〔94〕 Kuhlen (Fn. 85), 647 (658).

〔95〕 Maschke (Fn. 26), S. 33; Bosch (Fn. 27), S. 350.

或违反义务地实施了行为，也要让其为所产生的损害承担责任。[96] 事后观察[97]遮蔽了对行为违反义务性的无偏见的目光。[98] 法官并不对风险升高进行审查，而只是对风险的实现进行事后的分析。[99]

六、可能性、必要性、可期待性

1. 原则

企业主应该采取的是所有可能的、必要的和可期待的措施。[100] 事实上和法律上[101]不可能的措施是不能被要求的。必要性决定了采取此类适当的措施，亦即基于其具有影响行为的效果而能降低与企业相关的错误的可能性的措施。措施的着眼点在于从各种预见性看都要让与企业相关的义务得到遵守。[102] 当存在多项具有同等适当性的措施时，履行监督义务者应当选取其中引发最低负担效果的措施（亦即最低的投入，首先是经济上的）。[103]

监督措施的可期待性是客观的行为构成特征。对于《秩序违反法》第 130 条第 1 款第 1 句来说，可期待性来自于"适当的"监督这个概念。[104] 利用这个概念可以将被允许的创设风险和不被允许的创设风险区别开来。要惩罚的仅仅是创

---

〔96〕 Kuhlen, JZ 1994, 1142 (1146).

〔97〕 Vgl. z. B. Schünemann (Fn. 26), S. 251 ("从结果出发返观式来侦测回避后果的必要且可期待的措施，通过利益权衡来进行评价"); Brammsen, GA 1993, 97 (108: "如果法律上不希望发生的后果出现了都还决定不了威胁法益行为具有义务违反性，并且"违反价值的后果也不能就义务违反性得出结论的话"); Heine, Die strafrechtliche Verantwortlichkeit von Unternehmen, 1995, S. 44, 129; vgl. Auch ganz allgemein Jakobs, GA 1996, 253 ("如果一个交流意义上重要的表述，虽属违法的行为但它缺乏错误的内容，也不应当在刑法上引发什么，无论要侦测的损害有多大，比如损害的法益，无论适当的损害赔偿或预防是否会带来其他的损害"); 关于含糊不清的危险的观察方式 vgl. aber etwa Heine (Fn. 97), S. 298 ("判决首先会依据行为人所事先拥有的关于风险的知识，除此以外在判决时所具有的知识状况，还要考虑行为人所具有的知识状况，包括在扰乱情况下自己所获得的认知")。

〔98〕 Vgl. auch Hauschka, AG 2004, 461: "事后诸葛亮"; Maschke (Fn. 26), S. 54 (事后可以获得不作为时根本不存在的认识); Kohlmann/Ostermann, wistra 1990, 121 (128); Heine (Fn. 97), S. 127 f.; Schürmann (Fn. 44), S. 34 ("事后总是更聪明"); Große Vorholt, Behördliche Stellungnahmen in der strafrechtlichen Produkthaftung, 1997, S. 96 ("事后聪明人的视角")。

〔99〕 Maschke (Fn. 26), S. 91.

〔100〕 Vgl. nur BGH NStZ 1997, 545 (546).

〔101〕 Rogall (Fn. 29), § 130 Rn. 38.

〔102〕 BGHSt 25, 158 (163); BGH NJW 1973, 1511 (1513 f.); OLG Zweibrücken NStZ-RR 1998, 311 (312); OLG Stuttgart NJW 1977, 1410; Alexander (Fn. 28), S. 238.

〔103〕 Rogall (Fn. 29), § 130 Rn. 38, 48.

〔104〕 Rogall (Fn. 29), § 130 Rn. 49.

设一个不能再被容忍的对法益的风险。企业主并不存在避免任何风险的义务。[105] 人们要确定采取监督措施的成本与规范违反可能性之间的比例性。基于有序的企业经济和国民经济的利益，应当避免对监督措施提出过高的要求[106]。刑法只能为企业的组织义务提供一定的基本标准，并不能提供广泛的法益保护，这一点是必须要被接受的。[107] 合规体系不能造成过分的内部规制。[108]

为了实现安全利益和价值创造的目标之间的平衡，就要求人们确定经济上的可接受性。为此人们要致力于在尽可能的范围内对保护要求进行量化。这促使人们以风险管理的方式来对可期待性进行明确化，也就是说（对这种要求）进行数学式的调查，即把（刑）法作为风险管理手段。

2. 法律上的具体化

国家有关安全的立法，也就是说像《道路交通法》中广泛存在的降低风险的某些单项规定一样，具有当然的优先性。这是对（事实的或直觉的）风险估算的一种民主的、法定的宣示，也是对安全标准定义的一种宣示。超越安全标准就是创设不被允许的风险。这种对风险的评价是有约束力的，对于刑事法官也是如此。在这些领域，刑法不能创设更多的义务。[109] 即便大量的安全性规则也不能掩盖这样一个事实，即在现代风险社会中，国家对于保障安全和承担相应的责任，越来越显得力不从心。由于特殊的情况，人们总是需要采取其他的措施。[110]

交往规范和行业标准，比如德国标准化学会（DIN）、德国电子电气工程师协会（VDE）或者德国化学工业协会（VCI）的规范，也可以提供重要的参照。[111] 这些标准具有指示性功能[112]，即它们推定了放弃要做出的决定是基本正确的，而这种推定是允许被推翻的。由于它们只是最低标准[113]，严格来说，它们并没有清楚地回答谨慎性的问题，因此，从原则上看是没有用处的。当风险制造者决定必要的降低风险的措施范围的时候，特别是由于存在着利益冲突的问

---

[105] Dannecker (Fn. 92), 209 (214); vgl. schon RGSt 30, 25 (27).

[106] OLG Koblenz MDR 1973, 606; OLG Düsseldorf NStZ-RR 1999, 151.

[107] Bosch (Fn. 27), S. 501.

[108] Bürkle, BB 2005, 565 (566).

[109] Dannecker (Fn. 92), 209 (219, 221).

[110] Alexander (Fn. 28), S. 83.

[111] Bosch (Fn. 27), S. 411 ff.; vgl. auch Schwartz (Fn. 20), S. 151 f.; Kassebohm/Malorny, BB 1994, 1361 (1368 f.).

[112] Schünemann, JA 1975, 575 (577); vgl. ders. (Fn. 89), S. 367 (386); Bosch (Fn. 27), S. 413.

[113] Vgl. OLG Hamm NJW 1971, 442 (443); Heine (Fn. 97), S. 285; Doms, Die strafrechtliche Verantwortlichkeit des Unternehmers für den Arbeitsschutz im Betrieb, 2006, S. 148.

题，所以一直以来就有对于自我规制的基本性的疑问。[114]

在个案处理中，政府的决定和观点也可以确定被许可的风险的范围。[115]

3. 通过范围形象（Maßfiguren）和企业标准来进行具体化

对于必要的和可期待的监督措施的范围通常缺乏国家决定。对此可以采用企业标准和范围形象来予以弥补。

范围形象模式是要探索相应情况下企业的平均谨慎程度。[116] 但这种模式并不能提供这样的认知，[117] 即人们在各自要评价的案件视其为是适当的，就会被确认为是符合标准的[118]，这种情况只会在显得要加大进行法益保护的情况下才会被视为是正确的。在发生新的风险和产生新的认知时，则不存在相应的比较标准。[119] 应该在多大程度上选取观察的范围，基本上也是不清楚的。[120] 总之，这里并不意味着是一种描述（经验）：行业通过共同一致的疏忽，将谨慎的要求不断地拧松[121]，以至于产生这样的危险，即在交往中必要的谨慎性规定被事实上提出的谨慎性描述替代。[122]

使必要的监督措施的程度依赖于企业业务活动的大小会更有成效。[123] 对此首先涉及如下的指标：

企业大小、员工的数量[124]；

---

[114] Schünemann (Fn. 89), S. 367 (370, 377 f.); vgl. auch Alexander (Fn. 28), S. 99.

[115] Hierzu Große Vorholt (Fn. 98).

[116] Siehe etwa zu § 130 OWiG OLG Düsseldorf wistra 1999, 115 (116) (“为了避免违反涉企义务，可以要求某活动领域内的一般人员的谨慎程度”); vgl. König (Fn. 35), § 130 Rn. 12; schon Kleinewefers/Boujong/Wilts (Fn. 39), § 130 Rn. 3.

[117] Bosch (Fn. 27), S. 395 ff. ; vgl. auch Schünemann, JA 1975, 575; Maschke (Fn. 26), S. 38; Demuth/Schneider, BB 1970, 642 (648); Tessin, BB 1987, 984 (986).

[118] Hilgendorf (Fn. 91), S. 155; Alexander (Fn. 28), S. 100.

[119] Bosch (Fn. 27), S. 399.

[120] Bosch (Fn. 27), S. 400.

[121] Schwartz (Fn. 20), S. 77.

[122] Bosch (Fn. 27), S. 396.

[123] Kleinewefers/Boujong/Wilts (Fn. 39), § 130 Rn. 3; Bohnert (Fn. 32), § 130 Rn. 18; König (Fn. 35), § 130 Rn. 10; Lemke/Mosbacher (Fn. 28), § 130 Rn. 12; Demuth/Schneider, BB 1970, 642 (648); Scharpf, DB 1997, 737 (739); Maschke (Fn. 26), S. 50; Lensdorf, CR 2007, 413 (416); Alexander (Fn. 28), S. 235; OLG Zweibrücken NStZ-RR 1998, 311; OLG Düsseldorf wistra 1991, 38 (39); OLG Düsseldorf wistra 1999, 115 (116); OLG Hamm-1 Ss OWi 634/03; OLG Hamm wistra 2003, 469.

[124] OLG Stuttgart NJW 1977, 1406: “可一览无遗的小企业以及可轻易监控的雇员人数。”

工作和业务领域/活动的种类：业务活动的危险性、引发特大损害的危险[125]；

既有的违规情况和损害情况[126]。

4. 经济上的具体化

此处蕴含了正确的经济比例性原则：法益损害的期待值越大，就应该进行更多的减少损害可能性的监督。对可期待措施的具体化的核心是对经济核算进行考量。通过在尽可能大的范围内把所有比例性审查和权衡活动进行量化处理，这样刑事合规就有助于为刑法上的法益保护奠定方法上和经济上的基础。当然，我们不能期待经济学在此出现奇迹：迄今为止，对于企业组织只有少数清晰的理论叙述，且对此的经验图景也并不统一[127]，我们还缺乏对于正确的组织结构以及结构对于个体行为影响的确切的认识。不存在适用于所有情况的对组织塑造有约束力的规则，所存在的是大量不同的组织方式，这恰恰是企业经济组织论上的一项认知。[128] 同样，对于“正确”的企业结构，也存在多种多样的观点。[129] 无论如何，对于经济刑法在此问题上的具体化，经济学方面的思考做出了有价值的贡献。当所有有关监督和谨慎义务的规定都以对益处和损害的权衡为基础时，其将这种权衡与经济学上和数学上的风险管理相关联，就意味着人们获得了理性、透明性和法律安全性。

七、基于企业经济风险管理的刑法义务的确定、对于企业内部风险管理的刑法上的要求

风险管理要实现两个功能：它可以在方法上将刑法上的义务具体化，组织上它正好是刑法上欠缺的合规体系的组成部分。法律风险在此是特别重要的。合规体系有一项贯彻风险管理的义务，它可以使对风险及其防范进行调查和评价变为可能。[130] 当获得与风险有重要关系的信息，当法益受到威胁的发展情况有认识时，当认识到问题的解决以及问题解决的实施这些条件在企业中得到足够保障的

[125] Vgl. auch Ransiek (Fn. 42), S. 41：“牵涉的法益被评价越高，其义务范围就越广”；S. 108：“面临的损害越大，对监督义务提出的要求就更高。”

[126] Mittelsdorf (Fn. 57), S. 66.

[127] Füser/Gleißner/Meier, DB 1999, 753 (757).

[128] Vgl. Mittelsdorf (Fn. 57), S. 150 f., 212.

[129] Mittelsdorf (Fn. 57), S. 212.

[130] Heine (Fn. 97), S. 134.

时候，企业才算存在一个满足义务的组织结构。[131]

1. 风险识别

风险管理的第一个组成部分是风险盘点，也就是体系化的和连续性地对损害危险和潜在损失的确认。[132] 同时要包括应然和实然状态。在经济上可接受的范围内，要参考企业内部和外部的信息源。通过这种方式可以在员工行为违规的意义上发现企业的薄弱点，比如有腐败风险的业务流程和工作领域。[133] 因此，建立风险管理也是《秩序违反法》第 130 条第 1 款第 1 句、第 2 句意义上的监督。

2. 风险评估

对被调查到的风险要进行评估，这里涉及方法上和组织上的两个方面。风险的量化可以确定应采取的防范措施的范围。为一项风险所打的分值取决于风险爆发的可能性以及可能产生的损害额度。[134] 和每项具体化措施一样，风险评估的实施也面临诸多困难。首先，存在通常的预测上的不确定性（对于风险的时间、种类和后果的不可权衡性），其次，还由于信息的不完整性。最大的反对意见认为其存在不可量化性[135]，在对人类健康和生命的量化问题上，反对意见达到高潮。但即便如此，下列说法也是成立的：在法秩序内，毕竟经常存在权衡现象，以至于它仅仅与显著性、透明性、标准化和合理性相关。实质的讨论由此围绕数值分配而展开，对于计算的价值和方法人们经常发生争议。但这并不影响立法者自由地确定个别的降低风险的措施。

3. 风险消除

根据对风险的评估，可以制定所谓的风险地图、风险矩阵、风险组合和风险草图。[136]

人们基于损害发生可能性和勘查的损害额度所计算出来的数值的大小可以确定企业中采取《违反秩序法》第 130 条意义上的监督措施的范围。在不考虑既有的特殊规则的情况下，当采取防范措施从经济上损害大于收益时，就超越了可期待性的界限。如果发现了不合规的情况，鉴于采取防范措施会给企业带来显著不

---

〔131〕 Vgl. Mittelsdorf (Fn. 57), S. 151.

〔132〕 Kromschröder/Lück, DB 1998, 1573 (1574).

〔133〕 Vgl. Richtlinie der Bundesregierung zur Korruptionsprävention in der Bundesverwaltung vom 30. 7. 2004, Pkt. 2.

〔134〕 关于全部内容参见 Scharpf, DB 1997, 737 (740); Kromschröder/Lück, DB 1998, 1573 (1574 f.); Füser/Gleißner/Meier, DB 1999, 753。

〔135〕 Heine (Fn. 97), S. 132; Prittwitz, Strafrecht und Risiko, 1993, S. 92 f.

〔136〕 Wolf, DStR 2002, 1729 (1731).

利后果，超越期待可能性就会导致企业放弃对法益进行保护。

几乎所有的措施都是负担型的、死板的、耗费型的，并因此是昂贵的，在这种情况下，具体的降低风险的措施（合规工具）展示了企业在采取合规措施时是何等的谨慎。

八、通过合规措施减少刑事可罚性风险

降低员工违反秩序行为的可能性最终会涉及企业中各项具体的工作。合规讨论中有一些重要的基石性问题通常会被谈到：

1. 行为守则

很多企业选择自我规制和自我约束的途径，部分是为了走在国家立法的前面，部分是基于自我对限制风险的计算。作为员工教育的特别情形（《违反秩序法》第130条第1款意义上的监督），企业存在一项内部义务，去阻止或消除犯罪的团体观念和将促进犯罪的生成机制最小化。[137] 其目标是：通过对既有的企业文化施加影响来激发道德潜力，对领导层和员工进行预警，将各种解决方案提前结构化。[138] 行为守则除了声明（宣扬对基本价值的信仰，此处最重要的是忠于法律）的使命，还包含对最常见的问题领域的处理，比如处于腐败边缘领域的接受礼品和邀请的问题。这类企业规范也面临批评[139]：基于市场上的一定竞争压力，此类义务设定的真诚性特别受到怀疑，此外，它们经常只是对外部规范进行相同内容的内部重复。尽管如此，却不能贬低此类规范的能力，它们有时会显著降低员工犯罪的可能性。

2. 职责

企业领导层必须创设好企业的组织结构，将所有义务按块分配并确定谁负责诸如制造、研发、生产、监督、销售、观测等基本阶段。[140] 这就需要进行组织规划[141]并列明相应的责任（功能上的、具体的人员名称），需要对职位描述、职权、职责、指令权、监督和汇报方针进行书面确定。重要的是要有清晰的界限，以确保不会出现越权的情况，员工不至于相互依赖，不会有人觉得自己没有

---

〔137〕 Mittelsdorf (Fn. 57), S. 153, 222; Theile, ZIS 2008, 406 (410).

〔138〕 Pies, Wie bekämpft man Korruption, 2007, S. 2.

〔139〕 Achenbach, StV 2008, 324 (327); Theile, ZIS 2008, 406 (415); Pies/Sass/Meyer zu Schwabedissen, Prävention von Wirtschaftskriminalität, 2005, S. 192.

〔140〕 Dannecker (Fn. 92), 209 (217).

〔141〕 Vgl. Rudolphi, in: Küper u. a. (Fn. 89), S. 863 (868); Lensdorf, CR 2007, 413 (418).

责任范围。[142] 在反腐败框架内，利益分离和功能分割的办法特别具有重要意义：决策、管理、订购职能应该分配给不同的人员去实施[143]，对于重要事项还要遵循诸如附署签字保留[144]以及贯彻属于根本原则的多眼/四眼原则[145]。人们讨论到的还有人员轮岗制度，每次调动都伴随着失去职权。[146]

3. 人事：垂直授权

从历史角度和经济角度看，企业监督的核心是通过人员配置来降低风险。这是《违反秩序法》第130条第1款第1句的内含之意。要区分的是垂直授权（配置服从指令的员工）和水平授权（在同层面上分配不同的任务）。对垂直授权的领导职责包括选任、教育、监督和惩戒。

（1）聘任。企业主应该注意保证下属的任务和职权相一致。对于新聘任的人员和内部调动也要如此。[147]

企业主应该合理地选任员工。[148] 具体而言，应该根据企业的任务（岗位的特点、地位）和所负的责任范围来决定：所面临的危险越大，要求也就越高。[149] 在一个适当的聘任程序中，他应当就资格（身体上、精神上的履职能力[150]）和

---

[142] OLG Düsseldorf NStZ-RR 1999, 151 und wistra 1999, 115; Maschke (Fn. 26), S. 39; Tessin, BB 1987, 984 (987).

[143] Bossard, in: Schimmelpfeng (Hrsg.), Aktuelle Beiträge zur Wirtschaftskriminalität, 1974, S. 89; vgl. auch Richtlinie der Bundesregierung zur Korruptionsprävention in der Bundesverwaltung vom 30. 7. 2004, Pkt. 11. 2.; Schünemann (Fn. 16), 629 (637).

[144] Schünemann (Fn. 16), S. 629 (637).

[145] Hauschka, AG 2004, 461 (467); Stierle, ZCG 2007, 13 (15); vgl. auch Richtlinie der Bundesregierung zur Korrupti-onsprävention in der Bundesverwaltung vom 30. 7. 2004, Pkt. 3. 1.; Koller, in: Assmann/Schneider, Wertpapierhandelsgesetz, Kommentar, 5. Aufl. 2009, § 33 Rn. 8; Pies/Sass/Meyer zu Schwabedissen (Fn. 139), S. 193f.

[146] Hierzu Pies/Sass/Meyer zu Schwabedissen (Fn. 139), S. 194; Vahlenkamp/Knauß, Korruption, 1995, S. 180.

[147] Alexander (Fn. 28), S. 238.

[148] Statt vieler: Rudolphi (Fn. 141), 863 (874); Große Vorholt (Fn. 94), Rn. 1598 ff.; Maschke (Fn. 26), S. 39; Hellmann/Beckemper (Fn. 58), Rn. 895; König (Fn. 35), § 130 Rn. 11; vgl. auch Richtlinie der Bundesregierung zur Korruptionsprävention in der Bundesverwaltung vom 30. 7. 2004, Pkt. 4. 1; RGSt 58, 130; OLG Hamm-1 Ss OWi 598/02; Demuth/Schneider, BB 1970, 642 (648); OLG Karlsruhe NJW 1977, 1930; OLG Hamm NJW 1971, 442.

[149] OLG Hamm wistra 2002, 274; Rogall (Fn. 29), § 130Rn. 52; König (Fn. 35), § 130 Rn. 12; Kleinewefers/Boujong/Wilts (Fn. 39), § 130 Rn. 4; vgl. zum Arbeitsschutz Doms (Fn. 113), S. 195.

[150] Vgl. auch BayObLG wistra 2001, 478 (479); Herzberg, DB 1981, 690 (693).

个人可信赖性问题[151]穷尽（ausschöpfen）人才市场的求职者[152]来考察。一般情况下，履行监督义务的人员根据自己的生活和职业经验评估应聘者的能力和可信赖性就够了。[153] 如果被聘任人员将拥有对内和对外有效力的处置权，或者其活动将为第三人带来不可避免的危险，这种情况下对被聘任人员进行相关实质调查就是必要的。[154] 市场上有符合规定的关于刑事可罚性显著度测试（操守测试，integrity tests）和聘用前筛选（Pre-Employment-Screenings）。

（2）教育（Instruktion）。工厂主对于他的员工有教育的义务。[155] 他必须发布必要的指令、提示和信息。[156]

教育一方面会涉及企业：企业任何时候都必须通过可以得到的信息让员工认识到自己行为的清晰边界。[157] 精确地告知员工其义务的内容和范围也是必要的。[158] 另一方面，有关法律：对法律上要求的行为应该持续地进行告知。[159] 关于惩戒的警示也是一种教育：应该让员工清晰地看到，企业主对于遵守规定是非常严肃的，在违反规定情况下恐怕会与雇主发生不愉快的事情。[160]

（3）监督。企业领导活动本身自然是不能转移给下属员工的，建立监督链条由此是很必要的，对此可以参见《秩序违反法》第 130 条第 1 款第 2 句。

下属应该被监督，但是关于监督的范围却并不清晰。信任原则是一项关键点。但是这项原则的适用很受限制，以至于上级的监督要求往往会比横向授权严格得多。

应该允许上级对于下属保持明显的范围的正当信任：他不必事无巨细关注下属做了什么，他仅仅进行大致性的伴随即可，否则安排他人去工作就失去了意

---

〔151〕 Busch, Grundfragen der strafrechtlichen Verantwortlichkeit der Verbände, 1933, S. 168; Herzberg, DB 1981, 690 (693).

〔152〕 Brenner, DRiZ 1975, 72 (74).

〔153〕 Alexander (Fn. 28), S. 238; Lemke/Mosbacher (Fn. 28), § 130 Rn. 11.

〔154〕 Lemke/Mosbacher (Fn. 28), § 130 Rn. 11.

〔155〕 Große Vorholt (Fn. 94), Rn. 1589 ff.; Maschke (Fn. 26), S. 39, 51; KG wistra 1999, 357 (359).

〔156〕 Schünemann (Fn. 26), S. 98; vgl. auch Richtlinie der Bundesregierung zur Korruptionsprävention in der Bundesverwaltung vom 30. 7. 2004, Pkt. 7（对雇员进行警示教育）; vgl. schon RGSt 58, 130.

〔157〕 KG wistra 1999, 357 (359).

〔158〕 Demuth/Schneider BB 1970, 642 (649); Alexander (Fn. 28), S. 39; vgl. auch Koller (Fn. 145), § 33 Rn. 8.

〔159〕 Hellmann/Beckemper (Fn. 58), Rn. 895; König (Fn. 35), § 130 Rn. 12; Bohnert (Fn. 32), § 130 Rn. 20.

〔160〕 OLG Düsseldorf NJW 2008, 930 (931).

义[161]，既有的委托权（Delegationsrecht）不能事实上被排除。义务范围的扩展如果意味着企业的经济性受到影响，那么对员工的使用也是没有意义的。[162] 就监督而言尽管存在必须的克制，但是监督中减少风险方面的功能还是应该得到考虑：如果员工知道他被监督，一般情况下，他会工作得更谨慎一些。[163]

对员工不应该持续性和无缝隙地进行监督。[164] 抽检[165]是必要的，而且应该在适当的时间间隔下定期进行。[166] 这个做法可以让员工清楚，违反规定的行为是会被发现和惩治的。[167] 当然抽检必须是突然性的。[168]

从企业经济学上的耗费、风险以及法益损害的范围可以测算出非常清楚的具体必要性。

要提高监督要求的是下列这些典型性的情况：

有嫌疑的时刻；

对于适当性和可信赖性不确定时[169]；

过去时间存在不规律性和违反规定行为[170]；

有严重法律问题时[171]；

违反义务会发生严重后果[172]、更高的危险状况[173]、危险的倾向、应遵守的规定的重要性；

---

〔161〕 Alexander (Fn. 28), S. 204.

〔162〕 Dannecker (Fn. 92), 209 (225).

〔163〕 BayObLG NJW 2002, 766 (767).

〔164〕 Vgl. schon RGSt 57, 148 (151).

〔165〕 Vgl. schon OLG für Hessen StrS Kassel NJW 1947/48, 350; BGHSt 25, 163.

〔166〕 BGH wistra 1982, 34 (35) m. Anm. Möhrenschlager.

〔167〕 OLG Köln wistra 1994, 315.

〔168〕 Maschke (Fn. 26), S. 40; Herzberg, DB 1981, 690 (693); OLG Köln wistra 1994, 315; OLG Hamm-1 Ss OWi634/03; Demuth/Schneider, BB 1970, 642 (648); Dannecker (Fn. 92), 209 (225); Lemke/Mosbacher (Fn. 28), § 130 Rn. 12.

〔169〕 Brenner, DRiZ 1975, 72 (75); 关于垃圾处理的例子参见 Hecker, MDR 1995, 757 (760: "事情被知晓，对于清理者的可信性和技术能力的怀疑便产生"); vgl. Auch BGH NJW 1964, 1283 (1284); NStZ 2002, 421 (423).

〔170〕 Brenner, DRiZ 1975, 72 (75); Demuth/Schneider, BB 1970, 642 (648); OLG Zweibrücken NStZ-RR 1998, 311; Maschke (Fn. 26), S. 41, 50; KG VRS 1986, 29 (30); Doms (Fn. 113), S. 196; Dannecker (Fn. 92), 209 (225); König (Fn. 35), § 130 Rn. 13.

〔171〕 BGHSt 27, 196 (202); OLG Stuttgart wistra 1987, 35.

〔172〕 KG wistra 1999, 375; BGH NStZ 2002, 421 (423).

〔173〕 Vgl. Hecker, MDR 1995, 757 (760) 以被授权的垃圾处理为例; Tessin, BB 1987, 984 (987); Doms (Fn. 113), S. 196.

全行业的弊端[174]

一个在某种程度上相对独立的监督部分，是建立企业内部的举报机制［所谓的“揭发”（Whistle-blowing）］。它对公众和企业带来的好处[175]胜过所担忧的坏处[176]。尤其要注意的是对举报者的保护，尤其是要维护匿名性。[177]

（5）惩罚。对员工的惩罚只是对教育的严肃性的最后确认。在认识到弊端以后，企业主必须亲自介入。[178] 企业主必须及时地采取适当的劳动法上的措施，甚至是解聘。[179] 树立榜样行为这样的激励做法也是值得考虑的（表扬、认可、参与分配企业的成果、纳入工作考核、升职和奖金）。

3. 合规部门

企业应该根据各自最终依据企业经济学方法调查出的可期待性来建立《秩序违反法》第 130 条意义上的监督机制。即便没有专门的合规部门，一系列部门领域，比如法务部、风险管理部、控制部、内部监督系统、核查部，都致力于守法和避免违反义务的行为。但是建立一个专门致力于减少法律风险的合规部的要求是具有合法性的，因为它具有避免违反刑法和违反秩序行为的特别适当性——并非追求时尚与潮流。但关于合规部与企业的其他部门在组织上的配合，在具体细节上还存在不确定的地方。不管从企业经济上，还是从法律层面看，人们对于它们负责范围的界限都无法作出足够的区分。

（1）功能。我们要区分 8 项重要的功能：

①《秩序违反法》第 130 条框架下的核心任务是对企业活动合规风险的识别、评估和监督。对于刑事合规，合规部要对拟采取的行为的刑事可罚性进行预

---

〔174〕 Maschke（Fn. 26），S. 41；BGH wistra 1982，34（35）m. Anm. Möhrenschlager；Alexander（Fn. 28），S. 244 f.

〔175〕 Vgl. nur Bürkle，DB 2004，2158（2159）.

〔176〕 Vgl. Hefendehl，JZ 2006，119（120）.

〔177〕 Bürkle，DB 2004，2158（2161）；Pies（Fn. 138），S. 2.

〔178〕 Schünemann（Fn. 26），S. 98（Abhilfe）；Schall，in：Schünemann（Hrsg.），Deutsche Wiedervereinigung，Bd. 3 – Unternehmenskriminalität，1996，S. 99（114）；BGH NStZ 1986，34（35）；Schlüchter，in：Eser u. a.（Hrsg.），Straf- und Strafverfahrensrecht，Recht und Verkehr，Recht und Medizin，Festschrift für Hannskarl Salger zum Abschied aus dem Amt als Vizepräsident des Bundesgerichtshofes，1995，139（160）；Hauschka，AG 2004，461（467）；Maschke（Fn. 26），S. 40；Tessin，BB 1987，984（988）；Kassebohm/Malorny，BB 1994，1361（1365）；König（Fn. 35），§ 130 Rn. 11；vgl. auch BGHNJW 1964，1283（1284）；BGHSt 37，184（190）；OLG Karlsruhe NJW 1977，1930；OLG Hamm NJW 1971，442（443）；OLG Rostock ArbuR 2006，128.

〔179〕 Vgl. OLG Düsseldorf NJW 2008，930.

先审查，不管它涉及新的产品、新的业务实践、新的业务关系或者材料改变。[180]

②此外，要就所调查出的合规风险与各行动部门进行沟通（咨议功能、建议、支持）。[181] 合规部就是其所辅助的业务部门的伙伴以及价值创造链条上的一个环节。[182]

③对《秩序违反法》第130条就垂直授权所要求的教育、咨议和人员监督，这些任务合规部可以承担。

④必要情况下它也要承担特别法律上的功能，比如作为公法上的专员（比如水保护专员，《水预算法》第21条及以下）[183]。

⑤合规部还可以承担外部联络功能，即与政府机构、立法者、规范制定单位保持联系。[184]

⑥它要承担可与迭代（Iteration）相比较的所谓的回溯检验。也就是说，在日常业务中，要对控制措施的有效性进行持续的监督。[185]

⑦它还承担报告功能，在一定时间间隔内向领导层汇报避免违反义务风险的原则、手段和程序的适当性和有效性。

⑧随着传统安保制度的发展，合规部还要承担对于企业内部犯罪行为的调查和追踪，不管它是针对企业实施的，还是员工因为可能的企业利益而实施的。打击腐败都具有特别的现实意义。[186]

（2）设置。合规部所具有的特别降低风险的效果，来自于它对执行业务的分割。[187] 分割所带来的劣势（费用昂贵、更差的风险感知、任务的具体界限问题）[188]，会被无偏见的对风险处理的优势所平衡。有些人甚至从中得出结论，合规功能应该完全由企业外部组织来承担。当然不乏说服力：一个并非独立的员工，怎么给领导下指示呢？但是，反对者也提出了自己的观点，比如这样做会产

〔180〕 Vgl. Basel Committee on Banking Supervision（Hrsg.），Compliance and the compliance function in banks，2005，abrufbar unter http：//www. bis. org/publ/bcbs113. pdf，S. 14.

〔181〕 Vgl. Hense/Renz，CCZ 2008，181（182）.

〔182〕 Hense/Renz，CCZ 2008，181（183）.

〔183〕 Hierzu Dahs，NStZ 1986，97；Rudolphi（Fn. 141），863（875 ff.）；Alexander（Fn. 28），S. 275 ff.

〔184〕 Vgl. Basel Committee on Banking Supervision（Fn. 180），S. 14；Schwung，AnwBl 2007，14（15 f.）.

〔185〕 Scharpf，DB 1997，737（741）；Kassebohm/Malorny，BB1994，1361（1365）；Hense/Renz，CCZ 2008，181（182）.

〔186〕 Pies/Sass/Meyer zu Schwabedissen（Fn. 139），S. 191.

〔187〕 Adams/Johannsen，BB 1996，1017（1018）；vgl. auch Basel Committee on Banking Supervision（Fn. 180），S. 5.

〔188〕 Vgl. Lensdorf，CR 2007，413（417）.

生更高的费用，触及法律的边界。最重要的是，律师事务所和企业咨询机构并没有参与企业的日常工作，他们缺乏内部专家那样的专业知识〔189〕，对于企业过去所经历的事情缺乏经验。〔190〕当然，内部的合规部由于可能缺乏经验，其咨询外部的评鉴人员和顾问通常是必要的。〔191〕合规部必须配备充足的人员和设备〔192〕来保证他们个人（无固定期限的聘用，无论如何要有的最低的时间限度、不可解聘性、不可调动性）和事务上（不受指令）〔193〕的独立性，以便所谓的合规官在没有职业恐惧和收入压力的情况下完成他的任务。

（3）职权。为了完成任务，要给合规部配置广泛的职权。其应该可以获得所有为完成任务所必需的信息，同时应该拥有在出现违反义务情况下进行调查的权力。〔194〕这就要求其对所有部门和就所有工作事项〔195〕拥有进入、询问、查阅的权力以及进入资源系统〔196〕的权力。

九、展望

《秩序违反法》第130条在采取措施降低来自于企业的法益损害可能性方面规定了合规的要求。这种对有危险性的企业事件进行广义上的惩罚有助于实现预防目标，因为企业主必须要把刑法上的后果作为错误的企业决定的一项成本耗费来计算，这样会促使他采取保护措施。〔197〕人们应当通过所学的成本-收益计算（收益最大化）机制来对经济产生理性的影响。〔198〕但是，还要考虑的是，企业主的权衡还必须打上民法和公法的烙印。有时候经济领域的自我规制也会产生目

---

〔189〕 Hauschka, AG 2004, 461 (474).

〔190〕 Schmidt Bies BIS Review 8/2004, 1, 4.

〔191〕 Große Vorholt (Fn. 94), Rn. 1586 ff.

〔192〕 Koller (Fn. 145), § 33 Rn. 35; Lucius, CCZ 2008, 186 (189).

〔193〕 Vgl. auch Richtlinie der Bundesregierung zur Korruptionsprävention in der Bundesverwaltung vom 307. 2004, Pkt. 5. 5; Schwung, AnwBl. 2007, 14 (15).

〔194〕 Vgl. Basel Committe on Banking Supervision (Fn. 180), S. 4 f.

〔195〕 Schmidt Bies BIS Review 26/2003, 1, 4; Lucius, CCZ2008, 186 (189).

〔196〕 Lösler, NZG 2005, 105 (108).

〔197〕 Vgl. auch Schünemann (Fn. 26), S. 158 (außerordentliche Verstärkung der internen Kontrollen), 241; Vogel, GA 1990, 241 (254 f.); Bottke, wistra 1991, 81 (90)（"足够高额的团体罚款迫使经济主体，即典型的现代大宗产品的提供者——团体本身，为了避免经济上的损失，去建立经济主体内部的有效监控，这种严重的团体罚款对阻止经济主体犯罪起到间接预防的作用是不可否认的"）; ders., wistra 1997, 241 (250 f.)（"如果这种原则足够多地被践行，如果更高的成本会被视为是足够严峻，并且实施犯罪后召回高成本产品的盖然性被评估为足够高的时候，刑罚就是保持对法律忠诚的适当手段"）; Dannecker, GA 2001, 101 (114); Bussmann/Matschke, wistra 2008, 88 (95).

〔198〕 Schünemann (Fn. 16), S. 629 (630); ders. (Fn. 56), 265 (277).

标引领作用。在这个意义上，刑法应当是辅助性的。

正是基于刑法上的总括性条款，关于减少风险的监督义务和组织义务的规定正在松动。每个规制都隐藏着消解功能的风险，比如影响市场经济下企业的生态，影响企业拟采取的行动、决策热情、承担风险的勇气和创新。[199] 官僚化也会对合法的活动形成阻碍。我们不能忘记的是，企业创造了工作岗位，由此确保了人们的收入和饭碗，企业通过现代分工和技术化的劳动方式给人们带来了进步和小康。[200] 因此，对企业组织和员工监督的要求不可以高到使现代经济和生产形式发生窒息的地步。在确定应采取什么措施的时候，应该对企业行为各自的好处和坏处进行权衡。如果没有特别的立法者的决定，不可以由受结果出现所影响的直觉来确定《秩序违反法》第130条意义上的措施的范围。理性和透明的量化数值决定了企业对法益保护的花费，可能情况下要利用经济数学的工具来计算。在这个意义上，对刑事合规的讨论有助于澄清对需要解释的刑法上的法律概念，开发出一套守法合规的工具手段，并且将必要的法律保护和有益社会的企业自由置于最优的调和状态。

---

〔199〕 Kube, in: Kühne u. a. (Hrsg.), Festschrift für Klaus Rolinski zum 70. Geburtstag, 2002, S. 391 (398).

〔200〕 关于企业活动对于社会的效用 vgl. Große Vorholt (Fn. 98), S. 73 ff.。

企业中合规专员刑事责任的开放性原理问题*

亨德里克·施奈德（Hendrik Schneider）

研究助理　彼得·戈特沙尔特（Peter Gottschaldt）**

蔡仙***　译

一、导论

由医学领域引入到法学和经济学中的“合规”概念，是指遵守法律规定，尤其是刑法以及针对企业员工及其合作方的其他行为规则。合规措施、合规管理体系及合规计划应当承担着促进法规和其他行为禁令被遵守的功能，而且应当提高违反合规被发现的风险以及加强员工对规范的忠诚度。从 2009 年 7 月 17 日〔1〕联邦法院第五审判庭做出的裁决起，承担企业中合规任务的“合规专员”成为了经济刑法意义上的利益焦点。〔2〕根据法庭通过附随意见所表达的主张，“《刑法典》第 13 条第 1 款意义上的保证人义务”经常会涉及合规专员，而该保证人义务则是为了防止企业成员实施与企业活动有关的犯罪行为。

实务人员以及刑法学家就该判决在《国际刑法教义学杂志》（*ZIS*）上发表的

---

* 原文见 Hendrik Schneider/Peter Gottschaldt, Offene Grundsatzfragen der Strafrechtlichen Verantwortlichkeit von Compliance-Beauftragten in Unternehmen, ZIS 2011, S. 573。

** 亨德里克·施奈德（Hendrik Schneider）系德国莱比锡大学法学院刑法、刑事诉讼法、犯罪学、青少年刑法、刑事执行法教席教授。彼得·戈特沙尔特（Peter Gottschaldt）系莱比锡大学法学院的研究助理，研究方向为“合规官在刑法上的义务”。

*** 苏州大学王健法学院讲师，法学博士。

〔1〕BGH NJW 2009, 3171 = BGHSt 54, 44.

〔2〕被称作“诉柏林城市清洁公司（BSR）——联邦法院判决”至少被刊载在 47 个专业期刊上。该判决引发了出版界绝无前例的一次浪潮，其单单在法学上，就引用了 52 个判决评注和评论文章。

评注和评论文章[3]几乎只涉及了联邦法院所重视的“合规官”的保证人地位这一构成要件。[4] 但如果仅限于此的话，那么现有的研究与之前一样也存在漏洞。因为保证人地位的问题至今为止未能从层级（Hierarchieebene）的角度出发作为一个研究的主题。这种层级适用于企业中的合规专员，并且它可以将《刑法典》第13条第1款的法定担保义务限制在一个“自上而下”的活动范围内。[5] 除了该问题，联邦法院的附随意见还提出了不真正不作为犯的开放性基本原理问题。因此，有必要澄清被当作保证人的合规专员是否有义务避免员工实施的所有犯行，以及是否如《刑法典》第13条第1款所规定的那样，他的担保义务仅限于结果犯。第三个问题则涉及要求合规专员采取其有义务实施的可能且恰当的防止结果发生的救助行为。在此，根据街头犯罪（Straßenkriminalität）案件形象发展出来的相关教义学基本原则也需要在经济刑法学中予以具体化和明确化。但是，迄今为止，这一点也没有充分做到。下文则将会以实践为导向，不考虑完备性的要求，仅对上述3个问题加以研究。

二、企业层级中的合规专员——对保证地位进行论证的后果（Konsequenzen）

（一）合规任务在企业中的确立

合规是企业管理中的一项任务。在股份公司中，它体现的是董事会的管理责任（《股份公司法》（AktG）第76条第1款）。[6] 董事会成员由此承担忠于法律

---

〔3〕 Krüger, ZIS 2011, 1; Reichert, ZIS 2011, 113; Mittelsdorf, ZIS 2011, 123.

〔4〕 Barton, RDV 2010, 19; Berndt, StV 2009, 689; Bürkle, CCZ 2010, 4; Campos Nave/Vogel, BB 2009, 2546; Dann/ Mengel, NJW 2010, 3265; G. Dannecker/C. Dannecker, JZ 2010, 981; Deutscher, WM 2010, 1387; Favoccia/Richter, AG 2010, 137; Fecker/Kinzl, CCZ 2010, 13; Kretschmer, JR 2009, 474; Krieger/Günther, NZA 2010, 367; Lackhoff/ Schulz, CCZ 2010, 81; Mosbacher/Dierlamm, NStZ 2010, 268; Ransiek, AG 2010, 147; Rieble, CCZ 2010, 1; Rolshoven/ Hense, BKR 2009, 425; Rönnau/F. Schneider, ZIP 2010, 53; Rotsch, ZJS 2009, 712; Rübenstahl, NZG 2009, 1341; Spring, GA 2010, 222; Warneke, NStZ 2010, 312; Wybitul, BB 2009, 2590.

〔5〕 联邦法院在其作出裁决的案件中，在欠缺详细论证的情况下得出监管义务也存在于自下（内部监管部门的领导）而上（董事会的成员）的活动中，对此，参见 H. Schneider, in: Kühl/Seher (Hrsg.), Rom, Recht, Religion, Festschrift für Udo Ebert, 2011 (im Erscheinen)。

〔6〕 Pietzke, CCZ 2010, 45 (50); Reichert/Ott, ZIP 2009, 2173 (2174); U. H. Schneider, ZIP 2003, 645 (647 ff.); Krieger/ Günther, NZA 2010, 367. 此外，也会出现特别法上的关联要点（比如《违反秩序法》（OwiG）第130条，《股份公司法》（AktG）第93条第2款，《有限责任公司法》（GmbHG）第43条第2款）对合规义务的承认。

实施行为的义务［即合法义务（Legálitätspflicht）］。[7] 另外，他们也必须这样去管理和组织企业以防止违法行为的发生（组织或监管义务）。[8] 除此之外，根据《有限责任公司法》（GmbHG）第35条第1款、第43条第2款，有限公司中的董事会或者经理也要履行相应的义务。[9] 但是，和其他的公司义务一样，合规任务也可以被平行地或者垂直地予以委派。在一些企业中，合规被定义为企业管理的基本职责。与之相反，在其他企业中处于合规组织顶端的是法律部门以及内部审核部门的主管，因此，合规被安排在董事会或者执行董事会之下的第一个报告层级。在更大的企业，如康采恩中，合规官在领导层之下工作，由他们承担部门责任，或者比如在康采恩中对子公司承担责任。因此，企业中合规确立形式的不同对保证地位的论证也会产生不同的结果。

（二）企业主责任（Geschäftsherrnhaftung）的范围

文献中，企业管理机构的保证人地位尤其会牵涉到刑法上的企业主责任。[10] 根据占优势地位的学说[11]，该责任来源于“对下级的控制”[12]，并且提供了对那些被看作企业或者第三人危险源的员工进行监管的义务的依据：公司领导部门拥有向其员工下达与工作和组织有关的指令的权力，相应地，也承担着通过约束性的命令和监管防止刑事上可罚的企业行为的义务。

一旦原则上承认了企业主责任，那么，《刑法》第13条第1款意义上的、在企业管理中承担合规职责的机构就有义务对下级中受指令约束的员工实施犯罪行

---

〔7〕 该点不仅遵循了公司法上的规定，也与其他法规范保持一致。基础性分析，参见 Fleischer, in: Fleischer (Hrsg.), Handbuch des Vorstandsrechts, 2006, § 7 Rn. 4 ff.。

〔8〕 Fleischer (Fn. 7), § 8 Rn. 1; Reichert, ZIS 2011, 113 (114); Reichert/Ott, ZIP 2009, 2173.

〔9〕 Krieger/Günther, NZA 2010, 367 f.

〔10〕 G. Dannecker/C. Dannecker, JZ 2010, 981 (988 ff.); Deutscher, WM 2010, 1387 (1389); Lackhoff/Schulz, CCZ 2010, 81 (83); Mosbacher/Dierlamm, NStZ 2010, 268 (269); Ransiek, AG 2010, 147 (151); Rönnau/F. Schneider, ZIP 2010, 53 (54f.); Warneke, NStZ 2010, 312 (315).

〔11〕 委托人的保证地位单独由危险前行为理论（Ingerenzgedanken）得出。基础性分析，参见 Welp, Vorangegangenes Tun als Grundlage der Handlungsäquivalenz der Unterlassung, 1968, S. 235 ff. 可对比的论述，参见 Spring, Die strafrechtliche Geschäftsherrenhaftung. Unterlassungshaftung betrieblich Vorgesetzter für Straftaten Untergebener, 2009, S. 259 f.

〔12〕 Schünemann: Grund und Grenzen der unechten Unterlassungsdelikte, 1971, S. 328 f. 同作者, Unternehmenskriminalität und Strafrecht, 1979, S. 101 ff. 同作者, ZStW 96 (1984), 287 (318); Rogall, ZStW 98 (1986), 573 (616 ff.); Roxin, Strafrecht, Allgemeiner Teil, Bd. 2, 2003, § 32 Rn. 137; Schall, in: Rogall u. a. (Hrsg.), Festschrift für Hans-Joachim Rudolphi zum 70. Geburtstag, S. 267 (S. 271 ff.)。类似的，参见 Spring, (Fn. 11), S. 222 ff。他将一个“法律上的被承认的权威地位”（Autoritätsstellung）作为基本前提。

为进行干预。不过，和在大企业中一样，复杂组织结构中“对下级的支配”至少也是存疑的，而且需要在个案中进行区别审查。通常来说，在职责分配中没有规定一个董事会成员可以“干预”另一个董事会成员的职权范围并下达命令，即允许其下达命令。另外，企业管理中的其他成员也没有相应的指挥权。同样地，这也适用于监事会的成员，他们可能实施不利于企业的犯罪行为，但也无权通过一个口令对企业管理组织的行动予以禁止。据此，从企业主责任中不能另外得出，母公司中的合规专员对子公司中发生的违反合规行为具有保证人地位，这是因为子公司通常体现的是一个独立的法律人格，就此而论，也不会存在干涉权的问题。

一旦合规任务得以委派〔13〕，那么，企业主责任只能有限地为下列这种保证人地位提供根据，即对一个因委派而承担责任的员工的保证人地位。从“对下级的控制”这个意义上来说，企业主责任无论如何也没有提供向董事会或者企业管理成员承担结果避免义务的依据。即便是低级别的员工实施了犯罪行为，合规专员也只能在例外的情况下行使控制权，因为一般而言，合规专员对合规部门之外的员工不享有命令权。〔14〕

另外，根据每个雇佣合同的安排，合规专员对下级员工实施特定违反合规的行为承担报告的义务。从这一点来看，也不能得出其他的结论。报告义务没有提供向员工下达命令的权限的依据，因此，从这个角度来看，企业主责任也不能作为保证地位的来源。

只要涉及与企业法益相关的保护义务，也要排除将企业主责任当作合规责任人可能处于保证人地位的根据。当企业法益（财产和资产等）面临着危险，而该危险应当由（企业）以外的第三人（比如供应商或者企业的客户）承担责任时，这些犯罪行为也不可能通过一个绝对的命令来禁止。因为在此范围内，根本不存在合规负责人的命令权及指示权，而企业主责任意义上的保证人地位又是源于这些权力。

---

〔13〕 对企业义务的授予原则，详细的分析，见 Schmidt-Husson, in: Hauschka (Hrsg.), Corporate Compliance, 2. Aufl. 2010, § 7。

〔14〕 由于缺乏命令权，因此他不能行使“对下级的控制”权。同样观点，参见 Berndt, StV 2009, 689 (691); Deutscher, WM 2010, 1387 (1390); Rönnau/F. Schneider, ZIP 2010, 53 (57); Warneke, NStZ 2010, 312 (316)。

（三）合同上的结果避免义务

不过，在所有层级上仍然要考虑一个建立在合同基础上的保证人地位。这个保证人地位不仅会产生监管义务，还会产生保护义务。根据法律义务理论，只要合同上的义务实际上被履行了，合同就会产生《刑法典》第 13 条第 1 款意义上的法定担保义务。〔15〕根据合同内容上的安排，可能会涉及监管义务（在针对企业以外的第三人或者企业主的利益实施犯罪行为方面，监督员工）以及/或者保护企业法益免受企业以外的第三人引发损害的义务。

保证地位是否以及在多大范围内存在，要通过劳动合同以及作为根据的职务说明来确定。〔16〕道德上的义务或者事实上承担的职责范围并不充分，因为它们同《刑法典》第 13 条第 1 款意义上的法律义务无关。柏林城市清洁公司案判决（BSR-Entscheidung）却错误地以下列论述作为依据，即承担责任的内部审核部门及法律部门的领导代表着柏林城市清洁公司“在法律上的良知”（juristische Gewissen）〔17〕。“实际上的承担”的职责范围与保证人地位的本质特征无关〔18〕，而是为了得出法律上的义务额外加以考虑的一个“责任修正”（Haftungskorrektiv）。该要素确保了不仅纯粹的合同违反，即便是事实上的义务承担也可能会产生由刑罚来保障实施的结果避免义务。〔19〕由于在涉及法人的情况下，雇佣合同通常是和企业签订的，因此，监管义务不是向该机构而是向法人本身承担。相应地，相关员工为了企业的利益而非企业管理者或者董事会承担义务。因此，有可能为这些涉及企业管理的犯罪行为的监管义务和保护义务提供依据。为了监管来自企业、员工以及企业管理中的危险，企业可能会要求其员工在某种程度上“坚守岗位”（auf Posten zu Stellen）。〔20〕这种要求尤其出现在以下情形中，即在美国

〔15〕 BGHSt 39, 392 (399 f.); 46, 196 (202 f.); 47, 224 (229); Weigend, in: Laufhütte/Rissing-van Saan/Tiedemann (Hrsg.): Strafgesetzbuch, Leipziger Kommentar, Bd. 1, 12. Aufl. 2007 § 13 Rn. 34; Stree/Bosch, in: Schönke/Schröder, Strafgesetzbuch, Kommentar 28. Aufl. 2010, § 13 Rn. 28; Ebert, Strafrecht, Allgemeiner Teil, 3. Aufl. 2001, S. 178.

〔16〕 进一步分析，参见 H. Schneider (Fn. 5)。

〔17〕 BGH NJW 2009, 3173 (3175).

〔18〕 对此，参见 Wybitul, BB 2009, 2590 (2592); Barton, RDV 2010, 19 (23); Rönnau/F. Schneider, ZIP 2010, 53 (59); Bürkle, CCZ 2010, 4 (5) in Fn. 18; Reichert, ZIS 2011, 113 (115) in Fn. 23. 结论上，参见 Deutscher, WM 2010, 1387 (1392); Rübenstahl, NZG 2009, 1341 (1342)。

〔19〕 Seebode, in: Seebode (Hrsg.), Festschrift für Günter Spendel zum 70. Geburtstag am 11. Juli 1992, 1992, S. 317 (S. 341).

〔20〕 参见 Kohler: Studien aus dem Strafrecht, Bd. 1, 1890, S. 47。

上市会受到包含企业刑法以及美国刑法的规制。但是，根据作者本人对不同的德国 DAX 企业中合规官进行的定性采访，这些人在实务中明显没有对其加以利用：以工作合同中的职务说明作为基础的监管义务明确地表示将企业管理部分地予以排除。

三、刑事责任未限制在避免结果犯上

《刑法典》第 13 条第 1 款规定的是针对作为刑法上构成要件之结果的不作为。因此，合规负责人的结果避免义务可能仅限于避免结果犯意义上的构成要件之该当结果。如果是这样的话，当没有避免一个诈骗行为或者背信行为时，合规责任人在刑事上是可罚的，但是当未能防止《刑法典》第 299 条以及 331 条及以下规定的贿赂行为时，不具有刑事可罚性，因为贿赂犯罪没有被规定为结果犯。

文献和判例所拥护的一个观点纠正了这种评价上的矛盾。[21] 根据该观点，应该将《刑法典》第 13 条第 1 款意义上的结果理解为对法益造成的实害或者危险。但是，相反的见解认为，对《刑法典》第 13 条的这种解释突破了法确定性的界限[22]：根据该规范的字面含义，《刑法典》第 13 条只能运用于这些以一个可以与行为相分离的、对被保护的法益客体造成实害或者具体危险为前提的构成要件。因此，纯粹的行为犯不能通过正犯的不作为来实施。在不作为的保证人场合，保证人未干预作为犯实施的行为犯行，这可以认为是通过不作为形式实施帮助行为。因为在这种情形下，主犯行可以被解释为通过不作为实现的帮助行为的构成要件之该当结果。[23] 根据这种主张，合规专员因为以不作为方式实施了帮助行为而具有刑事可罚性，例如当他没有干预员工实现贿赂行为时。如果他没有阻止企业员工实施结果犯犯行的话，那么，除了检验作为犯外，还要检验不作为的保证人能否被归类为正犯或者参与犯。根据判例的立场，划分正犯和参与犯依

---

〔21〕 BayObLG JR 1979, 289 (291)：“普遍被承认的是，刑法典第十三条第一款不仅仅包括了一个纯粹的结果犯，更确切地说，所谓法律规定意义上的、属于刑法构成要件的‘结果’，应该被理解为对法益产生的损害和危险。”进一步的讨论，参见 OLG Stuttgart NuR 1987, 281; Jakobs: Strafrecht, Allgemeiner Teil, 2. Aufl. 1993 29/2; Lackner/Kühl: Strafgesetzbuch, Kommentar, 27. Aufl. 2011, § 13 Rn. 6。

〔22〕 Jescheck, in: Jähnke/Laufhütte/Odersky (Hrsg.), Strafgesetzbuch, Leipziger Kommentar) Bd. 1, 11. Aufl. 2003, § 13 Rn. 2. 同一作者, in: Jescheck/Vogler (Hrsg.), Festschrift für Herbert Tröndle zum 70. Geburtstag, 1989, S. 795 (S. 796); Bockelmann/Volk: Strafrecht, Allgemeiner Teil, 4. Aufl. 1987, S. 133; Gropp: Strafrecht, Allgemeiner Teil, 3. Aufl. 2005, § 11 Rn. 3; Schünemann: (Fn. 12-Unternehmenskriminalität), S. 91.

〔23〕 Jescheck (Fn. 22-LK), § 13 Rn. 2。不同观点，参见 Rudolphi/Stein, in: Rudolphi u. a. (Hrsg.), Systematischer Kommentar zum Strafgesetzbuch, 119. Lfg., Stand: September 2009, § 13 Rn. 7 f.。

据的是其在犯罪后果上的利益和犯行支配这些整体性标准。[24] 与第五审判庭[25]在柏林城市清洁公司案中做出的判决一样，实务中通常会采纳“由不作为而实施帮助行为”这一见解。

四、要求实施可能且适当的避免结果发生的救助行为

根据《刑法典》第 13 条第 1 款规定的字面含义，该规定要求保证人承担避免结果发生的义务。根据文献和判决中的观点，结果避免义务仅限于当救助陷入危险的法益的必要行为“具有身体上的现实可能性”时。[26] 如果保证人没有行为能力，比如由于他自己失去知觉或者被束缚住[27]，或者必要的救助行为是以保证人所不具备的能力和专门知识为前提，这样的话，行为人不具有避免结果发生的义务，其不作为也不符合构成要件。

另外，结果避免义务以合同上承担的或者法律上规定的行为选择为限。因此，如果根据保证人的职务，其应当履行的监管和保护义务仅针对特定的行为，而某个必要行为不属于这些特定行为，那么，保证人允许不实施这个在身体上可能的、对于法益保护而言必要的救助行为。这源于一个普遍被接受的原则[28]，即《刑法典》第 13 条第 1 款意义上的不作为规定的是不实施某个具体的被要求的行为，就此而言，不作为建立在一个特定的规范上的行为期待基础上。如果保证人履行了民法上或者合同上的作为义务，那么他不具有刑事可罚性。因为刑法

---

〔24〕 最终，BGH NStZ 2009, 321（322）指出：“根据联邦法院的判决，对于区分共同正犯和一个积极行为的不作为帮助而言，对行为的不作为的内在态度或者犯行支配起到了决定性作用。如果基于观察得以确定的内在态度——尤其因为在行为结果上的利益——被理解为，对于一种将他人行为当作自己行为的正犯意志的表现，那么，就存在共同正犯。相反，如果其态度表现出，（由于他受到特定影响）在意志上从属于行为者，并且任由事实发展而没有参与其中，并且与即将发生的结果无利害关系，那么，对于纯粹的参与而言，这只属于帮助犯。”

〔25〕 BGH NJW 2009, 3173（3175）.

〔26〕 BGHSt 15, 18（22）; 47, 318（320）; BGH NStZ 1998, 192（193）; Weigend（Fn. 15）, § 13 Rn. 65; Roxin（Fn. 12）, § 31 Rn. 15m. w. N. in Fn. 17：“文献中，行为的可能性作为不作为的前提条件在根本上已经被承认。”

〔27〕 Stree/Bosch（Fn. 15）, Vorbem. § 13 Rn. 142/143. 。

〔28〕 所谓的法律上不可能的问题，参见 Mitsch, in：Baumann/Weber/Mitsch, Strafrecht, Allgemeiner Teil, 11. Aufl. 2003, § 15 Rn. 18. Gropp（Fn. 22）, § 11Rn. 48 f.；Joerden, wistra 1990, 1（2 ff.）; Roxin（Fn. 12）, § 31Rn. 14; Weigend（Fn. 15）, § 31 Rn. 14.

上的责任不可能比民法上的责任走得更远。[29] 克拉默（Cramer）尤其强调了该基本原则对于股份公司监事会的意义，即便他[30]追随蒂德曼（Tiedemann）[31]的观点并主张："监事会整体和每个成员不但是监管保证人（防止董事会方面对第三人实施犯罪），也是保护保证人（保护公司资产免受董事会实施的危害行为）。"但是，基于上述理由，他仍将结果避免义务限制在法律规定的手段范围内，而这些手段则是由股票法赋予给监事会的，以便让其对董事会施加影响：

"只有当法律提供监事会以行使干预的可能性时，才存在干预的法律义务。……至于是否真正地存在这样一个可能性，以阻止刑事上可罚的或者违反秩序的举止，在此并不重要。因此，下面的情形完全是可能的，即由于股份公司内部存在着事实上的支配关系，监事会主席的影响力非常大，以至于他能够将他的意志强加于董事会。但是，起到决定作用的并非事实上的权力关系，因为根据法律，不允许监事会主席施加影响而胁迫股份公司的管理朝某一个或者另一个的方向发展，换言之，让董事会违背自己的意志去执行或者不执行某些特定的商业举措。"[32]

对合规负责人结果避免义务的法律限制尽管不是（像监事会与股份公司的董事会关系一样）源于法律规定，但是，这些限制可能会通过劳动合同和作为依据的职务说明进一步地予以具体化。劳动合同不仅为保证地位奠定了基础，而且限制了保证人所负担的义务。[33] 如果合同只规定了合规负责人对企业管理部门（或者其他的上级）承担报告义务，那么，只要合规负责人履行了该义务的话，他就不具有刑事可罚性。[34] 因此，刑事可罚性并不是取决于他是否有效地阻止了实施犯罪的作为犯（者）所引起的构成要件该当结果。

需要进一步注意的是，结果避免义务仅仅存在于直接着手与既遂之间，或者（在连续帮助的情形下）作为犯犯罪行为实质性终了之间的时间段。在结果犯

---

〔29〕 Lüderssen, in: Arnold u. a. (Hrsg.), Menschengerechtes Strafrecht, Festschrift für Albin Eser zum 70. Geburtstag, 2005, S. 163 (S. 170)。该文正确地指出了刑法"不对称的辅助性"："在民法中被许可的，不允许在刑法上予以禁止。民法上被禁止的，在刑法上也可能不被处罚。"从这个角度来看，民法起到了对刑事责任加以限制的功能。

〔30〕 Cramer, in: Küper/Welp (Hrsg.), Beiträge zur Rechtswissenschaft, Festschrift für Walter Stree und Johannes Wessels zum 70. Geburtstag, 1993, S. 563 (S. 564 ff.).

〔31〕 Tiedemann, in: Jescheck/Vogler (Fn. 22), S. 319 (S. 322).

〔32〕 Cramer (Fn. 31), S. 563 (S. 570).

〔33〕 对合同上排除外部指令权（externe Anzeigeberechtigung）的批判，参见 Favoccia/Richter, AG 2010, 137 (143)，即该义务违反了《民法典》第138条。

〔34〕 亦参见 Deutscher, WM 2010, 1387 (1392); Rübenstahl, NZG 2009, 1341 (1342).

中，既遂的时间点通常能够准确地加以认定。它经常与终了时间一致，或者仅仅在终了时间点之前的短暂时间内。因此，比如，合规责任人只要在资产损失之后才知悉诈骗行为的，那么，合规负责人承担的由刑罚加以保障的作为义务便不存在。但是，在涉及实务中重要的贪污犯罪时会出现问题。此时，终了是——存在不法协定的条件下——同犯罪行为（索取，让其允诺或者收受）的实现相挂钩。[35] 但是因为判例承认了连续帮助的可能性，并且将帮助行为可能的最晚时间延长到主犯行终了[36]，根据联邦法院在涉及贿赂犯罪诉讼时效起点问题上发展出来的基本原则，帮助行为也可能延伸至最后利益的获取、受领或者不法协商的最终失败。[37]

五、结论

只要从劳动合同或者作为基础的职务说明中就可以得出，合规负责人承担着针对员工特定的监管义务和/或者保护义务，且实际上也承担了这些义务。那么，便从劳动合同中产生了合规负责人的保证地位。

依据合同所承担的义务确定了是否仅仅要监管那些处于企业层级下级或者依指示而行动的员工，还是说企业管理也要受到合规负责人的监管。

劳动合同和职务说明对结果避免义务界限的划定是至关重要的。

结果避免义务不受结果犯的限制，它们也包涵了避免企业员工实施行为犯意义上的犯罪行为。在这种情况下，合规负责人仅因不作为形式的帮助而具备刑事可罚性。

只要同意判例的主张并承认连续帮助犯的形象，那么，到作为犯者实施的行为实质性终了为止，会一直存在结果避免义务。

---

〔35〕 BGHSt 10, 358 (367f.); 47, 22 (25); BGH NJW 2008, 3076 (3077); Fischer, Strafgesetzbuch und Nebengesetze, Kommentar, 58. Aufl. 2011, § 299 Rn. 21; Tiedemann, in: Laufhütte/ Rissing-van Saan/Tiedemann (Hrsg.), Strafgesetzbuch, Leipziger Kommentar, Bd. 10, 12. Aufl. 2008, § 299 Rn. 50; Heine, in: Schönke/Schröder (Fn. 15), § 331 Rn. 31.

〔36〕 BGHSt 6, 248 (251); BGH NJW 1990, 654 (655); BGH NStZ-RR 1999, 208; BGH NStZ 2007, 35 (36).

〔37〕 BGHSt 11, 345 (347); BGH NJW 1998, 2373; BGH NJW 2003, 2996 (2997); BGH NJW 2006, 925 (927); BGH NJW 2008, 3076 (3077).

授权委托下的刑事责任[*]

格哈特·丹内克尔（Gerhard Dannecker）[**]
贺颖昕[***] 译

一、授权委托和刑事合规

企业常常会制造对他人的危险，因此，企业领导层以及其他员工均有义务防止这些危险发生。然而如果危险还是发生了，虽然无法让企业或者法人承担刑事责任（只能依据德国《秩序违反法》第30条的规定对社团处以罚金），但是只要企业管理层和/或雇员实施了具有罪责的行为，就可以追究他们个人的刑事责任。尽管德国法律并未规定法人的刑事责任，但由此也并不能推导出“企业内部流程的刑事豁免”。[1] 准确的理解是，基于自然人作为企业内部功能承担者（Funktionsträger）的身份，当其违反了刑法对他的要求或是逃避了应由他承担的义务时，则可以追究该他的刑事责任。如果他违反的刑法规定是德国《民法典》第823条第2款意义上的保护性法律（Schutzgesetze），那么，除法人需要承担损害赔偿责任之外，员工个人也需要承担民法上的责任。

在劳动分工的经济形态中，主要根据企业雇员的职责和他们承担的任务确定每个雇员个人的义务。企业雇员可以藏身于复杂且不透明的企业结构之中[2]或

---

* 原文见 Gerhard Dannecker, Strafrechtliche Verantwortung nach Delegation, in: Rotsch (Hrsg.), Criminal Compliance Handbuch, Baden-Baden 2015, S. 167-202。

** 海德堡大学教席教授，主要从事德国/欧洲/世界刑法/刑事诉讼法研究工作。

*** 德国哥廷根大学博士研究生。

〔1〕 Schmidt-Salzer, PHI 1991, 122 (129).

〔2〕 对此 Heine, ZStrR 199 (2001), 22 (25); Hefendehl, MschrKrim 2003. 27 (29) 亦赞同该见解。

者因信赖“组织无责”（organisierte Unverantwortlichkeit）〔3〕而不被追究责任——这些想法近年来都被证实是不可靠的：“劳动分工不是经济罪犯对抗刑法的保护伞。”〔4〕如果企业领导层已经注意到，企业中没有清晰的职责体系，那么他们的行为从一开始就是违反义务且不谨慎的，其后果是，该机构和处于领导层的雇员可能需要承担刑事责任或缴纳罚金。因此，为了确保企业遵守交往安全义务，为企业领导层和雇员提供清晰的指导方针和具体的指示作为辅助手段是十分必要的。这同样并且特别适用于刑事合规领域。

二、作为组织概念的“授权委托”及其在劳动分工背景下的意义

授权委托作为一个组织概念，其含义是将职责和决定权在委员会内部委托给个别成员（水平授权委托）或者由主管部门委托给其下属的*部门*或职位（垂直授权委托）。〔5〕这涉及一种特殊的劳动分工形式，因为此时出让了行为权限，但是领导责任仍然由授权人承担。

（一）责任分配的结构

授权委托所追求的目标之一是，减轻主管人员和上级部门的负担，从而使得他们可以将精力更加集中在公司战略方面。其所追求的另一个目标是，提高员工的积极性，使他们可以充分发挥自己的能力、实现各种可能。授权委托的结构有各种不同的形式，可以归为“自上而下”（Top-Down）的传统等级模式和“自下而上”（Bottom-up）的现代结构这两种理想模型。其中后者会导致权力更加分散，因为在这种结构中很多人都拥有决策权。虽然纯粹的集权和分权是一对相互排斥的概念，但也可以通过集中目标和策略方面的决策权分散在具体措施方面决策权的方式将两种策略结合起来。企业可以自由决定，采取哪种特定的组织形式。而这会影响到企业领导层和其他雇员的刑事责任。

（二）在劳动分工中委派任务的必要性和合法性（Zulässigkeit）

企业为了能履行其负担的所有义务，一般需要较高程度的组织运作和劳动分

〔3〕对此 Schünemann, Unternehmenskriminalität, S. 34; der., wistra 1982, 41 (42); Tiedemann, JuS 1989, 689 (696); Rotsch, Individuelle Haftung, S. 71 ff.; Weißer, S. 27; Knauer, S. 43; Schall, in: Schünemann, S. 99 (101).

〔4〕Meier, NJW 1992, 3193 (3199).

〔5〕关于义务转移详见 Dannecker, in: Amelung, S. 209 (222 ff.)。

工。通常也只有较大的企业才有可能建立有效的风险预防机制，因为只有这样的企业才具备必要的物力、资金和人力资源。但是，企业依然可能会对企业外部的法益造成特殊危险。相应地，企业领导层有义务以确保遵守所有的交往安全义务的方式，来实施并保证必要的防范保护措施。

将义务进行委派，原则上具有合法性，这体现在德国《秩序违反法》第130条违反监督义务（Aufsichtspflicht）的秩序违反性构成要件之中，也体现在法律明文要求公司的各个机构承担的特别管控和监督义务之中，以及德国《民法典》第823条第1款和第831条所规定的组织过失和选任过失责任这两个民法制度之中。德国《民法典》第831条规定了民法上的雇主责任，该条文从雇主和执行助手之间的上下级关系出发，并且以存在“指令关系”为前提条件；而雇主只在他自己未尽谨慎义务的范围内承担责任。除此之外，在特别法律和法规中还规定了企业有实施组织措施、引入质量保证体系等义务。[6] 产生这些义务的必要前提是存在一个组织，这样才能确定一个有意义的适用范围。

（三）企业领导层运用功能分工和劳动分工的义务

企业主首先有义务遵守适用于其行业的法律规范、经验规律和交往习惯。他必须对其责任范围内的危险源负责，并确保它不会对他人的法益产生危险。基于科技的飞速发展，专业化往往不可避免，而其后果是，由于必须掌握专门知识，只有那些拥有一些且常常是多个专业人士的机构才能持续运行，这不仅发生在研发、制造、贸易等众多领域，服务业领域也一样。这是因为，只有如此才能确保与这些经营活动相关的潜在危险是可控的。只是随着参与人数的增多、设备和机器的复杂化，对企业内部流程计划、协调和控制的要求也越来越高。每一次扩展、增加和深化专门知识，反过来也隐藏着的特殊危险，都要求相应的预防措施，而由此产生的损害则会导致违反谨慎义务的责任。因此，有必要根据企业具体的情况，通过个案判断来确定该企业应当承担的义务。

由此可以看出，为了实现企业的运行，必须运用功能和劳动分工，这样才能更好地控制潜在的危险。通常通过劳动分工的方式才能实现必要的安全性。如果设立并经营了一家一人企业或者小型企业的企业主，在面临不断提高的潜在危险时，却仍然不聘用专家，并因此无法掌控所产生的危险，那么该经营者就已经违背了其谨慎义务。特别是在高科技和高要求的领域中，必须运用功能和劳动分工

---

〔6〕 对此 Brinkmann, S. 60 ff.。

以提供必需的安全保障。在此情形中，企业领导必须将某些工作和决定委派给有足够资质的雇员完成，通过这种方式来履行他所负担的对公司事务进行实际领导的义务。如果他没有对雇员的参与进行业务上必要的安排，而自己也无法完成任务，那么他就有可能因授权委托行为的缺失而承担不作为的刑事责任。

司法判例也同样对小企业的设立者有这样的要求：或者自身拥有必需的专业知识和必要的认知，或者求助于第三人。德国联邦法院判决指出，〔7〕在传播有害青少年的文章的问题上，杂志经销商如果在企业运营之初无法保证其有能力对此进行监管，那么他就没有尽到相应的义务。决定性的因素是，行为人是否可以预见可能发生无法掌控的危险。〔8〕特别是当法律规定或技术规范对特定的知识有所要求时，经营者或企业主并不因自己不具备相应的能力而减轻他们的责任。他不应让自己置于无法满足谨慎义务规范要求的境地，更确切地说，他应向第三人寻求帮助。因此，现代管理中的任务委派，是现代公司治理理论和企业经济组织理论中不可或缺的组成部分。

对现代企业而言，通过企业领导层对所有企业活动实现全方位的掌控是不切实际的，而且企业领导层通常也并不具备向下级决策者发出准确对应每一种情形的行为指令的能力。因此，企业领导层有必要以授权委托的方式，在让渡自己决策权限的条件之下，将任务委派给下级员工完成。

（四）与功能和劳动分工相伴的风险

伴随着团队协作会产生一定风险。这就要求组织结构要有所发展，将单个制造商所承担的整体义务依据部门进行划分，以大体上明确制造、发展、生产及控制，销售、检验等与安全问题紧密相关的基础阶段的主管人和责任人。

除此之外，组织机构必须考虑到伴随着任务委派和劳动分工而出现的，会提高危险性的两种典型情况：可能的人事选任失误以及沟通和协调出现问题。由此产生了企业领导层的选任、监督、控制和信息义务，从而保证如果一件商品是通过劳动分工生产之后进入流通领域的，那么它对消费者法益所能提供的安全保障，至少不能低于那些没有经过多个自然人任务分工所生产的商品 。

全面的选任、监督、控制和信息义务首先约束的是企业的领导机构，如果它

---

〔7〕 BGHSt 10, 132 ff.

〔8〕 BGHSt 10, 132 (133).

未能全面履行其负担的预防义务，就会面临广泛的刑事处罚风险。[9] 除此之外，对具备特殊专业知识的人员而言，他们也面临着风险：此类人群不仅对其下属负有控制和监管义务，他们对同级员工也同样负担此项义务。由于错误源头众多而且涉及大量人员，对监督、控制和组织义务的承认会导致企业中责任的成倍增加。[10] 由此导致的刑事责任扩张有待商榷，而对此种刑事责任的合法性也是有疑问的。

（五）司法判例中对授权委托下义务的判定："着眼于企业的解决思路"

对于授权委托后义务的判定，司法判例中选取了一种着眼于企业的解决思路。首先，法院会确定企业及其机构所承担的义务，即普遍和整体职权（All- und Gesamtzuständigkeit）。[11] 其次，可以将法人中的各个机构所承担的义务分配给机构中的成员（水平劳动分工）。实践中常常运用此种分工方式，通过章程或者议事规程将公司事务分配给董事会或管理层中的成员履行。德国《股份有限公司法》第77条第1款第2句明确规定了股份有限公司进行此种任务分配的可能性；《有限责任公司法》也普遍承认了这种可能性。[12]

然后法院会进一步追问，各机构是否以及在多大程度上将任务委派给雇员个人处理，而这些雇员又在多大程度上接管了这些任务（垂直劳动分工）。虽然《股份有限公司法》和《有限责任公司法》均未规定可以将机构义务委派给下级完成，但机构义务的垂直委派在原则上是有可能且被许可的，对此并不存在争议。[13]

1. 德国联邦法院"皮革喷雾剂案"

德国联邦法院的"皮革喷雾剂案"的判决为"着眼于企业的解决思路"奠定

---

〔9〕 对此 Hegnon, CCZ 2009, 57.

〔10〕 Scheidler, ZUR 2010, 16 (18) 持此观点；亦参见 Rotsch, Individuelle Haftung, S. 82.。

〔11〕 相关法律条文（德国《股份法》第76条第1款、第77条第1款、第93条第2款第1句以及德国《有限责任公司法》第35条第1款、第43条第2款）规定了普遍和整体职权以及整体责任原则，但很大程度上都是任意性规定。

〔12〕 Baumbach/Hueck-Zöllner/Noack, GmbHG, § 35 Rn. 33, § 37 Rn. 24 (27), § 43 Rn. 26; Rowedder/Schmidt-Leithoff/Koppensteiner, GmbHG, § 37 Rn. 42; Roth/Altmeppen-Altmeppen, GmbHG, § 37 Rn. 33 ff.; Lutter/Hommelhoff-Hommelhoff, GmbHG, § 37 Rn. 28 ff.; Hachenburg-Mertens, GmbHG, § 35 Rn. 108 f.; Michalski-Lenz, GmbHG, § 37 Rn. 30 ff.

〔13〕 参见 KölnKomm/AktG-Mertens, § 93 Rn. 46; Hopt/Wiemann-Hopt, AktG, § 93 Rn. 55; Lutter/Hommelhoff-Kleindiek, GmbHG, § 43 Rn. 18; Scholz-Schneider, GmbHG, § 43 Rn. 36, 41.。

了基础。[14] 在该案中，对刑事责任进行判断的起点先是确定企业自身应当承担的作为和不作为义务；第二步才会调查基于个人在组织内部职位而产生的个人刑事责任。[15] 德国联邦法院指出，员工个人义务的范围取决于企业的义务。[16] 这种着眼于企业的解决思路体现了对刑法外评价标准的准确理解，该评价标准中首要的归责主体是法人，继而从法人的对外义务中才能推导出企业中功能承担者的义务。[17] 企业的对外义务原则上由企业领导层承担，但是企业领导层也可以将这些义务委派给下级雇员。[18] 这意味着，任务承接者所承担义务的性质和范围先由委派者即企业所承担义务的性质和范围确定，并且以此为界限：即只能阻止与企业相关的犯罪行为。与企业相关的行为指的是，利用企业经营的事实和法律效果而实施的行为。[19] 这种界分在职场霸凌的案件中会有一定困难,[20] 因为此时其仍然可能与企业经营行为的存有关联。[21] 在一个案例中，职员们对一个同事进行了虐待和折磨，而德国联邦法院认为该案中不存在与企业经营行为的关联性。[22] 企业内部自愿的义务承担，并不会导致刑事责任。[23]

受委派人的义务以委派给他的任务范围为限：其刑事责任无论如何也不会超出受委派的特定义务范围。[24] 义务的内容和范围由具体被接管的义务范围确定，同时要特别注意企业的情况和授权委托的目的。具有决定意义的是，授权委托的

---

〔14〕 BGHSt 37, 106 (113 f.).

〔15〕 BGHSt 37, 106 (113f.)；亦见 Dencker, S. 13 ff.。

〔16〕 对此详见 Kulen, in: BGH-FG, S. 647 (663 ff.)。

〔17〕 Kulen, in: BGH-FG, S. 647 (665).

〔18〕 部分文献将这种义务委派从规范上置于德国《刑法典》第 14 条之下；持此观点 Kuhlen, in: Maschmann, S. 11 (17)；亦见 Ransiek, AG 2010, 147 (151)。

〔19〕 Schönke/Schröder-Bosch, § 13 Rn. 53; NK/StG-Wohlers, § 13 Rn. 53, 上述文献亦包含更多论据。

〔20〕 Schönke/Schröder-Bosch, § 13 Rn. 53.

〔21〕 BGHSt 57, 45 ff. 持不同观点；批判性观点见 Schönke/Schröder-Bosch, § 13 Rn. 53; Jäger, JA 2012, 394。

〔22〕 BGHSt 57, 45 ff. m. Anm. Kuhn wistra 2012, 297 ff.; Wagner, ZJS 2012, 704 ff.; 赞同意见参见 Blüte, NZWiSt 2012, 176 ff.; Roxin, JR 2012, 305ff.; Schramm, JZ 2012, 971ff.; 亦见 Kudlich, HRRS 2012, 177 ff.。

〔23〕 对此亦可参见 Campos Nave/Vogel, BB 2009, 2546 (2549); Spring, GA 2010, 193 (226). BGHZ 194, 26 ff. mit abl. Anm. C. Dannecker, NZWiSt 2012, 441 ff.。采限缩性解释（对法院判例提出异议）；亦参见 Jacobi, NJ 2012, 432 ff.; Gehrmann, GWR 2012, 370; Nietsch, CCZ 2013, 192 ff.; Schwerdtfeger, BB 2012, 2271。

〔24〕 对此亦见 Berndt, StV 2009, 689 (690)；针对合规专员 Campos Nave/Vogel, BB 2009, 2546 (2549)；针对企业责任受托人（Betriebsbeauftragte）Kraft/Winkler, CCZ 2009, 29 (32)。

目标方向。例如，授权委托可以仅限于优化企业内部流程、揭露针对企业的义务违反行为并避免这些行为在未来再次发生；除此之外，当然也可包含申诉和制止企业对外的违法行为。从这个角度来看，就需要对任务分配的状况进行评估。

公司内部通过对同级或下级员工授权委托进行劳动分工之外，电子数据处理（EDV）或是簿记等特定任务还可以（如果没有合适的雇员可以完成该任务，则是必须）委托给公司外部的第三人完成［外包（Outsourcing）］。因为即使小型企业中，企业主也不可能自己履行所有义务，所以此时也会存在对外部第三人的授权委托，比如征求法律或业务的专家意见。有时甚至也有将企业管理整体委托给他人完成的情况［企业管理合同（Betriebsführungsverträge）］。授权委托的这些特殊形态，在原则上也是允许的;[25] 不过此时对第三人的选任有较高的要求。

将任务委托[26]给雇员或第三人并不当然排除企业领导层的企业主责任。在特定情况下委托人可能在委任第三人之后仍然是义务的承担者。[27] 特别是在授权委托的情况下，不仅产生了施加于接管任务的下级雇员的义务，也对必须对下级雇员进行监管的企业领导层施加了义务。

由于刑罚的前提条件是违背个人的、由具体的企业雇员承担刑法上的行为义务，因此必须确定具有限制责任效果的具体责任结构。这对企业内部的劳动分工和授权委托就提出了较高的要求。只有当存在一套精确的内部职责分配系统，并且该系统在现实中得到了执行和实际运用时，才能通过责任分配和任务的授权委托减免委托人的责任。但是，在现代企业中，仅由企业领导层对所有企业活动进行全方位的掌控是不现实的。企业领导层通常并没有向下级决策者发出准确对应每一种情形的行为指令的能力。因此，任务的授权委托即转交自己的任务,[28] 一般情况下需要与相应的决策权限关联起来。

2. 企业领导层、合规官和下级雇员的保证人地位

如果企业雇员以积极的作为实施犯罪，则适用正犯与共犯的一般规则。[29] 但在授权委托的情形中，也可能会出现不作为犯罪的刑事责任。基于司法判例中

---

〔25〕 MüKo/AktG-Spindler, § 76 Rn. 19 ff., 26; MüKo/AktG-Mertens, § 76 Rn. 447, § 93 Rn. 40; Tomat/Nehls, in: MAH AktR, § 22 Rn. 9; Schnabel/Lücke, in: MHdB Vorstand AG, § 6 Rn. 345; Roth/Altmeppen-Altmeppen, GmbHG, § 41 Rn. 5; Marsch-Barner/Diekmann, in: MHdB GesR III, § 44 Rn. 62; Lutter/Hommelhoff-Hommelhoff, GmbHG, § 37 Rn. 15; Spindler/Stilz-Fleischer, AktG, 2010, § 76 Rn. 60, 66 ff.

〔26〕 LK-Weigend, § 13 Rn. 60, 其中亦包含更多论据。

〔27〕 LK-Weigend, § 13 Rn. 60; Tiedemann, Wirtschaftsstrafrecht AT, Rn. 185.

〔28〕 Bosch, S. 374 Fn. 1189.

〔29〕 对此 Graf/Jäger/Wittig-Hoffmann-Holland/Singelnstein, § 25 Rn. 1 ff., 其中亦包含更多论据。

着眼于企业的解决思路，以企业义务为形式的保证人义务是关注的焦点。这些义务不仅指向对事务性危险的防御，也包括防止其雇员对第三人实施犯罪的义务。[30] 对防止源于企业经营之犯罪行为义务的判断可以建立在一般企业主责任的基础上。除此之外，也需要考虑基于先行行为的保证人地位。

（1）企业主责任与责任向下级雇员的转移。企业主责任，即企业主和各主管防止下级员工实施与企业相关的犯罪行为的保证人地位。在帝国法院时期，法院就已经承认了此种企业主责任。[31] 学理上也基本认可一般的企业主责任。[32] 一方面，企业主享有经营企业的自由，另一方面，则要承担企业主责任，即承担通过指示和管控的方式以防止雇员在企业运营中实施犯罪行为的义务，[33] 对此，也可以参见德国联邦法院的两个判例（BGHSt 54，44 和 BGHSt 57，45）。[34] 在此，问题的关键是对危险源的控制。[35]

然而，企业主责任中的一个难题在于，企业主责任要如何与下级的自我答责以及人格自主性并存，按照由宪法确定的人格自主性原则，没有人可以为成年的理性第三人之行为负责。[36] 因此，部分文献中阐述的企业主责任的基础是，企业员工在执行委派给他的工作时处于企业主的指令权限之下，[37] 而且企业领导层拥有优势信息资源因而对职员有组织上的控制力。[38] 如果仅给出关于控制和信赖等标准的纯粹事实根据，而无法回溯到最根本的责任原则，就无法论证法律义务的存在。[39] 因此必须用指示和命令权来证明企业主有防止其雇员和工人实

---

[30] Roxin, AT II, § 32 Rn. 134ff.; Tiedemann, Wirtschaftsstrafrecht AT, Rn. 183; LK-Weigend, § 13 Rn. 56.

[31] RGSt 24, 252 (254f.); 33, 261 ff.; 57, 148 (151); 58, 130 (132 ff.); 75, 296; BGHSt 25, 158 (162 f.); 37, 106 (123 f.); 对此详见 Spring, S. 65ff.。

[32] 对此详见 Schünemann, Unternehmenskriminalität, S. 62 ff.; Bosch, S. 81 ff.; Schall, in Rudolphi-FS, S. 267 ff.; Spring, S. 195 ff.; Walter 全书。

[33] Roxin, AT II, § 32 Rn. 137; NK/StGB-Wohlers, § 13 Rn. 53; 持赞同意见 Rönnau/Schneider, ZIP 2010, 53 (56)。

[34] BGHZ 194, 26 ff 持不同意见，但并未明确表明其异议。

[35] 对此详见 Bosch, S. 189; Kindhäuser, AT, § 36 Rn. 58 ff.; Kühl, AT, § 18 Rn. 106; Otto/Brammsen, Jura 1985, 595 (600); Ransiek, S. 34f.; Schlüchter, in: Salger-FS, S. 139 (148f.); Wessels/Beulke, Rn. 723。

[36] Tiedemann, Wirtschaftsstrafrecht AT, Rn 185 持此观点。

[37] Roxin, AT II, § 32 Rn. 133; Tiedemann, Wirtschaftsstrafrecht AT, Rn. 185，其中亦包含更多论据。

[38] Schünemann, Unternehmenskriminalität, S. 101 ff.

[39] Tiedemann, Wirtschaftsstrafrecht AT, Rn. 185.

施犯罪的保证人义务。只有存在指令权限时，方能肯定保证人地位。[40]

司法判例中肯定一般企业主责任的论据则是：企业营运的情境会创造更高的实施犯罪的风险，而作为企业领导机构经营自由的反面，对这种风险的控制也应由领导机构承担。[41] 因此领导机构不仅要承担企业业务相关风险的责任，更要承担包括源于企业人事的危险。[42] 由此，与企业作为业务上危险源所产生的责任不同，企业主责任有其独立的适用范围。[43] 前者只涉及由企业经营特性所产生的特殊危险。[44]

司法判例还认为，即使合规官对企业下级雇员没有指令权，他们一般也有义务阻止来源于企业的犯罪行为。

与之相反，司法判例认为内部审计员没有相应的义务，因为这些岗位原则上仅仅为企业利益而设立。[45] 这一观点完全值得赞同。尤其在于，一般不能允许企业领导层试图通过内部审计来转移应当由他们承担的监督并在必要时干预企业雇员的义务。原则上内部审计员只负责企业内部相关的任务，比如阻止针对企业的义务违反以及避免由此产生损害。他们通常不承担监督企业雇员的任务。

对法务部门的主管的要求也是一样，他们的任务也同样着眼于实现企业利益，而不是实现企业管理。如果企业领导层没有转交特别的职权，特别是没有让渡对雇员的指令权，那么法务部主管就也没有义务履行企业经营管理的任务。

（2）基于先行行为的保证人地位。还需要考虑的是，基于事前发生的会造成危险的作为［先行行为（Ingerenz）］而产生的保证人地位。[46] 然而，当涉及召回危险产品时的产品刑事责任时，涉及的是将危险产品投入流通时的先行行

---

〔40〕 Tiedemann, in: FS-Nishihara, 1988, S. 496 (505f.); der./Vogel, JuS 1998, 295 (299); Jakobs, 29/29ff., 57 ff.; Kindhäuser, LPK, § 13 Rn. 45; Rogall, ZStW 98 (1996), 573 (617f.); Roxin, AT II, § 32 Rn. 137; Schall, in: Rudolphi-FS, S. 241 ff.; 持不同观点 Hsü, S. 241 ff.; 部分支持反对观点 Bosch, S. 216 ff.; Ransiek, S. 33 ff.。

〔41〕 BGHSt 37, 106 (114); Hoyer, S. 31f.; Lackner/Kühl, § 13 Rn. 14; LK-Weigend, § 13 Rn. 56; NK/StGB-Wohlers, § 13 Rn. 53; Rogall, ZStW 98 (1986), 573 (616 ff.); Roxin, AT II, § 32 Rn. 137; Schall, in: FS Rudolphi, 2004, S. 267 f.; Schünemann, ZStW 96 (1984), 287 (318); Stratenwerth/Kuhlen, § 13 Rn. 48; Tiedemann, Wirtschaftsstrafrecht AT, Rn. 185; 持不同观点 Spring, S. 208 ff.; ders., GA 2010, 222 ff.。

〔42〕 Langkeit, in: Otto-FS, 2007, S. 649 (653); Schall, in: Rudolphi-FS, S. 267 (277 f.); Fischer, § 13 Rn. 38; Roxin, AT II, § 32 Rn. 137; Ransiek, S. 136; 持不同观点 Spring, S. 166ff.。

〔43〕 NK/StGB-Wohlers, § 13 Rn. 53.

〔44〕 见 Roxin, AT II, § 32 Rn. 139。

〔45〕 BGH JZ 2010, 1018 (1020).

〔46〕 关于界分先行行为的疑问和争议详见 MüKo/StGB-Schmitz, § 1 Rn. 10, 47, 其中亦包含更多论据。

为，还是开启危险源时交往安全义务的后果，尚不清楚。德国联邦法院在“皮革喷雾案”中的倾向是，即使企业主将产品投入流通领域的行为并不具有违法性，他也有基于先行行为的保证人地位且负有召回义务，[47] 因为只要危险结果在法律上具有可非难性，就已经足以成立客观上违反义务并造成危险的前行为了。[48]

此外还要求所实现的危险是临近危险（nahliegende Gefahr）。新近的判例采纳了这一标准，其目的是对先行行为责任进行限制，即行为制造的危险必须就是有关构成要件中结果的发生。[49] 为了将义务违反关联性的要求考虑进去，[50] 保证人有义务阻止的危险必须是先行错误行为的特定后果；而不能仅仅是一个恰巧发生在违反义务行为后的结果。[51] 先行行为必须造成符合构成要件的具体结果，即发生这一临近危险，虽然这样的标准在侵害生命、身体犯罪以及遗弃罪中往往很难确定，但在涉及一家组织流程和职责确定的企业时，就可以根据该企业责任结构的具体形态进行判断，从而在规范意义上将责任限制在临近危险中。前行为仅以可预见的方式与危险相关联是不够的。

3. 不作为犯罪中正犯与共犯的界分

司法实践在不作为犯罪中对正犯和共犯的区别标准跟作为犯罪中一样，即在适用主观标准的同时，辅之以行为支配理论。不作为的正犯是指那些完全认同行为结果、将其视作“自己的”行为结果并意欲其发生，并且/或者支配该事件的犯罪参与人。学界区分不作为犯罪中正犯和共犯的标准并不统一，[52] 部分观点认为应当根据保证人地位的类型进行划分，即负有保护义务的保证人原则上是正犯，相反，由于负有监管义务的保证人的“法律义务从性质上有所不同”，他们一般仅仅是共犯；[53] 而现在基本被接受的通说认为，基于保证人的特殊义务，他们原则上都应当负有正犯的责任。[54] 还有部分观点认为应当以行为支配理论

---

〔47〕 BGHSt 37, 106（114ff.）；针对制药企业义务见 LG Aachen JZ 1971, 507ff.。

〔48〕 对此批判性观点 Kuhlen, in BGH-FG, S. 657（677ff.）sowie Schünemann, in: BGH-FG, S. 621（637ff.）。

〔49〕 对此 Stratenwerth/Kuhlen, § 13 Rn. 28。

〔50〕 Kühl, AT, § 18 Rn. 102 以及 Schönke/Schröder-Stree, § 13 Rn. 35 a 要求一种义务违反关联性。

〔51〕 MüKo/StGB-Freund, § 13 Rn. 123.

〔52〕 概览见 Schönke/Schröder-Cramer/Heine, Vor § § 25 ff. Rn. 101 ff.。

〔53〕 Schönke/Schröder-Cramer/Heine, Vor § § 25 ff. Rn. 104 持此观点；Jakobs, 29/105 持批判性意见。

〔54〕 Roxin, Täterschaft und Tatherrschaft, S. 458 ff.；SK/StGB-Rudolphi/Stein, § 13 Rn. 37 ff.；NK/StGB-Wohlers, § 13 Rn. 26.

为标准进行区分,[55] 或者认为，对于在积极作为的行为人之外的保证人而言，如果其现实或假定的作为只是一种共犯行为，那么他就也只能被认定为共犯。[56]

司法实践已经采纳在积极作为的犯罪中基于组织支配成立正犯,[57] 如果要将同样的标准运用在不作为的领域，当受企业委托的专员自己具备组织支配力时，就也必须被认定为正犯。但前提是，他对企业员工有指令权并能够对员工产生直接的影响。[58] 如果他对企业雇员没有指令权，而只能通知企业领导层，继而通过领导层才能干预企业中的犯罪行为，那么就不满足组织支配的前提条件，从而只能构成帮助犯。

4. 过失责任

与普通刑法一样，经济刑法关注的重点也是故意犯罪。不过，在侵害身体、生命犯罪之外，附属刑法也常常会将过失行为置于刑罚威慑之下。因此，行为必须符合谨慎义务的要求成为了关键性问题。刑法中认定过失的出发点是，禁止损害第三人的法益［“不得损害他人”原则（Prizip des neminem laede）］。刑法中的责任原则又对该一般性的法律原则形成了补充。现今已经没有争议的是，仅仅造成结果的发生不足以体现过失犯罪的不法性。[59] 而有争议的是，是应该根据行为人的违背谨慎义务的行为判断对待法益的过失,[60] 还是说过失所涉及的问题是是否制造了法所不容许的危险。[61]

（1）违背谨慎义务或制造了更高的危险。成立过失行为的前提条件是：谨慎义务的违反，违反谨慎义务的情况下结果发生的可预见性，以及遵守谨慎义务时该结果的可避免性。[62] 传统上认为，构成过失的要求是行为人违反了谨慎义务，且该行为与结果的发生之间存在因果关系。其中过失的核心在于义务违

---

〔55〕 Wessels/Beulke/Satzger, Rn. 734; Maurach/Gössel/Zipf, AT-2, § 47 Rn. 111; Spring, S. 262 ff. 持此观点；LK-Weigend, § 13 Rn. 94f. 持类似观点。

〔56〕 Tiedemann, Anfängerübung, S. 226；类似观点见 Jakobs, 29/101f.。

〔57〕 BGHSt 40, 218 (236ff.) mit abl. Anm. Roxin, JZ 1995, 49 (51 ff.)；持相同意见 BGHSt 48, 331 (342); 49, 147 (163); BGH JR 2004, 245 (246) mit abl. Anm. Rotsch。

〔58〕 对此亦参见 Schall, in: Rudolphi-FS, S. 267 ff.。

〔59〕 关于该问题的阐述见 Jescheck/Weigend, § 54 I 3。

〔60〕 此即通说；参见 Jescheck/Weigend, § 54 I 3.; SK/StGB-Hoyer, Anhang zu § 16 Rn. 8 ff., 上述文献中亦包含更多论据。

〔61〕 Schmidhäuser, in: Schaffstein-FS, S. 131 ff.; LK-Vogel, § 15 Rn. 169 f. 持此观点；亦参见 Jakobs, 9/1 ff., 5 ff. i. V. m. 7/35 ff.。

〔62〕 参见对该问题的概述 Kühl, AT, § 17 Rn. 14ff.。

反，[63] 至于过失犯罪的行为是否与行为人和企业之间的从属关系有所关联，或者事实上造成损害结果的原因是否源于这种从属关系，则在所不问。

确定是否违反谨慎义务根据的是客观的一般人标准，即以行为人所属交往圈中一个认真且理智的成员的交往习惯为依据进行判断。[64] 此外也已经达成共识的是，谨慎义务的要求必须针对每一个个体单独确定。[65] 没有任何谨慎义务是可以抛开所考察的刑法规范而孤立存在的。[66] 相反，行为人违反的必须是那些从各个刑法的规范中推导出来的义务。[67] 回到“不得损害他人”原则，还可以推导出：不得制造会威胁他人的法益存在或安全的风险。[68] 因此谨慎义务的基础是我们对人们在其所任职的角色中的合理期待，这种合理期待建立在对社会的相当性、法所容许之风险以及信赖原则的考量之上。

部分观点反对通过要求违反谨慎义务将过失具体化，从规范理论上看，刑法上过失的构成要件并没有要求行为人履行谨慎义务，因为刑法中并不存在必须谨慎行为的义务；存在的义务仅仅是——不做不谨慎的行为。[69] 因此德国刑法学家罗克辛（Roxin）建议，用“在规范保护目的范围内，行为人所制造的逾越可允许风险的危险得以实现”这一要素代替违反谨慎义务。[70] 此处涉及的是制造更高的危险，即该危险客观上超出了在社会利益中普遍可以接受的程度。

（2）制造不能被容忍且不被允许的危险是过失行为核心。无论是要求存在违背谨慎义务还是以制造不被允许的危险作为标准，现今普遍可以接受的是，判断过失犯罪行为不法性的标志在于对法益所制造的危险已经超出了可以被容忍的范围，因为行为人并没有避免一切风险的义务。所有在一般情况下无法避免的风险都不是法所不允许的风险，而是正常风险。[71] 如此，由于不满足通说所要求的违背谨慎义务而被排除的部分行为，就与虽然制造了更高危险但由于缺少客观可归责性而被排除的那部分行为相一致了。因此，违背谨慎义务和制造更高危险

---

〔63〕 Kühl, AT, § 17 Rn. 14ff Wessels/Beulke/Satzger, Rn.

〔64〕 Schönke/Schröder-Sternberg-Lieben, § 15 Rn. 133; Jescheck/Weigend, § 55 I. 2. b); Wessels/Beulke/Satzger, Rn. 669.

〔65〕 对此 Wessels/Beulke/Satzger, Rn. 667，其中亦包含更多论据。

〔66〕 对此 Schmidhäuser, in: Schaffstein-FS, S. 129; Schroeder, JZ 1989, 776。

〔67〕 对此 Jakobs, AT, 9/6。

〔68〕 Schönke/Schröder-Sternberg-Lieben, § 15 Rn. 131.

〔69〕 Jakobs, 9/6; Schöne, in: Hilde Kaufmann-GS S. 652 f.

〔70〕 Roxin, AT I, § 24 Rn. 8 ff.

〔71〕 Jakobs, GA1997, 553 (554).

是对同一个标准的改写，即行为人虽然没有出于故意，但是其提升危险的行为造成了构成要件的实现，此时构成要件的实现可以归责于行为人。[72]

（3）从内容上确定针对法益的不被允许的危险。从内容上确定针对法益的不被允许的危险的出发点在于，由于现实中存在多种多样的情形和要求，法律无法列举所有作为法所不容许之风险基础的行为规范。虽然法律规定了一些在特定情形下正确行为的标准，例如，建立和运行设备的安全准则、技术规范、职业守则等。但这些规定却是不完整的。在个案中永远都需要确定每一个具体情形中谨慎义务的要求，与此同时，也不能根据行为人的人格对行为规范进行剪裁，否则规范就不能称其为规范了。[73] 因此规则永远只能是规定，用来设定义务或确定如何制造了不被允许的危险。[74]

这样的规则可以是，行为人的表现必须符合相关交往圈中谨慎且认真的成员处于他身处的情景时会做出的行为。[75] 只要行为人具备特殊知识，就必须运用它们，即使他并没有义务一定要获得而只是偶然取得了这些知识。[76] 除此之外，他也有义务采取预防措施，认识到可能发生的危险并做好准备可以有效地进行应对。这样，来源于相关交往圈中社会角色的谨慎义务就对来源于个体知识的义务形成了补充。[77]

此处所要求的谨慎程度是，一个“理性人处于行为人所在的情形时”所能达到的谨慎程度。必须遵守“交往中所必要的谨慎”。通说认为，刑法中的对此的判断应该以相关交往圈中审慎并考虑周到的成员的行为为基准。[78] 此处涉及的是，当一个人实施或者有意实施特定有风险的行为时，他所应当达到的最低限度的谨慎程度是怎样的。

企业中的过失行为之所以会产生一些特殊问题，首先是因为对谨慎义务而言，不再考虑相关交往圈中谨慎并认真负责的独立执业的成员的能力和可能性，而是要建立对企业的要求。这其实是一个更高的要求，因为机构中有众多雇员，尤其是可以任用各个领域的专业人士，而且企业还必须对危险来源有全面的监督和控制；当存在大量可能出现错误的源头而无法仅由一个人监督，则必须安排更

---

〔72〕 Frisch, S. 34.

〔73〕 Kaminski, S. 98ff.

〔74〕 NK/StGB-Puppe, Vor § 13 Rn. 155.

〔75〕 BGH, DS 2010, 280.

〔76〕 对此 Schmidt-Salzer, Rn. 1. 512 ff.; Gers, NStZ 2011, 139。

〔77〕 NK/StGB-Puppe, Vor § 13 Rn. 157.

〔78〕 Schünemann, JA 1975, 435 ff.

多人以共同完成监督和控制任务。

（4）法所允许风险具体化的标准。

①要求根据特定领域进行区分和考虑刑法外的法律规范作为先于刑法的价值规范（Wertordnung）。基于各个特定领域不同的行为关系，比如，在土木工程、医疗行为、技术型生产和销售、行业部门等领域，一般谨慎原则呈现为不同的形式。其依据除了特别规范之外，还有效力位阶在法律之下的规范、行政规章、交往习惯等。例如，在食品领域就有卫生规定，特别是在欧盟法中也有相关规定。在这些领域中，刑法不能像那些针对特定领域的刑法外的监督规范一样制定影响广泛的义务要求。〔79〕

在药品和基因技术领域也是一样。这些领域的义务要求是由刑法之外的规范塑造的。〔80〕根据特定领域确定谨慎义务可以追溯到民法上的具体化，这种具体化主要被运用在医疗和产品责任领域，也可以在土木工程以及贸易和工商业中的特定领域中找到。〔81〕即使如上文内容所述，有些谨慎义务需要由刑法本身确定，但该要求并不表明刑法可以完全独立于其他法律部门而自主发展。只要其他部门法可以对此有所限制，就不能认定其违反了刑法上的谨慎义务。刑法之外的其他部门法体现了先于刑法的价值规范，刑法会援引该规范，即便部分价值的重点会被修订和取代。〔82〕刑法仅仅选取那些应当并且需要受到刑罚处罚的违法行为。而为民法或者行政法所允许的行为，就不能被认定为违反了刑法。〔83〕有疑问的是为了保障利益均衡而规定了民事上的危险责任的情形，如在环境责任法等领域。在这些情形中，是否违反了刑法上的谨慎义务必须独立于民法上的先决问题进行判断，〔84〕其原因在于从危险责任的前提条件出发并无法得出行为是违反义务的结论。

②谨慎义务规则中的责任分配。责任是权力、影响力和知识的映射：企业中每一个人的责任都对应于其所处的战略性职位。这意味着指令权限越高、级别越高，责任也就越大。每个人都应根据其职位以及施加实际影响力的可能性对责任进行分担。关键在于，交往安全和其他义务的形成原因是存在于应当承担责任的

---

〔79〕对此 Krüger, LMuR 2013, 4.6。

〔80〕对此 Lackner/Kühl, § 15 Rn. 39 ff.; Schönke/Schröder-Sternberg-Lieben, § 15 Rn. 151 ff.; Hoyer, ZStW 121 (2009), 860 (862 ff.)。

〔81〕对此 Schönke/Schröder-Sternberg-Lieben, § 15 Rn. 206 ff.。

〔82〕Schünemann, GA 1969, 46 (53) 持此观点。

〔83〕参见 Schönke/Schröder-Sternberg-Lieben, § 15 Rn. 145。

〔84〕对此 Kuhlen, Fragen einer strafrechtlichen Produkthaftung, S. 88 ff.; 亦参见 Hilgendorf, S. 161 f.。

特定人之中的。鉴于每个个体的工作能力都是有限的，必须建立一个对责任进行有差异性分配的特殊谨慎规则体系。

一般而言，谨慎规则仅适用于自主掌控的行为领域。[85] 因而，从劳动分工中可以得出每个个体的责任边界。一方面，原则上每个人都先应对由他承担的特定任务负责。[86] 而另一方面，可认识性和可避免性（Erkennbarkeit und Vermeidbarkeit）也是判定谨慎义务的要素。[87] 只有存在可认识性和可避免性时，才能认定违反了谨慎义务。[88] 例如，在医疗行为领域，医生可以信赖他专长于其他领域的同事的协作行为是没有缺陷的。[89] 但是，如果有明显的错误就必须指出并更正。

在大型企业中，大量内部运行的子系统相互关联，例如，研究和开发、投资和技术、材料管理和服务、应用技术和工程技术、销售和废料清运等，这些子系统可以再纵向被划分为独立部门、业务部、分部、小组和子部门。从中可以推导出个人责任的界限，同时也可以得出对子系统（包含由于组建子系统而产生危险的领域）进行监督的必要性。

③义务委托的合法性。交往安全义务的承担者可以在第三人同意的前提下将该义务转交给该第三人，这已经被普遍接受了。[90] 在劳动分工和专业化的大环境下，这种安排不仅是可能的，而且一般是不可避免的，为了保护法益在很多情况下甚至是必须的。只有具有高度人身属性的义务，才没有委托的可能性。

一系列的问题会随着交往安全义务的委托而产生。需要回答的一个问题是，在加入第三人的参与之后，委托人是否还是交往安全义务的承担者。在民法中有这样的观点，交往安全义务的承担者原则上并不需要自己实施控制危险的措施。事实上，他只需要对避免危险的措施做出可以期待并可能的安排，就可以满足交往安全义务的要求了。[91] 由此可以看出，委任一个合适的第三人对危险进行一般性的防御，这已经足以达到基本义务的要求了。而委托人不需要再承担交往安

---

〔85〕 Schönke/Schröder-Sternberg-Lieben，§ 15 Rn. 223 a.

〔86〕 Ulsenheimer，Rn. 141.

〔87〕 对此 Schönke/Schröder-Sternberg-Lieben，§ 15 Rn. 122 ff.；Wessels/Beulke/Satzger，Rn. 668，上述文献中亦包含更多论据。

〔88〕 Roxin，AT I，§ 24 Rn. 8；Wessels/Beulke/Satzger，Rn. 672 a 持此观点。

〔89〕 BGH NJW 1980，650；BGH（Z）NJW 1999，1779（1780）.

〔90〕 对此 Schönke/Schröder-Sternberg-Lieben，§ 15 Rn. 223，其中亦包含更多论据；委托交往安全义务中部分案例类型（例如土地所有权人 的积雪清扫防滑义务）参见 Mergner/Matz，NJW 2014，189 ff.。

〔91〕 Palandt/Bassenge-Sprau，§ 823 Rn. 51.

全义务的同时，转而需要承担一般监管义务，[92] 特别是组织义务、指示义务和监督义务，而这些义务是不能完全被转移的。

此外，仍需要回答的问题是，在委托交往安全义务的范围内，被委托人是否自己成为了义务承担者。如果原义务人合法放弃了危险来源的物上支配力，而将其转交给了第三人，[93] 那么被委托人就成为了义务人。[94] 被委托人是可以独立自主承担责任，还是仅仅是一个接收指令的帮手，此时并不重要。[95]

三、水平和垂直授权委托

（一）水平授权委托

原则上，企业领导层作为一个集体决策机构有职责确保企业应承担的所有任务都会得到实施。掌管经营、对运行负责的企业领导机构也有合规义务。股份有限公司的领导机构是董事会（Vorstand），有限责任公司的领导机构则是经理（Geschäftsführer）。企业领导层有义务保证，作用于其雇员和外部第三人的行为是合法的［所谓的合法性义务（Legalitätspflicht）］。[96] 这使得符合规范地组织企业运作以及建立一个合规机构成为一种必须。如果这项任务由第三人代为履行，那么就可以减轻企业领导层的责任。

1. 企业领导层的整体责任

一般对法人适用整体责任（Gesamtverantwortung）原则。根据该原则，拥有多个成员的机构对企业管理享有共同的领导职权。只要不存在“延误即有危险”（Gefahr im Verzug）的例外情形，所有企业领导层的成员都必须参与投票。此时

---

〔92〕 例如 BGH NJW 1996，2646；LG Dortmund，Urt. v. 22. 12. 2005 －14（VIII）Sch 9/04；BGH NJW 2008，1440，OLG Düsseldorf，Urt. v. 11. 1. 2011，I－23 U 28/10 ＝ openJur 2012，78304；OLG Saarbrücken，Urt. v. 18. 10. 2011－4 U 400/10 ＝ NJW－RR 2012，152；OLG Brandenburg，Urt. v. 20. 8. 2013－2 U 34/12 ＝ BauR 2013，2067；Deckert，Jura 1996，352；Groda，S. 141 也持相同观点。

〔93〕 BGH NJW－RR 1989，394（变更的领域职权）；OLG Koblenz，Urt. v. 6. 12. 2004－12 U 1491/03；LG Wiesbaden，Urt. v. 15. 7. 2010－9 O 108/10；BGH，NZV 2014，167（原文脚注 94）。

〔94〕 RGZ 156，198；Deutsch/Ahrens，Rn. 455，456；Groda，S. 146；Grünewald，ZHR 157（1993），S. 456；Ulmer，JZ 1969，163（原文注脚 93）。

〔95〕 对此 RG JW 1906，59（公寓管理员的妻子）；1912，338 Nr. 2（护理中心主管）；BGH VersR 1964，942（944）（建筑工程承包人）；NJW－RR 1989，394（人行道清洁公司）；OLG Frankfurt a. M.，Urt. v. 19. 2. 2008，－18 U 58/07（专业销售、出租、装配起重机的企业）；OLG Schleswig，Urt. v. 28. 2. 2012－11 U 137/11＝NZV 2012，545（授权委托人的邻居）。

〔96〕 Wabnitz/Janovsky－Knierim，5. Kap. Rn. 31.

要求全体成员一致同意（Einstimmigkeitserfordernis）。

如果一个集体决策（Kollegialentscheidung）是违背义务的，那么当赞成该决议的多数票比所必需的票数多了一票或更多时，就会产生一些特殊问题。在这样的情形中，参与投票的人不能全部都主张即使他没有投票决议也会生效。[97] 除了随之产生的每张赞成票与结果发生之间因果关系问题之外，[98] 另一个问题则是违背义务的整体结果是否对个人具有共同正犯意义上的可归责性。要肯定这种可归责性，要求投票人具备故意（即知晓该决议的对象即是对共同构成要件的实现），并且投票是在充分知情的条件下做出的。[99]

如果当事人对违反义务的决议投了赞成票，那么他是出于何种理由决定支持这种共同的法益侵害，并不重要。[100] 此时无需考虑他的动机，可以直接将结果的发生归责于他。[101]

对于对决议投反对票的人来说，只要该决议没有在日后通过全体共同的行为付诸实践，或者由他例外地承担了一个特别的、并不是由领导层集体承担的保证人义务，[102] 其余多数人的投票行为并不能作为一种积极的作为而归责于他。[103] 但是法院判例认为，无论具体的投票行为如何，单纯参与集体决策的行为本身就代表着必须承担共同责任。[104] 为了彻底规避对义务违反的行为承担责任，将自己所投的反对票明确记载在会议记录中，对那些被多数票否决的监事会成员来说是一种明智的选择。[105]

在投票时弃权，一般意味着既缺少了对该行为有意识的配合，又缺少了构成

---

〔97〕 BGHSt 37，106（129 f.）；Röckrath，NStZ 2003，641（644）；详见 Krekeler/Werner，S. 25 ff.。

〔98〕 对此 Bloy，GA 1996，424（430）；ders，in：Maiwald-FS，S. 35（53 ff.），Bosch，S. 283 ff.；Denker，S. 180 ff.；Deutscher/ Körner，wistra 1996，292（327）；Heine，S. 160 ff.；Hilgendorf，NStZ 1994，561 ff.；Hoyer，GA 1996，160（172 ff.）；Jacobs，in：Miyazawa-FS，S. 419（421 ff.）；Knauer，S. 201 ff.；Kuhlen，NStZ 1990，566（569 f.）；ders.，JZ 1994，1142；Lampe，ZStW 106（1994），683（692）；Meier，NJW 1992，3193（3197）；Neudecker，S. 193；Puppe，JR 1992，27（32 ff.）；dies.，GA 2004，139，dies.，ZIS 2007，240；Ransiek，S. 50 f.；Renzikowski，S. 101 f.；Samson，StV 1991，182（184 ff.）；Schmidt-Salzer，NJW 1990，2966（2967）；J. Vogel，GA 1990，241；Weißer，S. 75 ff.。

〔99〕 BGHSt 37，129 ff. m. zust. Anm. Bachmann/Beulke，JuS 1992，744 ff.；Knauer，S. 159 ff.；Kuhlen，NStZ 1990，566（570 ff.）；Meier，NJW 1992，3193（3197 ff.）；Schaal，S. 192 ff.（244）；Schumann，StV 1994，110 ff.；另参见 Neudecker，S. 206 f.；Weißer，S. 90。

〔100〕 对此详见 Schönke/Schröder-Heine/Weiße，§ 25 Rn. 80。

〔101〕 参见 Bloy，in：Maiwald-FS，S. 35（55 ff.）；MöKo/StGB-Joecks，§ 25 Rn. 251。

〔102〕 Knauer，S. 205（原文脚注 103）。

〔103〕 对此详见 Schönke/Schröder-Heine/Weiße，§ 25 Rn. 81（原文脚注 102）。

〔104〕 OLG Stuttgart JZ 1980，774；OLG Düsseldorf NJW 1980，71；另参见 LG Berlin ZIP 2004，73.

〔105〕 Krieger，in：Krieger/Schneider，Handbuch Managerhaftung，2. Aufl. 2010，§ 3 Rn. 28.

共同正犯的客观条件。此时不能以投票者没有阻止多数票的达成而追究其刑事责任，除非当事人具备特殊的义务。[106]

只有存在相应的保证人义务时，才有可能追究不作为的责任。共同正犯可归责性的前提条件是：其一，由于共同的行为配合而没能阻止结果的发生；其二，假如做出了一个相应的积极决议，则可以足够确定地阻止结果的发生。[107]

2. 企业领导层内部的职能分配和领导责任

在集体决策机构内部以水平授权的方式将任务和权能分配给具体的个人，是被允许的。其结果是领导机构整体责任的减少和机构内成员个人责任的产生。可以考虑以下的安排：

授予单个成员没有业务限制的独立经营权（Einzelgeschäftsführungbefugnis）；

授予与个别职能相关的独立经营权［功能性组织（funktionale Organisation）］；

授予与个别部门相关的独立经营权［部门性组织（Spartenorganisation）］；

在被授予的独立经营权的范围内，每个董事会或领导层成员都必须对自己的行为负责。

水平授权会有一些法律上的边界。领导层仍需承担领导责任。领导层应明确授权委托的内容和范围，并提供必要的信息。他们始终对被委托人的选任和监管负责。因此，随着将任务委派给其他部门也会产生新的任务：必须拟定运营行为目标并提供执行所委派任务的必需信息和工具。除此之外，委托人还必须向被委托人提供咨询并对其进行监督。他们必须听取关于执行任务状况的工作报告。

在公司治理中不可转交他人的管理性事务有：规划和税务责任；组织责任（包括合规责任）；财务责任；信息责任，以及对所委派任务的监督和监管责任。

（1）选任被委托人时的谨慎义务。如果企业主打算进行授权委托，那么他自己有义务谨慎地选任被委托人。该义务内容包括必须依据知识和能力挑选被委托人等。因此，重要的任务只能委派给符合一定要求的人群：他们基于自己的职位和已经具备的知识能力达到与任务相关的要求，且有能力完成该任务。对外授权委托（externe Delegation）时选任的要求则非常高；这是因为，外部人员不可能像企业员工一样受到高强度、高密度的监督和指令的控制。

（2）监督和领导委托人时的谨慎义务。授权委托生效的前提是存在一个明

---

〔106〕 对此 Knauer, S. 206 ff.; Vest, SchwZStr 105, 288 (328)。

〔107〕 参见 BGH 37, 129 ff., Jacobs, in: Miyazawa-FS, S. 419 (432); Weißer, S. 104。

示的合意。如果缺少一个明确的关于任务转移的合意，那么履行义务的责任仍应由企业主或企业法人的相关部门承担。但是，即使在有效的授权委托下义务先由任务的执行人承担时，企业主仍必须监督并纠正被委托人，甚至在必要时暂时对其停职。企业主承担在此范围内的监督义务。

监督义务的范围和程度由每个企业中的具体情况决定，特别是企业的结构、规模、业务范围，而最重要的决定因素是该企业的首要义务，对该义务的遵守必须受到监督。对于在过去完全可信赖的被委托人完全不采取任何监督措施是不谨慎的，尽管基于被委托人过去遵守谨慎义务的经历，可以推导出在一定程度上受到保护的信赖，但这些经历也可以导致更高的控制和监督义务。对被委托人偶尔的观察是不够的。〔108〕企业必须进行定期的、系统性的监督，也可以通过抽查内部规则是否得到遵守的方式确保这种监督。〔109〕但是，监督义务的对象必须是具备期待可能性的（zumutbare）措施，所以一些例外情况下，有些措施虽然是必要的，但可能会导致显著破坏企业氛围的不信任，此时就可以允许企业不实行这些措施。〔110〕

企业主并没有义务亲自执行那些监督和控制的措施。特别是如果执行这些措施从专业上或客观上来说对企业主是一种苛求，〔111〕那么他就必须将这些任务委托给别人完成，而这又会产生新的监督和控制义务。企业主必须向被委托人下达准确的指令并通过定期系统性的抽查对他们进行监督。此外，他对企业的组织运作必须达到：任务被清晰、明确地分配，且参与人在现有的资源下可以胜任那些任务。此时企业主需要履行的是组织义务。

（3）水平和垂直劳动分工中监督和控制义务的具体化。关于监督和控制义务，应区分水平分工，即同级间的劳动分工，和垂直分工，即上下级之间如医疗团队中的劳动分工。〔112〕

在水平劳动分工的情形中，可以认为每个人都具有与其任务相当的高度的独立自主性。劳动分工的有效性不应受到不必要的损害。但是由于劳动分工会带来较高的潜在危险，所以对同级的团队成员同样有监督义务。〔113〕尤其是在当同级

---

〔108〕 BGHSt 9, 319 (323).

〔109〕 BGHSt 25, 158 (163); OLG Koblenz, LMRR 1973, 13.

〔110〕 参见 BGH, wistra 1986, 222。

〔111〕 参见 BGHSt 25, 158 (163)。

〔112〕 Gropp, § Rn. 40；关于水平和垂直分工中的交往安全义务以及信赖原则 Esser/Keuten, NStZ 2011, 319 (320)，其中亦包含更多论据。

〔113〕 Schönke/Schröder-Sternberg-Lieben, § 15 Rn. 152.

部门中出现危害第三人的错误行为的端倪时，就有义务进行干预。惟其如此，才能减小那些在企业劳动分工中产生的基于合作的风险，[114] 使其处于可控范围内。

而垂直劳动分工[115]有着更高的危险预防潜能。责任人必须查证，其考察对象所具备能力和知识是否足以完成委派给他的任务。[116] 在难度较高的领域，可以依据以下标准进行判断：员工是否有参加专业课程的机会，企业是否为他们提供了必要的专业文献资料，以及他们有疑问时是否可以寻求企业外第三人的帮助。除此之外，上级还有义务以适当的方法亲自对雇员进行监督。这项义务仅限于进行抽查，而且一般不会及于被监督员工的全部工作，因为如果没有范围的限制，就会产生经营成本的问题。如果过度扩大控制和监督义务的范围，则会使人事任用成为一件无意义的事，因为尽管在其中投入了大量的经费，但事实上并没有减轻企业主的负担。监督须达到何种程度，应该根据执行助手的可靠程度和专业知识确定。

当企业规模达到一定程度之后，企业主或公司经理往往也不用亲自承担抽查监管的义务，他只需要把监管事务委托给有能力且可以独立负责的员工即可。由此，他只需要承担以抽查方式对监管人员进行监督的义务。[117] 但是如果存在会带来疑虑的特殊情况，那么他就不能简单地信赖被委托人能正确、谨慎地履行其委托，例如，一个雇员过去曾有过犯错的经历，若不能完全确定履行义务的员工或辅助人员具备相应的资质，就必须更加仔细地审核和监督他们的工作。

上级主管所要承担的更高的注意和控制义务，与基于其职位的指令权是对应的。鉴于此，对他的注意和控制义务有更高的期待。原则上，他不能援引信赖原则（以减免自己的责任——译者注）。[118] 即使他以全面能力测试的方式选任员工，在此过程中同时考虑到他们的专业技能和人格特质，并且之后也对员工下达全面的指示，他仍然需要承担监督义务。[119] 原则上，只有当选任、指导和持续的监督义务都被履行时，上级主管才能信赖第三人可以符合规范地工作。[120]

---

〔114〕 Schönke/Schröder-Sternberg-Lieben，§ 15 Rn. 152.

〔115〕 例如 LG Bielefeld，Urt. v. 14. 8. 2013-011 Ns-16 Js 279/11-11/13 = FD-StrafR 2013，351510；对此 Lange，ZMGR 2013，386ff.。

〔116〕 例如 BGH，Urt. v. 13. 12. 2006-5 StR 211/06（LG Hamburg）= MedR 25（2007），304，特别注意判决理由第 27 段“……被告人没有理由怀疑其雇员的专业资质或审慎程度。因此，被告人让放射科专科医生在主治医生的监督下独立实施放射治疗，以这种方式进行的授权委托是可以被允许的”。

〔117〕 对此 Hegnon，CCZ 2009，57（59 包含更多论据）。

〔118〕 Roxin，AT I，§ 24 Rn. 25.

〔119〕 参见 Schönke/Schröder-Sternberg-Lieben，§ 15 Rn. 152。

〔120〕 Gropp，§ 12 Rn. 41.

应区分上级主管对其下属的责任和下级雇员的义务，在出现具有危险的因果流程时下级雇员有义务向上级汇报。[121] 如果下级雇员没能遵守此项义务，且因为他的行为产生了危害后果，那么只要他进行了积极的作为，就必须对此负责。不过由于下级雇员并不具有保证人地位而无须对阻止结果的发生负责，因此这种情形中单纯的不作为并不会产生刑事责任。

另一个特殊的情况是，上级主管做出了错误的指示。此时会产生这样的疑问，下级员工到底可以在何种程度上信赖其收到指令的正确性。如果相较而言下级员工的专业能力较低，那么原则上就不可能存在复查指令的义务。然而，盲目的信赖是没有保护价值的。其背后的原因是保护潜在被侵害人的需要以及自我答责原则。[122] 因此，当下级员工有疑问时必须与其上级商讨，如果指令有明显错误，他甚至必须拒绝服从该指令。与公法中的情形不同，在私有企业中依指令而做出的行为，也必须符合谨慎义务的要求。[123]

为了实现对履行企业任务的外部人员的合规性监督，尤其需要满足的前提条件是企业必须设法取得相关必要信息以理解被委托人的工作，且应用这些信息进行监督。例如，如果某配方的研发是在企业外部完成的，那么，就有必要收集相关的食品法规信息并监督被委托人遵守这些规定。[124]

3. 主管特定职能的董事和经理的责任

如果企业领导层不愿意继续以集体决策机构的形式承担责任，先可以考虑在领导层内部进行职能划分。由此，就可以减轻董事或经理的负担，因为对于可以授权给其他成员的任务，他们只需要承担抽查监督的义务即可。

主管特定职能的董事，应当向其余的董事会成员告知其主管职能中的事务。与该项告知义务相对应的，是其余董事会成员通过主管特定职能的董事获得的知情权。当出现未能充分报告的迹象时，不主管该职能的其余董事会成员必须诉诸知情权。

就组织层面而言，应该在董事会或者领导层会议中建立定期报告的机制。每个董事或经理都应监督和管控其余的董事或经理，并且在有具体线索指向不谨慎或者违规的经营管理行为时介入。这意味着，存疑的事务会在整个董事会或领导层作为专题进行讨论，并成为集体决策的事项。

---

〔121〕 Schmidt-Salzer, Rn. 1. 256 ff.

〔122〕 对此 BGH, Urt. v. 13. 11. 2008 - 4 StR 252/08 = NStZ 2009, 146。

〔123〕 不同观点 Schönke/Schröder-Sternberg-Lieben, § 15 Rn. 153。

〔124〕 Zipfel/Rathke-Dannecker, Vor § § 58 ff. LFGB Rn. 197.

这种责任的减轻也是有边界的，即重要的任务和风险源头是不能委派给他人完成的，而对企业存在的威胁则适用企业领导层的普遍管辖权，此时会再度涉及所有的机构而无关事务的分配。因此，董事和经理的责任，特别是（《秩序违反法》中的责任——译者注）有监管义务（Überwachungspflicht）的监督义务人（Aufsichtspflichtigen）的责任，只能减轻而无法免除。

（二）垂直委托授权：将任务转交给下级员工

各项任务可以且在必要时也只能，通过授权委托的形式转交给经由适当方式选拔出来的有能力的员工来完成。这些员工应当受到指导和培训。此外，他们还应获得必要的手段，使他们有能力遵照谨慎义务完成交给他们的任务。授权委托的行为必须通过合意达成并使员工实际接管该任务。可以确定的是，授权委托人可以再度将转交出的任务收回。员工指出设备有欠缺、缺少其他员工的协作或是生产设施不足的意见，都表明了对授权委托有效性的疑虑。与水平授权委托一样，符合规范的垂直授权委托，可以显著降低企业领导机构承担责任的风险。

1. 授权委托人的领导责任

垂直授权委托的边界产生于企业领导任务的核心领域。该领域内的任务，既不能在领导小组内部委托，也不能委托给下级雇员或企业外部的第三人。将任务委托给下级雇员，会产生选任义务、指示义务和监督义务。

选任义务的产生着眼于需要被执行的任务和转移的责任（个人和专业能力）。委托人应了解被委托人的个人经历。

指示义务的含义是，必须对被挑选出的员工给予执行任务的指导，并向他们阐明任务的内容。必要的内容包括，解释运行流程中的任务，提示需要完成的报告、呈报义务和协作义务，提示特别的危险时点和典型的危险情状，其他类型的培训以及对技术和法律要求的提示。

监督义务包含伴随着工作进程的检查和独立于工作进程的复审。以突袭抽查形式进行持续管控也是不可或缺的。监督的范围和强度，由企业的种类和规模、委托任务的种类和意义以及涉及员工的经验和素质决定。如果出现了疑似违法行为和不端行为，必须对有嫌疑的行为进行调查。此外，还应公布组织和工作守则，如责任范围的确定和界分。

2. 违反谨慎义务的排除和边界

在取得工作成果的过程中必须最大限度地避免对第三人造成危险。这一要求带来的难题在于，周全的预防措施只有在大企业最充分地利用其中所有功能和劳动分工的条件下有可能实现。由此可能产生的后果是，通过刑法上谨慎义务的要求会在一定程度上对企业的规模和结构产生影响，而刑法原本并不应施加此种影响；同时，更加复杂的组织形式反过来又会产生新的危险。为了缓和对谨慎行为如此严格的要求，有必要以社会相当性［（Sozialadäquanz）下文第 81 段］、法所允许之风险［（erlaubtes Risiko）下文第 83 段及以下］以及信赖原则［（Vertrauensgrundsatz）下文第 87-88 段］来限定个人责任。

（1）符合社会相当性的行为。以社会相当性作为违法阻却事由源于一类案件，该类案件中的行为“符合在历史中形成的共同体生活之社会伦理秩序”[125]“即使会产生一些不利的后果，但仍保持在合规的公司治理的范围内”。[126] 借助社会相当性，可以将日常生活中惯常的行为方式排除到刑法适用的范围之外，相对而言，这些行为也属于危险预期较低的行为。即使有些日常行为个案中导致了法益侵害，也应基于社会相当性而不认为这类行为构成了过失犯罪，否则就会使得所有社会交往陷入停滞。[127]

此时，最根本的问题并不在于承认具备社会相当性的行为不用承担刑事责任，而是在于认定（还有）何种行为具有社会相当性。[128] 由于功能和劳动分工中所潜在的危险是众所周知的，而且不可能涉及的一直都是危险预期较低的情形，所以在此领域中一般无法基于社会相当性理论排除刑事责任。

（2）法所容许之风险。有一些行为虽然本身有危险性，但是因为其有利于社会交往而被社会接受。通过法所容许之风险的理论，这类行为是被允许而无需受到法律谴责的。对于这些行为，我们不能期待行为人采取额外的安全保障措施。因此，根据通说（并且也是正确的见解），这类行为不满足过失犯罪的客观构成要件。[129] 法所容许之风险的典型情形是，在某些危险的生产活动中，虽然遵守了所有的工作保护规范，还是导致了员工的死亡，或造成了消费者因瑕疵产品受伤。

法所容许之风险适用于这样的情形，比如存在紧急避险的情形，或者生产者已经足够清晰地指明产品的危险且这种危险是消费者可以自己掌控的，此时由于

---

〔125〕 Wezel，§ 14 I. 3.

〔126〕 对此详见 Moos，in：Leitner，S. 88 ff.。

〔127〕 Otto，in Kenckner-FS，S. 201；具备社会相当性之行为的更多例子见 Rönnau，JuS 2011，311。

〔128〕 参见 Frisch，S. 296。

〔129〕 对此见 Schönke/Schröder-Sternberg-Lieben，§ 15 Rn. 127，146，其中包含更多论据；Hoyer，ZStW 121（2009），860（874 ff.）。

特殊的情状、根据优越利益或欠缺利益原则，可以允许行为人违反交往中所要求的防止一切损害发生的谨慎义务。[130] 确定法所容许之风险时的利益衡量和紧急避险时的利益衡量存在差别，因为德国《刑法典》第 34 条（紧急避险条款——译者注）要求比较具体需要保护的利益和具体被损害的利益，并判断前者是否是更高的价值。与之相对，在确定法所容许之风险时，要在抽象的层面上比较所涉及的利益。[131] 此时需要确定的是，能否概括地评价一种利益值得获得优先权。因此常常会得出这样的结论，即使一个行为具有产生损害的倾向，但原则上并不表明它就是不被允许的，然而只要由立法者基于维护“不损害他人”原则而设定的最小化与行为相关联风险的条件都得到了遵守，那么考虑到获得自由（Freiheitsgewinn）的利益，就应当认为这样的行为是被允许的。

对于法所容许之风险的范围内的衡量利益，以下几点具有决定性作用：①行为所追求之客观目标的利益；②行为间接或直接威胁的法益；③危险程度；④安全保障措施的可用性；⑤交往内部预防措施的可能性和可期待性。

进行权衡的原点是那些对风险做出有拘束力评价[132]且对刑庭法官具有拘束力的法律规定［特殊规定（Sondervorschriften）］。除此之外，在很多领域都有非正式的规则体系和技术规则，这些都是被普遍接受的行为规则。[133] 另外还要考虑到交往习惯，其中的关键并不是在交往中惯常的谨慎程度，而是适当的（gebotene）谨慎程度，这由理性且审慎的交往参与人的“观点”决定。

（3）信赖原则。根据信赖原则，交往中的每一个参与者原则上都可以信赖其他参与人的行为是符合谨慎义务的。[134] 以信赖原则对责任进行限制的原因是，原则上可以期待他人做出的行为是符合交往安全要求的，而不需要预计到会出现错误行为，除非有特殊情状表明相反的情形。[135] 由此，在从事危险但总体上为社会所需求的工作时，个人可以获得一定的自由空间，即他可以符合规范并顺利地从事其工作所必需的自由。与此同时，如果有线索指向他人的行为有缺陷，就

---

〔130〕 对此见 Herzberg, JR 1986, 6; Jescheck/Weigend, § 36 I. 1.; Kindhäuser, GA 1994, 197; Maiwald, in: Jescheck-FS, S. 405。

〔131〕 对此见 Schönke/Schröder-Sternberg-Lieben, Vor § § 32 ff. Rn. 100 ff.。

〔132〕 对此见 Brinkmann, S. 98 ff.。

〔133〕 Brinkmann, S. 104; Kaspar, JuS 2012, 16 (20).

〔134〕 对此见 Brinkmann, S. 110 ff.，其中包含更多论据。

〔135〕 持该论点的包括 BGHSt 7, 118; Wessel/Beulke/Satzger, Rn. 671; Lackner/Kühl, § 15 Rn. 39; Freund, NStZ 2010, 424 ff.; 医疗领域的信赖原则和过失犯罪详见 Duttge, ZIS 2011, 350 ff.，其中包含更多论据和法院判例。

必须通过在例外情况下要求进行干预的方式，将第三人的利益纳入考量范畴。

信赖原则最初是从道路交通领域发展而来的，[136] 现在也被运用于解决劳动分工中的问题，用以证明并不是每一个以劳动分工方式进行的生产或服务的参与者都必须为存在于全体人员中相互关联的谨慎义务负责。[137] 因此，企业主可以信赖税务顾问税务说明的正确性或者信赖由特许公认会计师评估的资产状况。然而，信赖原则是否以及在何种程度上适用于企业内部却不无疑问，随之而来的是关于监督和管控义务的疑问，[138] 因为监督和管控义务会虚置信赖原则。[139] 秩序违反法中的违反监督义务的构成要件（德国《秩序违反法》第130条）就已经与信赖原则的一般效力相冲突了。因此，在法所容许之风险的框架内进行利益衡量，是不可或缺的。

（三）合规官的责任

授权委托的情况之一是，在卡特尔法、环境法、劳动保障法、反腐败法等专业领域中的一个或多个领域，委任合规官。由法律规定的专员直接下属于董事会或企业领导机关这样的集体决策机构。合规官虽然只对特定的专业或地区负责，但必须向集体决策机构全体汇报，从而决策机构才能执行其监督义务。合规官必须独立于他履行任务所在的分公司或子公司，在此范围内他们无需服从任何指示。对专员的委任应由企业领导层在企业内以适当的方式公告。对此，应采用由企业管理层在“最高层”普遍使用的公告方式，如通告、指示等。

1. 合规官的保证人地位

德国联邦最高法院曾在判决中作为附随意见（obiter dictum）指出，合规官应“一般性地”作为德国《刑法典》第13条第1款意义上的保证人，为企业雇

---

[136] 对此见 Brinkmann, S. 113 ff.; Lackner/Kühl, § 15 Rn. 39; Roxin, AT I, § 24 Rn. 21 ff.; Schönke/Schröder-Sternberg-Lieben, § 15 Rn. 149。

[137] 对此见 Brinkmann, S. 115 ff.; Lackner/Kühl, § 15 Rn. 40; Roxin, AT I, § 24 Rn. 25.; Schönke/Schröder-Sternberg-Lieben, § 15 Rn. 151 ff.; Esser/Keuten, NStZ 2011, 319 ff.; 关于信赖原则的作用范围参见 BGHSt 47, 224（伍珀塔尔悬挂列车案）, BGHSt 53, 38（位于戈德伯格的瓦尔特·胡斯曼学校案）。

[138] 医生对护士的控制和监督义务参见 BGH NJW 1955, 1487; Kunte, SGB 2009, 689（691ff. 包含更多论据）; 企业主安排雇员进行法律或税务咨询工作时的控制和监督义务见 BFH GmbHR 1995, 239（241）, VersR 1977, 111。

[139] Schönke/Schröder-Sternberg-Lieben, § 15 Rn. 152; 另参见 Ulsenheimer, Rn. 145。

员在企业工作中所实施的犯罪行为承担责任。[140] 不过，合规官仍没有一个具有普遍效力的定义。[141] 在法律语境下，合规的含义是，控制由企业运营所制造的危险这一职业活动范围内各种义务的混合体，也包括为了确保这些义务履行的所有规定和措施。合规的内容包含普遍适用的法律以及企业管理守则中的规定，除此之外，还有企业内部基于强制要求或自愿承担的义务而制定的规章。[142] 因而，合规官应监督企业的目标任务是否全部得到遵守，而不论所涉及的是法律、伦理，还是其他范畴。[143]

基于对合规概念的此种解读，就很容易理解合规官至少要承担企业领导层需要履行的对员工的监督义务，就此而言，他们处于和董事或经理相当的位置上。但是合规官一般应服从董事的指示，[144] 并且只有审阅权、知情权和上报权（Eskalationsrecht），[145] 而不像传统的被委托人（专员）一样拥有较为全面的职权。[146] 因此，问题的关键在于他具体承担了哪些任务，而这是由企业特有的状况以及授权委托的目的决定的。[147] 所以需要区分授权委托的目标方向是否只是对内的，即被委托人只需要揭露针对企业的义务违反行为并阻止这样的行为在未来再次发生；还是说被委托人还必须对从企业出发的、针对外部第三人的违法行为提出异议并制止该行为。合规官应当承担上述广泛的义务，因为企业就正是基于该目的而请他担任这一职务的，即防止企业做出可能使自身陷于责任风险而遭受重大不利，或有损于其商誉的违法行为，尤其是犯罪行为。这样的合规官一般

---

〔140〕 BGHSt 54, 44 ff.；另见 Barton, RDV 2010, 19 ff.；Behling, BB 2010, 892 ff.；Berndt, StV 2009, 689 ff.；Bierekoven, 2010, 203 ff.；Campos Nave/Vogel, BB 2009, 2546 ff.；Fritsche, NJ 2009, 477 ff.；S. Frisch, EWiR 2010, 95 f.；Favoccia/Richter, AG 2010, 137 ff.；Fecker/Kinzl, CCZ 2010, 13 ff.；Jahn, JuS 2009, 1142 ff.；Janssen, RDG 2010, 116 ff.；Kamp/Körffer, RDV 2010, 72 ff.；Kremer/Klahold, ZGR 2010, 113 ff.；J. Kretschmer, JR 2009, 474 ff.；Krieger/Günther, NZA 2010, 367 ff.；Mosbacher/Dierlamm, NStZ 2010, 268 ff.；Mosiek, HRSS 2009, 565 ff.；Ransiek, AG 2010, 147 ff.；Rönnau/Schneider, ZIP 2010, 53 ff.；Reufels, ArbRG 2009, 328；Rieble, CCZ 2010, 1 ff.；Rolshoven/Hense, BKR 2009, 422 ff.；Rotsch, ZJS 2009, 712 ff.；ders., in：1. Roxin-FS, S. 485 ff.；Rübenstahl, NZG 2009, 1341 ff.；Spring, GA 2010；Steinbeimer, AuA 2010, 24 f.；Spring, GA 2010, 222 ff.；Stoffers, NJW 2009, 3173；Thomas, CCZ 2009, 239 ff.；Warneke, NStZ 2010, 312 ff.；Wybitul, BB 2009, 2141；ders., BB 2009, 2590；ders./Koyuncu, PHI 2009, 202 ff.。

〔141〕 Kraft/Winkler, CCZ 2009, 29 (31).

〔142〕 Dannecker/Leitner, in：dies., Rn. 4.

〔143〕 合规专员职位及其任务详见 Hauschka, Corporate Compliance, § 9；Lösler, WM 2008, 1098 ff.；Spindler, WM 2008, 905 ff.；Veil, WM 2008, 1093 ff.；Schneider, ZIP 2003, 645 ff.。

〔144〕 Casper, in：Karsten Schmidt-FS, S. 199 ff.；Rolshoven/Hense, BKR 2009, 425 (427) 赞同该观点。

〔145〕 Lösler, WM 2008, 1098 (1101 ff.)；Rönnau/Schneider, ZIP 2010, 53 (58 ff.).

〔146〕 Lösler, WM 2008, 1098 (1104).

〔147〕 对此以及下文论述的进一步讨论见 G. Dannecker/C. Dannecker, JZ 2010, 981 ff.。

具有德国《刑法典》第13条第1款的保证人义务，以防止企业员工实施与企业业务相关的犯罪行为。

有疑问的是，当一项任务只有一部分被转交给员工完成时（合规官就属于这种情形），该被委托人是否仍需承担对该任务的保证人责任。虽然企业主责任包含了监督义务和必要情况下的干预义务，但是一般而言只会将监督任务转交给合规官。合规官仅有义务向领导层报告［所谓的上报（Eskalation）］，而不需要直接干涉；因为进行直接干涉的前提是有对企业员工发布指令的权限，而合规官则一般没有该权限。这是因为，任务只是部分转移与保证人责任的产生并不矛盾，只要这部分任务的履行对法益保护已经足够重要。将部分企业主责任（即监督义务，而不包括干预义务，因为干预义务以指令权为前提）委托给合规官，就必须从德国《刑法典》第13条所要求的保证损害结果不发生的法律责任的角度，对这部分义务的承担进行评价：合规官虽然不用承担干预义务，但是其承担的监督义务对法益保护而言已经具有核心意义，因为如果没有合规监督根本无法履行企业主责任。因此，司法实践已经肯定了这类案件中合规官的保证人地位。

但是，如果任务被划分得过于狭窄，就不会产生保证人责任。合规部门通常都由具有等级结构的多人构成，其中部分人受委托对个别任务领域负责，他们处于相对较低的责任层级。在这种情况下，一般不会认为他们具有保证人地位，尽管他们的错误也可能会“导致”灾难性“后果”。将非常有限的任务委托给企业中低级别的员工时，他们并没有获得独立的决策权限，所以此时并不满足不作为犯罪“不作为与作为具有等价性”（Begehungsgleichheit des Unterlassens）的条件。这就产生了界分上的难题：考虑到企业内部等级制度中的各个受委托人的职位，当任务分配到何种程度时，受委托人就不再具有保证人地位了。问题的关键在于，授予了该员工何种程度的自主性和自我答责性，该职位在企业内部等级制度中所处的位置及其在组织内的影响力。《刑法典》第14条所依据的标准也包括自主原则和自我答责原则。但不应只适用《刑法典》第14条第2款标准中有利于行为人的部分（in bonam partem），否则，就会限缩刑法上的不作为责任，特别是第14条的文义本身已经对不作为责任的限制造成令人担忧的处罚漏洞。[148]除此之外，在《刑法典》第13条的范围内，根据所涉及构成要件所保护的法益的不同，对自主性程度的要求也有显著区别。所保护法益的位阶越高，对自主性和自我答责性所要求的程度就越低，如此，他们才能依旧信赖公司（上级）功

〔148〕 对此详见LK-Schünemann，§ 14 Rn. 18。

能承担者的介入干预，即上级管理者成为保证人。毫无疑问，对合规部门的领导而言，其自我答责性已经达到了所要求的程度。只是对明显更低的职位，才会遇到所谓的界分难题。

2. 阻止履行任务过程中犯罪行为的义务

只有对源于“作为危险源的企业”的犯罪行为才会考虑保证人地位的问题，对此已经没有争议了。[149] 笔者所不能赞同的是，文献中一些观点认为，由于企业员工自己可能会实施犯罪行为，所以并不是所有企业经营活动本身便包含了“危险源头”，为了满足这一要求，经营活动、人员或者经营相关的对他人法益的危险必须额外具有一些特性，比如使用上门推销团体，或者设立或保持“小金库”（schwarze Kassen）。[150] 如果我们把企业主责任看作是设立企业之自由的反面，那么企业主就必须管控所有源于其具体经营活动的危险，而不仅仅是那些特别危险的经营活动。[151] 因此，并非不能要求让企业领导机构承担保证人地位，以普遍地阻止其他管理人员或职员在履行委托给他们的任务时对第三人实施的犯罪行为。[152]

如果授权委托人以符合规范的方式选拔并指导被委托人，从而具有保证人地位和保证人义务，那么此时他的义务就限于对下级员工的监督义务。进行恰当组织的义务对责任体系形成了补充，该义务要求不能向过低级别的员工进行授权委托。将企业主责任转交给多个不具备足够资质的雇员会导致组织无责：由于企业主不知情，而被委托人不具有保证人地位，两者均无需承担介入不合规行为的义务。因此在组织无责的情形下，授权委托人不能再通过授权委托行为而免责。一家企业之中，对其所制造的危险所需负担的刑事责任的“总和”，并不会由于任务的委派而减少。

有时也会看到这样的建议，即根据劳动雇佣合同中的免责条款的类型，人们应该接受合规官并没有对外的义务，但是，这样的合同安排是无效的，因为起决定性作用的是任务分配的实际履行状况。假使合规官的职责确实受到了限制并影响其保证人地位成立，但这并不会减轻公司管理层的监督义务。对合规官任务的具体说明，无法减少存在于企业中的监督义务的总和，就如同在自愿进行自我监

---

〔149〕 对此详见 Schünemann，Unternehmenskriminalität，S. 62 ff.；Spring，S. 135 ff.，238 f.。

〔150〕 Mosbacher/Dierlamm，NStZ 2010，268（269）.

〔151〕 LK-Weigend，§ 13 Rn. 56 如此论述，但是并没有对阻止经济犯罪的义务发表意见；此外还有 Tiedemann，Wirtschaftsstrafrecht AT，Rn. 183。

〔152〕 J. Kretschmer，JR 2009，474（477）持相反观点。

督的情况下，具体的任务说明也不会导致刑事责任扩大一样。涉及的最后一个问题是，将企业中已经存在的责任分配给不同的功能承担者。此时应尽可能地清晰界分任务和职责，这主要是因为，如果违反了诈骗罪这样保护个人法益的刑法规范，不仅会产生刑事责任，还会产生侵权法上的损害赔偿责任。因此，责任分配在企业组织上具有重要意义，应当根据在职者的特殊资质、能力和经验进行责任分配，且不应以个人的刑事责任风险为导向。不然，就可能存在这样的危险：不仅因特定任务而被任用的人员可能需要承担责任，而且企业领导层仍具有选任和监督义务，他们也会因为违反上述两项义务而需要承担责任。

（四）对监事会专门委员会进行授权委托时监事会成员的责任

授权委托的另一种情况是监事会专门委员会，实践中会将各种不同的事项授权委托给监事会专门委员会完成。在绝大多数股份有限公司中，监事会工作的主要部分都会转交至监事会专门委员会。监事会专门委员会在组织法上是监事会的下属部门，[153] 由监事会的个别成员构成。可以以筹备委员会或者决定委员会的形式设立专门委员会，但在此过程中必须注意监事会的规定。即使没有设立专门委员会的法定义务，出于效率的要求，也需要将工作分配给各个专门委员会，例如，主席委员会、人事委员会、资产和财务委员会、参股委员会，以及信贷机构中的信贷委员会。[154]

1. 专门委员会成员的责任

委托给监事会专门委员会的任务应由专门委员会成员履行。因此，在劳动分工合作原则之下，设立专门委员会的同时，也会增加专门委员会成员对监事会承担的责任。[155] 在将个别任务委托给专门委员会的成员筹备或完成这一原则容许的范围内，同时必须遵守的是，出现错误行为时应当先由委员会成员负责。[156]

2. 不属于该专门委员会的监事责任

建立专门委员会并将特定任务委托给他们并不会影响监事会对董事会进行监

---

〔153〕 Semler, AG 1988, 60 (61).

〔154〕 对此 Gittermann, in: Semler/v. Schenck, Arbeitshandbuch für Aufsichtsratsmitglieder, 3. Aufl. 2009, § 6 Rn. 1, 133ff. 以及 MüKo/AktG-Habersack, § 107 Rn. 103 ff.。

〔155〕 Hopt/Wiemann-Hopt/Roth, AktG, § 107 Rn. 448; KölnKomm/AktG-Mertens/Cahn, § 107 Rn. 179 f.; Habersack, ZSR 124 (2005) II, 533 (553 f.); Schwark, in: Werner-FS, S. 841 (848).

〔156〕 MüKo/AktG-Habersack, § 107 Rn. 168, 其中包含更多论据。

督的一般义务，但是也可以将对特定领域或个别事务的监督义务[157]以及谨慎选任委员会成员的义务[158]委托给一个专门委员会履行。

对专门委员会的授权委托，会在一定程度上减轻不属于该专门委员会的其他监事的责任。[159] 在经营事务一切正常时，这些监事可以信赖其他专门委员会的成员都在以符合规范的方式完成其任务，[160] 但是他们仍必须履行对其他专门委员会监督和管控的义务，[161] 特别是以接收报告的形式。如果一个专门委员会承担的任务是筹备工作，且其他监事可以信赖他们的工作，那只需要检查工作结果是否合理可信即可（Plausibilitätskontrolle）。只要没有出现可疑的违规行为，监事会就可以在专门委员会工作的基础上做出决定。[162] 而责任的分配则可以回溯到企业领导机构中的职责范围。[163] 这意味着不属于某特定专门委员会的监事只有信息和监督义务，因此不能对他们提出过高的要求。只有在一些特殊的情形下，比如非常规的经营或经济危机下的决策时，才可能要求整个监事会承担义务。在这些情形下，监事会每个成员也都具有普遍职权。

---

[157] KölnKomm/AktG-Mertens, 3. Aufl. 2012, § 107 Rn. 129 f.; Gittermann, in: Semler/v. Schenck, Arbeitshandbuch für Aufsichtsratsmitglieder, § 6 Rn. 133 ff.

[158] MüKo/AktG-Habersack, § 107 Rn. 135.

[159] KölnKomm/AktG-Mertens, § 107 Rn. 161; MüKo/AktG-Habersack, § 107 Rn. 101 ff.; Gittermann, in: Semler/v. Schenck, Arbeitshandbuch für Aufsichtsratsmitglieder, § 6 Rn. 119 ff.

[160] Kiethe, WM 2005, 2122 (2130).

[161] BGHSt 46, 30 (35); KölnKomm/AktG-Mertens/Cahn, § 107 Rn. 179; Hopt/Wiemann-Hopt/Roth, AktG, § 107 Rn. 449 f.; Habersack, ZSR 124 (2005) II, 533 (554); Rellermeyer, S. 33 ff.; 另参见 OLG Hamburg AG 1996, 84 (85)。

[162] MüKo/AktG-Habersack, § 107 Rn. 169.

[163] Krause, NStZ 2011, 57 (65).

反对合规负责人的保证人义务*

托马斯·罗什（*Thomas Rotsch*）**

李本灿*** 译

一、序言

很少有联邦最高法院的判决能引起如此广泛的讨论，无论是在理论上还是实践上，甚至讨论的都不是第五法庭在2009年7月17日所做判决的对象。[1] 联

* 原文见Thomas Rotsch, Wider die Garantenpflicht des Compliance-Beauftragten, in: Schulz/Reinhart/Sahan (eds.), Festschrift für Imme Roxin, 2012, p.485. Imme Roxin不仅仅撰写了一篇备受关注的博士论文（在刑事司法上该法律结果严重违反了法治国家原则），还建立了一所十分成功的、专于刑事辩护和合规领域的律师事务所。据我所知，合规负责人的保证人义务也受到了他的高度关注。在他2012年5月15日庆祝75岁生日之际，衷心感谢他对此问题做出的贡献。

** 德国吉森大学法学院教授、刑事合规研究中心主任。

*** 山东大学法学院讲师，法学博士，博士后流动站研究人员。

〔1〕 BGHSt 54, 44 = BHG NJW 2009, 3173. 该判决在理论界引起了很大的争议：Achenbach, NStZ 2010, 621; Adick, Praxis Steuerstrafrecht, 12/2009, 275; Barton, RDV 2010, 19; ders., RDV 2010, 247; Beulke, in: Geisler u. a. (Hrsg.), Festschrift für Klaus Geppert zum 70. Geburtstag am 10. März 2011, 2011, S. 23; Behling, BB 2010, 892; Berndt, StV 2009, 689; Bittmann, ZInsO 2009, 1584; Bürkle, CCZ 2010, 4; Campos Nave/Vogel, BB 2009, 2546; Dann/Mengel, NJW 2010, 3265; Dannecker/Dannecker, JZ 2010, 981; Deutscher, VW 2010, 1387; Favoccia/Richter, AG 2010, 137; Fecker/Kinzl, CCZ 2010, 13; Frisch, EwiR 2010, 95; Geiger, PharmR 2011, 262; Gold/Schäfer/Bußmann, Energiewirtschaftliche Tagesfragen 6/2011, 71; Hauschka, AnwBl. 2010, 629; Held CCZ 2009, 231; Hüffer/Schnerder, ZIP 2010, 55; Jahn, JuS 2009, 1142; Janssen, RDG 2010, 116; Jungermann, Deutscher Anwaltspiegel 12/2009, 12; Kamp/Körffer, RDV 2010, 72; Klindt/Pelz/Theusinger, NJW 2010, 2385; Klümper/Diener, A&R 2010, 147; Kraft, wistra 2010, 81; Kremer/Klahold, ZGR 2010, 113; Kretschmer, JR 2009, 474; Krieger/Günter, NZA 2010, 367; Krüger, ZIS 2011, 1; Meier, NZA 2011, 779; Michalke, AbfallR 2010, 285; dies., AnwBl. 2010, 666; Momsen, in Paeffgen u. a.

邦最高法院原本只用解释公权机构的内部审计的领导人是否负有保证人义务，去禁止欺诈性的账单，而他在法律上应该担保，《刑法典》第 263 条的法律构成要件不会实现（参见《刑法典》第 13 条）。[2] 联邦最高法院十分有说服力地论证了这一点[3]，被告作为法律和内审部门负责人有避免该等构成要件实现的义务。[4]

引起广泛讨论的并不是该判决对象本身，而是联邦最高法院简洁的、由该案引发的观点分裂的论断，即合规官也负有《刑法典》第 13 条规定的“一般刑法上的保证人义务，阻止与企业相关的、由企业雇员做出的刑事犯罪行为；阻止违法和刑事犯罪行为是他对企业管理承担的必要义务。”[5] 在下一句联邦最高法院就澄清，被告并未受到广泛的委托[6]，被告根本就不是合规负责人。

这个附言在实践中引起了很大的动荡，律师群体已将其视作确立合规负责人[7] 刑事责任的基本判决。

现在距此已经过去了足足两年半，这个判决带来了德国文献中史无前例的意见洪流，这些意见无一例外地针对一个问题，即合规官是否负有保证人义务。在学界，大多数学者对这个问题持肯定意见。[8] 当然刑事政策也是其理论的重要考量。李斯特（Liszt）的文章也明确地表示，在历史背景下来看[9]，刑法是刑事政策不可逾越的界限。[10] 这一观点是正确的，即便是理性的刑事政策考量，也不

(Hrsg.), Strafrechtswissenschaft als Analyse und Konstruktion, Festschrift für Ingeborg Puppe zum 70. Geburtstag, 2011, S. 751; Mosbcher/Dierlamm, NStZ 2010, 268; Raif, AuA 2010, 681; Ransiek, AG 2010, 147; Reufels, ArbRB 2009, 328; Rieble, CCZ 2010, 1; Rolshoven/Hense, BKP 2009, 422; Rönnau/Schneider, ZIP 2010, 53; Rößler, WM 2011, 918; Rotsch, ZJS 2009, 712; Rübenstahl, NZG 2009, 1341; Schäfer, BKR 2011, 187; Schmitt-Rolfes, AuA 2010, 8; Schneider/Gottschaldt, ZIS 2011, 573; Schwarz, wistra 2012, 13; Spring, GA 2010, 222; Steinheimer, AuA 2010, 24; Stoffers, NJW 2009, 3176; Strasser, SJZ 2011, 21; Streffing, Gemeindehaushalt 2010, 199; Thomas, CCZ 2009, 239; Vormbaum, Jura 2010, 861; Warneke, NStZ 2010, 312; Wolf, BB 2011, 1353; Wybitul, BB 2009, 2141; ders., BB 2009, 2263; der., BB 2009, 2590; der., /Koyuncu, PHI 2009, 202; Zimmermann, BB 2011, 634; 在此之前 Kraft/Winkler, CCZ 2009, 29.

〔2〕 详情参见 Rotsch, ZJS 2009, 712。

〔3〕 详情参见 Rotsch, ZJS 2009, 712。

〔4〕 BGH (Fn. 1), Rn. 22. ff.

〔5〕 BGH (Fn. 1), Rn. 27.

〔6〕 BGH (Fn. 1), Rn. 28.

〔7〕 Vgl. Wybitul, BB 2009, 2263 (2264); zurückhaltender Thomas, CCZ 2009, 239 (240 页)。

〔8〕 Dannecker/Dannecker, JZ 2010, 981 (987ff); Ransiek, AG 2010, 147; Rönnau/Schneider, ZIP 2010, 53; Stoffers, NJW 2009, 3176.

〔9〕 von Liszt, in: Strafrechtliche Vorträge und Aufsätze, Bd. 2. Nachdruck 1970, S. 80.

〔10〕 Vgl. Roxin, AT I, § 7 Rn. 75.

能够证明刑法教义学是错误的。引入合规负责人保证义务与刑法上过失理论的基本原则是否相统一，这一点至今仍无定论。下文中，为了尝试弄清楚引入保证人义务问题上一直被忽视的理论矛盾之处，本文会先概述德国关于该问题的讨论现状。此外，联邦最高法院判决之附言所导致的后果亦将被公开探讨。十分遗憾的是，这个判决是体现目前德国刑事意见构成方式的典型示范。

接下来，本文将在第二部分将对该问题进行系统理清，即弄清楚，为什么以及在何种程度上合规负责人的责任与保证人责任重合。紧接着，本文会简单分析合规负责人的人员构成（第三部分），并在第四部分对德国关于合规负责人的保证人责任的讨论现状进行介绍。在第五部分会详细地论述合规负责人的作为义务和保证人义务的关系。最后（第六部分），将对联邦最高法院处理合规负责人责任的方式进行批判性的评价。在第七部分，文章会以前述分析的结果和简要的展望收尾。

二、系统厘清问题

即使在德国，将合规与刑法联系在一起也是新近的做法。虽然合规在企业经济学理上和企业法的理论和实践中已经被讨论了很久，〔11〕但是在刑法中，合规的理念，即遵守规则〔12〕的范例，最近才作为“刑事合规”〔13〕被提出。当然，在欧盟刑法中，类似的现象也自那时起得以窥见：以往长时间被忽视的领域，近几年取得了暴风雨式的关注。同时，经济刑法中诸多广泛讨论的问题也被频繁地披上合规的外套。但是，至少在德国刑法学中直到现在都没有明确合规和刑法的具体问题。〔14〕

然而，人们认为，刑法和合规一个典型的问题在于，合规负责人的刑事责任问题。当然，这个问题的讨论几乎只涉及为其设定保证人义务的可能性。〔15〕因此，需在这里先厘清：

根据《德国刑法典》分则，并兼顾总则中的区分来系统分析合规负责人应

---

〔11〕 作为对此的发展，参见 Rotsch，in：Achenbach/Ransiek，Handbuch Wirtschaftsstrafrecht，3. Aufl. 2012，Teil 1 Kap. 4 Rn. 17ff.。

〔12〕 详细的定义，参见 Rotsch（Fn. 11），Rn. 1ff.。

〔13〕 此处也参见 Rotsch（Fn. 11），Rn. 25。

〔14〕 Hierzu Rotsch（Fn. 11），Rn. 25ff. 在此之前 ders.，ZIS 2010，614；ders.，in FS Samson，2011，141. 参见跨刑法学的——最早出版的合规文章 2 册：Rotsch（Hrsg.），Wissenschaftliche und Praktische Aspekte der nationalen und internationalen Compliance-Diskussion，2012.

〔15〕 Vgl. aber auch Krüger，ZIS 2011，1.

受罚的可能性[16]，原则上先要区分故意和过失。故意在经济刑法上最著名的体现就是《刑法典》第263、266条规定的诈骗和背信，而过失的典型例子则是《刑法典》第324条第1款和第3款的过失污染水域。在这两类案例中应区分作为和不作为的犯罪形式，而在不作为领域还需要区分所谓的真正不作为犯和不真正不作为犯。在所有的案例中，仅在故意犯罪中要继续区分共犯形式（此点尚存争议，有观点认为所有类型案例中均需区分），而在过失犯罪中，根据主流的单一正犯原则（Einheitstäterprinzip），这类区分是不可能的也是没有必要的。在（故意的）主动作为犯罪中，行为人作为正犯和共犯参与犯罪皆有可能，而认定以不作为的方式构成共犯的观点则存在争议。[17] 因此，在本文中，对于保证人义务在正犯和共犯的不作为中的前提是否一样这样的问题，暂无法盖棺定论。[18]

目前，过失领域与前述唯一的不同在于，因不作为构成（过失）犯罪的共犯是不成立的。因而，保证人义务仅在正犯因（不真正的）不作为构成过失犯罪时才存在。

在合规负责人因主动的作为构成犯罪的情形下，无论是故意还是过失，相较前述一般理论都不存在任何特性：企业合规负责人的职位本身并不能改变刑法教义学基本原则的适用。在积极作为犯领域，企业的合规雇员是否参与了与企业相关的犯罪行为，无论是故意（正犯和共犯）还是过失（正犯），都与合规雇员本身的职责无关。

在不作为犯罪中只有所谓的不真正不作为犯，而不是真正不作为罪，以保证人义务为前提，[19] 因而，保证人义务的问题仅仅与故意犯罪中正犯和共犯的“不真正不作为”相关，而在过失犯罪中，只与正犯的“不真正不作为”有关。主动作为在教义学上不存在特别的难点，但合规负责人往往会因什么也不做而遭到指责——不干预企业员工的刑事犯罪行为。所以对于其刑事责任的探讨一般也仅限于他阻止危险犯罪结果实现的义务。因此，德国的讨论实际上都围绕在合规负责人保证人义务的问题上。

为清晰之便解构如下：

---

〔16〕 对于总则和分则的关系最早的阐述是Rotsch，in：Momsen/Grützner，Handbuch des Wirtschafts-und Steuerstrafrechts，2012，§1 Rn. 17。

〔17〕 联邦最高法院（Fn. 1）对这个问题没有重视，而是从一开始就认为被告作为不作为的帮助犯（诈骗的间接正犯）应该受到惩罚，Vgl. BGH（Fn. 1），Rn. 31；Rotsch，ZIS 2009，712（714f.）. 最早的详情请参见Krüger，ZIS 2011，1。

〔18〕 Rotsch，ZJS 2009，712（714）.

〔19〕 Vgl. Rotsch，ZJS 2009，712（715）.

合规负责人的责任

为清晰之便解构如下：

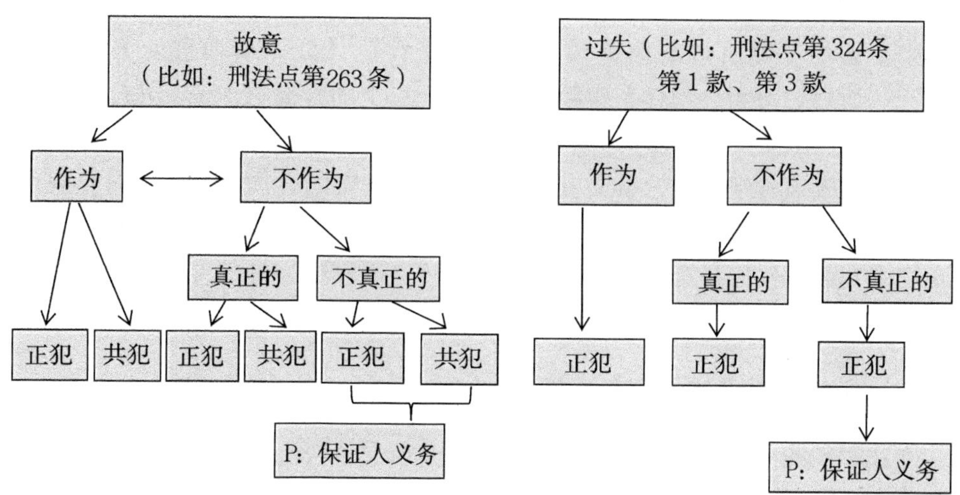

三、合规负责人的人员

在进一步分析引入合规负责人保证人义务在理论上是否有据可循之前，我们先应该简短地探究一下谁是“合规负责人”这个问题。德国在这个问题上（还）没有全面的规定。实践中，合规负责人通常是企业领导层任命的，当然，独特的合规人员和负责人体系还受许多因素影响；比如，企业的法律形式、企业大小、所在行业、业务模式、销售体系、是否上市、国际化程度等。[20] 尽管由此导致原则上标准化答案的不可行，但是，这类合规组织一般——至少在理论上[21]——由三层体系构成：管理层在第一层，总合规负责人在第二层，更多的分合规负责人在第三层。[22]

作为企业内部合规体系的最高级别，企业管理层是合规体系责任的总负责人，关于这一点，可以参见《德国企业治理规则》第4.3.1条。[23] 在第二层上才是总合规负责人（合规官），他是企业管理层和分合规负责人之间的纽带。总合规负责人和分合规负责人的合规职责一般应在劳动合同中予以规定。即使企业

〔20〕 Bürkle, in Hauschka, Corporate Compliance, 2. Aufl. 2010, § 8 Rn. 8.

〔21〕 在实践中，还有很多大公司的合规只有一个人，著名的西门子的合规体系是一个例外，尽管它过于庞大的合规部门已经被缩小了。

〔22〕 Bürkle (Fn. 20), § 8 Rn. 10.

〔23〕 Bürkle (Fn. 20), § 8 Rn. 12.

管理层通过下放减轻了部分工作任务，三个层级仍需共同对合规体系的有效运作承担责任。〔24〕因此，也产生了由所有合规负责层级共同承担刑事责任的风险。值得注意的是，现今的企业实践中，第二层和第三层上的合规负责人通常都是在企业中，甚至主要负责其他领域的雇员，或者是“五天培训拿证上岗的合规官”〔25〕，所以，对于合规体系中第二层和第三层上的合规官来说，违反阻止企业犯罪义务的风险是无法估量的。

我们还应该看到的是，事实上，劳动合同中规定的合规授权条款对合规负责人的刑事责任具有决定性的意义。〔26〕保证人责任原则上针对的是企业所有的合规负责人，而不仅仅是合规官。因此，以上述三层模型为基础，本文也着眼更广义的视角，分析所有合规负责人的保证人责任。

四、合规负责人的保证人责任

在法律实践中，联邦最高法院的判决先是引起了极高的关注，然后又很快导致“合规负责人的不作为=可罚性”的等式被律师们纳入了预防性的合规咨询之中，一如该判决成了无数合规活动分析的对象。在这期间，刑法学界仅仅指出，保证人责任的引入并非破天荒的革新，〔27〕但这也不意味着，引入保证人责任是正确的。

（一）保证人责任原则上的区分

不真正不作为犯罪中，不作为只有在以下情况下才视作等同于积极的作为，即只有当不作为者是防止犯罪结果发生的“保证人”时。该点基于《刑法典》第13条，“他有法定的义务，防止该结果的发生。”通常情况下，这种法定的防止结果发生的义务原则上存在于两种情况中。〔28〕这两种情况的共同点在于，义务人对于保护被威胁的合法利益，应该始终“在岗位上”：第一种情况是，他应防止其职责领域内的、妨害第三者合法利益的危险的发生；第二种情况是，他在法律上直接负责合法利益不被损害。第一种情况，人们通常指的是监督者保证人，第二种情况则指的是保护者保证人。两种情况都以行为人和被保护的合法利

〔24〕 Bürkle（Fn. 20），§8 Rn. 13.

〔25〕 参见股份管理界的认证计划。

〔26〕 参见下面的D II. 1.

〔27〕 Vgl. etwa Ransiek, AG 2010, 147（148：“不壮观”也并非“遥不可及”）。

〔28〕 有益的历史发展参见Roxin, AT II, 2003, §32 Rn. 1ff.。

益之间的特殊关系为基础。〔29〕 监管保证人应该在起源地控制危险，保护保证人阻止危险在实现地的实现。〔30〕 显而易见的是，明确地划分这两种情况不太可能。〔31〕 尽管如此，以这种功能性的二分法为导向十分重要和必要〔32〕，因为在具体的案例中，保证人义务以知晓构成该义务的具体情况为前提，即人们需知道，他承担的是保护义务还是监管义务。〔33〕 联邦最高法院判决的最大缺点是它错误地认识了这一点。〔34〕

（二）合规负责人保证人义务成立的可能性

1. 合规负责人作为监督者保证人

德国学界主流观点认为，合规负责人负有监督者保证人义务。〔35〕 在这一点上，人们常常会提到一种“附属的”、由企业管理层衍生出的保证人义务。〔36〕这种观点并不稀奇且在原则上存在可能——试想下婴儿保姆，他们暂时性地从负有主要照顾责任的父母那儿承受义务。〔37〕 如果责任人负有主要的预防结果发生的保证人义务，他可以通过有效委托将义务转交给附属责任人；主要和原始的责任人则可以通过这种委托——可能只是暂时性的——减轻负担。当然，他们还将继续保留一些监督和控制义务。〔38〕

首要的问题是，企业管理层在什么前提下能够将其主要的保证人义务转移给合规负责人。文章开头引用的联邦最高法院的判决并没有阐述清楚。一方面，它认为，相应的“监督和保护义务”即使通过服务合同也能够转移；另一方面，它立即指出，仅仅缔结合同是不够的：“确定保证人地位的关键性因素是义务范围事实上的承担。”〔39〕 然而，在刑法意义上，不是每一义务的转交都能为承受人

---

〔29〕 通常，人们在文献中满足于对监督者保证人义务与保护者保证人义务的区分，vgl. exemplarisch Wessels/Beulke, AT. 41. Aufl. 2011, Rn. 716. 这并没有改变，保证人在两个类型中都有保护法益的义务。

〔30〕 类似的参见 Kühl, Strafrecht, Allgemeiner Teil, 6. Aufl. 2008, § 18 Rn. 45. m. w. N。

〔31〕 Vgl. z. B. Wessels/Beulke (Fn. 29), Rn. 716.

〔32〕 Lackner/Kühl, StGB, 27. Aufl. 2010, § 13 Rn. 12.

〔33〕 Siehe auch Kühl (Fn. 30), § 18 Rn. 43. Ebenso Dannecker/Dannecker, JZ 2010, 981 (983).

〔34〕 详情参见 Rotsch, ZJS 2009, 712 (716ff.)。

〔35〕 Ransiek, AG 2010, 147; Rönnau/Schneider, ZIP 2010, 53; Dannecker/Dannecker, JZ 2010, 981 (987ff.).

〔36〕 Rönnau/Schneider, ZIP 2010, 53; 事实上还可以参见 Ransiek, AG 2010, 147。

〔37〕 Kühl (Fn. 30), § 18, Rn. 119.

〔38〕 Kühl (Fn. 30), § 18, Rn. 70.

〔39〕 BHG (Fn. 1), Rn. 25.

确立保证人地位。通常情况下还需要一种特殊的信任关系，即委托人可以信任承受人能够履行好这类特殊的保护义务。[40]

关于这种特殊的信任关系的要求，我们先可以驳称，这里涉及的不是另外的前提条件，保证人地位的交付就证明了委托人信任的存在。[41] 如果这点在个案中遭到反驳，委托人可能因委托时不谨慎，而不得免于责任。

当联邦最高法院就义务的委托指出，单合同条款在此并不足以认定委托的成立时，那么便意味着在实际中应当仅以业务的事实委托为准。[42] 然而人们还是认为将两种元素连接是具有重要意义的，因为合同体现了潜在的不作为行为人与受威胁的法益事实上紧密联系的法律基础。[43]

反对这种义务委托的另一相似观点认为，在该等情形下，努力揭示违法行为的审慎企业将被置于比不作为企业更不利的地位，因为通过这种委托方式，更多的企业雇员可能面临承担刑事责任的风险。[44] 这一观点并不能站得住脚。因为当企业管理层是合规的首要责任人时，[45] 不履行首要合规义务的刑罚风险将由他来承担。[46]

此外，这种保证人义务的委托还需要一个前提，就是企业管理层的这种首要保证人义务确实存在。这里涉及在德国还存在争议的企业主责任。[47] 刑法学的部分文献基于自我答责原则（Eigenverantwortlichkeit）否定了这种为第三者违法行为承担责任的观点。[48] 但是主流观点承认了这种企业主责任。[49] 企业所有人所控制的企业就是危险源，与这种危险是因人还是因事而产生无关。防止与企业相关犯罪行为发生的义务是企业主经营自由的另一面。[50] 这种（首要的）管理层监管保证人义务可以在履行合规职责的过程中转托给合规负责人。除此之外，

---

〔40〕 BHG（Fn. 1），Rn. 25，unter Hinweis auf BGHSt 46，192（202f.）；BGHSt39，392（399）.

〔41〕 Ransiek，AG 2010，152.

〔42〕 在此种意义下可参见 Ransiek，AG 2010，152；Rönnau/Schneider，ZIP 2010，59。

〔43〕 参见下文 Fn. 77。

〔44〕 Vgl. Ransiek，AG 2010，148.

〔45〕 参见上文第三部分。

〔46〕 Ransiek，AG 2010，148.

〔47〕 Vgl. Rotsch（Fn. 11），Rn. 32.

〔48〕 尤其参见 SK-Rudolphi，§ 13 Rn. 35a。

〔49〕 Schünemann，Unternehmenskriminalität und Strafrecht，1979，S. 101ff；Tiedemann，Wirtschaftsstrafrecht AT，3. Aufl. 2010，§ 4 Rn. 185；Roxin（Fn. 28），§ 32 Rn. 137.

〔50〕 Rönnau/Schneider，ZIP 2010，56.

其他任何结果都是矛盾的：将企业管理层认定为防止犯罪行为的合规负责人[51]，且同时禁止他们对义务进行转托[52]，完全是不合理的，而且从合规经济学的角度来说也是不经济的。

2. 合规负责人作为保护义务人

讨论得较少的问题是，合规负责人是否承担保护义务人责任。在此需要注意的是，这个问题可以从两个方面分析，一方面，该等保护义务指的是企业法益的保护义务。如果这种保护义务应当先由企业机构来承担,[53] 则合规负责人的这种（附属的）合规保证人义务与监督者保证人义务的委托原则上基本是一样的。[54] 而让合规负责人承担保护企业外部第三人或公众利益的保证人义务，这一设想看起来不无问题。这个问题在环境刑法中被广泛讨论且肯定，州高等法院的判决[55]和大部分的文献[56]都从环境保护机构官员的保证人义务出发。因刑事违法行为损害环境的，为《刑法典》第324条及以下各条所规定环境违法行为的犯罪行为人。此时，没有干预的官员作为保护者保证人可能作为不作为犯罪的正犯或者共犯遭到处罚。[57] 联邦最高法院也在其判决中认定公法部门中内部审计部门领导需承担保护者保证人义务的刑事责任。[58] 如果在具体的案例中企业管理层对企业外部人员之合法利益的保护义务得到认定，那么原则上来说，将这种保证人义务委托给合规负责人的做法也是可行的。

3. 监督者保证人义务和保护者保证人义务的共同前提

当然，还需要关注的是，保证人义务都是与犯罪构成要件相关的，因此必须针对具体的犯罪行为来进行考量。[59] 这就意味着，我们应先根据相应罪行的构成要件，对保证人义务内容中仍相当抽象的所谓的结果避免义务进行具体化。比如，如针对《刑法典》第263条规定的诈骗，则保证人义务为防止受诈骗财产的损失。而倘若如联邦最高法院的刑事判决第54期第44页中所述，实现诈骗构成

---

[51] Rönnau/Schneider, ZIP 2010, 56f.

[52] Vgl. auch Ransiek, AG 2010, 149; Volk, JZ 1993, 429; 同时可参见下文小标题“3”的内容。

[53] SK-Rudolphi, § 13 Rn. 54; Kühl (Fn. 30), § 18 Rn. 78; Roxin (Fn. 28), § 32, Rn. 78.

[54] 参见上文小标题“1”的内容。

[55] OLG Frankfurt NJW 1987, 2757; OLG Köln NJW 1988, 2121; OLG Stuttgart NStZ 1989, 122f.

[56] LK-Weigend, § 13, Rn. 32 m. w. N.

[57] Kühl (Fn. 30), § 18, Rn. 79ff.

[58] BHG (Fn. 1), Rn. 30. Vgl. dazu Rotsch, ZJS 2009, 716f.

[59] Rotsch, ZJS 2009, 717.

要件的方式有多种多样，[60] 那么结果避免义务所针对的应该是具体案例中导致财产损失可能发生的行为。[61]

五、作为义务和保证人义务的关系

虽然我们在前文中肯定了将首要保证人义务转托给合规负责人的可行性，但是我们还没有讨论，在个案中是否以及在何种程度上可以确定得出合规负责人的附属保证人义务，从而导致其因不作为而受罚。继联邦最高法院做出认定合规负责人保证人义务的判决之后，学界很多观点提出了合规负责人的作为义务的问题，尤其是信息义务，即合规负责人是否有义务将相关信息转达给管理层。[62] 这种“将信息转达的核心义务”[63] 产生于合规负责人在企业中的公司法地位[64]——尤其是（其并不享有的）自主决策权与指示权。而相应的，随着合规负责人按照其义务将合规相关信息反馈给管理层，合规责任也适时回到了管理层。[65] 而与此相应的，管理层不仅仅不再向合规负责人要求信息，合规负责人还在很大程度上丧失了自主行动的权利。[66]

这种有限制的作为义务是否能为保证人义务提供依据是存疑的。因为保证人义务就是作为不真正不作为犯的前提而存在的，其并非作为义务，而是要求保证人阻止结果构成要件实现的义务。乍一看从刑法教义学上它就是矛盾的，一方面为合规负责人设定保证人义务，另一方面又对他的指示权进行限制。

为了厘清这种前后矛盾，我们需要更详细地分析不真正不作为犯的前提条件。主流观点认为不真正不作为犯罪是结果犯的对应概念，[67] 它们都把结果构成要件的实现作为前提条件。由此我们还可以推出其他的构成要件，即正犯的行为——在这里是不作为——与结果之间有因果关系。不作为通常被定义为：在客观需要、法律要求且物理上有行为的可能性时却不采取行为。[68] 在这类行为的法定必要性上，撇除法律和事实上不可能的行为，并由此为不真正不作为犯的可

[60] Vgl. Rotsch, ZJS 2009, 717.

[61] Rotsch, ZJS 2009, 717.

[62] Rönnau/Schneider, ZIP 2010, 58ff.; Mosbacher/Dierlamm, NStZ2010, 268 (269f.).

[63] 在这种意义上可参见 Rönnau/Schneider, ZIP 2010, 59。

[64] Rodewald/Unger, BB 2007, 1629 (1630).

[65] BGHSt 52, 159 (164f.); Rönnau/Schneider, ZIP 2010, 59.

[66] 在这种意义上还可以参见 Rönnau/Schneider, ZIP 2010, 59。

[67] Vgl. Rotsch, ZJS 2009, 715.

[68] Vgl. nur S/S-Stree, Vorbem. § § 13ff. Rn. 139.

罚性限定边界，是无可厚非的。因为，对于不作为者而言不可能做到的事，法律是不能作要求的。[69] 比如，受过相关教育的医生可以进行阑尾切除手术拯救生命，法律也对他做出了相应的要求。而显然，我们对于病人的妻子却不能做出类似要求，要求其进行这种具体的拯救生命的行为——进行手术。

这种不作为问题本身与保证人义务并无甚联系。在具体情况中需要进行的作为还是取决于不作为者的特性。而这点并不取决于该不作为者是否具有保证人的身份。下面的例子可以解释这个问题：M 患有威胁生命的急性阑尾炎，他的医生 A，他的妻子 F 和他的邻居 N 均对这个情况有所了解。从可能因不作为遭到刑罚的角度出发，我们应当对上述对象相应的作为义务进行区分：A 应当进行手术，而 F 仅仅有通知急救医生的义务。他的邻居，一方面，像病人的妻子一样没有进行手术的义务；另一方面，因与 M 没有特殊关系，所以他是不需作为的。这是不作为这类可能引发刑事责任的行为模式的根本性特点。[70] 尽管不真正不作为犯中的必要性是针对阻止结果发生来说的，但我们在不作为范畴内讨论的一些情况，如要求行为人进行具体作为事实或法律上的不可行性，与保证人义务的前提条件是两回事。比如，病人妻子因缺乏相应的知识和能力去进行手术，法律免除了她通过此种方式拯救丈夫生命的义务；尽管在现实中她是她丈夫生命的保证人，但是这并不能改变什么。而相反的是（我们对上述案例进行稍微的改编），即便邻居 N 具备进行手术的必要能力，但他也不能因此成为保证人。如果 N 对 M 见死不救，我们只能根据《刑法典》第 323C 条对其进行处罚，而不能根据《刑法典》第 212 及 13 条，基于不作为的谋杀对其进行处罚。合规负责人保证人义务的讨论中的很大一部分混乱，都源于忽视了不作为义务之前提和保证人义务之前提的区别。[71]

对于我们所探讨的合规负责人不作为犯罪这一问题来说，在明确合规负责人具体的作为义务时，不仅要考虑其职位所赋予的特征，也要考虑其所需阻止发生的具体结果构成要件。该问题不能与保证人义务的问题相混淆。如合规负责人有义务对因企业雇员犯罪而可能造成的企业财产损失进行阻止，但不一定必须自己动手，他可以通过诸如通知企业管理层的方式进行。而如果合规负责人怠于通知，我们也并不能确定他将因此构成不真正不作为犯并遭到处罚，除非是他负有

〔69〕 S/S-Stree, Vorbem. § § 13ff. Rn. 141.

〔70〕 Vgl. S/S-Stree, Vorbem. § § 13ff. Rn. 141.

〔71〕 Vgl. z. B. LK-Weigend, § 13 Rn. 65; Bock, HRRS 2010, 316 (317).

《刑法典》第 13 条规定的“法定的防止结果发生的义务”。

事实上，在一般情况下，关于保证人义务的问题，是合规负责人是否应当遭受刑罚这类相关讨论的核心。尽管在很多的案例中，这种刑罚可能已经被排除了，因为对于阻止危险结果发生所要求的具体作为，合规负责人在事实上或法律上根本不具备进行的可能性。[72] 在这些案例中，问题点根本不是合规负责人是不是保证人。如果一个合规负责人根据其劳动合同仅需建立举报热线，而他没有阻止企业内部的刑事犯罪行为，他在此等情况下不仅仅不是保证人，他甚至没有构成《刑法典》第 13 条中所说的不作为。

而在合规负责人满足了《刑法典》第 13 条所规定不作为犯罪的前提条件时，其是否负有（附属的）保证人义务，则是另外一个问题。对于这个问题，我们不能先通过承认管理层的首要保证人义务和管理层原则上将首要保证人义务委托给合规负责人的可能性来进行预判。因为，具体的合规负责人的具体保证人义务需要在理论上进行独立论证。而这类独立论证与联邦最高法院的判决和主流观点不一样，通常不会成功。

虽然直到今天，关于刑事保证人义务的确立一直不存在一个统一的原则，[73] 但是在这件事情上还是存在一些广泛的一致性，即该等义务只能确立于这类案例中：首先，当事人与受威胁的法益存在有法律基础的实际上的相关性，其次，从中得出的保证人义务具有刑法上的意义。[74]

从企业主责任的角度来说，企业管理层成员保证人义务的确立还可以有另一个论据，即他们阻止与企业相关刑事行为的义务是他们作为企业主的自由的另一面。[75] 而一般情况下，合规负责人并不具备该等与受威胁法益之间有法律基础的实际上的相关性，尤其这类相关性还需有刑法上的意义。尽管他们按照劳动合同可能与受威胁的合法权益存在紧密的联系，但仅仅是劳动合同的规定是不足够的，因为这些规定并不一定具有必要的刑法意义。换句话说，从一个纯粹的民事合同中——这里一般是合规负责人的劳动合同或者“聘为合规官”的具体条款——不能得出合规负责人负有刑事上的保证人义务。单合同条款并不能成为确立

---

〔72〕 Vgl. Schneider/Gottschaldt, ZIS 2011, 573 (574).

〔73〕 Kühl, AT (Fn. 30), § 18 Rn. 42.

〔74〕 Vgl. Kühl, AT (Fn. 30), § 18 Rn. 41ff. m. w. N.

〔75〕 参见上文 Fn. 50。

保证人义务的依据，这一点早已得到了联邦最高法院司法判例的承认。[76] 在联邦法院2009年7月17日的判决之前，学界便已认可，典型的合规负责人雇佣合同（如有）[77] ——其中一般对各项合规措施的引入、执行和监控做出具体限定——并不能为《刑法典》第13条所规定的防止刑事犯罪义务的确立，即保证人义务的确立提供依据。遗憾的是，在联邦最高法院的判决以后，情况则不一样了。

这个结果也符合合规实践中的一般情况。例如，T是大企业U的财务会计和控制部门的负责人，他的好友C也在U企业工作。C作为合规官，负责企业的劳动安全，直接向管理层汇报。在企业食堂共进午餐时，T告诉C，他计划在管理层不知道的情况下设置一个黑色账户，以防备可能出现的流动性紧缩（Liquiditätsengpässe）。尽管有一些顾虑，但由于和T的紧密关系，C没有将这件事情告知管理层，虽然他知道，T的行为已经满足了《刑法典》第266条背信罪的构成要件。

根据本文观点，C怠于履行他的作为义务——告知管理层。他因此构成了《刑法典》第13条的不作为。但是从这种作为义务并不能得出刑法上的保证人义务：尽管C的行为会产生劳动法上的后果，但他的不作为并不具有刑法上的意义，因为他不是保证人。无论从保护者保证人义务中企业受威胁法益的角度，还是监督者保证人义务中T的行为角度，这一点均适用。这两种情形所要求的与法益的相关性，都不能仅从合规官的雇佣合同中得出。因此，认定保证人义务与企业内部明确的职责分工是相悖的。

六、附言的更深层次的问题

联邦最高法院判决的另一个让人不适的点在于第五法庭的法官针对一个刑法教义学中有争议的问题阐述其观点时的方式方法。在最高法院判决的附言中对案情中并不涉及的问题发表观点，这在德国已渐渐成了一个非常不好的习惯。很明显，联邦最高法院在这里也未能忍住，对当前和实践中出现的，在刑事政策和刑法教义学上极为重要的、有争议的和困难的问题发表观点。[78] 而该判决只用两句话来阐释这个问题——尽管其十分简短地援引了一些文献，但缺乏教义学上的

〔76〕 BGHSt 46，196；BGH wistra 2000，419. Siehe auch OLG Celle，wistra 2010，278. Vgl. eingehend Grünewald，zivilrechtlich begründete Garantenpflichten im Strafrecht?，2001.

〔77〕 在公司实践中聘用合规负责人通常没有形式要求，也不会描写具体的业务职责。

〔78〕 Vgl. bereits Rotsch，ZJS 2009，716 mit Fn. 44.

推导和论证[79]——令人非常遗憾。从这种行为中我们可以看出，部分联邦最高法院的法官对于刑法学中为维护法律稳定的理论统一的价值是如何认定的。

我们还可以预见其他值得担心的结果。就像在对前民主德国国防部成员为击毙穿越柏林墙之人所需承担的责任一案作出判决时一样[80]——在案例的附言中，法官不假思索地将其才复兴的“组织支配”概念适用于经济领域的企业，并在后序判决中继续不做分析地引用这一观点——我们有理由担心，在联邦最高法院真的碰到针对合规负责人责任的首个案例时，法官会直接引用《联邦刑事判决集》第 54 期第 44 页中确立刑事保证人义务的内容，而由此致使该判决日后事实上成为一个可作参照的基本判决。

七、结果和展望

自 2009 年 7 月 17 日的判决后，合规负责人的保证人义务问题成为了刑法教义学上的一个热点问题。德国刑法界的主流观点认为，合规负责人阻止企业雇员犯罪的义务来源于管理层转托的监督者保证人义务。但是根据个案情况，合规负责人也有可能负有附属的保护者保证人义务。无论哪种情形，在缺乏刑法理论基础的前提下，他们都认为，企业第二层和第三层合规负责人都有阻止结果发生的义务。但本文的观点与联邦最高法院的判决和学界主流观点不同。本文认为，合规负责人并不负有《刑法典》第 13 条中的刑事保证人义务，即阻止与企业相关的、企业雇员的犯罪行为。

值得思考的是联邦最高法院引发讨论的方式是否为无意识的？但是我们也可从积极的角度来看待这个问题：如果不存在《联邦最高法院刑事判例集》第 54 期，第 44 页中的附言，学界可能到今天还未能展开就这个问题的相关讨论。

参考文献

Dannecker, Gerhard/Dannecker, Christoph, Die „Verteilung“ der strafrechtlichen Geschäftsherrenhaftung im Unternehmen, JZ 2010, 981.

Kraf, Oliver/Winkler, Klaus, Zur Garantenstellung des Compliance Officers-Unterlassungsstrafbarkeit durch Organisationsmangel?, CCZ 2009, S. 29.

Momsen, Carsten, Der „Compliance Officer“ als Unterlassensgarant, in: Paeffgen

[79] 参见上文以及 Fn. 5。

[80] BGHSt 40, 218.

u. a. (Hrsg.), Strafrechtswissenschaft als Analyse und Konstruktion, Festschrift für Ingeborg Puppe zum 70. Geburstag, 2011, S. 751.

Ransiek, Andreas, Zur strafrechtlichen Verantwortlichkeit des Compliance Officers, AG 2010, S. 147.

Rönnau, Thomas/Schneider, Frederic, Der Compliance-Beauftragte als strafrechtlicher Garant, ZIP 2010, S. 53.

Rotsch, Thomas, BGH Urt. V. 17. 7. 2009-5 StR 394/08 (Garantenpflicht aufgrund dienstlicher Stellung), ZIS 2009, S. 712.

ders., Compliance und Strafrecht-Konsequenzen einer Neuentdeckung, in: Joecks/Ostendorf/Rönnau/Rotsch/Schmitz (Hrsg.), Recht-Wirtschaft-Strafe, Festschrift für Erich Samson zum 70. Geburstag, 2010, S. 141.

ders., Criminal Compliance, ZIS 2010, S. 614.

ders., „Compliance“, in: Achenbach/Ransiek (Hrsg.), Handbuch Wirtschaftsstrafrecht, 3. Aufl. 2012, Teil 1 Kap. 4.

Schneider, Hendrik/Gottschaldt, Peter, Offene Grundsatzfragen der strafrechtlichen Verantwortlichkeit von Compliance-Beauftragten in Unternehmen, ZIS.

程序法与合规

刑事合规与内部调查

——实体法和程序法上的责任风险*

卡斯滕·莫姆森（Carsten Momsen）**
李本灿*** 译

一、引言

现今，合规已经不再是一个新的概念，关于它的各种讨论已可以追溯到很久之前。然而，这一领域的法律，却仍在一如既往地面临着不断改变的境况，并且从很多方面来说，它仍然处于一种探索的初级阶段。相比其他法律概念而言，合规领域缺少具体的成文条款，且尤其缺少具有普遍约束力的一般规定。它通常都是以"最佳实践"（best practice）的方式呈现的。

而这一点将会导致一些误解的产生。比如说人们可能会在内部调查中遇到这样的情况：涉案员工的律师找到企业负责人、合规官或者是"企业法律顾问"，要求其立即交出会谈的记录。他们给出的理由是，根据《联邦律师协会指令》（Richtlinien der BRAK）的规定，公司方必须如此做。而在这样的例子中，除了法律的适用对象值得商榷外，还体现了一些个别规定或特定规章制度在法律效力方面的不确定性。上述例子涉及刑法法律委员会关于企业法律顾问的意见。〔1〕

---

* 原文见 Carsten Momsen, Criminal Compliance und Internal Investigation—Haftungsrisiken aus materieller und prozessualer Sicht, in: Thomas Rotsch (Hrsg.), Criminal Compliance vor den Aufgaben der Zukunft, 2013, S. 47.

** 柏林自由大学法学院教席教授，主要从事刑法、刑事诉讼法、经济刑法、环境刑法的研究工作。

*** 山东大学法学院讲师，法学博士，博士后流动站研究人员。

〔1〕 BRAK-stellungnahme-Nr. 35/2010, Thesen der Bundesrechtsanwaltskammer zum Unternehmensanwalt im Strafrecht.

显然，这一意见既不对企业法律顾问或者内部调查员产生法律约束力，也不赋予他们特殊的法律地位。

虽然过去我与格吕茨讷（Grützner）对此意见表达了不赞成的观点，但从刑事辩护律师的角度来看，这一意见的目标是值得支持的。[2] 然而，问题出现了，刑事辩护律师的观点似乎很少得到企业法律顾问的认同。常出现的问题是，有多少在刑事实体法和程序法中被确定的法律地位同样能在企业内部调查中被赋予刑法法律涵义。[3] 法律地位能否通过程序法被赋予，还是说只能借助以企业经营为目的的成本效益论证来实现，也就是是“通过交易”？

此外，当事人的不同行为选择在刑法上会产生何种风险也是一个与此紧密相关的问题。公司监事会或需承担与合规措施相关的责任风险——参见位于布伦瑞克的州高等法院的最新判例[4]，公司董事会亦然，这将基于其是否执行合规措施，或其执行内部调查的方式。这也同样会影响到上述提到的成本效益模式。

公司内部调查与国家调查程序越紧密结合，内部调查中程序法问题就越受到重视——对于这一点的关注，刑法法律委员会可以说是居功至伟。此外，还有一些其他方面问题的讨论也对这一点产生了影响，即长久以来已被人们所熟知的有关合规官保证责任的问题[5]、根据公平审判原则不采纳在内部调查过程中的依据劳动合同强制进行的谈话里提出的不利于自己的陈述（证据禁止理论）[6]、以及根据存放位置是在公司还是在外部调查人律所不同决定相关档案受到控制或免受扣押的问题。[7]

因此，我们在合规领域进一步的研究的重点应在于：是否以及如何进行内部调查、调查的结果是否以及如何传达给第三人。当然，在持续的内部调查过程中，许多方面还会产生很多类似的问题。

在出现嫌疑及内部调查即将结束时，还存在哪些行为可能性？是否必须进行一次内部调查？如果是，那么是否要将该内部调查过渡到刑事程序？如果答案是否定的，那么在整个过程中，刑法和刑事诉讼法的因素又体现在何处？[8]

---

〔2〕 Momsen/Grützner, DB 2011, 1792.

〔3〕 更进一步的分析见 Momsen, ZIS 2011, 508（511ff）。

〔4〕 OLG Braunschweig, Beschluss vom 14. 06. 2012-Ws 44/12 und Ws 45/12.

〔5〕 更进一步的分析见 Momsen, in: Paeffgen u. a.（Hrsg.）, Strafrechtswissenschaft als Analyse und Konstruktion, Festschrift für Ingeborg Puppe zum 70. Geburtstag, 2011, S. 751ff。

〔6〕 更进一步的分析见 Momsen, ZIS 2011, 508（509ff）。

〔7〕 更进一步的分析见 Momsen/Grützner, DB 2011, 1792（1796f.）。

〔8〕 Nähe Momsen/Grützner/Oonk, ZIS 2011, 754.

一直以来，内部调查至少以一种初级形式作为企业运营实践中的组成部分存在着。这一领域的术语（在现今广为使用的“告密”这一概念被引入合规领域之前，匿名检举行为一直都存在着）、企业领导追查跟进违规行为的组织程度和专业化程度均发生着改变。这些改变导致了这一领域整体结构上实现了成果丰厚的新塑和重塑（如改变不仅仅涉及术语层面上的话）。而它们，不管是在过去还是在将来，都很少源于企业伦理的持续发展，而更多的是出于避免责任和刑罚风险的动机，并受市场与国际竞争力等其他因素的影响得到进一步推动。〔9〕

这些仅与刑法和刑事诉讼法部分相关的因素影响了内部调查及合规领域其他相关措施的进程和结果。同时，企业内部对违规行为处理方式的改变也对国家调查和执行的实践产生了反作用，而后者似乎已在经济犯罪领域中开拓出了一片独立的栖息之地。本文将在下文中对这些问题一一进行举例分析。

随着全球化、经济贸易的高速发展和复杂化，执法机关越来越多地使用到一些手段，使企业需因其员工或管理层*违法行为而直接受到惩罚。相应的法律工具（如：《秩序违反法》第 30 条、第 130 条）早已被人们所熟知，只是现在刑事执法机关越来越经常地运用到这些条款。根据《秩序违反法》第 30 条及第 130 条、《股份法》（AktG）〔10〕第 91 条第 2 款，企业管理层需要履行监管义务。〔11〕他们要保证企业及其雇员遵守那些适用于企业的法律法规。〔12〕因此，企业管理层不仅需要采取一些预防措施，同时也需要使用一些惩戒性措施。否则该企业的管理人员及企业本身将会受到制裁。

二、关于是否进行内部调查的决定

股份有限公司的董事会与有限责任公司的总经理都有作为一个一般商人的谨

---

〔9〕 Grützner, in: Momsen /Grützner, Wirtschaftsstrafrecht, 2012, 4. Kap. Rn. 55ff.

* 译者注：本文中的企业管理层指股份有限公司中的董事会（Vorstand）和有限责任公司中的总经理（Geschäftsführer），为避免后文分析中主语冗赘影响理解，本文一般使用“管理层”或“管理人员”字眼。

〔10〕 对此董事会需要达成适当的措施，尤其是建立一个监管系统，从而尽早发现企业持续经营中的威胁；参见 Grützner (Fn. 9). a. a. O。

〔11〕 比如根据《所得税法》（EStG）第 4 条第 5 款第 10 项违法贿赂不作为企业运营的支出冲抵企业的盈利。如果企业有意识地将这类行为记在正常佣金支付上，那么根据《德国税收通则》（AO.）第 370 条第 1 款和第 369 条第 2 款，其构成故意逃税并因此受到刑事处罚。而如果企业事后知道了这类行为，为了避免因逃税行为受到刑罚，它必须根据《德国税收通则》第 153 条第 1 款第 1 项的规定立即对相关的税务申报做出更正。Vgl. Sahan/ Berndt, BB 2010, 647 (649f.).

〔12〕 Joussen 也同此观点，参见 Sicher handeln bei Korruptionsverdacht—Leitfaden zur schnellen Aufklärung in der Praxis, 2010, S. 16f。

慎义务（《股份法》第 93 条第 1 款第 1 句，《有限责任公司法》第 43 条第 1 款）[13]，因此其必须确保公司以及公司的员工的行为都是合法的——这也即所谓的合法性义务。[14] 根据《秩序违反法》第 130 条的规定，公司管理层必须采取相应的措施阻止或极大程度上降低违法违规行为的发生可能性。因此，基于本条法律规定的旨意，引入内部调查制度成为企业管理层所需履行的义务内容之一。当可能或者已经会发生违规行为时，管理层必须要采取相应的处理方式应对。

如企业管理层接到检举，企业雇员无视法律规定做出了一些违规或犯罪行为时，管理层有义务对此采取相应的措施。例如，管理层必须及时全面地调查检举中的违法或违反义务的行为，同时也应当努力查证检举中的怀疑迹象。[15] 这类检举可能来自内部举报系统、商业运营中的审计控制以及客户、供货商、（前）雇员、竞争者或第三者对其经营行为的监督。在跨国公司（比如西门子公司）里，其还可能面临的跨国调查——例如来自美国负责证券监管的美国证券交易委员会（SEC[16]）的调查——被视为进行内部调查的主要动机。[17]

1. 检举与怀疑迹象*

在此，“检举”与“怀疑迹象”这两个概念的内涵仍值得思考。从内容上来讲，我们主要可从两个方面来进行考量：一方面，检举内容的有理有据；另一方面，则为哪种违法行为是检举行为的对象。

（1）检举内容的有理有据。如果刑事诉讼的相关规定在此适用的话，那么就只有当达到《刑事诉讼法》第 152 条第 2 款规定的初始嫌疑（Anfangsver-

---

〔13〕《公司法》里适用于内部关系的条文（如《德国股份公司法》第 93 条、《有限责任公司法》第 43 条）并不当然适用于外部关系。《秩序违反法》第 130 条中规定了有关的外部关系。否则公司法中的保护性规定将会超出《秩序违反法》的范畴，演变成针对公司的惩罚性规定。

〔14〕 Ziffer 4. 1. 3 des Deutschen Corporate Governance Kodex; Hüffer, Aktiengesetz, 10. Aufl. 2012, § 93 Rn. 4 Spindler, in: Goette u. a. (Hrsg.), Münchener Kommentar, Aktiengesetz, Band 2 § § 76 – 117, 3. Aufl. 2008, § 93Rn. 63f.; Fleischer, in Fleischer, Handbuch des Vorstandsrechts, 2006, § 7 Rn. 13; Hölters, Aktiengesetz, 2011, § 93 Rn. 54ff.; Reichert, ZIS 2011, 113ff.

〔15〕 BGH GmbHR 1985, 143 (144); Fleischer, in: Spindler/Stilz, Aktiengesetz, Band 1: § § 1–149, 2. Aufl. 2010, § 93 Rn. 97; Behrens, RIW 2009, 22 (29); Reichert, ZIS 2011, 113 (117); Gerst, CCZ 2012, 1. 以上文献均主要将内部调查视为惩戒性措施，并将预防性领域归为“狭义的合规”；全面的分析见 Grütznerin (Fn. 9), 4. Kap. Rn. 56。

〔16〕 SEC = Security Exchange Commission

〔17〕 Gerst, CCZ 2012, 1f.

* 译者注：此处所说的“怀疑迹象”是德国刑事诉讼法中的概念，介于主观臆断与证据之间。

dacht）的要求时，企业才能进行内部调查。然而，《刑法典》第 266 条*规定了企业管理人员具有避免企业财产遭受损害的义务，从中我们可以推出，对于检举内容是否有理有据这点，我们不应当设置过高的要求。因为如果接到关于公司财产面临受损威胁（或因违法行为本身损害公司财产，或因公司未来面临的制裁导致公司遭遇财产损失）的检举而不采取任何行动，那么企业管理人员完全可能因不作为而构成存在间接故意的背信。

但是也不能在毫无情由的情况下时不时进行内部调查。否则，便会存在内部调查变为同事间谍行为的危险。

内部调查的开始不能仅仅以道听途说为依据。[18] 尽管《刑事诉讼法》的原则不能直接适用于内部调查，此处开始内部调查的门槛与刑事诉讼法里规定的初始嫌疑也具有可比性。初始嫌疑成立的前提是存在超过流言蜚语程度的、实际的、与企业相关的违法行为的依据。

（2）《刑法典》第 266 条中关于决定是否进行调查的冲突点。开始内部调查的低门槛并不意味着凡是存在嫌疑时外部调查员就应当进行大费周章的调查。这里我们必然地需要讨论一个结构上与此截然相反的义务，该义务也与《刑法典》第 266 条紧密相关：出于成本效益的权衡，我们必须尽早决定是否进行内部调查，是否让外部人员，如公司法律顾问参与到内部调查中。

尽管看起来，一旦存在嫌疑，就根据《秩序违反法》（OWiG）第 30 条和第 130 条的规定进行尽可能彻底的调查是最佳实践，但在这种情况下仍会产生许多风险——其中包括成本风险。《刑法典》第 266 条规定的义务与其规则本身的目的存在一些矛盾之处，因此，我们需对是否进行内部调查的风险都进行相应的分析。

在对关于调查范围做出的行为选择进行分析之前，我们需考虑诸如外部调查人是否必须参加到内部调查中，或者内部调查是否可以由公司内部的合规部门组织领导之类的问题。有一种不言自明的论点认为，比起国家性的调查而言，信任关系在律师与委托当事人的身份联系中得到了更好的保护，而这种观点至少在位于汉堡的州法院根据《刑事诉讼法》第 97 条第 1 款第 3 项对德国汉堡石荷州北

---

* 译者注：即本文中不断提及的对他人托管财产未能尽到妥善照管义务的背信犯罪，这里指企业管理人员对企业的义务。

〔18〕 Reichert, ZIS2011, 113（117）；类似的观点见 Wisskirchen/Glaser, DB 2011, 1392（1394）：仅凭臆断或谣言并不导致需进行内部调查的义务。

方银行有限公司[19]作出没收裁决后变得不那么确定了。

此外，企业管理层还必须事先估量可能面临的最大限度处罚。如果他们不进行这样的权衡，而是花费大量金钱立即进行大范围的调查，并且这样的调查事后被认为是没有必要的，那么根据《刑法典》第266条，他们亦可能面临刑罚风险。因为如果企业领导决定的处理方式引起了高额的花费时，他们也有可能被认为损害了企业的财产利益。而在情况事实非常复杂的情形下，如果调查所需的花费已经可能达到违规行为面临的处罚额度时，启动调查程序亦可能会被视为违反义务。

人们当然也可以认为，根据《秩序违反法》第130条及其他的规定，在不违反义务的前提下查明可能的违法行为根本不现实。那么问题就在于对特定违规行为进行追究的必要性程度了。为避免超出必要性的调查投资，该观点认为调查应当一步一步地进行。

在这类情况下，企业管理层在调查过程中自身违法行为被揭露并因此导致遭受刑罚追究的风险就不甚相关了。内部调查是一项私人的调查。由于刑事诉讼的原则在内部调查中只能间接适用，因而在此不可直接适用刑诉中的不得强迫自证己罪原则（nemo tenetur）。因此本文认为，对于因内部调查致使自身违法行为被发现并在企业内公之于众的担心，并不导致《刑法典》第266条规定的企业财产照管义务的消灭，反而使之加强。

是否以及在何种范围内进行内部调查，《刑法典》第266条中对于是否进行有经济风险的业务（“风险业务”）的权衡并不能为此提供答案。[20] 因为与此相关的权衡标准是从经济和公司经营风险的角度确立的。而这里提到的风险并不源于经营活动，而是一种对于非经济行为之后果的评估。

（3）怀疑迹象的种类与质量。对于是否启动耗资颇费的内部调查程序，有一点十分重要，即怀疑迹象所指向的是什么类型的违规行为。这样企业管理层才能进行有的放矢的筛选和决策。[21] 他们所选择的用于查证事实的工具必须是对当前怀疑迹象的适当反应。不可小题大做，拿大炮打麻雀。如果有怀疑表示雇员

---

〔19〕 2010年10月15日的决定-608Qs 18/10=NJW 2011，942ff，以及Gräfin v. Galen案中的观点，见CCZ 2011，155ff，以及Fritz和Jahn/Kirsch的批判观点，StV 2011，151ff；以及Momsen/Grützner中的具体分析，见DB 2011，1972ff.（1976f.）。

〔20〕 Vgl. Saliger, in：Satzger/Schmitt/Widmaier（Hrsg.），Strafgesetzbuch，Kommentar 2009，§266 Rn. 45ff.

〔21〕 Reichert, ZIS 2011，113（117f）.

挪用了办公室的行政公款，则管理层没有义务对此进行大费周章的调查（如引入外部顾问）。这便是不适当的反应。而如果有怀疑表示，为获取新的订单，个别或多个雇员有计划地向客户行贿，并且这类怀疑并非捕风捉影，而是有相当程度的依据，且该等违规行为在公司内部有计划地进行着，则在此种情况下，企业必要的调查支出就应当相应增长。〔22〕

企业管理层的裁量空间随着怀疑事实的重大而相应缩小——同样，其因启动耗费颇大的内部调查程序而面临的刑罚风险也会相应减轻。〔23〕

而问题的关键仍然是尽早地查证怀疑事实。关于内部调查应当在何种范围内进行以及以什么为目标的战略决策应当极大程度上取决于违规行为的性质与程度。

2. 现有怀疑迹象的查实

托马斯·罗什（Thomas Rotsch）曾提出，一般而言合规具有预防的特征，但除此之外其也包含一些惩戒性因素。〔24〕就笔者看来，内部调查同样具有这两个特性，只是其称谓符号不同。关于积极预防和消极预防的制裁理念，学界已经存在诸多讨论。因此，本文在接下来的篇幅中仅对合规中所包含的惩戒性因素进行分析。〔25〕

匿名举报中一个极为典型的困难在于，对一个刚刚得知的怀疑进行查实，并在此基础上决定是否及如何进行内部调查，即意味着企业需通过一定方式对举报内容进行先期调查。

我们再回到《刑事诉讼法》第 152 条第 2 款规定的初始嫌疑。初始嫌疑是指，要开始一项调查程序，仅有笼统的流言蜚语或缺乏具体的怀疑〔26〕是不够的。然而说好听点，通说认可的可促使一项调查程序启动的具体怀疑与前述情形的界限（至少）是不明晰的。〔27〕而以怀疑与具体行为的相关性为导向来判断可以给

---

〔22〕 OLG Koblenz, ZIP 1991, 870 (871); Reichert, ZIS 2011, 113 (117); Wisskirchen/Glaser, DB 2011, 1392 (1394)；更详细的内容见 Grützner (Fn. 9), 4. Kap. Rn. 57f。

〔23〕 Reichert, ZIS 2011, 113 (117).

〔24〕 Rotsch, in: Rotsch (Hrsg.), Criminal Compliance vor den Aufgaben der Zukunft, 2013, S. 8ff。

〔25〕 更具体的分析见 Grützner (Fn. 9), 4. Kap. Rn. 89ff。

〔26〕 Zutreffend Weßlau, in: Rudolphi u. a. (Hrsg.), Systematischer Kommentar zur Strafprozessordnung und zum Gerichtsverfassungsgesetz, Bd. 3, 4. Aufl. 2011, § 154 Rn. 14.

〔27〕 Vgl. bspw. Plöd, in: v. Heintschel-Heinegg/Stöckel (Hrsg.), KMR, Kommentar zur Strafprozessordnung, 46. Lfg., Stand: April 2007, § 152 Rn. 18. 其中认为“极低的可能性、比较含糊的迹象、谣言和单方主观看法已足以作为进行调查的先决条件”。

我们更为清晰的认知和启发。〔28〕这类怀疑必须指向一个具体或可被确定的行为。相应地，该等怀疑的出发点还必须是一个有法律意义的行为，至少看起来其是可被追究的。〔29〕根据这一点，在下面这些情况下就不可以启动调查程序：一个小孩子（无刑事责任能力人）损害了一项昂贵的财物；或者一个具体的行为人 P 破坏了邻里间的安宁和谐（在并未指出其具体可归责行为的情况下）。这样的权衡在下述问题的考虑中同样适用：是否因雇员的举报必须启动内部调查程序？还是因雇员的举报行为本身违反了义务，或该举报缺乏（前述所提及的）与具体行为的相关性，因此这类举报变得无足轻重。这种为开始调查程序设定的限制条件在实践中非常重要。因为现实中诸多举报内容并不涉及具体行为或包含具体怀疑，从而致使调查一无所获。〔30〕

本文认为，在此对于举报行为本身是否违反义务的考量具有重要意义。〔31〕

（1）将举报行为是否违反义务作为一项权衡标准。举报人的举报行为是否可以成为一项合法的解雇事由，已成为现今讨论中的热点和趋势。如果举报行为本身违反了劳动合同的规定，那么该举报行为几乎不可能促使内部调查程序的启动。在此，刑法中与名誉相关的条款，如诽谤罪、虚构犯罪事实相关犯罪的构成要件可为对这类举报行为的评估提供一些有用的参考。

一方面，适用范围颇广的名誉犯罪可为其提供一定参考。其中，《刑法典》第 186 条规定的恶意诽谤罪的构成要件可为上述问题的一个部分提供解答。简单来说，这里要保护的法益是另一个人的良好声誉。〔32〕

另一方面，如有人在无理由的情况下，推动调查机关对无罪人员启动调查程

---

〔28〕 Siehe bspw. Weßlau (Fn. 26), § 152 Rn. 13.

〔29〕 Weßlau (Fn. 26), § 152 Rn. 12.; BGH NJW 1989, 96f.; Beuke, in: Erb u. a. (Hrsg.), Löwe/Rosenberg, Die Strafprozessordnung und des Gerichtsverfassungsgesetz, Bd. 5, 26. Aufl. 2008, § 152 Rn. 23；在这点上观点不明确的参见 Pfordte, in: Lemke u. a. (Hrsg.), Heidelberger Kommentar zur Strafprozessordnung, 4. Aufl. 2009, § 152 StPO Rn. 1。而根据犯罪行为轻重来进行区分的参见 Deiters, Legalitätprinzip und Normgeltung, 2006, S. 117ff.。

〔30〕 然而重要的是，这类行为不一定是违反刑法的行为，也可以是与企业规定相关的行为，例如违反企业规章或指令的行为。

〔31〕 内部举报是否违反义务，是举报人的应当考虑的正确问题。当我们放眼任意刑事程序中的举报行为，可以发现，刑事程序中的举报行为是否导致开始调查程序，是检察院的工作，而并非举报人本身。而在企业内部领域，内部调查程序的相关问题与此非常具有可比性：判断举报行为是否导致内部调查的展开，是合规官、法务部门或者相应类似部门的工作。不过尽管如此，在进行举报时，举报还是要尽到一定程度的审慎义务，具备一定的责任意识。具体分析见 Momsen/Grützner/Oonk, ZIS 2011, 754。

〔32〕 Vgl. anstatt vieler Eisele, in: Schönke/Schröder, Strafgesetzbuch, Kommentar. 28. Aufl. 2010, § 186 Rn. 1 m. w. N.

序，其也将遭受相应的刑罚。相关法律条款为《刑法典》第145d条规定的虚构犯罪事实罪与《刑法典》第164条规定的诬告罪。这些条款的目的是为了保护刑事司法机关在一定程度上不被误导。同样，它们也是为了避免公民将刑事司法机关作为一己私用的工具。[33] 这里的情形在很大程度上与外部举报机制的情况存在相同之处。

如果举报人知道自己向刑侦机关检举的嫌疑内容并不属实，其将有可能面临刑事处罚。此外，雇员对公司或公司其他员工不利的举报行为违反了考虑他人利益的义务*，其亦可以作为雇主解雇该雇员的事由。

而《刑法典》第186条中的恶意诽谤罪也将一个类似行为纳入了刑罚范畴，如该行为针对的是第三人，即行为人之外的另一人。该罪要求行为人在传播损害他人名誉的事实时至少存在间接故意。该故意不要求行为人对所传播事实的真实性有认知，只要所传播事实的真实性客观上不可证，则行为人需承担该等行为的不利后果。

这即意味着，无论是在企业内部还是外部，举报人向第三人（如企业合规官）告知企业雇员或部门可能的违法行为，都有可能受到刑法追究。因为这类的检举行为在诸多情况下都存在一定程度上对他人名誉的损害。而该等检举内容事后若不能得到证实，则举报人需要承担检举行为所有的不利后果。

只有当举报人明确知道他的举报属实且其后可被证实，作为合规制度有效工具的举报行为才能大体上没有风险。或者，为了避免因恶意诽谤导致的刑罚风险，举报至少不明确指向确定的人员，然而，这对于我们来说并没有多大意义。

（2）构建一个实际可行的查证程序。为了为本文一开始提出的问题找到一个答案，即一项怀疑需要满足什么条件才能够促使启动内部调查程序，我们需要从企业的角度来进一步思考这个问题：如举报行为很明显不是为了维护正当利益，则内部调查程序不应当被启动。而在本文看来，无论从举报人的角度来看，还是从何时启动内部调查程序方合法的问题出发，这里关于合法举报的关键词均

---

〔33〕 这里与恶意诽谤的区别主要在于，这里的错误信息并非传达给一个任意第三人，而是一个有权在存疑情况下对涉嫌的不法行为人展开调查的公权力机关，因而会导致严重的损害后果。更详细的分析见Sternberg-Lieben，in：Schönke/Schröde（Fn. 32），§145d Rn. 1；Lenckner/Bosch，in：Schönke/Schröder（Fn. 32），§164 Rn. 1a f。

* 译者注：是德国建筑法中的概念，即政府在对建筑规划的制定和批准过程中，应当对个人利益和集体利益做出权衡。

为“正当利益”。《刑法典》第 193 条中的标准在这里可以部分适用。[34] 然而，举报行为与损害他人名誉行为的不同之处在于，它从很多意义上来说都是“企业需要的行为”。因此，我们需要对上述标准做一定调整：如没有线索表明，举报行为并非为了维护正当利益——比如说不能被归为刻意刁难或欺凌——则对于企业而言，进行内部调查也是其正当利益所在。这类内部调查活动及其相关的必要财物支出不可被视为违反了《刑法典》第 266 条规定的义务。

在这里，多此一举地提一下，企业内部调查的整个过程都应当以上述标准为导向。

3. 进行内部调查的后果

此外，企业管理层在决定是否进行内部调查时还需考虑那些即便进行了内部调查、仍不足以避免的、企业与管理人员可能面临的消极后果。因此学界一般都建议，在进行内部调查的同时伴随进行相应的风险分析。如内部调查并未触及违规行为的整体，那么企业一般会试图在商业伙伴和公众面前展现一切正常的表象。而那些违法行为未被发现或追究的企业雇员就会感觉自己的行为得到了支持。但这类违法行为如果在之后被政府调查机关揭露出来，那么企业管理层将会面临更严重的指责。因为人们很容易怀疑，管理层曾在过去试图掩盖已为其所知的违法行为，从而越过了因不作为而成为从犯的界限。[35]

因此，从企业的角度来看，“有疑议时需进行调查”[36] 的原则同样适用，或更加适用。

本文的观点是，如果严格执行了前述标准，则没有理由因进行内部调查而遭受刑罚，无论是从《刑法典》第 266 条的角度来说，还是从作为损害他人名誉犯罪的从犯（理论上存在可能）角度来说。

三、对调查结果的处理

1. 企业内部的转交

对于调查接近尾声时的行为选择，应当首先考虑政府或其他外部机构是否已

---

〔34〕 Sinn, in: Satzger/Schmitt/Widmaier (Fn. 20), § 193 Rn. 12ff.；其中标准为：客观角度的企业、举报人或第三方（利益相关人）的正当利益；是否存在维护利益的职权；适当性、必要性和相当性。

〔35〕 Grützner (Fn. 9), 4. Kap. Rn. 60. 在此背景下，如果怀疑迹象只针对个别雇员或个别部门，如采购部，则内部调查亦可相应只针对个别人或部门进行。而如果在公司内部存在大规模违规或犯罪行为的嫌疑，则建议进行全面的、跨部门的内部调查：参见 Lampert, in: Hauschka, Corporate Compliance, 2. Aufl. 2010, § 9 Rn. 33。

〔36〕 具体分析参见 Grützner (Fn. 9), 4. Kap. Rn. 63f.。

经被纳入了调查程序之中。如果（还）没有，那么将调查结果保密的现实可能性有多大？

对于企业的管理层来说，他们是否有义务在调查结束之后将调查相关事项告知企业的监事机关（或其成员），这个问题在任何一种情况下都必须明晰。

对于监事会而言，它的财产照管义务至少包括其法定职权与义务的范畴。根据《股份法》第111条，监事会的核心职能在于对董事会进行监督。因此，通说认为监事会有照管公司财产的义务，而该义务的内容源于《股份法》第116条与第93条的规定。〔37〕根据《股份法》第116条、第93条第1款第1句，监事会成员在履行其监督职责的过程中，应尽到一个妥善负责的董事在进行经营管理时所应尽到的审慎义务。而这里所说的审慎义务，是指董事在经营一个特定大小和类型的企业并需对其经营行为负责的情况下所会尽到的审慎程度。〔38〕

因此基本而言，监事会的职责要求它尽可能避免董事会错误和对公司有害的行为。〔39〕在这种意义上，监事会有一种作为义务。然而，从到目前为止的解读方式来看，在很多情况下，监事会的违法犯罪都以董事会的在先违规行为为前提。例如，当监事会得知董事会有行贿、签订垄断协议、进行无担保并购融资、偷逃税款等行为时，它才有义务对此采取行动。〔40〕尽管监事会对于特定事宜有权雇佣专家进行调查甄别（《股份法》第111条第2款第2句），但它在监督过程中基本上可以采信董事会的报告内容，它没有义务自己对事实再进行一次调查。〔41〕一般来说，目前董事会还没有义务在进行内部调查的过程中将监事会纳入其中。

在位于布伦瑞克的州高等法院作出最新判决〔42〕后，讨论是否将监事会纳入

---

〔37〕 BGH NJW 2002, 1585 (1588); Poseck, Die Strafrechtliche Haftung der Mitglieder des Aufsichtsrates einer Aktiengesellschaft, 1997, S. 76ff.; Brammsen, ZIP 2009, 1504 (1510); Frischer, Strafgesetzbuch und Nebengesetze, 60. Aufl. 2013, § 266 Rn. 48; Tiedemann, in: Jescheck/Vogler (Hrsg.), Festschrift für Herbert Tröndle zum 70. Geburtstag am 24. August 1989, 1989, S. 319 (322); Rönnau/Hohn, NStZ 2004, 113 (114); Leipold, in: Hiebl u. a. (Hrsg.), Festschrift für Volkmar Mehle zum 65. Geburtstag am 11. 11. 2009, 2009, S. 347ff.

〔38〕 Spindler (Fn. 14), § 93 Rn. 24.

〔39〕 BGH NJW 2002, 1585 (1588); Fischer (Fn. 37), § 266 Rn. 106; Nelles, Untreue zum Nachteil von Gesellschaften, 1991, S. 555; Tiedemann (Fn. 37), S. 319 (327ff.).

〔40〕 Brammsen, ZIP 2009, 1504 (1510).

〔41〕 Lüderssen, in: Dölling (Hrsg.), Jus Humanum, Grundlagen des Rechts und Strafrecht, Festschrift für Ernst-Joachim Lampe zum 70. Geburtstag, 2003, S. 727 (730).

〔42〕 OLG Braunschweig, Beschl. v. 14. 6. 2012- Ws44/12 und Ws45/12.

调查程序之中，尤其是从监事会成员的角度来讨论这个问题，其意义变得更为重大。因为该州高等法院为监事会因违反忠诚义务而受到刑法处罚设定了原则，而这些原则将会导致监事会因违反忠诚义务遭受刑罚的风险显著提高。〔43〕

至少在其职权范围内，监事会成员需根据《刑法典》第 266 条履行保证人义务。这导致监事会成员有义务积极地阻止犯罪行为的发生。监事会成员不可主张，因监事会会议上未能取得多数票而导致无法采取有效的行动。他只有证明其为必要的集体决策做了力所能及的努力，才能因此得到免责。

如果将这份判决和另一份备受评议的、联邦最高法院法官对于合规官保证人义务的附带说明，与联邦最高法院第六民庭最新的关于董事会和董事相对于外部第三方的保证义务范围的判决放在一起看并意图使其协调一致的话，那就十分有趣了。〔44〕因为根据后者，有限责任公司的总经理和股份有限公司的董事会成员，就其职权范围而言，是没有保证义务阻止外部第三方损害公司财产的。〔45〕

2. 转交至第三方

调查结束之后，还有一个关于刑罚风险的核心问题十分值得关注：如果企业管理层为避免企业或其个人的损失，在监事会和股东明确同意的情况下决定并不将调查结果转交给第三方，那么这时它所面临的刑罚风险会有多高。这里看起来仍然是与《刑法典》第 266 条相关的问题——该条款是经济犯罪中的万能武器。

如果截至调查结束之时尚未开始任何政府调查程序，且从该调查结果中并不能看出，调查所涉及的违法行为将必然导致政府调查的启动，则转交的行为不仅

〔43〕“①监事会成员在与其自身薪酬相关的事项上也要履行企业财产照管义务，如该事项涉及在薪酬结算方面存在《德国股份公司法》第 113 条规定的故意违反公司章程的行为（而非在薪酬谈判中为自己议定过高的薪酬）。②如现行公司章程规定了明确的行事方式（而这类规定中并不存在多余的活动空间），那么对企业背信行为的构成要件既不可因存在严重的违反义务行为，也不可基于其他原因而受到限缩。③《刑法典》第 13 条适用于对企业的背信行为，监事会成员在此意义上有保证人义务。④监事会主席有行为义务。当其知晓董事会对其他监事会成员进行违规薪酬支付时，他需根据《德国股份公司法》第 110 条第 1 款的规定履行保证义务，召开监事会会议，并促成要求董事会对其违规行为做出改变的决定（参见《德国股份公司法》第 108 条第 1 款）。⑤在这类情况下，其他监事会成员有义务督促监事会主席召开监事会会议，在监事会主席拒绝的情况下，根据《德国股份公司法》第 110 条第 2 款自行召开监事会会议。⑥监事会成员不得主张，因监事会会议上未能取得多数票而导致无法采取有效的行动。他只有证明其为必要的集体决策做了力所能及的努力，才能因此得到免责。”

〔44〕 BGH, Urt. Vom 10. 7. 2012-VI ZR 341/10.

〔45〕根据该民庭的意见，《德国有限责任公司法》第 43 条第 1 款和《德国股份公司法》第 93 条第 1 款第 1 句规定的董事会对公司的妥善管理义务包括董事会需对公司行为的合法性尽到审慎监管的义务，而由于该义务只相对于公司而产生，因此，因违反该义务而产生的损害赔偿请求权也仅由公司享有。这一意见难免会给人这样的印象，董事会的义务缩小，而合规官和监事会的义务相应扩大了。而从经营责任分配的角度来看，这样的结果是不如人意的。因此，在这一点上，我们期待未来有更清晰、明确的立场。

会导致企业遭受巨大的名誉损失，还会导致其面临本可避免的不利法律后果。如果公司经营者在这种情况下将不必要转交的调查结果转交给第三方，即意味着他事实上接受了将给公司带来的、本可避免的财产损失。

那么这里所说的关于可能存在的对义务的违反，有什么值得讨论的呢?

原则上说，公司既没义务将现有的怀疑迹象转交给调查机关，也没义务与调查机关合作。[46] 因此法律上而言，公司将调查结果保密的做法是行得通的。

保密调查结果有一个明显的程序法上的好处，因为内部调查对诉讼时效并不产生任何影响。根据犯罪时间和罪行种类，人们可以选择默默等待诉讼时效结束。不过鉴于税务犯罪易引发关注的特征，这是一个极具风险的选择。

并且还存在着这样的可能，如果自己公司的雇员向另一公司或政府机构行贿，或对其进行欺诈，则公司可能面临因这类预期合作而导致违规行为被公之于众的危险。[47]

根据不同的情形，调查机关的介入主要还是会给企业带来风险和不利后果，特别是从《秩序违反法》第130条、第30条的角度来说，并且政府调查机关一旦介入，就不可扭转，这样会导致一系列连锁风暴。而在跨国的情况下，企业管理层还需要考虑，这类信息可能被转交给相关国内或者国外监管机关或者检察机关。[48]

如果企业不报告内部违规信息，从而不启动国家机关的调查，那么，无论如何都不会产生监管义务违反的结论。

而支持公开的人认为，如果企业自己不主动报告违规行为，其将会面临一些不利的法律后果。例如，企业被拉入政府招投标程序的黑名单,[49] 或者其不能因重要证据规则享有诸如反垄断法上的优待。[50]

同样，如果违法事实极有可能在未来的某个时间点被调查机关知晓，如通过意图享有重要证据规则利益（根据《刑法典》第46条b（46b））的雇员的举报行为，或由财税局的审计员发现违法事实并通知调查机关（根据《所得税法》

---

〔46〕 Grützner (Fn. 9), 4. Kap. Rn. 73; Gropp-Stadler/Wolfgramm, in Moosmayer/Hartwig, Interne Untersuchungen, S. 18.

〔47〕 Grützner (Fn. 9), 4. Kap. Rn. 72; Moosmayer, Compliance, 2. Aufl. 2012, S. 100; Reichert, ZIS 2011, 113 (118).

〔48〕 Grützner (Fn. 9). 4. Kap. Rn. 72f. 对于义务和执法实践详见 Grützner/Hommel/Moosmayer, Anti-Bribery Risk Assessment—A Systematic Overview of 151 countries, 2011。

〔49〕 Gropp-Stadler/Wolfgramm (Fn. 46), S. 19.

〔50〕 Näher und m. w. N. Grützner (Fn. 9), 4. Kap. Rn. 73.

第 4 条第 5 款第 1 句，第 10 项第 3 句)，则主动向调查机关报告违规行为是极有意义的。这样，执法机关在决定处罚时可能会鉴于以上事实做出减轻或免除处罚的决定。并且，如果企业本身因雇员的行为遭受了损害，那么对国家执法机关调查案卷的查阅权有利于其赔偿主张的实现。〔51〕

然而，一种特别棘手的情形是，如果要么企业经营管理人员本身参与了犯罪行为，要么在内部调查结果出来后违规行为并不能完全消除。这样他可能因为不作为而面临妨害司法罪的处罚（根据《刑法典》第 258 条及第 13 条）；或因参与犯罪或犯罪的事前行为而面临刑罚。

在自己犯罪的情况下，《刑法典》第 258 条第 5 款的规定——作为不自证己罪原则在实体法中的体现——一般可以适用。然而，该规定并不能直接适用于《刑法典》第 266 条规定的违反义务行为的所有情形。在一些情况下，事前行为人自己的妨害司法行为不应当构成妨害司法罪，即《刑法典》第 258 条第 5 款中规定的关于个人的刑罚减免事由的法律思想应当适用（当然这一点还需要进一步的理论论证）。但是，这个答案并不能解决我们在本文中提出的问题：《刑法典》第 258 条第 5 款告诉我们的是，由于企业管理人员害怕内部调查结果转交之后自己会因背信（《刑法典》266 条）遭受刑罚，因而不向执法机关转交调查结果，在这种情形下，企业管理人员并不因为其妨害司法行为构成犯罪。类似的情形也同样适用。但这样的结论并不能给我们启发：当为了公司利益而决定将调查结果保密的情形下，应当如何处理。而根据前述分析，在这类考量中还需将监事会成员纳入其中。

这类情形看起来似乎只在理论研究上有意义，因执法机关几乎不会因企业领导人员向其转交调查结果，并配合其调查导致企业利益受损而追究其责任。因为这么一来，执法机关无异于亲手关上了其信息来源的水龙头。

但在实践中，企业负责人确实会做这样的权衡，并努力对这类情形的后果作全面的了解。因为他们担心，在真的转交调查结果之后，公司股东或违规雇员会反过来对他们进行相应的指控。鉴于这些考量，与执法机关合作一般不会成为第一选择。而因此获得所谓“制裁的奖励”的可能性也会相应降低。

四、结论

《刑法典》第 266 条就像一柄达摩克利斯剑，悬在企业管理层的所有经营行

〔51〕 Grützner (Fn. 9). 4. Kap. Rn. 73.

为之上，尤其是在合规领域。第266条的不确定性带来了很多问题。从原则上来说，它不仅涵盖有经济风险的行为，还包括所有与财产相关的预判。正如对于是否进行内部调查的决定所体现的，该规定几乎将导致一种近乎荒谬的犯罪风险。虽然在个案中，由于内部调查所造成的财产损失很难证明，但对于管理人员而言，仅仅由于因此可能面临违反其所负担的行为义务的考量，便会导致其不愿做出这样的决策。

而在程序设计方面也一如既往地缺少明确的规则。当事人无法根据规定预测自己在不同阶段可能面临的被告地位。摩擦尤其体现在内部调查与刑事程序的不同特性上。对于前者，在有疑议时，为避免调查人的责任风险，一般会选择对嫌疑人展开调查；而后者则遵从“疑罪从无”的原则。在内部调查缺少明确的程序法规定的情况下——尤其是涉及当事人权利与举证时，如内部调查结果会转交给执法机关，很多程序法原则都会被放弃。

而与此相对的，前述所零星分析的实体法方面的乱象将会导致内部调查结果多数会转交给执法机关。

因此，本文认为，目前我们需先为内部调查设立明确且不自相矛盾的程序规则。在这一点上，联邦律师协会的意见迈出了重要的一步。此外，这些程序规则要广泛地与刑法之外的标准相协调。在此基础上，为避免企业决策程序的瘫痪，对刑事实体法上的行为义务进行强调有着迫切的必要。

最后的也是极为重要的一点是：在可能的情况下，刑罚及成本上的风险并不应当仅仅导致我们对经济犯罪条款的简单接纳。如果这类行为准则对于一个经济人来说是理性的，或至少是可估量从而对其行为有导向作用的，这从预防犯罪的角度来说才更有意义。

企业律师与合规：新类型刑事辩护人的法律地位与任务*

马蒂亚斯·扬（Matthias Jahn）**

周子实*** 译

一、背景：关于合规的讨论

（一）引言：一个现象

合规发展成为现代企业管理的必要组成部分，已经使得刑事咨询市场由此发生了巨大变化。企业律师（Unternehmensanwalt）抢占新的任务范围并使自己面临挑战，这不可能不对他们的职业培训（Berufsbild）产生影响。

在吉森举办的第二次刑事合规中心会议（CCC-Tagung）就考虑到了这一点。组织者托马斯·罗什（Thomas Rotsch）提议将该领域归为刑法在“刑罚”之外的第二条轨道，正是合规重要性日益增长所导致的结果之一。[1] 但是，人们必须考虑到矫正与保安处分的存在，因此只能说它是第三条轨道。如果人们还算上犯罪人与被害人的和解（Täter-Opfer-Ausgleich）以及损害恢复（Wiedergutma-

---

* 原文见 Matthias Jahn, Der Unternehmensanwalt und die Compliance-Rechtsstellung und Aufgaben eines neuen Strafverteidigertyps , in: Thomas Rotsch (Hrsg.), Criminal Compliance vor den Aufgaben der Zukunft, 2013, S. 111.

** 法兰克福大学教席教授，主要从事刑法、刑事诉讼法、经济刑法的研究工作。

*** 湖南大学法学院助理教授、德国弗莱堡大学法学博士、德国马克斯普朗克外国与国际刑法研究所博士后研究人员。

〔1〕 Rotsch, in ders. (Hrsg.), Criminal Compliance vor den Aufgaben der Zukunft (in diesem Band), S. 11 vor und in Fn. 41.

chung)，那么合规就得退居至第四条轨道。鉴于这种分类方式所带来的混乱，可能对刑事合规更贴切的体系定位是类比于跨越警察法与刑法的安全法（Sicherheitsrecht），这一点幸好已经在富有成效的会议的进一步讨论中得到了立即采纳：一方面是危险防卫与预防性合规（Gefahrenabwehr und Präventiver Compliance），另一方面是刑事追诉与镇压性合规（Straftatverfolgung und repressiver Compliance），这一并行的状况可以对体系化争论予以有益的推动。这表明，关于合规集群（Komplex），至今尚未形成一个教义学上稳定的看法。尽管该话题在实践中的重要性日益增长，但是至今仍在基础概念与体系学上有着显著的模糊性。作为对此的回应，下文尝试将企业律师的角色在体系上定为刑法的规则集群中的企业辩护人（Unternehmensverteidiger）。

首先，本文要在德国经济刑法与合规讨论的总体关联中对企业律师的角色进行阐明。其次，对至今仍稀少的关于该新主题的文献进行概览。最后，对企业律师职业进行体系性归类，这里的重点在于保卫企业利益。2010 年 11 月联邦律师协会刑法委员会出版的关于企业律师的论文正是用来当作指引点（Orientierungspunkt）的。其中表明，企业辩护人处于贯彻合规措施的关键地位（Schaltstelle）。在调查可罚举止的事实基础中，这一完全模糊不清的发展可能使得一个个体、国家与公司（Gesellschaft）之间关系的新平衡成为必要。

（二）介于平庸流行词汇与经济刑法新学术范式之间

对合规概念的内容与重要性进行较为广泛的讨论，这在德国经济刑法中仍是一个相对较新的现象。

尽管大约十年以来银行刑法与资本市场刑法中有着若干先导性发展，但是却并未留下较深的印迹。[2] 直到最近的发展中，该讨论才并入了人们熟悉的学术运作的制度轨道。在此期间，除了一部刑法的教授资格论文[3]和大量相关的博

〔2〕 Im Einzelnen dazu Rotsch, in: Achenbach/Ransiek (Hrsg.), Handbuch Wirtschaftsstrafrecht, 3. Aufl. 2012, Teil 1 Kap. 4 Rn. 17 ff.

〔3〕 Bock, *Criminal Compliance*, 2011.

士论文[4]，关于这一主题的还有两部范围广泛的跨专业指南手册。[5] 第三部关于刑事合规的共同作品即将出炉，而关于内部调查的专门指南手册也已经问世。[6] 这一领域也得到了多本杂志[7]与数种刊物[8]的持续耕耘。

一句话：合规正流行着。[9] 同时，这一概念又被强烈质疑为冗余、在内容上平庸且俗套。[10] 从法学理论的视角看，雷纳·哈姆（Rainer Hamm）的别出心裁的观点[11]很吸引眼球。他写道："所有人都在谈合规。尽管它似乎并非法的部分，而应是法之外的一种新秩序机制（Ordnungsinstitut）。某种虽然应当是通过某

---

〔4〕 除了 Rathgeber, *Criminal Compliance*, 2012 之外，还有 Engelhart, Sanktionierung von Unternehmen und Compliance (MPI-Schriftenreihe), 2. Aufl. 2012 做了（特别以法律比较为导向的）研究。对此出现了——不以在标题中有合规概念为必要——大量关于被提出的个别问题的文章，有代表性的比如 Rödiger, Strafverfolgung von Unternehmen, Internal Investigations und strafrechtliche Verwertbarkeit von „Mitarbeitergeständnissen", 2012; Reeb, Internal Investigations, Neue Tendenzen privater Ermittlungen, 2011; Wewerka, Internal Investigations, 2012; Kottek, Die Kooperation von deutschen Unternehmen mit der US-amerikanischen Bösenaufsicht SEC. Grenzen der strafprozessualen Verwertbarkeit unternehmensinterner Ermittlungen, 2012; Matula, Private Ermittlungen, 2012, S. 218 ff. sowie Pietrek, Die strafrechtliche Verantwortlichkeit des Betriebsinhabers aus Compliance-Pflichten, 2012。

〔5〕 Hauschka (Hrsg.), "Corporate Compliance", 2. *Aufl.* 2010, und Görling/Inderst/Bannenberg (Hrsg.), Compliance, Aufbau-Management-Risikobereiche, 2010. 还有六本类似的实践指引，它们中的一些至少在部分章节上具有学术品质，但在这里就不考虑了。

〔6〕 Siehe Knierim/Rübenstahl/Tsambikakis (Hrsg.), Handbuch Internal Investigations, 2012, und Rotsch (Hrsg.), Handbuch Criminal Compliance, in Planung (s. zum Vorstehenden darin auch die Einführung von Rotsch, § 1) sowie Grützner, in: Momsen/Grützner (Hrsg.), Wirtschaftsstrafrecht, 2013, Kap. 4 (S. 305 ff.).

〔7〕 Corporate Compliance Zeitschrift-CCZ; Risk, Fraud & Compliance-ZRFC; Risk, Compliance and Audit-RC&A; Zeitschrift für Corporate Governance-ZCG; Neue Zeitschrift für Wirtschafts-, Steuer- und Unternehmensstrafrecht-NZWiSt, und das WisteV-Journal-WiJ, sowie die Zeitschrift für Wirtschaftsstrafrecht und Haftung im Unternehmen-ZWH.

〔8〕 具体关于刑法的，比如有 Kindler/Rotsch (Hrsg.), „Schriften zu Compliance", bei Nomos。

〔9〕 这在其他方面也是相符的，因为"'合规的概念'正在全球巡演"：Rotsch, in: Joecks/Ostendorf/Rönnau/Rotsch/Schmitz (Hrsg.), Recht-Wirtschaft-Strafe, Festschrift für Erich Samson, 2010, S. 141, 还有带有批判性口吻的 Regina Michalke, StV 2011, 245 (251)："合规在每一个面都很繁荣，即使（或者恰好是因为）现在没有人正确地知晓应如何理解它，许多人都尝试让该主题为自己所利用。" Moosmayer, NJW 2012, 3013 与——八度过高的——Eufinger, CCZ 2012, 21："几乎没有另一个主题在过去几年的法律讨论中像合规这一新的法律术语概念一样得到如此持久的对待。"

〔10〕 Vgl. dazu v. Busekist/Hein, CCZ 2012, 41; D. Krause, StraFo 2011, 437; Bock, ZIS 2009, 68; Stetter, in: Schöch/Satzger u. a. (Hrsg.), Festschrift für Gunter Widmaier, 2008, S. 801, und Leuthe, in: Rotsch (Hrsg.), Wissenschaftliche und praktische Aspekte der nationalen und internationalen Compliance-Diskussion, 2012, S. 17.

〔11〕 Hamm, NJW 2010, 1332; 类似的批评见 Regina Michalke, StV 2011, 245 (246)："对于这一新'秩序机制'——可以说，它附加于法的旁边，但是并非必须去遵守规范上的预先规定——人们只能猜测它究竟指的是什么。"

种方式保障法的遵循，但是却无须绝对遵守规范的东西。”在具有显著跨学科或学科内部特征的科研范围中，对概念的具体化显得不可或缺。[12]

（三）对概念的具体化

在译成德文时，合规经常[13]被译为法忠诚或规则忠诚（Rechts-bzw. Regeltreue）。这描述了一个事实状态。这一经验主义且同时很弱的合规概念，正如它在医学中被创建一样——当病人服用药物与忠实于其他治疗措施时，它就是在合规地做出举止[14]——在法律语境中确实是整合性不足（unterkomplex）。实定法的规范永远要计算到效力。它对遵守的主张界限何在的问题，是法哲学的一个（经典）疑问。[15]

1. 公司法与企业治理准则

相反，通过哪些途径能够实现并确保经济企业的规范忠诚，这一问题的回答具有整合性。[16] 在股份法中，这会在企业合规的上位概念之下被讨论。[17] 它描述的是所有用来确保对法律要求的遵守与对法律禁令的不违反的企业措施。[18]

---

〔12〕 Burgi，CCZ 2010，41（45）正确地从公法的角度将合规描述为对整体法秩序的挑战，尤其是它被归入企业与国家之间的相互作用结构的更大框架之：“除了迄今占据主导地位的（在多方面同样仍需要研究的）经济刑法角度，‘合规’主题必然有着一个跨学科的维度。”

〔13〕 Vgl. -m. N. -Greeve，in：Arbeitsgemeinschaft Strafrecht des Deutschen Anwaltvereins（Hrsg.），Festschrift 25 Jahre AG Strafrecht im DAV，2009，S. 512（513）；I. Roxin，in：Engländer u. a.（Hrsg.），Strafverteidigung-Grundlagen und Stolpersteine（Beulke-Symposion），2012，S. 31；Hauschka，in：Hauschka（Fn. 5），§ 1 Rn. 1；Rotsch，ZIS 2010，614；diff. Heuking/v. Coelln，DÖV 2012，827（828）.

〔14〕 根据世界卫生组织手册，合规在医学中被定义为一个病人愿意积极参与医生所建议的措施（对医嘱的忠诚），比如参见 Wintersteller，Spektrum Augenheilkd 22（2008），237，sowie aus dem juristischen Schrifttum Stober，DVBl. 2012，191；Eufinger，CCZ 2012，21；Momsen，ZIS 2011，508；Hauschka，AnwBl. 2010，629. Treffend Regina Michalke，StV 2011，245：“在医疗中，没有人会想，一个合作的医患关系说的是一个医生是否也开出了正确的处方。”

〔15〕 U. Neumann，in：Rechtswissenschaftliche Schriftenreihe der Hanyang-Universität Seoul XVII，2002，S. 367. Siehe Lüderssen，in：Rechtssozioologie und Rechtswissenschaft-eine Kontroverse（1915/17），2003，S. XI ff.；Kadelbach/K. Günther，in dies.（Hrsg.），Recht ohne Staat?，2011，S. 9（38 ff.），sowie-speziell bezogen auf das Wirtschaftsstrafrecht-Lüderssen，in：Kempf/Lüderssen/Volk（Hrsg.），Ökonomie vs. Recht im Finanzmarkt?，2011，S. 214（245 ff.）.

〔16〕 I. d. S. auch Rotsch（Fn. 1），S. 6 f.

〔17〕 它尤其是用来对《股份法》第93条第1款第1句与第2句中关于董事会成员的谨慎义务与有责性的核心规范的具体化，最新可参见 Windbichler，NJW 2012，2625（2626）；Heuking/v. Coelln，DÖV 2012，827（828 f.）。

〔18〕 Vgl. Reichert，ZIS 2011，113（114）；Kindler，in：Rotsch（Fn. 10），S. 1 f.；Bock（Fn. 3），S. 63，sowie Neuhaus，in：Kempf/Lüderssen/Volk（Hrsg.），Die Finanzkrise，dasWirtschaftsstrafrecht und die Moral，2010，S. 348.

这一理解也是以《德国企业治理准则》(DCGK) 自 2007 年以来的现行版本中对合规概念的定义为基础的。[19] 据此，企业管理应当“设法让法律规定与公司方针得到遵守，并致力于让集团企业对此予以重视（合规）”。[20] 为了对这些义务予以具体化，应当区分四个职能领域：信息管理、风险处理、企业组织以及责任组织。[21]

2. 刑法中的合规

对我们法秩序中的要求与禁令的公司法上的合法性义务，一般参照刑法上的合规义务目录，后者附属于《刑法典》《秩序违反法》——尤其是《秩序违反法》第 30 条与第 130 条中的规则——以及附属刑法中与企业相关的主要规范。[22] 下属的企业员工违反其命令——这些命令简单来说就是：你不应行贿，做出卡特尔协议或忍受刁难——能够证成以下谴责，即负责的管理机构在组织该企业时存在缺陷，使得违法成为可能，至少是使其变容易了。为了检验它而在个案中被呼吁的归属问题，是刑法中镇压性合规研究的核心。

由于篇幅原因，这里不再探讨责任原则中产生的大量问题，尤其是处于该讨论中心的以下问题，即建立一个《股份法》第 91 条第 2 款中的合规体系的法律义务（“董事会应当采取合适的措施，尤其是建立一个监控体系，使得危害企业生存的发展在早期就被发现”）[23] 的问题，还有关于商业判断规则（Business

〔19〕 根据通说，他只想陈述式地描绘出现行法，参见 Ringleb, in: Ringleb/Kremer u. a. (Hrsg.), Deutscher Corporate Governance Kodex, 4. Aufl. 2010, Rn. 615; Habersack, in: Gutachten für den 69. Deutschen Juristentag München, 2012, S. E 45 f. A. A. T. M. J. Möllers/Hailer, JZ 2012, 841 (849 f.):“次要法源理论。”

〔20〕 2009 年 6 月 18 日版本的《德国企业治理准则》4.1.3 项以及——措辞相同的 2009 年联邦公营企业的《公营企业治理准则》(PCGK) ——Burgi, CCZ 2010, 41 (44); Heuking/v. Coelln, DÖV 2012, 827 (830 ff.)。按照 2009 年 5 月 25 日《结算法现代化法》(BilMoG) 版本中的《股份法》第 107 条第 3 款第 2 句，监事会审查委员会的任务是监视董事会对这一义务的遵守 (Spindler, in: Spindler/Stilz [Hrsg.], AktG, 2. Aufl. 2010, § 107 Rn. 131; I. Roxin, StV 2012, 116)。

〔21〕 Lindemann/Wostry, HRRS 2012, 138 (143); Moosmayer, NJW 2012, 3013 (3014).

〔22〕 自宾丁以来，刑法的规范理论就将犯罪构成的要求与禁止区分为第一性规范与第二性规范，前者仅针对于公民，而后者仅针对于国家并包含着授权允许通过刑罚对违反第一性规范的行为作出反应，见 Renzikowski, in: Dölling/Erb (Hrsg.), Festschrift für Karl-Heinz Gössel, 2002, S. 3 (12 f.); Jahn, Das Strafrecht des Staatsnotstandes, 2004, S. 321 f。当然，对于德国刑法学而言——如 Rotsch, in: Schulz/Reinhart/Sahan (Hrsg.), Festschrift für Imme Roxin, 2012, S. 485 (487) 所说——合规与刑法的具体问题仍未得到重视；2013 年苏黎世的刑法教师会议将通过罗什 (Rotsch) 的报告而致力于这一主题。一个关于相关现象的（当然并不是完整的）表格式总结，可见 Schemmel/Minkoff, CCZ 2012, 49 (50)。远的还有 Bock (Fn. 3), S. 280; ders., ZIS 2009, 68 (70):“此外，每一个刑法规范都是一个合规规范，因为企业管理的可罚性可以是损害了保护企业活动远离危险来源的义务的表现。”

〔23〕 Hervorh. v. Verf.; ausf. dazu Rathgeber (Fn. 4), S. 167 ff.

Judgement Rule)〔24〕的非法庭的企业裁判空间的刑法后果的问题。

(四)企业律师作为研究对象对于经济刑法处境的重要性

对于不断增长的合规官大军——他们每周都在《新法学周刊》(NJW)寻找职位，还有一些人在匆匆上马的合规管理系统中“不总是完全冷静地”(至少用罗什〔25〕的话说)活跃着——来说，这些职位描述还是含糊的，并主要依靠作为专业人士首要品质的内容灵活性。这引发了误解，比如在第五刑事审判庭〔26〕的判决附带意见中，合规官被视为对企业员工在其业务领域中的监管保证人而具有可罚风险，这就有些过头了。

科研地图之中一个更大的空白是企业律师。〔27〕然而，国际上的公司治理建议(Corporate-Governance-Empfehlung)明确规定，只要内部调查也将企业领导者们的行为作为对象，那么它们在原则上就应由独立的律师予以实施。〔28〕这一要求并非闻所未闻。〔29〕我们将在这一现实背景之下对企业律师这一法形象(Re-

---

〔24〕 Vgl. Maier-Greve, CCZ 2010, 216 (217);关于其边界的细致论述可见 BGH, Urt. v. 21. 4. 1997-II ZR 175/95=BGHZ 135, 244 (254 ff.) -ARAG/Garmenbeck. 完全从刑法视角的可见 Hart-Hönig, in: FS 25 Jahre AG Strafrecht im DAV (Fn. 13), S. 530 (537 f., 550 f.); Taschke, NZWiSt 2012, 89 (90); Leitner, StraFo 2010, 323 (325); Reichert, ZIS 2011, 113 (114 f.); Knauer, ZWH 2012, 41 (44 ff.); Lindemann, Voraussetzungen und Grenzen legitimen Wirtschaftsstrafrechts, 2012, S. 110 ff., sowie Regina Michalke, AnwBl. 2010, 666 (668). Dies., StV 2011, 245 (247 ff.), und D. Krause, StraFo 2011, 437 (These 4) 通过放弃建立一个合规管理系统(CMS)来对待实践中重要的按照《刑法典》第266条的可能的背信罪;对合规管理系统实施的实践贯彻的补充有 WP-Prüfungsstandard IDW EPS 980 Moosmayer, NJW 2012, 3013 (3016), und Schemmel/Ruhmannseder, AnwBl. 2010, 647 (650)。

〔25〕 Rotsch, in: ders. (Fn. 10), S. VI.

〔26〕 BGH, Urt. v. 17. 7. 2009-5 StR 394/08 = BGHSt 54, 44 (49 f. Rn. 27) = AG 2009, 740=CR 2009, 699; s. -从当时不可忽视的大量观点中-Moosmayer, AnwBl. 2010, 634 (635 f.); Regina Michalke, AnwBl. 2010, 666 (670); Berndt, StV 2009, 689 (690 f.); Jahn, JuS 2009, 1142 (1144), 关于雇用人对于员工所实施的与经营相关的犯罪行为的一般刑事责任可见 BGH, Urt. v. 20. 10. 2011-4 StR 71/11=ZWH 2012, 338 m. Anm. Beckschäfer= StV 2012, 403 m. Anm. C. Roxin, JR 2012, 305; Kudlich, HRRS 2012, 177, sowie Mansdörfer/Trüg, StV 2012, 432 (433 ff.), und Schlösser, NZWiSt 2012, 281。

〔27〕 Wessing, ZWH 2012, 6 中对问题的准确描述:“刑法中企业律师的法律地位至今都受到后母般的对待。”在此也连上 Ignor, CCZ 2011, 143 (144):“(联邦律师协会)刑法委员会鉴于尚未得到最后澄清的企业律师法律地位，关注着企业内部调查。”

〔28〕 Deutsches Aktieninstitut (DAI) /v. Rosen, Internal Investigations bei Compliance-Verstößen, 2010, S. 29; wohl auch Momsen/Grützner, DB 2011, 1792 in Fn. 4; Golombek, WiJ 2012, 162 (168). 该德国证券研究所(DAI)甚至建议(在第65页及很多处):“刑法上的检查应当通过一个刑法上经验丰富的企业律师得以实现，因为他在调查中始终从刑法人的角度出发。”

〔29〕 Im Einzelnen dazu Jahn, ZWH 2012, 477 (480).

chtsfigur）进行分析。

二、没有看守者的房子？——迄今文献中的企业律师

（一）“企业律师甚至不能被称为一种类型”（Kempf）

爱百克·肯普夫（Eberhard Kempf）负责撰写经济与税务刑事案件辩护的慕尼黑手册，他从一开就对所有学术上的归类化尝试表达了强烈的怀疑。在他的笔下[30]，我们读到：

“企业律师从未在相关的标准文本汇编书（Formularbuch）中出现，因为公式化的描述并不足以确定他们。《刑事诉讼法》并不承认他们，尽管在企业对于刑法护卫的需要日益增长……但企业律师甚至不能被称为一种类型……”

然而，从今天的视角看，这一结论是站不住脚的。不仅仅是从表面上看，自2010年以来，在传播甚广的刑事辩护标准文本汇编书中，关于企业律师的独立一章按照标准化与可重复性满足了可理解的实践需求。而且重要的是，根据《刑事诉讼法》第434条第1款，企业律师在其企业辩护人功能中的工作成为立法对象已有数十年的历史。因此，不能说企业律师的工作内容对于法律是完全陌生的。当然，没错的是，《秩序违反法施行法》在1968年[31]新增的规则直到今天仍带来了一片稀疏的阴影。此外，已经属于刑事案件律师工作一部分的片段（Segment）长期且成功地反抗了对其规范环境的系统性的植入，也是一个创举。更有甚者，本文开篇所述的逐渐发展的合规集群的专业化以及制度化，使得系统建构的需求越发明显。

（二）归纳路径（Ignor/Sättele 与 Wessing）

相比之下，前述关于企业律师的标准文本汇编书文章的撰写者伊格诺尔（Ignor）与萨特勒（Sättele）[32] 采用了归纳的路径。这与目前存留的稀少的文献

〔30〕 Kempf, in Volk (Hrsg.), Münchener Anwaltshandbuch Wirtschafts- und Steuerstrafverteidigung, 2008, § 10 Rn. 1 f.

〔31〕 EGOWiG v. 24. 5. 1968 (BGBl. I, 503). Siehe dazu Gössel, in: Löwe/Rosenberg, StPO, 26. Aufl. 2009, Vorb. § 430 Rn. 13. 尽管立法者在1992年就已经用毛利原则（Bruttopinzip）取代了纯利原则（Nettoprinzip），但是十年来，无论是实务还是研究方面，追缴与社团罚款在实体刑法上的连接点都处于边缘地带，参见 Taschke, NZWiSt 2012, 41 (45)。

〔32〕 Ignor/Sättele, in: Hamm/Leipold (Hrsg.), Beck'sches Formularbuch für den Strafverteidiger, 5. Aufl. 2010, XII C (S. 1104 ff.).

——比如韦辛（Wessing）[33]——是相适应的。经济刑法案件具有复杂性与参与者众多的特征，因此相应地也存在大量局部冲突的法律评价利益。对此，应当在考虑企业利益的基础上，在个案中进行解决。

在调查开始时，经常的情况是“当时仍不知（程序所针对的）X公司是否有责任”。通常情况下，会将企业管理层与各部门责任人作为被嫌疑人（Beschuldigter），而无需在此时就查清事实的管辖权与（刑法上的）责任。[34] 那些等待检察院调查结果且（不自证己罪）不主动协助案件查明的被嫌疑的机构或员工，其利益尤其会与企业迅速查清指控的利益相冲突。被嫌疑人的利益是为了无罪判决而对指控全面澄清，这又再次可能与企业不愿意持续承受与诉讼相关的媒体报道的利益相冲突。[35] 所以，“找出、协调并在可能情况下区分当事人们的利益，属于企业律师的重要任务”。[36]

（三）联邦律师协会刑法委员会关于企业律师的论文

该讨论现状目前给人的印象是相对的偶然性。它至今给出的是一个在本质上对企业律师诉讼角色的非法律（ajuristisch）解释。这就印证了前文已经提及的雷纳·哈姆（Rainer Hamm）[37] 的批评，他所批评的正是一个对刑法中总体合规集群的至多是原始实证主义（protopositivistisch）的认识。在这一并不令人满意的情况中，联邦律师协会刑法委员会于2010年11月通过它关于企业律师的论文进入了专业群体的视线之中。[38] 在这之前已经有前文提及的关于内部调查实践

---

〔33〕 他那篇值得赞扬的论文（Wessing, ZWH 2012, 6）尽管有着另一种称呼的标题（“刑法中企业律师的法律地位”），但是主要描述——当然是被突出强调的——企业律师所制作的关于《刑事诉讼法》第434条第1款第2句、第444条第2款第2句及相关的第148条的文件的扣押保护（Beschlagnahmeschutz）的细节问题（dazu unlängst LG Gießen, wistra 2012, 409 m. Bespr. C. Krüger, jurisPR StrafR 13/2012 Anm. 1, und R. Michalke, WiJ 2013, 104（106 f.）, sowie Wessing, in: Hiebl/Kassebohm u. a.（Hrsg.）, Festschrift für Volkmar Mehle, 2009, S. 665 [675 ff., 683 ff.]; ders., in: BeckOK-StPO, Stand: Ed. 15 [1. 10. 2012], § 148 Rn. 1a; Taschke, in: Kirsch/Köberer u. a.（Hrsg.）, Festschrift für Rainer Hamm, 2008, S. 751 [762]）。

〔34〕 Ignor/Sättele（Fn. 32）, XII C（S. 1105）.

〔35〕 Ebenso Taschke, StV 2007, 495（497）.

〔36〕 Ignor/Sättele（Fn. 32）, XII C（S. 1105）.

〔37〕 Fn. 11.

〔38〕 BRAK-Stellungnahme Nr. 35/2010 = BRAK-Mitt. 2011, 16. 对此的阐释也见Ignor, CCZ 2011, 143（144），他正确地指出，委员会中激烈与存在分歧的讨论也是走在前沿的。Zusf. Kirsch, in: Kempf/Lüderssen/Volk（Hrsg.）, Unternehmensstrafrecht, 2012, S. 329（333）：“在实务中，关于这样的企业律师的地位，存在着巨大的不确定性。”

的热烈讨论，尤其是在西门子案中。[39] 由于笔者作为委员会的常务客座人员参与到了对该文件的咨询中，因此笔者当然无权作出一个超出以下情况的评价，即将其对象归类入关于合规的总体讨论之中。现在笔者反而想分析几个作为联邦律师协会文件的基础的关于企业律师职业的程序理论假定。

三、作为企业辩护人的企业律师的任务与法律地位

（一）联邦律师协会第一篇论文中对刑事企业律师的准法律定义

联邦律师协会三篇论文中的第一篇[40]在第一个半句中就已经对该对象的实质内涵给出准法律定义。也就是说，企业律师是一名“为企业提供刑法领域的法律服务”的咨询师。

1. 与顾问律师在内容上的界分

企业律师的概念区别于顾问律师（Syndikusanwalt），在过去，对于前者有着概念上的混淆。[41] 按照联邦律师协会的说法，从事该工作必须是“为了”企业，而不是“来自”企业。按照《联邦律师条例》第46条，顾问律师处于一个固定的服务关系或其他雇用关系，且必须基于这一关系向雇主提供他的工作时间与人力。所以，合规部门中具有律师执照的企业法律人虽然履行着律师的工作（《联邦律师条例》第7条与第14条）[42]，但是并非前述意义上的企业律师。其结果是，比如，他们并不容易获得从辩护权中产生的、《刑事诉讼法》第148条

---

〔39〕 这首先是联邦律师协会第三篇论文的对象。对于其内容方面，我已经在其它地方说过了，参见Jahn，StV 2009，41（42 ff.）。对于第二篇论文所处理的“法律特权”的范围群的一个细节问题，我也已经多次处理过了，参见Jahn/Kirsch，StV 2011，151（abl. Anm. zu LG Hamburg）；dies.，NStZ 2013，713（zust. Anm. zu LG Mannheim）；dies.，NZWiSt 2013，28（abl. Anm. zu LG Bonn）；Jahn，ZIS 2011，453。

〔40〕 BRAK-Mitt. 2011，16（17）.

〔41〕 用部分代表全体的有Minoggio，ZAP Nr. 13 v. 24. 6. 2009，F 23，695（698 f.）（将“公司律师”或公司法律顾问等同为企业律师）与Ewer，AnwBl. 2011，527（将顾问律师等同为企业律师），不过还有比如瑞士法，参见Henrich，Anwalts Revue 2008，55。这里诸如奥地利（企业刑）法关于必要辩护的规则，《社团责任法》（VbVG）第16条第2款：“如果所有有权代表该机构的成员都有实施了犯罪的嫌疑，那么法庭可以依职权为被控告的社团指派一个辩护人。他也必须根据社团的类型投入必要的步骤来实现合乎规则的代理，比如对适当的机构、所有权人或成员予以沟通或召集。当一个代表人或一个被选的辩护人介入时，这一指派结束。”关于该奥地利法详见Soyer/Hilf，in：Hilf/Pateter/Schick/Soyer（Hrsg.），Unternehmensverteidigung und Prävention im Strafrecht，2007，S. 11 ff.；Tipold，in：Ratka/Rauter（Hrsg.），Handbuch Geschäftsführerhaftung，2008，Rn. 4/60。

〔42〕 Vgl. Huff，CCZ 2011，101；ders.，AuA 2011，392（393 f.）（jeweils auch zu Folgeproblemen）.

规定的特别联络保护。[43]

2. 包含预防性合规活动

此外，第一篇论文清楚地指明，企业辩护仅仅体现了企业律师工作范围的一部分，因为其“只有在危机情况下才被列入计划”[44]。因此，预防性刑事合规咨询的整体领域也属于企业律师的任务，比如，执行伦理准则，或作为监察员在工作范围内处理关于告密者的敏感问题。[45]

（二）《刑事诉讼法》第434条第1款的企业辩护

不过，笔者的另一个兴趣点主要在于企业辩护。关于这一领域，联邦律师协会第二篇论文[46]对此划定了界限：“刑事企业律师的工作任务取决于企业的诉讼地位，其作为受损人（Geschädigter）、附属诉讼权人（Nebenklageberechtigter）……还是被罚款人……”他的任务因而被严格地依从属性构建。那么，企业能够作为广义的受损害者（《刑事诉讼法》第406d条及以下各条），尤其是作为附带民事诉讼原告（《刑事诉讼法》第403条等及以下各条）或附属起诉人（Nebenkläger）参与诉讼。由于篇幅原因，本文不想详谈这一进攻性的角色，而只局限在辩护问题上。但是，由于刑事诉讼意义上的被告人始终只能是自然人，因此对企业（选任）辩护［Unternehmens（wahl）verteidigung］的概念需要予以阐明。

在德国《刑法典》中目前尚不存在真正的对社团犯罪的刑罚。不过，对于企业辩护来说有着分散广泛的实定法连接点，这使得在实体刑法中存在着将法人因犯罪而获取的利益拿走的追回手段。这里指的是追缴（《刑法典》第73条第3

---

〔43〕 Vgl. EuGH, Urt. v. 14. 9. 2010 – Rs. C-550/07 P = NJW 2010, 3557（3560 Rn. 44）– Akzo Nobel; Mark, ZWH 2012, 311（313 f.）. 这恰恰强化了（外部）企业律师的角色，因为“鉴于欧洲法院的判决，这有利于延请一个在欧洲卡特尔法与卡特尔程序法中有经验的外部律师去执行调查并给出主要证人规定（Kronzeugenregelung）是否能被使用的指导”［Moosmayer, NJW 2010, 3548（3550 f.）; ebenso Kapp/Löwenkamp, CCZ 2010, 234（237）; Wessing, WiJ 2012, 1; ders. BeckOK-StPO（Fn. 33）, § 148 Rn. 1a］. 内部调查中的独立性问题详见 Minoggio, in: Böttger u. a.（Hrsg.）, Wirtschaftsstrafrecht in der Praxis, 2011, Kap. 15 Rn. 23 ff. 关于（《联邦律师条例》第46条代理禁止的框架下）顾问律师职业的斯特劳达原则（Strauda-Leitsätze）在多大程度上能被相应地参考，这是个案中的问题，对此参见 Lüderssen/Jahn, in: Löwe/Rosenberg, StPO, 26. Aufl. 2009, Vorb. § 137 Rn. 145 m. w. N。

〔44〕 Minoggio, Firmenverteidigung, 2. Aufl. 2010, Rn. 167.

〔45〕 关于一个集中的概览可见 M. Reinhart, in: Junker u. a.（Hrsg.）, Beck'sches Rechtsanwalts-Handbuch, 10. Aufl. 2011, § 48 Rn. 95。

〔46〕 BRAK-Mitt. 2011, 16（17）.

款）与没收（《刑法典》第75条第1句与第76a条）。针对企业的追缴命令显然难以被排除在经济刑法的领域之外。补助金诈骗与逃税也如同环境犯罪或贿赂犯罪一样被包含在内。对于那些《秩序违反法》（第30条与第130条）中的被罚款人来说，罚款也是一类轻微的企业刑罚，[47] 当然，在实践中其金额超出征收的部分（《秩序违反法》第17条第4款）已达到了数亿欧元。

诉讼法上的后果就是没收参与者（Einziehungsbeteiligter）的权利，按照《刑事诉讼法》第434条第1款第1句这能由律师代理。[48] 对于追缴与附属参与人来说，同样的结果也能通过不是那么清晰的参考链（Verweiskette）得以实现（见《刑事诉讼法》第442条第1款对于附属参与者，《刑事诉讼法》第442条第2款第2句对于违反秩序的附属参与者[49]）。在所有3种情况中，《刑事诉讼法》第434条第1款第2句在法律后果方面规定，在第一编第十一章中对于刑事诉讼辩护的大量条文应“相应地”适用。与此相关的还有那些核心权利，比如阅卷权，或者与被授权企业之间不受监控的通讯权。尽管法律（《刑事诉讼法》第431条第1款第1句、第433条第1款第1句连同《刑事诉讼法》第442条第1款、第444条第2款第2句）规定，只有提起诉讼时才正式安排参与，然而企业通过其辩护人感知这些权利要毫无争议地[50]开始得早得多。这“对于企业来说……是在刑事调查中已不可放弃的端口（Schnittstelle）”。[51]

1. 通过授权委托与企业利益来勾勒法律地位

因此，从现在开始，那些通过已经提及的联邦律师协会第一篇论文[52]及与

---

〔47〕 Leitner, StraFo 2010, 323 (328) 强调：“但是事实上在法律之外一个企业刑法已经被建立了很长时间。……被嫌疑人在这一背景下往往只能充当一个犯罪构成的摇杆。为了创设企业罚款或追缴的条件，他的刑事诉讼似乎是被‘串联’起来的。”对此的批评见 Ransiek, NZWiSt 2012, 45 (46 f)；对于规则很有启发性的见 Achenbach, NZWiSt 2012, 321。

〔48〕 对此可见 Jahn, ZWH 2013, 1 (2) 中关于作为刑事程序与违反秩序程序参与者的企业律师的图表概览。

〔49〕 这一规则因而对于《秩序违反法》第46条第2款而言是一个特别法，对此可参见 Lüderssen/Jahn (Fn. 43), § 137 Rn. 56。

〔50〕 Wessing, FS Mehle (Fn. 33), S. 665 (672 f.); Quedenfeld/Richter, in: Bockemühl (Hrsg.), Handbuch des Fachanwalts Strafrecht, 5. Aufl. 2012, 6. Teil Kap. 5 Rn. 9b; Meyer-Goßner, StPO, 55. Aufl. 2012, § 434 Rn. 1; Schmidt, in: KK-StPO, 6. Aufl. 2008, § 434 Rn. 2; Temming, in: BeckOK-StPO (Fn. 33), Stand: Ed. 15 (1. 10. 2012), § 434 Rn. 1.

〔51〕 Leitner, StraFo 2010, 323 (328). Siehe i. E. Zimmer, BB 2011, 1075; Gössel (Fn. 31), § 431 Rn. 63; Kiethe, in: Radtke/Hohmann (Hrsg,), StPO, 2011, § 431 Rn. 22.

〔52〕 BRAK-Mitt. 2011, 16 (17).

其一致的文献〔53〕所最终得出的关于“授权委托与企业利益……”的企业辩护人义务在内容上是重要的。

（1）一种“新”的刑事辩护人类型。这是值得关注的，那是因为，在《刑事诉讼法》第137条及以下各条关于辩护的条文领域中，委托合同的民事自由目前已经被对所谓存在的作为司法制度之部门的律师的约束所相对化了，而且在边缘领域偶尔还被反转。〔54〕因为目前在诉讼法学中仍是通说〔55〕的观点认为，代理合同包含着一个公法的成分。这是刑事辩护人能够有效地进入被诉讼规则所分派的位置的一个前提。此外，在涉及辩护人地位的纯粹民法基础时，还要考虑到对辩护人地位的滥用。

最彻底的是哈纳克（Hanack），他于三十年前就在一个面向前述联邦律师协会刑法委员会的非公开主题演讲中〔56〕来尝试证明这一观点。他的核心论点就是辩护人的严肃性（Seriosität）。作为代理关系公法成分的实际重大性层面，该严肃性得出的是一种将辩护人与刑事诉讼目标相结合的结果。〔57〕因此，该刑事辩护人有着一个类似公职的地位。〔58〕他在刑事诉讼上的特别权利可以支持这一点。即使是在涉及恐怖分子的诉讼中，对辩护人过度行为的适度反应也表明，立法者和以往一样以辩护的严肃性为出发点。因此，民法上的条文只能够有条件地被适

〔53〕 I. Roxin, StV 2012, 116（118）; Sidhu/Saucken/Ruhmannseder, NJW 2011, 881（882）; Momsen, ZIS 2011, 508（511）; Leipold, NJW-Spezial 2011, 56（57）; Szesny, BB 45/2011, S. VI; zutr. insoweit auch wieder Rübenstahl, WiJ 2012, 17（20）; zusf. Hart-Hönig, in: FS 25 Jahre AG Strafrecht im DAV（Fn. 13）, S. 530（551）：“辩护理念是从企业的整体利益中推导出来的。”与此相对，持怀疑态度的有 Salditt, in: Kempf/Lüderssen/Volk（Hrsg.）, Die Handlungsfreiheit des Unternehmers - wirtschaftliche Perspektiven, strafrechtliche und ethische Schranken, 2009, S. 106（108 f.）。

〔54〕 Siehe bereits ausf. Jahn, „Konfliktverteidigung“ und Inquisitionsmaxime, 1998, S. 237 ff.；接下来的阐述正是依据于此。

〔55〕 Eisenberg, NJW 1991, 1257（1258）; Schnarr, NStZ 1986, 488（489）; Vehling, StV 1992, 86（87）.

〔56〕 Hanack, Grundlagen und Inhalt der „öffentlich-rechtlichen Komponente“ des Mandatsverhältnisses zwischen Beschuldigtem und Verteidiger（RS-Nr. 22/80）, September 1980（unveröff. Typoskript）, knapp auch bei dems., ZStW 93（1981）, 559（563）. 一个该观点的减弱版本的主张者是 Barton, StV 1990, 237（238）。他虽然原则上同意该辩护关系的民法基础，但是认为该合同欠缺民法组成部件与公法组成部件的严格二分。因为关于《民法典》的一般条款（《民法典》第134条、第138条、第157条、第242条、第276条、第826条），公法在合同中以《基本法》价值形成规范的形态找到了入口。对此的批评见 Lüderssen/Jahn（Fn. 43）, Vorb. § 137 Rn. 102。

〔57〕 Hanack（Fn. 56）, S. 2, 31.

〔58〕 Hanack（Fn. 56）, S. 10.

用于代理合同。尤其是，委托人的指令（Weisung）对于辩护人来说是非强制性的。[59] 在笔者看来，哈纳克的论述——创立辩护人的自由空间也不依赖于内部关系（Innenverhältnis）中的民法约束——基本上没有说服力。[60] 那种认为与辩护人的协议同时有着一个公法上要作出判断的委托地位的影响的思想在法律中无法找到支持。首先，被哈纳克作为辩护人特权优待的论据所突出的立法者对于所谓恐怖分子诉讼的反应很少能被形容为是适度的。[61] 将辩护人的特权作为论据予以强调的方法之所以薄弱，是因为在英美的当事者诉讼（Parteiprozess）中辩护人——尽管没有分配到公法上的义务地位——也获得了这些特权。但是，首要问题在于辩护人严肃性的类别范畴没有可操作性。[62] 它的——哈纳克[63]此外公开承认的——模糊性，使得“辩护人的严肃性”这一论据主题，在其用来限制律师自由权的范围内、在《基本法》第 12 条第 1 款这一基本权利敏感区域显得不确定。

不依赖于这一传统的针对刑事辩护人法律地位的基本批评，对企业律师的委托合同进行体系上的着重强调至少在中期内被证明为处于一个重要的转辙器地位。（笔者认为）通过经济刑法中的企业辩护所归纳的、理性的关于辩护人地位的观点允许必须为向以下这种思考敞开大门，即在这其中，对委托人的单方面任务的强调应被视为非空想的功能描述。[64] 所以，令人信服的是，尤尔根·塔什卡（Jürgen Taschke）在其法兰克福的授课中[65]将企业的经济刑法咨询师与由

---

〔59〕 Ganz h. M., vgl. BGH, Urt. v. 26. 8. 1993 – 4 StR 364/93 = BGHSt 39, 310 (313); BGH, Urt. v. 7. 11. 1991–4 StR 252/91 = BGHSt 38, 111 (114); Welp, ZStW 90 (1978), 804 (820); Dünnebier, in: FS Pfeiffer, 1988, S. 265 (275).

〔60〕 Vgl. schon Jahn (Fn. 54), S. 238 f.

〔61〕 Vgl. jetzt zusf. Mehlich, Der Verteidiger in den Strafprozessen gegen die Rote Armee Fraktion, 2012, S. 304：“……大多数是……违反宪法的。”

〔62〕 Siehe bereits Lüderssen/Jahn (Fn. 43), Vorb. § 137 Rn. 72a (teilweise a. A. noch Lüderssen, in: Löwe/Rosenberg, 24. Aufl. 1984 ff., Vorb. § 137 Rn. 86); ebenso Barton, Mindeststandards der Strafverteidigung, 1994, S. 288.

〔63〕 Hanack (Fn. 56)：公法上的组成部件在现行法中作为“显著的混杂”而体现（第 32 页）。在现行法中，人们只能着手于《联邦律师条例》的第 1 条第 43 条（第 35 页）。哈纳克明确指出，他“公正且没有顾及‘公法组成部件’的‘真实存在’地”提出了关于恰当辩护的结论（第 14 条）。

〔64〕 正如 Minoggio (Fn. 44), Rn. 167 中所写：“公司辩护人……履行……有利于他所代表的企业的单方面辩护任务。……他并不负责刑事追诉目标，而仅仅负责法律认可的。他有着一个被有意单方面安排的辩护义务。”

〔65〕 那里也有着准确的结论：“刑事追诉的私人化才刚刚开始”［Taschke, NZWiSt 2012, 89 (94); vgl. schon dens., StV 2007, 495 (496 f., 500)］。

“新”刑事辩护人类型产生的范式转换相结合，该刑事辩护人类型在三十年前——又是由哈纳克[66]首次——被描述为刑事司法新近发展中可能最重要与最有趣的现象。他的职业培训得以出众，主要是通过教义学上的强烈程度与对沉睡的诉讼权利与极尽可能的程序规则的自信且坚定的充分利用。

(2) 刑法上的企业利益与企业辩护。但是，将企业律师的工作与“企业利益”挂钩后，与之相连的还有其的法律地位的第二个值得关注的方面。

这一闪闪发亮的概念自身当然不适合于直接涵摄。在股份法的文献中，它被生动地描述为“哥伦布的法律之蛋”[67]。它在有着责任伦理着色的公共利益（利益相关者）与功利主义效益最大化（股东角度）之间的内容仍旧是悬而未决的。又是《德国企业治理准则》在序言中将企业利益定义为董事会与监事会的以下职责，即遵循社会市场经济的原则行事，并负责企业的维持及其长远的价值创造。[68] 企业在其员工违规后又恢复到原样的那些情况，在涉及这一概念构成的宽度时，对于一个特定的刑法上的企业利益的普遍性定义来说表现得多种多样。[69] 不过3个层次是可能的。首要目标通常是澄清嫌疑，进而使得损害企业的行为在未来不会发生以及使得针对个人咎责的主张能够得到检验。[70] 在第二个线路中涉及的则是避免调查程序，如果对此时间太晚的话，则至少要不让刑事追诉机关开罚款或者采取前述财产追回措施。最后——并非最终——则是关注跨学科的问题，比如：①针对企业员工的劳动法措施；②资本市场法上的后果以及特设报告义务（ad-hoc-Mitteilungspflicht）；③会计方面，比如建立对于损害赔偿请求的准备金；④税法上的考量，比如《纳税条例》（Abgabenordnung）第153条第1款第1项；⑤企业的公关策略。[71]

---

[66] Hanack, ZStW 93 (1981), 559 (560).

[67] Spindler, in: Spindler/Stilz, AktG, 2. Aufl. 2010, § 116 Rn. 27 a. E.; ausf. Spindler, in: Kempf/Lüderssen/Volk (Fn. 18); Lüderssen, in: Kempf/Lüderssen/Volk (Fn. 53), S. 241 (280 ff.).

[68] Vgl. Ringleb, in: Ringleb/Kremer u. a. (Hrsg.), Deutscher Corporate Governance Kodex, 4. Aufl. 2010, Rn. 1112. 在其他地方，也补充了旨在确保企业持续盈利，vgl. Hüffer, AktG, 9. Aufl. 2010, § 76 Rn. 13 f.。

[69] 见——也对于下文——Sidhu/Saucken/Ruhmannseder, NJW 2011, 881 (882); Taschke (Fn. 33), S. 751 (753 ff.); I. Roxin (Fn. 13), S. 31 (34 ff.)。

[70] BGH, Urt. v. 21. 4. 1997-II ZR 175/95=BGHZ 135, 244 (253) -ARAG/Garmenbeck: “监事会作出的关于一个董事会成员是否由于损害他的企业管理义务而应被追究损害赔偿责任的决定，首先要求对关于损害赔偿负有义务的事实以及法律方面的犯罪构成予以查明，并对程序风险与索赔可征收性进行分析”；关于从大前提中得出的结论可见 Golombek, WiJ 2012, 162 (166 ff.); Lindemann (Fn. 24), S. 113 ff.。

[71] Grdl. Taschke, StV 2007, 495 (497).

这些利益应在它们相互的制约中得到并列且对立的（unter- und gegeneinander）权衡。比起通过细致的企业辩护形成的长期的日常业务负担，更可被接受的是那些与快速终结程序相关的短期不利。第二个例子是，依据《刑法典》第73条第3款或《秩序违反法》第29a条做出的追缴命令并不以管理过错为前提，所以，比起《秩序违反法》第30条的社团罚款，在形象的角度上更具有可接受性。于是，追缴在税上的承认能力就成为了一个受人欢迎的附随效果。〔72〕

2. 经济刑法诉讼中国家与公司之间关系重新确定的模棱两可

企业律师的法形象由经济刑法咨询的半影（Halbschatten）上升为正式律师职业形象的亮区（Hellfeld），与之相连的是一种已经在中期内完全处于刑事辩护的发展线之上的观点。它表现出了个体独立于国家的自由法治国构想。个体的社会不想再被并入国家之中，而是想与其对立。因此它的成员必须被设置为以下状态，即在诉讼中也坚持这一地位。直到19世纪通过国家与社会的区分，这一法律政策的图景才能对刑事诉讼法的理解产生了重大影响。〔73〕近年来普遍的合规讨论在远离国家的立法（staatsferne Rechtssetzung）内容层面对这一进程予以了完善化，或者有些观点认为这是新自由主义的激进化，但企业律师反映的是实践中法律贯彻层面的发展。作为企业利益的代理律师，他可以定位为原则上远离国家的利益的代理人。但是在关于企业社会责任（CSR）的公益联系方面，他对于整体社会利益仍负有义务。

为了能对这些利益进行尽可能全面地维护，联邦律师协会第一篇论文〔74〕在论证中就清楚说明，刑法上的企业律师能够为处于刑事诉讼中的企业提供咨询，或者还能为尚未进入刑事诉讼的企业提供咨询。这一涉及企业辩护的等同对待有着另一个重要的效果。以内部前置调查与其他措施为路径来避免国家的调查程序，就已经是企业辩护了。〔75〕明确此点之后我们就会发现，人们至今仍忘记将刑事辩护人的工作如此规定。虽然众所周知的是，按照《刑事诉讼法》第137条第1款第1句，他“在诉讼中的每一个时刻”（in jeder Lage des Verfahrens）都能参与进来，但是大多数情况下，这里使用的诉讼概念（Verfahrensbegriff）至今仍

〔72〕 经合组织反腐预防的第三方报告对当前德国规则的批评见 Reyhn/Rübenstahl, CCZ 2011, 161 (165)。

〔73〕 关于以上（大量证据）可见 Lüderssen/Jahn (Fn. 43), Vorb. § 137 Rn. 22。

〔74〕 BRAK-Mitt. 2011, 16 (17).

〔75〕 Ebenso Wessing, WiJ 2012, 1 (2, 4); ders., FS Mehle (Fn. 33), S. 665 (666 f.); Momsen/Grützner, DB 2011, 1792 (1794); Leipold, NJW-Spezial 2011, 56; Wehnert, in: Kempf/Lüderssen/Volk (Fn. 15), S. 137 (141); Neuhaus (Fn. 18), S. 348 (350).

被受操控地视为嫌疑概念（Verdachtsbegriff）。所以，在针对获取嫌疑的前置措施的辩护之前的所谓辩护与刑事追诉机关的前置调查都期盼着法律的承认。这一讨论目前也获得了来自经济刑法的一个重要推动。[76]

人们当然不允许隐瞒将会对企业员工产生的后果。企业辩护人将经常在前置领域就建议他的委托人尽可能早地与检察院进行联系，因为这是企业利益之所在。当事人不想成为调查程序中的被嫌疑人（Beschuldigter）这一理所当然的目标通常应服从于企业利益。他们只能希望，主动公开可罚行为后，检察院会将企业红利扩展至那些雇员。[77] 但是，此外，只要涉及维持被嫌疑人权利保护水平时，一个模棱两可的利益就是远离国家的。它伴随着的是刑事诉讼的部分再私人化（Teilreprivatisierung），后者提出了通过建立无国家的串联或并联程序（Vorschalt- oder Parallelverfahren）来结构性地削弱程序保障与挑战刑事追诉垄断的严重问题。[78] 这类调查的结果是由以下方式所保障的，即委托人（经常是监事会）授予企业律师职权，这些职权没有涉及国家调查人员，在法治国中也是不允许涉及国家调查人员的：其原则上可审阅企业完整的数据与知识构成，而无需得到与单个辩护权（Individualverteidigungsrecht）相同的许可。检察院在这类案件中只能局限于——如同该场合的专家简要记录——将私人调查的结论捆绑包“像起诉书一样进行部分整理后”[79]“予以接受并对其完整性予以管控”[80]。

这还包括内容上最广泛的联邦律师协会第一篇论文在内[81]的、以下这些费力的尝试——为了企业律师的内部调查而去设置旨在保护企业员工自证已罪自由的法治国最低标准，并让这些标准在间接的基本权第三人效力（Grundrechtsdrittwirkung）意义上至少基本符合《刑事诉讼法》的保护水平——对此进行了证

〔76〕 Zur Praxis auch Jahn, ZWH 2013, 1 (6).

〔77〕 I. Roxin, StV 2012, 116 (118).

〔78〕 Siehe Greeve, StraFo 2013, 89 (95 f.); Knauer, ZWH 2012, 41; Taschke, NZWiSt 2012, 9; Regina Michalke, StV 2011, 245 (246 f.); Momsen, ZIS 2011, 508 (512); Momsen/Grützner, DB 2011, 1792 f.; Jahn, Gutachten C zum 67. DJT 2008, S. C 100. 关于再私人化范式可见 Eser, ZStW 104 (1992), 361 ff.; Jahn (Fn. 54), S. 239 f。

〔79〕 Wehnert (Fn. 75), S. 137 (138).

〔80〕 Wessing, WiJ 2012, 1 (4); s. auch F. Schuster, NZWiSt 2012, 28 (29).

〔81〕 BRAK-Mitt. 2011, 16 (18 f.).

明。此外，对于合规文献[82]而言基础的零容忍原则（也如同它真实的刑事政策典范一样）有着无标准性（Maßstabslosigkeit）的趋势。显而易见的是，相比于国家刑事追诉机关，其为了能够获得消极的一般预防的收益与论证所谓合规承诺的可信性，暗示了最高刑罚的科处。[83] 因此，对威吓效果的希冀是服务于企业利益而不利于职工的利益，后者的角色在文献中[84]被生动地描述为“替罪羔羊”与“替死鬼”等概念。

四、观点

在刑法的合规讨论中，企业辩护人处于关键地位。在调查可罚举止的事实基础时，通过它能够在中期给个人、国家与公司之间的关系带来新的平衡。该观点是对刑事控告予以部分再私人化的观点。它会完全改变我们刑事诉讼的图景。为了完成这幅图景，除了通过合规语境下的非国家参与人员来进行规范上的控制与通过内部调查来对刑事调查去国家化，还要考虑到诉讼的受损害者导向——不过这已经又是另一个主题，也是一个关于经济刑事程序的主题。[85] 但是，与从实证现象的企业律师上升为经济刑法的法形象相关的模糊性，是当今不容忽视的。

这里所发生的一切值得获得——批判性的——关注。

---

〔82〕 关于这一点以及关于“来自顶层的声音”（tone from the top）可见 Eisele/Faust, in: Schimansky/Bunte/Lwowski（Hrsg.）, Bankrechts-Handbuch, 4. Aufl. 2011, § 109 Rn. 100; Unger, in: Umnuß（Hrsg.）, Corporate Compliance Checklisten, 2. Aufl. 2012, Rn. 124; Hauschka（Fn. 16）, § 1 Rn. 35 Fn. 121; grds. krit. Kark, CCZ 2012, 180（183 ff.）。

〔83〕 Reichert, ZIS 2011, 113（119）.

〔84〕 Siehe nur Leitner, StraFo 2010, 323（328）.

〔85〕 Siehe zuletzt Jahn/Bung, StV 2012, 754（760）.

译后记

这本论文集是由我组织翻译完成的，确切说，我仅仅是编译者。著述的后记本应由所有参译者一起完成，但作为组织者，我全程参与了论文的选择、申请授权、翻译、校对、出版等事宜，因而有责任代表所有译者将这个过程呈现给读者，最重要的是，代表所有译者对那些为本书的出版提供帮助的同行表达谢意。

2013年9月，经导师孙国祥教授推荐，我有幸前往著名的马克斯普朗克外国与国际刑法研究所交流学习，德方指导教师为该研究所所长乌尔里希·齐白(Ulrich Sieber)教授。齐白教授具有广阔的学术视野，不仅深耕计算机刑法领域，对于经济刑法亦有深入研究，其中包括本文的主题“刑事合规问题”。由于受到恩师孙国祥教授影响，读博之初，我便对企业合规计划的问题产生兴趣，到德国之后发现，马普刑法所拥有大量最新的相关资料，于是，我向齐白教授表达了以合规计划问题为主题进行联合培养学习的想法，齐白教授不仅积极鼓励我进行相关研究，还为我提供了良好建议。自此，我一直关注合规计划的相关问题。企业合规问题最初在英美国家得到关注，德国、日本学者也在21世纪一系列企业丑闻之后开始讨论该课题，并形成了难以计数的文献资料。遗憾的是，由于语言能力的限制，我对于德文、英文材料，只能大概把握，对于日文资料则根本无法阅读。这也是国内关注刑事合规问题的其他学者所面临的共同问题。因此，博士毕业之后，我就产生了组织翻译系列相关文章的想法，集合年轻学者的力量，为相关研究贡献力量。

组织工作所面临的第一个问题是，如何在浩瀚的文献中选择论文。在这方面，首先，需要感谢德国吉森大学的托马斯·罗什(Thomas Rotsch)教授与德国马普刑法所的马克·恩格尔哈特(Marc Engelhart)博士。两位学者都长期从事刑事合规的相关研究工作，是德国学界对该问题研究的典型代表。在收到我的协助请求之后，他们分别发来了推荐论文清单，本论文集的德文文章就是在这两份清单的基础上最终选定的。其次，需要感谢日本早稻田大学的甲斐克则教授。甲斐克则教授是日本学界较早关注合规问题的专家，大多数日本的相关论著都有甲斐老师的参与。甲斐老师收到我的邮件之后，在最短的时间之内为论文集推荐了日本的最新研究成果，并在此后的论文授权事宜上给予了帮助，需要特别感谢。最后，需要感谢北京大学的江溯副教授。江老师具有广阔的学术视野，对于刑事合规问题亦有深入研究。论文集中英文文章就是结合了江老师的意见之后选定的。除此之外，江老师还在论文的出版、论文集的编排等事宜上提供了帮助，在此，向江老师表达深深的谢意。

文章选定之后，面临的第二个问题是，如何取得所有文章的授权。在这方面，首先，要感谢日本广岛大学的吉中信仁教授。我与吉中教授仅有一面之缘，在遇到授权事宜方面的困难之后，我尝试着联系吉中教授以获得帮助。吉中教授曾长期在德国学习，具有敏锐的学术嗅觉，其对于企业犯罪与合规计划也有相当程度的了解，当他了解到我的翻译计划之后，给予了我极大鼓励，并积极帮助我与日本所有作者进行沟通，最终获得授权。在此，向吉中信仁教授的热心帮助及其对学术的态度表达特别的敬意。其次，需要感谢西南政法大学的谢佳君副教授。谢老师毕业于日本早稻田大学，师从甲斐克则教授，其不仅治学严谨，而且为人谦逊、热情，在我与出版社的沟通遇到障碍之时，谢老师不辞辛苦，与出版社的相关人员当面沟通，并最终帮助论文获得出版社的授权。在此，向谢佳君副教授表达诚挚的谢意。

接下来，是文章的翻译以及校对工作，在此过程中，有太多人需要感谢：

感谢来自西南财经大学的黄礼登副教授。你主动承担行文相对晦涩的丹尼斯·伯克（Dennis Bock）教授的两篇文章的翻译工作，并出色地完成了。在校对过程中，对于校对人员提出的建议，你总是能够及时反馈。你的学术热情，以及严谨的治学态度值得赞赏。

感谢来自华东政法大学的马寅翔副教授。你欣然接受了我的翻译协助请求，主动承担并出色完成了篇幅较长的文章。对于校对人员提出的建议，你总是能够耐心核对，及时修订。

感谢来自湖南大学的周子实博士，你学识渊博，学术功底深厚，语言能力出众，你所承担的译文语言晦涩，议题相对陌生，具有较大的翻译难度，但这丝毫没有影响你出色的翻译工作。

感谢来自北京大学与德国波恩大学的联合培养博士蔡仙（现任职于苏州大学王健法学院）。尽管年少，但你拥有出色的语言能力和深厚的法学功底，最主要的是，你对学术充满激情，且学术态度极其严谨。近乎完美的两篇译文是最好的证明。

感谢来自德国哥廷根大学的博士研究生贺颖昕。你曾经身处经济法学系，但痴迷于刑法学，不仅精通多门外语，而且对刑法有独到的理解。你所翻译的论文篇幅较长，充满刑法教义色彩，但这丝毫没有影响论文的翻译质量。你的译文通俗易懂，专业词汇表述准确，不失为一篇佳作。

感谢来自山东大学（威海）法学院的张小宁副教授。你语言能力出众，翻译经验丰富，最主要是的是，为人谦和，学术态度极其严谨，你最早完成译文，对于校对修改建议，你总是能够及时回馈。你的学术品格值得赞许。

感谢来自山东大学法学院的周啸天副教授。你语言能力与学术功底俱佳，为人热情、谦逊，不仅在译者的选择上给予帮助，还主动承担了全书日文部分中最为晦涩的文章，并且高质量地完成了译文。

感谢来自西南政法大学的谢佳君副教授。你不仅在论文授权事宜上积极帮助，还对论文的翻译贡献了力量。你不仅能够准确、及时完成论文的翻译，而且对于校对人员提出的诸多疑问和建议，你总是能够耐心回馈，最终形成了质量上乘的译文。

感谢来自中国政法大学的曾文科博士。你不仅毫无迟疑地应下了我的翻译请求，还以最快的速度，高质量地完成了两篇译文。对于后续的诸多帮助请求，你总是能够给予积极回馈，其严谨的治学态度、高尚的品格，值得赞许。

感谢来自浙江大学法学院的李世阳博士。你师出名门，取得了北京大学与日本早稻田大学的双博士学位，具有深厚的法学功底和一流的语言能力，最重要的是，你具有谦和的品质与严谨的态度，高质量的两篇译文是你所有优良品质的最好诠释。

感谢来自北京师范大学法学院的万方博士。你专攻刑事合规制度，具备相关的知识积累。同时，你拥有出众的语言能力以及敢于担当的精神，你所承担的译文有81页之多，但你没有丝毫抱怨，并出色完成了译文。

此外，需要感谢对译文的校对工作给予帮助的张志钢博士、林静博士、于佳佳副教授以及万方博士。来自中国社会科学院法学研究所的张志钢博士对于译文《授权委托下的刑事责任》提出了恰当的修改意见；来自德国马普刑法所的研究人员林静博士（现供职于中国政法大学证据科学院）对于译文《企业律师与合规：新类型刑事辩护人的法律地位与任务》进行了逐字校对，并提出了精到的修改建议；来自上海交通大学凯原法学院的于佳佳副教授对于日文译文提出了良好建议；来自北京师范大学法学院的万方博士对英文译文《表象化的合规与协商治理的失败》进行了认真校对，并提出了大量良好的建议。此处需要同时予以说明的是，除上述所列文献之外，其余所有德文文献以及英文文献的校对工作，均由我本人完成。尽管语言能力有限，但这些文献对相关领域的熟知客观上起到了弥补作用。

硕士研究生赵升宇、王嘉鑫，本科生翟家琦、李思曈、石依冉、刘世宽、靳泽琛、王泽辰、贾晨晨、仲星、左东政、黄河洲、李岩、崔巍对于论文集的文字校对、排版、格式调整等工作提供了帮助，一并致谢。

德国基尔大学的丹尼斯·伯克（Dennis Bock）教授以及南京大学的孙国祥教授在接到邀请之后，欣然为文集作序，在此，向两位老师表达诚挚的谢意。

中国政法大学出版社的刘海光编辑以及版权部的编辑老师为出版事宜提供了帮助，特此表示感谢。

最后需要特别感谢的是我的博士后合作导师柳忠卫教授，在出版费用遇到困难之时，柳老师无私地拿出了自己的经费，帮我解决经济困难。

在文集后记写作之前，我曾想就刑事合规问题本身谈谈自己的理解，以之作为后记。但是，一旦提笔写作后记，便情不自禁地偏离了预定轨道，将后记完全写成了感谢信。实际上，这是情感的自然流露。论文集的问世得益于上述人员的鼎力协助，两年的组织翻译工作，没有他们的帮助是不可能完成的。尤其是，在当下的学术评价体系内，翻译工作不能给他们带来任何实际的利益，即便如此，他们仍然自愿承担相关工作。因此，再多的溢美之词都不为过，再多的言语，都难以表达我内心的感激之情。

最后，需要替所有译者表达的是，尽管我们竭尽所能，但仍难免存在疏漏，不当之处还请读者批评指正。同时，真心希望我们的努力能够为国内合规问题的理论研究以及合规实践有所助益，如若这样，所有的努力都值得了。

李本灿

2018年6月4日